시험에 나오는 것만 공부한다! 시나공 토익 MAP

950 1000제 LC

950 실전 모의고사

고득점 공략 950 시리즈

실전서
꼭 봐요 600점 이상

D-5 실전테스트 S1

D-5 실전테스트 S2

실전 모의고사 S2

끝장 가성비 실전 문제집

파트 1, 2, 3, 4 실전 문제집

파트 5, 6 실전문제집

파트 7 실전문제집

부족한 파트만 공략하는 파트별 문제집

이론 + 전략서
꼭 봐요 500~700점

750 완벽대비

850 단기완성

출제순위 파트 5,6

목표 점수대를 공략하는 이론+전략서

기본서
꼭 봐요 500~700점

LISTENING

READING

VOCABULARY

기적의 토익보카

실전용 기본기를 다지는 기본서

입문서
꼭 봐요 400~500점

START (LC+RC)

BASIC (LC+RC)

BASIC LC

BASIC RC

체계적인 시작을 위한 입문서

독자의 1초를 아껴주는 정성!

세상이 아무리 바쁘게 돌아가더라도

책까지 아무렇게나 빨리 만들 수는 없습니다.

인스턴트 식품 같은 책보다는

오래 익힌 술이나 장맛이 밴 책을 만들고 싶습니다.

길벗이지톡은 독자여러분이 우리를 믿는다고 할 때 가장 행복합니다.

나를 아껴주는 어학도서, 길벗이지톡의 책을 만나보십시오.

독자의 1초를 아껴주는 정성을 만나보십시오.

미리 책을 읽고 따라해본 2만 베타테스터 여러분과
무따기 체험단, 길벗스쿨 엄마 2% 기획단,
시나공 평가단, 토익 배틀, 대학생 기자단까지!
믿을 수 있는 책을 함께 만들어주신 독자 여러분께 감사드립니다.

(주)도서출판길벗 www.gilbut.co.kr
길벗이지톡 www.gilbut.co.kr
길벗스쿨 www.gilbutschool.co.kr

mp3 파일 다운로드 안내

길벗이지톡(www.gilbut.co.kr) 회원(무료 가입)이 되시면 오디오 파일을 비롯하여 다양한 자료를 이용할 수 있습니다.

1단계	로그인 후 홈페이지 가운데 화면에 있는 SEARCH [ ] 검색 에서 찾고자 하는 책이름을 입력하세요.
2단계	검색한 도서에 대한 자료를 다운로드 받으세요.

'시나공 토익'은 고득점에 집중합니다!

1. 오답률 25% 이상 문제 세트 제공

700점대 그룹이 모든 문제를 풀어보고 검증한 오답률이 25%가 넘는 문제 세트로 구성했습니다.
중급자를 위한 문제를 풀어보세요.

2. 중급자에게 맞는 해설 제공

기본서에서 배워야 하는 쉬운 해설은 빼고 실전에 강해지는 함정과 오답의 이유를 먼저
알려줍니다. 시간을 절약하는 해설로 공부하세요.

3. 고득점자를 위한 학습 자료 제공

어떤 상황에서도 명확하게 들을 수 있게 '리스닝 받아쓰기'와 '쉐도잉 훈련'으로 실력을 키워줍니다.
시간이 없어도 틀리지 않게 헷갈리는 문법은 ' 핵심 문법집'으로 까다로운 어휘는 '출제어휘
훈련'으로 보강하세요.

 (* 도서에 따라 제공되는 학습 자료는 달라집니다)

4. 어떤 질문이라도 36시간 저자 답변 제공

어려운 문제, 헷갈리는 문제는 사진으로 찍어 질문과 함께 카카오톡으로 보내세요.
1:1 대화창으로 창피하지 않고 부담스럽지 않게 물어보세요.

책을 미리 풀어보고 만드는데 도움을 주신 '시나공 토익 파트 5,6 실전문제집' 검증단 분들에게 감사드립니다.

시나공 토익 포스트: '시나공 포스트'로 검색
길벗이지톡 홈페이지: www.gilbut.co.kr
길벗이지톡 이메일: eztok@gilbut.co.kr

부가 자료 다운로드 방법

1 | 길벗이지톡 홈페이지(gilbut.co.kr)에서 로그인한 다음 검색창에 '시나공토익 850단기 완성'을 검색합니다.

2 | 해당 책을 클릭한 다음 상세 페이지로 들어가 '자료실'을 클릭합니다.

3 | '자료실'에서 MP3나 학습자료를 선택해 다운로드 할 수 있습니다. (MP3는 실시간 듣기 가능)

시험에 나오는 것만 공부한다!

시나공 토익

LC+RC

850

단기완성

구원 지음

시나공 토익

850 단기완성

초판 1쇄 발행 · 2021년 7월 9일

지은이 · 구원
발행인 · 이종원
발행처 · ㈜도서출판 길벗
출판사 등록일 · 1990년 12월 24일
주소 · 서울시 마포구 월드컵로 10길 56(서교동)
대표전화 · 02) 332-0931 | **팩스** · 02) 322-6766
홈페이지 · www.gilbut.co.kr | **이메일** · eztok@gilbut.co.kr

기획 및 책임편집 · 고경환 (kkh@gilbut.co.kr) | **디자인** · 윤석남 | **제작** · 이준호, 손일순, 이진혁
영업마케팅 · 김학흥, 장봉석 | **웹마케팅** · 이수미, 최소영 | **영업관리** · 심선숙 | **독자지원** · 송혜란, 윤정아

CTP 출력 및 인쇄 · 금강인쇄 | **제본** · 북웨어

ISBN 979-11-6521-598-9 03740
(이지톡 도서번호 301087)

정가 17,000원

독자의 1초까지 아껴주는 정성 길벗출판사

(주)도서출판 길벗 | IT실용, IT/일반 수험서, 경제경영, 취미실용, 인문교양(더퀘스트) **www.gilbut.co.kr**
길벗이지톡 | 어학단행본, 어학수험서 **www.eztok.co.kr**
길벗스쿨 | 국어학습, 수학학습, 어린이교양, 주니어 어학학습, 교과서 **www.gilbutschool.co.kr**

핵심 포인트 99개로
4주 850점 단기완성!

처음에 850점 이상을 단기에 달성할 수 있게 핵심만 딱 떨어지게 집필을 해달라는 요청을 받았을 때는 무리가 아닐까 하는 생각을 했습니다. 하지만 이런 교재가 완성된다면 강의용 교재 뿐 아니라 혼자 공부하는 수험생들에게도 참 좋을 것 같다는 생각과 믿음이 생겨 이 책을 집필하게 됐습니다. 코로나 상황에서도 매회 한번도 빠짐없이 시험을 보고있고 개인 채널을 통해 최신 출제 경향과 전략을 강의하고 있어 누구보다 토익을 잘 알고있다고 생각하지만, 이 책에 맞는 내용을 풀어내는 과정이 결코 쉽지 않았습니다.
이 책은 아래와 같은 부분에 특히 신경을 써서 구성했습니다.

'850점 달성'을 위해 필요한 내용을 '99개 핵심 포인트'로 정리!

중학교와 고등학교의 영어교과서가 다르듯, 토익 700점을 위한 내용과 850점을 위한 내용은 달라야 합니다. 본 책은 주로 850점을 받기 위해서 알아야 하는 필수적 내용 중에서도 꼭 필요한 내용만 99개 핵심 포인트로 정리해서 4주 안에 원하는 점수를 얻도록 구성했습니다.

'4주 단기완성'에 맞는 구성!

이 책은 뻔한 이야기, 개념적인 이야기, 출제율이 너무 낮은 내용, 기초적인 이야기는 과감히 쳐내고 4주 단기완성을 위한 내용만을 담았습니다. 여기에 저자 직강 핵심 동영상을 수록해서 수험생의 이해를 높이고 내용을 더 충실히 학습할 수 있게 배려했습니다.

시험장에서 바로 적용할 수 있는 '현실적인' 문제풀이 기술을 정리!

개념적 내용은 최대한 줄이고, 시험장에서 바로 적용가능한 실제 기술 위주로 정리하였습니다. 본문의 예문과, 예제, 그리고 실전 문제에 이르기까지 시험에 나왔던, 혹은 나올 내용만 사용했고, 파트 5의 경우는 유형을 파악하여 해석없이 푸는 요령을, 파트 6와 파트 7은 필자가 직접 푸는 요령을 시연하듯 책에 담아냈습니다.

최선을 다해서 썼고, 이 책이 수험생에게 조금이라도 도움이 된다면 더 바랄 것이 없습니다. 이 책이 나오기까지 물심양면 도와주신 많은 분들께 진심 어린 감사의 말씀을 전합니다.

2021년 여름
저자 구원

이 책의 활용 방법

1

99개 핵심 포인트로 4주안에 850점 달성!

99개 포인트로 정리한 850점 핵심 노하우!

최근 출제경향을 기반으로 핵심만 모았습니다. 99개 핵심 포인트만 알아도 850점 달성에 문제가 없도록 선별해서 실었습니다. 시간이 없는 수험생은 이 부분만 학습해도 됩니다.

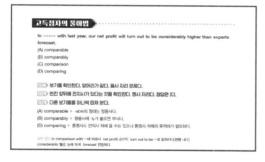

고득점자의 풀이법 제공!

고득점자의 풀이 방법과 흐름을 포인트별로 정리했습니다. 시간을 아낄 수 있는 실전팁과 함께 저자가 알려주는 풀이 노하우를 모조리 공개합니다.

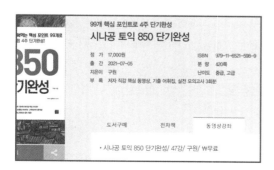

저자 직강 핵심 동영상 강의 제공!

책에서는 미처 풀어내지 못했던 저자만의 풀이 노하우를 저자 직강 핵심 동영상에서 확인하실 수 있습니다. 실전에서 적용할 수 있는 저자만의 풀이팁을 아낌없이 드립니다. 본문에 있는 QR코드를 찍거나, 저자의 유튜브 채널 또는 길벗 홈페이지에서 보실 수 있습니다.

2 상세하고 명쾌한 해석과 해설로 핵심을 파악하세요!

108. With the purchase of any new cosmetic product from CoCo, a stylish gift bag will be ------- for free.

(A) you
(B) your
(C) yours
(D) yourself

- -

해석 CoCo 사의 새로운 화장품을 구입하시면 멋진 선물 가방이 무료로 제공됩니다.

표현 정리 purchase 구매, 구입, 구매하다 cosmetic 화장품 for free 무료로, 공짜로

유형 파악 소유대명사 ★★★

해설 be 동사 뒤에는 위치해야 하는 인칭대명사를 선택하는 문제로 무엇보다 be 동사 뒤에 명사 보어가 위치하려면 앞에 오는 주어와 동일 대상(동격 관계)이 형성되어야 한다는 전제 조건을 충족시켜야 한다. 그러므로 선물 가방이 당신하고 동격일 수 없으니 주격 혹은 목적격 대명사로 쓰이는 you와 재귀대명사 yourself는 동사 뒤에서 목적어로 쓰이거나 혹은 완전한 절의 구조에서 수식어인 부사로 쓰이는 만큼 이들 모두 오답이라고 할 수 있다. 아울러 소유격 대명사 your 역시 단독으로 사용이 불가하니 이 또한 오답이다. 따라서 빈칸에는 선물 가방이 무료로 당신의 것이 될 것이란 문맥을 만들 수 있는 소유대명사 yours가 와야 한다.

정답 (C)

해석
영문의 의미를 명확하게 전달한 해석을 제공하여 해석이 잘 되지 않는 문장의 구조를 파악하는데 도움이 될 수 있게 구성했습니다.

표현 정리
본문에서 나온 어휘중 실제 토익에서 출제율이 높거나 어려운 단어만을 선별해서 정확한 의미와 함께 실었습니다.

유형 파악 및 해설
정답뿐만 아니라 오답도 정확히 이해되도록 상세한 해설과 용법을 쉽게 풀어냈습니다. 저자가 수업시간에만 알려주는 풀이 노하우도 추가해 읽기만 해도 점수가 오를 수 있게 구성했습니다.

3

다양한 부가 학습자료로 고득점을 완성하세요!

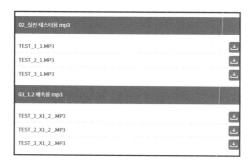

실전 모의고사 3회분 제공 – 온라인 무료 다운로드

정기 토익의 출제 경향과 난이도, 지문의 길이까지 제대로 반영한 실전 모의고사 3회분을 제공합니다. 본문에서 학습한 내용을 3회분 실전 모의고사로 마무리하세요. 길벗 홈페이지에서 다운로드 하실 수 있습니다.

본문 전체 MP3 & 실전 모의고사 MP3 4종 제공!

본문 전체 학습용 MP3를 기본으로 제공하고, 실전 모의고사용 MP3 파일을 실전용, 복습용, 1.2배속, 고사장 소음버전 4종으로 제공하여 학습 효율을 높였습니다.

기출 어휘집 제공

저자가 직접 시험을 보면서 만든 기출 어휘집을 공개합니다. 품사별로 실제로 출제된 어휘 중에서도 핵심 어휘만 추려 정리했습니다. 약 2,000단어로 구성된 이 어휘집만 제대로 학습해도 토익 어휘는 끝납니다.

4 추가 자료 다운로드 방법

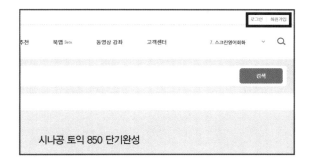

❶ 홈페이지(www.gilbut.co.kr)에 접속해 로그인합니다. (비회원은 회원 가입 권장)

❷ 상단 메뉴의 파일 찾기 검색창에
《시나공 토익 850 단기완성》을 입력합니다.

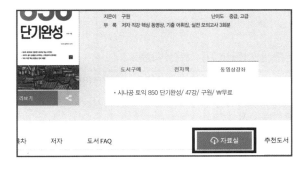

❸ 《시나공 토익 850 단기완성》이 검색되면 선택한 후
'자료실'을 클릭하고 자료를 다운로드합니다.

토익 시험 소개

TOEIC이란?

TOEIC은 Test Of English for International Communication의 앞 글자들을 따서 만든 용어로서, 영어가 모국어가 아닌 사람들을 대상으로 하여 언어의 주 기능인 의사소통 능력을 평가하는 시험입니다. 주로 비즈니스와 일상생활 같은 실용적인 주제들을 주로 다루고 있으며, 듣고 이해하는 Listening 분야와 읽고 파악하는 Reading 분야로 나뉩니다. 이 두 부분은 각각 495점의 배점이 주어지며, 총 만점은 990점입니다. 특히 Listening은 미국뿐만 아니라 영국, 호주의 영어발음까지 섞여 나오기도 합니다.

시험의 구성

구성	Part	내용	문항 수	시간	배점
Listening Comprehension	1	올바른 사진 설명 찾기	6	45분	495점
	2	질문에 알맞은 대답 찾기	25		
	3	짧은 대화 내용 찾기	39		
	4	긴 연설문 내용 찾기	30		
Reading Comprehension	5	문법 / 어휘 빈칸 채우기(문장)	30	75분	495점
	6	문법 / 어휘 빈칸 채우기(지문)	16		
	7	1개 장문의 주제와 세부사항 찾기	29		
		2개 장문의 주제와 세부사항 찾기	10		
		3개 장문의 주제와 세부사항 찾기	15		
Total	7 Part		200	120분	990점

토익 출제분야

토익은 국제적으로 통용되는 비즈니스와 특정 문화에 국한되지 않는 일상생활에 관한 내용을 다룹니다.

비즈니스	일반업무	구매, 영업/판매, 광고, 서비스, 계약, 연구/개발, 인수/합병
	제조	생산 공정, 품질/공장 관리
	인사	채용, 지원, 승진, 퇴직, 급여
	통신	공지, 안내, 회의, 전화, 이메일, 팩스, 회람, 인트라넷, 협조
	재무/회계	투자, 세금 신고, 환급/청구, 은행
	행사	기념일, 행사, 파티, 시상식
일상생활	문화/레저	영화, 공연, 박물관, 여행, 쇼핑, 외식, 캠핑, 스포츠
	구매	주문/예약, 변경/취소, 교환/환불, 배송
	건강	병원 예약, 진료, 의료보험
	생활	고장, 보수, 생활 요금, 일정

 **Part 2** ## 질의 응답 (25문제)

질문을 듣고 보기 세 개중 가장 적절한 답을 고르는 유형

Example

문제지	음성
8. Mark your Answer on your answer sheet.	**8.** Where do you usually go for computer repairs? (A) Last Thursday. (B) I think I can fix it. (C) Do you have a problem? 정답 (C)

출제 경향

❶ 파트 2에서 출제되는 문제 유형의 비중을 살펴보면 '의문사의문문 – 일반/긍정의문문 – 평서문 및 부가의문문 – 일반/부정의 문문 – 선택의문문 – 간접의문문' 순이며 이전에 비해 일반의문문과 평서문 및 부가의문문의 출제 비중이 높아졌다고 할 수 있습니다.

❷ 질문에 따른 단서를 우회적으로 제시하는 간접적 답변의 비중이 단서를 직접적으로 제시하는 직접적 답변에 버금갈 정도로 상당히 증가했습니다.

풀이 전략

❶ 의문사의문문에서 자주 출제되는 기본 문형을 바탕으로 초반 의문사를 비롯하여 주어와 동사/형용사로 이어지는 연속적인 3~4 단어, 즉 핵심어(키워드)의 의미를 파악하는 것이 관건입니다.
  • 의문사 + 조동사[do/does/did/will/would/can/could/should] + 주어 + 동사원형~?
  • 의문사 + 조동사[be/has/have] + 주어 + 형용사/현재 및 과거분사~?

❷ 질문에 따른 단서를 우회적으로 제시하는 간접적 답변의 비중이 단서를 직접적으로 제시하는 직접적 답변에 버금갈 정도로 상당히 증가했습니다.

❸ 정형화된 오답 유형을 사전에 충실히 익히고 이를 적극적으로 활용하여 정답을 선별하도록 합니다. 대표적으로 의문문에서 등장한 특정 단어를 선택지에서 반복하여 들려주는 동일어휘 오답, 특정 단어와 유사한 발음의 단어를 선택지에서 들려주는 유사발음 어휘 오답, 그리고 특정 단어를 통해 연상할 수 있는 단어를 들려주는 연상어휘 오답은 수시로 접하는 정형화된 오답 유형이므로 이를 적극적으로 활용하면 오답을 수월하게 소거할 수 있습니다.

❹ 절대 정답을 선택함에 시간을 끌지 않도록 합니다. 세 번째 선택지를 다 듣고 난 직후에도 답을 선택하지 못한 상태라면 과 감히 찍고 미련을 버린 후 바로 다음 문제를 풀 수 있도록 대비해야 합니다. 파트 2는 문제 사이 간격이 4초 밖에 되지 않으 므로 정답 선택을 머뭇거릴수록 이어지는 질문 내용을 파악하는 것에 집중하지 못하여 연이어 문제를 틀리게 되는 도미노 현상이 유독 심하다는 점에 주의하도록 합니다.

Part 3

짧은 대화 (39문제)

2명 또는 3명이 나누는 대화를 듣고 문제지에 있는 질문을 보고 알맞은 보기를 고르는 유형

Example

문제지	음성
32. Where most likely does the conversation take place? (A) At a restaurant (B) At a hotel (C) At an airport (D) At a food processing company **33.** Why is the man complaining? (A) He did not get a receipt. (B) He was served the dish he didn't order. (C) A bill is higher than he expected. (D) Some food has gone bad. **34.** What does the woman suggest the man do? (A) Speak to a manager (B) Place a new order (C) Check a menu (D) Wait for a replacement	**Questions 32 through 34 refer to the following conversation.** W: Reception. How may I help you? M: This is Wesley White in room 101. I ordered some tuna sandwiches from your restaurant and would like to return them. They smell weird. I think the tuna is not fresh. W: Oh, I'm sorry to hear that. I'll call the chef immediately and ask him to bring you a replacement soon. M: Um... Could you please give me a few minutes to have a look at the menu? I don't want to try the same thing again. **32.** Where most likely does the conversation take place? **33.** Why is the man complaining? **34.** What does the woman suggest the man do? 정답 32. (B) 33. (D) 34. (D)

출제 경향

❶ 파트 3 대화들은 주로 회사 업무, 회사 출장 및 여행, 회사 회의, 공사와 같이 회사에서 겪는 다양한 비즈니스 활동 및 일상 생활에 관한 내용이 주류를 이루고 있습니다. 따라서 해당 주제를 다루는 대화 내용을 학습하며 주제별 주요 어휘와 표현을 익히는 것이 매우 중요합니다.

❷ 파트 3 대화의 전반적인 주제 및 대화에서 언급하는 문제점, 대화 장소 및 대화자의 직업, 그리고 세부적인 대화의 내용을 묻는 문제들의 출제 비중이 높습니다. 그러므로 문제 유형별로 대화 내에서 주로 단서가 등장하는 위치를 알아두고 이를 활용하여 효율적으로 단서를 파악하는 문제풀이 방식에 익숙해져야 합니다.

풀이 전략

❶ 대화 지문을 듣기에 앞서 문제와 선택지의 내용을 먼저 파악해야 합니다. 문제와 선택지의 내용을 사전에 알아두는 것만으로도 정답률이 높아진다. 만약 시간이 없을 경우에는 문제만이라도 읽어봅니다.

❷ 문제 유형에 따른 정답의 위치가 어느 정도 정해져 있으므로 대화 지문을 듣기에 앞서 미리 문제의 유형과 해당 내용을 파악해야 합니다. 각 문제의 유형을 파악한 후에는 이들의 단서가 지문 어디쯤에서 제시될 것이라 예상하며 청해하는, 소위 노려 듣기를 해야 합니다.

❸ 첫 번째 대화 내용과 마지막 대화 내용은 절대 놓치지 말아야 합니다. 첫 번째 대화 내용과 마지막 대화 내용에는 대부분 해당 대화 지문의 첫 번째 문제와 마지막 문제의 단서가 들어가 있습니다.

Part 4

짧은 담화 (30문제)

짧은 담화를 듣고 문제지에 있는 질문을 보고 알맞은 보기를 고르는 유형

Example

문제지	음성
71. What is the message mainly about? (A) A new library policy (B) An upgraded computer room (C) A special reading program (D) A temporary location **72.** According to the speaker, what can be accessed on a Web site? (A) A new location (B) A moving schedule (C) Specific directions (D) Discount coupons **73.** What should the listeners do to borrow a laptop computer? (A) Complete a form (B) Show a membership card (C) Pay a security deposit (D) Join a free rental service 정답 71. (D) 72. (C) 73. (B)	**Questions 71 through 73 refer to the following recorded message.** Thank you for calling the Warren Public Library. The Warren Public Library will be closed at the end of August for six months for upgrades and remodeling. For your convenience, we are going to open a temporary library facility located at 911 Harder Street next Monday. Please be advised that we will not provide computer rooms at all for library patrons due to limited space. However, you can borrow library laptop computers as usual if you present your library card to any of our librarians. If you need to get step by step directions for your drive or walk to the temporary library, please visit our Web site, www.warrenpl.org. Thank you. **71.** What is the message mainly about? **72.** According to the speaker, what can be accessed on a Web site? **73.** What should the listeners do to borrow a laptop computer?

출제 경향

❶ 파트 4에선 주로 안내(사내, 행사, 관광), 담화/소개, 녹음 메시지, 광고, 일기 예보, 뉴스 등 여러 가지 다양한 소재의 지문이 등장합니다.

❷ 파트 4에서는 전반적인 주제 및 문제점, 장소 및 화자/청자의 정체(직업/직장), 지문 내 세부적인 특정 내용을 묻는 문제, 그리고 화자의 의도/시각 정보 연계 문제들이 비교적 균형있게 출제되고 있습니다.

풀이 전략

❶ 지문을 듣기에 앞서 문제와 선택지의 내용을 먼저 파악해야 한다. 문제와 선택지의 내용을 사전에 알아두는 것만으로도 정답률이 높아집니다. 시간이 없을 경우에는 문제만이라도 먼저 읽어봅니다.

❷ 문제 유형에 따른 정답의 위치가 어느 정도 정해져 있으므로 지문을 듣기에 앞서 미리 문제의 유형과 해당 내용을 파악해야 합니다. 각 문제의 유형을 파악한 후에는 이들의 단서가 지문 어디쯤에서 제시될 것이라 예상하며 청해하는, 소위 노려 듣기를 해야 합니다.

❸ 지문 초반 2문장의 내용과 지문 후반 마지막 2문장의 내용은 절대 놓치지 않도록 합니다. 이 부분에는 해당 지문의 첫 번째 문제와 마지막 문제의 단서가 포함되어 있습니다. 따라서 지문 초반 2문장의 내용과 지문 후반 마지막 2문장의 내용을 놓치지 않는다면 최소한 두 문제는 상대적으로 수월하게 정답을 확보할 수 있습니다.

단문 빈칸 채우기 (30문제)

문장의 빈칸에 알맞은 보기를 골라 채우는 유형. 늦어도 12~15분 안에 다 풀어야 파트 7에 시간을 더 할애할 수 있습니다. 문법(어형)과 어휘 문제로 구성되어 있습니다.

Example

105. ------- research in the pharmaceutical industry, the federal government will cover 60% of the total building costs of Pryde Bio Technology's research and development center.

(A) The quality of some new products
(B) The improvement in customer satisfaction
(C) The variety of service options
(D) The willingness of the attendees

정답 105. (B)

장문 빈칸 채우기 (16문제)

파트 6는 지문에 있는 4개의 빈칸에 알맞은 보기를 골라 채우는 유형. 늦어도 8~10분 안에 다 풀어야 파트 7에 시간을 더 할애할 수 있습니다.

Example

Questions 135-138 refer to the following notice.

If your baggage was damaged while being carried or supported by airport employees or by the airport baggage handling system, please ------- it to the airport baggage office on Level
135.
1. According to regulations, domestic travelers must report damage within 48 hours of their actual time of arrival. International travelers must submit a damage report within seven days of a(n) ------- baggage incident. -------. Office personnel will review reports and evaluate all
136. **137.**
damage claims. Please be advised that the airport baggage office is only responsible for damaged baggage ------- by the airport staff and the airport baggage handling system.
138.

135. (A) bring
(B) bringing
(C) brought
(D) brings

136. (A) overweight
(B) unattended
(C) forgotten
(D) mishandled

137. (A) Please fill out a baggage damage claim form as directed.
(B) The new baggage handling system is innovative and efficient
(C) The airport will expand next year to accommodate the increasing demand for air travel.
(D) The airport baggage office will be temporarily closed to travelers while it is renovated.

138. (A) cause
(B) caused
(C) will cause
(D) causing

정답 135. (A) 136. (D) 137. (A) 138. (B)

❶ 파트 5/6은 전체적으로는 문법과 어휘, 그리고 파트 6에서 문장 삽입을 묻는 문제들이 추가되어 있습니다. '문법'과 '어휘'부분은 신토익 실시 이후에도 변화가 거의 없습니다. 간혹 어휘 문제로 새로 등장하는 단어들이 보일 뿐, 특이점들은 많이 발견되지 않습니다. 따라서, 토익이 시작된 시점으로부터 변하지 않고 출제되는 기존의 유형들을 확실하게 다짐과 동시에, 드물지만 새로 추가되는 유형들을 익혀 둔다면 충분한 대비가 될 것입니다.

❷ 전체적인 비율은 바뀐 TOEIC 유형이 나오게 된 2006년 5월이래 사실 크게 달라진 것은 없습니다. 다만, 문법 출제 패턴들 중에 2006년 5월 이전에 강조되었던 명사 부분의 가산/불가산 구분, 수일치, 문제를 읽지 않아도 답이 나오는 숙어 및 관용 표현, 가정법, 생략, 도치 등의 유형들이 많이 사라지고, 질문 내용을 다 읽어야 풀 수 있는 세련된 형태들이 많이 등장하고 있다는 점이 특이점입니다.

꾸준히 출제되는 문법 유형 중에 최근에도 자주 나오는 유형들을 정리하면 다음과 같습니다.
- 관계사나 접속사/부사/전치사 혼합형 문제
- 자동사/타동사를 구분하는 문제
- 문맥을 통해 대명사의 격을 고르는 파트 6문제
- 문맥을 통해 특정 시제를 고르는 파트 6문제
- 부사절접속사들 사이의 차이점 구분 문제
- 사람/사물 또는 수식/보어로 형용사를 구분하는 문제
- 복합어이나 하나인 명사 앞의 형용사나 소유격을 고르는 문제
- 생활영어와 접목된 약간 까다로운 전치사 문제
- 재귀대명사의 강조용법 문제
- 관계사/의문사를 구분하고 들어가야 하는 wh- 문제
- 보기들 중에 동의어가 많이 제시되는 부사 어휘/연결사 문제

❶ 파트 5/6은 항상 보기를 먼저 읽고 문제 유형을 예상 및 파악합니다.

❷ 보기가 같은 어원으로 품사만 달리 나온 어형 문제의 경우, 자리를 묻는 경우가 많으므로 빈칸 주변이나 문장 전체의 [주/목/보어]구조를 따져 봅니다.

❸ 보기가 모두 다른 어휘 문제의 경우 반드시 해석을 해야 합니다.

❹ 보기에 접속사류(wh-로 시작하는 의문사/관계사, 부사절접속사 등)가 보이면 절(주어+동사)의 개수를 파악하고, '하나의 접속사는 두 개의 절을 연결한다'는 내용을 적용하여 접속사의 부족하고 넘침, 빈칸 뒤 문장의 완전/불완전 등을 따져야 합니다.

❺ 보기에 같은 동사가 형태만 달리 나올 때는 (1) 능/수동 (2) 수일치 (3) 시제의 순으로 따져서 풀어야 합니다.

❻ 명사 어휘 문제의 경우, 빈칸 앞의 관사관계를 먼저 살피고, 빈칸 앞이 무관사인 경우는 가산/불가산을 따져 풀어야 하는 문제입니다.

❼ 파트 6에 새로 추가된 유형은 문장 삽입인데, 바로 앞이나 뒤에 제시된 문장과의 연결성을 묻는 것이므로 그 점에 유의해야 합니다.

Part 7

장문 독해 (54문제)

지문을 읽고 질문에서 가장 적절한 보기를 정답으로 고르는 유형. 4개의 빈칸에 알맞은 보기를 골라 채우는 유형. 단일 지문 29문제, 이중 지문 10문제, 삼중 지문 15문제로 구성되어 있다.

Example 단일 지문

Questions 164-167 refer to the following notice.

Kamon Financial Solutions

Yesterday, management and the owners held a meeting to discuss the future of the company. We have seen a great rise in profits during the last two years and also a large increase in our number of clients. So there are many customers that we are unable to serve from our current office. As such, it has been decided that in order to enable the business to grow, we will move to a much larger new office, which will open on October 2. --[1]--.

To make the relocation to the new office as smooth as possible, we have decided to move the majority of our equipment on September 29. --[2]--. On behalf of management, I would like to request that all staff members come to work that Saturday to help us move to the new location. You will be paid for your time at an overtime rate of $50 per/hour. --[3]--. You will be working from 11 A.M. until 3 P.M. In addition, the day before the move, Friday, September 28, management requests that you pack all of your folders and documents into cardboard boxes so that they can be easily loaded into the truck. --[4]--. You will find spare boxes located in the storeroom.

If you have any questions, feel free to contact me directly. My extension is #303. Thank you for your cooperation. Together, we can help Kamon Financial Solutions become a market leader.

164. What is the main purpose of the notice?

(A) To announce a relocation to a new office
(B) To advertise a new product offered by the company
(C) To provide a list of new contact details of clients
(D) To invite employees to attend a conference

165. The word "majority" in paragraph 2, line 2, is closest in meaning to

(A) least
(B) most
(C) absolute
(D) nearly

166. What are employees requested to do on September 29?

(A) Complete some sales reports
(B) Phone some new clients
(C) Come to the office
(D) Park their cars in a different parking lot

167. In which of the positions marked [1], [2], [3], and [4] does the following sentence best belong?

"This day is a Saturday, and our office is usually closed on weekends, so there will be a minimum amount of disruption to our business."

(A) [1]
(B) [2]
(C) [3]
(D) [4]

정답 164. (A) 165. (B) 166. (C) 167. (B)

Example 이중 지문

Questions 181-185 refer to the following announcement and email.

Wallace Zoo Volunteer Program

Requirements:

- 18+ years of age
- High school diploma
- Satisfactory recommendation from previous or current employers
- Ability to commit to one full shift each week
- A clean, professional appearance
- Reliable transportation to the zoo
- The ability to attend employee training

Attendance:

Volunteers will work one full shift each week during the season they are hired. Fall and winter volunteers work shifts from 10 A.M. to 2 P.M. on weekends. Spring and summer volunteers have weekday shifts from 10 A.M. to 4 P.M. However, they might have to work on a weekend shift, which runs from 10 A.M. to 6 P.M. Shifts are assigned by the zoo's assistant manager.

If you are interested in volunteering at the city's best zoo, visit our Web site at wz.org for an application. If you have any questions, contact Kate Kensington at 703-221-8923 or katek@wz.org. Applications for the spring program must be submitted by the end of the business day on March 18. Training for the spring program begins on March 28.

To: katek@wz.org
From: stevel@pgh.com
Date: March 20
Subject: Volunteer work
Attached: Application; Recommendation Letter

Dear Ms. Kensington;

I'm responding to your advertisement for volunteers at the zoo. I saw the advertisement ten days ago; however, I had an illness that put me in the hospital for the past week. So I was unable to respond until now. I understand that the deadline for the spring program has passed. But I hope that you can understand my situation and let me still apply for it. I have attached a completed application and recommendation letter from my current employer.

Only on weekdays am I available for work. I work at a cinema and must work a full shift on both Saturdays and Sundays. I hope this won't be a problem as I would love to work at the zoo. I am a consummate professional, and I am certain I can do great work at the zoo.

Thank you,
Steve Lionsgate

181. What is NOT a requirement of the volunteer position?

(A) Completion of high school
(B) Attendance at staff training
(C) A recommendation letter
(D) Experience at a zoo

182. On what date were applications due for spring positions?

(A) March 10
(B) March 18
(C) March 20
(D) March 28

183. What does Mr. Lionsgate request in his email?

(A) Consideration for her late application
(B) An extra weekend shift at the aquarium
(C) Information about employee training
(D) More time to submit her high school diploma

184. How many hours will Mr. Lionsgate likely volunteer per day at the time he is available?

(A) 4
(B) 6
(C) 8
(D) 16

185. In the email message, the word "consummate" in paragraph 2, line 3, is closest in meaning to

(A) determined
(B) absolute
(C) independent
(D) meticulous

정답 181. (D) 182. (B) 183. (A) 184. (B) 185. (B)

Example 삼중 지문

Questions 196-200 refer to the following Web page, Web search results, and advertisement.

http://www.amityoldtown.com

Old Town in Amity is the perfect place to spend the day with your friends, family, or tour group. You'll love the experience of going on foot through the streets of Amity, which have been preserved to look exactly as they appeared in the 1700s. Go back in time as you tour Old Town.

Discounts are available for groups of 12 or more. In addition, for groups of 15 or more arriving by bus, the driver will get a complimentary ticket. Advance reservations are not required but are recommended for summer weekends. Contact 849-3894 to reserve your tickets today. Group discounts only apply to reservations made at least 24 hours in advance.

Restaurants in Amity

Seascape Features some of the finest dining in the city. Expect to pay high prices, but you'll love the service and the quality of the meals. The specialties are seafood, especially lobster and crab. Located down by the pier.

Hilltop Decorated like an old-style ranch, you'll get some of the finest steaks and ribs in the region. Don't be distracted by the loud music and casual atmosphere. The food here is incredible. About 400 meters from Old Town.

Green Table Enjoy hearty food that takes you back to the 1800s. All the meats and vegetables come from local farmers. Reservations at least a week in advance are a must. Located in the city's center.

Romano's Get a taste of Italian food here. Giuseppe Romano, the owner, has been running this establishment for the past 12 years. It's located just 200 meters from the entrance to Old Town.

Visit Old Town in Amity with the Galway Travel Agency. Enjoy spending a day at Old Town and then dining down by the waterfront. You can do this for the low price of $175.

Your group will depart from the Galway Travel Agency at 9:00 A.M. on August 20. You'll return to the same place sometime around 8:00 P.M. Call 830-1911 for more information. The trip will not be made unless at least 18 people sign up for it.

---

196. What is indicated about Old Town?

(A) It requires reservations in summer.
(B) It has reduced its admission fees.
(C) It has historical reenactment shows.
(D) It is designed for people to walk through.

197. How can a group get a discount to Old Town?

(A) By purchasing tickets a day in advance
(B) By paying with a credit card
(C) By having 10 or more people
(D) By downloading a coupon from a Web site

198. What is mentioned about Green Table?

(A) It serves vegetarian meals.
(B) Its food is locally produced.
(C) It was established in the 1800s.
(D) It does not require reservations.

199. Where most likely will the excursion organized by the Galway Travel Agency have dinner?

(A) At Seascape
(B) At Hilltop
(C) At Green Table
(D) At Romano's

200. What is suggested about the excursion to Old Town?

(A) It will involve an overnight stay.
(B) It must be paid for in advance.
(C) It may receive a complimentary ticket.
(D) It includes three meals that are paid for.

정답 196. (D) 197. (A) 198. (B) 199. (A) 200. (C)

❶ 파트 7은 신유형이 추가되면서 예전보다 비중이 더 커졌습니다. (1) text-message chain (2) online chat discussion (3) 삼중 지문 (4) 문장 삽입 (5) 특정문구 내용 파악 등이 새로 추가된 유형인데, 삼중지문이 버겁기는 하지만, 이전 토익에 비해 난이도가 전체적으로 높아지지는 않았습니다. 그리고, 유념할 것은 파트 7 전체가 다 어려운 것이 아니라 3~4개의 지문, 그리고 그 지문들 중에서도 특정한 몇 개의 문제들이 어렵다는 것입니다. 주로 (most) likely/probably와 같은 유추/추론의 문제 유형입니다. 논란의 대상이 되는 유형들은 대부분 이 유형으로, 지문에 근거가 100퍼센트 명확히 제시되지 않는 경우가 있어 정답을 골라 내기 쉽지 않습니다. 이외에는 마치 '숨은 그림 찾기'하는 것과 같이 단서를 찾기 어려운 문제들이 대부분인데, 이는 정독을 통해서만 해결할 수 있으므로, 적절한 요령의 숙지와 더불어 정독을 하더라도 시간이 많이 걸리지 않을 정도의 진짜 '독해력'이 필요합니다.

❶ 해당 문제의 키워드를 찾으며 지문을 정독합니다. 어차피 각 지문당 문제를 다 풀려면, 지문 하나당 3~4번 정도를 읽게 되는데, 읽을 때마다 전에 읽었던 내용들이 머리 속에 남게 되므로 읽는 속도는 빨라지게 되니 읽는 회수가 늘어나는 것에 그리 신경 쓰지 않아도 됩니다. 또한, 가끔 학생들 중에 문제마다 키워드를 미리 다 찾아서 한꺼번에 빈 공간 한 켠에 표시해 두고 풀이하는 사람들이 있는데 이것도 괜찮은 방법입니다.

❷ 독해가 된다는 것은 머리 속에 상황이 그려지는 것이니, 단순히 단어만 읽고 내용이 머리 속에 들어오지 않는다면, 글 전체의 분위기를 전하는 지문의 제목과 초반부를 다시 한 번 정독합니다.

❸ 이중 지문의 경우, 두 지문 모두에서 부분적인 단서를 찾는 연계문제는 많아야 두 개입니다. 이 말은 다섯 문제 중에 3~4문제는 특정 한 지문만 읽어도 답이 나온다는 것입니다.

❹ 이중/삼중 지문의 경우 꾸준히 출제되는 반복되는 유형들이 있습니다.
• 한 지문에 일정이 나오면, 다른 지문에는 그것이 변경된 내용이 나옵니다.
• 한 지문에 교환/할인/반품에 대한 규정이 나오고, 다른 지문에 특정한 인물이 나오면, 그 인물이 교환/할인/반품의 대상이 되는가와, 또는 되지 않는 이유를 묻는 문제가 나옵니다.
• 특이한 성격의 지문, 예를 들면, draft, invoice, 예약확인 메일 등과 같은 것들은 그 지문의 내용이 아닌 형식이나 성격이 주제로 제시되는 경우가 많습니다.
• 특정 인물에 관한 사실관계, 유추문제가 질문으로 나오면, 그 인물이 발신자인 글을 먼저 읽는 것이 빠릅니다.
• 회사가 여러 개 언급되는 문제의 경우, 지문 맨위 수신자/발신자 이메일 부분의 회사 이름을 반드시 숙지하고 풀어야 합니다.

❺ 평소에 학습할 때 풀고 답을 맞추고 해설 등을 참조한 후에, 반드시 여러 번 정독해야 합니다. 이때, 문제 풀 때는 보이지 않던 많은 단서들이 눈에 들어오게 됩니다.

❻ 파트 7은 오답노트를 만들지 않아도 되지만, 나중에 복습할 때 대략적인 내용을 알 수 있도록 각 문단마다 내용을 한 두 줄로 요약해서 적어 두는 방법도 좋습니다.

목 차

READING Comprehension

Part 5

LISTENING Comprehension

학습 일정표

먼저 이론 부분을 학습한 후 실전 모의고사를 풀면서 이론에서 배운 내용을 실전에 적용해 보세요. 4주, 28일 학습이 기본 원칙이지만 각자 수준과 여력에 따라 4주 완성이 힘든 분들은 4주 완성 일정을 참조하여 본인만의 일정을 만들어보세요.

1주 차

DAY 01	Unit 01 ~ 04
DAY 02	Unit 05 ~ 08
DAY 03	Unit 09 ~ 12
DAY 04	Unit 13 ~ 16
DAY 05	Unit 17 ~ 20
DAY 06	Unit 21 ~ 24
DAY 07	Unit 25 ~ 29

2주 차

DAY 08	Unit 30 ~ 33
DAY 09	Unit 34 ~ 37
DAY 10	Unit 38 ~ 41
DAY 11	Unit 42 ~ 45
DAY 12	Unit 46 ~ 49
DAY 13	Unit 50 ~ 53
DAY 14	Unit 54 ~ 57

3주 차

DAY 15	Unit 58 ~ 61
DAY 16	Unit 62 ~ 65
DAY 17	Unit 66 ~ 69
DAY 18	Unit 70 ~ 73
DAY 19	Unit 74 ~ 77
DAY 20	Unit 78 ~ 81
DAY 21	Unit 82 ~ 85

4주 차

DAY 22	Unit 86 ~ 89
DAY 23	Unit 90 ~ 93
DAY 24	Unit 94 ~ 99
DAY 25	실전 모의고사 1
DAY 26	실전 모의고사 2
DAY 27	실전 모의고사 3
DAY 28	실전 모의고사 1~3 리뷰

RC 파트의 시험 요령

1. RC는 시간 배분이 가장 중요하다.
- 먼저 LC 시간에 미리 풀어둔 파트 5 문제의 정답 마킹을 한다.
- 파트 5와 파트 6 46문제를 모두 해결하는 데 20분이 넘어가면 안 된다.
- 시간 배분은 파트 5에 12분, 파트 6에 8분 정도가 알맞다.
- 파트 6의 '문맥상 적합한 문장 넣기'는 1분 정도 지났을 때도 풀리지 않을 경우 포기하고 다음 문제로 넘어간다.

2. 파트 7의 풀이 순서를 바꾼다.
- 먼저 176번으로 가서 200번까지 이중 지문과 삼중 지문을 해결한다. 이때 독해 시간만으로 설정한 55분 중 25분이 넘어가면 주저 없이 147번으로 넘어가 단일 지문을 해결한다.
- 단일 지문을 해결한 후 나머지 시간 동안 앞서 풀던 이중 지문과 삼중 지문을 시험 종료 시까지 해결한다.

3. 답안지 마킹은 다음과 같은 순서에 따른다.
- 파트 5 : 페이지별로 마킹한다.
- 파트 6 / 파트 7 : 한 지문 단위로 마킹한다.

PART 5&6에 대한 850 전략

파트 5&6는 크게 문법/어형과 어휘, 그리고 파트 6에만 등장하는 신유형인 문맥상 적합한 문장 넣기로 나뉘어져 있는데, 문법/어형은 거의 만점에 가까운 득점을 해야만 850에 근접할 수 있는 확률이 높아진다. 또한 RC는 시간이 한정되어 있으므로 시간 배분이 상당한 중요한 관건으로 작용하는데, 특히 문맥상 적합한 문장 넣기 유형은 단 4문제가 출제되지만 상대적으로 시간이 많이 소요되므로 일단 다른 문제들을 모두 해결한 후 접근하는 것이 시간 배분 전략상 유리하다. 또한 파트 7에 상당한 시간을 할애해야 하므로 평소에 파트 5&6 46문제를 최소한 20분 안에 풀 수 있도록 훈련해 나가야 한다.

정답 목표	40개

문제 유형별 출제율

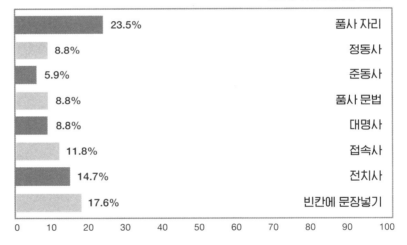

어휘 문제별 출제율

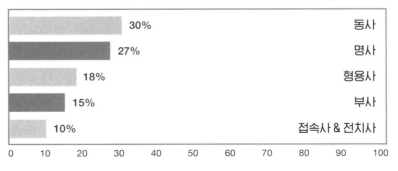

PART 7에 대한 850 전략

문제 풀이 전략도 중요하지만 무엇보다 시간 배분이 중요한 파트이므로 먼저 이중 지문과 삼중 지문의 절반 정도를 해결하고 단일 지문으로 넘어가는 것도 하나의 요령이다. 왜냐하면 이중 지문과 삼중 지문의 비중이 거의 50%에 육박하기 때문에 단일 지문에서 시간을 많이 소요하다가 시간이 얼마 남지 않은 상황에서 이중 지문과 삼중 지문을 맞닥뜨리게 되면 더욱더 부담과 혼란이 가중되어 결국 시간 배분에도 실패하게 되기 때문이다. 이중 지문과 삼중 지문 몇 문제를 남겨놓고 있을 경우에는 시간이 부족해도 최악의 경우 스킵할 수도 있다는 자세를 가지고 문제를 풀 수 있기 때문에 상대적으로 여유감이 생길 수 있다.

정답 목표	45개

지문 유형별 출제율

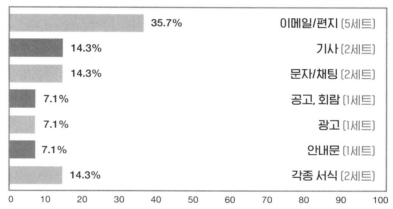

문제 유형별 출제율

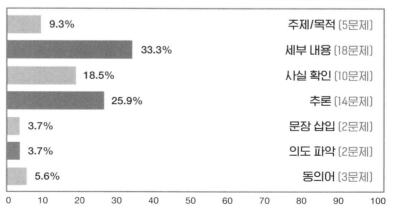

UNIT 01 명사와 형용사 문제는 다 맞아야 기본이다!

품사 자리 문제는 매회 출제되며 많게는 9문제까지도 나온다. 시험에 이렇게 많이 출제되는 이유는 품사 자리가 곧 영어 문장의 구조를 파악하고 문장을 해석하는 데 핵심적인 요소이기 때문일 것이다. 품사 자리 문제 중 명사와 형용사 자리 문제는 매회 각 2문제씩 출제되는데 아래 핵심을 숙지하면 해석 없이 풀 수 있다. '관소전타'로 외워 두면 편하다.

출제율 100% 〉 **핵심 포인트** 시간이 없으면 이것만 외우세요!

1. 명사 자리

1) 관사/소유격 뒤

We entered a short-term contract with a **possible** (**extension**) of two more years.
우리는 2년 더 연장할 수 있는 단기 계약을 맺었다.
▶ 관사/소유격 + (형용사/–ing/p.p.) + **명사**

2) 관사/소유격이 없는 경우

(**Contributors**) to the magazine **will receive** five free copies of the issue.
잡지의 기고자는 해당 호를 무료로 다섯 부 받을 것이다.
▶ **명사(주어)** + 동사

The invitation of a general meeting of stockholders was sent **to** all (**shareholders**) this afternoon.
주주 총회 초대장이 오늘 오후에 모든 주주들에게 발송되었다.

In (**compliance**) **with** the new rule, employees must wear name tags.
새 규정에 따라 직원들은 명찰을 부착해야 한다.
▶ 전치사 + **명사**(+ 전치사)

Those participating in the mountain hike **should bring** proper (**equipment**).
등산 참가자는 적절한 장비를 가지고 와야 한다.

The organizer **has given** our company (**confirmation**) that our booth has been secured.
주최자는 우리 회사에 우리 부스가 확보되었음을 확인해 주었다. (4형식, 직접목적어)
▶ 타동사 + **명사(목적어)**

What the candidates need when they are being interviewed **is** (**confidence**).
면접 받을 때 지원자에게 필요한 것은 자신감이다.
▶ 2형식 동사 + **명사(보어)**

Please congratulate **Dr. Loony**, (**recipient**) of the Oscar Award.
오스카 상 수상자인 Loony 박사를 축하해 주세요.
▶ **명사** + **명사(동격)**

Keeping up with the newest trend is important in the **fashion** (**industry**).
최신 유행에 뒤떨어지지 않는 것이 패션업계에서는 중요하다.
▶ **명사** + **명사** ⇨ **복합명사**

명사가 아닐 것 같은 명사	
형용사로만 쓰인다고 착각하기 쉬운 명사	adhesive 접착제 alternative 대안 representative 직원 objective 목표 potential 잠재력 individual 개인 specifics=details=particulars 세부사항 objective 목적 original 원본 normal 보통
동사로만 쓰인다고 착각하기 쉬운 명사	change 변경, 잔돈 charge 요금 contact 연락 graduate 졸업생 leave 휴가 pay 급료 permit 허가증 produce 농산물 raise 인상 request 요청 review 검토, 평론 purchase 구매품, 인수
부사로 착각하기 쉬운 명사	assembly 모임, 조립

2. 형용사 자리

1) 명사 수식

The entire staff looks forward to the (**upcoming**) vacation.

모든 직원들이 다가오는 휴가를 기대하고 있다.

▶ **형용사 + 명사**

2) 2형식 동사(be, become, remain, seem, appear, turn out, prove, 감각동사) 뒤

Test results are hardly (**predictable**) because of many unexpected factors.

예기치 않은 요인이 많기 때문에 검사 결과를 거의 예측할 수 없다.

▶ 2형식 동사(+ 부사) + **형용사(주격 보어)**

3) 5형식 동사(make, keep, find, leave, deem)+목적어 뒤

The heater will make your room (**warm**). 히터가 방을 따뜻하게 해 줄 것이다.

▶ 5형식 동사 + 목적어 + **형용사(목적격 보어)**

4) 형용사1, 형용사2(=형용사1 and 형용사2)

의미에 따라 and 자리에 or나 but(=yet)이 올 수 있으며 콤마도 생략 가능

Our agency consists of (**creative**), highly competitive staff.

우리 기관은 창의적이고 매우 경쟁력 있는 직원들로 구성되어 있다.

형용사가 아닐 것 같은 형용사

complete 완전한 separate 별도의 correct 올바른 secure 안전한 costly 비싼 likely 있을 법한 friendly 친근한
lively 생기 있는 timely 시기적절한 orderly 질서정연한 deadly 치명적인 monthly 매월의 daily 매일의

In ------- with last year, our net profit will turn out to be considerably higher than experts forecast.

(A) comparable

(B) comparably

(C) comparison

(D) comparing

1단계 보기를 확인한다. 앞머리가 같다. 품사 자리 문제다.

2단계 빈칸 앞뒤에 전치사가 있다는 것을 확인한다. 명사 자리다. 정답은 (C).

3단계 다른 보기들을 하나씩 따져 본다.

(A) comparable ▶ -able의 형태는 형용사다.

(B) comparably ▶ 형용사에 -ly가 붙으면 부사다.

(D) comparing ▶ 동명사도 전치사 뒤에 올 수는 있으나 동명사 자체의 목적어가 필요하다.

표현 정리 in comparison with ~에 비해서 net profit 순이익 turn out to be ~로 밝혀지다[판명 나다] considerably 훨씬, 눈에 띄게 forecast 전망하다

해석 작년과 비교하면 우리 순이익은 전문가들이 전망한 것보다 훨씬 높을 것이다.

✎ 실전 연습

1. Workers should be ------- with the regulations set forth by the company.

(A) compliance

(B) comply

(C) complied

(D) compliant

2. The museum curator has offered us ------- that the historic library will be open by next year.

(A) assuredly

(B) assure

(C) assuring

(D) assurance

• 정답 및 해설은 02쪽에서 확인

UNIT 02 '앞에, 사이에, 뒤에'는 부사가 답이다!

부사는 필수 요소가 아니므로 문장의 형식별 필수 요소(주어, 동사, 목적어, 보어)가 이미 있다면 기본적으로는 어디든 들어갈 수 있다. 그러나 문제를 풀다 보면 명사나 형용사 자리와 혼동되는 경우가 많으므로 주의해야 한다.

출제율 100% 핵심 포인트   시간이 없으면 이것만 외우세요!

1. 부사 자리

1) 부사 + 형용사(혹은 분사), 부사 + 완전한 문장(혹은 절)

The order that you placed was processed in a (**surprisingly**) short time.
귀하가 한 주문은 놀랍도록 짧은 시간에 처리되었습니다.

The Eat Fresh Restaurant has a good record for sourcing (**sustainably**) caught fish.
Eat Fresh 식당은 환경파괴 없이 지속적으로 포획되는 생선을 구하는 데 좋은 전력을 가지고 있다.

The shop organized a promotional event, and (**fortunately**), it was very successful.
그 상점은 홍보 행사를 기획했고 운 좋게도 매우 성공적이었다.

2) 동사 수식

The CEO (**promptly**) called every department head.
최고경영자는 즉시 모든 부서장에게 전화했다.
▶ 주어 + **부사** + 동사

You can (**easily**) reduce your water usage with this device.
이 장치를 통해서 물 사용량을 쉽게 줄일 수 있다.
▶ 조동사 + **부사** + 동사원형

STK has (**frequently**) ranked as the best network company in Europe.
STK는 유럽 최고의 네트워크 회사로 빈번하게 순위에 올랐다.
▶ have + **부사** + p.p.

Abe Education is (**currently**) offering free trial opportunities for its education program.
Abe Education은 현재 자사 교육 프로그램에 대한 무료 시범 이용 기회를 제공하고 있다.
▶ be + **부사** + -ing/p.p.

Our failure was (**partly**) the result of missing the opportune product release date.
우리의 실패는 부분적으로는 제품 출시의 적절한 날짜를 놓친 결과였다.
▶ be + **부사** + 명사

We ask passengers to (**kindly**) refrain from bringing food items on the bus.
우리는 승객들에게 버스에 음식물을 가져오는 것을 삼가해 달라고 당부한다.
▶ to + **부사** + 동사원형

3) 완전한 문장 뒤

Please read the assembly manual (**carefully**). 조립 설명서를 주의 깊게 읽으세요.
▶ 동사 + 목적어 + **부사**

Your order will be delivered (**shortly**). 귀하의 주문은 곧 배송될 것입니다.
▶ 수동태 + **부사**

Mr. Kim acted (**professionally**). Kim 씨는 전문적으로 행동했다.

▶ 1형식 동사 + **부사**

빈출 1형식 동사	act(=behave) 행동하다 think 생각하다 proceed 나아가다 arrive 도착하다 dress 옷을 차려 입다 function 기능을 하다

1형식도 되고 3형식도 되는 동사

	1형식 동사 + 부사	3형식 동사 + 목적어 + 부사
perform	업무를 수행하다	수행하다 + (연구, 조사, 공연)
increase	증가하다	증가시키다
serve	일하다, 기능을 하다	섬기다, 제공하다 + (고객, 음식)
decline	감소하다	거절하다 + (제안)
run	달리다, 뻗어 있다	운영하다 + (사업), 가동시키다 + (기계)
operate	운영되다, 가동되다	가동시키다 + (기계)
move	이동하다	옮기다 + (물건)
drive	운전하여 이동하다	운전하다 + (차량)

2. 부사 자리로 혼동할 수 있는 명사와 형용사 자리

The event coordinator requested (~~additionally~~, **additional**) chairs.

행사 진행자는 추가 의자들을 요청했다.

▶ 동사 + **형용사** + 목적어

We do not consider it perfectly (**appropriate**, ~~appropriately~~) for you to speak loudly in the

library. 도서관에서 큰 소리로 말하는 것이 지극히 적절하다고 생각되지 않는다.

▶ 5형식 문장의 불완전 타동사 + 목적어(+ 부사) + **형용사**

Mr. Shin is responsible for the latest design (~~innovatively~~, **innovation**) at our company.

Shin 씨는 우리 회사에서 최신 디자인 혁신을 담당한다.

▶ 복합명사(N1 + N2)의 N2 자리 **명사**

Vice President Nathaniel came up with new ideas ------- during her 5-year tenure at Emerson Consulting.

(A) consistently

(B) consistent

(C) consist

(D) consisted

1단계 보기를 확인한다. 앞머리가 같다. 품사 자리 문제다.

2단계 빈칸 앞에 완전한 문장이 있고 뒤는 전치사구임을 확인한다. 빈칸은 부사 자리다. 정답은 (A).

3단계 다른 보기들을 하나씩 따져 본다.

(B) consistent ▶ -ent 형태는 형용사다.

(C) consist ▶ consist는 동사다.

(D) consisted ▶ 동사의 과거형이므로 동사다.

표현 정리 vice president 부사장 come up with an idea 아이디어를 내다 consistently 지속적으로 tenure 재직, 임기

해석 Nathaniel 부사장은 Emerson 컨설팅에서 5년간 재직하면서 새로운 아이디어를 끊임없이 생각해냈다.

실전 연습

1. Handcock Construction uses only steel frames when building a house to make sure it is ------- sound.

   (A) structured

   (B) structurally

   (C) structural

   (D) structuring

2. It is very important that we have our forests ------- managed because they provide essentials for our lives.

   (A) sustainably

   (B) sustainable

   (C) sustain

   (D) sustains

• 정답 및 해설은 02쪽에서 확인

UNIT 03 접속사는 동사와, 전치사는 명사와 친하다!

주로 빈칸 앞뒤를 보고 푸는 명사, 형용사, 부사 자리 문제와 달리 동사, 접속사, 전치사 자리 문제는 문장 전체를 봐야 한다. 동사를 기준으로 구조를 잘 파악하면 해석을 거의 하지 않고 풀 수 있다.

출제율 100% ▷ **핵심 포인트** ▷   시간이 없으면 이것만 외우세요!

1. 접속사 자리와 동사 자리

1) 문장에는 꼭 동사가 있어야 하고 이를 정동사라고 한다.

The tour package (~~including~~, **includes**, ~~to include~~) several free rafting activities.
관광 패키지에는 여러가지 무료 래프팅 활동들이 포함되어 있다.

● 하나만 더! 👆

정동사와 준동사의 구분	
정동사	주어+동사, 조동사+동사, is/are/am/was/were 등의 be동사, has+p.p./have+p.p./had+p.p., 명령문에서의 동사, Please+동사
준동사	V-ing, p.p., to부정사, been -ing/p.p.

2) 정동사 2개

(**Although**, ~~Despite~~) the product **has received** favorable reviews, it **is struggling** on the market.
제품이 호평을 받았음에도 불구하고 시장에서 고전을 면치 못하고 있다.
▶ 접속사! 접속사는 주로 wh–, that, if, though가 포함된 단어

3) 정동사 문장 + 접속사

The purchasing manager (**reported**, ~~reporting~~, ~~to report~~) **that** there **were** no raw materials in stock. 구매 관리자는 원자재 재고가 없다고 보고했다.
▶ 정동사가 하나 더 필요

2. 전치사 자리

1) S + V(완전한 문장) + 전치사 + 명사

Only authorized personnel are allowed to work (**in**) the laboratory.
권한을 부여받은 직원만이 실험실에서 근무하는 것이 허용된다.

2) 전치사 + 명사, S + V

(**Due to**) limited resources, we couldn't finish the project as scheduled.
제한된 자원 때문에 우리는 일정대로 프로젝트를 끝낼 수 없었다.

3) 명사 + 전치사 + 명사

Your concern (**about**) the deposit will be addressed by our representatives.
보증금에 대한 귀하의 우려는 저희 직원들이 맡아 처리할 것입니다.

Gela Beans recently sold its **building** (**next to**) **the community center.**

Gela Beans는 최근에 마을 회관 옆의 빌딩을 매각했다.

3. 정동사의 구분, 접속사와 전치사의 구분

1) 과거 시제는 정동사, 과거분사 시제는 준동사

To assemble the Sitiz Chair, (**use**, ~~using~~) only **authorized** tools **provided** by the manufacturer.

Sitiz 의자를 조립하려면 제조업체가 제공한 공인 공구만 사용하십시오.

▶ authorized와 provided는 과거분사이며 준동사

2) 의미(혹은 모양)가 비슷한 접속사, 전치사, 부사 기출표현

접속사	전치사	부사
while ~동안에, 반면에	during ~동안에	meanwhile 그러는 동안에
because ~때문에	because of ~때문에 as a result of ~의 결과로	as a result 그 결과
even though/if 심지어 ~라 해도 only if 단지 ~라면 as if[=as though] 마치 ~처럼 even as ~하는 바로 그 순간에	as to ~에 관하여 as for ~에 한해서는 as of ~부로	even ~조차 even so 그렇다 해도
if 만약에 ~하면		if so 그렇다면 if not 그렇지 않다면 if any 있다 해도

3) 접속사 외의 품사로도 쓰이는 어휘

접속사, 전치사, 부사	since ~이래로 before ~전에 after ~후에
접속사, 전치사	as ~할 때, ~때문에 until ~까지, ~할 때까지
접속사, 부사	once 일단 ~하면, 한 번
접속사, 대명사	who, when, where, how, whom, which, whose, whoever, whichever, whatever, whomever, that(관계대명사(형용사절), 의문대명사(명사절), 복합관계대명사)

4) 특이한 형태의 접속사와 전치사

when이 생략되는 접속사	the moment (when) ~할 때 at the time (when) ~할 때 by the time (when) ~할 때쯤에는
that이 생략되는 접속사	providing (that)=provided (that) ~라면 considering (that) ~을 고려할 때 in case (that) ~의 경우에 in the event (that) ~의 경우에
-ing형 전치사	regarding ~에 관해서 concerning ~에 관한 considering ~을 고려하면 including ~을 포함하는 excluding ~을 뺀[배제하는] following ~뒤에 나오는, 그 다음의 starting ~에 시작하는 beginning ~에 시작하는 notwithstanding ~에도 불구하고
p.p.형 전치사	given ~을 고려할 때

------- the quarterly sales revenues have not been released yet, industry analysts are already able to predict the results.

(A) In spite of
(B) Furthermore
(C) Even though
(D) In contrast

1단계 보기를 확인한다. 접속사, 전치사, 부사로 구성되어 있다. 접속사나 전치사 자리 문제일 가능성이 높다.

2단계 동사의 개수를 확인한다. (정)동사의 개수가 2개이므로 접속사인 (C)가 정답이다.

3단계 다른 보기들을 하나씩 따져 본다.

(A) In spite of ▶ (A)는 전치사다.
(B) Furthermore ▶ (B)는 부사다.
(D) In contrast ▶ (D)는 부사다.

표현 정리 quarterly 분기별의 sales revenue 매출, 판매 수익 release 발표하다 yet 아직 industry 업계, 산업 analyst 분석가 be able to do ~할 수 있다 predict 예측하다 result 결과

해석 분기별 매출이 아직 발표되지 않았지만, 업계 분석가들은 이미 결과를 예측할 수 있다.

실전 연습   실전으로 확인하세요!

1. Pamela Lainson will serve as the temporary procurement manager ------- a qualified candidate is hired.

(A) by
(B) until
(C) with
(D) about

2. The electronics company tested its new kitchen appliance on 100 people, ------- showed great satisfaction with its ease of use.

(A) the reason being
(B) as many as
(C) most of whom
(D) because of them

• 정답 및 해설은 02쪽에서 확인

UNIT 04 수와 태 문제는 주어와 목적어만 보라!

동사의 수, 태 문제는 매달 출제되는 기본 문제다. 기본 개념만 제대로 알면 절대 실수하지 않는다. 주어와 동사 그리고 목적어와의 관계만 보면 된다.

출제율 100% 핵심 포인트

시간이 없으면 이것만 외우세요!

1. 수의 일치

1) 단수명사 주어 + 단수동사, 복수명사 주어 + 복수동사

Some mandatory training (**has been**, ~~are~~) scheduled for next Wednesday.

의무 교육이 다음주 수요일로 일정이 잡혔다.

주어가 단수인 경우	주어가 복수인 경우	단수동사	복수동사
단수명사/고유명사, 동명사, 명사절 He, She, It	복수명사, You, They, We (Both) A and B	am, is, was, has, does 동사원형-s(혹은 -es) (3인칭 현재)	are, were, have, do 동사원형
		조동사+동사원형, 동사원형-ed(과거 시제)	

2) 단수명사 주어(+전명구/준동사구/형용사절) + 단수동사

The orientation <u>for interns</u> (**has been**, ~~are~~) postponed until next week.

인턴들을 위한 오리엔테이션이 다음주까지 연기되었다.

The proposal <u>to transform the surrounding areas</u> (~~are~~, **will be**) reviewed by executives.

주변 지역을 바꾸는 제안서가 중역들에 의해서 검토될 것이다.

▶ 동사 앞에서 주어를 수식하는 수식어(전명구, 준동사구, 형용사절)들은 빼고 생각한다.

2. 태의 일치 – 주어의 수만으로 풀 수 없는 문제는 동사 뒤 목적어 확인

1) 능동태: 주어 + 동사 + 목적어(명사/대명사/동명사/to부정사/명사절)

Mr. Gabriel (**received**, ~~was received~~) his order on time.

Gabriel 씨는 그의 주문품을 제때 받았다.

2) 수동태: 주어 + 동사(+수식어(부사/전치사구/부사절 등))

The meeting will (**be held**, ~~be holding~~) in the meeting room.

회의가 회의실에서 열릴 것이다.

3. 수와 태의 함정 포인트

1) 능동태로 착각하기 쉬운 경우

tomorrow 내일 next week 다음주에 weeks before S+V S가 V하기 몇 주 전

▶ 시간부사(구)를 목적어로 착각

downtown 시내에서 online 인터넷으로
▶ 장소부사(구)를 목적어로 착각

be expected/estimated/predicted/asked to V ~할 예정이다/추정되다/예상되다/요청받다
▶ 형용사/부사 기능의 to부정사 앞

be charged a fee 요금을 부과받다   be offered a job 일자리를 제공받다

be issued a refund 환불받다   be awarded a contract 계약을 따내다

be given a certificate 증명서를 받다   be told the news 뉴스를 듣다

be informed/assured/notified/reminded/convinced that S+V
~에 대해 통보받다/보장받다/통보받다/상기되다/확신받다
▶ 4형식 문장의 수동태 표현

be named/appointed/elected/considered (as)+**명사** (명사)로 임명되다/임명되다/선출되다/간주되다
▶ 5형식 문장의 수동태 표현

2) 수동태로 착각하기 쉬운 경우

You must address **the challenges** you (~~will be encountered~~, **will encounter**).
자신이 직면하게 될 문제를 해결해야 한다.
▶ 목적격 관계대명사가 생략된 절의 동사. encounter의 목적어는 선행사인 challenges이므로 능동태를 쓴다.

The icon for placing orders (**has disappeared**, ~~is disappeared~~) **suddenly**.
주문을 하는 아이콘이 갑자기 사라졌다.

The software that Haxo, Inc. developed (**interacts**, ~~is interacted~~) **with** users.
Haxo 주식회사가 개발한 소프트웨어는 사용자들과 상호작용한다.
▶ 1형식 혹은 2형식 문장

Mr. Kim (~~has been contributed~~, **has contributed**) **to** the company's success.
Kim 씨는 회사의 성공에 기여했다.

Mr. Vandross (~~was contributed~~, **contributed**) **4 million** dollars to the community center for
charity purposes. Vandross 씨는 자선 목적으로 지역 주민센터에 4백만 달러를 기부했다.

▶ 1형식과 3형식이 다 가능한 동사

The marketing director (**decided**, ~~was decided~~) **to replace** the old copy machine.
마케팅 부장은 오래된 복사기를 교체하기로 결정했다.
▶ 목적어 자리에 to부정사가 온 경우

● 하나만 더!

흔히 혼동하는 수 일치
- -s로 끝나는 고유명사/명사절/동명사/불가산 명사+단수동사
- a number/variety/collection/selection/array/range/series of 복수명사+복수동사
- all/most/some/any of the ┌ 복수명사+복수동사
                          └ 불가산 명사+단수동사

Starting next Monday, Cool Beverages ------- coffee and bottled water to its staff members during their lunchbreaks.

(A) will be provided
(B) will be providing
(C) are going to provide
(D) to provide

1단계 보기를 확인한다. 준동사와 정동사로 구성되고 다른 시제나 태가 있다. 정동사 문제다.

2단계 동사 자리를 찾는 문제에 주어는 단수이고 목적어가 있으므로 능동태인 (B)가 정답.

3단계 다른 보기들을 하나씩 따져 본다.

(A) will be provided ▶ 수동태 표현으로 이것이 답이 되려면 이어서 수식어가 와야 한다.
(C) are going to provide ▶ Cool Beverages는 고유명사로 단수 취급하므로 오답이다.
(D) to provide ▶ 준동사이므로 오답이다.

표현 정리 starting ~부로 provide 제공하다 bottled water 병에 든 생수 lunchbreak 점심시간

해석 다음주 월요일부터 Cool beverages는 점심시간 동안 직원들에게 커피와 병에 든 생수를 제공할 것이다.

✎ 실전 연습

실전으로 확인하세요!

1. Donnelly Professionals ------- the biggest supporter of children in need among area businesses.

   (A) considered
   (B) is considered
   (C) are considered
   (D) to consider

2. The number of proposals the construction company ------- exceeded 30.

   (A) has submitted
   (B) is being submitted
   (C) are submitting
   (D) to be submitted

• 정답 및 해설은 02쪽에서 확인

UNIT 05 시제 문제는 부사(구, 절)가 단서다!

정동사 문제 중 수나 태를 확인해도 풀리지 않는 문제가 바로 시제 문제다. 영어에는 12시제가 있고 우리말과 다른 부분이 있어서 시제 문제를 원론적으로 접근하면 어려울 수 있다. 토익에서는 대략 6~7개의 시제가 명확한 단서를 가지고 출제되므로 복잡하게 접근할 이유가 없다.

출제율 100% 〉 **핵심 포인트** 〉　　　　　시간이 없으면 이것만 외우세요!

1. 시제 문제의 단서

1) 시제 문제는 주어 혹은 목적어를 보고 푸는 수 일치, 태 일치 문제와는 달리 시간을 나타내는 부사(구)가 단서다.

The director (**approved**, ~~approves~~) the budget proposal yesterday.
이사가 어제 예산안을 승인했다.

정답이 되는 시제	단서가 되는 부사	단서가 되는 부사구
과거/과거진행	yesterday	3 days ago, last week, those days, in 과거연도
미래/미래진행	tomorrow, soon, shortly	next week, in the near[foreseeable future], in the coming[upcoming] month/year, at the end of the month/year
현재완료/현재완료진행	recently, lately, once	for 숫자 기간, over/during/for/in the last[past] 숫자 기간, (ever) since 과거연도, (ever) since 과거시점 명사
현재진행	currently, presently	

2) 부사구가 없을 경우에는 단서가 되는 부사절을 보고 푼다.

As soon as the meeting started, we (~~have begun~~, **began**) discussing the urgent issue.
회의가 시작되자 마자 우리는 긴급한 문제를 논의하기 시작했다.

정답이 되는 시제	단서가 되는 부사절
과거/과거진행	when/as soon as/just as S+V(과거)
미래/미래진행	시간의 부사절: when/before/after/while/as soon as S+V(현재/현재완료) 조건의 부사절: if/once/as long as/unless S+V(현재/현재완료)
현재완료/현재완료진행	since S+V(과거)

2. 주의해야 할 시제

1) 시간과 조건의 부사절에서는 현재(혹은 현재완료)가 미래(혹은 미래완료)를 대신한다.

When Mr. Lee (~~will visit~~, **visits**) us next week, we will pick him up at the airport.
Lee 씨가 다음주에 우리를 방문할 때 우리는 공항에서 그를 차에 태울 것이다.

2) 현재 시제는 규정, 반복/습관적 사실, 일반적 사실에 사용하므로 빈도부사와 잘 어울린다.

Mr. Franklin frequently (**visits**) a charity organization for volunteer work.

Franklin 씨는 자주 자선 기관을 방문해 자원 봉사를 한다.

빈도부사(구)

every[each] ~ 매 ~ on 요일s ~요일에 once a ~ ~에 한번 often 종종 usually 보통
regularly 정기적으로 periodically 주기적으로 frequently 자주 occasionally 가끔 customarily 습관적으로
normally 보통 typically 보통 generally 일반적으로 annually[=yearly] 매년

3) 현재진행 시제와 조동사는 미래의 어감이 있어서 미래시점 부사구와 함께 쓸 수 있다.

We (**are holding**) an information session next week.

우리는 다음주에 설명회를 열 것이다.

The attendees for next month's workshop (**could number**) over 400.

다음 달 워크숍 참석자는 400명이 넘을 수 있다.

미래 상당 어구

조동사	will, can, may, should, must, would, could, might, have to
명령/제안	(just, simply, please)+동사원형
예정	be expected to, be supposed to, be set to, be scheduled to, be about to, be due to, be bound to, be to

4) '~이래로'라는 뜻의 since절에는 과거 시제를 쓴다. 현재완료는 주절에 온다.

The popularity of the book has greatly increased ever since the title (**was**, ~~has been~~) featured on
TV. TV에 나오고 다서 책의 인기가 급상승했다.

5) 요구, 주장, 의무, 명령, 제안을 나타내는 표현에 이어지는 that절은 should가 생략되어 동사원형이 온다.

Mr. Gratski has asked that his secretary (**arrange**, ~~arranged~~, ~~arranges~~) an appointment with his
client at noon.

Gratski 씨는 그의 비서에게 정오에 고객과의 약속을 잡아 달라고 부탁했다.

● 하나만 더!

동사원형이 나오는 표현	ask 부탁하다 request 요청하다 recommend 추천하다 necessary 필요한 important 중요한 critical 대단히 중요한 crucial 중대한 mandatory 의무적인 essential 필수적인

Average prices for apartments in Seoul ------- by 1.6 percent since last November.

(A) have reduced

(B) have been reduced

(C) are reducing

(D) were reduced

1단계 보기를 확인한다. 태나 시제가 다른 보기들이다. 일단 빈칸 뒤에 목적어가 없으므로 수동태인 (B)와 (D) 중에서 고려한다.

2단계 현재완료 시제와 잘 어울리는 부사구 since last November가 단서이므로 (B)가 정답이다.

3단계 다른 보기들을 하나씩 따져 본다.

(A) have reduced ▶ 능동태 표현이므로 뒤에 목적어가 필요하다.

(C) are reducing ▶ 능동태 표현이므로 뒤에 목적어가 필요하다.

(D) were reduced ▶ 과거 시제라서 오답이다. last November만 보고 과거 시제를 선택하면 함정에 빠진다.

표현 정리 average prices 평균 가격 by 1.6 percent 1.6퍼센트만큼

해석 서울의 아파트 평균 가격이 지난 11월 이래로 1.6퍼센트 하락했다.

실전 연습

1. The goods ------- straight to the buyer once it is confirmed that the person has paid in full.

(A) shipped

(B) were shipped

(C) would ship

(D) will be shipped

2. Mr. Morendo has requested that his assistant ------- some refreshments for the seminar participants.

(A) provided

(B) has provided

(C) provide

(D) is providing

• 정답 및 해설은 03쪽에서 확인

UNIT 06 완료 시제와 가정법은 주절과 부사절만 보자!

과거완료 시제, 미래완료 시제, 가정법 표현은 모두 비교적 길이가 길고 형태가 유사하다고 생각하기 쉬우나, 용법이 각각 완전히 다르므로 주의해야 한다. 부사절에서 정답의 단서를 찾을 수 있지만 반드시 전체 문장 해석을 통해 최종 점검을 하는 것이 좋다.

출제율 100% 핵심 포인트
시간이 없으면 이것만 외우세요!

1. 과거완료, 미래완료, 가정법

1) 제시된 과거시점보다 더 먼저 일어난 과거의 일을 묘사할 때는 과거완료 시제가 답이다.

By the time the policemen arrived at the scene, the criminal (~~had disappeared~~, **has disappeared**). 경찰관이 현장에 도착했을 때 범인은 이미 사라지고 없었다.

Before he was promoted to marketing director, Mr. Bin (~~has worked~~, **had worked**) as a sales manager. Bin 씨는 마케팅 이사로 승진되기 전에 판매부장으로 일했다.

2) 제시된 미래시점보다 더 먼저 일어난 미래의 일을 묘사할 때는 미래완료 시제가 답이다.

By the time Mr. Martin returns to Korea, his rental agreement (**will have expired**, ~~expires~~). Martin 씨가 한국에 돌아올 때쯤 그의 임대 계약은 이미 만료가 되어 있을 것이다.

By next week, we (**will have made**, ~~made~~) all the necessary arrangements for the event. 다음 주까지 우리는 그 행사를 위한 모든 필요한 준비를 끝내게 될 것이다.

3) 가정법은 주절과 부사절을 세트로 기억하면 바로 풀린다.

If Mr. Flamingo had waited longer, he (~~had been meeting~~, **could have met**) the purchasing manager.

Mr. Flamingo could have met the purchasing manager if he (**had waited**, ~~has waited~~) longer. Flamingo 씨가 더 오래 기다렸더라면 구매부장을 만날 수 있었을 것이다.

If visitors were allowed, they (**would take**, ~~would have taken~~) photographs of the ancient monument.

Visitors would take photographs of the ancient monument if they (**were**, ~~will be~~) allowed. 방문객들은 허락된다면 고대 유적의 사진을 찍을 것이다.

If you should have any questions, (**feel**) free to call our service hotline. 질문이 있으시면 저희 서비스 직통전화로 편하게 전화하세요.

명칭	부사절	주절	실제 뜻
가정법 과거완료	If+S+had p.p.	S+would/should/could/might+have p.p.	과거 사실의 반대
가정법 과거	If+S+were/동사의 과거형	S+would/should/could/might+동사원형	현재 사실의 반대
가정법 미래	If+S+should+동사원형	S+will+동사원형 / (please)+동사원형	현재/미래의 희박한 일

2. 가정법 도치 및 기타 혼동 어휘

1) 가정법 과거완료/과거/미래 문장에서 if가 빠지면 주어가 조동사나 be동사 뒤에 위치한다.

Had Mr. Flamingo waited longer, he (**could have met**) the purchasing manager.

(= If Mr. Flamingo had waited)

Flamingo 씨가 더 오래 기다렸더라면 구매부장을 만날 수 있었을 것이다.

Were visitors allowed, they (**would take**) photographs of the ancient monument.

(= If visitors were allowed)

방문객들은 허락된다면 고대 유적의 사진을 찍을 것이다.

Should you have any questions, (**feel**) free to call our service hotline.

(= If you should have any questions)

질문이 있으시면 저희 서비스 직통전화로 편하게 전화하세요.

2) if가 포함된 숙어의 정확한 뜻과 품사를 기억한다.

if not for (=without, but for, barring) ~가 없(었)다면	(**If it were not for**) your help, none of these had been possible. 당신 도움이 없었다면 이 모든 것이 다 불가능했을 것이다. ▶ If it were not for(~가 없다면) = If it had not been for(~가 없었다면)+가정법 (Were not for, Had it not been for도 가능)
as if (=as though) 마치 ~처럼	Mr. Shon behaves (**as if**) he were rich. Shon 씨는 부자처럼 행동한다. (부자가 아니라는 뜻: 가정법) You look (**as if**) you haven't slept all night. 당신은 밤새 한 잠도 못 잔 것처럼 보입니다. (진짜로 잠을 못 잤을 수 있다: 직설법) ▶ 부사절 접속사이며 if 다음에는 가정법이 올 수도 있고 직설법이 올 수도 있다.
if any 있다고 하더라도 **if so** 그렇다면 **if not** 그렇지 않다면	Few, (**if any**), speeches are totally original. 있다고 하더라도 완전히 독창적인 연설은 거의 없다. (**If not**), it would be confusing to the audience. 그렇지 않다면 그것은 청중에겐 혼란스러울 수 있다. ▶ if가 들어간다고 접속사로 생각해선 안된다. 모두 부사의 기능이다.
only if 단지 ~라면	(**Only if**) permission is given are you able to enter the restricted area. 허가를 받아야만 제한 구역에 들어갈 수 있다. ▶ if절이 only의 강조를 받은 것이며 주절에는 도치된 문장이 온다.
if only (cf. I wish) ~이면 좋을 텐데	(**If only**) I were a bird. 내가 새라면 좋으련만. (**I wish**) I were a bird. 내가 새라면 좋으련만. ▶ 접속사지만 주절이 생략되며 가정법의 부사절과 같다. I wish 다음에도 가정법의 부사절이 온다.

The property owner ------- several broken windows in the house by the time the new tenant moves in there next week.

(A) will have repaired

(B) will be repairing

(C) has repaired

(D) is repaired

1단계 보기를 확인한다. 태나 시제가 다른 보기들이다. 일단 빈칸 뒤에 목적어가 있으므로 능동태인 (A), (B), (C) 중에서 고려한다.

2단계 빈칸은 by the time ~ next week로 제시된 미래시점 전에 발생할 일을 묘사하므로 미래완료 시제인 (A)가 정답이다.

3단계 다른 보기들을 하나씩 따져 본다.

(B) will be repairing ▶ 새로운 세입자가 들어올 때쯤 수리를 하고 있을 것이라는 뜻으로 수리가 미리 끝나야 하는 보편적 원리에 비춰보면 어색하다.

(C) has repaired ▶ 현재완료 시제이므로 미래시점을 나타내는 표현과 어울리지 않는다.

(D) is repaired ▶ 수동태라서 목적어(several broken windows)를 가질 수 없다.

표현 정리 property 건물, 부동산 tenant 세입자 move in 이사 오다

해석 건물주는 다음주에 새로운 세입자가 들어올 때쯤에는 이미 몇 개의 부서진 창문들을 수리했을 것이다.

실전 연습

실전으로 확인하세요!

1. Mr. Feldman, our chairman, will ------- for 11 years by the time he steps down.

   (A) serve

   (B) be serving

   (C) to serve

   (D) have served

2. ------- a customer purchases a ticket by credit card, is he entitled to get a discount.

   (A) If only

   (B) If so

   (C) Only if

   (D) As if

• 정답 및 해설은 03쪽에서 확인

동명사가 답인 문제는 to부정사나 분사기 답인 문제보다 월등히 적다. **동명사 문제 중 가장 많이 나오는 것이 전치사 뒤에 동명사가 오는 패턴이다.** 동명사를 명사와 구분할 수 있는지, to부정사나 분사와 구분할 수 있는지를 묻는 문제는 난이도가 더 높다.

출제율 100% 〉 **핵심 포인트** 〉   시간이 없으면 이것만 외우세요!

1. 동명사의 명사 역할

1) 동명사는 전치사 뒤에 위치하고 동명사 자신의 목적어를 가지므로 전치사와 관사(혹은 소유격) 사이는 동명사가 답이다.

Mr. Gupta is responsible for (**developing**, to develop, development) the software.
Gupta 씨는 소프트웨어 개발을 책임지고 있다.

The entire staff looks forward to (**meeting**, meet) the new employee coming next week.
전직원이 다음주에 올 신입사원을 만나길 기대하고 있다.

2) 동명사는 동사 앞에 위치하여 주어의 역할을 할 수 있다. 이때 동명사는 단수 취급한다.

(**Estimating**, Estimated) sales figures is meaningless at this stage.
판매 수치를 추정하는 것은 이 단계에서 무의미하다.

3) 동명사는 타동사 뒤에 위치하여 목적어 역할을 할 수 있다. 단, to부정사를 목적어로 취하는 동사는 주의한다.

Please avoid (**operating**, to operate, operation) the machines near moist areas.
습기가 있는 곳에서 기기를 작동하는 것을 피하십시오.

동사 + –ing	consider, recommend, avoid, enjoy, mind, appreciate, stop, include, finish, postpone, discontinue
동사 + to V	want, would like, wish, hope, agree, refuse, decide, promise, plan, intend, pledge, tend, wait, hesitate, fail

2. 동명사의 동사 성격

동명사는 형식에 따라 목적어 혹은 보어를 가질 수 있고, 수동태와 시제의 개념이 있으며 부사 수식을 받는다.

1) 동명사의 주어

I don't mind your (**speaking**) loudly in public areas. 나는 당신이 공공 장소에서 크게 말하는 것은 신경 쓰지 않는다.
▶ '소유격+동명사'는 '~가 …하는 것'

2) 동명사의 목적어/보어

I enjoy (**watching**) TV. / We consider (**being**) happy. 나는 TV 보기를 즐긴다. / 우리는 행복하게 되기를 고려한다.
▶ TV와 happy는 각각 동명사의 목적어, 동명사의 보어

3) 동명사의 수동형

Linda was afraid of (**being**) interviewed by the press. Linda는 언론과 인터뷰하기를 두려워했다.
▶ being p.p.는 '~되는 것'

4) 동명사의 시제

Mr. Lincoln admitted (**having**) made a mistake. Lincoln 씨는 실수했던 것을 인정했다.

▶ having p.p.는 '~했던 것'

5) 부사 수식을 받는 동명사

Regularly (**meeting**) our clients is of importance. 정기적으로 우리 고객들을 만나는 것이 중요하다.

3. 동명사, 명사, to부정사의 구분

1) 동명사는 자신의 목적어를 갖는데, 명사는 전치사가 있어야 목적어를 가질 수 있다.

Upon (**receiving**, ~~receipt~~) your proposal, we will review it.

Upon (~~receiving~~, **receipt**) of your proposal, we will review it.

당신의 제안서를 받자마자 우리는 그것을 검토할 것입니다.

2) -ing 형태의 명사로 굳어진 표현들은 형용사의 수식을 받으며 관사도 쓸 수 있고 목적어를 갖지 않는다.

(~~Regular~~, **Regularly**) meeting clients helps customer relations.

정기적으로 고객들을 만나는 것은 고객 관리에 도움이 된다.

A (**Regular**, ~~Regularly~~) meeting will be held at the first of the month.

정기 회의가 월초에 열릴 것이다.

▶ meeting은 -ing 형태의 명사로 목적어도 없고 관사를 쓸 수 있다.

-ing형 명사(불가산)	planning 기획 ticketing 발권 editing 편집 establishing=founding 설립 packaging 포장(재) advertising 광고 housing 주택 widening 확장 dialing 전화하기 clothing 의류, 옷 seating 좌석 funding 자금 지원
명사(가산)	plan 계획 ticket 표 editor 편집자 establishment 점포, 매장 package 소포 advertisement 광고 house 주택 seat 좌석 fund 기금, 자금
-ing형 명사(가산)	earnings 수익 coverings 덮개 findings 조사 결과물 painting 그림 meeting 회의 opening 빈자리, 개점, 첫 부분

3) 'to -ing'와 'to 동사원형'을 쉽게 구분하려면 관용어구 암기가 필요하다.

We look forward to (~~see~~, **seeing**) you again.

우리는 당신을 다시 보기를 기대합니다.

look forward to -ing ~하길 기대하다 be dedicated[devoted/committed] to -ing ~하는 데 헌신하다, 노력하다
be used/accustomed to -ing ~에 익숙하다 when it comes to -ing ~을 봤을 때, ~을 고려하면
object to[be opposed to] -ing ~을 반대하다 contribute to -ing ~에 도움을 주다

4) '전치사 + -ing' 의미 구분을 명확히 한다.

Mr. Wright will be commended (~~by~~, **for**) securing major customers in the industry.

Wright 씨는 업계에서 주요 고객들을 확보한 것에 대해 격찬을 받을 것이다.

Mr. Wright will reduce his travel expenses (**by**, ~~for~~) using a low-cost airline.

Wright 씨는 저가 항공사를 이용하여 여행 경비를 줄일 것이다.

▶ by -ing는 '수단'을, for -ing는 '이유'를 나타낸다.

기출 전치사 -ing 표현 정리

without -ing ~하는 것 없이 **in -ing** ~할 때 **on -ing** ~하자 마자 **instead of -ing** ~하는 대신에 **before[prior to] -ing** ~하기 전에 **after[following] -ing** ~한 후에 **since -ing** ~한 이래로 **experience (in) -ing** ~에 대한 경력 **be busy (in) -ing** ~에 바쁘다 **spend time[money] (in) -ing** ~에 시간[돈]을 소비하다 **have difficulty -ing** ~에 어려움을 느끼다 **way of -ing** ~하는 방법 **be in the process of -ing** ~의 과정중에 있다 **be capable of -ing** ~할 수 있다 **be tasked with -ing** ~의 일이 맡겨졌다 **be worth -ing** ~할 가치가 있다 **fee like -ing** ~하고 싶은 생각이 든다 **go -ing** ~하러 가다 **cannot help -ing** ~하지 않을 수 없다 **keep -ing** 계속 ~하다

고득점자의 풀이법

The marketing director at Xono, Inc. is working hard to come up with a program for ------- its vehicles.

(A) advisements
(B) advertised
(C) advertising
(D) to advertise

1단계 보기를 확인한다. 명사, 동사 혹은 과거분사, 동명사 혹은 현재분사, 그리고 to부정사로 구성되어 있다.

2단계 빈칸 앞에는 전치사, 빈칸 뒤에는 소유격이 있으므로 전치사의 목적어가 되는 동명사 (C)가 정답.

3단계 다른 보기들을 하나씩 따져 본다.

(A) advisements ▶ 전치사 뒤에 명사가 올 수 있으나 빈칸 뒤에 전치사가 있어야 명사인 its vehicles와 쓸 수 있다.
(B) advertised ▶ 문장에 정동사 is가 있으므로 동사가 올 수 없다. 과거분사로 볼 경우에는 소유격 앞에 올 수 없다.
(D) to advertise ▶ to부정사는 전치사의 목적어가 될 수 없다.

표현 정리 director 부장, 이사 comp up with (아이디어를) 고안하다, 생각해내다
해석 Xono 사의 마케팅 이사는 자사의 차량을 광고하기 위한 프로그램을 생각해내기 위해 열심히 작업중이다.

실전 연습

실전으로 확인하세요!

1. The evaluation of local development will include ------- regional consumption and expenditure patterns.

(A) to review
(B) reviewed
(C) reviewing
(D) review

2. To avoid ------- to electrical components, do not allow moisture in any openings or on the power cable.

(A) damaging
(B) damage
(C) damaged
(D) to damage

• 정답 및 해설은 03쪽에서 확인

UNIT 08 문장 앞뒤의 '위하여'는 to부정사!

to부정사가 답인 문제는 동명사가 답인 문제보다 더 많이 출제되지만, 명사 역할만 하는 동명사와는 달리 형용사, 부사 역할도 하는 to부정사는 미리 챙겨야 할 내용이 많다. 특히 고득점을 위해서는 to부정사의 기본 기능 이외에도 분사나 동명사를 구분할 수 있어야 한다.

출제율 100% 핵심 포인트

시간이 없으면 이것만 외우세요!

1. to부정사의 부사적 용법

1) 완전한 문장의 앞이나 뒤에 to부정사가 올 수 있으며 '~하기 위해서'로 해석한다.

이때 to는 in order to로 쓸 수 있으며 to부정사의 주체는 주어다.

Mr. Colon worked hard (**in order**) **to meet** his sales goal.

(**In order**) **To meet** his sales goal, Mr. Colon worked hard.

Colon 씨는 그의 판매 목표를 달성하기 위해 열심히 일했다.

2) to부정사는 뒤에서 앞의 형용사나 부사를 수식하기도 한다.

The company is **likely** (**to attract**) more customers next month.

그 회사는 다음달에 더 많은 고객을 끌어들일 것 같다.

This foldable bicycle is small **enough** (**to fit**) into a car trunk.

이 접이식 자전거는 자동차 트렁크에 들어갈 정도로 충분히 작다.

형용사를 수식하는 to부정사	부사를 수식하는 to부정사
be able to do ~할 수 있다 be likely to do ~할 것 같다 be willing to do ~할 의향이 있다 be sure/certain to do 틀림없이 ~하다 be ready to do ~할 준비가 되어 있다 be eager to do 기꺼이 ~하다	too 형용사/부사 to do 너무 ~해서 …할 수 없다 형용사/부사 enough to do 충분히 ~해서 …할 수 있다 **참고:** so 형용사/부사 that S+V 너무 ~해서 …하다

2. 부사 자리로 혼동할 수 있는 명사와 형용사 자리

1) to부정사는 특정 동사들의 목적어가 될 수 있다. 단, 동명사를 목적어로 취하는 동사와 구분해야 한다.

The director **hopes** (**to operate**, ~~operating~~, ~~operation~~) the facility by himself.

이사는 시설을 스스로 운영하기를 희망한다.

타동사 + to부정사	자동사 + to부정사
want 원하다 hope 희망하다 expect 기대하다 agree 동의하다 decide 결정하다 promise 약속하다 plan 계획하다	stop 멈추다 fail 못하다 strive 노력하다 hesitate 주저하다 wait 기다리다 tend ~하는 경향이 있다 happen 우연히 ~하다

2) to부정사는 명사 보어가 될 수 있다. 이때는 '주어는 ~하는 것'으로 해석한다.

goal, aim, purpose, plan, objective, reason, mission + is + to부정사

The **goal** of this meeting is (**to discuss**) the company's expansion.
이 회의의 목적은 회사의 확장을 논의하는 것이다.

3) to부정사는 주어가 될 수 있지만 보통 가주어/진주어 용법을 사용한다.

It is easy for you (**to read**, ~~reading~~) this book.
당신이 이 책을 읽는 것은 쉽다.

I found **it** easy for you (**to read**, ~~reading~~) this book.
나는 당신이 이 책을 읽는 것이 쉬울 거라고 느꼈다.

▶ 위와 같은 5형식 문장에서도 가목적어/진목적어를 사용한다.

3. to부정사의 동사 성격

to부정사는 주어와 형식에 따른 목적어 혹은 보어를 가질 수 있고, 수동태와 시제의 개념이 있다.

1) to부정사의 주어

It is necessary **for you** (**to submit**) the proposal this week. 이번주에 제안서를 제출할 필요가 있다.
▶ 'for+목적격+to V'는 '~가 …하는 것'

2) to부정사의 목적어/보어

I want (**to watch**) TV. / I want (**to be**) happy. 나는 TV 보기를 원한다. / 나는 행복하길 원한다.
▶ TV와 happy는 각각 to부정사의 목적어와, to부정사의 보어

3) to부정사의 수동형

(**To be considered**) for the position, you must have a master's degree.
그 자리에 고려되기 위해서는 석사 학위가 있어야 합니다.
▶ to be p.p.는 수동태 표현

4) to부정사의 시제

Something seems (**to have happened**) last week. 지난 주에 무슨 일이 발생했던 것처럼 보인다.
▶ to have p.p.는 seems보다 먼저 일어난 일

4. to부정사와 현재분사의 구분

1) 동사에 대한 목적을 나타내면 to부정사, 바로 앞의 명사를 수식하면 현재분사

We **require** an additional payment (~~delivering~~, **to deliver**) your product.
제품을 배달하기 위해서는 추가의 지불금이 필요합니다.
▶ 제품을 배달하기 위해서 필요한 것이지 제품을 배달하는 지불금이 아니다.

I am acquainted with **the driver** (**delivering**, ~~to deliver~~) your product.
나는 당신의 제품을 배달하는 운전자와 알고 있습니다.
▶ 제품을 배달하는 운전자와 지인이라는 것이지 배달하기 위해서 알고 있는 것이 아니다.

2) 동사에 대한 목적을 나타내면 to부정사, 문장의 주어를 수식하면 현재분사

(**To receive**, ~~Receiving~~) funding, you must submit a grant proposal.
자금 지원을 받기 위해서는 보조금 지원서를 제출해야 한다.
▶ 보조금 지원서 제출의 목적이 자금 지원을 받기 위한 것이므로 to부정사가 정답

(~~To finish~~, **Having finished**) the necessary training, Mr. Kim is allowed to use the machine.
필요한 교육을 마친 Kim 씨는 그 기계를 사용하는 것이 허용된다.

▶ 필요한 교육을 마친 것은 Mr. Kim이므로 현재분사의 완료형이 정답

고득점자의 풀이법

Low-cost Wi-Fi devices need to be installed in the villages ------- large numbers of users.

(A) accommodated

(B) to be accommodated

(C) accommodates

(D) to accommodate

1단계 보기를 확인한다. 과거 시제 혹은 과거분사, 동사, to부정사로 구성된다.

2단계 빈칸 앞에 완전한 문장이 있고 빈칸 뒤의 목적어와 함께 '~하기 위하여'라고 해석되는 (D)가 정답.

3단계 다른 보기들을 하나씩 따져 본다.

(A) accommodated ▶ 동사로 보면 문장에 이미 동사가 있어서 오답이고 과거분사로 보면 뒤에 목적어를 가질 수 없어서 오답이다.

(B) to be accommodated ▶ to부정사의 수동형으로 뒤에 목적어를 가질 수 없다.

(C) accommodates ▶ 문장에 이미 정동사 need가 있어서 또 동사가 올 수 없다.

표현 정리 low-cost 저가의 install 설치하다 accommodate 수용하다

해석 많은 사용자들에게 제공하기 위해서 저가의 와이파이 장치가 마을에 설치될 필요가 있다.

실전 연습

실전으로 확인하세요!

1. ------- ensure that its service centers are as accessible as possible, the company has started a 24-hour call service.

   (A) In order to
   (B) While
   (C) Concerning
   (D) In place of

2. Contact Ms. Winkler at True Blue, Inc. ------- instructions on how to get to its factory.

   (A) to obtain
   (B) obtaining
   (C) will obtain
   (D) obtains

• 정답 및 해설은 03쪽에서 확인

UNIT 09 [구][원]동사의 목적어 뒤는 to부정사!

to부정사의 형용사 기능은 명사나 부사 기능과 혼동하기 쉽고, 현재분사와도 혼동하기 쉬우므로 정확히 이해하고 적용시켜야 한다. 특히 to부정사를 목적격 보어로 갖는 5형식 동사들은 능동태 뿐 아니라 수동태를 물어보기도 하고 어휘 문제로도 매달 나오는 매우 중요한 내용이다.

출제율 100% 핵심 포인트   시간이 없으면 이것만 외우세요!

1. to부정사의 형용사적 용법

1) 5형식 동사+목적어+목적격 보어(to부정사)

5형식 동사 중 목적격 보어 자리에 to부정사를 쓰는 동사들이 있다. 이때 to부정사의 주체는 목적어이며, to부정사는 필수어에 해당한다. 이는 동사를 수식하는 to부정사와는 다르다.

I **want you** (**to leave**). 나는 당신이 떠나길 원한다.

▶ 5형식 문장. to leave는 목적격 보어로 필수어. 떠나는 것은 you.

I want a ride (**to leave**). 나는 떠나기 위해서 태워줄 것을 원한다.

▶ 3형식 문장. to leave는 수식어. 떠나는 것은 I.

● 하나만 더!

	능동태(목적어+to부정사)	수동태(be p.p.+to부정사)
[구]하다 계열: 요청/권고/설득/촉구	ask, require, request advise, invite, encourage persuade, urge, compel, force	be asked/required/requested to do be advised/invited/encouraged to do be persuaded/urged/compelled/forced to do
[원]하다 계열: 희망/예정/허락	want, expect allow, permit, enable	be expected/set/scheduled/supposed to do be allowed/permitted/enabled to do

2) to부정사는 뒤에서 앞의 명사를 수식할 수 있다. 해석은 주로 '~하는, ~할, ~해야 할'로 한다.

- **명사가 to부정사의 의미상 주어:** someone to help me 나를 도와 줄 누군가 ▶ 누군가가 나를 도와주다
- **명사가 의미상 목적어:** lots of things to do 해야 할 많은 것들 ▶ 많은 것들을 하다
- **명사가 to부정사를 한정:** a promise to get back 돌아오겠다는 약속 ▶ 약속의 내용이 돌아오겠다는 것으로 한정

A POWER로 암기할 것! Ability Attempt Plan Opportunity Way Effort Right + to V

3) to부정사는 2형식 동사 뒤에 위치하여 형용사 기능의 보어가 될 수 있다.

On Tuesday, Mr. Lee **is** (**to meet**) with our vice president.
화요일에 Lee 씨는 우리 부사장을 만날 예정이다.

to부정사를 주격보어로 갖는 2형식 동사: seem=appear, turn out, prove, remain (to be) 형용사

▶ 주어와 동격의 관계를 형성하는 명사 기능의 to부정사와는 다르다.

The **purpose** of the meeting is (**to address**) **the budget** for next year.

회의의 목적은 내년도 예산을 다루는 것이다.

▶ '목적 = 내년도 예산을 다루는 것'의 관계

2. to부정사의 형용사적 용법과 후치수식 분사와의 차이

후치수식 분사는 명사를 수식할 때 그 명사가 의미상 주어가 되고, 사실이나 진행상황을 나타낸다. to부정사는 수식 받는 명사가 의미상 주어가 아닌 경우에도 사용되며, 주로 미래적이고 의무적인 뜻을 갖는다.

There are many **companies** (**manufacturing**) mobile phones.

휴대폰을 제조하는 회사들이 많다.

▶ manufacturing은 companies를 수식하는 분사로 '회사들이 제조한다'는 의미 관계가 성립된다.

The proposal (**to transform**, ~~transforming~~) the empty lot into a business park will be considered.

빈 부지를 상업 단지로 만들겠다는 제안서는 고려가 될 것이다.

▶ 제안서가 바꾸는 게 아니고 바꾸겠다는 내용이 들어간 제안서이므로 to부정사가 어울린다.

3. allow, assist, get, help, 사역동사 구분

I'll **allow** you (**to go**).

당신이 가도록 허락하겠다.

▶ allow는 목적어 다음에 to부정사가 필요하다.

I'll **assist** you (**to go**).

당신이 가도록 돕겠다.

▶ assist는 help와 뜻은 같으나 목적어 다음에 to부정사가 필요하다.

I'll **get** you (**to go**).

당신이 가도록 하겠다.

▶ get은 let/have/make와 뜻이 같으나 목적어 다음에 to부정사가 필요하다.

I'll **help** you (**(to) go**).

당신이 가도록 돕겠다.

▶ help는 assist와 뜻이 같으나 목적어 다음에 to부정사 혹은 동사원형을 쓴다.

I'll **let/make/have** you (**go**).

당신이 가도록 하겠다.

▶ let/make/have는 get과 뜻이 같으나 목적어 다음에 동사원형을 쓴다.

We at Sena Cosmetics reserve the right ------- any content posted on our company's Web site.

(A) to delete

(B) delete

(C) deleted

(D) deleting

1단계 보기를 확인한다. (B)를 제외하고는 모두 준동사의 기능이 있다.

2단계 빈칸 앞의 명사인 right를 수식하는 to부정사인 (A)가 정답이다. '삭제할 권리를 가진다'라는 해석도 어울린다.

3단계 다른 보기들을 하나씩 따져 본다.

(B) delete ▶ 문장에 이미 동사(reserve)가 있으므로 동사가 또 올 수 없어서 오답이다.

(C) deleted ▶ 동사로 보면 (B)와 같은 이유로 오답이고 과거분사로 보면 뒤에 목적어가 있어서 오답이다.

(D) deleting ▶ '권리가 삭제한다'는 의미 관계가 아니므로 후치수식 현재분사로 볼 수 없다.

표현 정리 reserve 보유하다 right 권리 content 내용물 posted 게시된

해석 우리 Sena Cosmetics 사는 회사의 웹사이트에 게시된 어떤 내용물이건 삭제할 권리를 보유한다.

✎ 실전 연습 ▶   실전으로 확인하세요!

1. The technical support team has asked all employees to ------- the protective measures to ensure server security.

(A) following

(B) follows

(C) followed

(D) follow

2. Interns can get advice from their mentors ------- make the right choices concerning their careers.

(A) helped

(B) to help

(C) will help

(D) helps

• 정답 및 해설은 04쪽에서 확인

UNIT 10 의미상 주어는 -ing, 목적어는 p.p.!

현재분사가 수식하는 명사는 분사의 의미상 주어가 되고, 과거분사가 수식하는 명사는 분사의 의미상 목적어가 된다. 분사가 interest, excite, thrill, bore, tire 등의 감정동사에서 파생되었다면 감정을 유발시킬 때는 현재분사, 감정을 받을 때는 과거분사를 쓴다.

출제율 100% 핵심 포인트

시간이 없으면 이것만 외우세요!

1. 전치 수식 –ing
분사가 명사 앞에서 수식할 때 –ing가 답이 되는 경우

1) 자동사 + -ing

departing 떠나는 emerging 신흥의 remaining 남아 있는 varying 다양한 participating 참여하는 rising 상승하는
lasting 지속되는 existing 기존의

2) 수식 받는 명사가 의미상 주어
increasing demand 증가하는 수요 ▶ '수요가 증가하다'의 의미
singing bird 노래하는 새 ▶ '새가 노래하다'의 의미

3) 무조건 -ing
missing belongings 분실된 가방
promising candidate/company 유망한 후보자/기업
challenging task 어려운 일
demanding supervisor/job 까다로운 상사/힘든 일

2. 전치 수식 p.p.
분사가 명사 앞에서 수식할 때 p.p.가 답이 되는 경우

1) 수식 받는 명사가 의미상 목적어
preferred date 선호되는 날짜 ▶ '날짜를 선호하다'의 의미
expected result 예상된 결과 ▶ '결과를 예상하다'의 의미

2) 무조건 p.p.
qualified job 자격이 필요한 일자리
experienced manager 경력 있는 매니저
informed decision 정보에 근거한 결정
detailed description 상세한 묘사

3. 감정동사로 만든 분사

감정동사에서 파생한 분사는 감정을 유발시키면 -ing, 받으면 p.p.를 쓴다.

The **movie** that Mr. Paraguchi directed was very (**interesting**, ~~interested~~).
Paraguchi 씨가 감독한 영화는 매우 흥미로웠다.

Anyone who is (**interested**, ~~interesting~~) in the position should inform us.
그 자리에 흥미가 있는 사람은 누구든지 우리에게 연락해야 한다.

---

satisfy 만족시키다 bore 지루하게 하다 disappoint 실망시키다 frustrate 좌절시키다 puzzle 당혹하게 하다
refresh 새롭게 하다 exhaust 지치게 하다 overwhelm 압도하다 amaze 놀라게 하다 excite 흥분시키다
tire 지치게 하다 embarrass 당혹스럽게 하다 thrill 전율시키다 convince 확신시키다 interest 흥미롭게 하다
please 기쁘게 하다 surprise 놀라게 하다 annoy 짜증나게 하다

---

4. 형용사와 분사의 차이

형용사와 분사가 같은 보기에 등장할 경우 분사의 쓰임이 확실하지 않다면 형용사가 우선이다.

Mr. Kim was considered a highly (**resourceful**, ~~resourced~~) man.
Kim 씨는 매우 지략 있는 사람으로 여겨졌다.

▶ 분사의 쓰임이 확실해서 오히려 분사가 답인 경우는 조심한다.

형용사 vs. -ing	형용사 vs. p.p.
(~~contributable~~, **contributing**) author 투고 작가	based on the (**revised**, ~~revisable~~) regulations 개정된 규정에 따르면
(**lasting**, ~~last~~) impression 지속적인 인상	work (**extended**, ~~extendable~~) hours 연장 근무하다
to meet the demand for our (~~expandable~~, **expanding**) business 확장하는 사업의 수요를 맞추기 위해서	for a (**limited**, ~~limitable~~) time only 제한된 시간 동안만

5. have 관련 p.p.가 답인 경우

1) 완료 시제에서 have/has/had와 짝으로 쓰는 p.p.

Ms. Larensky **has** recently (**purchased**, ~~purchasing~~) an ergonomic chair.
Larensky 씨는 최근에 인체공학적인 의자를 구매했다.

2) 사역동사(make, let, have)의 목적격 보어 자리

Please **have** your driver's license properly (**displayed**, ~~displaying~~) in the front window.
앞유리에 운전면허증이 올바르게 보이도록 해주세요.

The ------- contract was accepted because no better offer was received by the deadline.
(A) propose
(B) proposed
(C) proposing
(D) proposes

1단계 보기를 확인한다. (A)와 (D)를 제외하고는 준동사의 기능이 있다.

2단계 빈칸은 앞에서 뒤의 명사를 수식하는 분사 자리로, 수식 받는 명사는 분사와 의미상 목적어 관계(계약을 제안하다)이므로 (B)가 정답이다.

3단계 다른 보기들을 하나씩 따져 본다.

(A) propose ▶ 문장에 이미 동사 was가 있으므로 동사가 또 올 수 없어서 오답이다.
(C) proposing ▶ 의미상 주어 관계(계약이 제안하다)가 아니므로 오답이다.
(D) proposes ▶ 문장에 이미 동사 was가 있으므로 동사가 또 올 수 없어서 오답이다.

표현 정리 contract 계약 accept 받아들이다 receive 수령하다 deadline 마감일

해석 마감일까지 더 나은 제안을 받지 못했기 때문에 제안된 계약은 받아들여졌다.

✏️ 실전 연습

실전으로 확인하세요!

1. Employees are invited to attend the welcome reception after the keynote speaker's ------- presentation.

   (A) schedules
   (B) schedule
   (C) scheduling
   (D) scheduled

2. Several duties of mine have ------- gathering research data and making dozens of presentation slides.

   (A) including
   (B) include
   (C) includes
   (D) included

• 정답 및 해설은 04쪽에서 확인

UNIT 11 목적어가 있으면 -ing, 목적어가 없으면 p.p.

분사가 뒤에서 수식하는 경우나 주격/목적격 보어로 쓰이는 경우에는 목적어 유무만으로도 문제를 쉽게 풀 수 있다. 단, 후치수식 분사 자리에 대한 확인과 타동사로 만든 분사인지는 확인해야 한다. 자동사인 경우 애초에 목적어를 갖지 못하므로 -ing만 올 수 있다.

출제율 100% 핵심 포인트   시간이 없으면 이것만 외우세요!

1. 명사를 뒤에서 수식할 때

분사는 명사를 뒤에서 수식할 수 있다. 이때, 타동사에서 파생된 분사의 경우 목적어가 있으면 -ing, 없으면 p.p.가 정답이다.

The manager released the survey results (**prepared**, ~~preparing~~) by the team members.
부장은 팀원들에 의해 준비된 조사 결과를 발표했다.
  ▶ 분사 뒤에 목적어가 없으므로 p.p.

The manager released the survey results (**outlining**, ~~outlined~~) consumers' buying patterns.
부장은 소비자의 구매 패턴을 요약하는 조사 결과를 발표했다.
  ▶ 분사 뒤에 목적어가 있으므로 -ing

2. 주격/목적격 보어로 쓰일 때

분사는 be동사 뒤의 주격 보어 혹은 5형식 문장의 목적격 보어가 될 수 있다. 이때, 타동사에서 파생된 분사의 경우 목적어가 있으면 -ing, 없으면 p.p.가 정답이다. 이는 능동태/수동태 문제와 같은 원리다.

The survey results are (**prepared**, ~~preparing~~) by the team members.
조사 결과가 팀원들에 의해서 준비되었다.

The survey results are (**outlining**, ~~outlined~~) consumers' buying patterns.
조사 결과는 소비자의 구매 패턴의 개요를 서술하고 있다.

The manager found the survey results well (~~preparing~~, **prepared**).
부장은 조사 결과가 잘 준비되었다고 생각했다.

3. 자주 혼동하는 분사 문제

1) 전치수식과 후치수식의 구분

The manager submitted the (**revised**, ~~revising~~) report to the CEO.
부장은 수정된 보고서를 최고경영자에게 제출했다.
  ▶ report를 목적어라고 생각해서 -ing를 골라서는 안된다. 이는 후치수식 분사일 때 적용하는 원리다. 이 문장은 관사 뒤 명사 앞에 위치하는 전치수식 분사 자리다. 분사가 수식하는 report가 의미상 목적어(보고서를 수정하다)다.

2) 자동사도 되고 타동사도 되는 분사인 경우

Promoting products through social media is (~~expanded~~, **expanding**) while using TV ads is still common. TV 광고를 이용하는 것이 여전히 보편적이지만 소셜 미디어를 통해 제품을 홍보하는 것이 점차 늘고 있다.

▶ 목적어가 없다고 바로 과거분사를 답으로 고르면 안된다. expand는 자동사도 되기 때문이다. TV를 이용한 광고가 여전히 보편적이라는 말은 소셜 미디어를 통한 제품 홍보는 확장 진행중이라고 할 수 있다. expanded는 다 확장되어 있는 완료의 느낌을 주어 어색하다.

고득점자의 풀이법

The Bigwell Historical Museum is located directly opposite the shopping complex ------- with shoppers.

(A) crowded

(B) crowding

(C) that crowd

(D) are crowded

1단계 보기를 확인한다. -ing와 p.p.가 있다.

2단계 빈칸은 뒤에서 앞의 명사 shopping complex를 수식하는 분사 자리로 뒤에 목적어가 없으므로 (A)가 정답이다.

3단계 다른 보기들을 하나씩 따져 본다.

(B) crowding ▶ 현재분사가 후치수식할 때는 뒤에 목적어가 필요하다.

(C) that crowd ▶ 접속사와 동사로 이루어져 후치수식은 가능하나 선행사와 수가 일치하지 않고 빈칸 뒤에 목적어가 있을 때 쓸 수 있다.

(D) are crowded ▶ 문장에 이미 동사 is가 있으므로 동사가 또 올 수 없어서 오답이다.

표현 정리 be located 위치해 있다 directly 바로, 곧장 opposite 맞은편의 shopper 쇼핑객

해석 Bigwell 역사 박물관은 쇼핑객들로 붐비는 쇼핑 단지 바로 맞은편에 위치해 있다.

실전 연습

실전으로 확인하세요!

1. The Belmont Café is no longer ------- free samples of its cakes and pies.

(A) provide

(B) providing

(C) provided

(D) provision

2. Residents have been very ------- of the government's grants and volunteer work done by city officials.

(A) appreciating

(B) appreciated

(C) appreciative

(D) appreciation

• 정답 및 해설은 004쪽에서 확인

UNIT 12 주어와 능동 관계일 때는 -ing, 수동은 p.p.

접속사와 주어를 생략하고 동사를 분사로 바꾸어 주어를 수식하는 것을 분사구문이라고 한다. 분사구문은 접속사를 다시 살려 놓은 형태도 있고, 완전한 문장 뒤에 콤마를 찍고 사용하는 경우도 있다. **분사구문도 목적어가 있으면 -ing, 목적어가 없으면 p.p.로 풀리는 경우가 대부분이지만** 그렇지 않은 경우는 분사가 수식하는 주어와의 의미 관계(능동 혹은 수동)로 푼다.

출제율 100% ▶ 핵심 포인트 ▶　　　　　시간이 없으면 이것만 외우세요!

1. 주어 수식

분사는 완전한 문장 앞에서 콤마 다음의 주어를 수식할 수 있다. 이때 타동사에서 파생된 분사의 경우에는 목적어가 있으면 -ing, 목적어가 없으면 p.p.가 정답이다. 앞에서 생략된 주어와 be동사를 생각해 보면 능동태/수동태 문제와 같은 원리다.

(**Prepared**, ~~Preparing~~) by the team members, the survey results outline consumers' buying patterns.

팀원들에 의해 준비된 조사 결과는 소비자의 구매 패턴의 개요를 서술한다.
▶ 뒤에 목적어가 없으므로 p.p.가 정답. 이때 prepared는 the survey result를 수식

(**Outlining**, ~~Outlined~~) **consumers' buying patterns**, the survey results were prepared by the team members.

소비자의 구매 패턴의 개요를 서술하는 조사 결과는 팀원들에 의해서 준비되었다.
▶ 뒤에 목적어가 있으므로 -ing가 정답. 이때 outlining은 the survey results를 수식

2. 접속사+분사

주어를 수식하는 분사구문 앞에 접속사를 살려두어 의미를 명확히 하는 경우가 있다. 물론 이 경우에도 타동사에서 파생된 분사인 경우 목적어가 있으면 -ing, 목적어가 없으면 p.p. 공식이 적용된다.

When (**submitting**) a time-off request, you must include the department head's signature.

휴가 신청서를 제출할 때는 부서장의 서명을 포함시켜야 한다.

before/after/while/when 뒤	-ing+목적어
as/once/unless/if 뒤	p.p.(목적어 없음)
빈출 숙어 표현	unless otherwise indicated/noted/specified/stated/contracted 별도로 표시된/언급된/지정된/설명된/계약된 바가 없으면 as mentioned/shown 언급된/보여진 대로 once approved/received 일단 승인되면/입수되면

3. 완전한 문장+분사

분사는 완전한 문장의 뒤에서 주어를 수식하거나, 앞 문장 전체를 받아 '그래서 ~하다'라는 뜻으로 사용된다. 이 경우에도 타동사에서 파생된 분사의 경우에는 목적어가 있으면 -ing, 목적어가 없으면 p.p. 공식이 적용된다.

The company reported its highest profits ever, (**allowing**, ~~allowed~~) it to expand into China.
그 회사는 최고의 수익을 보고해서 중국으로 진출할 수 있었다.

She started working at a company last month, thereby (**receiving**, ~~received~~) a paycheck.
그녀는 지난달에 한 회사에서 일하기 시작해서 월급을 받았다.

▶ 분사 앞에 인과 관계를 나타내는 부사가 오기도 한다. 이때 접속사는 오답이므로 주의한다.

인과 관계의 부사	thereby, thus, therefore, as a result, accordingly, consequently
인과 관계의 등위 접속사	so
인과 관계의 부사절 접속사	because, now that, as, since

4. 주어와 능동 관계는 -ing, 수동 관계는 p.p.

목적어 유무로만 풀면 함정에 빠지는 경우가 있다. 따라서 주어와의 의미 관계도 함께 파악한다.

(**Commenting**, ~~Commented~~) on the new sedan, the sales director was confident that it would be well received.
새로운 세단에 대해 견해를 밝히는 판매이사는 그것이 매우 환영 받을 것이라고 확신했다.

▶ 뒤에 목적어가 없다고 p.p.를 답으로 고르면 안된다. 주어인 sales director가 comment하는 능동의 의미 관계다. comment는 자동사이며 뒤의 on과 함께 숙어 취급하여 뒤에 목적어를 갖는다.

When (~~polling~~, **polled**), the residents favorably reacted to the city's new tax policy.
여론조사가 실시되자 주민들은 시의 새로운 세금 정책에 우호적으로 반응했다.

▶ 'When -ing'가 익숙하다고 해서 polling을 답으로 고르면 안된다. 뒤에 목적어가 없으므로 p.p.가 정답이다. 또한 주어인 residents가 설문조사된 것이므로 p.p.를 써야 한다.

When (~~giving~~, **given**) a chance to learn from their mistakes, students can learn faster.
실수로부터 배울 기회를 얻었을 때 학생들은 더 빨리 배울 수 있다.

▶ 'When -ing'가 익숙하다고 해서, 목적어가 있다고 해서 -ing를 선택하면 틀린다. 이 문장은 'When (they are) given a chance ~'의 형태로 봐야 이해가 쉽다. 주어인 학생들의 입장에서는 기회를 얻는 것이지 기회를 주는 것이 아니다. 따라서 p.p.가 와야 한다.

Using solar power would save on electricity costs, consequently ------- operating costs.

(A) reduce

(B) reducing

(C) reduced

(D) reduction

1단계 보기를 확인한다. -ing와 p.p.가 있다.

2단계 빈칸은 완전한 문장과 콤마 뒤에 분사가 오는 자리다. 뒤에 목적어가 있으므로 (B)가 정답이다.

3단계 다른 보기들을 하나씩 따져 본다.

(A) reduce ▶ 문장에 이미 동사가 있으므로 동사가 또 올 수 없어서 오답이다.

(C) reduced ▶ 동사로 본다면 (A)와 같은 이유로 오답이고 과거분사로 본다면 뒤에 목적어가 있어서 오답이다.

(D) reduction ▶ 명사 뒤에 명사가 올 수 없고, 명사 앞에 완전한 문장이 올 수 없어서 오답이다.

표현 정리 solar power 태양열 save 절약하다 electricity 전기 consequently 결과적으로 operating cost 운영비

해석 태양열을 이용하는 것은 전기 비용을 줄여주고, 결과적으로는 운영비를 줄여준다.

실전 연습   실전으로 확인하세요!

1. The Northbridge Café limits the number of available seats, ------- to comply with social-distancing measures.

(A) prefer

(B) preferring

(C) preferred

(D) preference

2. When ------- to important customers, be sure to look professional as it can lead to a contract.

(A) spoken

(B) speaking

(C) spoke

(D) to speak

• 정답 및 해설은 04쪽에서 확인

관사/소유격이 없으면 복수나 불가산명사가 정답!

명사 자리 문제는 선택지 중 명사인 것을 고르면 되지만, 명사가 2개라면 먼저 단수명사 자리인지 복수명사 자리인지 확인한다. 단, 불가산명사는 복수형이 없고 앞에 부정관사를 쓰지 않으므로 주의한다.

출제율 100% ▶ **핵심 포인트** ▶ 시간이 없으면 이것만 외우세요!

1. 단수명사 자리

1) 빈칸 앞에 부정관사(a, an)나 단수명사와 함께 쓰는 표현이 있을 때

a/an, one, each, either, neither, another, every + 단수명사

a new (**film**, ~~films~~) starring renowned actress Nova Yam
유명 여배우 Nova Yam이 주연인 새 영화

2) 빈칸 앞에 정관사나 소유격이 있는 경우에는 동사나 이어지는 문장의 대명사 확인
the new (**film**, ~~films~~) that **is** set to be released next month
다음달에 개봉될 예정인 새 영화

2. 복수명사 자리

1) 빈칸 앞에 복수명사와 어울리는 표현이 있을 때

two, many, few, a few, these, those, both, several, various, numerous, assorted,
one[each/either/neither] of the + 복수명사

▶ all, most, more, other, some, any, lots of, plenty of, a lot of 뒤에는 복수명사 뿐만 아니라 불가산명사도 올
수 있다.

Buying **a few** young (~~tree~~, **trees**) can help you make your own garden.
몇 그루의 어린 나무를 사면 자신의 정원을 만드는 것에 도움이 될 수 있다.

2) 빈칸 앞에 관사나 소유격이 없는데 보기가 가산명사일 때
Our company **has** (~~contract~~, **contracts**) with various office suppliers.
우리 회사는 다양한 사무용품 공급업체들과 계약했다.

3. 불가산명사 자리

1) 빈칸 앞에 불가산명사와 어울리는 표현이 있을 때

a little 약간의, **little** 거의 없는, **much** 많은, **a large amount of** 많은 양의, **a great deal of** 많은 양의
+ 불가산명사

Our fundraising event has garnered **much** (~~interests~~, **interest**).
우리의 모금 행사는 많은 관심을 모았다.

2) 빈칸 앞에 부정관사가 없고 복수형을 쓰지 않으며 동사도 단수형

(**Access**, ~~Accesses~~) to the lab (**is**, ~~are~~) strictly restricted.
실험실 접근은 엄격하게 제한된다.

4. 빈출 가산/불가산명사

빈출 가산명사	사람, 시간, 증가/감소, 규칙/규정, 돈 관련 어휘, 시도/노력/결과의 뜻을 가진 단어들
빈출 불가산명사	access 입장 advice 조언 approval 승인 behavior 행동 consent 동의 care 주의 caution 조심 equipment 장비 news 소식 merchandise 상품 produce 생산품 information 정보 furniture 가구

5. 가산/불가산이 다 되는 어휘

Thank you for your (**support**, ~~supports~~).
당신의 지지에 감사드립니다.

Workers are reinforcing (~~support~~, **supports**) under the bridge.
작업자들이 다리 아래의 지지대들을 보강하는 중이다.

가산명사	불가산명사
interests 관심사, 이익, 이해 a room 방 a receipt 영수증 conditions 여건, 조건 supports 지지대 an establishment 점포, 매장 productions 제작물, 작품	interest 흥미, 관심 room 공간 receipt 수령 condition 상태 support 지지 establishment 설립 production 생산

6. 가산과 불가산의 형태나 의미가 비슷한 경우

Obtaining (~~certificate~~, **certification**) to be a mechanic requires a college degree.
정비공이 되기 위한 자격증을 취득하는 것은 학사 학위가 필요하다.

가산명사	불가산명사
a permit 허가증 an advertisement 광고 a house 집 a ticket 표 a seat 좌석 funds 자금 a document 문서 a tour 여행 a product 제품 an opening 구멍, 빈자리 e-mail 이메일	permission 허가 advertising 광고 housing 주택 ticketing 발권 seating 좌석 funding 자금 지원 documentation 문서, 문서 증명 tourism 관광업 produce 농산물 openness 개방성 mail 우편
돈과 관련된 가산명사	**돈과 관련된 불가산명사**
costs/expenses 비용 discounts 할인 profits 이윤 benefits 혜택 charges 요금 perks 비금전적 혜택 fees 요금 proceeds 수익금 wage 임금	money 돈 cash 현금 interest 이자 change 잔돈

A few ------- tried to focus more on e-books than on printed books this year.

(A) publishes

(B) published

(C) publishers

(D) publication

1단계 보기를 확인한다. 명사가 2개 이상이다.

2단계 빈칸은 복수명사와 어울리는 **a few**의 수식을 받는 명사 자리다. 따라서 (C)가 정답이다.

3단계 다른 보기들을 하나씩 따져 본다.

(A) publishes ▶ 문장에 이미 동사(tried)가 있으므로 동사가 또 올 수 없어서 오답이다.

(B) published ▶ 동사로 본다면 (A)와 같은 이유로 오답이고 후치수식 과거분사로 본다면 A few가 무엇을 가리키는지 알 수 없어서 오답이다.

(D) publication ▶ 단수명사라서 오답이다. A few 뒤에는 복수명사가 온다.

표현 정리 a few 몇몇의 try to ~하려고 노력하다 focus on ~에 집중하다
해석 몇몇 출판사들은 올해 인쇄된 책보다 전자책에 더 초점을 맞추려고 노력했다.

✎ 실전 연습

실전으로 확인하세요!

1. Those who want to expand into emerging ------- should first contact their nation's consulate to conduct initial research.

(A) marketable

(B) marketed

(C) markets

(D) market

2. Applications for ------- to use the city park should be received by this Friday.

(A) permit

(B) permitting

(C) permitted

(D) permission

• 정답 및 해설은 05쪽에서 확인

UNIT 14 사람, 사물명사는 동사, 동격, 논리 관계를 확인!

명사 문법 문제가 가산/불가산 구분으로 풀리지 않는다면 의미 파악을 통해 풀어야 한다. 첫 번째 단계는 해당 명사 자리가 사람명사 자리인지 사물명사 자리인지를 판단하는 것이다. 주로 동사를 확인하면 쉽게 알 수 있다.

출제율 100% 핵심 포인트

시간이 없으면 이것만 외우세요!

1. 사람명사와 사물명사의 구분

1) 동사의 주체와 대상 통해 구분

(**Developers**, ~~Developments~~) anticipate that the new software will result in more sales.
개발자들은 새로운 소프트웨어가 더 많이 판매될 것으로 예상한다.

Your (~~applicant~~, **application**) should be submitted to the Human Resources Department.
지원서는 인사부에 제출해야 한다.

▶ 예상하는 것은 사람, 제출되는 것은 사물

2) 주어와 동격의 관계로 구분

Mr. Kim will serve[work] as a corporate (**advisor**, ~~advice~~).
Kim 씨는 기업 고문으로 일할 것이다.

The unoccupied building will function as a temporary (**residence**, ~~resident~~) for the needy.
비어 있는 건물은 불우이웃을 위한 임시 거처의 역할을 할 것이다.

Mr. Kim will be considered[appointed/named] the keynote (**speaker**, ~~speech~~).
Kim 씨는 기조 연설자로 고려될[임명될] 것이다.

1형식	주어+work/serve/function/be used as+명사 주어는 명사로서 일하다/일하다/기능하다/사용되다
2형식	주어+be/become+명사 주어는 명사이다/명사가 되다
	주어+seem/appear (to be)+명사 주어는 명사인 것으로 보이다
5형식의 수동태	주어+be considered/appointed/named (as)+명사 주어는 명사로 간주되다/임명되다

3) 수식하는 형용사로 구분

qualified 자격 있는, **experienced** 경험 있는, **considerate** 사려 깊은, **proficient** 능숙한,
confident 확신하는, **eager** 간절히 바라는, **talented** 재능 있는 + **사람명사**

4) 포괄적/구체적 의미 관계로 구분

We need to purchase silverware and other (**supplies**, ~~suppliers~~).
우리는 은식기와 다른 물품들을 구입해야 한다.

▶ silverware는 사물이므로 이것의 포괄적 표현도 사물이다.

2. 빈출 사람명사/사물명사

사람명사	사물명사
advisor 조언자 negotiator 협상가 participant 참가자 attendee 참석자 attendant 도우미 authority 권위자 correspondent 특파원 associate 동료 resident 주민 applicant 지원자 expert 전문가 patron 단골 손님 architect 건축가	advice 충고 negotiation 협상 participation 참여 attendance 참석률 authorization 승인 correspondence 서신 association 협회 residence 거주지 application 지원서 expertise 전문적 지식 patronage 애용 architecture 건축술

3. –er/or, –ist가 아닌 사람명사

representative 직원 expert 전문가 authority 권위자 delegate 사절단 associate 동료 critic 비평가
professional 전문가 architect 건축가 cook 요리사 patron 단골 손님 consultant 상담가 contact 연락 담당자
subordinate 부하 직원 agent 대리인

4. 회사, 단체, 기관은 사람 취급

Please contact Doson, Inc., a leading (**producer**, ~~product~~) of high-end eyewear.
고급 안경 제품의 선두적인 생산업체인 Doson 사로 연락하세요.
▶ 회사도 사람이 모인 집단이므로 사람을 주어나 목적어로 갖는 동사와 어울릴 수 있다.

producer 제작자 maker 생산자 supplier 공급자 distributor 배급업자 manufacturer 제조자 provider 제공자
retailer 소매업자 clothier 의류상 contractor 계약자 builder 건축업자 vendor 판매자 dealer 중개인

5. 사람명사 앞 관사 생략

신분, 관직 등을 나타내는 명사 앞에서는 관사를 생략할 수 있다.

Over 2 years of experience is needed for the position of sales (**associate**, ~~association~~) at our company.
우리 회사의 판매 직원은 2년 이상의 경력이 필요하다.
▶ sales associate(판매직원)은 사람명사지만 앞에 관사가 없다고 association을 답으로 고르면 안된다.

고득점자의 풀이법 ●●●●●●●●●●●●●●●●●●●●●●●●●

Mr. Lin has served as a ------- at Fine Chemicals for the last 5 years.

(A) researched
(B) researching
(C) research
(D) researcher

1단계 ▶ 보기의 앞머리가 같다. 빈칸은 전치사 사이에 위치하므로 명사 자리다.

2단계 serve as 다음에는 주어와 동격이 되는 명사가 와야 한다. 따라서 사람을 뜻하는 (D)가 정답이다.

3단계 다른 보기들을 하나씩 따져 본다.

(A) researched ▶ 과거 시제 혹은 과거분사로 명사가 아니므로 오답이다.

(B) researching ▶ 동명사는 목적어가 필요하므로 오답이다.

(C) research ▶ '연구, 조사'는 사람인 주어와 동격의 관계가 아니므로 오답이다.

표현 정리 serve as ~의 역할을 하다 research 연구, 연구하다 researcher 연구원

해석 Lin 씨는 지난 5년간 Fine Chemicals의 연구원으로 일해 왔다.

실전 연습

실전으로 확인하세요!

1. Yuma Horiuchi at Toko Research is considered an ------- on sustainable energy use.

(A) author
(B) authorize
(C) authority
(D) authorization

2. The two firms have become major ------- that supply key auto parts to several carmakers.

(A) provisions
(B) providers
(C) products
(D) produce

· 정답 및 해설은 05쪽에서 확인

UNIT 15 복합명사와 유사 형태 명사의 간단한 풀이법!

명사 2개 이상이 결합하여 하나의 명사 역할을 하는 것이 복합명사다. 명사를 수식하는 형용사 자리나 완전한 문장 뒤의 부사 자리에 명사가 위치하여 복합명사를 이룰 수 있으므로 이러한 가능성을 생각하고 문제를 풀어야 한다. 복합명사를 이루는 두 명사 중 첫 번째 것을 N1, 두 번째 것을 N2라고 했을 때 복합명사의 단/복수는 N2에 맞춘다.

출제율 100% 핵심 포인트

시간이 없으면 이것만 외우세요!

1. 복합명사의 의미나 문맥과 상관없이 풀 수 있는 경우

1) N1이 단수명사인데 관사나 소유격이 없는 경우 N2가 필요하다.

Exercise can reduce patient (~~reliant~~, **reliance**) on medication.

운동은 약에 대한 환자 의존도를 줄일 수 있다.

▶ patient가 단수명사인데 앞에 한정사가 없으므로 이는 복합명사의 N1이며 이어 N2가 필요하다.

2) N1 앞에 복수명사나 불가산명사와 어울리는 표현이 있는데 N1이 단수명사인 경우 N2가 필요하다.

All customer (~~concerned~~, **concerns**) should be directed to Mr. Kim.

모든 고객 문의 사항은 Kim 씨에게 보내져야 한다.

▶ All 뒤에는 복수명사나 불가산명사가 필요한데 customer는 단수명사이므로 이는 복합명사의 N1에 해당하며 이어 N2가 필요하다.

2. 복합명사의 의미나 문맥을 알아야 풀 수 있는 경우

1) N1 앞에 관사나 소유격이 있고 형용사 혹은 분사 자리와 구분해야 하는 경우

Please complete the (~~applied~~, **application**) form to enroll in the course.

교육 과정에 등록하기 위해서 신청서를 작성해 주세요.

▶ 등록하기 위해서는 '신청서'를 작성해야 한다는 것이 자연스럽다. '신청서'라는 복합명사를 이미 알고 있다면 쉽다.

2) N1만으로 동사의 목적어가 되기엔 어색한 경우

Mr. Yoshi submitted his business (**proposal**, ~~proposed~~) to the judging committee.

Yoshi 씨는 심사위원회에 그의 사업 제안서를 제출했다.

▶ 제출할 수 있는 것은 회사나 사업이 아닌 '제안서'이므로 N1만으로는 부족하여 N2가 필요하다.

3) N2 자리에 부사를 쓰면 동사와 어울리지 않는 경우

Mr. Jin was in charge of the latest design (**innovation**, ~~innovatively~~) at the Su Chan Company.

Jin 씨는 Su Chan 사에서 최신 디자인 혁신을 담당하고 있었다.

▶ 디자인을 혁신적으로 담당한다는 말은 어색하다. '디자인 혁신을 담당했다'는 말이 자연스럽다.

3. 빈출 복합명사

'N1을 위한 N2' 형	'N1을 N2하다' 형
application form 신청서	price reduction 가격 할인
submission guideline 제출 지침	budget proposal 예산 제안
retirement party 은퇴 연회	quality check 품질 점검
safety measures 안전 조치	water usage 물 사용

4. N1의 복수형 혹은 -ing 형인 복합명사

1) N1에 복수형을 쓰는 복합명사는 암기해 두어야 한다.

The remarkable growth can be attributed to our dedicated (**sales**, ~~sale~~) team.
주목할 만한 성장은 우리의 헌신적인 영업팀 덕분이다.

2) N1에 -ing 형태의 명사가 오는 경우를 현재분사로 생각하여 오답으로 소거하면 안 된다.

Mr. Kim's (**accounting**, ~~accountable~~) responsibilities are ~.
Kim 씨의 회계상의 책무는 ~이다.

▶ accounting responsibilities는 '회계상의 책무'라는 뜻으로 N1에 -ing 형태의 복합명사가 온 것이다.

N1이 복수형	N1이 -ing 형태
sales representative 판매 사원	working environment 작업 환경
electronics company 전자 회사	scheduling conflict 일정상의 충돌
customs clearance 통관	advertising campaign 광고 캠페인
savings bank 저축 은행	operating expenses 운영비

5. 사람(혹은 사물)간 유사 형태를 가진 명사는 수식어나 동사를 통해 구분한다.

All (**trainees**, ~~trainers~~) at Edwin Pharmaceuticals should work closely with their assigned mentors.
Edwin Pharmaceuticals의 모든 수습직원들은 그들에게 지정된 멘토들과 긴밀히 협력해야 한다.

▶ 멘토들과 협력하는 것은 수습직원들이다.

According to the (~~state~~, **statement**) issued by the company, its CEO will step down next month.
회사에서 발표한 성명서에 따르면, 회사의 최고경영자가 다음달에 물러날 것이다.

▶ 발표되는 것은 '상태'가 아니고 '성명(서)'다.

유사 형태 사람명사	유사 형태 사물명사
employer 고용주 - employee 직원	effect 효과 - effectiveness 효율성
trainer 트레이너 - trainee 훈련생	confidence 자신감, 비밀 - confidentiality 비밀 유지
steward 남자 승무원 - stewardess 여자 승무원	quality 품질 - qualification 자격요건
waiter 남자 종업원 - waitress 여자 종업원	character 등장인물, 기질 - characteristic 성격, 특성
delegation 파견단 - delegate 파견단원	motive 동기, 이유 - motivation 동기 부여
attendant 도우미 - attendee 참석자	installation 설치 - installment 할부, 시리즈 중 한 권
interviewer 면접관 - interviewee 면접 대상자	alternation 교대 - alternative 대안
	initiative 계획 - initiation 시작 - initial 머리글자
	limit 한계 - limitation 제한

Several training programs are offered throughout the year to improve employee -------.

(A) productively

(B) productive

(C) productivity

(D) produces

1단계 보기의 앞머리가 같으므로 품사 자리 문제다.

2단계 employee가 단수명사인데 앞에 관사나 소유격이 없으므로 N1에 해당하고 빈칸은 N2 자리다. 따라서 명사인 (C)가 정답.

3단계 다른 보기들을 하나씩 따져 본다.

(A) productively ▶ 빈칸 앞이 완전한 문장이라고 생각하여 부사를 쓰면 함정에 빠진다.

(B) productive ▶ 형용사 자리가 아니라서 오답이다.

(D) produces ▶ 동사 자리가 아니라서 오답이다. 문장에 이미 정동사 are가 있다.

표현 정리 throughout ~내내 improve 향상시키다 productivity 생산성

해석 직원 생산성 향상을 위해 몇 가지 교육 프로그램이 연중 제공된다.

실전 연습 〉 실전으로 확인하세요!

1. Both plants and wildlife in the state park are making a comeback thanks to the creative ------- methods being practiced there.

   (A) conserves
   (B) conserved
   (C) conserve
   (D) conservation

2. Agencies are developing new ------- approaches to attract more customers.

   (A) market
   (B) markets
   (C) marketed
   (D) marketing

• 정답 및 해설은 05쪽에서 확인

비교급이나 최상급 표현은 원급 표현과 품사가 같다. 따라서 품사 자리를 확인하는 것으로 문제가 풀리지 않는다면 비교급이나 최상급의 단서가 따로 제시되는지 확인한다. 'as+형용사/부사+as' 또는 'as+형용사+명사+as' 형태는 원급 비교라고 하는데, as와 as 사이에는 원급만 올 수 있다.

출제율 100% 핵심 포인트   시간이 없으면 이것만 외우세요!

1. 비교급이 정답일 때

1) 형용사 및 부사의 비교급 표현은 각각 형용사 및 부사 자리에 오며 than이 단서로 제시된다.

The newly installed software provides (~~precise~~, **more precise**, ~~more precisely~~) calculations **than** before.

새로 설치된 소프트웨어는 전보다 더 정확한 계산을 제공한다.

▶ 빈칸은 동사 뒤 명사 앞 형용사 자리이며, than을 단서로 형용사의 비교급 형태인 more precise가 정답이다.

2) than 이하가 생략된 경우에는 비교급을 수식하는 부사나 내용으로 유추한다.

The newly installed software provides even (~~precise~~, **more precise**) calculations.

새로 설치된 소프트웨어는 훨씬 더 정확한 계산을 제공한다.

▶ even은 비교급을 수식하는 부사이며, 새롭게 설치된 소프트웨어는 설치 전과 비교된다고 유추할 수 있다.

비교급 수식 부사	even, still, a little, a lot
비교급 및 최상급 강조 표현	much, (by) far
내용상 비교급을 유추할 수 있는 표현	new, newly(→이전과 비교), replace(→교체 전과 비교), this year(→작년과 비교)
원급 수식 부사	extremely, quite, pretty, very, so, too(단, the very는 최상급 수식)

2. 최상급이 정답일 때

형용사 및 부사의 최상급 표현은 각각 형용사 및 부사 자리에 오며, 세 개 이상의 비교 대상을 나타내는 표현이 단서로 제시된다. 형용사의 최상급 표현은 비교급 표현과 달리 주로 앞에 정관사 the나 소유격을 쓴다.

In the third quarter, the company earned its (~~high~~, ~~higher~~, **highest**, ~~highly~~) profits ever.

3분기에 회사는 지금까지 중 가장 높은 수익을 올렸다.

▶ 빈칸은 소유격 뒤 명사 앞이므로 형용사 자리다. ever는 '지금까지'의 뜻으로 최상급과 어울리는 부사다.

최상급을 결정하는 단서	
of/among + 복수명사	Of the five candidates, Mr. Kim seems to be (**the most qualified**). 5명의 후보자들 중 Kim 씨가 가장 자격을 갖춘 것으로 보였다.
in + 범위/지역	CMS Palace is (**the oldest**) building in the town. CMS Palace는 그 도시에서 가장 오래된 건물이다.

ever, to date, yet	Mr. Gordon was (**the smartest**) negotiator that I have ever met. Gordon 씨는 내가 이제껏 만난 중 가장 똑똑한 협상가다.
possible, available	This lamp is (**the brightest**) one available now. 이 램프는 지금 사용할 수 있는 것 중에서 가장 밝은 것이다.
only, the very 등 **최상급 강조 표현**	Your Publishing is only (**the best**) editing software. Your Publishing은 최고의 편집 소프트웨어다.

3. as ~ as 구문

1) as ~ as 사이에는 원급

as ~ as 형태의 구문을 원급 비교, 혹은 동등 비교라고 하며 as와 as 사이에는 원급의 형용사나 부사가 온다.

The proposal will be reviewed as (**carefully**, ~~more carefully~~, ~~most carefully~~) as possible.
그 제안은 가능한 한 신중하게 검토될 것이다.
　▶ more carefully는 비교급, most carefully는 최상급으로 오답이다.

2) as ~ as 사이의 품사

as와 as 사이의 품사는 앞의 as를 없다고 생각하라. be동사 다음에는 형용사 자리, be p.p. 다음에는 부사 자리, 3형식 동사 다음에는 명사 자리다. 단, as와 as 사이에 '형용사+명사' 형태는 가능하나 명사만 올 수는 없다.

Please be as (**careful**) as you can.
가능한 한 조심하십시오.

The proposal should be reviewed as (**carefully**) as possible.
그 제안은 가능한 한 신중하게 검토될 것이다.

Mr. Kim earned as (**much money**, money) as I did.
Kim 씨는 나만큼 많은 돈을 벌었다.

as ~ as의 앞은 just, always, nearly를 통해 강조하거나 twice 등을 통해 배수를 나타낼 수 있다.

Everyone is just as (**busy**) as you.
모든 사람이 당신만큼 바쁘다.

Honey is nearly as (**sweet**) as sugar.
꿀은 거의 설탕만큼 달다.

The new lamp is twice as (**bright**) as the old one.
새로운 램프는 오래된 것보다 두 배 더 밝다.

4. the+비교급, the+비교급

비교급 앞에는 the를 쓰지 않으나 '~하면 할수록 …하다'라는 뜻을 가진 'the+비교급' 구문에서는 the를 쓴다.

(**The more**) you use this card, (**the better**) value you will get.
이 카드를 쓰면 쓸수록 더 많은 가치를 얻을 것이다.

In the second quarter of the year, Prentice Aeronautics attained its ------- revenues ever.

(A) great

(B) greater

(C) greatly

(D) greatest

1단계 보기의 앞머리가 같으므로 일단 품사 자리부터 확인하면 소유격 뒤 명사 앞 형용사 자리다.

2단계 정관사나 소유격 뒤에 위치하며 ever와도 잘 어울리는 최상급 표현인 (D)가 정답.

3단계 다른 보기들을 하나씩 따져 본다.

(A) great ▶ 형용사의 원급 표현이라서 오답이다.

(B) greater ▶ 형용사의 비교급 표현이라서 오답이다.

(C) greatly ▶ 부사라서 오답이다.

표현 정리 quarter 분기 attain 달성하다 revenues 매출

해석 올해 2/4분기에 Prentice Aeronautics 사는 사상 최대의 매출을 달성했다.

실전 연습

실전으로 확인하세요!

1. MWE Books features a ------- variety of reading material than any of its rivals in the city.

(A) wide

(B) widest

(C) wider

(D) widely

2. The response time of the repair crew was as ------- as it had ever been.

(A) swift

(B) swiftly

(C) swifter

(D) swiftest

• 정답 및 해설은 05쪽에서 확인

UNIT 17 형용사는 수와 시제, 사람/사물 관계를 봐라!

수식 받는 명사와 의미상으로 어울리는지 따져서 푸는 일반 형용사 어휘 문제와는 달리, 수식 받는 명사의 수와
사람인지 여부를 확인하여 문법적인 원리로 풀 수 있는 형용사 어휘 문제가 있다.

출제율 100% 핵심 포인트   시간이 없으면 이것만 외우세요!

1. 특정한 수와 어울리는 형용사

아래의 형용사 혹은 한정사는 이어지는 명사의 수를 확인하여 결정한다.

> **a/an, one, either, nether, each, every, complete, entire + 단수명사**

> **many, both, several, a few, few, these, those + 복수명사**
> **various, numerous, assorted + 복수명사**
> **a number/variety/selection/collection/array/range/series of + 복수명사**
> **one/either/neither/each of the + 복수명사**

> **a little, little, much, a great deal of, a large amount of + 불가산명사**

> **this, that, a kind/type/sort of + 단수/불가산명사**

> **plenty of, lots of, a lot of, all, other, most, enough, some + 복수/불가산명사**

> **no, any, more, the, 소유격 + 단수/복수/불가산명사**

(**Few**, ~~Every~~) employees showed interest in the new software.
새로운 소프트웨어에 관심을 보이는 직원은 거의 없었다.

2. 특정 시제와 어울리는 형용사

next, upcoming은 미래 시점 부사구를 만드는 데 사용되며, recent, last, past 등은 과거 시점 부사구를 만드는
데 사용된다.

Yummy Kitchen will expand into the emerging market (**next**, ~~soon~~, ~~near~~, ~~last~~) year.
Yummy Kitchen은 내년에 신흥 시장으로 진출할 것이다.

3. 형태가 유사한 형용사의 의미 구분

사물 수식/사람 수식	사물 수식
exhaustive 철저한 (사물) - exhausted 지친 (사람)	favorable 우호적인, 유리한 - favorite 가장 좋아하는
forgettable 잊기 쉬운 (사물) - forgetful 망각하는 (사람)	compatible 호환되는 - comparable 비교할 만한
considerable 상당한 (사물) - considerate 사려 깊은 (사람)	confident 자신하는 - confidential 비밀의
seasonal 계절적인 (사물) - seasoned 경험이 많은 (사람)	weekly 매주의 - weeklong 한 주간에 걸친
delightful 유쾌한 (사물) - delighted 기쁜 (사람)	comprehensive 종합적인 - comprehensible 이해할 수 있는
pleasant 유쾌한 (사물) - pleased 기쁜 (사람)	distinct 뚜렷한 - distinctive 특색 있는
honorable 영광스러운 (사물) - honored 영광스러운 (사람)	last 지난 - lasting 지속되는
impressive (사물) 인상적인 - impressed (사람) 감동받은	complementary 보충의 - complimentary 무료의
motivational (사물) 의욕을 주는 - motivated (사람) 의욕적인	
delightful (사물) 유쾌한 - delighted (사람) 즐거운	
reliable (사물/사람) 신뢰할 만한 - reliant (사람) 의존하는	
profitable (사물) 수익성 있는 - proficient (사람) 능숙한	

4. 숫자가 포함된 형용사구

숫자가 포함된 형용사구가 보어로 사용될 때는 단위에 복수형을 쓰고, 명사 앞에 위치할 땐 단수형으로 쓴다.

I am writing to inform you that the payment is two days (**late**, ~~later~~).
지불이 2일 늦어졌음을 알리고자 이 글을 씁니다.

Mr. Lee made a (**two-day-late**) payment to the hotel.
Lee 씨는 호텔에 2일 늦게 지불했다.

two **meters** high 2미터 높이의	**one meter** wide 1미터 넓이의
three **years** old 세 살의	ninety **days** overdue 90일 연체된
three **inches** long 3인치 길이의	

5. 한정적 형용사와 서술적 형용사

한정적 형용사는 be동사 뒤 보어 자리에 오지 않고, 서술적 형용사는 명사를 수식하는 자리에 오지 않는다.

한정적 형용사(명사 수식)	wooden 목재의 golden 금으로 만든 dramatic 극적인 medical 의료의 lower 하부의 upper 위쪽의 certain 어떤
서술적 형용사(보어 역할)	alike 같은 afraid 두려워하는 aware 알고 있는 alone 혼자의 certain 확실한

Most guests who visited Loksan Resort say that a ------- feature is its natural setting in the mountains.

(A) favor

(B) favorite

(C) favorable

(D) favorably

1단계 보기의 앞머리가 같으므로 일단 품사 자리부터 확인하면 관사 뒤 명사 앞 형용사 자리다.

2단계 가장 좋아하는 특징이 자연 환경이므로 (B)가 정답이다.

3단계 다른 보기들을 하나씩 따져 본다.

(A) favor ▶ 명사라서 오답이다. 참고로 favor feature라는 복합명사는 없다.

(C) favorable ▶ 우호적인, 유리한'이란 뜻으로 feature와 의미상 어울리지 않는다.

(D) favorably ▶ 부사라서 오답이다.

표현 정리 favorite 가장 좋아하는 feature 특징 settings 환경

해석 Loksan 리조트를 방문했던 대부분의 투숙객들은 산 속의 자연 환경이 가장 좋아하는 특징이라고 말한다.

✏️ 실전 연습

실전으로 확인하세요!

1. During the demonstration, the engineer should be ready to answer any questions at ------- times.

(A) any

(B) every

(C) all

(D) entire

2. The firm always explores new ways to remain as ------- as other companies.

(A) compatible

(B) competitive

(C) compete

(D) competition

• 정답 및 해설은 06쪽에서 확인

UNIT 18 부사는 시제, 자리, 부정어를 확인하면 끝!

부사는 일반적으로 다양한 곳에 위치할 수 있으나, 각 시제별로 어울리는 부사들이 있고 형용사나 부사 앞에 오는 부사, 특히 부정문과 잘 어울리거나 어울리지 않는 부사들이 있다. 특히 –ly로 끝나지 않는 길이가 짧은 부사들은 대부분 이러한 성격을 가지고 있으므로 보기 중에서 이러한 부사가 2개 이상 있다면 시제나 자리, 부정어를 확인해야 한다.

출제율 100% 핵심 포인트　　　　　　시간이 없으면 이것만 외우세요!

1. 특정 시제와 어울리는 부사

보기에 특정 시제와 어울리는 부사들이 등장하면 동사의 시제만으로 정답을 찾을 수 있다.

She started her career as a sales clerk and has (**since**, ~~soon~~) **become** an owner of the company.
그녀는 판매 직원으로 그녀의 경력을 시작해서 이후 회사의 사장이 되었다.

동사의 시제	정답이 되는 부사
현재 시제	frequently 종종 regularly 규칙적으로 occasionally 가끔씩 customarily 습관적으로 generally 일반적으로 normally 보통 typically 전형적으로
미래 시제	soon 곧 shortly 곧 ▶ 시제와 상관없이 씀: soon/shortly/right/directly/promptly/immediately after
현재완료 시제	recently 최근에 lately 최근에 once 한번 since 그 이후로
과거 시제	previously 이전에 once 한번은 recently 최근에

2. 자리가 정해진 부사

1) 정도부사: 주로 형용사/부사의 앞에 위치해 정도를 묘사한다.

so 매우 quite 꽤 rather 꽤 extremely 매우 very 매우 somewhat 다소 relatively 비교적
comparatively 비교적 enough 충분히(형용사나 부사의 뒤에 위치)

2) 숫자 수식 부사: 숫자 앞에 위치한다. over와 about은 전치사도 되고 부사도 되므로 주의한다.

approximately 대략 nearly 거의 up to ~까지 roughly 대략 around 대략 about 약 only 단지 almost 거의
more than ~이상 over ~이상 less than ~이하 just 정확히

3) 초점부사(강조부사): 전명구, 부사절, 명사의 앞에 위치하여 강조하는 역할을 한다.

only 단지 exclusively 독점적으로 just 단기 even ~조차 specifically 특히 especially 특히

4) 원급/비교급/최상급 강조 부사

extremely, very, quite, pretty, so, too 매우 **+ 원급**

considerably, substantially, significantly 상당히, **noticeably** 주목할 만하게, **markedly** 두드러지게, **much, far, even, still, a lot** 훨씬 **+ 비교급**

the very 가장 ~한, **single** 한가지의, **by far, easily, yet, ever, so far, to date** 지금껏 **+ 최상급**

5) 특정 단어의 앞이나 뒤

still, yet	My order (**still**, ~~yet~~) **has** not arrived. 내가 주문한 것은 아직 도착하지 않았다. ▶ still은 not보다 앞에, yet는 not보다 뒤에 위치한다.
well	The manager (~~well~~, **always**) checks the agenda. 부장은 항상 회의 안건을 점검한다. ▶ well은 동사 뒤에, p.p.나 전명구의 앞에 위치한다.
alike	Employers and employees (**alike**) benefited from the new policy. 고용주들과 직원들 모두 새로운 정책의 혜택을 받았다. ▶ '명사 1 and 명사 2' 뒤에 위치한다.
alone	The sales of its shoe line (**alone**) exceeded $5 million this quarter. 신발 제품 판매만으로도 이번 분기에 500만 달러를 초과했다. ▶ 명사 뒤에 위치하여 '명사 단독으로만'을 의미한다.
else	Let's have lunch somewhere (**else**) today. 오늘은 좀 다른 곳에서 점심을 먹어 봅시다. ▶ 의문부사 somewhere, anywhere 등의 뒤에 붙어 부사구를 만든다.
enough	Mr. Kim arrived (**quite**, ~~enough~~) late. Kim 씨는 꽤 늦게 도착했다. ▶ 형용사나 부사 뒤에 위치한다.

3. 부정어와 연관된 부사

1) 부정문, 의문문과 잘 어울리는 부사: yet, ever

The company has (~~yet~~, **just**) changed its media policy. 그 회사는 막 미디어 정책을 바꿨다.
▶ 부정문이나 의문문이 아니므로 yet은 오답이다.

2) 준부정어: hardly, scarcely, rarely, barely, seldom

조동사 뒤, 일반동사, 형용사/전명구 앞에 위치한다.

Our salesperson (**rarely**, ~~well~~) calls our customers directly.
우리 판매원이 고객들에게 직접 전화하는 일은 거의 없다.
▶ '거의 ~하지 않다'라는 뜻으로 자체적으로 이미 부정적인 뜻을 포함하고 있어서 not, never, no 등의 부정어와 함께 쓸 수 없다.

Even after further discussion, the board was (~~seldom~~, **still**) no closer to making a decision.
추가 논의 후에도 이사회는 여전히 결정을 내리지 못했다.

3) 부분부정

'그렇지 않을 수도 있다'는 뜻을 가진 표현들은 바로 앞에 not이 있으면 정답으로 예상하고 대입해 본다.

More expensive items are not (**necessarily**, ~~barely~~) better.
더 비싼 물건이 반드시 더 좋은 것만은 아니다.

not always 항상 ~인 것만은 아니다	**not entirely[wholly]** 전적으로 ~인 것만은 아니다
not necessarily 반드시 ~인 것만은 아니다	**not quite** 그다지 ~은 아니다
not completely 완전히 ~인 것은 아니다	**not every/all** 모든 ~가 그런 것은 아니다

4. 장소(혹은 시점) 부사구를 만드는 부사

in advance(미리), anytime(언제든지), sometime(어느 때), earlier/later(일찍/늦게), anywhere(어디든지), somewhere(어딘가에) 등은 어구와 결합하여 시간이나 장소 부사구로 사용할 수 있다.

시점 부사구	far in advance 한참 앞서 three days in advance 3일 미리 sometime next week 다음 주쯤 early/earlier/late/later this month 이달 초/말에
장소 부사구	anywhere on the premises 구내 어디서든 somewhere in the room 방안 어딘가에

고득점자의 풀이법 ●

The research findings will ------- help scientists discover unknown secrets of ancient history.

(A) soon
(B) previously
(C) currently
(D) quite

1단계 보기들이 모두 부사지만 -ly로 끝나지 않는 부사가 2개 이상이다.

2단계 조동사와 동사원형 사이에 위치하고 미래 시제와 어울리는 부사인 (A)가 정답이다.

3단계 다른 보기들을 하나씩 따져 본다.

(B) previously ▶ 과거 시제나 현재완료 시제와 어울리는 부사라서 오답이다.

(C) currently ▶ 현재 시제나 현재진행 시제와 어울리는 부사라서 오답이다.

(D) quite ▶ 형용사나 부사 앞에 위치하는 부사라서 오답이다.

표현 정리 research findings 조사 결과 discover 발견하다 unknown 알려지지 않은 secrets 비밀
해석 연구 결과는 곧 과학자들로 하여금 고대 역사의 알려지지 않은 비밀을 발견하도록 도와줄 것이다.

✎ 실전 연습   실전으로 확인하세요!

1. Ms. Nichols arrived ------- early at the hotel to be permitted to check in.

  (A) so
  (B) even
  (C) too
  (D) quite

2. Employees who work very hard do not ------- earn the highest salaries.

  (A) still
  (B) well
  (C) always
  (D) seldom

• 정답 및 해설은 06쪽에서 확인

UNIT 19 도치, 연결부사, 유사 형태 부사를 정복해야 만점!

도치 구문, 연결부사, 유사 형태 부사 문제는 시험에 많이 나오지는 않지만 일단 나오면 단순히 몰라서 틀리거나 막연히 어려울 것 같은 느낌으로 대충 찍어서 틀리는 경우가 대부분이다. 고득점을 목표로 한다면 반드시 정복하고 넘어가야 한다.

출제율 100% 핵심 포인트   시간이 없으면 이것만 외우세요!

1. 도치 구문

1) 부정어구가 문두에 오면 조동사나 be동사가 주어 앞에 위치한다.

(**Never**) have I seen such a beautiful resort in my life.

이렇게 아름다운 휴양지는 태어나서 처음 보았다.

  ▶ 원래 문장 I have never seen such a beautiful resort in my life.

도치를 이끄는 부정어구	Seldom, Rarely, Barely, Scarcely, Never, No sooner, Not only, Nowhere, Nor, Hardly, Little

2) only가 문두에서 부사, 부사구, 부사절을 강조하면 주절의 조동사나 be동사가 주어 앞에 위치한다.

(**Only**) after Ms. Lee left did Mr. Kim realize he was wrong.

Lee 씨가 떠나고 나서야 Kim 씨는 그가 틀린 것을 깨달았다.

  ▶ 원래 문장 Mr. Kim realized he was wrong only after Ms. Lee left.

3) 가정법 문장에서 if가 생략되면 조동사나 be동사가 주어 앞에 위치한다.

Had+주어+p.p. / Should+주어+동사원형 / Were+주어+보어 / Did+주어+동사원형

(**Should**) you have any problems, please contact us anytime.

문제가 있으면 언제든지 연락주세요.

  ▶ 원래 문장 If you should have any problems, please contact us anytime.

4) 보어를 강조할 때 문두에 위치시킨다.

(**Among the committee members**) is Mr. Kim, who works in the Marketing Department.

위원회 위원들 중에 Kim 씨가 있는데 그는 마케팅 부서에서 일한다.

  ▶ 원래 문장 Mr. Kim, who works in the Marketing Department, is among the committee members.

(**Enclosed in this e-mail**) are the results of a recent survey.

이 이메일에 동본된 것은 최근 설문조사의 결과입니다.

  ▶ 원래 문장 The results of a recent survey are enclosed in this e-mail.

5) '주어도 ~하다'라는 뜻의 맞장구 표현

앞이 긍정문일 때	so+앞의 동사가 일반동사면 do/did/does, be동사면 is/are/am/was/were+주어
앞이 부정문일 때	neither+앞의 동사가 일반동사면 do/did/does, be동사면 is/are/am/was/were+주어

As the manager worked overtime to meet the deadline, (**so did**) his assistant.
부장이 마감일을 맞추기 위해서 초과 근무했듯 그의 조수도 그랬다.

Mr. Kim was not a manager, and (**neither was**) Ms. Lee. Kim 씨는 부장이 아니고 Lee 씨도 (부장이) 아니다.

2. 연결부사

연결부사는 파트 6에서는 문두에 오는 접속부사로 사용되지만, 파트 5에서는 문장의 중간이나 마지막에 위치하여 인과, 양보, 대조, 추가, 대안과 같은 의미 관계를 명확히 해주는 부사다.

1) instead – 대안이 되는 표현이 제시될 때

If you are not available on **Monday**, you can come in this **Friday** (**instead**).
월요일에 시간이 안되면 대신에 이번주 금요일에 오셔도 됩니다.

2) otherwise – 반대의 상황이 제시될 때

You may find several examples of **modern** technology in the (**otherwise**) **traditional** town.
반대로 전통적인 마을에서 현대 기술의 몇 가지 예시를 볼 수 있을 것이다.

3) also, too, either, as well, likewise

모두 추가의 의미를 가지고 있으나 too, either, as well은 주로 문미에 쓴다. either는 부정문과 어울리고 likewise는 추가의 뜻 이외에도 비슷한 방식을 묘사할 때 쓴다.

I **haven't been** to Australia (**either**). 나 역시 호주에 가본 적이 없다.

As we have with the first, we (**likewise**) found an alternative for the second canceled reservation.
첫번째에서도 그랬듯 우리는 취소된 두번째 예약에 대해서도 같은 방식으로 대안을 찾았다.

4) accordingly – 앞의 절에서 언급한 내용에 따라 행하는 일을 묘사할 때

The restaurant developed a new dish and changed its menu (**accordingly**).
그 식당은 새로운 요리를 개발했고 그에 따라 메뉴를 바꿨다.

5) again과 also/as well/too의 구분

again은 동일한 행동을 다시 하는 것을 말한다. 이는 추가의 논리 관계와는 다르다.

I will **run** (**again**). 나는 뛰는 것을 다시 하겠다.

I will (**also**) **run**. 나는 다른 것도 하고 뛰는 것도 하겠다.

6) Although ~ , S nevertheless V. Because ~ , S therefore V.

접속사인 Although나 Because만 있어도 되지만 의미를 강조하기 위해서 부사를 쓸 수 있다.

Although the company had an aggressive marketing campaign, its sales (**nevertheless**) dropped. 그 회사는 공격적인 마케팅 캠페인을 했으나 그럼에도 불구하고 판매는 감소했다.

3. 유사 형태 부사

유사한 형태의 부사들은 의미상 차이를 익혀 두고 문제를 풀 때 단서를 찾아 표시하여 실수를 줄인다.

부사	단서	부사	단서
high 높게	rise (**high**) 높이 올라가다	highly 매우, 크게	speak (**highly**) of ~을 격찬하다 (**highly**) successful 매우 성공적인

almost =nearly 거의	(almost) complete 거의 완료된 (almost) late 거의 늦을 뻔한 (almost) 70% 70% 가까이 (almost) everyone 거의 모든 사람	mostly =largely, primarily 대개, 주로	The workers were (mostly) volunteers. 작업자들은 주로 자원 봉사자들이었다.
just 단지, 막	(just) started 막 시작했다	justly 정당하게	deal (justly) with ~을 정당하게 취급하다
right 정확히, 바로	It is (right) in the middle of town. 그것은 바로 마을의 한가운데에 있다.	rightly 바르게, 정당하게	The referee (rightly) sent him off. 심판이 공정하게 그를 퇴장시켰다.
close 가까운, 가까이	They sat (close) together. 그들은 가까이 앉았다.	closely 밀접하게, 자세히, 면밀히	The consultant worked (closely) with us. 그 자문위원은 우리와 긴밀하게 협조했다.

고득점자의 풀이법

------- will we provide exchanges, but a refund can also be issued if verified by a technician.

(A) In addition

(B) Besides

(C) Moreover

(D) Not only

1단계 보기들이 -ly로 끝나는 부사들이 아니다. 따라서 문법적인 성격을 생각해 본다.

2단계 주어가 조동사 뒤에 있으므로 도치 구문을 만드는 부정어 (D)가 정답이다.

3단계 다른 보기들을 하나씩 따져 본다.

(A) In addition ▶ 도치와 상관없는 추가의 논리 관계에 쓰는 부사다.

(B) Besides ▶ 도치와 상관없는 추가의 논리 관계에 쓰는 부사 혹은 전치사다.

(C) Moreover ▶ 도치와 상관없는 추가/강조의 논리 관계에 쓰는 부사다.

표현 정리 exchange 교환 issue a refund 환불해 주다 verify 확인하다, 증명하다

해석 교환을 해 드리는 것뿐만 아니라 기술자가 확인하면 환불도 해 드릴 수 있습니다.

실전 연습
실전으로 확인하세요!

1. The news program's premiere was reschedule, and it will now be shown on Saturday -------.

   (A) alike

   (B) instead

   (C) already

   (D) otherwise

2. Because of its intriguing plot originating from a cartoon, the movie ------- was well received by the public.

   (A) therefore

   (B) so

   (C) nevertheless

   (D) either

• 정답 및 해설은 06쪽에서 확인

명사 앞은 소유격이 정답!

대명사는 명사처럼 주어, 목적어, 보어 기능을 하지만 명사와 달리 자리에 따라서 모양이 변한다. 자리에 따라 모양이 달라지는 형태를 '대명사의 격'이라고 하며 주격, 목적격, 소유격이 있다. 격 확인 문제는 해석 없이 바로 풀리는 문제가 많다. 그러나 쉬운 만큼 함정 문제도 종종 출제되니 조심한다.

출제율 100% 핵심 포인트
시간이 없으면 이것만 외우세요!

1. 주격, 목적격, 소유격 자리

1) 동사 앞에는 주격(I, We, You, He, She, They, It), 동사 뒤에는 목적격(me, us, you, him, her, them, it), 동사 뒤에 있어도 명사 앞은 소유격(my, our, your, his, her, their, its)이 정답이다. 특히 최근에는 소유격이 정답인 경우가 상당히 많다.

Ms. Lee will start (**her**, ~~she~~) internship at Smith Bakery next week.
Lee 씨는 다음주에 Smith Bakery에서 그녀의 인턴직을 시작할 것이다.

2) 같은 격 중에서 선택하는 경우에는 해석을 통해 지칭하는 명사를 확인한다.

Since (~~it~~, **they**) combined, London Chemical and Golden Electronics have shown great interest in the global market.
London Chemical과 Golden Electronics는 합병한 이후 세계 시장에 큰 관심을 보여왔다.

3) 소유격 자리에 '소유격+own'이 올 수 있다.

Mr. Pando will open (~~him~~, **his own**) shop next week.
Pando 씨는 다음주에 자신의 상점을 열 것이다.

2. 격 확인 문제의 함정 포인트

1) 명사와 동사가 다 되는 단어 앞의 격을 확인할 때는 명사인지 동사인지를 확실히 구분하고 알맞은 격을 고른다.

Volunteers will receive paid leave for the days (**they**, ~~their~~) work at the event.
자원 봉사자들은 행사장에서 일하는 날에 대해 유급 휴가를 받을 것이다.
▶ work는 동사도 되고 명사도 되는 단어로 여기서는 '그들이 일한 날들'이란 형용사절의 동사이므로 앞에는 주격이 온다.

명사도 되고 동사도 되는 단어	file 파일, 보관하다 visit 방문, 방문하다 leave 휴가, 떠나다 request 요청, 요청하다 respect 존경, 존경하다 plan 계획, 계획하다 work 일, 일하다 report 보고서, 보고하다 answer 대답, 대답하다 access 접근, 들어가다

2) 동사 앞 주어 자리에 있어도 전치사 뒤는 목적격이다.

A handful of (~~we~~, **us**) will participate in the technology conference next week.
우리 중 몇 명이 다음주에 있을 기술 컨퍼런스에 참여할 것이다.

3) 관계대명사와 일반대명사를 구분해야 한다.

The five applications, all of (**which**, ~~them~~) the recruiter reviewed, were sent to the company.
그 다섯 개의 지원서는 모두 인사 담당자가 검토해서 회사로 보내졌다.
▶ all of them이 익숙하다고 해서 정답은 아니다. 한 문장 내에 동사의 개수가 2개(reviewed, were sent)이므로 대명사와 접속사의 기능을 하는 관계대명사 which가 정답이다.

Katrina assured the realtor that ------- would return the signed contract by that afternoon.

(A) her

(B) she

(C) hers

(D) herself

1단계 보기에 다양한 대명사의 격이 있으므로 일단 빈칸 주변을 확인한다.

2단계 빈칸은 that으로 시작하는 명사절의 동사 앞 주어 자리이므로 주격 대명사인 (B)가 정답이다.

3단계 다른 보기들을 하나씩 따져 본다.

(A) her ▶ 목적격 혹은 소유격 대명사라서 오답이다.

(C) hers ▶ 그녀의 것(hers)이 무엇을 가리키는지 알 수 없고 사람이라고 볼 수 없어서 오답이다.

(D) herself ▶ 재귀대명사는 단독으로 주어 자리에 오지 않으므로 오답이다.

표현 정리 assure 확신시키다 realtor 부동산 중개업자 return 되돌려주다 signed contract 서명된 계약서

해석 Katrina는 부동산 중개인에게 그날 오후까지 서명된 계약서를 돌려주겠다고 장담했다.

실전 연습

실전으로 확인하세요!

1. Although Mr. Rodriguez wanted to purchase tickets for the musical, ------- was sold out.

(A) nothing

(B) it

(C) he

(D) they

2. Bowman Construction purchases empty lots of land and then determines ------- appropriateness for various projects.

(A) which

(B) whose

(C) their

(D) those

• 정답 및 해설은 06쪽에서 확인

UNIT 21 부사 자리나 by 뒤는 재귀대명사가 정답!

인칭대명사 중에서는 재귀대명사만 부사 기능이 있다. 주어와 동사 사이나 완전한 문장 뒤에 빈칸이 있다면 해석하지 않고도 재귀대명사를 정답으로 고를 수 있다. 또한 '스스로/홀로'라는 뜻의 관용어구인 'by+재귀대명사'도 출제된다.

출제율 100% 핵심 포인트   시간이 없으면 이것만 외우세요!

1. 재귀대명사의 강조용법

1) 재귀대명사는 부사 역할을 할 수 있어서 주어와 동사 사이나 완전한 문장 뒤에 위치한다.

Mr. Yama (~~him~~, **himself**) will compile the sales data.
Yama 씨는 직접 판매 데이터를 정리할 것이다.

Mr. Yama will compile the sales data (~~him~~, **himself**).
Yama 씨는 직접 판매 데이터를 정리할 것이다.

2) 선택지가 모두 재귀대명사로 구성된 경우에는 지칭하는 대상을 확인한다.

Mr. Lee's school exhibits pictures painted by the children (~~himself~~, **themselves**).
Lee 씨의 학교에서는 아이들이 직접 그린 그림들을 전시한다.

Ms. Akins convinced attendees that she would give out the handouts (~~themselves~~, **herself**) before the meeting.
Akins 씨는 참석자들에게 그녀가 미팅 전체 유인물을 나눠줄 것이라고 확신시켰다.

2. 재귀대명사의 재귀용법

1) 동작의 주체와 대상이 같을 때 재귀대명사를 쓴다.

Ms. Tylor introduced (~~her~~, **herself**) to us.
Tylor 씨는 우리에게 자신을 소개했다.

Please familiarize (~~you~~, **yourself**) with the new payroll procedure.
새로운 급여 절차를 숙지하십시오.

2) 아래 표현에서는 재귀대명사가 우선이지만 동작의 주체와 대상이 같은지는 반드시 확인해야 한다.

familiarize oneself with ~에 익숙하게 하다	distinguish oneself from ~와 구별하다
differentiate oneself from ~와 차별화하다	prove/show oneself (to be)+명/형
help oneself to ~을 맘껏 먹다[쓰다]	자신이 ~임을 증명해 보이다
devote/dedicate/commit oneself to	introduce oneself to ~에게 자신을 소개하다
~에 전념하다[몰두하다]	

3. 재귀대명사의 관용법

1) by/for/on/in 뒤에 빈칸이 있다면 아래 의미를 확인 후 재귀대명사를 정답으로 한다.

by oneself 혼자서, 홀로(=without others), 혼자 힘으로, 스스로(=without others' help)	He always eats by (**himself**) in the cafeteria. 그는 항상 구내식당에서 혼자 식사한다. He managed to repair the car by (**himself**). 그는 혼자 힘으로 차를 고쳤다.
for oneself 혼자 힘으로, 스스로	He managed to repair the car for (**himself**). 그는 혼자 힘으로 차를 고쳤다. He secured a place for (**himself**) at law school. 그는 로스쿨에 스스로 들어갔다.
in spite of oneself 자신도 모르게	I yawned again and again in spite of (**myself**). 나도 모르게 자꾸 하품을 했다.
in itself 자체로, 본질적으로	These days, advertising has become big business in (**itself**). 요즘은 광고가 그 자체로 큰 사업이 되었다.

2) '스스로, 혼자서'라는 표현은 by oneself, on one's own이다. on oneself나 by one's own은 틀린 말이다.

Mr. Mark and his old friend opened a business by (**themselves**, ~~their own~~).

Mark 씨와 그의 오랜 친구는 그들 스스로 사업체를 열었다.

4. 재귀대명사 문제의 함정 포인트

1) 재귀대명사는 단독으로 주어가 될 수 없다.

(**You**, ~~Yourself~~) should begin the research project.

당신이 연구 프로젝트를 시작해야 합니다.

2) 동작의 주체와 다른 경우에는 목적격을 쓴다.

Mr. Lincoln wanted **Ms. Lee to help** (**him**, ~~himself~~) with the project.

Linclon 씨는 Lee 씨가 프로젝트와 관련해서 그 자신을 도와주길 원했다.

▶ 빈칸에 대한 동작(help)의 주체는 주어인 Mr. Lincoln이 아니므로 himself를 쓸 수 없다. 여기서 him은 Mr. Lincoln을 가리킨다.

Mr. Kim's **proposal** will **be returned to** (**him**, ~~himself~~).

Kim 씨의 제안서는 그 자신에게 반환될 것이다.

▶ 주어가 Mr. Kim이 아니고 proposal이므로 him이 정답이다.

3) 동작의 주체가 드러나지 않은 경우

Please make sure to **help** (~~you~~, **yourselves**) to the brochures.

안내책자들을 마음껏 가져가세요.

▶ 명령문에서는 주어 you가 생략된 것으로 볼 수 있으므로 재귀대명사가 정답이다.

Although Mr. Wright ------- is out of office this week, his assistant can answer most questions regarding the Benham project.

(A) him

(B) his

(C) himself

(D) he

1단계 보기에 다양한 대명사의 격이 있으므로 일단 빈칸 주변을 확인한다.

2단계 주어와 동사 사이는 부사 자리이므로 부사의 기능을 할 수 있는 (C)가 정답이다.

3단계 다른 보기들을 하나씩 따져 본다.

(A) him ▶ 목적격 대명사로서 부사의 기능이 없어서 오답이다.

(B) his ▶ 소유격 혹은 소유대명사로서 부사의 기능이 없어서 오답이다.

(D) he ▶ 주격 대명사로서 이미 주어가 있으므로 오답이다.

표현 정리 out of office 자리를 비운, 출장을 간 assistant 보조, 조교, 대리 regarding ~에 관하여

해석 Wright 씨가 이번주에 자리를 비우더라도 그의 보조가 Benham 프로젝트에 관한 대부분의 질문에 답할 수 있다.

✎ 실전 연습   실전으로 확인하세요!

1. The CEO of the firm, David Jenkins, required ------- to pass all the tests his own workers had to take.

(A) him

(B) himself

(C) he

(D) his

2. Handling demanding customers is rather challenging to do on ------- without a manual.

(A) yourself

(B) you

(C) your own

(D) yours

• 정답 및 해설은 07쪽에서 확인

UNIT 22 소유대명사는 주로 사물을 수식, 단수 취급한다!

소유대명사는 정답보다는 오답으로 출제되는 경우가 많으며, 정답이 되는 경우에는 소유대명사가 지칭하는 것이 그 문장에 드러나야 한다. 소유대명사는 명사이므로 소유격 대명사와 달리, 주어, 목적어, 보어 역할을 할 수 있다.

출제율 100% 핵심 포인트
시간이 없으면 이것만 외우세요!

1. 해석 없이 푸는 소유대명사 문제

1) 소유대명사는 명사이므로 명사 자리에 온다.

Johnathan likes his car, and I like (~~my~~, **mine**).
Johnathan은 그의 차를 좋아하고, 나는 내 차를 좋아한다.

(**Mine**, ~~Myself~~) is much bigger than yours.
내 것이 당신 것보다 훨씬 더 크다.

2) 소유대명사는 주로 단수 취급한다.

Marketing employees can use our copier because (~~they~~, **theirs**) is being repaired.
마케팅 직원들은 그들의 복사기가 수리 중이기 때문에 우리 복사기를 사용할 수 있다.

Compared with other products, (~~we~~, **ours**) is easier to operate.
타사 제품과 비교해 볼 때 우리 제품은 조작하기가 더 쉽다.

3) 소유대명사는 주로 사물을 가리킨다.

When he is done with his proposal, Mr. Brown will help finish (**ours**, ~~us~~).
Brown 씨는 그의 제안서를 끝내면 우리 것을 끝내도록 도와줄 것이다.
▶ 사람을 끝낸다(finish)는 것이 아니고 우리 것, 즉 '우리 제안서'를 끝내는 것이다.

2. 해석해서 푸는 소유대명사 문제

명사 자리나 단수/복수로 풀리지 않으면 해석해서 소유대명사가 지칭하는 것을 확인한다.

Since every traveler in the tour group was supposed to receive **an entrance ticket**, Ms. Lin requested (~~her~~, **hers**, ~~herself~~).
투어 단체의 모든 여행객이 입장권을 받도록 되어 있기 때문에 Lin 씨는 그녀의 것을 요청했다.
▶ Ms. Lin이 요청하는 것은 자신의 entrance ticket이므로 이를 '그녀의 것'으로 표현한 hers가 정답.

Mr. Watanabe holds a similar **view** to (~~you~~, **yours**).
Watanabe 씨는 당신의 것과 비슷한 견해를 가지고 있다.
▶ 빈칸은 Watanabe 씨의 견해와 당신의 견해를 비교하는 것이므로 yours가 정답.

3. 소유대명사 관련 함정 포인트

1) 이중 소유격 표현에서는 소유대명사가 필수이고 목적격은 오답이다.

A friend of (~~me~~, **mine**) will attend the party.
나의 한 친구가 파티에 참석할 것이다.

The photographer took a picture **of** (**me**).

그 사진사는 내가 나온 사진을 찍었다.

▶ '내가 나온 사진'이란 표현에서는 예외적으로 목적격도 가능하다.

2) 소유격과 소유대명사의 형태가 같은 경우를 조심한다.

I like **my car**, but he likes (**his**, ~~him~~).

나는 내 차를 좋아하지만 그는 그의 차를 좋아한다.

▶ his는 '그의 차'로 소유대명사.

I have (**my own**) **car**. Mr. Kim has **his car**, and I have (**my own**).

나는 내 차를 갖고 있다. Kim 씨는 그의 차가 있고 나는 나의 차가 있다.

▶ 전자인 my own은 '내 자신의'로 소유격 대명사이고, 후자인 my own은 '내 자신의 것'으로 소유대명사.

Here is **your key**, and (**Mr. Kim's**) is over there.

여기 당신의 열쇠가 있고 Kim 씨의 것은 저기에 있습니다.

▶ Mr. Kim's는 'Kim 씨의 열쇠'로 소유대명사.

> **his** 그의/그의 것, **one's own** 자기 자신의/자기 자신의 것, **Mr. Kim's** Kim 씨의/Kim 씨의 것

3) of one's own은 '자기 자신의'라는 뜻이다. on one's own(=by oneself)과 혼동하지 않도록 한다.

Right after retiring from a big company, Mr. Marks and his old friend opened **a small business of** (**their own**, ~~theirs~~, ~~themselves~~, ~~them~~).

큰 회사에서 은퇴한 직후 Marks 씨와 그의 오랜 친구는 그들 자신의 작은 사업체를 열었다.

▶ a business of their own은 their own business를 뜻한다.

▶ a business of theirs는 one of their businesses를 뜻한다.

That is what the CEO has decided (~~of~~, **on**) **his own**.

그것은 최고경영자가 단독으로 결정한 것이다.

4) 소유대명사가 가리키는 말이 복수인 경우 복수로 받을 수 있다.

Many individuals shooting **fireworks** like to show that (**theirs are**) bigger and louder than everybody else's.

폭죽을 쏘는 많은 사람들은 그들의 것이 다른 사람들 것보다 더 크고 더 소리가 크다는 것을 보여주는 것을 좋아한다.

▶ theirs는 their fireworks를 뜻한다.

Your responsibility as a lab technician will basically be the same as -------.

(A) mine

(B) me

(C) myself

(D) my

1단계 보기에 다양한 대명사의 격이 있으므로 일단 빈칸 주변을 확인한다.

2단계 빈칸은 명사 자리이고 주어(당신의 책무)와 내용상 동격의 의미 관계가 되어야 하므로 '나의 것' 즉 '나의 책무'를 가리키는 (A)가 정답이다.

3단계 다른 보기들을 하나씩 따져 본다.

(B) me ▶ 당신의 책무와 나는 동격의 관계가 아니라서 오답이다.

(C) myself ▶ 당신의 책무와 나 자신은 동격의 관계가 아니라서 오답이다.

(D) my ▶ 소유격 대명사로 전치사 뒤 명사 자리에 올 수 없어서 오답이다.

표현 정리 responsibility 책무 lab technician 실험실 기술자 basically 기본적으로 the same as ~와 같은

해석 실험실 기사로서의 당신의 책무는 기본적으로 나의 것과 같을 것입니다.

✏️ **실전 연습**   **실전으로 확인하세요!**

1. Because more than 250 people submitted entries to the contest, Mr. West and Ms. Peters were shocked when ------- was declared the winner.

  (A) they

  (B) their

  (C) theirs

  (D) themselves

2. Rather than using an industry standard program, the software designer developed -------.

  (A) him

  (B) his own

  (C) himself

  (D) he

• 정답 및 해설은 07쪽에서 확인

UNIT
23 지시/부정대명사는 품사 자리부터 확인!

지시/부정대명사 중 일부는 형용사의 기능이 없거나 접속사의 기능이 추가되므로 품사 자리를 확인하면 오답을 쉽게 소거할 수 있다. 한편 each other, one another는 부사가 아니고 명사지만 주어 자리에 오지 못한다. almost와 not은 부사의 기능만 있다.

출제율 100% ＞ 핵심 포인트　　　　　　　　시간이 없으면 이것만 외우세요!

1. 명사나 형용사 중 한 가지 기능만 있는 지시/부정대명사

1) other, every, no는 형용사 기능만 있으므로 명사 자리에 오지 못한다.

(~~Every~~, ~~Other~~, **Some**) of the customers reported complaints about our products.
일부 고객이 우리 제품에 대한 불만을 제기했다.

2) (the) others, -thing, -body, -one, each other, one another, plenty는 명사 기능만 있으므로 형용사 자리에 오지 못한다.

(**Every**, ~~Everything~~) intern is eligible to receive a free consultation with our manager.
모든 인턴사원은 우리 관리자의 무료 상담을 받을 수 있다.

3) each other와 one another는 명사지만 주어 자리에 오지 못하고 주어가 복수일 때 쓴다.

Mr. Gu and his assistant will **work** (~~each other~~, **together**).
Gu 씨와 그의 조수는 함께 일할 것이다.
　▶ 부사 자리라서 together가 정답이다. each other는 명사.

There will be 5 branches in Korea, and (**each**, ~~each other~~, ~~one another~~) **will have** 100 employees.
한국에는 5개의 지점이 있을 것이며 각각은 100명의 직원을 두게 될 것이다.
　▶ 주어 자리이므로 each other와 one another는 오답이다.

Mr. Gu and his assistant will help (**each other**) to finish the project.
Gu 씨와 그의 조수는 서로 도와서 프로젝트를 끝낼 것이다.
　▶ each other는 목적어 자리에 오고 주어가 복수일 때 쓴다.

4) 대부분의 지시/부정대명사는 명사와 형용사 기능을 모두 가지고 있다.

지시대명사/형용사	this, that, these, those
부정대명사/형용사	one, either, neither, each, another, the other, a few, few, several, many, some, both, much, a little, little

many, several, (a) few는 형용사로 익숙하지만 명사로도 사용된다.

For (**many**), the streetlamps along the park trails are essential.
많은 사람들에게 공원 산책로를 따라 있는 가로등은 필수적이다.

Among the committee members are (**several**) who voted for the new proposal.
위원들 중에는 새로운 제안에 찬성한 사람들이 몇몇 있다.

Among the desks in the office, (**a few**) **seem** to have been damaged.

사무실 책상들 중에서 몇 개가 파손된 것 같다.

2. 접속사의 기능이 있는 대명사

복합 관계대명사(의문사+-ever)와 관계대명사(who, whom, which, whose, that), 의문대명사(what, which, who, whom)는 대명사의 기능뿐만 아니라 접속사의 기능이 있어서 동사가 2개 필요하다.

(**Who**, ~~Everyone~~) **will attend** the seminar **has not been** decided yet.

누가 세미나에 참석할지는 아직 정해지지 않았다.

3. 대명사의 기능은 없는 부사

1) almost, not, never는 부사의 기능만 있으므로 대명사 자리에 오지 못한다.

(~~Almost~~, **Most**) **of** the customers reported complaints about our products.

대부분의 고객이 우리 제품에 대한 불만을 제기했다.

2) almost, not은 형용사가 아니지만 대명사 everyone, everything, anything, anyone을 수식할 수 있다.

(**Almost**) **everyone** has some musical ability.

거의 누구나 약간의 음악적 능력을 지니고 있다.

Technically speaking, (**not**) **everything** posted online is true.

엄밀히 말해서 온라인에 게재된 모든 것이 진실인 것은 아니다.

4. 부정어의 품사

1) no는 형용사, none은 명사, not과 never는 부사다. neither는 대명사/형용사, nothing, nobody는 대명사다.

(~~No~~, **None**, ~~Not~~, ~~Never~~) **of** my students attended the annual workshop last week.

내 학생들 중 한 명도 지난주 연례 워크숍에 참석하지 않았다.

2) little, less는 부사의 기능도 있다.

(**Little**) does Ms. Tanaka **know** about English literature, but she can speak English.

Tanaka 씨는 영문학에 대해 아는 것이 거의 없지만 영어로 말할 수는 있다.

▶ little은 동사 know를 수식하는 부사

Those (**less**) **familiar** with the new software are required to attend a training session.

새 소프트웨어에 익숙하지 않은 사용자는 교육에 참석해야 한다.

▶ less는 형용사 familiar를 수식하는 부사

------- is more important for an employer than to reward his employees for achieving their goal.

(A) Every

(B) Each other

(C) Nothing

(D) Whichever

1단계 보기에 부정대명사들이 있으므로 품사 자리부터 확인한다.

2단계 빈칸은 주어가 되는 명사 자리다. 문장에 동사가 1개뿐이므로 접속사 기능은 없는 (C)가 정답.

3단계 다른 보기들을 하나씩 따져 본다.

(A) Every ▶ 형용사라서 오답이다.

(B) Each other ▶ 주어 자리에 올 수 없어서 오답이다.

(D) Whichever ▶ 접속사라서 동사가 2개 필요하다. 이 문장에 동사는 is뿐이므로 오답.

표현 정리 employer 고용주 reward 보상하다 employee 직원 achieve 성취하다

해석 고용주가 직원들이 목표를 성취한 것에 대해 보상해 주는 것보다 더 중요한 것은 없다.

실전 연습

실전으로 확인하세요!

1. Chesterton Motors will only manufacture trucks starting next year as ------- are the most profitable vehicles to make.

(A) these

(B) their

(C) there

(D) themselves

2. There are more than fifty employees at Rigel, Inc., ------- with advanced degrees in science or engineering.

(A) most

(B) nearly

(C) hardly

(D) much

• 정답 및 해설은 07쪽에서 확인

UNIT 24 지시/부정대명사는 수와 불가산을 확인하라!

지시/부정대명사 문제 중 빈칸이 단수인지, 복수인지, 불가산명사 자리인지 확인하면 해석 없이 풀리는 경우가 있다. 또한 해석에만 의존할 경우 풀 수 없는 문제도 있다. 다 암기하려고 하기보다는 단수일 것 같은데 복수인 것, 복수일 것 같은데 단수인 것, 복수만 될 줄 알았는데 불가산이나 단수도 되는 것들에 대한 암기부터 시작해야 한다.

출제율 100% 〉 핵심 포인트

시간이 없으면 이것만 외우세요!

1. 단수 취급

this, that, one, either, neither, another, the other, each, -body, -thing, -one은 단수 취급한다.

We will review all four proposals and choose (**one**, ~~a few~~) that **suits** our needs.
우리는 네 개의 제안을 모두 검토하고 우리의 필요에 맞는 하나를 선택할 것이다.
▶ suits가 동사의 단수형이므로 선행사인 one도 단수다.

2. 복수 취급

these, those, many, a few, few, both는 복수 취급한다.

Although Ms. Lee and Mr. Kim have different duties, (~~everyone~~, **both**) **are** under my supervision.
Lee 씨와 Kim 씨는 다른 직무를 가지고 있지만 둘 다 내 감독 하에 있다.
▶ are가 동사의 복수형이므로 앞의 부사절을 확인하지 않아도 everyone을 소거할 수 있다.

3. 불가산 취급

much, a little, little은 불가산명사로 취급하므로 동사의 단수형으로 받는다.

(**Little**, ~~Few~~) **has been** given to the employees as an incentive.
직원들에게 인센티브로 주어지는 것이 거의 없었다.
▶ has been은 동사의 단수형이므로 Few를 소거할 수 있다. little은 동사의 단수형으로 받는다.

4. 복수나 불가산 취급

all, some, any, most는 가리키는 명사에 따라 복수나 불가산명사 취급한다.

(**All**, ~~Each~~) of the questions **are** to be directed to Ms. Perry.
모든 질문은 Perry 씨에게 보내야 한다.
▶ are가 동사의 복수형이므로 복수 취급하는 All이 정답이다.

(~~All~~, **Each**) of the questions **is** to be directed to Ms. Perry.
각각의 질문은 Perry 씨에게 보내야 한다.
▶ is가 동사의 단수형이므로 단수 취급하는 Each가 정답이다.

(~~All~~, **Each**) of the **mail** (**is**, ~~are~~) to be sent to the personnel manager.
모든 우편물은 인사부장에게 보내야 한다.
▶ is가 동사의 단수형이지만 mail이 불가산명사이므로 Each는 오답이다. All은 이 경우 불가산명사로 취급하므로 동사의 단수형으로 받는다.

5. 단수, 복수, 불가산 취급

none은 단수, 복수, 불가산명사가 모두 가능하다.

We have three sons, but (**none**) of them **lives/live** nearby.
우리에게는 3명의 아들이 있는데 그들 누구도 근처에 살지 않는다.

▶ none은 no one으로 볼 수도 있고 not any ones로 볼 수도 있어서 단수, 복수 모두 가능하다.

고득점자의 풀이법 ●

------- have been notified of the new policy that will be implemented next week.

(A) Few

(B) No one

(C) Every

(D) Little

1단계 보기에 부정대명사들이 있으므로 품사 자리부터 확인한다.

2단계 빈칸은 주어가 되는 명사 자리다. 동사의 복수형인 **have** 앞에서 복수 취급하는 (A)가 정답.

3단계 다른 보기들을 하나씩 따져 본다.

(B) No one ▶ 단수 취급하므로 오답이다.

(C) Every ▶ 형용사의 기능만 가지고 있으므로 오답이다.

(D) Little ▶ 불가산명사를 가리킬 때 사용하므로 동사의 단수형으로 받아야 한다.

표현 정리 notify 통보하다 policy 정책 implement 이행하다

해석 다음주에 시행될 새로운 정책에 대해서 통보 받은 사람이 거의 없다.

✎ 실전 연습 　　　　　　　　　　　실전으로 확인하세요!

1. The interviewer will meet with ------- who are highly qualified for the position.

   (A) each

   (B) either

   (C) several

   (D) much

2. ------- of the orders Mr. Smith placed are scheduled to arrive by today.

   (A) Either

   (B) Most

   (C) Almost

   (D) Plenty

• 정답 및 해설은 07쪽에서 확인

UNIT 25 지시대명사는 사람/사물, 지정 순서, 논리를 확인!

지시/부정대명사 문제가 품사 자리나 단수/복수 확인으로 풀리지 않는다면 다른 시도를 해야 한다. 먼저, **사람을 가리키는 자리인지 사물을 가리키는 자리인지를 판단한다. 보기에 부정어가 있다면 일단 빈칸에 넣어본 후 논리 관계를 따진다.** another는 one의 개념이 있을 때 존재한다. that/those, one/ones는 문장의 앞에서 언급된 명사의 반복을 피하기 위해 쓴다.

출제율 100% 핵심 포인트

시간이 없으면 이것만 외우세요!

1. 사람/사물 구분

those+형용사(-ing, p.p., 형용사, who+V), -body, -one은 사람, -thing은 사물을 가리킨다.

(**Those**, ~~Anything~~) interested in the position **should send in a résumé** by next week.
그 자리에 관심 있는 사람은 다음 주까지 이력서를 보내야 한다.
▶ 이력서를 보내는 것은 사람이므로 Those가 정답이다.

2. 지정 순서 확인

1) **여러 개 중 하나는 one, 추가되는 하나는 another, 나머지는 the other, 나머지가 복수인 경우는 the others다.**
Employees at the SS Company can relocate from (**one**) branch location to (**another**).
SS Company의 직원들은 하나의 지점에서 다른 지점으로 옮길 수 있다.

2) **여러 개 중 몇 개는 some, 추가로 몇 개를 더 언급할 땐 others, 나머지가 한정적일 땐 the others다.**
There are **many balloons**. (**Some**) are red, and (**others**) are yellow.
많은 풍선들이 있다. 몇 개는 빨간색이고 다른 몇 개는 노란색이다.

There are **five balloons**. (**Some**) are red, and (**the others**) are yellow.
다섯 개의 풍선이 있다. 몇 개는 빨간색이고 나머지는 노란색이다.
▶ 후자의 경우 풍선의 개수가 한정적이다. 몇 개를 제외하고 나머지를 가리키는 상황이므로 the others가 된다.

3. 긍정/부정의 논리 관계 확인

neither, no one, nobody, nothing, little, few가 보기에 있으면 일단 대입해 보고 논리의 적합성을 확인한다. 이 때는 등위접속사(and, so, but), 부사절 접속사(although, because, so that), to부정사 부분이 단서가 된다.

The designer **suggested two ideas, but** (~~each~~, **neither**) was accepted.
디자이너는 두 개의 아이디어를 제안했지만 어느 것도 받아들여지지 않았다.
▶ each가 오려면 역접이 아닌 순접의 관계(and)로 연결하는 것이 자연스럽다.

(**Few**, ~~All~~) of the interns know about the company's policy, **so the company organized a workshop to train them.**
인턴사원들 중 회사 정책에 대해 아는 사람이 거의 없어서 회사는 그들을 교육시키기 위해서 워크숍을 마련했다.
▶ All이 오려면 인과 관계가 아닌 역접의 관계(but)로 연결하는 것이 자연스럽다.

4. 명사의 반복을 피하기 위해 사용하는 one/ones, that/those

1) one/ones는 앞에 언급된 같은 명사의 반복을 피하기 위해서 사용하며 주로 형용사나 전명구와 함께 쓴다.

Mr. John bought three red **apples**, and I want to buy two yellow (**ones**).

John 씨는 빨간 사과 세 개를 샀고, 나는 노란 사과 두 개를 사기를 원한다.

▶ ones는 복수명사 apples의 반복을 피하기 위해서 사용되었다.

Regardless of how big the apples that Mr. John bought today are, (**all**, ~~ones~~) are fresh.

John 씨가 오늘 산 사과들이 얼마나 큰지에 상관없이 그것들 모두 신선하다.

▶ 동종의 명사 apples의 반복을 피하기 위한 것이 아니고 Mr. John이 샀던 사과 모두를 가리키므로 all이 정답이다.

2) that/those도 같은 반복을 피하는 기능이 있으나 형용사의 수식을 받지 못하고 주로 'of+전치사구'의 수식을 받는다.

The **views** expressed in the magazine are not (**those**, ~~that~~, ~~these~~, ~~them~~) of our company.

잡지에서 전달된 의견들은 우리 회사의 의견들은 아니다.

▶ 복수명사(views)의 반복을 피하기 위해 사용하는 those가 정답이다. that은 단수를 받고 this[these] of 형태로는 쓰지 않으며, them은 'of+전치사구'의 수식도 받지 않고 지칭하는 대상도 없다.

5. some/none/any/all과 something/nothing/anything/everything의 차이

1) some/none/any/all은 가리키는 말이 있으나 -thing/-body/-one 단독으로는 가리키는 말이 없고 주로 형용사의 수식을 받는다.

I have ten **apples**, and (**some**, ~~something~~) might already be rotten.

사과가 열 개 있는데, 어떤 사과는 이미 썩어 있을지도 모른다.

I have ten **persimmons**, and (**none**, ~~nothing~~) is ripe enough to be eaten.

감이 열 개 있는데, 먹을 만큼 익은 것이 하나도 없다.

▶ some과 none은 각각 사과들과 감들을 가리킨다. something과 nothing은 무엇을 가리키는지 명확하지 않아서 오답이다.

Our director asked us to come up with (~~some~~, **something**) **creative** during the meeting.

우리 이사는 회의 중에 창의적인 것을 생각해 낼 것을 요청했다.

▶ some이 가리킬 수 있는 것은 없다. something은 creative의 수식을 받아 '창의적인 무엇인가'를 가리킨다.

There is (~~none~~, **nothing**) **we can do** to make the situation better.

상황을 더 좋게 만들기 위해 우리가 할 수 있는 일은 아무것도 없다.

▶ nothing은 형용사절 we can do의 수식을 받아 '할 수 있는 것이 없는 것'을 가리킨다. none은 가리키는 바가 없어서 오답이다.

2) some/none/any/all은 'of+전치사구'의 수식을 받을 수 있으나 -thing/-body/-one은 받을 수 없다.

(**Some**, ~~Something~~) **of the orders** will be delivered to you today.

일부 주문품은 오늘 당신에게 배달될 것입니다.

(**None**, ~~Nobody~~) **of the employees** will work hard during this season.

직원들 중 아무도 이번 시즌 동안 열심히 일하지 않을 것이다.

(**All**, ~~Everything~~) **of the documents** will be provided to you next week.

모든 서류는 다음주에 당신에게 제공될 것입니다.

The company didn't want to lay (**anyone**) **of the employees** off.

그 회사는 직원들 중 누구도 해고하고 싶지 않았다.

Of the two managers, ------- has better leadership skills while the other effectively devises creative solutions to problems.

(A) one

(B) every

(C) she

(D) anyone

1단계 보기에 부정대명사들이 있으므로 품사 자리부터 확인한다.

2단계 빈칸은 주어가 되는 명사 자리다. two managers중 one이 있어야 the other가 존재하므로 (A)가 정답이다.

3단계 다른 보기들을 하나씩 따져 본다.

(B) every ▶ 형용사의 기능만 가지고 있으므로 오답이다.

(C) she ▶ 가리키는 대상이 불분명하여 오답이다. 3인칭 단수의 여성이 언급되지 않았다.

(D) anyone ▶ anyone은 한정하는 표현이 없이는 막연히 '누구든지'라는 의미로, 앞의 two managers를 가리키지 못하고 뒤의 the other와의 관계도 적절하지 못하다.

표현 정리 effectively 효과적으로 devise 고안하다 solutions 해결책

해석 두 명의 부장 중 한 명은 더 나은 리더십 기술을 가지고 있고 다른 한 명은 문제에 대한 창의적 해결책을 효과적으로 고안한다.

실전 연습

실전으로 확인하세요!

1. On account of the poor weather, ------- of our shipments have been delayed.

(A) anything

(B) any

(C) something

(D) some

2. Please tell us about any issues beyond ------- already addressed the last time.

(A) that

(B) those

(C) these

(D) this

• 정답 및 해설은 07쪽에서 확인

UNIT 26 완전하면 that, 불완전하면 what!

타동사 뒤에서 목적어 역할을 하는 절을 이끌거나, 접속사가 이끄는 절이 문장에서 주어 역할을 하고 있다면 명사절 접속사가 필요한 자리다. 각 명사절 접속사에 따른 용법을 구분하는 문제는 해당 명사절이 완전한지 불완전한지와 선택사항이 제시되는지 등을 확인하여 푼다.

출제율 100% > 핵심 포인트 >
시간이 없으면 이것만 외우세요!

1. 명사절 접속사 자리

절(주어+동사)이 명사 역할(주어, 목적어, 보어)을 하면 명사절이다. 명사절 접속사 자리에 부사절 접속사나 등위 접속사는 올 수 없다.

1) **타동사 뒤에 (주어)+동사가 있으면 명사절 접속사 자리다.**
   Dream Media **announced** (**that**, ~~because~~) it will unveil a new product next month.
   Dream Media는 다음달에 새로운 제품을 출시할 것이라고 발표했다.
   ▶ because는 부사절 접속사.

2) **전치사 뒤에 (주어)+동사가 있으면 명사절 접속사 자리다.**
   Regardless of (**whether**, ~~and~~) **you like** it or not, I will do what I want to.
   당신이 좋아하건 그렇지 않건 간에 상관없이 나는 내가 원하는 대로 할 것이다.
   ▶ and는 등위접속사.

3) **동사 앞에 (주어)+동사가 있으면 명사절 접속사 자리다.**
   (**What**, ~~Although~~) **you need is** not known. 당신에게 필요한 것은 알려져 있지 않다.
   ▶ although는 부사절 접속사.

4) **be동사 뒤에 (주어)+동사가 있는데 be동사 앞의 명사와 동격의 관계이면 명사절 접속사 자리다.**
   The **hotel** is (**where**, ~~but~~) **our annual workshop will be** held. 그 호텔은 우리의 연례 워크숍이 열릴 곳이다.
   ▶ but은 등위접속사.

2. 명사절 접속사 that, whether, what의 구분

1) **명사절 접속사 that이 이끄는 절은 완전하고, what은 주어나 목적어 등이 빠진 불완전한 절을 이끈다.**
   The company announced (**that**, ~~what~~) **it will unveil a new product** next month.
   그 회사는 다음달에 새로운 제품을 출시할 것이라고 발표했다.

   The man didn't know (~~that~~, **what**) **his girlfriend wanted**.
   그 남자는 여자친구가 원하는 것을 몰랐다.

2) **명사절 접속사 whether가 이끄는 절은 완전하며 or ~와 같은 선택적 표현이 붙어서 선택사항이 제시된다.**
   Mr. Burano wondered (~~what~~, **whether**) **he could open his own store** within a year **or not**.
   Burano 씨는 그가 1년 내에 자신의 가게를 열 수 있을지 없을지 궁금했다.

3) 명사절 접속사 whether가 이끄는 절에서 or ~ 부분이 생략되어 that과 구분이 안될 경우에는 주절의 동사가 불확실함의 느낌을 주는 동사인지 확인한다.

Mr. Burano **asked** (~~that~~, **whether**) Ms. Lura could open her own store within a year.

Burano 씨는 Lura 씨가 1년 내에 그녀의 가게를 열 수 있을지 물었다.

▶ ask는 '물어보다'의 뜻으로 사용되었다. '요청하다'의 뜻이라면 could 대신 should나 동사원형이 있어야 한다.

3. 의문사끼리의 구분

1) **의문사가 평서문에 사용되면 명사절 접속사로 쓰인다.**

이때 의문사 자체가 주어인 경우가 아니라면 주어와 동사의 도치가 풀린다.

(**What**) should I wear? 나는 무엇을 입어야 하나요?

▶ what은 의문대명사.

I don't know (**what**) I should wear. 나는 무엇을 입어야 할지 모르겠다.

▶ what은 타동사 뒤 명사절을 이끄는 명사절 접속사이고 의문문에서 도치된 should I가 I should로 되었다.

2) **의문사의 구조적 역할로 푸는 경우**

의문대명사(who, whom, which, what), 의문부사(where, when, why, how), 의문형용사(whose, what, which)를 구분하는 문제는 의문사의 구조적 역할(주어, 목적어, 보어, 수식어)을 확인하여 푼다.

David wants to know (**who**, ~~whose~~, ~~why~~) will attend the meeting.

David은 누가 회의에 참석할지 알기를 원한다.

David wants to know (~~who~~, ~~whose~~, **why**) Mr. Kim visited the customer.

David은 Kim 씨가 고객을 방문했던 이유를 알기를 원한다.

David wants to know (~~who~~, **whose**, ~~why~~) car the man will buy.

David은 그 남자가 누구의 차를 살지 알기를 원한다.

▶ who는 주어의 역할이라서 동사 앞이고, why는 부사의 역할이라서 완전한 절 앞이고, whose는 형용사 역할이라서 명사 앞이다.

3) **구조적 분석으로 풀리지 않으면 해석하여 푼다. where는 장소, when은 시간을 나타낸다.**

The last week of this month is (**when**, ~~where~~) the exhibition was held.

이번달의 마지막 주가 그 전시회가 열리는 때다.

4) **which는 선택사항이 있을 때 쓰고, who/whom은 사람, what은 사물을 지칭할 때 쓴다. which는 사람/사물 모두 가능하다.**

Of the three proposals submitted today, we have to figure out (**which**) best suits our needs.

오늘 제출된 세 개의 제안서 중에서 우리는 어떤 것이 우리의 필요를 가장 잘 충족시키는지 알아내야 한다.

(~~Which~~, **What**) need to be done right away is to address customer complaints.

지금 당장 해야 할 일은 고객 불만사항들을 처리하는 것이다.

Mr. Sun thoroughly examined the blueprints to determine ------- they followed the construction regulations exactly or not.

(A) because

(B) what

(C) whether

(D) while

1단계 선택지가 모두 접속사로 명사절 접속사와 부사절 접속사가 섞여 있다.

2단계 빈칸을 포함하여 문장의 마지막까지가 타동사 determine의 목적어 역할을 해야 하므로 빈칸은 명사절 접속사 자리다. 명사절이 이끄는 절이 완전하고 or로 선택사항이 제시되었으므로 (C)가 정답이다.

3단계 다른 보기들을 하나씩 따져 본다.

(A) because ▶ 부사절 접속사라서 오답.

(B) what ▶ 빈칸 다음의 절이 완전하므로 오답.

(D) while ▶ 부사절 접속사라서 오답.

표현 정리 thoroughly 철저하게 examine 점검하다 blueprint 설계도 determine 알아내다, 밝히다 regulation 규정 exactly 정확하게

해석 Sun 씨는 설계도가 건축 규정을 정확하게 준수했는지 아닌지를 알아내기 위해 철저하게 검토했다.

실전 연습

1. The engineers are working hard to determine ------- caused the bridge to develop cracks in its structure.

(A) what

(B) that

(C) whose

(D) these

2. ------- a café is located in a large city typically determines how much foot traffic it receives daily.

(A) Where

(B) Because

(C) When

(D) What

• 정답 및 해설은 08쪽에서 확인

UNIT 27 불완전하면 관계대명사, 완전하면 관계부사!

명사는 문장에서 주어나 목적어 혹은 보어 역할을 한다. 이러한 명사를 뒤에서 수식하는 절을 이끄는 것이 관계대명사 혹은 관계부사다. 각 관계대명사의 쓰임을 구분하는 문제는 선행사의 사람/사물 여부 및 관계대명사의 격을 확인한다. 관계부사는 생략 가능하며 관계부사가 이끄는 절은 완전하다.

출제율 100% 핵심 포인트

시간이 없으면 이것만 외우세요!

1. 형용사절 접속사 자리

절(주어와 동사)이 앞의 명사를 수식하면 형용사절이고 형용사절의 수식을 받는 명사가 선행사다. 형용사절 접속사 자리에 명사절 접속사나 부사절 접속사는 올 수 없다.

The **company** (**which**, ~~what~~) we do business with **is** planning to merge with our rival.
우리와 거래를 하는 회사가 우리 경쟁사와 합병할 계획이다.
▶ company가 선행사이고 형용사절이 주어를 수식하고 있다. what은 명사절 접속사라서 오답.

The company hired an **architect** (**who**, ~~because~~) will create a design for its headquarters.
그 회사는 본사를 설계할 건축가를 고용했다.
▶ architect가 선행사이고 형용사절이 목적어를 수식하고 있다. because는 부사절 접속사라서 오답.

This is the **product** (**that**, ~~although~~) you ordered last week.
이것은 당신이 지난주에 주문하신 상품입니다.

2. 형용사절 접속사 구분

형용사절 접속사는 관계대명사와 관계부사가 있다. 간단히 선행사만 보고 풀거나 형용사절을 확인하여 푼다.

1) 선행사만 확인해도 풀리는 경우: 선행사의 사람/사물 확인

The **travel package** (~~who~~, **which**) includes free meals attracted many customers.
무료 식사를 포함하는 여행 상품은 많은 고객들을 끌어 모았다.

The **manager** (**who**, ~~which~~) oversees the project has suddenly disappeared.
그 프로젝트를 감독하는 부장이 갑자기 사라졌다.

2) 선행사만 확인해서는 풀 수 없는 경우: 관계사절의 완전/불완전 확인

The man (~~who~~, **whose**) **book** was well received expressed his gratitude to the readers.
그의 책이 평가가 좋았던 그 남자는 독자들에게 감사를 표했다.
▶ who와 whose 모두 사람 선행사를 가질 수 있으므로 관계사절을 확인한다. 'whose+명사', 'who+동사'이므로 whose가 정답.

The exhibition hall (~~which~~, **where**) we will hold an event was booked yesterday.
우리가 행사를 개최할 전시장이 어제 예약되었다.
▶ 선행사(exhibition hall)는 장소이자 사물이므로 선행사로 문제를 풀 수 없다. 관계사절이 완전하므로 where가 정답.

선행사	관계사(형용사절 접속사)		관계사절(형용사절)	완전/불완전
사람	관계대명사	who	+동사+목적어	주어 혹은 목적어가 빠진 불완전한 절
		whom	+주어+타동사 / 주어+자동사+전치사	
사물		which	+동사+목적어	
		that	+주어+타동사 / 주어+자동사+전치사	
사람/사물		whose	+명사+동사+목적어 +명사+주어+동사	'whose+명사' 제외 시 불완전한 절
장소/시간/이유/방법	관계부사 where/when/why/how		+주어+동사+목적어	완전한 절

▶ 목적격 관계대명사(whom, which, that)와 관계부사는 생략할 수 있다. how는 선행사를 무조건 생략하므로 명사절 접속사로만 사용된다.

3) 전치사 뒤에 목적격 관계대명사가 올 수 있고 all/most/some/any/none+of 뒤에도 목적격 관계대명사가 올 수 있다.

There **are** three students, all of (**whom**, ~~them~~) **are** smart.

3명의 학생들이 있는데 그들 모두 똑똑하다.

▶ 동사의 개수가 2개라서 접속사인 whom이 정답. all of them은 접속사가 아니다.

4) 관계대명사 who나 that은 whom을 대신할 수 있으나 전치사 뒤에 오지 않는다.

I know the man (**who(m)/that**) you work with.

= I know the man **with** (**whom**, ~~who~~, ~~that~~) you work.

나는 당신과 함께 일하는 남자를 알고 있다.

5) 관계대명사 that은 전치사 뒤 뿐 아니라 콤마 뒤에 쓸 수 없다.

Sales of Smart Lenses' new collection have declined, (~~that~~, **which**) embarrassed its shareholders.

Smart Lenses의 신제품의 판매가 감소했고 그것이 회사의 주주들을 당혹스럽게 만들었다.

3. 명사절과 형용사절의 구분

1) 선행사가 있으면 형용사절, 선행사가 없으면 명사절이다.

Please refer to the **tentative schedule** (~~what~~, **that**) you can find in the enclosed packet.

동봉된 꾸러미 안에서 임시 일정을 참조하세요.

▶ you can find가 불완전한 문장이라서 what을 답으로 고르면 안 된다. 선행사(schedule)가 있고 절이 불완전할 때 쓰는 that을 '관계대명사 that' 혹은 '형용사절 접속사 that'이라고 한다. what은 명사절 접속사만 되므로 선행사를 갖지 않는다.

Please let us know (**what**, ~~that~~) you found in the basket.

바구니에서 무엇을 찾았는지 우리에게 알려주세요.

▶ 선행사가 없으므로 명사절이다. 명사절이 불완전하므로 what이 정답이다.

2) 관계대명사 who, whom, whose, 관계부사 where, when, why, how는 선행사가 생략되면 명사절 접속사로 쓰인다.

I know the **man** (**who**) likes you. 나는 당신을 좋아하는 남자를 알고 있다.

▶ 선행사가 있으므로 형용사절.

I **know** (**who**) likes you. 나는 누가 당신을 좋아하는지 알고 있다.

▶ 동사 뒤 목적어 역할의 명사절.

I know the **place** (**where**) you will stay. 나는 당신이 머물 장소를 알고 있다.

▶ 선행사가 있으므로 형용사절.

I **know** (**where**) you will stay. 나는 당신이 어디에 머물지 알고 있다.

▶ 동사 뒤 목적어 역할의 명사절.

3) **which는 형용사절일 땐 해석하지 않는다. 명사절일 땐 '어떤(것/사람)'의 뜻으로 쓴다.**

I don't know the **product** (**which**) you ordered.

나는 당신이 주문한 제품을 모르겠어요.

▶ 선행사가 있으니 형용사절. which는 따로 해석하지 않는다.

I don't **know** (**which**) of the 3 candidates is the most qualified.

나는 3명의 후보자 중 어떤 후보자가 가장 자격이 되는지 모르겠다.

▶ 선행사가 없으니 명사절. which는 '어떤 (후보자)'라는 뜻이다.

4. 복합관계사

1) **의문사에 -ever가 붙거나 'no matter+의문사'인 형태를 복합관계사라고 한다. 복합관계사는 부사절 접속사나 일부 명사절 접속사의 기능이 있다. 형용사절 접속사가 아니므로 선행사를 가질 수 없다.**

Anyone (**who**, ~~whoever~~) is interested in the position should contact our HR manager.

그 자리에 관심 있는 사람은 우리 인사부장에게 연락해야 한다.

▶ anyone who는 whoever와 같은 말이다. 복합관계사인 whoever는 선행사인 anyone이 포함된 말이므로 선행사를 갖지 않는다.

2) **보기에 2개 이상의 복합관계사가 있을 경우 ever를 뗀 의문사의 성격으로 풀면 명사절 접속사와 동일한 방식으로 풀 수 있다.**

You can bring (**whatever**, ~~whomever~~, ~~whoever~~, ~~whosever~~) you want if it's not on the list of **prohibited items.**

금지된 물품 목록에 해당되는 것이 아니면 무엇이든지 가지고 올 수 있다.

▶ 일단 'who+동사', 'whose+명사'이므로 whoever, whosever는 소거한다. 뒤에 '금지된 물품들'이란 말을 통해 사물을 가리키므로 whatever가 정답.

Dr. Smith, ------- is out of town, asked his assistant to prepare the sales data for the budget meeting tomorrow.

(A) what
(B) who
(C) which
(D) that

1단계 선택지가 모두 명사절 접속사 혹은 형용사절 접속사다.

2단계 선행사가 사람이고 동사 앞이므로 주격 관계대명사인 (B)가 정답이다.

3단계 다른 보기들을 하나씩 따져 본다.

(A) what ▶ 명사절 접속사라서 선행사를 갖지 않는다.
(C) which ▶ 선행사가 사물일 때 쓰는 관계대명사다.
(D) that ▶ 콤마 뒤에 오지 않으므로 오답이다.

표현 정리 be out of town (출장 등으로) 도시를 떠나 있다 assistant 비서, 보조 prepare 준비하다 budget meeting 예산 회의

해석 출장 중인 Smith 씨는 그의 비서에게 내일 예산 회의를 위한 판매 자료를 준비하라고 요청했다.

실전 연습

실전으로 확인하세요!

1. The charity listed the names of all ------- donated to it in December in the January issue of its newsletter.

(A) who
(B) those
(C) why
(D) when

2. Four cruise ships, three of ------- were approximately two hours away, were expected to dock at the pier that day.

(A) them
(B) whom
(C) which
(D) these

• 정답 및 해설은 08쪽에서 확인

UNIT 28 부사절 접속사는 의미 관계를 확인하면 끝! (1)

부사절 접속사 문제는 해석을 해서 의미 관계를 파악해야 하는 문제다. 양보나 이유의 부사절 접속사가 보기에 있다면 우선적으로 빈칸에 대입한 후 의미 관계를 확인해야 한다. 예상한 대로 가면 이유의 부사절 접속사를, 예상과 반대로 간다면 양보의 부사절 접속사를 정답으로 한다. 이때 동일한 뜻이라도 전치사나 부사는 답이 될 수 없다.

출제율 100% 핵심 포인트
시간이 없으면 이것만 외우세요!

1. 부사절 접속사 자리

절이 완전한 문장의 앞이나 뒤에서 수식하면 부사절이고, 부사절을 이끄는 접속사가 부사절 접속사다.

1) ------- S+V, S+V.의 형태(부사절이 주절을 앞에서 수식하는 경우)

(~~And~~, **While**) the meeting is taking place, nobody will answer the phone.
회의가 열리는 동안에는 아무도 전화를 받지 않을 것이다.

▶ 'While ~ place'가 부사절, 'nobody ~ phone'이 주절로 빈칸은 부사절 접속사인 While이 정답.

2) S+V ------- S+V.의 형태(부사절이 주절을 뒤에서 수식하는 경우)

Nobody will answer the phone (**while**, ~~what~~) the meeting is taking place.
회의가 열리는 동안에는 아무도 전화를 받지 않을 것이다.

▶ 'Nobody ~ phone'이 주절, 'while ~ place'가 부사절로 빈칸은 부사절 접속사인 while이 정답.

2. 양보와 이유의 부사절 접속사

1) 보기 중에서 양보나 이유의 접속사가 있다면 우선 순위로 제일 먼저 대입한 후 반드시 의미 관계를 확인한다. 기대했던 바와 다른 결과가 연결되면 양보의 접속사를, 기대했던 대로 연결되면 이유의 접속사를 선택한다.

(**Although**, ~~Because~~) Ms. Russell works pretty hard, people think she is lazy.
Russell 씨가 매우 열심히 일을 함에도 불구하고 사람들은 그녀가 게으르다고 생각한다.

2) 대조 관계는 기대 여부와는 상관없이 보통 상반된 내용을 비교할 때 쓴다.

Imports are increasing (**whereas**) exports are decreasing.
수입은 증가하는 반면 수출은 감소하고 있다.

(**While**) the manger performs well, his assistant is absolutely hopeless.
부장은 업무 수행을 잘하는 반면, 그의 조수는 전혀 가망이 없다.

양보의 부사절 접속사	although, though, even though ~에도 불구하고 even if 심지어 ~라 할지라도
대조의 부사절 접속사	while, whereas ~인 반면에
이유의 부사절 접속사	because, now that, as, since ~때문에

3. 양보와 이유의 전치사, 혹은 (접속)부사는 조심

의미는 같더라도 품사가 다른 전치사와 부사는 접속사 자리에 올 수 없다.

(Although, ~~Despite~~) Ms. Russell works pretty hard, people think she is lazy.
Russell 씨가 매우 열심히 일을 함에도 불구하고 사람들은 그녀가 게으르다고 생각한다.

Patients can wait in the waiting area (~~during~~, **while**) their prescription is being refilled.
환자는 처방전에 따라 조제되는 동안 대기실에서 대기할 수 있다.

Mr. Yoon canceled his order (**because**, ~~as a result~~) the product was out of stock.
Yoon 씨는 그 제품이 재고가 없어서 그의 주문을 취소했다.

(~~If not~~, **Unless**) the snow stops by tomorrow, the outdoor event will be canceled.
눈이 내일 멈추지 않는다면 야외 행사는 취소될 것이다.

	부사	전치사
양보	even so 그렇다고 해도 nevertheless/nonetheless/notwithstanding 그럼에도 불구하고	despite/in spite of/notwithstanding ~에도 불구하고 regardless of ~와 상관없이
대조	on the contrary 반대로 on the other hand 반면에	
이유	as a result 결과적으로 therefore 그러므로 thus 그리하여 thereby 그래서	because of/due to/owing to ~때문에 thanks to ~덕분에 as a result of ~의 결과로서 on account of ~때문에

4. even though와 even if의 구분

even though는 객관적 사실이나 과거의 사실을 말할 때 사용하고 even if는 아직 일어나지 않은 일, 불확실한 일을 나타낼 때 사용한다.

(~~Even though~~, **Even if**) it rains tomorrow, the outdoor event will be held as scheduled.
내일 비가 오더라도 야외 행사는 일정대로 열릴 것이다.
▶ 아직 일어나지 않은 일

(**Even though**, ~~Even if~~) it rained yesterday, the outdoor event was held as scheduled.
어제 비가 왔음에도 불구하고 야외 행사는 일정대로 열렸다.
▶ 과거의 사실

------- the Chicago Transit Authority increased the road improvement budget last year, traffic jams are still heavy on major roads in the city.

(A) Although

(B) Despite

(C) Even so

(D) Since

1단계 보기에 부사절 접속사, 전치사, 부사가 있다.

2단계 빈칸 뒤의 절이 콤마 다음의 절을 수식하는 부사절인데, 도로 개선 증가에 따른 교통 체증의 증가는 예상과 반대의 내용이므로 양보의 부사절 접속사인 (A)가 정답이다.

3단계 다른 보기들을 하나씩 따져 본다.

(B) Despite ▶ 전치사라서 오답이다.

(C) Even so ▶ 부사라서 오답이다.

(D) Since ▶ 이유의 부사절 접속사라서 오답이다.

표현 정리 transit authority 교통 당국 road improvement 도로 개선 budget 예산 traffic jam 교통 체증 heavy 심한 major road 주요 도로

해석 Chicago 교통 당국이 작년에 도로 개선 예산을 늘렸음에도 불구하고, 시의 주요 도로에서 여전히 교통 체증이 심각하다.

✎ 실전 연습

실전으로 확인하세요!

1. ------- she no longer travels abroad for work, Ms. Ruben has more time to spend with her family.

(A) Unless

(B) Regarding

(C) Therefore

(D) Because

2. Dining at the W&J Grill costs a lot ------- the owner lowered the prices.

(A) despite

(B) in spite

(C) now that

(D) even though

• 정답 및 해설은 08쪽에서 확인

UNIT 29 부사절 접속사는 의미 관계를 확인하면 끝! (2)

부사절 접속사를 구분하는 문제는 양보와 이유의 관계를 파악하는 것이 우선이지만, 주절이 미래 시제이고 부사절이 현재 시제라면 시간과 조건의 부사절 접속사를 우선적으로 빈칸에 대입한 다음 해석해 본다. 부사절의 동사 앞에 can, may, will, would, could가 있다면 so that이 우선이고, 주절에 not이 있다면 until이 우선이다. 주절이 명령문인 경우에는 if, when이 우선이다.

출제율 100% 핵심 포인트   시간이 없으면 이것만 외우세요!

1. 시간과 조건의 부사절 접속사

1) 주절이 미래이고 부사절이 현재라면 시간이나 조건의 부사절 접속사를 우선으로 대입한다. 이는 시간과 조건의 부사절에서는 현재가 미래를 대신하기 때문이다.

(~~Although~~, **If**) you **finish** the assigned task, you **will receive** a bonus.
만일 당신이 할당된 업무를 완료한다면 보너스를 받을 것이다.

시간의 부사절 접속사	when ~할 때 by the time ~할 무렵에 as soon as ~하자 마자 after ~후에 before ~전에 while ~동안에 until ~할 때까지 since ~이래로 as ~할 때
조건의 부사절 접속사	if 만약 ~라면 once 일단 ~하면 unless ~하지 않는 한 provided/providing (that) ~라면 given that ~을 고려하면 as long as ~하기만 하면 in case ~한 경우를 대비하여

2) 시간의 부사절에는 현재 시제뿐 아니라 현재완료 시제도 가능하고, 주절에는 미래 시제뿐 아니라 명령문이나 현재 시제도 가능하다.

(**If**) you **have checked** the engine but it still malfunctions, **please contact** us.
엔진을 점검했는데도 여전히 오작동한다면 저희에게 연락해 주십시오.

(**After**) the contract expires, both parties **have** no obligations for the lease.
계약이 만료된 후에는 쌍방이 그 임대에 대한 의무가 없다.

3) 주절에 not이 있다면 until이 우선이고, 주절이 명령문인 경우 when, whenever, if, once가 우선순위다.

The new cookbook will **not** be released (**until**, ~~since~~) the publisher obtains permission.
그 새로운 요리책은 출판업체가 허가를 얻을 때까지 출간되지 않을 것이다.

Please refer to the guidelines (**if**, ~~by the time~~) you have any concerns.
문의사항이 있으면 지침을 참고하세요.

2. 시간과 조건의 전치사, 혹은 (접속)부사는 의미가 같아도 접속사 자리에 올 수 없다.

(**While**, ~~During~~) Ms. Joe is away on business, her assistant will handle the issue.
Joe 씨가 출장 가는 동안 그녀의 조수가 문제를 처리할 것이다.

	부사	전치사
시간	once 한때 meanwhile/meantime 그러는 동안에 at the same time 동시에	prior to ~전에 following ~후에 toward(s) ~을 향하여, ~무렵에 since ~이래로 during ~동안에 in ~후에 on/at ~에 within ~이내에 for ~동안
조건	if so 그렇다면 if not 그렇지 않다면 otherwise 그렇지 않으면 then 그래서	in case of ~한 경우에 in the event of 만약 ~한 경우에는 given ~을 고려할 때

3. 목적/결과의 부사절 접속사

1) 부사절에 can, may, will, would, could가 있다면 **so that**이 대입의 우선순위가 된다. 해석은 '~하기 위해서' 혹은 '그래야 ~하니까'이다. in order that도 비슷한 의미.

Please fill out the survey form (**so that**, ~~after~~) we can improve our service.
우리가 서비스를 개선시킬 수 있도록 설문지를 작성해 주세요.

2) 'so+형용사/부사+that+주어+동사'는 '너무 ~해서 주어가 동사하다'의 뜻이며 so 자리에 very나 too를 쓰지 않는다.

Mr. Han is **so** competent (**that**) every member of his team likes him.
Han 씨는 너무나 유능해서 그의 모든 팀원이 그를 좋아한다.

3) in that(~라는 측면에서), such that(~할 만큼의) now that(~이기 때문에)은 so that의 동의어가 아니다.

The new system is better (**in that**) it provides faster access to the Internet.
새로운 시스템은 인터넷에 더 빠른 접근을 제공한다는 측면에서 더 훌륭하다.

His behavior was (**such that**) everyone disliked him.
그의 행동은 모두가 싫어하는 그런 것이었다.

4. 부사절 접속사 다음에 주어와 be동사가 생략되면 분사/형용사/전명구가 올 수 있다.

1) before/after/while/when 뒤에는 -ing, as/once/unless/if 뒤에 p.p.

Editors should check every detail (**when**, ~~because~~) proofreading the manuscript.
편집자들은 원고를 교정할 때 모든 세부사항들을 확인해야 한다.
▶ 빈칸 뒤에 주어와 동사가 없으면 부사절 접속사인 when이 답이 된다. because는 분사구문을 쓰지 않는다.

2) 부사절 접속사+전명구 혹은 형용사

Factory workers should always wear safety helmets (**while**, ~~clearly~~) on the premises.
공장 작업자들은 구내에 있을 때 항상 안전모를 착용해야 한다.

This chapter, (**though**) not exhaustive, deals with several issues.
이 장에서는 철저하지는 않아도 몇 개의 사안들을 다룬다.

(**Whenever**) possible, we will book you on an alternative flight.
가능하면 언제든지 대체 항공편으로 예약해 드릴 것입니다.

------ you have completed the survey form, you will be given a complimentary water bottle.

(A) Although

(B) Despite

(C) As soon as

(D) As well as

1단계 보기에 부사절 접속사, 전치사가 있다. 빈칸 뒤의 완전한 절이 콤마 뒤의 완전한 절을 수식하는 형태이므로 빈칸 뒤의 절은 부사절이 되고 빈칸은 부사절 접속사 자리다.

2단계 부사절의 시제가 현재완료이고 주절의 시제가 미래이므로 시간의 부사절 접속사인 (C)를 넣고 해석하면 자연스럽다.

3단계 다른 보기들을 하나씩 따져 본다.

(A) Although ▶ 양보의 접속사라서 오답이다.

(B) Despite ▶ 전치사라서 오답이다.

(D) As well as ▶ 절과 절을 연결하지 못하므로 오답이다.

표현 정리 complete 완성하다, 작성하다 survey form 설문지 complimentary 무료의 water bottle 물병

해석 설문지를 작성하자마자 무료 물병을 받으실 겁니다.

실전 연습

1. Your membership will be approved ------- your payment of the annual fee is processed.

(A) once

(B) since

(C) with regard to

(D) instead

2. Mr. Muller typically arrives at the office twenty minutes early ------- he can check his messages without interruption.

(A) however

(B) if

(C) so that

(D) regarding

• 정답 및 해설은 08쪽에서 확인

등위접속사는 절과 절의 사이에 위치하여 두 문장을 연결하는데, 이때 앞뒤 절의 의미 관계를 파악하여 푼다. 앞 뒤 내용이 상반되면 but, 순차적이면 and나 or, 인과 관계면 so를 쓴다. and, or 등은 등위접속사지만 앞에 both, either 등과 짝을 이루어 쓰는 표현은 상관접속사로, 짝이 되는 알맞은 접속사나 부사를 묻는 문제로 출제된다.

출제율 100% 핵심 포인트 시간이 없으면 이것만 외우세요!

1. 등위접속사 자리

1) **등위접속사는 문장의 앞에 오지 않으며 완전한 절과 절을 연결한다.**

   (~~So~~, ~~Or~~, **If**) you finish your assignment, please let me know.
   할당된 일을 끝내면 저에게 알려주세요.

   The copier on this floor was broken, (**so**) we had to use the one downstairs.
   이 층에 있는 복사기가 고장 나서 우리는 아래층의 복사기를 사용해야 했다.

   Mr. Jordan seldom goes outside, (**but**, ~~which~~) recently he has attended an outdoor event.
   Jordan 씨는 좀처럼 바깥에 나가지 않지만 최근에 야외 행사에 참석했다.

2) **부사절 접속사와 등위접속사가 같은 보기에 있는 경우 해석으로 논리 관계를 파악해야 한다.**

   단, 부사절과 달리 등위접속사는 그 앞에 콤마를 찍는 경우가 많으므로 콤마가 있다면 등위접속사를 먼저 대입한다.

   The copier on this floor was broken, (**so**, ~~because~~) we had to use the one downstairs.
   이 층에 있는 복사기가 고장 나서 우리는 아래층의 복사기를 사용해야 했다.

   The new novel is set to be released next week, (**but**, ~~once~~) the plot has been already revealed.
   새로운 소설은 다음주에 출간될 예정이지만 줄거리는 이미 공개되었다.

2. 병치(=병렬 구조)

1) **등위접속사 중 and, but(=yet), or는 앞뒤 같은 말을 생략할 수 있어서 '단어와 단어' 혹은 '구와 구'를 연결할 수 있다.**

   You can take the **subway** (**or**) **bus**. (명사와 명사 연결)
   당신은 지하철이나 버스를 탈 수 있습니다.

   The new product proved to be **durable** (**yet(=but)**) **expensive**. (형용사와 형용사 연결)
   새로운 제품은 내구성이 있지만 비싼 것으로 판명되었다.

   Your job **includes**, (**but**, ~~so~~) **is** not limited to, doing this task. (동사구와 동사구 연결)
   당신의 일은 이 업무를 포함하지만, 이 업무에만 국한되지 않습니다.
   ▶ 원래 문장은 "Your job includes doing this task, but your job is not limited to doing this task."지만 같은 말인 doing this task와 your job이 각각 but의 앞과 뒤에서 생략되었다.

2) **3개 이상 병치될 때는 and 혹은 or를 마지막에만 쓴다.**

   You can **take the subway, drive your own car**, (**or**) **just walk** to my office. (동사구와 동사구 연결)
   당신은 저의 사무실로 지하철을 타거나, 차를 운전하거나, 또는 그냥 걸어오실 수 있습니다.

3) as well as와 rather than은 절과 절을 연결하지 않는다. 단어나 구 단위로 연결하며 전치사 취급하기도 한다.

My assistant will visit your office today, (**and**, ~~as well as~~, ~~rather than~~) I will meet with you tomorrow. 제 조수가 오늘 당신의 사무실을 방문할 것이고 저는 내일 당신을 만날 것입니다.

(**Rather than**, ~~In order to~~) push his assistant, Mr. Kim will finish the project by himself.
Kim 씨는 그의 조수를 재촉하기보다는 스스로 프로젝트를 끝낼 것이다.

▶ 'in order to+동사원형'이 익숙하다고 해서 정답이 되는 것이 아니다. 조수를 재촉하기보다 스스로 하겠다는 것이므로 rather than이 정답이다. 주어인 Mr. Kim은 병치 구조에서 생략되었다.

(**Rather than**) hiring more workers, the company decided to have its existing ones work extended hours.
그 회사는 더 많은 직원들을 고용하기보다는 기존 직원들이 초과 근무하도록 결정했다.

▶ 병치 구조에서는 동사구의 형태를 일치시켜야 하지만 rather than/as well as는 전치사도 되므로 동명사와 to부정사가 연결될 수 있다.

3. 상관접속사

either A or B(A 혹은 B), neither A nor B(A도 아니고 B도 아닌), not only A but also B(=B as well as A)(A 뿐만 아니라 B도), not A but B(=B but not A)(A가 아니라 B)를 상관접속사라고 한다.

1) either A or B에서 either 부분을 물어보면 or를 확인하고 답을 선택한다.
(**Either**, ~~Neither~~) you or I will visit his office.
당신이나 내가 그의 사무실을 방문할 것이다.

2) either A or B에서 or 부분을 물어보면 either를 확인하고 답을 선택한다.
Either you (**or**, ~~and~~) I will visit his office.
당신이나 내가 그의 사무실을 방문할 것이다.

3) either A or B에서 either 대신 whether를 쓰거나 both A and B에서 both 대신 between을 쓰면 오답이다.
(**Whether**, ~~Either~~) Shawn will take on the project or not depends on the situation.
Shawn이 프로젝트를 맡을지 아닐지는 상황에 달려 있다.

▶ either A or B만 생각하여 either를 고르면 오답이다. 동사의 개수가 2개라서 접속사인 whether가 정답.

(**Both**, ~~Between~~) you and I will visit his office.
당신과 나는 둘 다 그의 사무실을 방문할 것이다.

▶ Between이 들어가면 문장의 주어가 없어진다.

Heavy rains and thunderstorms were predicted, ------- the outdoor fundraising event today has been canceled.

(A) so

(B) but

(C) or

(D) if

1단계 보기에 등위접속사와 부사절 접속사가 있다. 해석을 통해서 논리 관계를 확인하는 문제다.

2단계 폭우와 천둥이 예보되었다는 것과, 야외 행사가 취소되었다는 것은 '인과 관계'에 해당하므로 (A)가 정답이다.

3단계 다른 보기들을 하나씩 따져 본다.

(B) but ▶ 폭우 예보와 야외 행사 취소가 반대의 내용은 아니므로 오답이다.

(C) or ▶ 폭우 예보와 야외 행사 취소가 추가 관계는 아니므로 오답이다.

(D) if ▶ 야외 행사가 취소된 것을 전제로 발생할 수 있는 것이 폭우와 천둥 예보라고 할 수는 없으므로 오답이다.

표현 정리 thunderstorm (천둥과 번개를 동반한 비) 뇌우 outdoor 야외의 fundraising event 기금 모금 행사 cancel 취소하다

해석 폭우와 천둥이 예보되어서 오늘 야외 모금 행사가 취소되었다.

실전 연습

실전으로 확인하세요!

1. The employee directory was sent to the printing office, ------- several mistakes were found in the data.

   (A) but

   (B) which

   (C) over

   (D) once

2. Chitwood Realty provides ------- rental and mortgage services to its clients.

   (A) either

   (B) that

   (C) both

   (D) only if

• 정답 및 해설은 09쪽에서 확인

UNIT 31 시간과 장소 전치사는 매달 나온다!

시간 전치사는 시각, 날짜, 요일 등 특정 시점을 나타내는 시점의 전치사와 일정 기간을 나타내는 기간의 전치사로 구분된다. 시간 전치사는 빈칸 뒤의 시점이나 기간을 확인하면 바로 풀 수 있다. 장소 전치사는 사건이 발생하는 위치를 묘사하는 전치사와 특정 동작의 방향을 묘사하는 전치사로 구분된다. 이를 구분하기 위해서는 **빈칸 뒤의 장소 명사뿐만 아니라 빈칸 앞의 명사나 동사까지 확인해야** 한다.

출제율 100% 핵심 포인트   시간이 없으면 이것만 외우세요!

1. 시간 전치사

1) 시간 전치사는 빈칸 뒤의 명사를 확인하면 풀린다. 이때 시점과 기간을 구분한다.

시점 전치사	at+정확한 시각, on+날짜/요일, in+달/계절/연도/세기, since+과거 시점, before/ahead of+시점, by/until+완료 시점 from/as of/starting/beginning/effective (from)+출발 시점
기간 전치사	during+기간 명사, within+숫자 기간, for+숫자 기간, throughout+기간 명사, over+숫자 기간/기간 명사

You should submit your report (**within**, ~~by~~) two weeks.
2주 내에 보고서를 제출하셔야 합니다.
▶ two weeks는 기간이고, by는 시점과 쓰는 전치사라서 오답.

2) after(~후에), in(~(직)후에, ~이내에, ~동안), through(~까지, ~ 동안)는 시점과 기간이 모두 가능하다.

Mr. Samuel will visit your office (**after**) June 3. (시점)
Samuel 씨가 6월 3일 이후에 당신의 사무실을 방문할 것입니다.

Mr. Kim will step down (**after**) 20 years of service. (기간)
Kim 씨는 20년 근무 후 사직할 것이다.

I will be back (**in**) twenty minutes. (기간)
나는 20분 후에 돌아올 것이다.

I finished the job (**in**) two weeks. (기간)
나는 2주만에 일을 끝냈다.

The product has earned a good reputation (**in**) recent years. (기간)
그 제품은 최근 몇 년 동안 좋은 평판을 얻어왔다.

We will be holding an annual sale from May 30 (**through**) June 3. (시점)
우리는 5월 30일부터 6월 3일까지 계속 연례 할인행사를 할 것이다.

He stayed with us (**through**) the week. (기간)
그는 그 주 내내 우리와 함께 머물렀다.

3) until과 by는 모두 시점 명사와 사용하지만 by는 1회성 동작에 어울리고 until은 지속적인 상태에 어울린다.

> stay, wait, remain, be 형용사, be delayed/deferred/postponed/not ~ + **until**
>
> submit, return, inform, contact ~ + **by**

You said you would **stay** with us (**until**) this week.
당신은 이번 주까지 우리와 함께 머물 것이라고 말했다.

I will **submit** a vacation request (**by**) this week.
나는 이번 주까지 휴가 신청서를 제출할 것이다.

2. 장소 전치사

장소 전치사는 뒤의 단어가 장소라는 것만 보고 풀기는 어렵고 바로 앞의 동사 혹은 명사를 확인한다.

1) 위치의 전치사는 주로 상태를 나타내는 동사(be, be located 등)와 사용된다.

> in ~에서 on ~위에 at ~에서 next to(=by, beside, adjacent to) ~옆에 near ~근처에
> opposite(=across from) ~의 맞은편에 throughout ~전체에 걸쳐 between ~사이에 among ~사이에
> behind ~의 뒤에 in front of ~의 앞에

The department store **is located** (**at**, ~~from~~) the intersection.
백화점은 교차로에 위치해 있다.

2) 방향의 전치사는 주로 동작을 나타내는 자동사(walk, depart, arrive, move 등)나 타동사 혹은 명사와 어울려 사용된다.

> for(=toward) ~을 향하여 to ~에게 into ~로 from ~로부터 out of ~에서 through ~을 관통하여

The shuttle will **depart** (~~at~~, **from**) the main gate of the hotel.
셔틀버스는 호텔 정문에서 출발할 것이다.
 ▶ 자동사 depart와의 어울림을 보고 푼다.

Please **obtain** approval (**from**, ~~to~~) your supervisor.
상사로부터 승인을 얻어 주세요.
 ▶ 타동사 obtain과의 어울림을 보고 푼다.

You may refer to the driving **directions** (~~from~~, **to**) our factory.
우리 공장으로 가는 운전 길안내를 참고할 수 있습니다.
 ▶ 명사 directions와의 어울림을 보고 푼다.

3) 위치와 방향에 모두 사용하는 전치사

> over ~위에 above ~위에 under(=beneath, below) ~아래에 past ~을 지나쳐서 along ~을 따라서
> across ~을 가로질러 down ~을 따라 쭉 up ~의 상류로

Walk (**past**) the GWF Building, and then you will find our office. (방향)
GWF Building을 지나서 걸으면 우리 사무실을 찾을 수 있을 것입니다.

We **live** in the house just (**past**) the church. (위치)
우리는 교회 바로 다음 집에 산다.

4) 'be among+복수명사'는 'be one of+복수명사'와 같은 뜻이고 도치구문에도 자주 등장한다.

amongst는 among과 같은 말이며 뒤에 복수명사가 오지만, amid는 '~에 둘러싸여 있는(surrounded by)' 혹은 '~(상황) 중에 있는(in the middle of)'의 뜻으로 뒤에 꼭 복수명사가 오는 것은 아니다.

(Chief[Primary]) (**among**) Mr. Kim's **responsibilities** is leading the training sessions.
Kim 씨의 (주가 되는) 책무들 중 하나는 교육 과정을 진행하는 것이다.

He finished his speech (**amid**) tremendous **applause**.
그는 엄청난 박수가 쏟아지는 가운데 연설을 마쳤다.

고득점자의 풀이법

Reimbursement requests should be submitted to the administrative office ------- the end of the week.

(A) behind
(B) into
(C) between
(D) by

1단계 보기가 모두 전치사로 구성된 전치사 어휘 문제다. 빈칸 뒤의 명사는 시점에 해당한다.

2단계 시점과 어울리는 (D)가 답이다.

3단계 다른 보기들을 하나씩 따져 본다.

(A) behind ▶ 뒤에 장소 명사가 와야 한다.
(B) into ▶ 뒤에 장소 명사가 와야 한다.
(C) between ▶ 뒤에 A and B나 복수명사가 와야 한다.

표현 정리 reimbursement request 환급 요청서 submit 제출하다 administrative office 총무부
the end of the week 이번 주말

해석 환급 신청서는 이번 주말까지 총무부에 제출해야 한다.

실전 연습

실전으로 확인하세요!

1. Mr. Simmons located a number of places where his restaurant could establish new franchises ------- the state of Texas.

(A) with
(B) throughout
(C) over
(D) among

2. The national park will be open ------- the holiday, but there will be a reduced workforce then.

(A) as
(B) while
(C) during
(D) since

• 정답 및 해설은 09쪽에서 확인

출제율 매월 1문제

UNIT 32 양보/이유의 전치사는 주절과의 관계를 확인한다!

▶ 저자 강의 듣기

빈칸 앞뒤의 명사나 동사와의 어울림을 보고 푸는 시간/장소 전치사와 달리 양보/이유의 전치사는 해석을 통해 주절과의 의미 관계를 확인해야 정확히 풀 수 있다. 또한 포함/제외, 추가/대안의 전치사는 비슷한 의미로 생각하기 쉬우므로 쓰임새에 대한 정확한 이해가 필요하다.

출제율 100% 〉 **핵심 포인트** 〉   시간이 없으면 이것만 외우세요!

1. 양보, 이유의 전치사

1) 양보, 이유의 전치사는 해석하여 역접의 관계인지 인과 관계인지 확인한다. 예상대로 가면 인과 관계, 예상과 반대가 되면 양보의 전치사가 정답이다.

Andrea will be **promoted** (**due to**, ~~despite~~) her outstanding performance.
Andrea는 그녀의 뛰어난 업무 실적 때문에 승진할 것이다.

(~~Because of~~, **In spite of**) unfavorable economic conditions, the company is doing quite well.
불리한 경제 여건에도 불구하고 그 회사는 꽤 잘 나가고 있다.

양보의 전치사	despite, in spite of, notwithstanding ~에도 불구하고
이유의 전치사	because of, due to, owing to, on account of ~때문에 thanks to ~덕택에 as a result of ~의 결과로서

2) 전치사 중 기출 1순위인 for는 이유를 나타낼 수 있으며, 목적/대상 등을 나타낼 때도 사용한다. 전치사 for가 보기에 있으면 일단 해석을 해서 푸는 것이 좋다.

The company rewarded Mr. Kim (**for**) his contributions to the project. (이유)
회사는 Kim 씨에게 그 프로젝트에 대한 기여 때문에 보상했다.

Photos submitted (**for**) inclusion in the newsletter will not be returned. (목적)
소식지에 실리기 위해 제출된 사진들은 반환되지 않을 것이다.

They are anxious (**for**) her safety. (대상)
그들은 그녀의 안전에 대해서 걱정하고 있다.

The public library provides a large collection of books (**for**, ~~in~~) students. (대상)
공립 도서관은 학생들을 위해 많은 책들을 제공한다.

3) 뜻은 같지만 품사가 다른 접속사와 부사는 전치사 자리에 올 수 없다.

Mayor Kensington showed his vision for the project (~~while~~, ~~meanwhile~~, **during**) the public meeting.
Kensington 시장은 공청회에서 프로젝트에 대한 자신의 비전을 보여주었다.

	접속사	부사
양보	although, though, even though, even if	nevertheless, nonetheless, even so
이유	because, as, now that, since	therefore, thus, thereby, accordingly, consequently, as a result

2. 포함/제외, 추가/대체의 전치사

1) 포함/제외의 전치사의 앞뒤에는 '모든 과일 vs 사과'의 관계처럼 포괄적/구체적인 어휘가 오고, 추가/대체의 전치사 앞뒤에는 '사과 vs 배'처럼 동일한 부류의 어휘가 온다.

예시/포함	such as 예를 들어 ~와 같은 like ~와 같은 including ~을 포함하여
제외	except ~을 제외하고 other than ~이외에
추가	in addition to ~에 더하여[덧붙여] besides ~이외에도 on top of ~에 더하여 aside/apart from ~이외에도
대체	instead of ~대신에 rather than ~라기보다는

Please have your passport ready (**instead of**, ~~except~~) a student ID card.
학생증 대신에 여권을 준비해 주세요.

Please have any form of identification (~~instead of~~, **except**) a student ID card.
학생증을 제외한 신분증을 준비해 주세요.

2) except는 문두에 오지 않는다. except that이나 except for는 문두에 올 수 있다.

Unlike the other employees, Mr. Kim works hard even on weekends.
다른 직원들과 달리 Kim 씨는 심지어 주말에도 열심히 일한다.

(**Except for**) Mr. Kim, all of the employees will attend the meeting.
Kim 씨를 제외한 모든 직원이 회의에 참석할 것이다.

3) except 뒤에는 전명구, to부정사, 명사절이 올 수 있다.

Employees can talk with their fellow workers (~~during~~, **except**) on the assembly line.
직원들은 생산 라인에 있는 동안을 제외하고는 동료 직원들과 이야기할 수 있다.

4) except 앞에 포괄적인 표현이 없다면 뒤에 구체적인 명사를 바로 쓸 수 없다.

All employees can work except the restricted area. (X)
All employees can work anywhere (**except**) in the restricted area. (O)
모든 직원은 제한 구역 안을 제외하곤 어디서든 일할 수 있다.

5) without은 with의 반대말이므로 지참, 동반의 개념이다. 제외의 전치사 except의 동의어가 아니다.

All employees (**except**, ~~without~~) Mr. Kim are required to participate in the mandatory training.
Kim 씨를 제외한 모든 직원은 의무 교육에 참석하도록 요구된다.

Anyone (~~except~~, **without**) a passport cannot enter the facility.
여권이 없는 사람은 시설에 들어갈 수 없다.

------- a decrease in consumer demand for public telephones, Nippon Telecom has suffered losses for five consecutive years.

(A) Because of

(B) In place of

(C) Except

(D) Including

1단계 보기가 모두 전치사로 구성된 전치사 어휘 문제다. 빈칸 뒤의 명사가 시간이나 장소 명사는 아니다.

2단계 소비자 수요 감소가 원인이고, 손실을 입은 것이 결과이므로 (A)가 정답이다.

3단계 다른 보기들을 하나씩 따져 본다.

(B) In place of ▶ 대체의 전치사로 decrease와 동일한 부류의 어휘가 주절에 있어야 한다.

(C) Except ▶ 문장의 맨 앞에 오지 않으므로 오답이다.

(D) Including ▶ 포함의 전치사로 decrease보다 포괄적인 어휘가 주절에 있어야 한다.

표현 정리 decrease 감소 suffer losses 손실을 입다 consecutive 연속적인

해석 공공전화에 대한 소비자 수요 감소 때문에 Nippon Telecom은 5년 연속으로 손실을 입었다.

실전 연습

1. Ms. Hamaguchi, the marketing director, has been promoted to vice president ------- Mr. Norita's retirement.

(A) except

(B) in spite

(C) owing to

(D) toward

2. You can submit your application ------- supporting documents and send in them later.

(A) about

(B) except

(C) without

(D) instead of

• 정답 및 해설은 09쪽에서 확인

동반, 수단, 수동의 전치사나 주제, 범위, 근거의 전치사는 빈칸 뒤의 명사나 빈칸 앞의 동사 혹은 명사를 확인하면 풀리는 전치사들이다. 단, 하나의 전치사가 여러 가지 기능으로 사용되는 경우가 많고, 동의어 표현도 많으므로 꼼꼼히 학습해야 한다.

출제율 100% 핵심 포인트   시간이 없으면 이것만 외우세요!

1. 동반, 수단, 수동의 전치사

1) by는 시점 혹은 장소 전치사로 사용될 뿐 아니라 수동태의 주체를 표시하거나 수단을 나타낼 때도 사용한다.

The book is written (**by**) Mr. Wright. (**수동태의 주체**)
그 책은 Wright 씨가 썼다.

(**By**) increasing productivity, the company could meet the heavy demand. (**수단**)
생산성을 증가시킴으로써 회사는 많은 수요를 충족시킬 수 있었다.

2) through는 시점 혹은 장소 전치사 이외에도 수단이나 매개를 나타낼 때 쓴다.

Getting a flight ticket (**through**) the Internet is a cheaper way. (**매개**)
인터넷으로 비행기표를 사는 것이 더 저렴한 방법이다.

3) with(혹은 without)는 도구 혹은 수단을 나타낼 수 있고, 동반 혹은 휴대의 관계를 나타낼 때도 쓴다.

Stir the mixture (**with**) a spoon. (**수단**)
숟가락으로 혼합물을 저으세요.

Ferry passengers (**with**) bicycles should fasten them properly. (**동반**)
자전거를 소지한 페리 호 승객들은 그것을 적절하게 묶어야 한다.

4) along with는 in addition to의 뜻으로 동일한 부류의 어휘가 온다. alongside(~와 나란히), 혹은 along(~을 따라서)과는 다른 말이다.

Please send your résumé (**along with**, ~~along~~) two references.
두 통의 추천서와 함께 이력서를 보내주세요.

Volunteers worked (**alongside**, ~~along~~) one another.
자원봉사자들은 서로 협력하여 일했다.

I run (~~along with~~, **along**) the Han River every day.
나는 매일 한강을 따라 달린다.

The ship sailed (~~alongside~~, **along**) the Han River.
그 배는 한강을 따라 항해했다.

2. 주제, 범위, 근거의 전치사

1) 주제의 전치사는 빈칸 앞 명사나 동사를 보고 풀거나 아니면 해석하여 푼다.

There is a lot of information (**about**) the new software.
새로운 소프트웨어에 대한 많은 정보가 있다.

▶ information about ~에 대한 정보

Mr. Kim inquired (**about**) the benefit packages that the company offers.
Kim 씨는 회사가 제공하는 복리후생에 대해 문의했다.

▶ inquire about ~에 대해 문의하다

Many people are enthusiastic (**about**) stock trading these days.
많은 사람들이 요즘 주식 거래에 열광적이다.

▶ be enthusiastic about ~에 대해 열광적이다

What employees at Sancho, Inc. like the most (**about**) their jobs is the competitive salaries.
Sancho 사의 직원들이 그들의 일에서 가장 좋아하는 것은 경쟁력 있는 급여다.

▶ 해석해서 어울림을 찾는다.

주제의 전치사

about, regarding, concerning, as to, with regard to, in regard to, pertaining to, pertinent to, relevant to, relating to, related to, over, on

---

2) 근거의 전치사는 빈칸 뒤에 뉴스, 조사, 보고, 연구, 당신의 답변 등의 출처를 나타내는 표현이 나오면 주로 정답이다. 이어지는 내용이 그 출처에서 나올 만한 내용이라면 정답이 더 명확하다.

(**According to**, ~~Due to~~) the recent survey, our newest model is gaining popularity.
최근 설문조사에 따르면 우리의 최신 모델이 인기를 얻고 있다.

▶ recent survey는 출처이고, 최신 모델이 인기를 얻고 있다는 것은 그 출처에서 나오는 내용.

근거의 전치사

according to ~에 의하면 based on ~에 근거하여 depending on ~에 따라 regardless of ~와는 상관없이
given ~을 고려할 때 unlike ~와는 달리

---

3) within과 beyond 다음에는 물리적 혹은 정신적 한계점을 나타내는 표현이 나오며 숙어 형태로 익히는 것이 좋다.

within walking distance 걸어서 갈 수 있는 거리에

within a five-minute walk 걸어서 5분 거리에

from **within** Penola Systems Penola Systems 사 내로부터

within a radius of 10 miles 반경 10마일 이내에

within the city limits 시의 경계 내에

beyond our ability/expectations/control/the national border 우리의 능력/기대치/통제/국경선을 넘어서

Ms. Lee will take on other responsibilities (**beyond**) her regular duties.
Lee 씨는 자신의 일반 업무를 넘어서는 다른 업무를 담당할 것이다.

------- a news report, working overtime can often lead to serious illnesses.

(A) Because of

(B) According to

(C) With

(D) Through

1단계 보기가 모두 전치사로 구성된 전치사 어휘 문제다. 빈칸 뒤의 명사가 시간이나 장소 명사는 아니다.

2단계 '뉴스, 조사, 보고, 연구'와 잘 어울리는 (B)를 대입하면 주절의 내용이 뉴스에서 언급될 수 있는 이야기이므로 (B)가 정답이다.

3단계 다른 보기들을 하나씩 따져 본다.

(A) Because of ▶ 이유의 전치사로 뉴스 보도가 심각한 질병의 원인이 될 수 없어서 오답이다.

(C) With ▶ 동반, 수단의 전치사로 뉴스 보도가 질병을 일으키는 수단은 아니라서 오답이다.

(D) Through ▶ 수단의 전치사로 뉴스 보도라는 매개가 질병을 일으키는 수단은 아니라서 오답이다.

표현 정리 work overtime 초과 근무하다 lead to ~한 결과를 낳다 serious 심각한

해석 뉴스 보도에 따르면 초과 근무하는 것은 종종 심각한 질병으로 이어질 수 있다.

실전 연습   실전으로 확인하세요!

1. The mayor was highly respected
------- citizens because of his transparent
administration.

  (A) on

  (B) from

  (C) into

  (D) by

2. A supervisor should be notified
immediately of any problems ------- those
mentioned in the employee handbook.

  (A) beyond

  (B) between

  (C) since

  (D) against

• 정답 및 해설은 09쪽에서 확인

UNIT 34 주격, 목적격, 소유격, 동격 of를 알면 끝!

▶ 저자 강의 듣기

전치사 of는 우리말에서 '~의'라는 해석으로 무조건 쓸 수 있는 것이 아니므로 of가 답이 되는 경우를 유형에 따라 정리할 필요가 있다. 전치사는 뜻이 여러 가지인 경우가 많아서 시간이나 장소에 쓰는 전치사도 추가적으로 다른 의미로 쓰일 수 있다. 특히 3단어로 구성된 전치사는 하나의 숙어 표현으로 외우지 않으면 혼동하기 쉽다.

출제율 100% 핵심 포인트

시간이 없으면 이것만 외우세요!

1. 전치사 of

1) of가 보기에 있으면 '동사+of', '형용사+of'와 같은 숙어 표현인지 확인한다.

동사 of	approve of ~을 승인하다 consist of ~로 구성되다
동사 A of B	inform A of B B에 관해 A에게 통보하다
형용사 of	be indicative/representative/supportive/aware/reminiscent of ~을 나타내다/대표하다/지지하다/알다/상기시키다

2) '명사+of+명사'라면 아래의 패턴을 확인한 후 푼다.

주격 of	the arrival **of** our train 우리 기차의 도착	기차가 도착하다(주어 동사 관계)
목적격 of	awareness **of** air pollution 공해의 인식	공해를 인식하다(동사와 목적어 관계)
소유격 of	the property **of** our company 우리 회사의 재산	회사가 소유한 재산(소유의 관계)
부분 of	the back **of** my head 내 머리의 뒷부분	내 머리의 일부인 뒷부분(부분의 관계)
구체 of (동격 of)	the procurement threshold **of** $1,000 1천 달러의 구매 한도	구매 한도가 구체적으로 가리키는 것
	the month **of** April 4월 한 달	한 달이 구체적으로 가리키는 것
	the aim **of** fighting global warming 지구 온난화를 막고자 하는 목표	목표가 구체적으로 가리키는 것

2. 기타 전치사

1) 3단어 이상으로 구성된 전치사는 암기하여 풀어야 한다.

(On behalf of) Madison Medical Supplies, I'd like to make an announcement.
Madison Medical Supplies를 대표하여 발표하고자 합니다.

in response to ~에 대한 응답으로 in favor of ~을 찬성하여 in recognition of ~을 인정하여
in excess of ~을 초과하여 on behalf of+회사/사람 ~을 대표하여[대신하여] in the event of ~의 경우에
in terms of ~에 관하여 in light of ~을 고려하여 in lieu of ~대신에 as a result of ~의 결과로서
in exchange for ~에 대한 교환으로

2) in+맛, 색깔, 치수, 기호 / as+자격 / at+가격, 속도, 비율, 표시 / to+범위

We have this bag (**in**) black.
이 가방은 검은색으로도 있어요.

(**As**) manager, you will be responsible for leading a team meeting.
부장으로서 당신은 팀 회의를 진행하는 것을 담당할 것입니다.

We will provide a large variety of outdoor gears (**at**) reasonable prices.
우리는 다양한 야외 활동 장비를 합리적인 가격으로 제공할 것이다.

It will take two (**to**) three days for your order to be delivered.
당신의 주문품이 배송되려면 2~3일이 걸릴 것입니다.

3) as to / as for / as of

(**As for**) me, I like summer much better.
저에 대해 말하자면 저는 여름을 훨씬 더 좋아합니다.

▶ as for (주로 문두에 와서) ~에 한하여, ~에 대해 말하자면

(**As of**) today, Mr. Kim will serve as our vice president.
오늘부로 Kim 씨는 우리 부사장으로 일할 것이다.

▶ as of (시점 앞에서) ~부로

Employees differ (**as to**) the solution to the problem.
직원들은 그 문제에 대한 해결책에 관해서 의견이 다르다.

▶ as to ~에 관하여

최근 출제된 고난도 전치사 관련 표현

close to retirement 곧 은퇴하려는 상황인	**outside** regular hours 정규 영업시간 이외에
adjacent to ~(장소)에 인접한	the most ~ 명사 **after[behind]** …
결과+**caused by**+원인 ~에 의해 야기된	…다음으로 가장 ~하다
sound like ~처럼 들리다	증가/감소/흥미+**in** ~에 대한 증가/감소/흥미
transform from clear to opaque	**in** various proportions 다양한 비율로
투명에서 불투명으로 바뀌다	**factor** A **into** B A를 B의 요인으로 포함하다
Despite selling fewer products, S reported record profits.	**put an effort into** ~에 노력을 쏟다
더 적은 수의 제품을 판매했음에도 불구하고 기록적인 판매를 보고했다	**heading into** the end of the year 연말로 들어가면서
compare ~ **against** industry averages	**sold out** just two hours **into** the online sale
업계 평균과 비교하다	온라인 할인 판매 2시간 만에 완판된
follow up on ~에 관해 후속 조치하다	have not changed anything **about** its design
on service call 업무 통화중인	디자인에 대해 어떤 것도 바꾸지 않았다
classes **on** using the new software	**for** an undisclosed amount 알려지지 않은 금액으로
새로운 소프트웨어를 사용하는 것에 관한 수업	open an account **with** ~ bank ~은행의 계좌를 개설하다
press **on** the pedal 페달을 밟다	**with** proper care 적절한 관리가 있으면
be **on** the agenda 회의 안건에 포함되다	**with** its sales at a record high 유례없이 높은 판매로

The store requires a minimum purchase ------- $20 for those individuals who wish to pay with a credit card.

(A) of

(B) on

(C) about

(D) over

1단계 보기가 모두 전치사이므로 전치사 어휘 문제다.

2단계 최소 구매 금액이 20달러가 되는 동격의 관계이므로 동격 of인 (A)가 정답이다.

3단계 다른 보기들을 하나씩 따져 본다.

(B) on ▶ 주제를 나타낼 때 쓰는 전치사다.

(C) about ▶ 주제를 나타낼 때 쓰는 전치사다.

(D) over ▶ 뒤에 주제나 기간을 나타내는 명사가 와야 한다. 부사로 볼 경우에는 숫자 앞에 쓸 수 있지만 빈칸은 전치사 자리다.

표현 정리 require 필요로 하다 minimum 최소의 purchase 구매, 구매품 individual 개인

해석 그 상점은 신용카드로 지불하기를 희망하는 고객들에게 최소 구매 금액으로 20달러를 요구한다.

✍ 실전 연습 ▷　　　　　　　　　　실전으로 확인하세요!

1. Grandma's Kitchen has developed a new menu item ------- repeated requests.

(A) on behalf of

(B) in exchange for

(C) in response to

(D) in terms of

2. The artwork reached the highest price ever just one hour ------- the auction.

(A) into

(B) of

(C) as for

(D) from

· 정답 및 해설은 10쪽에서 확인

UNIT 35 동사 어휘 문제는 전치사와 목적어 유무로 푼다!

동사 어휘 문제는 무조건 해석부터 하면 시간이 오래 걸리고 정확도가 떨어질 수 있다. 동사와 어울리는 전치사를 확인하거나, 형식별로 동사 뒤에 오는 성분을 확인하면 해석을 최소한으로 해서 풀 수 있다.

출제율 100% 핵심 포인트

시간이 없으면 이것만 외우세요!

1. 전치사와의 어울림 확인

빈칸 바로 뒤에 전치사가 있거나 목적어 다음에 전치사가 있을 경우 그것과 어울리는 동사가 우선이다.

All employees have to (**comply**) with company regulations.
모든 직원은 회사 규정을 준수해야 한다.

You need to (**submit**) a vacation request to your immediate supervisor.
직속 상사에게 휴가 신청서를 제출해야 합니다.

Eating too much sugar can (**lead**) to health problems.
설탕을 너무 많이 먹으면 건강에 문제가 생길 수 있다.

We will (**share**) the results of the survey with our employees next week.
우리는 다음 주에 조사 결과를 직원들과 공유할 것이다.

	자동사+전치사	타동사+A+전치사+B
to	refer to 언급하다 react to 반응하다 reply to 답하다 respond to 대응하다 correspond to 일치하다 lead to 이어지다 belong to 속하다 appeal to 호소하다 revert to 되돌아가다 object to 반대하다 subscribe to 구독하다 adhere to 고수하다 conform to 준수하다	add 첨가하다 attach 붙이다 submit 제출하다 direct 향하다 attribute 결과로 보다 escort 호위하다 limit 제한하다 transfer 옮기다
from	benefit from 이익을 얻다 refrain from 삼가다 choose from 택하다 result from 원인이다 vary from 벗어나다 differ from 다르다 suffer from 고통받다	obtain 얻다 prohibit 금지하다 prevent 막다 keep 하지 못하게 하다 discourage 막다 remove 제거하다 order[=purchase] 주문하다 collect 모으다
for	apply for 지원하다 account for 설명하다 sign up for 신청하다 register for 등록하다 qualify for 자격을 얻다 look for 찾다 wait for 기다리다 allow for 감안하다	commend/praise 칭찬하다 schedule 일정을 잡다 check 확인하다 reward 보답하다 exchange 교환하다 substitute 대신하다
in	invest in 투자하다 result in 결과가 되다	invest 투자하다
with	interact with 상호 작용하다 comply with 준수하다 deal with 처리하다 cope with 대처하다 coincide with 일치하다 proceed with 계속하다 contend with 다투다 meet with 업무상 만나다	share 나누어 갖다 replace 바꾸다 provide 공급하다 outfit 갖추어 주다 equip 갖추어 주다 take 가지고 가다 bring 가져오다 share 나누어 갖다 personalize 자신의 기호에 맞추다

about	inquire about 묻다 think about 생각하다 talk about 이야기하다		tell 말해 주다 inform A에게 B에 관해 말하다
into	look into 살피다 expand into 확대하다 move into 이동하다 investigate into 조사하다		convert 바꾸다 load 싣다 factor 요인으로 포함하다 process 가공 처리하여 만들다 separate 분리하다
on	focus on 초점을 맞추다 concentrate on 집중하다 depend on 의존하다 rely on 기대다		congratulate 축하하다 put emphasis on 강조하다
of	consist of 구성되다 think of 생각하다 dispose of 없애다 approve (of) 승인하다		inform 알리다 assure 보증하다 notify 통지하다 remind 생각나게 하다 convince 납득시키다 advise 알리다 warn 경고하다

2. 목적어와 보어 유무 확인

1) 1형식 동사는 목적어를 갖지 않으므로 목적어가 없으면 정답이고 목적어가 있으면 오답이다.

Adjusting scheduling conflicts (**falls**) within the secretary's regular responsibilities.

일정 충돌을 조정하는 것은 비서의 정기적인 책무에 속한다.

Service fees (**vary**) based on the amount of time we spend.

서비스 요금은 우리가 소비하는 시간에 따라 다릅니다.

1형식 동사+전명구/부사(구, 절)

depart 떠나다 proceed/progress 진행되다 rise 올라가다 peak 최고조에 달하다 run 달리다 operate 가동되다
grow 성장하다 disappear 사라지다 emerge 출현하다 fall 떨어지다 decrease 줄다 drop 떨어지다
increase 증가하다 decline 감소하다 happen 발생하다 take place 개최되다 occur 발생하다 appear 나타나다
stay 머무르다 live 살다 work/serve 일하다 function 기능하다 officiate 직무를 수행하다 vary 달라지다
differ 다르다 preside 주재하다 think 생각하다 act 행동하다 behave 처신하다 exist 존재하다 perform 수행하다
contribute 기여하다 begin/start 시작되다 end 끝나다 conclude 끝나다 compete 경쟁하다

2) '(부사)+형용사'가 있다면 2형식 동사가 정답이다.

The film (**proved**) very profitable.

그 영화는 매우 수익성이 있는 것으로 판명되었다.

2형식 동사

be 있다 become ~이 되다 remain 남다 seem/appear ~인 것 같다 turn out[=prove] (to be) 드러나다
get/turn/go/come ~상태가 되다 stay 계속 ~이다

3) 목적어가 두 개라면 4형식 동사가 정답이다.

We have (**offered**) Mr. Kim a one-year contract.

우리는 Kim 씨에게 1년 계약을 제안했다.

4형식 동사

give 주다 offer 제의하다 send 보내다 bring 가져 주다 award 수여하다 grant 허락하다 charge 청구하다
lend 빌려주다 cost ~이 들다 make 만들다 buy 사다 show 가리켜 주다 issue 발부하다 assign 배정하다
cause 야기하다

4) 목적어 뒤에 목적격 보어(형용사, to부정사 등)가 있는 경우는 5형식 동사가 정답이다.

Following the safety procedures (**makes**) you safe.
안전 절차를 따르는 것이 당신을 안전하게 한다.

The restaurant's new policy (**allows**) diners to spend more time at their tables.
그 식당의 새로운 정책은 식사하는 사람들로 하여금 그들의 테이블에서 더 많은 시간을 보낼 수 있도록 한다.

5형식 동사	
막가파 동사 **목적어+목적격 보어(형용사)**	make, keep, find, leave, consider, deem
구(해요)원(해요)동사 **목적어+목적격 보어(to부정사)**	request, require, ask, advise, tell, invite, want, would like, expect, persuade, urge, compel, force, drive, allow, permit, enable

3. 2형식의 보어와 3형식의 목적어 구분

1) 동사 뒤의 명사가 주어와 동격이면 2형식 동사가 정답이다.

Vivaldi Island (**remains**, ~~features~~) the best tour destination for five consecutive years.
Vivaldi 섬은 5년 연속으로 계속 최고의 여행지다.

> ▶ 비발디 섬이 곧 최고의 여행지가 되는 동격의 관계

2) 동사 뒤의 명사가 주어와 동격 관계가 아니라면 목적어다.

The tour destination (**features**, ~~remains~~) beautiful beaches and pleasant weather conditions.
그 여행지는 아름다운 해변과 쾌적한 기상 조건을 특징으로 한다.

4. 수동형의 어휘 문제

1) 자동사는 수동태를 쓰지 않는다.

An agreement between the two rivals was finally (**made**, ~~emerged~~).
두 경쟁사들 사이에 마침내 협의가 이루어졌다.

2) 4형식 문장은 수동태가 되면 목적어가 1개 남는다.

Donovan will be (**awarded**, ~~received~~) the best employee award.
Donovan은 최우수 직원 상을 받을 것이다.

Interest rates may ------- depending upon the actions of the government and other factors.

(A) result

(B) appear

(C) remove

(D) decline

1단계 보기를 확인한다. 자동사와 타동사가 섞여 있는 동사 어휘 문제다.

2단계 목적어가 없으므로 (C)는 소거한다. 이자율이 내려갈 수도 있다는 의미를 나타내는 (D)가 정답이다.

3단계 다른 보기들을 하나씩 따져 본다.

(A) result ▶ from/to와 어울려 원인이나 결과를 나타내는 말이다.

(B) appear ▶ 1형식일 땐 'to+명사'와 2형식일 땐 'to+동사'와 어울리는 표현이다.

(C) remove ▶ 3형식 동사라서 오답이다. 보통 remove A from B 형태로 쓴다.

표현 정리 interest rate 이자율 depending upon ~에 따라서 action 행동, 조치 factor 요소

해석 이자율은 정부의 조치와 다른 요인들에 의해 떨어질 수 있다.

실전 연습 ▶ 실전으로 확인하세요!

1. The assistant, Mr. Julian, should ------- customer inquiries while his supervisor is out of town on business.

(A) conform

(B) respond

(C) deal

(D) handle

2. Many people ------- the ice cream made by the Crown Company very appetizing.

(A) find

(B) feel

(C) like

(D) taste

• 정답 및 해설은 10쪽에서 확인

UNIT 36 -ing, to부정사, that절을 확인하라!

동사는 명사 혹은 대명사 뿐만 아니라 동명사, to부정사, 혹은 명사절을 목적어로 가질 수 있는데, 모든 동사가 이 3가지를 모두 목적어로 가질 수 있는 것은 아니다. 따라서 어떤 동사가 동명사와 to부정사, 혹은 명사절과 어울리는지 익혀 두면 해석을 최소로 하고도 비교적 정확히 문제를 풀 수 있다.

출제율 100% 핵심 포인트   시간이 없으면 이것만 외우세요!

1. 자동사+to부정사

The last slide (**appears**) **to have been** attached to the presentation as a supporting document.
마지막 슬라이드는 프레젠테이션에 보충 문서로 첨부된 것으로 보인다.

appear, seem, prove, turn out, remain, prove + to be(혹은 have been)

strive, hesitate, tend, wait, happen, fail, stop + to부정사

2. 타동사+to부정사

Harvard Engineering (**pledged**) **to retain** 250 workers at its current facility even after merging with Fine Chemical.
Harvard Engineering은 Fine Chemical과 합병한 후에도 현재 시설에서 250명의 직원을 유지하기로 약속했다.

want 원하다   would like 하고 싶다   wish 기원하다   hope 바라다   expect 예상하다   agree 동의하다
refuse 거절하다   decide 결정하다   promise 약속하다   pledge 맹세하다   plan 계획하다   intend 의도하다

3. 동사+목적어+to부정사 / be p.p.+to부정사

Mayor Johnathan (**urged**) **the residents to vote** for the city's environmental policy.
Johnathan 시장은 시의 환경 정책에 투표할 것을 주민들에게 권고했다.

The residents were (**urged**) **to vote** for the city's environmental policy.
주민들은 시의 환경 정책에 투표하도록 권고 받았다.

	능동태	수동태
구하다	ask, require, request	be asked/required/requested to+동사원형
원하다/예상하다	want, would like, expect	be expected to+동사원형
권고/설득/강요하다	advise, invite, tell, persuade, urge, force, compel	be advised/invited/told/persuaded/urged/forced/compelled to+동사원형
허락하다	allow, permit, enable, authorize	be allowed/permitted/enabled/authorized to+동사원형

4. 동사+목적어+as+명사 / be p.p.+as+명사

The full name of the café is The Typhoon in the Teacup, but it is usually (**referred to**) as The Typhoon.

그 카페의 정식 명칭은 '찻잔 속의 태풍'이지만 보통 '태풍'이라고 불린다.

능동태(A를 B라고 부르다, 여기다, 믿다, 말하다)	수동태(A는 B라고 불리다, 여겨지다, 믿어지다, 말해지다)
call A B (as를 쓰지 않음)	A is called B
regard A as B / refer to A as B (as 생략 불가)	A is regarded as B / A is referred to as B
consider A (as 혹은 to be) B (as/to be 생략 가능)	A is considered (as 혹은 to be) B
believe/say A to be B (to be 생략 불가)	A is said/believed to be B

5. 동사+(that)+주어+동사

We are happy to (**announce**) (that) our office is moving to a larger suite in Pan Tower.

우리 사무실이 Pan Tower에 있는 더 큰 스위트룸으로 이전한다는 것을 발표하게 되어 기쁩니다.

말하다	announce 발표하다 stress 강조하여 말하다 caution 경고하다 outline 요약하다
	ensure[=make sure] 분명히 하다 mention 언급하다 say 말하다 guarantee 보장하다
	state 말하다 note 알리다 add 덧붙이다 specify 명시하다 indicate 나타내다
예상하다	expect 예상하다 predict 예측하다 anticipate 예상하다 project 추정하다 estimate 추산하다
생각하다	think 생각하다 believe 믿다 assume 추정하다 guess 추측하다 agree 동의하다

6. 동사+that+주어+동사원형

Mr. Gratski (**has asked**) that his secretary arrange an appointment with his client at noon.

Gratski 씨는 비서에게 정오에 고객과의 약속을 잡아 달라고 부탁했다.

ask 부탁하다 request 요청하다 insist 주장하다 prefer 선호하다 advise 권하다 suggest 제안하다
recommend 추천하다

7. 동사+사람 목적어+that절 / be p.p.+that절

The company (**assured**) prospective buyers that the new model would be on the market as scheduled.

그 회사는 새로운 모델이 예정대로 출시될 것이라고 예상 구매자들에게 장담했다.

Prospective buyers were (**assured**) that the new model would be on the market as scheduled.

예상 구매자들은 새로운 모델이 예정대로 출시될 것이라고 확신했다.

인어노리 동사

inform 알리다 assure 장담하다 advise 조언하다 notify 알리다 remind 상기시키다 convince 확신시키다
show 보여주다

8. 동사+동명사

If you can, (**consider**) using electronic copies when sending documents to clients.
가능하면 고객들에게 문서를 보낼 때는 전자 문서를 사용하는 것을 고려해 보세요.

---

enjoy 즐기다 stop/discontinue 중단하다 finish 끝내다 give up 포기하다 avoid 피하다 postpone 연기하다
include 포함하다 suggest 제안하다 recommend 추천하다 mind 언짢아 하다 consider 고려하다
appreciate 고마워하다

고득점자의 풀이법 ●

The sports commentator ------ that the baseball team's final game was by far the best game ever.

(A) occurred
(B) revised
(C) agreed
(D) notified

1단계 보기를 확인한다. 자동사와 타동사가 섞여 있는 동사 어휘 문제다.

2단계 that절이 목적어이므로 자동사인 (A)는 소거한다. that절을 목적어로 가질 수 있는 (C)가 정답이다.

3단계 다른 보기들을 하나씩 따져 본다.

(A) occurred ▶ 1형식 동사라서 목적어를 가질 수 없다.
(B) revised ▶ that절을 목적어로 갖는 동사가 아니다.
(D) notified ▶ '사람 목적어+that절' 형태로 쓰는 4형식 동사라서 오답이다.

표현 정리 sports commentator 스포츠 해설자 final game 결승전 by far 가장 ever 지금껏
해석 스포츠 해설자는 그 야구팀의 결승전이 역대 최고의 경기라는 데 동의했다.

✏️ 실전 연습 ▶   실전으로 확인하세요!

1. Please ------ your manager that the gathering has been canceled due to an unexpected scheduling conflict.

(A) inform
(B) announce
(C) mention
(D) state

2. Only retailers that have a government permit are ------- to sell alcohol and tobacco in certain nations.

(A) accepted
(B) alarmed
(C) alerted
(D) authorized

• 정답 및 해설은 10쪽에서 확인

UNIT 37 동사 어휘 문제는 목적어, 부사와의 어울림을 확인!

동사 어휘 문제의 보기가 모두 3형식 동사로 구성되어 있다면 무턱대고 다 해석하기보다는 일단 목적어와 잘 어울리는 동사를 먼저 대입하여 해석한다. 또한 부사는 동사를 수식하므로 부사와의 어울림도 확인한다.

출제율 100% 핵심 포인트

시간이 없으면 이것만 외우세요!

1. 목적어와의(수동태일 경우 주어와) 어울림 확인

Mr. Anthony (**expressed**) his views on global warming during the meeting.
Anthony 씨는 회의를 하는 동안 지구 온난화에 대한 그의 견해를 나타냈다.

The seminar will be (**attended**) by corporate executives.
그 세미나는 회사 간부들이 참석할 것이다.

access + 장소, 데이터	invest/spend + 시간/돈
address + 문제(problem, issue)	lack + 기술, 지식, 돈
announce + 합병, 확장, 은퇴, 계획	launch + 프로젝트, 제품
assume/take + 책무(responsibility)	meet/fulfill/satisfy + 기대치, 요구
attend/hold/host/organize + 행사	obtain/receive + 승인(approval)
cause + 지연, 손상, 불편함	perform + 연구, 조사, 공연
complete/fill out + 신청서, 설문 양식	raise + 돈, 인식(awareness)
encounter + 어려움, 질문	reach + 합의, 결론
enforce + 규정	reduce/lower/waive(철회하다) + 비용
exceed/surpass + 목표, 기대치	release + 영화, 제품
extend(주다, 베풀다) + 제안(an offer), 환영(a welcome)	renew + 구독권(subscription), 회원권(membership)
face + 문제, 어려움	review + 제출물, 제안서, 서류
follow/comply with/adhere to/abide by + 규정, 정책	solicit(간청하다) + 기부(금), 제안서
hire/employ/recruit/train + 사람	specify + 숫자(number), 시간(time)
implement + 정책, 시스템, 프로그램, 절차	undergo + 구조조정
install/set up/develop + 프로그램	use/exercise + 주의(caution)

2. 부사와의 어울림 확인

Mr. Kim (**inspected**) the entire facility carefully.
Kim 씨는 전체 시설을 주의 깊게 검사했다.

work + closely, remotely, efficiently, effectively	think + positively(긍정적으로 사고하다)
work + properly(올바르게 동작하다)	fasten + tightly, securely
work + hard, diligently, together, cooperatively	run/operate + profitably(수익성 있게 운영되다)
read/examine/inspect/test	progress/run + smoothly(원활하게 진행되다)
+ rigorously, thoroughly, exhaustively	respond/move/notify + quickly, swiftly, rapidly
	증가/감소동사 + 증감부사

3. 주어와의 어울림 확인

The **newspaper** (**featured**) a long report on anti-capitalism in New York.
그 신문은 New York에서의 반자본주의에 관한 긴 보도를 특집으로 다루었다.

신문/책 + feature+내용 특집으로 다루다	상 + recognize+ + 이유/분야 ~에 대한 상을 받다
행사 + feature+사람 행사에서 주된 인물이다	공간 + total + 숫자 공간의 합계가 ~이다
제품 + feature+기능 제품은 ~기능을 가지고 있다	참석자 + number + 숫자 참석자의 수가 ~이다
출판사 + publish + 책 이름 출판사가 ~을 출간하다	규정 + state/stipulate + that + S + V 규정의 내용이 ~이다
책 + say/outline + 내용 책이 ~한 내용을 담고 있다	퍼레이드 + circle + 장소 퍼레이드가 ~를 돌다
사람 + call/contact/interview + 사람 ~에게 전화/연락/인터뷰하다	예산 + cover + 비용 예산이 ~이상이다

고득점자의 풀이법 · · · · · · · · · · · · · · · · ·

Patrons of _China Daily Magazine_ are recommended to ------- their yearly subscription by the end of the month.

(A) develop

(B) renew

(C) persuade

(D) appeal

1단계 보기를 확인한다. 자동사와 타동사가 섞여 있는 동사 어휘 문제다. 목적어가 있으므로 자동사인 (A) 를 소거한다.

2단계 목적어가 '연간 구독'이므로 (B)를 우선 순위로 대입하여 해석하면 '잡지의 구독 갱신을 권고 받는 다'는 의미가 자연스럽다.

3단계 다른 보기들을 하나씩 따져 본다.

(A) develop ▶ 구독을 개발한다는 말은 어색하다.

(C) persuade ▶ 주로 5형식 동사로 '사람+to부정사' 형태로 쓴다.

(D) appeal ▶ 자동사라서 목적어를 갖지 못한다.

표현 정리 patron 고객 recommend 추천하다 subscription 구독권
해석 China Daily Magazine의 고객은 이달 말까지 연간 구독을 갱신하도록 권장된다.

실전 연습 〉

실전으로 확인하세요!

1. The famous film _Catch Me If You Want_ ------- exotic locations all over the world.

(A) relates

(B) transfers

(C) parks

(D) features

2. This voucher can be ------- for any items sold at our branch locations.

(A) honored

(B) contacted

(C) attended

(D) redeemed

• 정답 및 해설은 10쪽에서 확인

UNIT 38 동사 어휘 문제에서 논리 관계가 보이면 정답!

동사 어휘 문제 중 매달 한 문제 이상은 주변 단어와의 어울림만으론 풀 수 없는 문제가 나온다. 이러한 문제는 해석하되, 근거는 주로 빈칸에서 떨어진 곳에서 찾을 수 있다. 한편 주변 단어와의 어울림이 있는 문제도 이러한 논리적 근거를 찾으면 보다 명확하게 풀 수 있다.

출제율 100% 핵심 포인트

시간이 없으면 이것만 외우세요!

1. 다른 절이나 구에 있는 단서 확인

1) to부정사가 단서인 경우

To continue going green, the company (**recommended**, ~~rejected~~) carpooling.
친환경을 지속하기 위해서 회사는 카풀을 권장했다.

The employees are working (**extended**, ~~reduced~~) hours this weekend **to meet the deadline**.
직원들은 마감일을 맞추기 위해서 이번주에 연장 근무하고 있다.

2) 부사절(Although/Because+S+V)이 단서인 경우

Because the manager is away on business, his assistant will (**replace**, ~~identify~~) him.
부장이 출장 중이기 때문에 그의 조수가 그를 대신할 것이다.

3) 주절이 단서인 경우

You will receive a bonus if you (**complete**, ~~terminate~~) the assigned task.
할당된 업무를 완료하면 보너스를 받을 것이다.

4) 등위접속사(but, so) 앞이나 뒤가 단서인 경우

The due date for submitting a grant proposal is (**approaching**, ~~passing~~) quickly, **but you still have five days.**
연구 지원서의 제출 마감일이 빠르게 다가오고 있지만 아직 5일이 남았다.

부사구	In order to[혹은 to]+동사원형, S ---. / S --- by ~.
부사절	Although/Because/When/If/So that + S + V, S ---. S --- although/because/when/if/so that + S + V.
주절	S + V + although/because/when/if + S ---.
등위접속사 앞/뒤	S ---, but/so + S + V. / S + V, but/so S ---.

2. 최근 출제된 고난도 동사 어휘

Ms. Shin's work was (**divided**) **between** tutoring **and** research.
Shin 씨의 업무는 과외와 연구로 나뉘어 있었다.

We decided to (**equip**) each booth **with** a small screen.
우리는 각 부스에 작은 스크린을 설치하기로 결정했다.

demonstrate how to operate 작동법을 시연하다

undergo a committee review 위원회의 검토를 통과하다

be **divided** between A and B A와 B로 나눠지다

explore the best region 가장 훌륭한 지역을 찾다

secure funding from investors 투자자들의 자금 지원을 따내다

help **advance** in the workplace 업무 현장에서 발전 기회를 주다

fill an order 주문을 이행하다

detail each of the budget changes 예산 변경을 상세히 설명하다

establish explicit policies 명확한 정책을 확립하다

maintain account payable records 외상 매입금 기록을 유지하다

assist+회사+in -ing 회사가 ~하는 데 도와주다

the parade **circles** the village 퍼레이드가 마을을 돌다

wait for the heavy rain to **diminish** 폭우가 줄어들기를 기다리다

equip A with B A를 B로 갖춰주다

place one's trust in ~을 신뢰하다

save the builder a lot of money 건축자에게 많은 돈을 아껴주다

attribute A to B A의 원인을 B로 돌리다

credit A to B A의 원인을 B로 돌리다

be **credited** with ~로 인정받다/칭찬받다

사람+is **puzzled** by 사람이 당혹하다

proper techniques to **lift** items 물건을 들기 위한 올바른 자세

fall within ~에 해당하다

finance/fund+사업/회사 사업/회사에 자금을 대다

evolve from A to B A에서 B로 발전하다

extend an offer 제안하다

delegate authority to ~에게 권한을 위임하다

allow for input from ~의 의견을 감안하다/고려하다

represent the interests 이익을 대변하다

in order to **thrive** 번창하기 위해서/잘 자라기 위해서

decline the job offer 구직 제안을 거절하다

계약+**cover** 계약의 내용에 ~이 포함되다

excel at/in+명사/at -ing ~을 잘하다/뛰어나다

this option **do**+동사원형 이 옵션은 정말 ~하다

brief+사람+on ~에 관해 사람에게 간략하게 보고하다

assess one's progress 진척도를 평가하다

Waco Manufacturing is ------- a yearly shutdown of its facility to be inspected for safety and efficiency.

(A) abolishing

(B) participating

(C) implementing

(D) resulting

1단계 보기를 확인한다. 자동사와 타동사가 섞여 있는 동사 어휘 문제다. 목적어가 있으므로 자동사인 (B), (D)를 소거한다.

2단계 to부정사의 내용이 연례적인 공장 가동 정지의 이유가 되므로 '가동 정지를 이행한다'는 의미의 (C)가 정답이다.

3단계 다른 보기들을 하나씩 따져 본다.

(A) abolishing ▶ '가동 정지를 폐지한다'는 의미가 되어 to부정사와 의미 관계가 맞지 않는다.

(B) participating ▶ 자동사라서 목적어를 갖지 못하고 participate in의 형태로 써야 목적어를 가질 수 있다.

(D) resulting ▶ 자동사라서 목적어를 갖지 못하고 result in/from의 형태로 써야 목적어를 가질 수 있다.

표현 정리 shutdown 가동 중단 inspect 점검하다 efficiency 효율성

해석 Waco Manufacturing은 안전과 효율성에 대해 점검 받기 위해서 시설에 대한 연례 가동 정지를 실시하고 있다.

실전 연습 ▶ 　　　　　　　　　　　　　　　　　실전으로 확인하세요!

1. If you ------- the new project to construct a nuclear power plant, please vote against the proposal.

   (A) oppose
   (B) object
   (C) acquire
   (D) accept

2. Mr. Porter ------- his presentation when the projector didn't work all of a sudden.

   (A) realized
   (B) improvised
   (C) educated
   (D) presided

• 정답 및 해설은 11쪽에서 확인

UNIT 39 부사는 시제, 자리, 부정어를 확인하라!

부사 어휘 문제는 무조건 해석해서 풀기보다는 시제를 확인하거나 부사가 위치하는 자리를 확인하면 우선적으로 빈칸에 대입할 만한 보기가 가려진다.

출제율 100% 핵심 포인트

시간이 없으면 이것만 외우세요!

1. 동사의 시제 확인

1) 현재완료 시제를 수식하고 있다면 since, lately, already가 우선이다.

Ms. Dalila refused at first but has (**since**) consented.

Dalila 씨는 처음에는 거절했으나 그 이후에 승낙했다.

2) 현재완료나 과거 시제를 수식하고 있다면 recently, previously, once가 우선이다.

The school has (**recently**) built a new gym.

그 학교에서는 최근에 새로 체육관을 지었다.

3) 미래 시제를 수식하고 있다면 soon, shortly, in a moment가 우선이다.

Hexa, Inc. will (**soon**) merge with its rival company.

Hexa 사는 곧 라이벌 회사와 합병할 것이다.

4) 현재진행 시제를 수식하고 있다면 currently, presently, at the moment가 우선이다.

We are (**currently**) seeking new ways of expanding our membership.

우리는 현재 회원 확충을 위한 새로운 방법들을 모색하고 있다.

5) 현재 시제를 수식하고 있다면 빈도부사가 우선이다.

The workers (**regularly**) attend training sessions regarding plant safety.

작업자들은 공장 안전에 대한 교육에 정기적으로 참석한다.

---

regularly 정기적으로 frequently 자주 always 항상 often 종종 routinely 일상적으로 customarily 습관적으로
generally 일반적으로 normally 보통 usually 보통 typically 전형적으로

---

2. 형용사 앞인지 확인

1) 숫자 앞이라면 숫자 수식 부사가 우선이다.

The interview will last for (**approximately**) three hours.

면접은 약 3시간 동안 지속될 것이다.

---

approximately 대략적으로 roughly 대략적으로 nearly 거의 almost 거의 about 대략 around 대략
at least 적어도 up to ~까지 more than ~이상 over ~이상

---

2) 형용사나 부사의 앞에 있다면 정도부사가 우선이다.

The company spent a (**relatively**) small amount of time advertising its products.

그 회사는 제품을 홍보하는 데 비교적 적은 시간을 소비했다.

quite 꽤 extremely 매우 relatively 비교적 almost 거의 very 매우 highly 매우 somewhat 약간 rather 다소 so 매우 too 매우 enough 충분히	

3. 전명구 앞에 잘 오는 부사

전명구, 부사절, 명사 등의 앞에 위치하여 해당 어구를 강조하고 있다면 초점부사(=강조부사)가 우선이다.

Mr. Lawson's seminar will focus (**specifically**) on networking skills.
Lawson 씨의 세미나는 네트워킹 기술들에 대해 특히 초점을 맞출 것이다.

초점부사	specifically 특히 especially 특히 exclusively 독점적으로 only 단지 even ~조차 just 바로
시간 관련 부사	soon/shortly/right/immediately after/before ~직후에/~직전에 sometime between 7 and 9 p.m. 오후 7시에서 9시 사이에 later in the week 이번주 말에 later today 오늘 늦게 later this year 올해 말에 early[earlier] this month 이달 초에
방식 관련 부사	directly to/from ~로/~로부터 직접 separately from ~와는 별도로 ideally from 이상적으로는 ~로부터 independently of ~와는 독립적으로
기타 부사	probably due to 주로 ~때문에 consistently behind schedule 지속적으로 일정보다 늦은 everywhere in the room 방안 어디든지

4. 부정문과 어울리는 부사

1) yet와 ever는 부정문, 의문문, 최상급 표현과 사용하므로 긍정문에서는 오답이다.
   The company has (~~yet~~, **just**) changed its return policy. 그 회사는 반품 정책을 변경했다.

2) not 바로 뒤에 부분부정 표현이 있다면 우선적으로 고른다.
   More expensive items are not (**necessarily**) better. 더 비싼 물품이 반드시 더 좋은 것만은 아니다.

5. 위치가 정해진 부사

부사	특정 위치	어울림이 좋은 단어
still	동사 앞, 형용사 앞, not보다 앞	although/despite/but ~ still ~이긴 하지만 even after ~ still 심지어 ~한 후에도
yet	not보다 뒤	have yet to do 아직 ~하지 못하다
well	p.p. 앞, 전명구 앞, 동사 뒤	well before 한참 앞서서 well-organized 잘 조직된 well-attended 출석률이 좋은 well before N ~보다 한참 전에 perform well 좋은 활약을 하다
enough	복수/불가산명사 앞(형용사일 때), 형용사/부사 뒤(부사일 때)	to부정사

alike, alone, only	명사 뒤	N1 and N2 alike 명사1과 명사2 둘 다 N alone ~ 단독으로도 N only ~만

고득점자의 풀이법 ·

Only a ------- small portion of the company's profits are being invested into the expansion of the current manufacturing facility.

(A) closely
(B) carefully
(C) relatively
(D) tastefully

1단계 부사 어휘 문제다. 동사의 시제나 자리를 확인한다.

2단계 형용사나 부사 앞에 위치하여 정도를 나타내는 (C)를 대입하여 해석하면 '단지 비교적 작은 부분만'
이라는 말이 자연스럽다.

3단계 다른 보기들을 하나씩 따져 본다.

(A) closely ▶ '면밀하게'라는 뜻으로 work, look at 같은 동사를 수식하는 부사다.
(B) carefully ▶ '주의깊게'라는 뜻으로 다루거나 취급한다는 의미의 동사를 수식하는 부사다.
(D) tastefully ▶ '고상하게'라는 뜻으로 decorated, designed 같은 표현을 수식하는 부사다.

표현 정리 portion 부분 profit 이윤 invest 투자하다 expansion 확장

해석 회사의 수익 중 단지 비교적 작은 부분만 현재의 제조 설비의 확장에 투자되고 있다.

✎ 실전 연습

실전으로 확인하세요!

1. Hotel and restaurant reservations for managers are ------- made by their assistants unless otherwise noted.

   (A) timely
   (B) noticeably
   (C) sensitively
   (D) typically

2. Mr. Lee has ------- to have difficulties interacting with his subordinates during his 5-year tenure.

   (A) lastly
   (B) yet
   (C) close
   (D) previously

• 정답 및 해설은 11쪽에서 확인

UNIT 40 부사는 동사 혹은 형용사와의 어울림을 확인하라!

부사 어휘 문제가 시제나 자리를 확인하는 방법으로 풀 수 있는 경우가 아니라면 주어진 문장의 동사나 형용사와 짝을 이루어 잘 쓰이는 부사를 우선적으로 빈칸에 대입해본다.

출제율 100% 핵심 포인트   시간이 없으면 이것만 외우세요!

1. 동사를 보고 어울림 확인

부사 어휘는 기본적으로 동사와 잘 어울리는지 확인하고 대입의 우선 순위를 정한다.

Mr. Trey **checks** his e-mail (**regularly**) after he reports to work.
Trey 씨는 출근 후 정기적으로 그의 이메일을 확인한다.

정답이 되는 부사	단서가 되는 동사
증감부사: sharply 급격히 dramatically 극적으로 drastically 과감하게 markedly/remarkably/noticeably 현저히, 두드러지게 considerably/substantially/significantly 상당히 greatly 대단히 increasingly 점차적으로 gradually 점진적으로 steadily 꾸준히 incrementally 점차적으로	'증가하다' 혹은 '감소하다'의 뜻을 가진 1형식 동사: increase, rise, decrease, drop, fall, reduce, raise
rapidly/quickly/swiftly 빠르게	approach 접근하다 move 움직이다 change 변화하다 progress 진보되다 grow 성장하다
right away/promptly/immediately 즉시	notify/inform 통보하다 respond 응답하다 return one's phone call 전화에 회신하다 draw 이끌어내다
thoroughly/exhaustively 철저하게	check 확인하다 inspect 점검하다 test 검사하다 research 연구[조사]하다 read 읽다 clean 청소하다 wash 씻다 go through 검토하다 review 검토하다
carefully 주의 깊게 cautiously 주의 깊게	read 읽다 attach 덧붙이다 predict 예측하다
eagerly 열망하여, 간절히	await 기다리다 anticipate 기대하다 expect 기대하다
adversely 역으로, 반대로	affect 영향을 끼치다
extensively 광범위하게	research 연구하다
closely 면밀하게, 긴밀하게	work 일하다 look at ~을 보다
eloquently 유창하게 fluently (다른 언어를) 유창하게	speak 말하다
neatly 깔끔하게	decorate 꾸미다

diligently 부지런하게 remotely 원격으로 properly 적절하게, 올바르게	work 일하다, 동작하다
unanimously 만장일치로	approve 승인하다
patiently 침착하게	wait 기다리다
effectively 효과적으로	work 일하다 communicate 전달하다 run 운영하다
efficiently 효율적으로	produce 생산하다 process 처리하다 manage 관리하다
perfectly 완벽하게	fit 들어맞다
successfully 성공적으로	manage 관리하다

2. p.p.를 보고 우선 순위 확인

Our service center is (**conveniently**) located adjacent to the flagship store.

우리 서비스 센터는 본점 근처의 편리한 위치에 있다.

정답이 되는 부사	단서가 되는 p.p.
newly 새롭게 recently 최근에	renovated 개조된 constructed 건설된 developed 개발된 acquired 획득한 hired 고용된 opened 열려 있는
conveniently 편리하게 centrally 중심부에	located/situated 위치해 있는
reasonably 합리적으로 affordably 알맞게	priced 가격이 매겨진
severely 심하게 heavily 상당히	damaged 손상된
perfectly 완벽하게	suited 어울리는
tastefully 우아하게 expertly 전문적으로 skillfully 솜씨 있게 intentionally 의도적으로	decorated 꾸며진 designed 설계된
sustainably 환경적으로 지속할 수 있게	caught 잡힌
tentatively 잠적적으로	scheduled 일정이 잡힌
temporarily 일시적으로	closed 문을 닫은 interrupted 중단된
highly 매우	regarded/respected 존경받는 recommended 추천된
strictly 엄격히	prohibited 금지된

3. 형용사를 보고 우선 순위 확인

Putting on TV ads has been only (**moderately**) successful at increasing sales.

TV에 광고를 내는 것은 판매를 증가시키는 데 있어서 적당한 수준으로만 성공적이었다.

정답이 되는 부사	단서가 되는 형용사
potentially 잠재적으로	life-saving 생명을 구하는 harmful 해가 되는 dangerous 위험한

markedly 두드러지게	
significantly/considerably/substantially 상당히	better, higher 등 형용사의 비교급 표현
absolutely 완전히 completely 완전히 entirely 절대적으로	free of charge 무료의 appropriate 적절한
mutually 상호간에	beneficial 혜택이 되는
reassuringly 안심시키게	calm 차분한
moderately 적당히 marginally 조금 phenomenally 대단히 highly 매우 markedly 매우	successful 성공적인

고득점자의 풀이법 ••••••••••••••••••••••••••••••••••

Employment at Herschel International is expected to increase ------- as the firm opens new branches in multiple countries.

(A) regrettably
(B) incrementally
(C) apparently
(D) determinedly

1단계 부사 어휘 문제로 모두 해석을 하기 전에 빈칸 주변의 동사와 형용사부터 확인한다.

2단계 increase와 잘 어울리는 증감부사 (B)를 대입하여 해석해 보면 고용이 점차적으로 증가할 것이라는 말이 자연스럽다. 또한 as 이후의 절에서 회사가 여러 개의 지점을 열 것이라는 이유에 해당하므로 논리적으로 타당하다.

3단계 다른 보기들을 하나씩 따져 본다.

(A) regrettably ▶ '유감스럽게'라는 뜻으로 고용의 증가가 유감스러운 상황으로 볼 이유가 없다.

(C) apparently ▶ '듣자 하니'의 뜻으로 사실로 보이긴 하지만 확신이 부족할 때 쓰는 말이다. 부사절을 통해 명확한 이유를 제시하므로 어색하다.

(D) determinedly ▶ '단호히, 작심하고'의 뜻으로 주체가 의지를 가지고 추진할 때 쓰는 말이다.

표현 정리 employment 고용 be expected to ～하도록 기대되다 multiple 다수의

해석 Herschel International 사의 고용은 그 회사가 여러 나라에서 새 지점을 개점함에 따라 점차적으로 증가할 것으로 예상된다.

✏️ 실전 연습 ▶ 실전으로 확인하세요!

1. For passengers' safety, using electronic devices when taking off and landing is ------- prohibited.

    (A) only
    (B) scarcely
    (C) strictly
    (D) distantly

2. Wellborn Lab has developed some new antivirus software to protect users from being in ------- dangerous situations.

    (A) cautiously
    (B) potentially
    (C) officially
    (D) initially

• 정답 및 해설은 11쪽에서 확인

부사 어휘 문제 중 매달 한 문제 이상은 주변 단어와의 어울림만으로는 풀 수 없는 문제가 나온다. 이러한 문제는 해석하되, 근거는 주로 빈칸에서 떨어진 곳에서 찾을 수 있다. 한편 주변 단어와의 어울림이 있는 문제도 추가로 이러한 논리적 근거를 찾으면 보다 명확하게 풀 수 있다.

출제율 100% 핵심 포인트 시간이 없으면 이것만 외우세요!

1. 다른 절이나 구에 있는 단서 확인

1) 앞과 뒤의 내용을 연결하는 부사가 답인 경우

Reducing wages would impact employee morale, (**consequently**) decreasing productivity.
임금을 줄이는 것은 직원 사기에 영향을 끼칠 것이고, 결과적으로 생산성을 감소시킬 것이다.

인과 관계	therefore, thus, thereby, accordingly, consequently
양보 관계	nevertheless, nonetheless
추가 관계	also, besides, additionally

2) 부사구가 단서가 되는 경우

To prevent breakage, all outgoing items are handled (**cautiously**).
파손을 막기 위해 모든 발송 제품은 조심스럽게 다루어진다.

The bridge is often closed to traffic (**unexpectedly**) because of heavy rains occurring without warning.
예고 없이 발생하는 폭우 때문에 그 다리는 종종 갑작스럽게 교통 통제가 된다.

3) 부사절(Although/Because/After/Before+S+V)이 단서가 되는 경우

Before he chose a new supplier, Mr. Bak (**wisely**) obtained estimates from different companies.
새로운 공급업체를 선택하기 전에 Bak 씨는 현명하게 다른 회사들로부터 견적을 받았다.

once/originally/previously/initially/formerly + N1, N2 now ~ 한때는 N1이었던 N2가 이제는 ~

After 과정 ~, S finally/eventually + 예상된 결과

Although/Even though/(Even) After 과정 ~, S still + 반대의 결과

※ **shortly/immediately/soon/right/directly+after/before/upon[=on]+시점명사 or -ing**
~직후에

4) 주절이 단서가 되는 경우

Even those who (**initially**) were not used to cooking can now make their own meals within 5 minutes.
처음에는 요리하는 것에 익숙하지 않던 사람들조차 이제는 자신의 식사를 5분 이내에 만들 수 있다.

5) 등위접속사(but, so) 앞이나 뒤가 단서가 되는 경우

The noises are (**barely**) detectable by the human ear but can be heard by using a device.
그 잡음은 사람의 귀로는 거의 감지할 수 없지만 장치를 사용해서 들을 수 있다.

2. 최근 기출 고난도 부사 어휘

The hotel drew crowds (**immediately**) because of its exceptional service.
그 호텔은 파격적인 서비스로 인해 즉시 많은 인파가 몰렸다.

The presentation ended so (**abruptly**), so few attendees had a chance to ask questions.
발표가 너무 갑작스럽게 끝나서 참석자들이 질문을 할 기회가 거의 없었다.

The proximity to the downtown area (**probably**) accounts for high prices of houses in the Sunnyhill.
도심 지역으로의 접근성이 아마도 Sunnyhill의 높은 집값의 이유를 설명해 줄 것이다.

draw crowds **immediately** 즉시 사람들을 끌어들이다
It will be **occasionally** necessary 가끔씩 필수적일 것이다
work **briefly** as ~ before being promoted 승진되기 전 잠깐 ~로 일하다
interact with ~ **cautiously** 조심스럽게 ~와 교류하다
be staffed **continuously** 계속 인력이 배치되다
vary **considerably** 상당히 다르다
purposely base A near B 의도적으로 A를 B 근처에 배치하다
exactly what you are seeking 정확히 당신이 찾는 것
change **quarterly** 분기별로 달라진다
end so **abruptly** 갑작스럽게 끝나다
probably account for 아마도 ~에 대한 이유가 되다
argue **forcefully** for ~에 대해 강력히 주장하다
proceed **directly** to ~로 직접 나아가다
listen **intently** to ~을 열심히 듣다
should **definitely** attend 반드시 참석해야 한다
traditionally ~ but this year 전통적으로 ~ 그러나 올해는
simultaneously on radio and TV 라디오와 TV에 동시에
possibly as **early** as+시점 아마도 ~쯤
far in advance 한참 앞서서
mutually productive relationship 상호간에 생산적인 관계
be distributed **electronically** 전자 문서로 배포되다
barely noticeable 거의 알아차리기 어려운
reportedly fell 전해지는 바에 따르면 떨어졌다
be reorganized **considerably** 상당히 많이 재구성되다
address concern **consistently** 지속적으로 우려사항을 다루다
so plan ~ **accordingly** 그러므로 그에 따라 계획하라

The lab technicians ------- tried different methods until they got the desired result.

(A) ever

(B) suddenly

(C) yet

(D) repeatedly

1단계 보기가 모두 부사이므로 부사 어휘 문제다. 주로 부정문이나 의문문, 최상급에 어울리는 (A), (C)를 소거한다.

2단계 '원하는 결과를 얻을 때까지 했다'는 부사절과의 의미 관계를 통해 '반복적으로' 했다는 의미의 (D) 가 정답이다.

3단계 다른 보기들을 하나씩 따져 본다.

(A) ever ▶ 부정문, 의문문, 최상급에 어울리는 부사라서 오답이다.

(B) suddenly ▶ '갑작스럽게' 했다는 것은 1회성 동작의 어울림으로 어색하다.

(C) yet ▶ 부정문, 의문문, 최상급에 어울리는 부사라서 오답이다.

표현 정리 technician 기술자 try 시도하다 method 방법 desired 원하는

해석 실험실 기술자들은 그들이 원하는 결과를 얻을 때까지 반복적으로 다른 방법을 시도했다.

1. The stains on the black clothing were ------- recognizable even though a considerable amount of coffee had been spilled on it.

(A) barely

(B) accurately

(C) properly

(D) inadvertently

2. The instructor ------- planned to end the session at noon, but it ran longer because several trainees asked detailed questions.

(A) accidentally

(B) originally

(C) enormously

(D) barely

• 정답 및 해설은 11쪽에서 확인

UNIT 42 명사 어휘는 전치사, to부정사, that절을 확인!

명사 어휘 문제도 동사 어휘와 마찬가지로 빈칸 앞이나 뒤에 전치사가 있다면 해당 전치사와의 어울림을 먼저 확인해야 해석을 최소화하여 풀 수 있다.

출제율 100% 핵심 포인트
시간이 없으면 이것만 외우세요!

1. 특정 전치사와 잘 어울리는 명사

1) 빈칸 뒤의 전치사와 잘 어울리는 명사

There has been a sharp (**increase**) **in** the number of tourists.
관광객 수에 급격한 증가가 있어왔다.

명사 + to	answer 대답 solution 해결책 change 변화 transfer 전환, 전근 introduction 소개 access 접근 addition 추가 admission 입장, 허가 advancement 발전, 승진 commitment 약속, 헌신 contribution 기부금, 기여 gratitude 감사 invitation 초대 directions 길 안내 attention (to detail) (세부적인 것에 대한) 관심 key 핵심 transition 전이, 이전 exposure 노출 reaction 반응 subscription 구독 promotion (~로) 승진 revision 수정사항 alternative 대안 proximity 인접성, 접근성
명사 + in	error 오류 increase 증가 jump/hike 급등 rise 증가 decrease/decline/drop 감소 advance 진보, 발전 interest 흥미 growth 성장 delay 지연 fluctuation 변동 investment 투자
명사 + on	implication 의미 topic 주제 seminar 세미나 demonstration 시연 effect 효과 impact/influence 영향
명사 + at	reception 접수 reservation 예약 arrival 도착
명사 + with	problem 문제 contact 연락 agreement 동의 compliance 준수 difficulty 어려움 cooperation 협력 help 도움
명사 + about	inquiry 문의 question 질문 worry 걱정 detail 세부사항 reservation 유보, 거리낌 information 정보
명사 + for	nomination 추천, 지명 respect 존경 advocate 지지자 cause 원인 reason 이유 passion 열정 preference 선호 demand 요구
명사 + from	result 결과 permission 허락, 허가 difference 차이
명사 + over	dispute 논쟁 concern 걱정
명사 + of	lack 부족 list 목록 knowledge 지식 portion 부분 a[an] range/array/selection/collection/variety/number of+복수명사 다양한 ~ a wealth of+복수/불가산명사 풍부한 ~
명사 + into	expansion 확장 investigation 조사 insight 견해
명사 + as	service 근무 reputation 평판, 명성

2) 빈칸 앞의 전치사와 잘 어울리는 명사

You must report to your immediate supervisor upon (**arrival**).
도착하는 즉시 직속 상사에게 출근 보고를 해야 한다.

along + 명사	border 국경, 경계선 street 도로 river 강 way 길 line 선, 선로
with + 명사	enthusiasm 열정 care/caution 주의, 돌봄 regularity 규칙성 ease 쉬움
under + 명사	pressure 압박 warranty 보증 construction 공사 direction 방향 supervision 관리, 감독 guidance 안내 control 통제, 제어 consideration 고려, 숙고 discussion 논의 review 검토 policy 정책 terms of the contract 계약 조건
without + 명사	delay 지연, 지체 receipt 영수증 permission/consent 허락
upon + 명사	arrival 도착 (즉시) receipt 수령 (즉시) request 요청 (즉시) delivery 배송 (즉시) completion 완료 (시에)
on + 명사	schedule 일정(대로) (cf. behind schedule, ahead of schedule) basis 기준(으로)
across + 명사	street 도로 river 강 border 국경, 경계선 road 도로
according to + 명사	contract 계약 factor 요인 policy 정책, 보험 증권 survey (설문) 조사
by + 명사	fax 팩스 bus 버스 subway 지하철 mistake 실수

3) 빈칸 앞뒤의 전치사와 잘 어울리는 명사

The secretary made a reservation for a conference room in (**preparation**) for the upcoming meeting. 비서는 다가오는 회의의 준비로 회의실을 예약했다.

in + 명사 + of	in celebration of ~을 축하하여 in recognition of ~을 인정하여 in terms of ~에 관하여 in favor of ~에 찬성하여 in charge of ~을 담당하는
in + 명사 + to	in response to ~에 대한 응답으로 in regard to ~에 관하여
in + 명사 + with	in conjunction with ~와 함께 in keeping with ~에 맞춰 in compliance with ~을 준수하여
in + 명사 + for	in preparation for ~에 대한 준비로 in exchange for ~와 교환으로
as + 명사 + of	as a consequence of ~에 대한 결과로서 as part of ~의 일환으로 as a result of ~에 대한 결과로서
by + 명사 + of	by means of ~을 수단으로 by courtesy of ~의 호의[허가]로

2. to부정사 혹은 명사절과 잘 어울리는 명사

1) to부정사의 수식을 잘 받는 명사

Those participating in our promotional event will be given the (**opportunity**) to win a prize.
우리 판촉 행사에 참여하는 사람들은 상을 받을 기회를 갖게 될 것이다.

2) to부정사와 동격의 관계를 형성하는 명사

The (**goal**) of the charity event is to improve self-sustainability.
자선 행사의 목표는 자급력을 향상시키는 것이다.

3) 가주어/진주어의 보어가 되는 명사

It is the personnel manager's (**responsibility**) to organize an orientation session for new hires.

신입직원들을 위한 오리엔테이션을 준비하는 것은 인사부장의 책무다.

4) 동격의 that 앞 명사

Ms. Flora got the (**news**) that she had been selected as the winner.

Flora 씨는 그녀가 수상자로 선택되었다는 뉴스를 들었다.

---

news 뉴스 idea 생각 opinion 의견 claim 주장 statement 진술 fact 사실 report 보고 assurance 보장
confirmation 확인

고득점자의 풀이법 •

Pacific Funds recently made a substantial ------- in the technology startup Nanotech.

(A) investment
(B) donation
(C) expert
(D) belonging

1단계 보기가 모두 명사이므로 명사 어휘 문제다. 특히 (A)는 빈칸 뒤의 전치사 in과 잘 어울리는 명사다.

2단계 (A)를 우선 대입하여 해석한다. '신생업체에 투자했다'는 말도 자연스럽다.

3단계 다른 보기들을 하나씩 따져 본다.

(B) donation ▶ '기부'라는 뜻으로 전치사 in과 어울리지 않는다.

(C) expert ▶ '전문가'라는 뜻으로 substantial이나 make와도 어울리지 않고 in과도 어울리지 않는다.

(D) belonging ▶ '소지품'이라는 뜻으로 substantial이나 make와도 어울리지 않고 in과도 어울리지 않는다.

표현 정리 recently 최근에 substantial 상당한 technology 기술 startup 신생업체

해석 Pacific Funds는 최근에 기술 신생업체 Nanotech에 상당한 투자를 했다.

✍ 실전 연습 ▶

1. Jeff Greenwood promised that his company has the ------- to deliver the product to Australia by the deadline.

(A) measure
(B) ability
(C) consideration
(D) issue

2. Mr. Carpenter requested some ------- to the advertisement set to run in the national magazine.

(A) editions
(B) standards
(C) revisions
(D) copies

• 정답 및 해설은 11쪽에서 확인

UNIT 43 명사 어휘는 주변 단어와의 어울림을 확인하라!

명사 어휘 문제가 전치사와의 어울림으로 풀 수 있는 경우가 아니라면 주변 단어와 어울리는 표현을 우선적으로 빈칸에 대입한다. 이때 사람명사와 사물명사를 구분하는 것은 필수다.

출제율 100% 핵심 포인트 — 시간이 없으면 이것만 외우세요!

1. 사람/사물과의 어울림 확인

1) 동사를 보면 결정되는 경우

(**Supporters**) of the new dress code agree that it will help increase productivity.
새로운 복장 규정을 지지하는 사람들은 그것이 생산성을 높이는 데 도움이 될 것이라는 데 동의한다.

(**Nominations**) for the award must be submitted to the judging committee by tomorrow.
상의 수상 후보 지명을 내일까지 심사 위원회에 제출해야 한다.

2) 사람/사물을 수식하는 형용사(구/절)가 단서

We are looking for talented (**applicants**) who can work at our overseas branch.
우리는 해외 지점에서 근무할 재능 있는 지원자들을 구하고 있다.

사람을 수식하는 형용사	사물을 수식하는 형용사
considerate 사려 깊은 impressed 감동받은 experienced 경험 있는 aware 알고 있는 talented 재능 있는 qualified 자격 있는 pleased 기쁜 skilled 숙련된 knowledgeable 박식한 eligible 자격이 되는 entitled 자격이 되는 optimistic 낙관적인 capable 능력 있는 forgetful 잘 잊어버리는 proficient 능숙한	considerable 상당한 significant 상당한 substantial 상당한 impressive 인상적인 pleasant 유쾌한 convenient 편리한 forgettable 잊기 쉬운 honorable 영광스러운 delightful 유쾌한 revisable 수정 가능한 receivable 입수 가능한
p.p. 형태의 감정분사(ex. interested)	-ing 형태의 감정분사(ex. interesting)

2. 형용사를 보고 대입의 우선 순위 결정

Because of its affordable (**rates**), the hotel is well known to business travelers.
저렴한 요금 때문에 그 호텔은 출장자들에게 잘 알려져 있다.

3. 명사를 보고 대입의 우선 순위 결정

All visitors to the factory should comply with the safety (**rules**).
공장의 모든 방문객은 안전 규칙을 준수해야 한다.

N1 유형	단서가 되는 명사(N1)	정답 포함 복합명사(N1 + N2)
동명사	working	working environment 작업 환경
	scheduling	scheduling conflict 일정상의 충돌
	advertising	advertising campaign 광고 캠페인 Advertising Department 광고부
	operating	operating expenses/costs 운영비
	speaking	speaking engagement 연설 약속
복수	sales	sales director 판매부장 sales representative 판매사원 sales associate 판매직원
	electronics	electronics company 전자 회사
	customs	customs office 세관 customs clearance 통관
	savings	savings account 보통예금[저축예금] 계좌 savings bank 저축은행
-tion, -ment 규칙형	application, complaint, enrollment	application form 신청서 complaint form 불만 신고 양식 enrollment form 등록 양식
	replacement	replacement fee 교체 비용
	retirement	retirement party 은퇴 기념 연회
사람명사	worker, employee	worker productivity 작업자 생산성 employee identification 사원증
	customer, client, employee	customer satisfaction 고객 만족 employee retention 직원 유지
	patient	patient reliance 환자의 의존성
일반명사	meal, food	meal preferences 식사 선호도
	safety, security	safety measures 안전 조치 safety procedures 안전 절차
	budget	budget proposal 예산안
	quality	quality check 품질 점검
	money	money transfer 송금
	product, room	product availability 제품 있음
	office	office supplies 사무용품
	price	price reduction 가격 할인
	survey, test	survey result 설문조사 결과
	energy, water, electricity	energy usage 에너지 사용 electricity bill 전기요금 청구서

4. 동사를 보고 대입의 우선 순위 결정

All workers should follow the (**regulations**) posted beside the factory entrance.
모든 직원은 공장 입구 옆에 게시된 규정을 따라야 한다.

Company (**regulations**) stipulate that protective gear should always be worn in the facility.
회사 규정은 시설 안에서 항상 안전 장비를 착용해야 함을 명기하고 있다.

고득점자의 풀이법

Because of unforeseen -------, many employees at Nora, Inc. were laid off last month.

(A) qualifications

(B) circumstances

(C) consideration

(D) proficiency

1단계 보기가 모두 명사이므로 명사 어휘 문제다. 빈칸 앞에 형용사인 unforeseen이 있다.

2단계 빈칸 앞의 형용사와 잘 어울리는 (B)를 우선 순위로 대입하여 해석하면 '예측하지 못한 상황 때문에 많은 직원들이 정리 해고되었다'는 말도 자연스럽다.

3단계 다른 보기들을 하나씩 따져 본다.

(A) qualifications ▶ unforeseen과 어울리지 않고 뒤의 내용과도 어울리지 않아서 오답이다.

(C) consideration ▶ unforeseen과 어울리지 않고 무엇에 대한 고려인지 드러나 있지 않다.

(D) proficiency ▶ unforeseen과 어울리지 않고 뒤의 내용과도 어울리지 않는다.

표현 정리 unforeseen 예측하지 못한 laid off 정리 해고된 circumstances 상황, 환경

해석 예측하지 못한 상황 때문에 Nora 사의 많은 직원들이 지난달에 정리 해고되었다.

실전 연습

실전으로 확인하세요!

1. The Xiong Mao Group is highly regarded by job seekers for its competitive compensation -------.

(A) admiration

(B) balance

(C) lapse

(D) packages

2. Research labs wishing to obtain funds must complete an online ------- for a research grant by the end of the month.

(A) description

(B) application

(C) contribution

(D) establishment

• 정답 및 해설은 12쪽에서 확인

UNIT 44 명사 어휘는 논리 관계가 보이면 정답!

명사 어휘 문제 중 매달 한 문제 이상은 주변 단어와의 어울림만으로는 풀 수 없는 문제가 나온다. 이러한 문제는 해석하되, 근거는 주로 빈칸에서 떨어진 곳에서 찾을 수 있다. 주변 단어와의 어울림이 있는 문제도 추가로 이러한 논리적 근거를 찾으면 보다 명확하게 풀 수 있다.

출제율 100% 핵심 포인트   시간이 없으면 이것만 외우세요!

1. 다른 절이나 구에 있는 단서 확인

1) 부사구가 단서가 되는 경우

We are accepting only (**cash**) now because of a problem with our credit card machine.
우리는 신용카드 기계의 문제로 인해 지금 현금만 받고 있다.

2) 형용사절이 단서가 되는 경우

Mr. John has started the (**repair**) of the sofa, which showed signs of wear.
John 씨는 마모의 징후가 보였던 소파의 수리를 시작했다.

3) 주절이 단서가 되는 경우

Please read the draft of the contract and call me if you have any (**questions**).
계약서의 초안을 읽고 질문이 있으면 저에게 전화해 주세요.

4) 등위접속사(but, so) 앞이나 뒤가 단서가 되는 경우

I think this new product is very fragile, so please treat it with (**care**).
이 새로운 제품이 매우 깨지기 쉽다고 생각되므로 주의해서 다루어 주세요.

2. 최근 기출 고난도 명사 어휘

Some trees have a (**tendency**) to grow close to the river.
어떤 나무들은 강 가까이에서 자라는 특성을 가지고 있다.

Members really should read the report in its (**entirety**).
회원들은 정말로 그 보고서를 전부 읽어야 한다.

There was a (**wealth**) of supporting evidence.
뒷받침하는 증거가 아주 많았다.

The archaeologist explored the oldest (**structures**) in the area.
고고학자는 그 지역에서 가장 오래된 건축물을 탐험했다.

career **history** 이력

have a **tendency** to ~하는 특성을 가지고 있다

reach one's **capacity** 최대 수용량에 도달하다

most challenging **aspect** is ~ 가장 어려운 측면은

the oldest **structures** 가장 오래된 구조물

a **panel/group/party/majority** of+사람들 위원단/그룹/그룹/대다수의 ~

a **number** of+복수명사 많은

a **variety/selection/collection/assortment** of+복수명사 다양한 ∼

an **array/range/series** of+복수명사 일련의 ∼

a **wealth** of 풍부한

increase **presence** on ∼에 대한 영향력을 증가시키다

in its **entirety** 전적으로

keep ∼ in **storage** ∼을 저장하여 가지고 있다

thanks to an **influx** of ∼의 유입 덕택에

be in **agreement** about ∼에 대해 동의하다

a **tie** vote 찬반 동수 투표

negotiate the **scope** of the contract 계약의 범위를 협상하다

be brought to our **attention** 우리가 관심을 갖게 되다

give 24 hours' **notice** 24시간 전에 통지하다

the strongest **credentials** 가장 강력한 자격요건

create a natural **boundary** 자연적인 경계선을 만들다

plant **specimen** 식물 표본

delegation of tasks 업무의 위임

incorporation of sustainable materials 지속 가능한 자재의 구체적 실현

coordination between A and B A와 B 사이의 조정

a crucial **trait** 필수적인 (성격상의) 특성

at their own **pace** 자신의 속도대로

after much **deliberation** 오랜 숙고 후에

provide **continuity** 지속성을 제공하다

low projected **earnings** 낮은 예상 수익금

in one's **absence** ∼의 부재중에

send a **certificate** for ∼의 상품권을 보내다

limit **entries** to two 2개로 출품작을 제한하다

monetary **recognition** 금전적 보상

a five-kilometer **stretch** 5킬로미터의 연장 구간

high **volume** of claims 많은 양의 보험 청구

the **division** of responsibilities 책무의 구분

To increase -------, Boz Ltd. has implemented an incentive program through which workers can be more attentive.

(A) appropriateness
(B) state
(C) productivity
(D) aptitude

1단계 보기가 모두 명사이므로 명사 어휘 문제다. 빈칸은 to부정사구의 일부이므로 주절의 내용이 단서가 된다.

2단계 to부정사구는 인센티브 프로그램을 시행하는 이유가 되어야 하므로 '생산성 증대'를 나타내는 (C)가 정답이다.

3단계 다른 보기들을 하나씩 따져 본다.

(A) appropriateness ▶ '적절함'이라는 뜻으로 인센티브 프로그램을 시행하는 이유와 무관하고 increase의 목적어로도 부적절하다.
(B) state ▶ '상태'라는 뜻으로 인센티브 프로그램을 시행하는 이유와 무관하고 increase의 목적어로도 부적절하다.
(D) aptitude ▶ '적성'이라는 뜻으로 인센티브 프로그램을 시행하는 이유와 무관하고 increase의 목적어로도 부적절하다.

표현 정리 increase 증가하다, 증가시키다 implement 이행하다 incentive 장려금 attentive 집중하는
해석 생산성을 증가시키기 위해서 Boz 사는 직원들이 더 집중할 수 있게 하는 인센티브 프로그램을 시행했다.

1. The renovation project we were planning was canceled due to a ------- of funds.

   (A) percentage
   (B) lack
   (C) surplus
   (D) variety

2. The team leader will present a ------- report on the renovation project to be complete in July.

   (A) customer
   (B) progress
   (C) weather
   (D) interested

• 정답 및 해설은 12쪽에서 확인

UNIT 45 형용사는 전치사, to부정사, that절을 확인!

형용사 어휘 문제도 동사 어휘와 마찬가지로 빈칸 앞이나 뒤에 전치사가 있다면 해당 전치사와의 어울림을 먼저 확인해야 해석을 최소화하여 풀 수 있다. 특히 빈칸 뒤 전치사가 to인 경우는 to에 이어 동사가 왔는지, 명사가 왔는지를 반드시 구분해야 정확히 풀 수 있다.

출제율 100% 핵심 포인트

시간이 없으면 이것만 외우세요!

1. 특정 전치사와 잘 어울리는 형용사

The sales staff is mainly (**responsible**) **for** managing the inventory.
판매 직원은 주로 재고를 관리할 책임이 있다.

of	be aware of ～을 알다 be appreciative of ～에 감사하다 be representative of ～을 대표하다 be indicative of ～을 나타내다 be reminiscent of ～을 상기시키다 be capable of ～을 할 수 있다 be supportive of ～을 지지하다
at	be good at ～에 능숙하다 be skilled at ～에 능숙하다 be poor at ～에 서투르다 be present at ～에 참석하다 be aimed at ～을 겨누다
for	be responsible/accountable for ～을 책임지다 be famous for ～로 유명하다 be notable for ～로 유명하다 be eligible for ～할 자격이 있다 be adequate for ～에 적절하다[충분하다]
about	be optimistic about ～에 대해 낙관적이다 be concerned about ～에 대해 우려하다 be enthusiastic about ～에 대해 열정적이다 be knowledgeable about ～에 대해 박식하다 be selective about ～에 대해 깐깐하다
from	be exempt from ～로부터 면제되다
with	be familiar with ～에 익숙하다 be happy with ～에 만족하다[기쁘다]
by	be accessible by ～에 의해 접속 가능하다
as	be the same as ～와 같다
to	be available to+명사 ～가 이용 가능하다 be accessible to+명사 ～가 접근 가능하다 be entitled to+명사 ～에 대해 자격이 있다 be prone to+명사 ～하기 쉽다 be subject to+명사 ～을 받기[당하기] 쉽다 be vulnerable to+명사 ～에 취약하다 be receptive to+명사 ～을 잘 수용하다 be visible to+사람 ～이 쉽게 볼 수 있다 be accountable to+명사 ～을 책임지다 be alert to+명사 ～에 경계하다 be equal to+명사 ～와 같다 be equivalent to+명사 ～와 동등하다 be relevant/pertinent to+명사 ～와 관련되다 be attentive to+명사 ～에 집중하다 be devoted/dedicated/committed to+명사 ～에 전념하다 be accustomed/used to+명사 ～에 익숙하다

2. to부정사 또는 명사절과 잘 어울리는 형용사

1) to부정사의 수식을 받는 형용사

The employees are (**eager**) to adopt the new company policy.

직원들은 새로운 회사 정책을 채택하고자 한다.

---

be able to do ~할 수 있다 be ready to do ~할 준비가 되어 있다 be willing to do 기꺼이 ~하다

be eager to do ~하기를 열망하다 be sure[certain] to do 틀림없이 ~하다 be likely to do ~할 것 같다

be reluctant to do ~하기를 꺼리다 be hesitant to do ~하기를 주저하다 be about to do 막 ~하려고 하다

be eligible to do ~할 자격이 있다

• enough+명사+to do ~하기에 충분한 명사

---

2) to부정사의 수식을 받는 p.p.(5형식 문형의 수동태)

All visitors are (**required**) to visit the security office to get a pass.

모든 방문객은 통행증을 받기 위해서 보안 사무실을 방문하도록 요구된다.

구하다 계열: 요청/권고/설득/촉구	be persuaded/urged/compelled/forced to do ~하도록 설득되다/촉구되다/강요되다/강요되다
원하다 계열: 희망/예정/허락	be expected/set/scheduled/supposed/bound to do ~하도록 기대되다/잡혀 있다/잡혀 있다/하게 되어 있다/하게 되어 있다 be allowed/permitted/enabled to do ~하도록 허락되다/허가되다/가능하게 되다

3) that절 또는 to부정사의 수식을 받는 형용사(또는 p.p.)

I am (**aware**) that Mr. Kim will be our new marketing director.

나는 Kim 씨가 우리의 새로운 마케팅 이사가 될 것이라는 것을 알고 있다.

be aware that	aware 알고 있는 concerned 우려하는 hopeful 희망에 찬 flattered 으쓱한 optimistic 낙관적인 doubtful 의심하는
be aware that /be aware to V	sorry 유감인 sure/certain 확신하는 afraid 유감인, 걱정하는 happy 기쁜 pleased 기쁜 glad 기쁜 grateful 감사하는 honored 영광스럽게 생각하는 impressed 감동받은 delighted 기쁜 proud 자랑스러운

4) 가주어/진주어와 잘 어울리는 형용사

It is (**crucial**) that you comply with the safety instructions at work.

일할 때 안전 지침을 준수하는 것은 필수적이다.

이성 판단의 형용사	necessary/essential 필수적인 important 중요한 urgent 긴급한 mandatory 의무적인 critical 중요한 crucial 중요한 natural 당연한
난이도 형용사	easy 쉬운 hard 어려운 impossible 불가능한 possible 가능한
기타	advisable 권할 만한 desirable 바람직한 true 사실인 strange 이상한 surprising 놀라운 probable (어떤 일이) 있을 것 같은 common 흔한, 공동의 helpful 유용한 beneficial 유익한 customary 관습적인

Cardio Weekly seeks interns who are ------- about editing books, and some of them end up working as editors or writers at the company.

(A) enthusiastic
(B) polite
(C) affordable
(D) honorable

1단계 보기가 모두 형용사이므로 형용사 어휘 문제다. 특히 (A)는 빈칸 뒤의 전치사 about과 잘 어울리는 형용사다.

2단계 (A)를 우선 대입하여 해석한다. '책을 편집하는 업무에 열정적인 인턴을 찾는다'는 것이 자연스러우므로 정답.

3단계 다른 보기들을 하나씩 따져 본다.

(B) polite ▶ '예의바른'이라는 뜻으로 전치사 about과 어울리지 않는다.
(C) affordable ▶ '구매할 만한'이라는 뜻으로 사람 주어와 어울리지 않고 전치사 about과도 어울리지 않는다.
(D) honorable ▶ '영광스러운'이라는 뜻으로 사람 주어와 어울리지 않고 전치사 about과도 어울리지 않는다.

표현 정리 seek 찾다 end up -ing 결국 ~하게 되다
해석 Cardio Weekly 지는 책을 편집하는 것에 열정적이고 나중에 회사에서 편집자나 작가로 일할 인턴들을 구하고 있다.

실전 연습
실전으로 확인하세요!

1. Ms. Forsythe has been told to be ------- of the firm's financial situation at all times.

(A) considerate
(B) alert
(C) conscious
(D) severe

2. The tourists are ------- that the weather will improve, thereby allowing them to go snorkeling later in the day.

(A) necessary
(B) optimistic
(C) considered
(D) apparent

• 정답 및 해설은 12쪽에서 확인

형용사 어휘 문제가 전치사와의 어울림으로 풀 수 있는 경우가 아니라면 주변 단어와 어울리는 표현을 우선적으로 빈칸에 대입한다. 이때 사람 수식 형용사와 사물 수식 형용사를 구분하는 것은 필수다.

출제율 100% 핵심 포인트 ⟩ 시간이 없으면 이것만 외우세요!

1. 사람/사물과의 어울림 확인

The executive manager has decided to promote each highly (**qualified**) employee.
총괄부장은 능력이 매우 뛰어난 각 직원을 승진시키기로 결정했다.

사람을 수식하는 형용사	사물을 수식하는 형용사
considerate 사려 깊은 impressed 감동받은 experienced 경험 있는 aware 알고 있는 talented 재능 있는 qualified 자격 있는 pleased 기쁜 skilled 숙련된 knowledgeable 박식한 eligible 자격이 되는 entitled 자격이 되는 optimistic 낙관적인 capable 능력 있는 forgetful 잘 잊어버리는 proficient 능숙한 resourceful 박식한	considerable 상당한 significant 상당한 substantial 상당한 impressive 인상적인 pleasant 유쾌한 convenient 편리한 forgettable 잊기 쉬운 honorable 영광스러운 delightful 유쾌한 revisable 수정 가능한 receivable 입수 가능한 mandatory 의무적인
p.p. 형태의 감정분사(ex. interested)	-ing 형태의 감정분사(ex. interesting)

2. 명사를 보고 대입의 우선 순위 결정

During our spring sale, all winter items are offered at (**reduced**) prices.
우리의 봄 할인 판매 기간 동안에 모든 겨울 제품은 할인된 가격으로 제공된다.

Employees at Oracle often look to Ms. Kwon for questions because her knowledge is very (**extensive**).
Oracle의 직원들은 Kwon 씨의 지식이 매우 폭넓기 때문에 질문하기 위해서 그녀를 자주 찾는다.

단서가 되는 명사	정답이 되는 형용사
time 시간 amount 양 effort 노력 money 돈 growth 성장	considerable/substantial/significant 상당한
복수명사	various 다양한 numerous 많은 assorted 다양한
price 가격 rate 요금	reasonable 합리적인 affordable 저렴한 competitive 경쟁력 있는 attractive 매혹적인 high 높은 low 낮은
study 연구 research 조사, 연구	comprehensive 종합적인 extensive 폭넓은
information 정보 report 보고서 review 검토, 평가 proposal 제안	detailed 상세한

service 서비스	outstanding 탁월한 exceptional 훌륭한 exemplary 모범적인
product 생산품 merchandise 제품 item 물건, 제품	defective 결함 있는
a ~ collection[selection, array, variety, number] of 다양한, 많은	wide 폭넓은 diverse 다양한 large 큰
belongings 소지품 information 정보	personal 개인의
information 정보	additional 추가의 further 추가의 more 더 많은
time 시간 period 기간 access 접근	limited 제한된, 한정된
information 정보 document 서류, 문서 data 데이터	confidential 비밀의
product 생산품 service 서비스 transportation 교통수단	dependable/reliable 신뢰할 만한
service 서비스 train 기차 meeting 회의 search 검색	frequent 빈번한
weather conditions 기상 여건 review 검토, 평가 market conditions 시장 상황	favorable 호의적인, 유리한 severe 혹독한 unfavorable 형편이 나쁜, 불리한 harsh 가혹한
supplier 공급자 farmer 농부 vendor 상인	local 지역의
appreciation/gratitude 감사 apology 사과	sincere 진솔한
experience 경험 knowledge 지식 familiarity 익숙함	extensive/broad 넓은
book 책 technology 기술	latest 최신의
review 평가 feedback 피드백, 반응	positive 긍정적인
change 변화	minor 사소한 meaningful 의미 있는
measure 조치 clothing 의류	protective 보호용의
manner/fashion 방식	timely 시기 적절한 orderly 순서 바른, 정연한
effort 노력	concentrated 집중된 concerted 합심한 ongoing 진행중인
seat 자리 position 직책	vacant 빈
attention 주의, 관심	immediate 즉각적인 urgent 긴급한
predictions 예상 sizing 측정 calculation 계산	accurate 정확한
concern 관심사 responsibility 책무	primary 주요한
reply 응답	prompt 신속한
result 결과 study 연구	preliminary 예비의
predictions 예측 analysis 분석	careful 주의 깊은
notice 통지 information 정보	further 추가의
area 구역 seat 좌석	designated 지정된 reserved 예약된
solution 해결 방책	sensible 합리적인
business plan 사업 계획 overview 개요 elements 요소	basic 기본적인
issue 문제 order 주문	pending 남아 있는, 미결의
materials 자료	supplementary 보충의
updates 업데이트	continual 계속적인

demand 수요 market share 시장 점유율	sizable 큰
speaker 연설자	featured/principle 주요한
merger 합병 event 행사, 사건	upcoming 다가오는
project 프로젝트	proposed 제안된

3. 부사를 보고 대입의 우선 순위 결정

Both parties agreed to the **mutually** (**beneficial**) plan.
쌍방이 상호간에 혜택이 되는 계획에 동의했다.

고득점자의 풀이법

The theater has a ------- display to publicize the upcoming action movie featuring Dillon Carter.

(A) reported
(B) huge
(C) grateful
(D) talented

1단계 보기가 모두 형용사이므로 형용사 어휘 문제다. 빈칸 뒤에는 명사 display가 있다.

2단계 빈칸 뒤의 명사와 잘 어울리는 (B)를 우선 순위로 대입하여 해석하면 '극장이 큰 전시판을 가지고 있다'는 말이 자연스럽다.

3단계 다른 보기들을 하나씩 따져 본다.

(A) reported ▶ reported가 수식하는 명사는 의미상 목적어 관계다. reported는 진행 상황이나 결과는 보고하지만 전시판을 보고하지는 않는다.

(C) grateful ▶ 사람을 수식하는 형용사라서 오답이다.

(D) talented ▶ 사람을 수식하는 형용사라서 오답이다.

표현 정리 publicize 홍보하다 upcoming 다가오는 feature ～가 주연으로 나오다

해석 그 극장은 Dillion Carter가 주연인 다가올 액션 영화를 홍보하기 위한 큰 전시판을 가지고 있다.

✏️ 실전 연습

실전으로 확인하세요!

1. ------- weather conditions this summer caused corn crop yields in South Africa to drop more than the initial estimate.

   (A) Considerate
   (B) Slight
   (C) Indicative
   (D) Unforeseen

2. Prestige Autos requires its executives to regularly participate in a(n) ------- array of managerial workshops.

   (A) diverse
   (B) lengthy
   (C) equivalent
   (D) eloquent

• 정답 및 해설은 12쪽에서 확인

출제율 매월 1문제

UNIT 47 형용사 어휘는 논리 관계가 보이면 정답!

▶ 저자 강의 듣기

형용사 어휘 문제 중 매달 한 문제 이상은 주변 단어와의 어울림만으로는 풀 수 없는 문제가 나온다. 이러한 문제는 해석하되, 근거는 주로 빈칸에서 떨어진 곳에서 찾을 수 있다. 한편 주변 단어와의 어울림이 있는 문제도 추가로 이러한 논리적 근거를 찾으면 보다 명확하게 풀 수 있다.

출제율 100% ▶ **핵심 포인트** ▶ 　　　　　　시간이 없으면 이것만 외우세요!

1. 다른 절이나 구에 있는 단서 확인

1) 부사구가 단서가 되는 경우

To attract more visitors to our shop, it is (**essential**) that we provide more promotional offers.
우리 상점에 더 많은 방문객을 끌어들이려면 더 많은 판촉행사를 제공하는 것이 필수다.

2) 부사절이 단서가 되는 경우

Although the costs of raw materials are fluctuating, we strive to keep our product prices relatively (**stable**).
원자재 가격이 변동하고 있음에도 불구하고 우리는 제품의 가격을 비교적 안정적으로 유지하려고 노력한다.

3) 주절이 단서가 되는 경우

Happy Tour provides you with a free foldable pillow to make your journey with us (**comfortable**).
Happy Tour는 우리와 함께 하는 당신의 여행을 편안하게 하기 위해서 무료 접이식 베개를 제공합니다.

4) 등위접속사(but, so) 앞이나 뒤가 단서가 되는 경우

The blueprint has very many (**abbreviated**) terms, so it's not easy to understand.
그 설계도에는 많은 축약된 용어들이 있어서 이해하는 게 쉽지 않다.

2. 최근 기출 고난도 형용사 어휘

faulty wiring 결함이 있는 배선
strategic move 전략적 조치
the **highest** quality 최고의 품질
the **likely** winner 상을 받을 것 같은 사람
sturdy construction 견고한 건축물
core value of honesty 정직이라는 핵심 가치
stick to **verifiable** facts 증명 가능한 사실을 고수하다
hold **loose** soil in place
푸석푸석한 흙을 제 위치에 잡아 두다

condensed version 간략한 버전
basic business plan 기본적인 사업 계획
vast meadowlands 광대한 목초지
perishable product 썩기 쉬운 제품
be **compatible** with ~와 호환이 되다
be more than **enough** 매우 충분하다
사람+is **selective** about ~에 대해 깐깐하다
celebratory lunch 축하 오찬

The Easy Bag can be kept in an automotive storage compartment since it can be rolled up into a ------- shape.

(A) massive

(B) compact

(C) thoughtful

(D) inflexible

1단계 보기가 모두 형용사이므로 형용사 어휘 문제다. 빈칸이 부사절 안에 있으므로 주절과의 관계를 따지는 문제일 가능성이 높다.

2단계 '작은 형태'가 되어야 자동차의 보관함에 들어갈 수 있으므로 (B)가 정답이다.

3단계 다른 보기들을 하나씩 따져 본다.

(A) massive ▶ '거대한'이라는 뜻으로 자동차의 보관함에 들어갈 수 있다는 말과 모순이 된다.

(C) thoughtful ▶ '사려 깊은'이라는 뜻으로 사람을 수식한다.

(D) inflexible ▶ '유연하지 않은'이라는 뜻으로 rolled up이라는 말과 모순이 되어 오답이다.

표현 정리 automotive storage compartment 자동차의 보관함 roll up into 말아 ~로 만들다 shape 형태

해석 Easy Bag은 말아서 작은 형태로 만들 수 있기 때문에 자동차의 보관함에 보관할 수 있다.

✎ 실전 연습

실전으로 확인하세요!

1. To make the selection process easy to understand and -------, Mr. Picker announced a clear standard for successful candidates.

(A) magnificent

(B) transparent

(C) irregular

(D) relevant

2. Bacom, Inc. utilizes the ------- security measures, but it was attacked by a harmful virus last night.

(A) oldest

(B) latest

(C) simplest

(D) expensive

• 정답 및 해설은 13쪽에서 확인

UNIT 48 포괄적이거나 구체적인 어휘를 확인하라!

파트 6의 어휘 문제는 파트 5처럼 빈칸이 포함된 문장만으로 풀리는 경우보다는 주변 혹은 전체의 맥락을 확인해야 풀리는 경우가 많다. 따라서 **빈칸이 포함된 문장만으로 일단 어울리는 보기 몇 개를 고른 후 주변 맥락에서 해당 보기가 답이 되게 하는 단서를 추가로 꼭 확인하는 습관**이 중요하다.

출제율 100% > 핵심 포인트 > 　　　　　　시간이 없으면 이것만 외우세요!

1. 앞 문장이나 뒤 문장으로 추론하는 경우

역접, 인과의 논리 관계를 따져 적합한 어휘를 추론한다. 접속부사(However, Therefore, In fact 등)를 잘 확인한다.

Many students here have good chances to get hired by major broadcasters. In fact, our president personally (**recommends**, ~~meets~~) the top students.

이곳의 많은 학생들이 주요 방송국들에 취업하는 좋은 기회를 갖는다. 실제로 우리 총장님은 직접 우등생들을 추천한다.

▶ 앞 문장에서 학생들은 방송국에 고용될 기회가 높다고 했다. 따라서 다음 문장은 고용 기회를 높일 수 있는 이유가 오는 것이 적합하다. 총장은 우수한 학생들을 방송국에 추천하여(recommend) 고용 기회를 높인다고 추론할 수 있다.

I would like to (~~purchase~~, **return**) two tickets for Saturday night's play. I've got a family emergency on that day, so I don't think I can use them.

토요일 저녁 연극의 표 두 장을 환불하고 싶습니다. 그날 급한 집안일이 있어서 표를 사용할 수 없을 것 같습니다.

▶ 빈칸 뒤의 문장에서 긴급한 사정으로 표를 사용할 수 없다는 이유가 제시된다. 이는 표의 반환(return)을 원하는 상황으로 추론할 수 있다.

2. 단서를 패러프레이징하는 경우

1) 유사 표현 사용

Are you thinking about a change? Call Larson Realty today. When is the right time to put your properties on the market? Even for business owners, knowing when to (**sell**, ~~call~~) can be difficult.

변화를 생각하고 계십니까? 오늘 Larson 부동산에 전화하십시오. 부동산을 시장에 내놓을 적절한 때는 언제일까요? 사업주들에게조차 팔아야 할 때를 아는 것은 어려운 일입니다.

▶ put something on the market은 '시장에 내놓다'라는 뜻의 표현으로 이와 유사한 표현인 sell이 정답이다.

2) 포괄적인 표현 사용

To my surprise, people seem to be getting news about our company's restructuring only through word of mouth or from online blogs, not the company's official channel. These (~~articles~~, **sources**) are often inaccurate.

놀랍게도 사람들은 우리 회사의 구조조정에 관한 소식을 회사의 공지가 아닌 입소문이나 온라인 블로그를 통해서만 접하는 듯하다. 이러한 정보원은 흔히 부정확하다.

▶ 빈칸은 앞의 word of mouth와 online blogs를 포괄적으로 부르는 표현(sources)이 필요하다.

- **this, these, other** 뒤에는 앞에서 언급한 구체적인 단어들의 포괄적인 표현이 정답

  예) 사과, 배, 딸기. 이러한 (과일)은 맛있다.

- **such as, like, including** 앞에는 뒤에 언급된 구체적인 단어들의 포괄적인 표현이 정답

  예) (과일) 예를 들자면 사과, 배, 딸기

구체적 어휘	포괄적 어휘
steel, lumber, perishable foods	materials
flyer, pamphlet, brochure	promotional materials
guitar, piano, drum	instrument
OO사의 내년 매출은 200만 달러가 넘을 것으로 예상된다	forecast
보수공사의 예정일이 14일에서 16일이 되었습니다	delay

3. 요약 정리 형태의 어휘를 사용하는 경우

1) 주제: 전체를 아우르는 단어를 답으로 하는 패턴

update 최신 소식 reminder 공지 사항 review 후기 attention 관심, 집중

Dear Home Improvement customer :

This is an (**update**, ~~activity~~) regarding our VIP program.

다음 내용 전체: VIP 프로그램이 종료되고, 달라진 새로운 프로그램에 대한 이야기가 이어짐.

▶ 다음 내용 전체가 VIP 프로그램에 관한 달라진 세부 내용이므로 이를 아우르는 update가 정답.

2) 요약 및 마무리: 전체를 마무리하는 멘트, 앞의 내용을 요약하는 말이 정답

inconvenience 불편함 cooperation 협조 patience 인내 understanding 양해 reply 회신

앞의 내용 전체: 보수공사 공지 및 일정, 이유, 세부 행동 요령 등이 언급됨.

Thank you for your (**patience**, ~~generosity~~). As always, feel free to contact me with any questions or concerns.

▶ 앞의 내용 전체가 불편함을 야기시키는 내용이므로 수신자들의 인내를 구한다는 patience가 정답.

고득점자의 풀이법 ●●●●●●●●●●●●●●●●●●●●●●●●●●●●●●●

LONDON (1 February) - Polelano announced today that it will hold its annual tech show next month. Narita Boco, the company's spokesperson, said this ------- offering will feature the company's latest technological breakthrough.

(A) daily

(B) weekly

(C) monthly

(D) yearly

1단계 ▶ 보기를 확인한다. 파트 6 형용사 어휘 문제다. 빈칸 주변만 봐서는 풀리지 않는다는 것을 확인한다.

2단계 ▶ 빈칸 주변에서 지시어나 연결어를 확인한다. this가 포함된 this offering이 무엇을 가리키는 말인지 확인한다.

3단계 ▶ this offering은 앞 문장의 annual tech show를 가리키므로 이와 유사한 의미를 갖는 yearly가 정답.

표현 정리 announce 발표하다 annual 연간의 spokesperson 대변인 offering 제공 feature ~을 주로 다루다 breakthrough 획기적 성과(물)

해석 Polelano는 다음달에 연례 테크쇼를 개최할 것이라고 오늘 발표했다. Narita Boco 대변인은 이 연례 행사가 회사의 최신 기술 성과물을 선보일 것이라고 말했다.

✎ 실전 연습 ▶   실전으로 확인하세요!

Questions 1-4 refer to the following e-mail.

From: Whitman, Inc. Management Office

To: All Employees

Date: July 18

Subject: Upcoming repairs

------- the past week, you may have experienced some difficulty operating the newly installed
   1.

copiers on the second and third floors. We have gotten in touch with Kappa, Inc., our supplier,

which ------- repairs on them.
    2.

This is to inform you that beginning tomorrow and lasting until Thursday, you are likely to

encounter technicians from Kappa in the building. They will not only perform repairs but will also

remain on the premises to make sure there are no further difficulties. So for the next few -------,
               3.

you may experience some delays using the copiers. -------.
            4.

If you have any questions, please contact our office.

---

1. (A) Between
   (B) After
   (C) Over
   (D) Inside

2. (A) was conducting
   (B) will be conducting
   (C) would conduct
   (D) is now conducting

3. (A) hours
   (B) days
   (C) weeks
   (D) months

4. (A) Alternatively, you can visit the copy
      shop across the street to print
      documents.
   (B) Repairs are being made for free thanks
      to our contract with Kappa.
   (C) Copiers are vital pieces of equipment
      since we use them so often.
   (D) We replaced the previous copiers
      because they had been breaking down
      so much.

• 정답 및 해설은 13쪽에서 확인

UNIT 49 가리키는 말을 다른 문장에서 확인하라!

파트 6의 인칭/재귀/소유대명사 문제는 보통 빈칸이 있는 문장만 봐서는 풀리지 않는다. 파트 5처럼 자리를 확인한 후에 보기가 더이상 소거되지 않는다면 빈칸이 포함된 문장이 아닌 앞이나 뒤의 다른 문장에서 단서를 찾아야 한다.

출제율 100% 핵심 포인트

시간이 없으면 이것만 외우세요!

1. 보기가 주로 인칭대명사인 경우

1) 가리키는 말이 발신자인 경우 I, my, me, we, our, us, 수신자인 경우 you, your가 정답이다.

Enjoy an outdoor grill buffet for an additional fee or have (**your**, ~~my~~) meals at a restaurant.
Please let us know if we can be of any further help to you.

야외 그릴 뷔페를 추가 요금으로 즐기거나 식당에서 식사하세요. 귀하에게 더 도움이 될 수 있는 일이 있으면 알려주세요.

▶ 호텔 측이 고객에게 보내는 글이므로 수신자의 식사를 가리키는 상황이다.

2) I와 We를 구분할 때는 회사를 대표해서 하는 말인지 글쓴이 자신에 대한 이야기인지 구분한다.

I believe **my career history** makes me **the perfect candidate**. (**I**, ~~We~~, ~~You~~) have extensive knowledge of the software.

저는 제 경력이 저를 완벽한 후보자로 만들어 준다고 믿습니다. 저는 소프트웨어에 폭넓은 지식을 가지고 있습니다.

3) They, She, He가 답이 되는 경우는 앞에 해당하는 사람에 관한 언급이 선행된다.

The customer representative I worked with was exemplary; **he** responded to all inquiries promptly. (**His**, ~~My~~) answers were thorough and helpful.

저와 함께 일했던 고객 담당자는 매우 모범적이었습니다. 그는 모든 문의에 즉시 응답했습니다. 그의 대답은 철저하고 도움이 되었습니다.

4) They, their, them은 사람의 복수형이기도 하지만 사물의 복수형이기도 하므로 조심한다.

We want to you to participate in a brief online survey composed of **four questions**. Please answer (**them**, ~~him~~) as honestly as possible.

4개의 질문으로 구성된 간단한 온라인 설문조사에 참여하시기 바랍니다. 최대한 솔직하게 답변해 주세요.

5) 회사를 가리킬 땐 they와 it이 모두 가능하다.

The company announced that (**they/it**) will adopt several environmentally friendly policies.

그 회사는 몇 가지 환경 친화적인 정책을 채택할 것이라고 발표했다.

2. 보기가 주로 지시/부정대명사 또는 지시/부정형용사인 경우

1) this/that, these/those, each/either/neither/another가 답인 경우에는 대부분 앞 문장에 단서가 있다.

There will be **many changes** in our future strategy. (**These**) will be shared during the board meeting next week.

우리의 미래 전략에는 많은 변화가 있을 것이다. 이것은 다음 주에 이사회에서 공유될 것이다.

2) those가 '~하는 사람들'이라는 뜻으로 사용되는 경우 빈칸이 포함된 문장만으로도 풀 수 있다.

It's perfect for (**those**) (individuals) who love art and culture.

그것은 예술과 문화를 사랑하는 사람들에게 안성맞춤이다.

3) 부분과 전부를 구분하는 경우에는 주로 뒤 문장에 단서가 있다.

Employees are allowed to work from home (**some**, ~~most~~, ~~all~~) of the time. However, except in very special cases such as unpredictable sicknesses, they should report to the office every day.

직원들은 때때로 집에서 일하는 것이 허용된다. 하지만 예측할 수 없는 질병과 같은 매우 특별한 경우를 제외하고는 매일 사무실에 보고해야 한다.

4) 매 번인지 한 번인지 구분하는 경우에는 주로 뒤 문장에 단서가 있다.

We decided to provide a 30% discount (**this**, ~~every~~) year. If this promotion proves to be successful, we will make it a regular event.

우리는 올해 30% 할인을 제공하기로 결정했다. 이번 홍보가 성공적이면 홍보를 정례화할 것이다.

고득점자의 풀이법 ●

(앞 문단 내용: 새로 바뀌는 정책에 대한 언급)

------- exceptions to this policy will be discussed and approved by your supervisor.

(A) Any
(B) Additional
(C) Previous
(D) These

1단계 보기를 확인한다. 지시/부정대명사/형용사가 포함된 문제다. 빈칸이 포함된 문장만으로 해결되지 않는다.

2단계 앞 문단에서 새로운 정책에 대한 언급을 했고, 빈칸은 이 정책에 대한 예외사항이 있을 경우에 대한 이야기이므로 (A)가 정답이다.

3단계 나머지 보기들은 이미 예외사항에 대한 언급이 앞 문장에 있을 때 쓸 수 있는 말이므로 오답이다.

표현 정리 exceptions 예외사항 policy 정책 approve 승인하다

해석 이 정책에 대한 예외사항이 있다면 상사에 의해 논의되고 승인될 것이다.

Questions 1-4 refer to the following notice.

After receiving numerous requests from tenants in Heathcliff Apartments, the management team has decided to provide space for tenants' ------- in the basement floor of the building.
1.

The room adjacent to the laundry facilities will be renovated so that it holds 40 lockers. ------- will have space to hang items as well as two drawers for you to place any apparel that
2.
needs storing. This work will take ------- two weeks to complete.
3.

If you are interested in storing garments there, please provide your name, apartment number, and e-mail address to the person at the front desk in the lobby. -------. The fee must be paid the
4.
moment you register.

1. (A) vehicles
(B) furniture
(C) visitors
(D) clothing

2. (A) Each
(B) Either
(C) Anything
(D) This

3. (A) rough
(B) rougher
(C) roughest
(D) roughly

4. (A) Thank you for informing us of this.
(B) Lockers may be rented for $20 a month.
(C) All tenants must keep the laundry room clean.
(D) Rent is expected to go up in the next few months.

• 정답 및 해설은 14쪽에서 확인

UNIT 50 시제는 '했다'와 '할 것이다'만 확인해도 거의 정답!

파트 6의 시제 문제는 파트 5와는 달리 빈칸이 포함된 문장 안에 단서가 없는 경우가 많다. 단서는 주로 빈칸 전후 문장에 제시되는데, 특히 글을 작성한 날짜를 알 수 있는 경우에는 빈칸이 포함된 문장에서 서술하는 사건이 발생한 날짜와 비교하면 쉽게 풀 수 있다.

출제율 100% 핵심 포인트   시간이 없으면 이것만 외우세요!

1. 동사 자리, 수와 태를 먼저 확인한다.

시제 문제의 보기 1~2개는 동사가 아니거나 수나 태가 맞지 않아서 해석을 하지 않고도 소거할 수 있는 경우가 많다.

We (~~are notifying~~, **have been notified**) that the annual safety inspection will be held next week.
우리는 연례 안전 점검이 다음주에 실시될 것이라고 통보받았다.
▶ notify는 '사람+that+S+V' 형태로 써야 하는 4형식 동사다. 사람 목적어가 없으므로 수동태가 정답이다.

2. 주변 문장에서 단서를 찾는다.

파트 5와 달리 파트 6의 시제 문제는 빈칸이 포함된 문장보다는 주변 문장에서 단서가 제시되는 경우가 많다.

We (**have accepted**, ~~may accept~~) your offer to provide cleaning services. Your workers will gain access to our facility to do the cleaning work next week.
우리는 청소 서비스를 제공한다는 귀하의 제안을 수락했습니다. 귀사의 작업자들은 청소 작업을 하기 위해 다음주에 우리 시설에 대한 출입 권한을 얻을 것입니다.
▶ 작업자가 청소를 위해 시설에 들어갈 수 있다는 내용은 제안이 받아들여졌다는 의미다.

3. 시제 문제의 빈출 단서

1) 기사문, 이메일, 편지, 공지 등 작성한 날짜가 나오는 경우

Date: April 8
I would like to inform you about the renovation work on Milton Road on May 1. Drivers (**will experience**, ~~were experiencing~~) delays on that day.
날짜: 4월 8일
5월 1일에 Milton Road에서의 보수 공사에 관해 알려드리고자 합니다. 운전자들은 그날 교통 지연을 겪을 것입니다.
▶ on that day는 보수 공사 날짜인 5월 1일을 가리킨다. 공지일이 4월 8일이므로 5월 1일은 미래에 해당한다.

2) 광고에서 독자의 현 상황, 구매 후 발생할 일, 구매를 재촉하는 문구 등은 현재 시제나 미래 시제가 주로 정답이다.

Why (**use**) a credit card that makes you earn points but that can only be used in a few places?
포인트를 쌓게는 해주지만 그것을 사용할 곳은 거의 없는 신용카드를 왜 사용하세요?
▶ Why use는 why do you use의 뜻으로 독자의 현재 사실을 말하는 것이므로 현재 시제가 정답이다.

3) 공지에서 감사, 사과, 의무사항을 나타내는 경우 현재 시제가 주로 정답이다.

Please remember that reservations (**are required**) for both you and your pets.
귀하와 귀하의 애완동물에 대해 모두 예약이 필요하다는 점을 기억하세요.

4) 사람/회사 등 현재까지의 이력/경력/역사를 나타내는 상황에서는 대부분 현재완료(진행) 시제가 정답이다.

Mr. Shawn (**has worked**) at Johannesburg's TV 4 as the host of several programs for five years.

Shawn 씨는 Johannesburg의 TV 4에서 몇 개의 프로그램의 호스트로 5년간 일했다.

4. 시제 문제의 함정

1) 바로 앞이나 뒤에 나오는 시점은 조심한다.

Bowman, Inc. (**is planning**, ~~planned~~) to establish a presence in Japan. Last week, the company's spokesperson announced that 7 stores will be established in Tokyo with the first store scheduled to open next month.

Bowman 사는 일본에서의 입지를 다질 계획이다. 지난주에 회사의 대변인이 다음달에 문을 열 예정인 첫 번째 매장과 함께 7개 매장이 Tokyo에 설립될 것이라고 발표했다.

▶ Last week를 보고 과거 시제를 골랐다면 함정에 빠진다. 일본에서 입지를 다지겠다는 계획은 여전히 있다고 볼 수 있다.

2) 현재 시제는 반복/습관적 사실이나 규정 등 분명한 사실이나 일반적인 사실에 사용한다.

LONDON (OCT. 11) - The famous singer's new song debuted last night at the Locus Concert Hall. Written by the singer herself, the lyrics of the song (**include**, ~~included~~) hopeful messages for children in need.

유명한 가수의 새 노래가 어젯밤에 Locus Concert Hall에서 처음 공개되었다. 가수 자신이 쓴 그 노래의 가사는 빈곤한 아이들을 위한 희망적인 메시지를 포함하고 있다.

▶ last night을 보고 과거 시제를 골랐다면 함정에 빠진다. 가사가 어떤 메시지를 담고 있다는 것은 과거에 발생하고 끝나는 일을 묘사하는 것이 아니고 사실을 나타내는 것이므로 현재 시제가 정답이다.

3) '조동사+have p.p.'나 현재완료 시제(have p.p.)는 과거에 발생한 일을 묘사하므로 현재/현재진행/미래 시제의 문장에서는 오답이다.

We are pleased to announce the inauguration of the Bob Car. This service (**is being offered**, ~~has been offered~~, ~~would have been offered~~) to those who can't afford to buy food on their own.

Bob Car의 시작을 알리게 되어 기쁩니다. 이 서비스는 스스로 음식을 사 먹을 여력이 되지 않는 사람들에게 제공될 것입니다.

▶ 서비스의 시작을 알린다는 것으로 보아 막 시작된 서비스이므로, 이미 발생한 일을 나타내는 현재완료와 '조동사+have p.p.'는 오답이다.

4) 미래 시제가 답이 되는 경우 미래완료 시제는 오답이다. 미래 시제는 정답 1순위지만 미래완료 시제는 거의 오답이다.

The access code (~~will have enabled~~, **will enable**) you to enter our corporate database. Please be careful not to disclose any information from the database to third parties.

접속 코드는 당신이 우리의 기업 데이터베이스에 들어가도록 허락할 것입니다. 데이터베이스의 어떠한 정보도 제3자에게 유포되지 않도록 주의하십시오.

고득점자의 풀이법 ●

Halla Energy announced yesterday that the company had successfully developed a new process called DH4, which ------- household garbage into fuel.

(A) converting

(B) is converted

(C) could have converted

(D) converts

1단계 보기를 확인한다. 정동사 문제다. 일단 동사 자리와 수, 태를 확인한다. 주어는 선행사인 DH4이며 목적어가 있으므로 (C)와 (D) 중에서 선택한다.

2단계 DH4는 새로운 공정의 이름이고, 이 공정은 가정용 쓰레기를 연료로 바꿔준다는 사실을 언급하므로 현재 시제인 (D)가 정답이다.

3단계 (A)는 준동사이고 (B)는 수동태라서 오답이다. (C)는 과거 사실을 반대를 묘사할 때 쓰는 표현이므로 오답이다.

표현 정리 announce 발표하다 develop 개발하다 process 공정, 과정, 절차 household 가정용의 garbage 쓰레기 fuel 연료

해석 Halla Energy는 가정용 쓰레기를 연료로 바꾸는 DH4라는 새로운 공정을 성공적으로 개발했다고 어제 발표했다.

실전 연습

실전으로 확인하세요!

Questions 1-4 refer to the following e-mail.

Dear Ms. Dove,

I regret that I have not been able to respond to you until now. I ------- to figure out what
1.
happened to the tiles you ordered. -------, the supplier ran out of them but failed to update its
2.
Web site. I was just informed of this information about an hour ago. As a result, the five boxes of

kitchen tiles you paid for should be ------- within the next five days. -------. Should your order fail
3.   **4.**
to arrive by August 15, please call me at (908) 827-2873 at once. Thank you for your patience.

Sincerely,

Chet Hamner

---

1. (A) am going to attempt
(B) might attempt
(C) am attempting
(D) have been attempting

2. (A) Seriously
(B) Apparently
(C) Considerably
(D) In the meantime

3. (A) installed
(B) ordered
(C) repaired
(D) delivered

4. (A) I sincerely apologize for this problem.
(B) I have charged the fee to your credit card.
(C) I hope you are pleased with them.
(D) I'll let you know when they arrive.

• 정답 및 해설은 14쪽에서 확인

UNIT 51 접속부사는 논리 관계를 따지고 안되면 however가 정답의 50%!

접속부사 문제를 풀 때는 매끄럽게 해석되는 선택지를 고르는 식으로 접근하면 오히려 혼동이 될 수 있다. 빈칸 앞의 문장과 빈칸 뒤의 문장을 최대한 간략하게 요약한 후 역접, 인과, 시간, 조건 등의 논리 관계를 확인해야 정답이 보인다.

출제율 100% 핵심 포인트

시간이 없으면 이것만 외우세요!

1. 앞뒤 문장을 요약하여 논리 관계를 확인한다.

1) 인과 관계: 앞 문장에 따른 예상된 결과

The manager worked very hard. (**Therefore**), he could submit the report on time.
부장은 매우 열심히 일했다. 그러므로 그는 제시간에 보고서를 제출할 수 있었다.

---

therefore 그러므로   as a result 결과적으로   accordingly 따라서   consequently 따라서
for this reason 이러한 이유로   in response 그에 대한 대응으로

---

2) 양보 관계: 앞 문장에 따른 예상과는 반대의 결과

The manager worked very hard. (**Nevertheless**), he failed to submit the report on time.
부장은 매우 열심히 일했다. 그럼에도 불구하고 그는 제시간에 보고서를 제출하지 못했다.

---

however 그러나   nevertheless(=nonetheless) 그럼에도 불구하고   even so 심지어 그렇다 할지라도
with that said 그렇기는 하지만   still 그럼에도 불구하고   notwithstanding 그럼에도 불구하고

---

3) 대조 관계: 앞 문장과 대조되는 관계. 예상 여부와는 상관없다.

Mr. Kim teaches English. (**On the contrary**), Ms. Yoon teaches Korean.
Kim 씨는 영어를 가르친다. 반대로 Yoon 씨는 한국어를 가르친다.

---

however 그러나   on the contrary 반대로   on the other hand 반면에   in contrast 대조적으로

---

4) 시간 관계: 앞 문장의 사건과 동시에, 또는 전후에 발생

The manager worked very hard. (**Before long**), he rose to an executive position.
부장은 매우 열심히 일했다. 오래지 않아 그는 임원직으로 승진했다.

---

afterward 그 후에   after that 그 후에   before long 오래지 않아   at the same time 동시에
simultaneously 동시에   meanwhile 그러는 동안에   meantime 그러는 동안에   now 이제는
since then 그때 이후로   until now 지금까지

---

5) 조건 관계: 앞 문장의 내용을 전제로 발생할 수 있는 일 묘사

I believe that you are still interested in the position. (**If so**), can we meet next week to discuss it in more detail?
저는 당신이 여전히 그 자리에 관심이 있다고 생각합니다. 그렇다면 더 자세한 내용을 논의하기 위해 다음주에 우리가 만날 수 있을까요?

if so 그렇다면 if not 그렇지 않다면 then 그러면 otherwise 그렇지 않다면 in that case 그러한 경우에
in this way 이렇게 하면, 이런 방식으로

6) 추가 관계: 앞 문장의 내용에 단순히 추가적인 내용

Our products **come in a variety of sizes**. (**In addition**), they **are exceptionally energy efficient**.
우리 제품들은 다양한 사이즈가 있다. 게다가 그것들은 매우 에너지 효율적이다.

---

also 또한 in addition 게다가 plus 추가로 furthermore 게다가 besides 게다가
※ likewise(=similarly) 이와 유사하게, 또한 (추가의 의미도 있고 유사한 상황을 비교할 때도 쓴다.)

Cars **must stop at red lights**. (**Similarly**), bicycles **have to stop, too**.
차들은 빨간 신호등에서 멈춰야 한다. 마찬가지로 자전거 역시 멈춰야 한다.

7) 강조 관계: 앞 문장의 내용에 추가 및 강조하는 내용

I **haven't seen him for years**. (**In fact**), I **can't even remember** what he looks like.
나는 몇 년 동안 그를 못 봤다. 사실은 심지어 그가 어떻게 생겼는지도 기억할 수 없다.

---

in fact 사실상 in effect 사실상 moreover 게다가 besides 게다가 above all 무엇보다도
making matters worse 설상가상으로(부정적) making matters better 금상첨화로(긍정적)

8) 대체/대안 관계: 앞 문장의 구체적인 사안을 대체하는 내용 혹은 추가적인 방안

From now on, **don't report directly to the CEO**. (**Instead**), please **tell your department head first**.
지금부터 최고경영자에게 직접 보고하지 마세요. 대신에 부서장에게 먼저 말씀해 주세요.

대체: instead 대신에 **대체/상반:** rather 오히려 **대안:** alternatively 대안으로는

9) 예시 관계: 포괄적인 내용에 대한 구체적인 예시

We are offering **plenty of good deals** this week. (**For example**), you can get **50% off** on all of our products.
우리는 이번주에 많은 좋은 가격들을 제공할 것입니다. 예를 들어 우리의 모든 제품에 대해 50% 할인을 받을 수 있습니다.

---

for example 예를 들어 for instance 예를 들어 specifically 구체적으로

10) 재진술/요약/결론: 앞에 말한 내용을 더 쉽고 명확하게 말하거나 요약하여 결론 도출

The boss **asked me to leave**. (**In other words**), I **was fired**.
사장은 나에게 그만두라고 요구했다. 다시 말해서 나는 해고되었다.

---

in other words 다시 말해서 that is (to say) 즉 in short 간단히 말해서 in summary 요약하면
in conclusion 결론적으로

11) 기타: 주로 뒤의 내용을 보면 풀린다.

---

fortunately 다행스럽게도 + 좋은 일 unfortunately 불행히도 + 안 좋은 일
if possible 가능하다면 + 가능성을 구하는 말 apparently 듣자[보아]하니 + 들었을[보았을] 것 같은 내용

2. 접속부사, 접속사, 전치사의 구분

1) 접속부사는 부사이므로 접속사 없이는 절과 절을 연결할 수 없다.

The manager worked very hard, (**but**, ~~nevertheless~~), he failed to submit the report on time.
부장은 매우 열심히 일했지만 제시간에 보고서를 제출하지 못했다.

Although he worked very hard, Mr. Kim, (~~but~~, **nevertheless**) failed to submit the report on time.
매우 열심히 일했지만 Kim 씨는 그럼에도 불구하고 제시간에 보고서를 제출하지 못했다.

2) 접속부사 자리에 전치사를 쓸 수 없다.

접속부사	instead, rather, as a result, in addition, besides, despite that, in response, likewise
전치사	instead of, rather than, as a result of, in addition to, besides, despite, in response to, like

고득점자의 풀이법 ･･････････････････････････

Your Zenon dishwasher is one of the most sophisticated models with various smart functions. -------, learning how to operate your dishwasher with the mobile application will help you get the most out of the machine.

(A) On the other hand
(B) In summary
(C) Even so
(D) Therefore

1단계 보기를 확인한다. 4개의 선택지가 모두 접속부사다. 빈칸 앞은 제품의 정교함에 대해, 빈칸 뒤는 앱을 통해 작동법을 배워 최대한 활용할 것을 말하고 있다.

2단계 빈칸의 앞뒤 전개가 인과 관계이므로 (D)가 정답이다.

3단계 (A)는 대조, (B)는 요약, (C)는 양보 관계에 사용하므로 오답이다.

표현 정리 dishwasher 식기세척기 sophisticated 정교한 various 다양한 learn 배우다, 알다 how to do ~하는 방법 operate 작동하다 get the most out of ~의 장점[이점]을 최대한 이용[활용]하다

해석 당신의 Zenon 식기세척기는 다양한 스마트 기능들이 장착된 가장 정교한 모델들 중 하나입니다. 그러므로 모바일 애플리케이션으로 식기세척기를 작동하는 방법을 배우면 이 기계를 최대한 이용하는 데 도움이 될 것입니다.

Questions 1-4 refer to the following article.

Daily Tribune Economics News

November 11 – Baked Delights, a maker of breads, cakes, and other baked goods, announced that its founder and CEO, Justine Richards, intends to retire at the end of this year. Ms. Richards ------- Baked Delights ever since 1998. -------. According to a press release, Ms. Richards
1. **2.**
believed she could make items tastier and more nutritious than the ones she was purchasing at the supermarket. -------, she was getting orders from friends and family members. Then, she
3.
founded her own company, which began ------- customers primarily through word of mouth. "It
4.
won't be the same without Ms. Richards," said Ted Garrett, the company's vice president.

---

1. (A) has run
   (B) will run
   (C) is running
   (D) had been running

2. (A) Her company is one of many serving the local area.
   (B) Ms. Richards has decided to close the store to spend more time at home.
   (C) She started the company by selling cakes she made in her own kitchen.
   (D) She is good friends with the person who started the company.

3. (A) Consequently
   (B) Before long
   (C) Despite this
   (D) On the contrary

4. (A) obtains
   (B) to obtain
   (C) be obtained
   (D) in obtainment

• 정답 및 해설은 15쪽에서 확인

UNIT 52 문장 삽입 문제는 앞 문장과 주제가 일치해야 정답!

문장 삽입 문제는 앞뒤 문장을 다 살펴보고 풀어야 하지만 대부분 앞 문장만 봐도 정답을 찾을 수 있다. 삽입할 문장은 앞 문장과 동일한 주제의 추가, 재진술, 원인/결과 등에 해당하는 내용이어야 한다.

출제율 100% 〉 핵심 포인트 〉　　　　　시간이 없으면 이것만 외우세요!

1. 삽입할 문장의 앞 문장을 보고 푸는 경우

1) 앞의 문장과 주제가 일치하면서 추가 내용을 언급하면 정답이다.

앞 문장: Highway 86, which experienced heavy traffic loads, will be widened next year.
교통량이 많은 86번 고속도로는 내년에 확장될 것이다.
▶ 주제: 고속도로 확장

정답 문장: It will also have more gas stations for motorists.
그곳에는 또한 운전자들을 위해 더 많은 주유소들이 생길 것이다.
▶ 고속도로 확장에 대한 추가 내용

2) 앞의 문장을 간단히 요약하거나, 상세하게 묘사하거나, 다른 말로 한번 더 이야기하면 정답이다.

앞 문장: With the automated system installed, few workers are working at the site.
자동화된 시스템이 설치되어서 현장에서 일하고 있는 작업자는 거의 없다.
▶ 주제: 공장의 자동화

정답 문장: Very little work is done manually at our facility.
우리 시설에서 손으로 하는 작업은 거의 없다.
▶ 수작업이 없다는 것은 작업자들이 없다는 말을 다시 말한 것

3) 앞의 문장에 대한 결과나 원인을 언급하면 정답이다.

앞 문장: The renovation project is now expected to take two months.
보수 공사는 현재 두 달이 소요될 것으로 예상된다.
▶ 주제: 보수 공사 소요 기간

정답 문장: The initial estimate of one month was revised because of budget cuts.
한 달이라는 처음 추정은 예산 삭감 때문에 수정되었다.
▶ 소요 기간의 연장에 대한 이유 (예산 삭감)

앞 문장: If you want to participate in the program, you must be a resident of Pleasantville.
프로그램에 참가하기를 원한다면 Pleasantville의 주민이어야만 한다.
▶ 주제: 참가 자격

정답 문장: We will ask you to submit a document for verification.
우리는 증명 서류를 제출하도록 요청할 것이다.
▶ 참가 자격에 대한 결과 (증명 서류 제출)

2. 삽입할 문장의 뒤 문장을 보고 푸는 경우

문단이 바뀌거나, 앞 문장의 내용과 어울리는 것이 2개 이상인 경우에는 뒤 문장을 보고 푼다. 이때는 지시어나 연결어를 활용한다.

뒤 문장: -------. Each will have retail shops on the first floor and student housing on the upper four levels.
각각은 1층에 소매 상점과 위의 4개 층에는 학생 주택이 있을 것이다.

정답 문장: The company will construct **three buildings** near the local college.
그 회사는 지역 대학 가까이에 세 개의 건물을 건설할 것이다.

3. 글의 도입부나 마무리 글을 고르는 경우

지문의 맨 처음이 빈칸이거나 지문의 맨 마지막 부분이 빈칸인 경우는 뒤나 앞의 문장만 보고 풀기 어려울 수도 있다.

1) **지문의 맨 처음이 빈칸인 경우: 글의 주제나 목적을 나타내는 말, 인사말 등이 정답**

I would like to inform you that our store will undergo renovations during June.
저희 매장이 6월에 수리할 예정임을 알려드리고자 합니다.

2) **지문의 마지막이 빈칸인 경우: '연락 달라', '웹사이트 확인해라', '불편함을 끼쳐 미안하다'는 표현이 정답**

We sincerely apologize for the inconvenience this may cause you.
이로 인해 불편을 끼쳐 드려 진심으로 사과드립니다.

▶ 고득점자의 풀이법 ●

After several rounds of negotiations, Mega Electronics announced the purchase of Here Buy, which has more than 500 retail outlets throughout the country. -------.
(A) Details of the acquisition were not revealed yet.
(B) Retail stores are continuously losing customers.

1단계 빈칸 앞의 문장은 '한 기업의 인수 발표'에 대한 이야기다.

2단계 (A)는 '인수의 세부사항이 아직 발표되지 않았다'는 내용으로 역시 '기업 인수'와 주제가 동일하므로 정답이다.

3단계 (B)는 '소매점들이 고객을 잃고 있다'는 내용으로 '기업 인수'와 관련이 없으므로 오답이다.

표현 정리 round (몇) 번, 차례 negotiation 협상 announce 발표하다 retail outlet 소매 판매점 throughout ~ 전역에

해석 몇 차례의 협상 후에 Mega Electronics는 전국적으로 500개 이상의 소매 판매점을 가지고 있는 Here Buy의 매입을 발표했다.

Questions 1-4 refer to the following memo.

To: All Employees, Prentice, Inc.

From: Stacy Jackson, Vice President

Re: Good News

Date: April 20

It is my pleasure to inform you that Prentice, Inc. will be merging with Kelly Manufacturing on May 14. From that date -------, our firm will be called PK Manufacturing. Once the process is **1.** complete, we will be the biggest ------- of automobile parts in Europe. **2.**

I'm sure many of you have questions about the effects of the merger. Please be aware there will be no change in the status of your position or salary. -------. **3.**

Naturally, there will be some changes here. ------- will be explained by CEO Hauser on April 28 **4.** when he addresses everyone on the company intranet.

1. (A) since
   (B) forward
   (C) soon
   (D) after

2. (A) making
   (B) made
   (C) maker
   (D) makes

3. (A) In fact, you may have the opportunity to be promoted.
   (B) It was a pleasure to have worked with all of you.
   (C) We will be sending out the new pay scale tomorrow.
   (D) You can reapply for your positions as early as next week.

4. (A) This
   (B) These
   (C) Every
   (D) That

• 정답 및 해설은 15쪽에서 확인

UNIT 53 주제가 다르거나 모순되거나 흐름이 부적절하면 오답!

문장 삽입 문제의 정답이 안 보인다면 오답부터 제거하면 된다. 앞 문장과 다른 주제를 가지고 있거나, 앞에서 언급한 내용과 모순이 되거나, 큰 틀의 주제는 같아도 바로 앞의 문장과 어울리지 않으면 오답이다. 또한, 바로 앞의 문장과는 적당히 어울리는 것 같아도 뒤 문장과의 연결이 어색하다면 오답이다.

출제율 100% 핵심 포인트   시간이 없으면 이것만 외우세요!

1. 주제가 다른 내용은 오답

1) 앞 문장과 완전히 동떨어진 이야기를 하는 경우는 바로 오답 처리한다.

앞 문장: According to the **survey**, approximately 80% of respondents were satisfied with the prices at L.K. Mart.

설문조사에 따르면 응답자의 약 80%가 L.K.마트의 가격에 만족하고 있었다.

▶ 주제: 설문조사의 결과

오답: A **workshop** was scheduled for employees but postponed until later.

워크숍이 직원들을 위해 예정되어 있었으나 나중으로 연기되었다.

▶ 워크숍 연기

2) 동일한 단어나 연상되는 표현을 사용하는 경우 오답 확률이 올라간다.

앞 문장: A rival firm copied our creative packaging **designs**.

한 경쟁 회사는 우리의 독창적인 포장 디자인을 표절했다.

▶ 주제: 제품 디자인 도용

오답: Our **designers** are well regarded in the industry.

우리 디자이너들은 업계에서 인정받는다.

▶ 주제: 디자이너의 평판

2. 앞 문장이나 뒤에 언급된 내용과 모순되면 오답

1) 시제 모순: 시제가 맞지 않아 오답인 경우

앞 문장: Written and directed by John Hopkins, the movie once again **thrills** his audience.

John Hopkins가 각본과 감독을 맡은 이 영화는 다시 한번 관객들을 열광시킨다.

▶ 주제: 영화 내용

오답: In addition, spectators **were** pleased with the soundtrack.

또한 관중은 사운드트랙을 좋아했다.

▶ 과거 시제를 현재나 미래 시제로 바꾼다면 어울릴 수 있다.

2) 수신자/발신자의 반대 설정

앞 문장: If you have those products in stock, **I would like to order some.**

만일 그 제품들을 재고로 가지고 있다면 몇 개 주문하고 싶습니다.

▶ 구매자가 하는 말

오답: **We have a wide variety of products** that you can choose from.

귀하가 선택하실 수 있는 매우 다양한 제품들을 가지고 있습니다.

▶ 판매자가 하는 말

3) 내용상 모순

앞 문장: We will be holding a **company-wide outing** this coming week.

우리는 돌아오는 주에 전사적인 야유회를 개최할 것이다.

▶ 주제: 야유회 계획

오답: **Only marketing team members** are invited to attend the event.

오직 마케팅 팀원들만 행사에 참석하도록 초대된다.

▶ 전사적이라는 말과 모순

3. 글의 흐름이 부자연스러우면 오답

전체 글의 주제와는 어울리지만 바로 앞 문장과는 어울리지 않아 지문의 다른 곳에 위치하는 것이 적합한 경우 오답이다.

앞 문장: Mr. Wright will read excerpts from his new book at the book signing tomorrow. **Mr. Wright has written many books about children and educating them.**

Wright 씨는 내일 책 사인회 때 그의 새로운 책에서 발췌한 내용을 읽을 것이다. Wright 씨는 아이들과 그들의 교육에 관해 많은 책을 썼다.

오답: **The book-signing event** will be held at 10:00 A.M.

책 사인회 행사는 10시에 개최될 것이다.

▶ book signing이 포함된 문장 다음에 위치해야 함

정답: This new book is **the most intriguing one**.

이 새로운 책이 가장 흥미롭다.

▶ 책들에 관한 이야기라서 정답

4. 뒤 문장과 어울리지 않으면 오답

삽입할 문장이 앞 문장과는 그럭저럭 어울려 보이나 뒤 문장과의 연결이 자연스럽지 않으면 오답이다.

앞 문장: At Media Academy, we take you out of the classroom and prepare you to deal with issues that may arise during actual broadcasting. -------. **If you are interested, visit our Web site for detailed information on how to apply.**

Media Academy는 당신을 교실 밖으로 데려가서 실제 방송 동안 일어날 수 있는 문제들에 대처하도록 준비시켜 줍니다. -------. 관심 있으시면 저희 웹사이트를 방문하여 신청 방법에 관한 자세한 정보를 확인하세요.

정답: **We are always looking for people to join** our academy.

항상 저희 아카데미에 참여할 사람들을 찾고 있습니다.

▶ 참여자를 구한다는 말에 자연스럽게 신청 방법 연결

오답: **Our instructors** used to work in the broadcasting industry.

저희 강사들은 방송 업계에서 일했습니다.

▶ 수업 및 강사에 대한 설명 후 갑작스러운 신청 유도

Mr. Chen went to a local culinary school and then opened his own shop in his hometown. At that time, the menu was very simple, and it took a lot of time to prepare the dishes. -------.

(A) Now, he offers a variety of dishes in a very short time.

(B) So far, he has not learned much about cooking.

1단계 빈칸의 앞 문장은 '메뉴'에 대한 이야기다.

2단계 메뉴 준비 시간이 단축되었다는 것도 '메뉴'에 대한 이야기이고 과거와 현재를 대조하는 문장이므로 (A)가 정답이다.

3단계 (B)는 요리 학교를 다녔다는 말과 모순되므로 오답이다.

표현 정리 culinary 요리의 own 자기 자신의 simple 간단한 prepare 준비하다

해석 Chen 씨는 지역 요리 학교에 다닌 후 그의 고향에 자신의 가게를 열었다. 당시 메뉴는 매우 간단했고 요리 준비에도 많은 시간이 걸렸다.

실전 연습

실전으로 확인하세요!

Questions 1-4 refer to the following press release.

Candice Barrow, the owner of Barrow's, a popular restaurant in West Haven, announced that she ------- $5,000 to the construction of the city's newest retirement center. All the funds were
1.
raised at a charity event held two days ago at her -------. Ms. Barrow will give the check to the
2.
mayor in a ceremony to be held this weekend. ------- the last decade, Ms. Barrow has held many
3.
special events intended to help the city and its residents. -------.
4.

1. (A) will contribute
(B) contributed
(C) might contribute
(D) contributing

2. (A) gallery
(B) hotel
(C) factory
(D) establishment

3. (A) Since
(B) Over
(C) Between
(D) Approximately

4. (A) Donations can be made at the event when it is held.
(B) The retirement center will offer many different programs.
(C) The most recent event was the most successful of these.
(D) Ms. Barrow appreciates the help everyone has given her.

• 정답 및 해설은 16쪽에서 확인

UNIT 54 파트 7은 수신자와 발신자를 확인하면 3줄로 끝!

파트 7 지문의 주제나 목적을 묻는 문제는 지문의 초반부만 보고 풀리는 경우와, 다 읽어야 풀리는 경우로 나눌 수 있다. 정답으로는 주로 포괄적인 표현이 사용된다. 따라서 주제/목적 문제는 지문의 초반부만 보고 풀기를 시도한 후 안 풀릴 경우 다른 문제를 다 풀고 마지막에 푸는 방법도 좋다.

출제율 100% 〉 **핵심 포인트** 〉 시간이 없으면 이것만 외우세요!

1. 초반부만으로 주제/목적을 알 수 있는 경우

지문의 초반부 3줄로 빈출 주제들이 느껴지면 정답을 선택한다. 이때 지문과 동일한 단어나 구체적인 어휘가 들어간 보기보다는 포괄적인 어휘가 포함된 보기가 주로 정답이다.

지문	Thank you for taking the time to meet with me last week. I've summarized several things…
이메일을 보낸 목적	To follow up regarding a meeting 회의에 대해 후속 조치를 취하기 위해서

지문 유형별 빈출 주제

지문 유형	빈출 주제
이메일/편지	일정 변경, 참석 요망, 제품 재고 부족 사과, 오류 정정 요청, 재구독 요청, 구직 의뢰, 합격 통보, 계약의 중단/연장, 서비스 문의/답변, 회의에 대한 후속 조치, 후원 요청
공지/회람	행사 공지, 공사 및 교통 통제, 공익 업무 관련(자원봉사자 모집, 모금 운동), 사내 행사 안내, 새로운 정책 공고, 인사 및 시스템 변경, 공사/점검/유지보수로 인한 변화
기사	공사, 기업 인수/합병/확장, 후기/평론, 조언/제안, 제품 출시, 인사 이동, 창업
안내문	제품 설명서, 공공시설 안내, 숙박시설 안내, 관광 및 여행 안내, 행사 안내, 공사 안내, 이용 후기/리뷰, 양식
광고	구인 광고, 상품/서비스 광고(부동산, 출판물 구독, 여행 상품, 공연/학회/세미나 등)

정답에 주로 사용되는 포괄적인 표현

동사	명사
list 열거하다 review 논평하다 follow up 후속 조치를 취하다 promote 홍보하다, 촉진하다 respond to 대응하다, 답변하다 update 갱신하다, 최신의 것으로 만들다 reschedule 다시 일정을 잡다 remind 상기시키다 detail 상세히 말하다 profile 간략히 소개하다	an event 사건[행사] a business 회사 a change 변화 an executive 중역 local 지역의 a colleague 동료 details 세부사항 a project 프로젝트 a service 서비스 move 이동 an update 최신 소식 a reminder 공지, 알림 a complaint 불만사항

2. 다 읽어야 주제/목적이 드러나는 경우

1) 요청사항이 곧 주제/목적인 경우(이메일/편지)

▶ 후반부의 요청 사항에 주목한다.

지문	Hello. I happened to see a post on your blog while surfing the Web. (중략: 상대의 블로그에 대한 이야기). If it doesn't bother you too much, could you write about my blog in one of your posts?
이메일을 보낸 목적	To promote his blog 그의 블로그를 홍보하기 위해서

2) 전체를 요약하는 보기인 경우(기사)

▶ 각 문단을 요약하여 종합한다.

3) 주제/목적이 표면적으로 드러나 있지 않은 경우(이메일/편지, 기사, 안내문)

▶ 수신자와 발신자의 관계를 확인하여 추론한다.

지문	To: Chief Financial Officer (CFO) From: Personnel Director Subject: Budget for Next Year Attachment: Document I have attached our company's budget for next year. I think we can reduce costs in some places. Changing the food supplier in the employee cafeteria will save us money. However, I think those savings will be offset by the planned increase in building rent next year. After all, there is no change in the budget compared to last year. Please contact me if you have any questions. I have a job interview for an hour, so I can meet with you after that if necessary.
이메일을 보낸 목적	To get approval for a spending plan 지출 계획에 대해 승인을 얻기 위해서

▶ 글의 목적이 명확히 드러나 있지 않으나 회사의 각 부서장들은 자기 부서의 내년도 예산안을 최고재무책임자에게 보내고 승인을 받는다는 사실을 생각해 보면 목적을 유추할 수 있다.

고득점자의 풀이법 ●●●●●●●●●●●●●●●●●●●●●●●●●●●●●●●●

Dear Ms. Lake,

On June 1, your two-month trial membership to the *Westmoreland Daily* will be expiring. If you are interested in continuing to receive the region's most comprehensive newspaper, then please fill out the enclosed card and return it to us as soon as you can

What is the purpose of the e-mail?

(A) To apologize for being late with a delivery

(B) To remind Ms. Lake about a service

(C) To mention the paper's new Web site

(D) To make an offer of employment

1단계 문제를 확인한다. 주제/목적 문제다.

2단계 초반부 3줄에서 내용을 확인한다. 무료 구독권 만료일이 다가왔으므로 갱신을 독려하는 내용이다.

3단계 보기 중에서 해당 내용을 포괄적으로 표현한 (B)가 정답이다. 특히 a service는 '새로운 구독권'을 포괄적으로 묘사한 표현이다.

표현 정리 trial membership 시험 구독권 expire 만료되다 comprehensive 종합적인 fill out 작성하다 enclosed 동봉된

해석

Lake 씨께,

6월 1일에 귀하의 Westmoreland Daily 2개월 무료 구독권이 만료됩니다. 이 지역의 가장 종합적인 신문을 계속 받고 싶으시다면 동봉된 카드를 작성하여 가능한 한 빨리 저희에게 보내주시기 바랍니다.

이메일의 목적은 무엇인가?

(A) 배달이 늦은 것에 대해 사과하기 위해서
(B) Lake 씨에게 서비스에 대해 상기시키기 위해서
(C) 신문의 새로운 웹사이트에 관해 언급하기 위해서
(D) 고용 제안을 하기 위해서

✎ 실전 연습

실전으로 확인하세요!

Question 1 refers to the following letter.

Dear Mr. Martinez:

As of May 21, Arrow Tech, Inc. will have completed our move to our new headquarters at 333 Park Drive, La Jolla, CA 90045. Our new phone and fax numbers will be 310-444-8989 and 310-444-9090, respectively. All other information for our company — e-mail, Web site, etc. — will remain the same.

Our Product Trial Department will remain at our former headquarters at 887 Research Drive, La Jolla, CA 90044.

Attached to this letter, you will find a brochure highlighting some of our newest products. Should you find any of these items of interest, please do not hesitate to contact me. I have enjoyed being your sales representative these past 5 years and do not anticipate this change in locations to result in any disruptions to the excellent service we will continue to provide.

Sincerely,

Mitchell Swan
Sales Representative, Arrow Tech, Inc.

1. What is one of the purposes of the letter?

   (A) To notify a customer of a change in leadership
   (B) To advertise special prices on old inventory
   (C) To schedule a time to speak about an account
   (D) To notify a customer of a change in contact information

• 정답 및 해설은 17쪽에서 확인

UNIT 55 문제의 키워드가 곧 지문의 단서!

지문에 나오는 세부내용을 묻는 문제는 문제 안에 키워드가 있는데 그 키워드나 그것의 표현을 바꾼 부분에 정답의 단서가 지나가고 그 단서를 다시 다른 말로 바꾼 보기가 정답이 된다.

출제율 100% 핵심 포인트 ▶ 시간이 없으면 이것만 외우세요!

1. 세부내용 문제의 유형(=키워드 문제=육하원칙 문제)

1) 지문의 내용 중 구체적인 사항을 육하원칙(언제, 어디서, 누가, 어떻게, 무엇을, 왜)으로 묻는 문제

구체적인 사항	문제	키워드
대상	According to the letter, what can be found on the Web site?	**Web site**
이유	Why is Ms. Smith considering leaving Studio T?	**leaving**
요청/제안	What are interested individuals asked to do?	**asked**
미래 계획	What does Focus Engineering plan to do in the future?	**plan**
시간, 날짜, 요일, 월	At what time does the flight to Dayton leave?	**Dayton, leave**
인물, 장소	Where is Maxwell's main office located?	**main office**
방법, 수량, 금액, 빈도	How much did the cold drink cost?	**cold drink**

2) 글을 왜 쓴 것인지 묻는 문제 또는 수신자나 발신자가 누구인지 묻는 문제는 세부내용을 묻는 문제가 아니다.

Why was the letter written? ▶ 주제/목적 문제

Where would ~ most likely appear? ▶ 발신자(출처) 문제

For whom is ~ most likely intended? ▶ 수신자(독자) 문제

2. 세부내용 문제의 단서가 위치하는 곳

1) **문제의 키워드와 동일하거나, 동의어/유사어이거나, 구체적인 표현 부근에 단서가 나온다.**

문제: What change has Mr. Kim made in recent years?

▶ 문제의 키워드는 in recent years(최근 몇 년간)

키워드와 동일어 또는 동일어가 포함된 표현 ▷ recently(최근에) 주변이 단서

키워드와 동의어/유사어 ▷ lately(최근에) 주변이 단서

키워드의 구체적인 표현 ▷ over the last 3 years(지난 3년간) 주변이 단서

2) **키워드가 잘 드러나지 않은 경우에는 문제의 순서대로 지문에 단서가 나온다.**

예) 총 3문제 중 두 번째 문제라면 지문의 중반부에 단서

문제: What are the new employees asked to do?

▶ 마지막 문제로 나왔다면 지문의 후반부 please ~ 다음이 단서

3. 세부내용 문제의 정답

1) 동의어/유사어나 포괄적인 어휘를 사용하여 단서를 패러프레이징한 경우

지문에 나온 단서: You can call me.

정답: By giving a call ▶ 동일어 사용

정답: By phone ▶ 유사 어휘 사용

정답: By contacting Mr. Kim ▶ 포괄적인 어휘 사용 ▶ 빈출!

2) 단일 지문에서 단서를 결합해야 풀리는 경우

지문에 나온 단서 ❶: 기사의 날짜 5월 1일 + **지문에 나온 단서 ❷:** 내일 Mr. Kim이 취임식에 참석함

문제: Mr. Kim은 5월 2일에 무엇을 할 것인가?

정답: 공식 행사에 참석한다.

4. 세부내용 문제의 오답

1) 단서가 되는 문장이 키워드에서 너무 멀리 있으면 오답이다.

특히 단서에서 사용된 어휘와 똑같은 어휘가 들어간 보기는 주로 오답일 가능성이 높다.

2) 보기의 내용 중 일부는 맞는데 딱 한 부분을 틀리게 하는 경우에는 오답이다.

이때 동일어가 자주 등장한다.

지문: **Please** send in the proposal as soon as possible.

문제: What is Mr. Kim **asked** to do?

오답: Revise the proposal right away

▶ revise(수정하다) 부분이 오류. proposal이 동일어이므로 오답 가능성 높음

정답: Submit a document

▶ 정답은 주로 동의어나 포괄적인 어휘로 패러프레이징

5. 세부내용 문제의 함정

1) 키워드 주변에 정답과 오답의 단서가 같이 들어가거나 오답의 단서가 정답의 단서보다 먼저 나오는 경우

지문 최근 아이스크림 판매량이 급격히 줄었다. 대부분의 카페 주인들은 우유가 들어가지 않는 대체 후식을 판매하기 시작했다. 아이스크림 판매자들의 말에 따르면, 최근 폭염이 유례없이 오래 지속되었기 때문에 축산 전반에서 비용이 상승하여 우유 가격이 상승했다고 한다. 따라서 우유가 포함된 대부분의 **유제품이 연쇄적으로 가격이 대폭 상승했다.**

문제: 왜 아이스크림 판매가 줄었는가?

정답: 제조비가 상승해서

▶ 폭염 → 축산 비용 상승 → 우유 값 상승 → 아이스크림 값 상승 → 아이스크림 판매 감소로 이어짐

오답: 카페에서 대체 후식을 팔아서

▶ 아이스크림 판매가 줄어들어서 발생한 결과

2) 수신자와 발신자를 혼동시키는 경우

지문 전화주시면 무료로 견적서를 보내 드리겠습니다. 웹사이트에 방문하면 자세한 제품 설명도 볼 수 있습니다.

문제: What does 발신자 offer to do? 발신자는 무엇을 해주겠다고 하는가?

정답: 견적서 보내주기

오답: 웹사이트 방문하기

(What is 수신자 asked/invited/told/expected/requested/encouraged/instructed to do?)

고득점자의 풀이법 •

> http://rosemarytheater.com
>
> Attention, all theater fans:
>
> Director George MacDonald is premiering his newest theatrical performance at the Rosemary Theater on Friday, April 23. It's a modern interpretation of William Shakespeare's masterpiece *A Midsummer Night's Dream*. Tickets can be purchased online at www.rosemarytheater.com/tickets or by calling 847-3092.

What will happen on April 23?

(A) Tickets for a performance will go on sale.

(B) Auditions for a play will be held.

(C) A play will be performed for the first time.

(D) A director will give a talk about a performance.

1단계 문제를 확인한다. 세부내용을 묻는 문제다.

2단계 문제의 키워드인 April 23을 지문에서 찾는다. 4월 23일에 초연이 있다는 말이 지문에 나온다.

3단계 연극이 처음으로 공연된다는 (C)가 정답이다. (A)는 공연일 이전에도 가능한 것이라서 오답. (B), (D)는 지문에 언급된 바가 없어서 오답.

표현 정리 director 감독 premier (연극을) 첫 공연하다 modern 현대의 interpretation 번역 masterpiece 대작

해석

http://rosemarytheater.com

모든 극장 팬 여러분께 알립니다.

George MacDonald 감독이 4월 23일 금요일 Rosemary 극장에서 그의 신작 연극을 초연할 것입니다. 이 연극은 William Shakespeare의 명작 〈한여름 밤의 꿈〉을 현대적으로 해석한 것입니다. 티켓은 www.rosemarytheater.com/tickets에서 온라인으로 구입하거나 847-3092로 전화하면 구입할 수 있습니다.

4월 23일에 무슨 일이 있을 것인가?

(A) 공연 티켓이 판매될 것이다.

(B) 연극 오디션이 열릴 것이다.

(C) 연극이 처음 상연될 것이다.

(D) 감독이 공연에 관해 이야기할 것이다.

Questions 1-2 refer to the following e-mail.

To:	Curt Suzuki
From:	Eric Swanson
Date:	March 27
Subject:	Camden Office

Dear Mr. Suzuki,

In December of last year, you put in an application to transfer to the Camden branch office but were rejected because there were no spaces available at that time. However, I was just contacted by Brenda Madsen at the Camden office, and she indicated that one of her assistant managers is resigning. She'd like to replace him internally, so I immediately thought of you. Would you mind informing me of your interest no later than this Thursday? If you'd prefer to remain here, I'll need to make the other employees here aware of the job opening by posting something on our Web site. Please respond as soon as you can as I'll wait for your answer.

Regards,

Eric Swanson

1. Who is Brenda Madsen?

(A) Mr. Suzuki's supervisor
(B) Mr. Swanson's assistant
(C) A Human Resources director
(D) An employee at the Camden branch

2. What will Mr. Swanson wait to do?

(A) Reply to an e-mail
(B) Transfer Ms. Madsen
(C) Post an advertisement
(D) Visit a branch office

UNIT 56 사실 확인은 문제의 순서에 맞게 3줄씩 대조하면 끝!

사실 확인 문제는 각 보기의 내용을 지문에서 찾아 대조하여 사실 여부를 확인해야 하므로 키워드 문제에 비해 시간이 많이 소요된다. 특히 문제 안에 키워드가 없는 경우에는 시간이 더 소요될 수 있으므로 보기의 키워드를 먼저 파악하고 지문과 3줄씩 대조하여 사실 여부를 파악하는 것이 효율적이다.

출제율 100% 핵심 포인트   시간이 없으면 이것만 외우세요!

1. 사실 확인(true/NOT true) 문제

문제에 (NOT) indicate/mention/state/true 등이 들어있을 때는 지문 내용과 보기가 일치하는 것을 찾는다.

true 유형	What is mentioned/indicated/stated/true about ~?
NOT true 유형	What is NOT mentioned/indicated/stated/true about ~?
NOT 문제	Where will conference participants NOT be served lunch? What additional information does Mr. Judd NOT request?

2. 사실 확인 문제 풀이법

1) 문제 안에 키워드가 있는 경우

키워드가 지문에 등장하면 그 주변 문장을 보고 푼다. 보기를 미리 읽지 않아도 된다.

> You ordered 2 pairs of gloves ~ (중략) Unfortunately, they were sold out.

문제: What is indicated about the gloves? ▶ 지문에서 키워드인 gloves를 가리키는 부분에서 단서 제시
정답: They are out of stock.

2) 문제 안에 키워드가 없는 경우

수신자(독자)/발신자(발행자)/주제(가 되는 물건) 등에 관해 사실 여부를 묻는다.

> **신제품 소식!**
>
> 편안하게 여행하세요.
>
> 2킬로그램도 안되는 이 비행기용 가방은 동급의 가방들에 비해 절반의 크기입니다. 자동차 디자이너에 의해 만들어진 이 가방은 티타늄 재질로 만들어졌습니다. **그만큼 가볍고 튼튼합니다.** 섬유 유리는 추가적인 강도와 내구성을 제공하므로 무거운 옷도 충분히 운반이 가능합니다. 두 개의 외부 포켓과 넓은 줄의 내부는 출장 중인 모든 비즈니스맨들에게 필수품이 됩니다. 다양한 색상이 가능합니다.

문제: What is indicated about the product?
(A) 견고하다   (B) 무겁다   (C) 비싸다   (D) 2킬로그램 이상이다

▶ 지문 전체가 제품에 대한 이야기이므로 product는 키워드가 아니다.

▶ 보기를 지문보다 먼저 읽고 보기에 있는 고유명사나 숫자에 표시한다.

▶ 지문을 볼 때는 문제의 순서에 따라 단서가 배치되는 순서도 비슷할 것을 예상한다. 예를 들면 세 문제 중 두 번째 문제인 경우 지문의 중반부에 단서가 있을 것을 예상한다.

▶ 단서가 있을 것으로 예상되는 부분에 단서가 없는 경우에는 일단 멈추고 다음 문제로 넘어간다.

▶ 오답은 지문의 내용과는 아예 틀린 것인지, 아니면 단지 언급이 안된 것인지를 확인하며 소거한다.
   (D) 2킬로그램 이상이다 (**틀린 말**)　　(B) 무겁다 (**틀린 말**)　　(C) 비싸다 (**언급 안됨**)

▶ 지문과 보기를 대조할 때 지문은 3줄 단위로 한다. 3줄이 넘어가면 정확도가 떨어진다.

3. NOT이 포함된 문제

NOT을 인지하지 못하고 사실인 것을 답으로 고르는 실수가 많으므로 일단 NOT에 별표나 동그라미로 표시한다.

1) 틀린 것 1개만 찾아도 풀 수 있는 유형

문제: What is NOT true about the product?

정답: 2킬로그램 이상이다.

오답: 견고하다, 색상이 다양하다, 특수 재질로 만들어졌다.

▶ 무게가 2킬로그램 미만이라고 했으므로 바로 정답. 시간이 없으면 오답을 확인하지 않고 넘어갈 수 있다.

2) 맞는 것 3개를 찾아야 풀 수 있는 유형

문제: What is NOT mentioned about the product?

정답: 2년의 보증이 제공된다.

오답: 디자이너가 디자인했다, 크기가 작다, 가볍다.

▶ 언급된 것 3개를 찾아야 하므로 시간이 소요된다. 예상되는 부분에 단서가 없으면 다음 문제로 일단 넘어간다.

3) 맞는 것 3개가 위치하는 모양을 미리 알아 두면 풀 때 속도가 빠르다.

열거형	분산형	균등 분배형
xxxxxxxxxxxxxx	xxxxxxxxxxxxxx	xxxxxxxxxxxxxx
xxxxxxxxxxxxxxxxxxxxxxx	xxxxxxxxxxxxxxxxxxxxxxx	xxxxxxxxxxxxxxxxxxxxxxx
xxxxxxxxxxxxxxxxxxxxxxx	xxxxxxxxxxxxxxxxxxxxxxx	xxxxxxxxxxxxxxxxxxxxxxx
xxxxxxxxxxxxxxxxxxxxxxx	xxxxxxxxxxxxxxxxxxxxxxx	xxxxxxxxxxxxxxxxxxxxxxx
xxxxxxxxxxxxxxxxxxxxxxx	xxxxxxxxxxxxxxxxxxxxxxx	xxxxxxxxxxxxxxxxxxxxxxx
xxxxxxxxxxxxxxxxxxxxxxx	xxxxxxxxxxxxxxxxxxxxxxx	xxxxxxxxxxxxxxxxxxxxxxx
xxxxxxxxxxxxxxxxxxxxxxx	xxxxxxxxxxxxxxxxxxxxxxx	xxxxxxxxxxxxxxxxxxxxxxx
한두 줄의 문장 안에 연속 배열하거나 목록에 세로로 연달아 위치함.	단서가 한두 줄에 모여 있으며, 나머지 한 단서가 한참 떨어져 있는 유형. 역삼각형 유형과 삼각형 유형(하나가 먼저 나오고 나머지 두 개가 나중에).	지문 전체에 골고루 배치함.

The Dobson International Food Fair is set to be held on July 10 and 11. This year's event will feature food from more than 30 countries around the world. You can experience the culinary delights of food from five different continents. Spend the entire day at Cheshire Park wandering from food stall to food stall to sample the selections. There will be something for everybody, including vegetarian and low-calorie dishes.

What is true about the Dobson International Food Fair?

(A) It only offers vegetarian food.

(B) Tickets can be purchased online.

(C) Food from five countries will be available.

(D) It will be held in Cheshire Park.

1단계 ▶ 문제를 확인한다. 사실 확인 문제다. International Food Fair는 주제이므로 키워드가 없다. 따라서 보기의 키워드를 확인한다.

2단계 ▶ vegetarian, online, five, Cheshire Park를 확인한 후 지문의 3줄과 대조해 본다.

3단계 ▶ 지문의 후반부에 Cheshire Park에서 음식을 즐기라고 하는 것을 보아 음식 박람회는 Cheshire Park에서 열린다는 (D)가 정답이다. (A)는 only가 틀린 말이고 (B)는 언급된 바 없고 (C)는 지문에서 30개국이 언급되었으니 틀린 말이라서 오답.

표현 정리 be set to ~하기로 일정이 잡히다 feature ~을 특징으로 하다 more than ~이상 culinary 요리의 continent 대륙 entire 전부의 wander 배회하다 sample 시음하다

해석

Dobson 국제 음식 박람회는 7월 10일과 11일에 열릴 예정입니다. 올해의 행사는 전세계 30개국 이상의 음식을 선보일 것입니다. 여러분은 다섯 개의 대륙에서 온 음식이 주는 즐거움을 경험할 수 있습니다. Cheshire 공원에서 하루 종일 음식 판매대를 돌아다니며 다양한 음식을 맛보세요. 채식과 저칼로리 요리를 포함해 모두를 위한 음식이 준비되어 있을 것입니다.

Dobson 국제 음식 박람회에 관해 사실인 것은?

(A) 채식만 제공한다.

(B) 티켓은 온라인으로 구매할 수 있다.

(C) 5개국의 음식을 먹어볼 수 있다.

(D) Cheshire 공원에서 열린다.

Question 1 refers to the following letter.

Yellow Daffodil Landscape Architects
552 Main Street – Winchester, VA 22601

Dear Ms. Matthews:

We are excited to have you join our team of inventive and industrious landscape architects here at Yellow Daffodil. Your professors at the Colorado Springs School of Horticulture had nothing but positive things to say about your intelligence, work ethic, and ingenuity.

We plan for you to head up a new department at our company. We are expanding from typical landscape design to include goldfish and koi fish pond designs. We feel your expertise with water plants will prove very useful to the future success of this department. We have carefully selected 3 other team members to join you.

Attached, you will find your employment contract. Please review the contract and return it, signed, within 5 business days in order to secure your position. If you have any questions, you can refer them to our head of Human Resources, Barbara Fischer, at 334-2334.

Sincerely,
Roger Walker

1. What is NOT true about the department in which Ms. Matthews will be working?
   (A) It is newly formed.
   (B) It will be comprised of 4 employees.
   (C) The salary will be commission based.
   (D) A signed document must be submitted to join it.

• 정답 및 해설은 18쪽에서 확인

UNIT 57 상상이 아닌 지문에 나온 근거로 추론하면 끝!

추론 문제는 표면에 직접적으로 드러나지 않은 내용을 찾아내야 하므로 다른 문제들에 비해 풀기 어렵다. 게다가 지문에 오답의 키워드들이 다수 분산되어 있어서 잘못된 추론을 유도한다. 때로는 두 가지 보기 중에서 고민하거나 지문을 반복해서 읽어도 단서를 찾지 못해 시간만 낭비할 수 있으므로 **단골 추론 패턴의 숙지와 논리 관계를 파악하는 훈련이 필요하다.**

출제율 100% 핵심 포인트   시간이 없으면 이것만 외우세요!

1. 추론 문제

imply, infer, suggest, most likely가 들어 있는 문제로 지문의 내용을 근거로 유추할 수 있는 것을 묻는 문제다.

세부내용 추론 문제	What will most likely happen on March 11?
사실 확인 추론 문제	What is suggested about the positions being offered?
수신자(독자)/발신자(출처) 추론 문제	Where would A most likely appear/be found?

2. 추론 문제 풀이법

1) **세부내용 추론 문제는 문제의 키워드 확인 후 보기를 먼저 읽지 않고 바로 지문으로 들어간다.**

   What will most likely happen on **March 11**?
   ▶ 지문에서 'March 11' 주변에 나오는 내용을 근거로 유추

2) **사실 확인 추론 문제는 문제 안에 키워드가 없으므로 보기들에 키워드를 표시한다.**

   What is suggested about the **positions being offered**?
   ▶ 지문 전체가 구하는 자리에 대한 내용이므로 키워드가 아니다.

   (A) Most of them require **experience**.
   (B) They are all **full-time** positions.
   (C) They are available in **various cities**.
   (D) They must be filled by **March 11**.

3) **글의 출처나 대상(이메일의 경우 수신자나 발신자)이 누구인지를 묻는 문제는 다른 문제부터 풀고 나중에 푸는 것이 좋다.**

   정답은 한두 개의 단서를 종합하여 추론하고, 동일한 단어가 들어가면 오답 가능성이 높다. 특히, 수신자와 발신자를 반대로 생각하면 틀리는 문제에 조심한다.

4) **지문은 3줄씩 읽고 키워드가 나올 때마다 지문의 내용으로 해당 보기를 추론할 수 있을지 확인한다.**

   지문을 너무 많이 읽고 보기를 보면 혼동이 일어나기 쉽다.

3. 우선 순위의 보기와 단골 추론 단서/정답

1) 보기 4개를 미리 읽는 것이 부담될 때는 고유명사나 숫자가 포함된 보기를 우선적으로 확인한다.

2) 이미 정답이 여러 차례 되었던 보기부터 우선 순위로 확인한다. (경험치, 반복되는 일, 포괄적인 표현, 반대말 추론)

보기에 있으면 우선 고려할 내용	지문의 단서	유형
만났거나 이야기한 적이 있다	당신이 요청/질문했던 / 지난번 회의에 감사	반복, 경험
정기적으로 이용한다, 이용한 적이 있다	단골 고객, 충성스러운 고객, 당신의 지속적인 거래	
정기적으로 개최된다	작년은 ~ 올해는 / 매년 / 매월 / 제5차 연례	
최근에 지점을 오픈했다	우리의 새로운 지점에서	
1년 이상 근무했다	1년 2개월 근무	포괄적
국제적인 영향력이 있다	캐나다, 미국, 영국	
추석에는 통행료가 면제다	추석 이외에는 돈을 받는다	반대말 추론
6월 3일부터는 기회가 없다	6월 2일에 마감이다	

4. 빈출 오답 패턴

1) 추론 문제의 정답은 지문 안에 추론의 근거가 되는 문장이 반드시 제시된다.

근거에 해당한다고 볼 수 있는 문장이 지문에 없는데 답을 골랐다면 오답일 가능성이 매우 높다.

2) 근거가 되는 문장을 찾았다고 해도 아래의 빈출 함정에 빠지고 있는지 확인한다.

지문의 단서	잘못된 추론	오류 유형
그의 최근 작품은 ~	그는 작품을 만들 것이다	시제 오류(작품은 이미 있다)
도움이 필요하면 사무실로 연락해라	고객을 도와줄 새로운 사무실을 열었다	new 오류(사무실은 이미 있다)
초보자도 참석 가능하다	초보자만 참석할 수 있다	only 오류(다른 사람도 참석 가능)
매출을 증가시키 위해 광고 서비스를 이용했다	광고 서비스를 이용하기 전엔 매출이 하락했다	흑백 논리(매출이 일정했을 수도 있다)

3) 꼭 그렇지는 않을 가능성을 가진 말은 오답이다.

지문: 이 식당에서 식사를 하기 위해서는 반드시 예약을 해야 한다.

오답: 이 식당은 인기가 있다.

꼭 그렇지는 않은 경우: 주인이 혼잡한 것을 싫어해서, 좌석 수가 너무 적어서

Dear Ms. Sinclair,

We hope you liked the musical services provided by Lakeland Academy. Why don't you tell your friends and family members about us? If they sign up to learn a musical instrument, they should mention code PIANO434 to receive a 15% discount. In addition, each time a new student mentions your name when registering, you'll be entered into a drawing to win two free tickets to see the Westside Orchestra. Visit www.lakelandacademy.com to learn more.

What is suggested about Ms. Sinclair?

(A) She inquired about some services.

(B) She learned about the academy from a family member.

(C) She recently took music lessons.

(D) She often attends orchestral performances.

1단계 문제를 확인한다. 추론 문제다. 수신자에 관해 묻는 문제이므로 보기의 키워드를 확인한다.

2단계 보기를 먼저 읽고 지문과 대조해 본다. 특히 단골 추론에 해당하는 (A), (C), (D)가 추론 가능한지 확인한다. 지문의 첫 번째 줄에서 음악 서비스에 대한 경험담을 묻는데, 그것을 가족과 지인에게 추천하게끔 유도하는 내용이다. 가족이 받는 혜택은 '악기 수업'에 관한 것이므로 글의 수신자도 악기 수업을 수강했을 것임을 추론할 수 있다. 따라서 정답은 (C).

3단계 다른 보기들을 점검한다.

(A) 글의 수신자가 먼저 문의했는지 알 수 없다.

(B) 가족으로부터 알게 된 것이 아니고 가족에게 추천해 보라는 이야기라서 오답이다.

(D) 지문에 나와 있지 않은 내용이므로 오답이다. 음악 수업에 대한 이야기로 오케스트라 공연에 대한 내용이 아니다.

표현 정리 sign up 등록하다 musical instrument 악기 drawing 추첨 win 얻다 learn 알다

해석

Sinclair 씨에게.

Lakeland Academy에서 제공하는 음악 서비스가 마음에 드셨기를 바랍니다. 친구들과 가족에게 우리에 대해 말해 보는 건 어때요? 그들이 악기를 배우고자 등록할 때는 15% 할인을 받기 위해 PINONA434 코드를 언급해야 합니다. 또한 등록 시 신입생이 귀하의 이름을 언급할 때마다 추첨을 통해 Westside 오케스트라를 관람할 수 있는 무료 입장권 2장을 받으시게 됩니다. 자세한 내용을 보려면 www.lakelandacademy.com을 방문하십시오.

Sinclair 씨에 대해 암시되는 것은 무엇인가?

(A) 그녀는 몇 가지 서비스에 대해 문의했다.

(B) 그녀는 가족에게서 학원에 대해 알게 되었다.

(C) 그녀는 최근에 음악 수업을 받았다.

(D) 그녀는 자주 오케스트라 공연에 참석한다.

Question 1 refers to the following memo.

To: Balton Group General Contractors
From: Matt Tompkins, Director of Safety
Date: January 22

We have had a sudden rise in injuries at our worksites over the past month, so I have revised some of our safety standards to address some key issues that have come to light. It is essential that you both familiarize yourself and educate your employees with these changes to ensure the safety of everyone on our construction sites. By the end of next month, every site will have a surprise safety inspection, so immediate compliance is required. The Balton Group has always prided itself on excellence in workmanship as well as for taking care of our employees. Through these measures, we hope to ensure both of these principles.

Revisions: Standard 3.5b: All individuals must wear safety helmets and glasses when within construction areas no matter what their function or purpose. Standard 3.5c: No visitors are permitted within construction areas unless first cleared by the general contractor. Standard 5.6a: Lunch breaks will be observed outside construction areas.

1. What is suggested about the Balton Group?

   (A) It recently opened a new office.
   (B) It plans to change its construction materials.
   (C) It manufactures safety equipment.
   (D) It has a high customer satisfaction rate.

• 정답 및 해설은 18쪽에서 확인

UNIT 58 의도 파악 문제는 바로 앞 문장을 보면 끝!

채팅 유형에서 특정 인물이 한 말의 의도를 묻는 문제는 의도를 파악해야 할 문장의 바로 앞이나 뒤를 보면 정답의 단서가 나온다. 그러나 대화의 내용 파악이 잘 안된다면 대화의 주제나, 화자 간의 관계, 문제점, 해결책, 다음 일정을 확인하면서 푼다.

출제율 100% 핵심 포인트　　　시간이 없으면 이것만 외우세요!

1. 의도 파악 문제

따옴표 사이(" ")의 문장의 의도를 묻는 문제다.

> At 5:40 P.M., what does Mr. Ngwane imply when he writes, "There's a lot of paper on your desk?"

2. 의도 파악 문제의 정답

1) **의도를 묻는 문제는 대부분 바로 앞 사람이 질문이나 문제를 제기하는 부분이 단서다.**

> 데메트리우스 카터 [2:32]: 앨리슨, 난 빵집에서 케이크 두 개가 다 완성되기를 기다리고 있어요. 테이블 좀 준비해 주시겠어요? 제 사무실에서 모든 지침서를 찾을 수 있습니다.
>
> 앨리슨 랜돌프 [2:34]: **물론이죠.**

> **문제:** "물론이죠"는 무엇을 의미하는가?
> ▶ 앞 사람의 요청에 대해 '테이블을 준비해 주겠다'는 것, 즉 도와주겠다는 뜻이다.

2) **다인 채팅에서는 바로 앞 사람의 말이 단서가 아니고 그 답변을 요구한 사람의 말을 단서로 봐야 한다.**

> 샐리 김 [3:15]: 이번주 금요일에 있을 부사장님의 은퇴 연회 준비는 잘 되고 있나요?
>
> 헤더 라이스 [3:16]: 식당 예약은 했습니다. 만오천 원짜리 식사와 이만 원짜리 식사가 있는데 만오천 원짜리도 괜찮아 보입니다. 어떤 게 좋을까요?
>
> 짐 칼슨 [3:17]: 문제가 생겼어요. 초대장을 인쇄해 주는 업체에서 방금 연락이 왔는데 지연이 발생하여 이번주 수요일이 되어야 초대장을 받을 수 있어요. 시간이 좀 촉박한데 괜찮을까요?
>
> 샐리 김 [3:18]: **예산이 매우 빠듯해요.** 그런데 큰 차이는 없어 보이네요.

> **문제:** "예산이 매우 빠듯해요"는 무엇을 의미하는가? ▶ 헤더 라이스에 대한 답변이므로 헤더 라이스의 말이 단서다.
> **정답:** 김 씨도 라이스 씨와 같은 생각이다. ▶ 예산이 빠듯하다는 것은 저렴한 것을 선택하겠다는 뜻
> **오답:** 수요일에 초대장 발송을 할 수 있다. ▶ 바로 앞의 문장으로 혼동 유발

3) 바로 앞 사람의 말을 보고 풀기 어려운 경우에는 의도를 파악할 표현 바로 뒤에 단서가 나온다.

> 존 해밍턴 [10:46]: 당신이 요청한 수정사항을 반영했고 이제 그 부분을 이메일로 보내려고 해요.
>
> 찰리 박 [10:47]: 여기서는 이메일 접속이 안 되네요. 이 호텔 인터넷이 다운됐어요.
>
> 존 해밍턴 [10:48]: 제가 생각하기엔 좀 기다려도 될 듯해요. 어차피 회의는 내일 아닌가요?
>
> 찰리 박 [10:50]: **왜 기다려요?** 그냥 수정한 부분만 팩스로 보내주면 안 되나요?

문제: "왜 기다려요?"는 무엇을 의미하는가?
정답: 그는 문서를 받고 싶어한다.
▶ 바로 앞의 말로는 무엇을 기다리는지 알 수 없다. 그 앞의 말을 통해 이메일을 기다리는 상황임을 알 수 있으나 이메일도 안 되므로 앞 문장으로는 무엇을 기다리는지 명확하지 않을 수 있다. 뒤 문장을 보면 팩스로 받겠다는 말이 나온다. 따라서 "그는 문서를 받고 싶어한다"는 것이 유추 가능하다.

3. 의도 파악 시 도움이 되는 상황 파악

간혹 단어는 아는데도 대화의 정확한 상황을 몰라서 의도 파악 문장의 앞과 뒤의 문장을 확인해도 문제가 풀리지 않는 경우가 있다. 이런 경우에는 주제(연락한 이유), 화자, 문제점, 해결책, 다음 일정 등을 파악하면 의도 파악이 수월하다.

대화 주제	행사 준비, 계약/입찰 진행 상황 공유, 자료 준비, 합병에 따른 우려사항	대화의 초반부
화자의 직업/관계 화자가 있는 장소	상사와 부하 사이인지, 동료 사이인지, 납품 업체와 고객 사이인지 한 명은 사무실, 다른 한 명은 행사장, 도로 위, 공항 등	대화의 초반부
문제점	재고 부족, 회의 지각, 연설자 불참 통보, 계약 불발, 인터넷 고장, 프린터 고장, 자료 부족 등	대화의 초중반부
해결책/다음 일정	다른 창고에 가서 가져옴, 먼저 시작함, 대체자 연락, 팩스로 전달, 다른 프린터로 인쇄, 마감일 조정 등	대화의 중후반부

4. 상황 파악에 도움이 되는 구어체 표현

의도 파악 문제의 일부는 "I can't believe it."과 같은 구어체 표현으로 구성된다. 구어체 표현의 뜻을 정확히 알면 문제를 푸는 데 훨씬 도움이 된다. 그러나 앞뒤 문장을 파악하지 않아도 풀리는 것은 아니며, 잘 모르는 구어체 표현이 나와도 앞뒤 문장을 잘 살펴보면 문제를 풀 수 있다.

구어체 표현	의미	상황
I can't believe it.	놀랍네요.	앞에 예상치 못한 좋은 일 혹은 나쁜 일이 언급될 때
It doesn't make sense.	말도 안돼요.	앞에 일상적이지 않고 예상치 못한 일이 언급될 때
Here we go.	자, 여기요.	앞에 내용에 대한 해결책을 제시할 때
Sure thing.	물론이죠.	앞의 제안에 대한 허락의 표현
Will do.	그렇게 할게요.	앞의 요청에 대한 허락의 표현
I'll get right on it.	바로 시작할게요.	앞의 요청에 대해 바로 실행하겠다는 의지
You can say that again.	맞는 말이에요.	앞의 의견에 대한 강한 동의
No doubt.	의심의 여지가 없어요.	앞의 의견에 대한 강한 동의

Cathy Jacobs [4:04 P.M.] You were really in a hurry. Were you about to catch the subway?

Greg King [4:08 P.M.] I just missed it. But there's another one coming five minutes from now.

Cathy Jacobs [4:10 P.M.] That's good. Did you remember to fax the invoice to Denton Pharmaceuticals before you left?

Greg King [4:11 P.M.] I wanted to, but I couldn't find the fax number. So I sent it by courier instead.

Cathy Jacobs [4:12 P.M.] That's fine. It should arrive before the day ends.

Greg King [4:13 P.M.] That's what I expect.

At 4:13 P.M., what does Mr. King most likely mean when he writes, "That's what I expect"?

(A) An invoice will be paid soon.

(B) Using a courier is fine.

(C) A fax machine should be repaired.

(D) Denton Pharmaceuticals will call soon.

1단계 문제를 확인한다. 의도 파악 문제다. 바로 앞 문장으로 풀 수 있는지 확인한다.

2단계 처음부터 읽어가며 상황을 파악한다. 서류를 보냈어야 했는데 팩스 번호를 몰라서 못 보냈다는 것이 문제다. 나름의 해결책으로 택배를 통해서 보냈고 그것에 대해서 당일에 도착할 것이라서 괜찮다고 하는 상황이므로 이는 택배를 사용했던 해결책이 나름 괜찮다는 이야기다. 따라서 (B)가 정답이다.

3단계 다른 보기들을 점검한다.

(A) 송장을 먼저 보내면 지불은 그 다음 단계의 이야기이므로 대화와는 상관이 없다.

(C) 팩스 번호가 없어서 못 보낸 것이지 팩스가 고장 나서 못 보낸 것은 아니다.

(D) 단순한 업체명 하나로 보기를 구성한 형태다. 전화에 대한 언급은 전혀 없고 추론도 불가능하므로 오답이다.

표현 정리 in a hurry 서둘러, 바쁜 catch (기차, 버스 등을 시간에 맞춰) 잡다, 타다 subway 지하철 miss 놓치다
remember to do ~할 것을 기억하다 fax 팩스로 보내다 invoice 송장 courier 배달원, 택배 회사

해석
Cathy Jacobs [4:04 P.M.] 당신은 정말 시간에 쫓겼네요. 지하철을 막 타려던 참이었죠?
Greg King [4:08 P.M.] 방금 놓쳤어요. 하지만 지금부터 5분 후에 다른 열차가 와요.
Cathy Jacobs [4:10 P.M.] 잘됐네요. 떠나기 전에 Denton Pharmaceuticals로 송장을 팩스 보내는 것 잊지 않았나요?
Greg King [4:11 P.M.] 저도 그러고 싶었는데 팩스 번호를 찾을 수가 없었어요. 그래서 대신 택배로 보냈어요.
Cathy Jacobs [4:12 P.M.] 괜찮아요. 오늘 안에 틀림없이 도착할 거예요.
Greg King [4:13 P.M.] 그렇게 예상합니다.
오후 4시 13분에 King 씨가 "그렇게 예상합니다."라고 쓸 때 무엇을 의미하겠는가?
(A) 송장이 곧 지불될 것이다.
(B) 택배를 이용하는 것이 괜찮다.
(C) 팩스기가 수리되어야 한다.
(D) Denton Pharmaceuticals가 곧 전화할 것이다.

Questions 1-2 refer to the following text message chain.

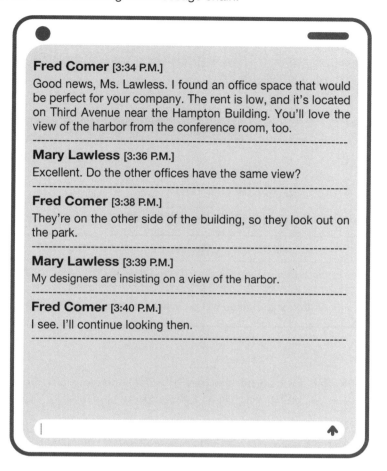

Fred Comer [3:34 P.M.]
Good news, Ms. Lawless. I found an office space that would be perfect for your company. The rent is low, and it's located on Third Avenue near the Hampton Building. You'll love the view of the harbor from the conference room, too.

Mary Lawless [3:36 P.M.]
Excellent. Do the other offices have the same view?

Fred Comer [3:38 P.M.]
They're on the other side of the building, so they look out on the park.

Mary Lawless [3:39 P.M.]
My designers are insisting on a view of the harbor.

Fred Comer [3:40 P.M.]
I see. I'll continue looking then.

1. In what field does Mr. Comer most likely work?

(A) Design
(B) Construction
(C) Real estate
(D) Manufacturing

2. At 3:40 P.M., what does Mr. Comer mean when he writes, "I see"?

(A) He understands Ms. Lawless is not interested.
(B) He can meet Ms. Lawless later in the day.
(C) He has another place he can suggest.
(D) He will call Ms. Lawless on the phone soon.

• 정답 및 해설은 19쪽에서 확인

문장 삽입 문제는 단일 지문에서 출제되고 주로 기사와 공지/이메일에서 등장한다. 삽입할 문장 안에 지시어나 연결어가 포함된 경우에는 비교적 쉽게 풀 수 있으나 최근 들어 이야기 흐름을 명확히 이해하고 앞뒤를 다 확인해야 정확히 풀리는 까다로운 문제도 출제되고 있다.

출제율 100% 핵심 포인트 시간이 없으면 이것만 외우세요!

1. 문장 삽입 문제

문제에 주어진 문장이 지문 내의 어느 위치에 들어가야 하는지 묻는 문제다.

In which of the positions marked [1], [2], [3], and [4] does the following sentence best belong?

지시어가 있는 경우	"Each will have a grocery shop and student housing."
연결어가 있는 경우	"In addition, we can provide free delivery."
지시어나 연결어가 없는 경우	"A free audio guide will be available upon request at the information desk."

2. 삽입할 문장의 앞 내용 예상

1) **지시어(this, that, the+명사, doing so, he, she, they 등)나 연결어(therefore, also, however 등)가 있는 경우**
   지시어나 연결어를 통해 앞에 위치할 내용을 먼저 예상한 후 각 번호의 앞에 예상된 내용이 있는지 확인한다.

   "In addition, we can provide free delivery."
   ▶ 추가의 접속부사 다음에 무료 배송에 대한 언급이 있으므로 앞에는 혜택에 대한 내용이 있을 것으로 예상

2) **지시어나 연결어가 없는 경우**
   내용이 구체적이거나 결과적이거나 추가적인지 확인한다. 바로 앞의 내용은 포괄적이고 원인이 되는 표현이 온다.

삽입할 문장(구체적, 결과적, 추가적)	앞의 내용(포괄적, 원인)
"개인 티켓은 30달러입니다."	티켓이나 요금에 대한 내용
"바닥이 포장되고 울타리가 만들어집니다."	주차장 보수 작업이 있어서 접근이 불가함
"반품하고 환불받거나 비슷한 제품을 받는 것입니다."	두 가지 선택사항

3. 앞의 내용을 예상하기 어려운 경우

1) **지문 유형에 따라 이야기 흐름상 적절한 곳에 넣는다.**
   "A free audio guide will be available upon request at the information desk."
   ▶ 박물관 공지에서 추가적인 정보를 주는 부분이므로 지문의 후반부에 위치할 것으로 예상

삽입할 문장	지문 내의 위치(전, 중, 후)
"서류 합격자에 한해 3월 15일에 인터뷰가 있을 것입니다."	구인 광고의 후반부
"OO사는 추가적인 공장을 브라질과 멕시코에 건설할 것이다."	기사의 후반부
"그 회사는 처음에 오래된 철물소를 인수하여 시작했다."	기사의 초중반부(두 번째 문단)

2) 삽입할 문장 뒤를 보고 푼다.

삽입할 문장: "당근의 맛이 갑자기 없어진 것이 아닙니다."

뒤 문장: 수십 년에 걸쳐 대량 생산, 색깔, 크기에 집중한 결과 어느새 사람들은 맛에 대한 관심이 줄었습니다.

4. 문장 삽입 문제의 풀이 순서

문장 삽입 문제는 한 세트의 문제 중 가장 먼저 읽고 앞에 나올 내용을 예상해 본 후 다른 문제들을 먼저 풀면서 [1]이 나오면 그때부터 확인한다. [1]이 답이 아니면 또 다른 문제를 풀다가 [2]가 지나갈 때 [2] 앞을 확인한다. 이렇게 하면 문장 삽입 문제를 풀기 위해 지문을 여러 번 읽지 않아도 된다.

고득점자의 풀이법 ••

Date: January 28
Subject: Fitness Benefit

Dear Mr. Daniels,

I looked over the files you sent concerning the company's new health and fitness program. I'll inform the staff at the Houston branch when we have our weekly meeting tomorrow. --[1]--. Since this new benefit doesn't go into effect until March, they'll have plenty of time to determine which health club or fitness center they are interested in joining. --[2]--.

I need to clarify a couple of points regarding this program with you. --[3]--. I wonder when you have some time to discuss this matter over the phone.

I look forward to hearing from you soon. --[4]--.

Regards,
Marvin Dinkins, HR

In which of the positions marked [1], [2], [3], and [4] does the following sentence best belong?

"They'll surely be pleased to learn the company will provide them with a free health club membership."

(A) [1]
(B) [2]
(C) [3]
(D) [4]

표현 정리 look over 살펴보다 inform 알리다 branch 지점, 지사 weekly meeting 주간 회의 go into effect 실시되다, 발효되다 plenty of 많은 determine 결정하다 clarify 명확하게 하다 regarding ~에 관한 wonder 궁금해하다 discuss 논의하다 matter 문제, 사안 look forward to -ing ~하기를 고대하다 soon 곧

해석

날짜: 1월 28일

제목: 피트니스 혜택

Daniels 씨에게,

회사의 새로운 건강 및 피트니스 프로그램과 관련하여 보내주신 파일을 검토했습니다. 내일 주간 회의를 할 때 Houston 지사의 직원들에게 알리겠습니다. 그들은 회사가 무료 헬스클럽 회원권을 제공할 것임을 알게 된다면 분명 기뻐할 것입니다. 이 새로운 혜택은 3월에나 적용되므로 가입하고자 하는 헬스 클럽이나 피트니스 센터를 결정할 시간은 충분합니다.

이 프로그램과 관련하여 몇 가지 사항을 명확히 하고자 합니다. 전화상으로 이 문제를 언제 논의할 수 있는지 궁금합니다.

곧 연락 기다리겠습니다.

인사부 Marvin Dinkins

[1], [2], [3], [4]로 표시된 곳 중 다음 문장이 들어가기에 가장 적합한 곳은?

"그들은 회사가 무료 헬스클럽 회원권을 제공할 것임을 알게 된다면 분명 기뻐할 것입니다."

(A) [1]

(B) [2]

(C) [3]

(D) [4]

Questions 1-4 refer to the following article.

VANCOUVER (October 11) – Honoria, Inc., a Canadian electronics manufacturer headquartered here in Vancouver, opened a new factory in Taipei, Taiwan, on September 30. The facility will employ more than 200 full-time workers and focus on making kitchen appliances. This is the company's first venture into the lucrative Asian market. --[1]--. CEO Jeremy Walker stated, "Being located in Taiwan will help us secure market share in that country as well as in other parts of Asia."

He added, "We hope to increase our presence there in the future. --[2]--." Mr. Walker and several other top executives were in Taipei to celebrate the opening of the facility.

Honoria has significant market share in both North America and Europe. Its most recent television, the Zeta Max, is a bestseller in the United States, France, and Spain. However, the company's sales in Asia are lagging, which is one of the reasons it decided to open the facility there. --[3]--.

Honoria also has production facilities in Dallas, Texas, USA, and Zurich, Switzerland. Mr. Walker noted that his company is negotiating with the government of Thailand to open a plant near Chiang Mai. --[4]--. He believes the talks will be successful.

1. What is stated about Honoria, Inc.?

   (A) It has been in business for two decades.
   (B) It intends to move its headquarters.
   (C) It has partnerships with companies in Europe.
   (D) It hopes to sell well in the Asian market.

2. What does the article indicate about Mr. Walker?

   (A) He is the new director of the Taipei plant.
   (B) He is happy with his company's sales in Asia.
   (C) He traveled abroad in September.
   (D) He intends to market the Zeta Max in Asia.

3. Where will Honoria, Inc. most likely build its next production facility?

   (A) In the USA
   (B) In Thailand
   (C) In Switzerland
   (D) In Taiwan

4. In which of the positions marked [1], [2], [3], and [4] does the following sentence best belong?

   "We have big plans for that part of the world."

   (A) [1]
   (B) [2]
   (C) [3]
   (D) [4]

• 정답 및 해설은 19쪽에서 확인

UNIT 60 동의어 문제는 해당 어휘가 없다고 생각하고 풀면 끝!

동의어 문제는 평상시의 어휘 실력과 비례하기 때문에 단기간에 대비하기 어렵다. 그러나 특히 **다의어일수록** 문맥을 고려하여 풀어보면 다 맞힐 수 있다. 보통 한 문제 정도만 어렵고 나머지는 쉽게 나오는 편이다.

출제율 100% > 핵심 포인트 >   시간이 없으면 이것만 외우세요!

1. 동의어 문제

지문 내의 특정 어휘와 같은 뜻을 가진 보기를 고르는 문제다.

뜻이 여러 개 없는 어휘	The word "approximately" in paragraph 1, line 2, is closest in meaning to
여러가지 뜻이 있는 어휘	The word "run" in paragraph 1, line 2, is closest in meaning to

2. 동의어 문제 풀이법

1) '몇 번째 문단 몇 번째 줄'이라는 말만 보고 일단 지문의 동의어에 밑줄을 긋는다. 다른 문제를 풀다가 해당 부분이 지나갈 때 확인하면 된다.

2) 해당 어휘에 대해 자신이 원래 알고 있던 뜻으로 대입을 하여 자연스러운지 확인한다.

Athletic Facilitator Needed

The Richmond Parks and Recreation Department is searching for an athletic facilitator to **run** the city's various sports programs.

▶ run은 '운영하다'라는 뜻이 있으므로 그 뜻으로 사용되는지 확인한다. 목적어로 programs가 있고 운영해 줄 facilitator를 찾고 있다고 했으므로 의미가 맞다.

3) 해당 어휘를 지워 보고 만약 파트 6에서 해당 문제가 나왔다고 했을 때도 그것을 답으로 할 만한지 확인한다.

Athletic Facilitator Needed

The Richmond Parks and Recreation Department is searching for an athletic facilitator to ------- the city's various sports programs.

(A) elect   (B) move   (C) exist   (D) operate

▶ 파트 6 어휘 문제라고 해도 operate를 정답으로 고르기에 문제가 없다. 목적어가 있으므로 자동사인 (C)는 오답이고 (A)는 사람을 목적어로 가져야 해서 오답이다. (B)가 남는데 여기서는 programs을 운영할 담당자를 뽑는다는 문맥이다.

4) 다의어는 항상 해당 문장 안에서의 문맥 확인이 필수다.

다의어	뜻	다의어	뜻
practice	관습, 관행, 훈련, 연습, 실행, 개업, 영업	run	뻗어 있다, 운영하다, 출마하다, 계속되다
matter	일, 문제, 중요한 것, 물질, 재료, 상황	maintain	유지하다, 보수 관리하다, 주장하다, 지속하다
capacity	수용 능력, 역할, 용량	treat	다루다, 치료하다, (식사를) 대접하다
figure	수치, 계산, 인물, 모양, 그림	promote	홍보하다, 승진시키다, 촉진시키다
stock	재고, 주식; 채워 넣다	observe	관측하다, 준수하다
view	전망, 견해, 살펴보기	suit	옷, 소송; 적합하다, 어울리다
issue	(잡지의) 호, 문제; 발행하다, 제공하다	arrange	정돈하다, 계획하다, 준비하다

3. 너무 뻔한 표면적인 뜻은 오답

지문 창고 대방출! 우리는 신상품을 위한 진열 공간을 만들기 위해서 기존 재고를 move해야 합니다.

문제: The word "move" in paragraph 1, line 1, is closest in meaning to
(A) 옮기다   (B) 팔다   (C) 감동시키다   (D) 이사하다

▶ move의 뜻 중 가장 익숙한 것은 '옮기다'라서 (A)를 선택했다면 너무 뻔한 뜻이므로 정말 그 뜻으로 사용되었는지 문맥을 확인하는 것은 필수다. 진열 공간을 만들기 위해 기존 재고를 다른 데로 옮길 수 있겠지만, 궁극적으로 이 지문은 재고처리 할인행사 광고이므로 여기서 move의 뜻은 (B)라고 볼 수 있다.

어휘	이렇게만 알고 있으면 틀릴 수 있다	이런 뜻으로 나온다
monitor	(TV 등의) 모니터	감시하다(oversee), 관측하다(observe)
locate	위치시키다	찾다(find)
feature	특징, 기능	~을 특집으로 다루다, ~가 주된 내용이다(be an important part of)
good	훌륭한	유효한(valid)
move	옮기다, 이동시키다	팔아 없애다(sell and get rid of), 감동시키다
conduct	행동하다	관리/진행하다(administer)
wealth	부, 재산	풍부함(abundance)
go with	함께 가다	선택하다(select)
prompt	신속한	시작시키다(initiate), 장려하다(encourage)
entry	입구	출품물(submission to a contest)
grasp	꽉 쥐기, 장악력	이해(understanding)
covered	덮인, 보호된	다루어진(noted on), 비용이 지불되는(paid with)
stress	긴장	강조하다(emphasize)
land	땅, 착륙하다	획득하다(acquire)
spot	장소, 점	알아차리다(notice)
slot	구멍, (컴퓨터) 슬롯	빈자리(opening), 할당된 시간(an assigned time)

By reading the meter, you can know your electricity bill has been charged correctly, how much you will be charged in the future, and how much electricity you use when you do some activities with high electricity consumption. If you are having trouble reading the meter, for example, due to a scratch on the meter glass, please contact us. Do not attempt to adjust the meter yourself.

The word "adjust" in paragraph 1, line 4, is closest in meaning to

(A) settle

(B) repair

(C) reply

(D) bring

1단계 문제를 확인한다. 동의어 문제다.

2단계 '조정하다'의 뜻으로 대입해서 문제가 없는지 확인한다. 계량기를 읽기 어려울 때 스스로 만져서 해결해 보려고 하지 말라는 문맥이다.

3단계 파트 6 어휘 문제라고 생각하고 적절한 어휘를 선택한다. 계량기에 흠집 같은 것이 있을 때 스스로 고쳐서는 안된다는 문맥이므로 (B)가 정답이다. (A)는 지정된 자리에 넣을 때 쓰는 말이다.

표현 정리 meter (전기, 가스, 수도 등의) 계량기 electricity bill 전기요금 charge 청구하다 correctly 바르게, 정확하게 activity 활동, 움직임 consumption 소비, 소모 attempt 시도하다. 애써 해보다

해석
계량기를 읽음으로써 전기요금이 제대로 부과됐는지, 앞으로 얼마나 부과될지, 전력 소비가 많은 활동을 할 때 얼마나 전기를 소비하는지 알 수 있습니다. 예를 들어 계량기 유리에 흠집이 있어서 미터기를 읽는 데 문제가 있을 경우에는 당사에 연락하십시오. 계량기를 직접 조정하지 마십시오.

1문단 네 번째 줄의 단어 adjust와 의미상 가장 가까운 것은?
(A) 고정시키다
(B) 수리하다
(C) 회신하다
(D) 지참하다

Questions 1-2 refer to the following e-mail.

I would like to thank Lisa Waverly in particular for her assistance. It was thanks to her hard work and dedication that I was able to complete my debut novel. There were times when I doubted myself and my ability to complete the work, but she encouraged me to continue writing. I am fully aware that this book never would have become reality if it were not for her. Nor would it have been as successful as it has been.

Joseph Graves

1. The phrase "thanks to" in line 1 is closest in meaning to

   (A) appreciative of
   (B) attributable to
   (C) responsible for
   (D) resulting in

2. What is NOT true about the book?

   (A) Mr. Graves made it public for the first time.
   (B) Ms. Waverly helped him keep writing it.
   (C) Mr. Graves found it successful.
   (D) Most of the story is based on reality.

• 정답 및 해설은 20쪽에서 확인

UNIT 61 이메일/편지는 누가, 누구에게, 무엇을 확인하면 절반은 해결!

이메일/편지는 파트 7에서 가장 많이 나오는 유형으로 다양한 주제가 나오며 주로 주제/목적이나 요청사항을 묻는 문제가 나온다. 지문의 세 줄만으로 이메일의 주제/목적을 파악한 후 다른 세부사항을 확인하는 방식으로 풀면 빠르고 정확하게 문제를 풀 수 있다.

출제율 100% 핵심 포인트 시간이 없으면 이것만 외우세요!

1. 이메일/편지 유형

1) 빈출 주제

일정 변경, 참석 요망, 제품 재고 부족 사과, 오류 정정 요청, 재구독 요청, 구직 의뢰, 합격 통보, 계약의 중단/연장, 서비스 문의/답변이 나온다.

2) 이야기 흐름

글을 쓴 목적 ➡ 세부사항 ➡ 요청사항

3) 주로 나오는 문제와 단서 위치

유형	문제	단서 위치
주제/목적	Why was the letter sent to Ms. Lake?	초반부 세 줄
수신자/발신자	Who most likely is Mr. Marssala?	초반부 세 줄
제안/요청/권고사항	What is Mr. Kuiper asked to do?	후반부의 please 주변
세부내용, 사실 확인, 추론	What is NOT mentioned about the property on Santa Rosa Street?	중/후반부
문장 삽입	In which of the positions marked [1], [2], [3], and [4] does the following sentence best belong? "A free audio guide is available upon request at the information desk."	정해지지 않음

2. 풀이 전략

1) 문제를 먼저 읽지 말고 지문부터 본다.

• 지문 상단 및 하단의 정보를 통해 수신자 및 발신자에 대해 1차 확인한다.
• 이메일 주소 대신 이름만 있거나 이메일 주소의 뒷부분이 같은 경우는 같은 회사 직원이고, 이메일 주소가 다른 경우에는 고객과 납품업체와의 관계인 경우가 많다. 참고로, 편지의 중앙 상단은 발신자 정보다.

2) 위의 정보와 초반부 세 줄까지 읽고 누가, 누구에게, 무슨 내용을 보내는지 확인한다.(30초 안에 마무리한다.)

발신자(누가)	수신자(누구에게)	주제(무슨 내용)
회의 주최자	연설자	일정 변경, 참석 요망
제공업체	구매 고객	제품 재고 부족 사과, 요청
독자/출판사	출판사/독자	오류 정정 요청, 재구독 요청
구직자/구인자	구인자/구직자	지원 문의, 합격 통보
고용업체	하청업체	계약의 중단, 연장
서비스 이용업체	서비스 제공업체	서비스 문의, 답변
분실물 보관 센터	물건 분실자	분실된 물건 확인 절차
부서장, 임원	전 직원	공지(notice)/회람(memo) 이메일: 행사 공지, 지원자 모집, 보수공사 안내 등

3) 첫 번째 문제는 대부분 주제/목적, 수신자, 발신자 문제이므로 바로 풀고, 나머지 문제를 읽는다.

- 나머지 문제는 주로 세부사항을 묻는 문제인데 특히 요청사항을 묻는 문제라면 중후반부에서 주로 please 다음의 내용을 잡아서 푼다.

시험에 주로 나오는 요청사항
- 계약서, 양식(설문지 등)을 작성하여 돌려달라
- 선호사항(메뉴, 날짜 등)을 알려달라
- 추가 정보를 위해 웹사이트 방문, 전화, 직접 방문해달라
- 다른 제품 구매를 고려해 보라
- 시간이 되는지 안 되는지 알려달라 / 참석 여부를 알려달라

4) 요청사항이 아닌 일반적인 세부내용을 묻는 문제는 키워드를 잡아서 푼다.

세부내용	중요 단서
첨부 문서	attached 첨부된 enclosed 동봉된 send along 보내다 enclosure 동봉물
변경 전후	originally/initially 처음에는 now 이제는
날짜 정정	misprinted 잘못 인쇄된 instead of 그 대신에 modify 수정하다
문의사항	you have asked about 당신이 물어봤던
문제의 세부내용	however 그러나 unfortunately 불행히도 difficulty 어려움 trouble 문제

Questions 1-3 refer to the following e-mail.

TO: jennymoss@icono.net
FROM: saraoh@ihac.org
SUBJECT: Upcoming event

Dear Ms. Moss,

I'm writing to inform you that the International Homebuilders Association Conference will no longer be taking place from July 13 to 16. The Manchester Conference Center, where we had booked space, will be closed during the entire month of July, so the event will now take place from August 2 to 5. You were scheduled to make a presentation on the second day of the event. However, you will now be doing so on the final day of the rescheduled conference. We truly regret the inconvenience. We realize that you are busy and hope you can participate in the conference. Please inform us of your plans as soon as possible so that we can make the necessary arrangements. Should you require assistance rebooking airplane tickets or hotel rooms, please let us know.

---

1. **What is the purpose of the e-mail?**
   (A) To reserve a venue for an event
   (B) To cancel an upcoming conference
   (C) To approve a speech to be given
   (D) To provide details on a schedule change

2. **When was Ms. Moss originally scheduled to speak?**
   (A) On July 13
   (B) On July 14
   (C) On August 2
   (D) On August 3

3. **What does Ms. Oh ask Ms. Moss to do?**
   (A) Pay a registration fee
   (B) Submit a speech
   (C) Confirm her attendance
   (D) Reserve a hotel room

1단계 초반부 세 줄까지 읽으며 누가, 누구에게 무슨 내용을 보내고 있는 것인지 확인한다. 학회 주최측에서 발표자에게 일정 변경에 대해서 알리는 글이다. 후반부에는 세부내용과 요청사항이 나온다.

2단계 1번은 일정 변경에 대한 세부사항 제공이라는 뜻의 (D)가 정답이다. 이어서 2번과 3번을 확인한다. 2번은 originally와 speak에 키워드를 표시하고 3번은 ask에 표시한다. 보기를 지문보다 먼저 읽지 말고 바로 지문에서 원래 일정과 요청사항을 각각 확인한다.

3단계 2번은 원래 일정이 행사의 두 번째 날이었으므로 (B)가 정답이고, 3번은 요청사항이 계획을 알려달라는 것이므로 (C)가 정답이다.

표현 정리 no longer 더 이상 ~이 아니다 take place 개최되다 entire 전부의 inconvenience 불편함 realize 깨닫다
participate 참여하다 arrangement 준비

해석

수신: jennymoss@icono.net

발신: saraoh@ihac.org

제목: 곧 있을 행사

Moss 씨께,

국제 주택 건설업자 협회 학회가 7월 13일부터 16일까지 열리지 않게 되어 연락드립니다. 저희가 장소를 예약한 Manchester 컨퍼런스 센터가 7월 한 달 동안 문을 닫아서 행사는 8월 2일부터 5일까지 열릴 예정입니다. 귀하는 행사 둘째 날에 발표를 하시기로 예정되어 있었습니다. 그러나 이제 일정이 조정된 학회의 마지막 날에 발표를 하시게 될 것입니다. 불편을 드려서 정말 죄송합니다. 바쁘시다는 것을 알고 있지만 학회에 참석해 주시길 바랍니다. 가능한 한 빨리 귀하의 계획에 대해 알려주시면 저희가 필요한 조치를 취할 수 있을 것 같습니다. 항공권이나 호텔 방을 다시 예약할 때 도움이 필요하시면 알려주십시오.

1. 이메일의 목적은 무엇인가?

(A) 행사 장소를 예약하기 위해

(B) 다가올 학회를 취소하기 위해

(C) 연설을 수락하기 위해

(D) 일정 변동에 대한 세부사항을 제공하기 위해

2. Moss 씨는 원래 언제 발표하기로 되어 있었는가?

(A) 7월 13일

(B) 7월 14일

(C) 8월 2일

(D) 8월 3일

3. Oh 씨는 Moss 씨에게 무엇을 요청하는가?

(A) 등록비 지불

(B) 발표문 제출

(C) 참석 확인

(D) 호텔 방 예약

Questions 1-2 refer to the following letter.

Peterson Logistics
88 Baldwin Avenue
Albany, NY

Leonard Styles
31 Mohawk Road
Albany, NY

March 22

Dear Mr. Styles,

Thank you for accepting our offer to join the team here at Peterson Logistics. Before you begin to train on the vehicle you will be assigned, it is necessary to ensure you have no medical issues which could impair you during the course of your duties.

The main priority of your job will be ensuring that other people's deliveries reach them safely, intact, and on time. As the area in which you will be working gets large amounts of snow and rain throughout the year, your ability to operate a large vehicle safely depends on being in good health. You must therefore undergo a physical checkup before you begin working with us. Please call 837-8272 to make an appointment. A physician selected by Peterson Logistics will examine you. The entire procedure should take approximately two hours of your time. There will be no charge for this. Please submit the physician's report to your supervisor on your first day of work.

Sincerely,

Desdemona Bradley
Peterson Logistics

1. Who most likely is Mr. Styles?

   (A) A government official
   (B) A medical worker
   (C) A driver
   (D) A car mechanic

2. What is Mr. Styles asked to do by telephone?

   (A) Schedule an examination
   (B) Confirm his acceptance of a job
   (C) Contact his supervisor
   (D) Check the weather forecast

• 정답 및 해설은 21쪽에서 확인

UNIT 62 공지/회람은 누가, 누구에게, 무엇을 확인하면 절반은 해결!

공지/회람은 이야기 흐름이 비교적 명확하고, 자주 나오는 문제와 답이 어느 정도 정해져 있어서 이를 파악하면 수월하게 풀 수 있는 지문 유형이다.

출제율 100% 핵심 포인트

시간이 없으면 이것만 외우세요!

1. 공지/회람 유형

1) 공지/회람의 특징

· 공지(notice, announcement)

특정한 다수의 사람들을 대상으로 새로운 방침, 규정 변경, 행사 등을 알리기 위한 글

· 회람(memorandum)

회사에서 부서/직원 간에 업무 관련 안내사항이나 새로운 소식을 전달할 때 사용하는 간략한 통신문

2) 이야기 흐름

공지 주제 ➡ 세부내용(이유, 세부일정/장소) ➡ 요청사항/담당자 지정

3) 주로 나오는 문제와 단서 위치

유형	문제	단서 위치
주제/목적	What is the purpose of the notice/announcement/memo?	초반부 세 줄
공지 주체와 대상	Where is the notice most likely posted?	초반부 세 줄
요청/협조사항	What are employees advised to do?	후반부의 please 주변
세부내용, 사실 확인, 추론	What is the reason for the closure of the north wing?	중/후반부
문장 삽입	In which of the positions marked [1], [2], [3], and [4] does the following sentence best belong? "You will also find the complete itinerary there."	정해지지 않음

2. 풀이 전략

1) 문제보다 지문 세 줄을 먼저 읽고 주제/목적, 공지 주체와 대상을 확인한다.

주제/목적	행사 공지, 공사 및 교통 통제, 공익 업무 관련(자원봉사자 모집, 모금 운동), 새로운 정책, 인사 이동(승진, 신입, 은퇴), 시스템 변경, 공사/점검/유지보수로 인한 변화
공지의 주체/대상	주체와 대상이 직접적으로 드러나 있지 않음. 공지의 주제/목적을 확인하면서 유추함.
회람의 주체/대상	이메일의 형태이므로 쉽게 확인 가능. 주로 관리자급(인사팀장, (부)사장)이 직원 전체에 발송.

217

2) 첫 번째 문제는 주로 주제/목적, 공지 주체와 대상을 묻는 문제이므로 바로 푼다.

- 나머지 문제를 읽는다.
- 세부내용이 요청/협조사항을 묻는 경우라면 이는 지문의 중/후반부 please 뒤에 단서가 있고, 자주 출제되는 요청의 내용은 참석, 작성, 신청, 사용 금지 등이다.

	주제/목적	요청/협조사항
공지	임시 정책을 설명하기 위해서	잔디 물주기는 30분 이상 초과해서는 안됩니다.
	공원의 변경사항을 알리기 위해서	측면 문을 사용해 주세요.
	기관에 한 의사를 소개하기 위해서	새로운 동료에게 인사하러 오세요.
회람	정책 변경을 공지하기 위해서	매주 금요일에 보고서를 보내주세요.
	직원의 변동을 알리기 위해서	환송회에 참석해 주세요.
	직원들에게 예산상의 우려를 알리기 위해서	컬러 복사를 사용해야 하는 경우 부서장의 허락을 받으세요.

3) 요청사항이 아닌 일반적인 세부내용을 묻는 문제는 키워드를 잡아서 푼다.

- 주로 공지의 이유, 일정, 장소, 추가정보 문의 방법 등을 묻는다.

세부내용	단서의 위치	주로 나오는 정답
공지의 이유	초반부 세 줄 주변	'누수로 인한 보수공사를 위해', '고객 불만이 접수되어서', '매출이 떨어져서', '고객 기반을 확대하기 위해서'
일정, 장소	초반부 세 줄 주변	'~부로 …됩니다', '~에서 개최됩니다', '~였는데 …로 바뀌었습니다'
추가정보 얻는 법, 담당자 이름	후반부 웹사이트/사람 이름	'웹사이트를 참고하세요', '~에게 연락하세요'

고득점자의 풀이법 ●●●●●●●●●●●●●●●●●●●●●●●●●●●●●●●●●●●●●●●

Questions 1-3 refer to the following memo.

To: All Staff, R&D Department
From: Wade Thomas, Vice President
Subject: Announcement
Date: July 18

I'm sure you all know the head of your department, Thomas Rand, submitted his resignation to move back to his hometown, where he has secured employment. We will be holding a farewell party for Mr. Rand at 4:00 p.m. on Friday, July 29, in the employee lounge. You are all invited to attend. In addition, you should be pleased to know I have hired the new head of your department. Wilson Park will be joining us on August 1. Mr. Park served as the lead researcher at Bantam Pharmaceuticals for several years and was most recently the head scientist at JT Technology. Mr. Park has published a number of widely regarded papers and also has extensive management experience. I will introduce Mr. Park to the company at 9:00 a.m. on August 1 in the auditorium. He will give a few words about his vision for the department and what projects he hopes to work on. All employees should be at this meeting.

1. **What is the memo announcing?**
   - (A) A new company policy
   - (B) A change in personnel
   - (C) News about a department's projects
   - (D) A job opening in the R&D Department

2. **According to the memo, what will happen on July 29?**
   - (A) Mr. Rand will publish a paper.
   - (B) Mr. Rand will attend an event.
   - (C) Mr. Rand will make an announcement.
   - (D) Mr. Park will give a short speech.

3. **What are the employees required to do?**
   - (A) Introduce Mr. Park to the audience
   - (B) Attend a company event
   - (C) Deliver some messages
   - (D) Ask some questions

1단계 지문의 초반부 세 줄까지 읽으며 누가, 누구에게 무슨 내용을 공지하는지 확인한다. 부사장이 연구개발 부서 직원들에게 한 직원의 퇴직에 관해 공지하고 있다.

2단계 1번은 이를 인사 변동이라는 포괄적인 표현으로 표시한 (B)가 정답이다. 이어서 2번과 3번을 확인한다. 2번은 July 29에 키워드 표시하고 3번은 required에 표시한다. 보기를 지문보다 먼저 읽지 말고 바로 지문에서 7월 29일의 세부사항과 공지의 요청사항을 각각 확인한다.

3단계 29일은 퇴직자를 위한 송별회의 날짜이므로 (B)가 정답이고, 요청사항은 8월 1일의 행사에 참석하라는 것이므로 (B)가 정답이다.

표현 정리 resignation 사직서 move back 돌아가다 secure 확보하다 farewell party 송별회 widely regarded 널리 알려진 auditorium 강당

해석
수신: 연구개발 부서 전직원
발신: 부사장 Wade Thomas
제목: 공지
날짜: 7월 18일

부서장인 Thomas Rand 씨가 사직서를 제출하고 새로운 직장이 있는 고향으로 돌아간다는 것을 다들 아실 거라고 생각합니다. 우리는 7월 29일 금요일 오후 4시에 직원 휴게실에서 Rand 씨를 위한 송별회를 할 예정입니다. 여러분 모두 참석하실 수 있습니다. 덧붙여, 여러분의 새 부서장을 고용했다는 좋은 소식이 있습니다. Wilson Park 씨가 8월 1일부터 출근합니다. Park 씨는 Bantam 제약회사에서 수년간 수석 연구원으로 근무했고 가장 최근까지 JT Technology에서 책임 연구자로 일했습니다. Park 씨는 널리 인정받은 논문들을 다수 발표했으며 많은 관리 경험을 갖고 있습니다. 8월 1일 오전 9시에 강당에서 Park 씨를 회사에 소개할 예정입니다. 그는 부서에 대한 그의 비전과 추진하고자 하는 프로젝트에 대해 간단히 얘기할 것입니다. 전직원이 참석하기 바랍니다.

1. 회람에서 알리는 것은?
(A) 새로운 회사 방침
(B) 인사 변동
(C) 부서의 프로젝트 소식
(D) 연구개발 부서의 구인

2. 회람에 따르면 7월 29일에 무슨 일이 있을 예정인가?
(A) Rand 씨가 논문을 발표한다.
(B) Rand 씨가 행사에 참석한다.
(C) Rand 씨가 공지를 발표한다.
(D) Park 씨가 간단한 발표를 한다.

3. 직원들이 요청받은 것은?
(A) Park 씨를 청중에게 소개하기
(B) 회사 행사에 참석하기
(C) 메시지 전달하기
(D) 질문하기

Questions 1-2 refer to the following memo.

To: All Staff
From: Harvey Sturgill, Owner
Subject: Laverne Enterprises
Date: September 18

In a unique partnership with Laverne Enterprises, six mountain bicycles will be made available to employees on a trial basis from September 25 to October 10. These mountain bikes are designed with the newest technology to allow for smooth, fast rides. The new Laverne 120 model is the company's top-of-the-line bicycle with a frame made of titanium. Currently, several professional cyclists are using the model, and we have the opportunity to try it out as well. Those who wish to use one of the bikes should contact me. If we get more interest than expected, we'll have to take turns using them on different days. Anyone borrowing a bike will be expected to complete a survey about the experience to help us determine if we should sell it here at our store.

1. What is the purpose of the memo?

(A) To offer the staff a chance to use a product
(B) To conduct a survey on employee preferences
(C) To ask for assistance with a staffing problem
(D) To encourage employees to purchase a bike

2. What are the employees required to do?

(A) Apply to become a professional cyclist
(B) Vote for selling them at the store
(C) Provide input to the owner
(D) Contact the bike manufacturer

• 정답 및 해설은 21쪽에서 확인

UNIT 63 기사는 첫 문단만 잘 파악해도 절반은 정답!

기사는 수험생들이 가장 어려워하는 지문이다. 지문이 길고 단어와 내용이 생소하여 문제를 푸는 데 시간이 지연되는 경우가 많다. 초중급자들은 기본적인 독해 능력을 키워야 하겠지만, 어느 정도 독해가 된다면 **주제별로 정해진 이야기 흐름에 따른 단서 찾기 연습**을 충분히 할 필요가 있다.

출제율 100% 핵심 포인트 〉 시간이 없으면 이것만 외우세요!

1. 기사 유형

1) 기사의 주제

공사, 기업 인수/합병/확장, 후기/평론, 조언/제안, 제품 출시, 인사 이동, 창업, 서비스 광고 등 다양하다.

2) 이야기 흐름

주제 언급 ➡ 사건의 배경/파급 효과 ➡ 미래 전망/계획

3) 주로 나오는 문제와 단서 위치

유형	문제	단서 위치
주제/목적	What is the article about?	첫 번째 문단
발행처나 독자	Where can this article be found?	첫 번째 문단
미래 계획	Where will Psionic Tech most likely build its next production facility?	마지막 문단
세부내용, 사실 확인, 추론	Why has Tenford Construction been hired? What detail about business hotels is NOT mentioned in the article?	중/후반부
문장 삽입	In which of the positions marked [1], [2], [3], and [4] does the following sentence best belong? "The new policy, however, will go into effect next week."	정해지지 않음

2. 풀이 전략

1) 제목과 첫 번째 문단(문단이 없을 경우 초반부 세 줄)에서 주제/목적을 파악한다.

- 첫 번째 문단의 announce 혹은 decide 뒤 merge, open, buy, purchase, acquire, step down, change, contract 등을 확인한다.
- 가장 기억에 남고 핵심이 되는 어휘가 주제다.
- 주제와 함께 발행처나 독자도 추론해 본다.
- 주제가 잘 안 잡힌다면 첫 번째 문단을 다시 한번 읽어본다.

2) 첫 번째 문제를 푼다.

- 첫 번째 문제는 주로 기사의 주제/목적, 발행처나 독자에 관한 정보를 묻는다.
- 첫 번째 문제가 세부내용을 묻는 경우라도 대부분 단서는 첫 번째 문단에 있다.
- 각 문단을 요약하여 전체적인 내용을 포괄적으로 담아내야 풀리는 주제/목적 문제는 네 번째 문제 이후에 푼다.

3) 두 번째 문제부터는 이야기 흐름을 따라서 푼다.

- 문제가 과거의 내용을 물어보는 경우일 땐 사건의 배경을 이야기하는 두 번째 문단에서 단서를 찾는다.
- 특정 인물에 대해서 이야기하는 문제는 그 인물 이름 주변에 단서가 있다.
- 미래 계획을 묻는 문제인 경우 마지막 두세 줄이나 마지막 문단에서 단서를 찾을 수 있다.

4) 인물의 이름이나 인용구가 문단마다 많이 등장하는 지문의 경우에는 표기한다.

- 인물의 직책, 회사명, 출신 지역명, 작품명 옆에 간단히 표기해 둔다.

예) Mr. Smith ▶ Calo 사 대변인

5) 문장 삽입 문제를 풀 때는 지문의 흐름을 잘 활용한다.

"그는 처음에는 스스로 요리를 시작했다"라는 문장은 사건의 배경에 해당한다.
   ▶ 글의 초중반부에 위치

"그 회사는 내년에 아시아 지역에 두 개의 공장을 더 건설할 것이다"라는 문장은 미래 전망에 해당한다.
   ▶ 글의 후반부에 위치

6) 단일 지문 내에서의 단서 결합형 문제를 조심한다.

지문 초반부: 기사 발행일(6월 15일)
지문 중후반부: 사장은 내일 기공식에 참석할 것이다.
문제: 6월 16일에 무슨 일이 있을 것인가?
정답: 사장이 기공식에 참석할 것이다.

지문 초반부: 기공식은 8월 5일
지문 후반부: 사장은 기공식에 참석할 것이다.
문제: 사장에 대해 맞는 것은?
정답: 사장은 8월 5일에 행사에 참석할 것이다.

지문 초반부: 기사 작성자 이름
지문 중반부: 인용구 " ~ "
문제: 기사 작성자에 대해 추론할 수 있는 것은?
정답: 인용된 사람과 인터뷰했다.

Questions 1-3 refer to the following article.

When fitness expert Gordon Meyer decided to venture into the food service industry, he took many people by surprise. --[1]--. One year later, considering the success of Good Eats, his restaurant, nobody is questioning his decision.

"When I was training people at my gym," said Mr. Meyer, "I always stressed that they needed to eat well in addition to working out hard. --[2]--. Since I've long had an interest in cooking, it seemed like the logical step was to open my own restaurant. --[3]--. Fortunately, it's become popular with people in the area, and I'm even getting customers visiting from out of state these days."

Good Eats focuses on serving healthy and nutritious food at relatively low prices. --[4]--. It is located at 567 Venters Street, and it's reported that there are plans to open more in the near future.

---

1. What is the article mainly about?

(A) A business venture
(B) A fitness routine
(C) A popular new diet
(D) A trend in dining out

2. What is indicated about Good Eats?

(A) It requires customers to have reservations.
(B) It provides cheap food that is good for people.
(C) It is opening several branches throughout the city.
(D) It is owned by some friends of Mr. Meyer's.

3. In which of the positions marked [1], [2], [3], and [4] does the following sentence best belong?

"I managed to hire an outstanding chef, and we worked together to create a menu."

(A) [1]
(B) [2]
(C) [3]
(D) [4]

1단계 첫 번째 문단에서 주제를 확인한다. 신사업에 대한 이야기다.

2단계 1번은 주제 문제이므로 바로 (A)가 정답임을 알 수 있다. 3번이 문장 삽입 문제이므로 일단 삽입할 문장만 먼저 읽어 보면 지난 일에 해당하여 지문의 흐름상 사건의 배경을 이야기하는 두 번째 문단에 들어가야 함을 생각해 볼 수 있다. 2번은 지문 전체적으로 Good Eats에 대한 이야기이므로 보기에 키워드 표시하고 지문을 확인한다. reservations, cheap, branches, friends가 키워드다. 일단 첫 번째 문단에 키워드가 없으므로 두 번째 문단을 읽으며 동시에 3번의 보기인 [2], [3]도 확인한다.

3단계 3번은 [3]에 위치할 때 사업 초기 단계의 내용이 되어 자연스럽다. 2번은 마지막 문단에서 low prices 부분이 키워드 cheap과 통하는 부분이므로 (B)가 정답이다.

표현 정리 expert 전문가 venture into ~에 뛰어들다 take A by surprise A를 깜짝 놀라게 하다 considering ~을 고려하면[감안하면]
question 의문을 제기하다 gym 체육관, 헬스장 stress 강조하다 eat well 잘 먹다 in addition to ~에 더하여
work out hard 열심히 운동하다 cooking 요리 logical 필연적인, 논리적인 fortunately 다행스럽게도 popular 인기 있는
these days 요즘에 focus on ~에 초점을 맞추다 healthy 건강에 좋은 nutritious 영양가 높은 relatively 비교적
in the near future 가까운 미래에

해석

피트니스 전문가인 Gordon Meyer가 음식 서비스 산업에 뛰어들려고 할 때 그는 많은 사람들을 놀라게 했다. 1년이 지난 후 그의 레스토랑인 Good Eats의 성공을 고려하면 아무도 그의 결정을 의심하지 않고 있다.

"제가 체육관에서 사람들을 트레이닝할 때 저는 항상 운동도 열심히 하고 잘 먹어야 한다고 강조했습니다. 제가 오랫동안 요리에 관심을 가져왔기 때문에 제가 생각할 수 있었던 논리적인 단계가 레스토랑을 여는 것이었습니다. 저는 실력이 좋은 요리사를 고용할 수 있었고 우리는 함께 메뉴를 만들었습니다. 운좋게도 레스토랑은 지역 사람들 사이에서 이름이 알려졌고, 요즘에는 다른 주에서 오는 손님들도 있는 상황입니다."라고 Meyer 씨는 말했다.

Good Eats는 건강에 좋고 영양가 있는 음식을 상대적으로 저렴한 가격에 제공하는 데 초점을 맞춘다. 이 레스토랑은 Venters Street 567 번가에 위치하고 있고 가까운 미래에 다른 지점도 열 계획을 가지고 있다고 한다.

1. 이 기사의 주제는 무엇인가?

(A) 벤처 사업

(B) 피트니스 생활

(C) 인기있는 새로운 다이어트 식단

(D) 외식 트렌드

2. Good Eats에 대해 나타나 있는 것은?

(A) 고객들에게 예약할 것을 요청한다.

(B) 사람들에게 몸에 좋은 저렴한 음식을 제공한다.

(C) 그 도시에 여러 지점을 가지고 있다.

(D) Meyer 씨의 몇몇 친구들이 소유하고 있다.

3. [1], [2], [3] 그리고 [4]로 표시된 곳 중에서 다음 문장이 들어가기에 가장 적절한 곳은?

"저는 실력이 좋은 요리사를 고용할 수 있었고 우리는 함께 메뉴를 만들었습니다."

(A) [1]

(B) [2]

(C) [3]

(D) [4]

Questions 1-3 refer to the following article.

News in Town
by Aaron Foster

(March 21) The oldest building in town is occupied by the Hillside, a family restaurant owned by Lauren Murphy. It was also where Catherine Hubbard worked her first job. When she was a high school student, she spent her summer vacations there working as a waitress. She saved most of the money she earned to pay for college and to earn a degree.

Now, a decade later, she's once again working for Ms. Murphy. This time, however, she's been hired to give the restaurant an updated appearance. Ms. Murphy believed that despite the popularity of the Hillside, its interior was too drab and needed livening up. "I spoke with several designers and asked them how they would redo the restaurant, but Catherine's ideas impressed me the most. I think it helped that she was already familiar with the Hillside and knew what I liked and disliked."

Ms. Hubbard's proposal will retain the traditional ambience of the restaurant but will update its appearance in several ways. The pictures on the walls will remain where they are, but the tables and chairs will be replaced. They'll be arranged differently as well so that there's more interior space for people to move around. Ms. Hubbard expects to be done by the end of the month.

1. What is the purpose of the article?

(A) To promote a new restaurant

(B) To announce that a store is now hiring

(C) To describe renovations to an establishment

(D) To promote tourism opportunities in a city

2. Who most likely is Ms. Hubbard?

(A) An interior designer

(B) A chef

(C) A college student

(D) A restaurant owner

3. The word "retain" in paragraph 3, line 1, is closest in meaning to

(A) improve

(B) keep

(C) alter

(D) entertain

• 정답 및 해설은 22쪽에서 확인

UNIT 64 문자 메시지/채팅은 문제점과 해결책 확인!

문자 메시지/채팅 유형은 기사 다음으로 까다롭기 때문에 시간을 많이 소비하게 된다. 내용에 등장하는 구어체 표현이 익숙하지 않아서 어려울 수 있으며, 특히 채팅 유형은 여러 사람이 등장하므로 이야기 흐름을 잡는 것도 만만치 않다. 추론 문제도 난이도를 높이는 추가적인 요소다. 따라서 반드시 대화 장소, 인물 관계, 문제점, 해결책 및 다음 일정 등의 상황을 파악하면서 풀어야 한다.

출제율 100% 핵심 포인트

시간이 없으면 이것만 외우세요!

1. 문자 메시지/채팅 유형

1) 문자 메시지/채팅의 주제

주로 발표/회의/행사 준비 시 진행사항 등을 공유하며 문제나 해결책에 대한 이야기를 다룬다.

2) 이야기 흐름

주제/문제 제기 ➡ 해결책 ➡ 다음 일정

3) 주로 나오는 문제와 단서 위치

유형	문제	단서 위치
화자(들)의 직업 추론	Where do the writers most likely work?	초반부 두세 번째 말
화자의 장소	Where most likely is Mr. Shin when he writes to Ms. Cha?	초반부 두세 번째 말
주제	What is the purpose of the discussion? Why did Mr. Barsamian send the message?	초반부 첫 번째 말
문제점	What problem does Mr. Kim mention?	초중반부 but 다음
의도 파악	At 11:09 a.m., what does Mr. Larsson indicate he will do when he writes, "Let me check"?	파악할 문장의 바로 앞뒤나 그 앞 문장
요청/제안사항	What does Mr. Muro want Ms. Santos to do?	중후반부
세부내용에 대한 사실 확인/ 추론	What is true about the regional recruiters? What is indicated about Ms. Hargrave? What is probably true about Ms. Larkin?	정해지지 않음
다음 일정	What will Mr. Larson most likely do next?	후반부

2. 풀이 전략

1) 의도 파악 문제의 시간을 보고 지문에서 해당 문장에 표시한다.
- 미리 풀지 말고 다른 문제들을 풀다가 그 부분을 읽어야 할 때쯤 푼다.

2) 첫 번째 사람과 두 번째, 혹은 세 번째 사람까지의 말을 읽는다. 주제, 화자에 대한 정보, 문제점을 확인한다.
- **빈출 주제:** 회의/발표/행사에 대한 준비사항 공유, 직원 모임이나 회의를 위한 식당 예약

- **빈출 목적:** 직원의 의견을 묻기 위해, 자원자를 모집하기 위해, 문제를 보고하기 위해, 진행 과정 중에 발생하는 참석자/장소 변경을 알리기 위해
- **빈출 문제점:** 재고나 자재 부족, 자료 누락, 행사/회의 장소에 지각, 열쇠 두고 옴, 장소 모름 등

3) **첫 번째와 두 번째 문제를 읽는다. 대부분 화자의 직업이나, 왜 연락했는지, 문제가 무엇인지 등을 묻는 문제다.**
- 읽었던 내용으로 바로 풀 수 있다.
- 단, 화자의 직업 추론 문제는 지문의 단어가 포함된 보기보다는 두세 개의 단서로 추론할 수 있는 보기가 정답이다.

4) **세 번째와 네 번째 문제를 읽는다.**
- 대부분 제안/요청사항이나 다음 일정, 세부내용(장소, 인물, 업체 등)을 묻는다.
- 지문으로 들어가서 중반부 이후에서 문제점에 대한 해결책, 제안/요청사항, 다음 일정이나 기타 세부내용을 확인한다.

5) **의도 파악을 할 문장은 중반부에 있을 때도 있고 후반부에 있을 때도 있다.**
- 어느 쪽에 있건 바로 앞 문장이나 그 대답을 하도록 한 사람의 말에 단서가 있다.

고득점자의 풀이법

Questions 1-4 refer to the following online chat discussion.

Chris Hamilton [9:21 a.m.] We got several phone calls regarding machines this morning. How are we progressing on solving all the issues?

Douglas Warner [9:23 a.m.] I took care of both machines at Stanton Electronics. Fixing them was easy. But I wasn't able to repair the vending machine at the Lakeland Building. I had to order a part for it.

Chris Hamilton [9:25 a.m.] Does the client know that?

Douglas Warner [9:26 a.m.] I explained the problem, but he wasn't very happy. There's nothing I can do though.

Trace Watson [9:28 a.m.] I might be of assistance. We've got a lot of spare parts for vending machines in the warehouse. If you let me know what you're looking for, I might be able to find it.

Douglas Warner [9:30 a.m.] I took a picture. I'll e-mail it to you in a moment.

Chris Hamilton [9:32 a.m.] I hope we can get this problem solved today. Donner Manufacturing is one of our best clients.

Douglas Warner [9:34 a.m.] I'm on my way to 989 Baker Avenue now. If Trace has what I need, I'll drop by the office before lunch to pick up the part.

---

1. What type of business do the people most likely work for?

(A) A manufacturing company

(B) A food and beverage supplier

(C) A delivery firm

(D) A machine repair company

2. What problem are the people discussing?

(A) An employee did not go to work.

(B) A customer complained.

(C) A part is needed.

(D) A client is unhappy.

3. What will Mr. Watson most likely do next?

(A) Check his e-mail
(B) Go to the warehouse
(C) Talk to Donner Manufacturing
(D) Meet Mr. Hamilton

4. At 9:34 a.m., what does Mr. Warner mean when he writes, "I'm on my way to 989 Baker Avenue now"?

(A) He will be at the office soon.
(B) He will go to see Mr. Hamilton next.
(C) He will visit another customer.
(D) He is returning to Donner Manufacturing.

1단계 4번 문제의 9:34 a.m. 문장을 지문에 표시하고 지문을 읽기 시작한다. 9:21 채팅에서 대화문의 주제를, 9:23 채팅에서 문제점을 확인한다.

2단계 1번과 2번 문제를 읽는다. 자판기 수리를 한다는 것으로 보아 1번은 (D)가 정답이다. 2번 문제는 9:23 채팅으로 (C)를 정답으로 할 수 있다.

3단계 3번 문제를 읽는다. Watson 씨의 다음 일정 문제다. 9:30 채팅에서 상대방이 이메일을 보내준다고 했으므로 이메일을 확인한다는 (A)가 정답이다. 이어서 4번을 풀기 위해 4번 앞뒤 문장을 확인한다. 특히 뒤의 문장(내가 필요한 부품을 Trace가 갖고 있다면 사무실에 들르겠다)을 통해 판단해 보면 4번 문제의 정답은 (A)다.

표현 정리 progress 진행되다 solve 해결하다 vending machine 자판기 be of assistance 도움이 되다 spare parts 예비 부품 in a moment 곧 drop by 들르다

해석

Chris Hamilton [오전 9:21] 기계 문제로 오전에 여러 통의 전화를 받았습니다. 문제들을 어떻게 해결하고 있나요?

Douglas Warner [오전 9:23] Stanton Electronics의 기계 두 대는 해결했습니다. 수리하는 건 쉬웠습니다. 그런데 Lakeland 빌딩에 있는 자판기는 수리를 할 수 없었습니다. 수리를 위한 부품을 주문해야 합니다.

Chris Hamilton [오전 9:25] 고객도 그 사실을 알고 있나요?

Douglas Warner [오전 9:26] 문제에 대해 설명했는데 만족스러워 하지 않았습니다. 그런데 방법이 없네요.

Trace Watson [오전 9:28] 제가 도움을 줄 수 있을 것 같습니다. 창고에 여분의 자판기 부품이 많이 있습니다. 찾는 부품이 뭔지 알려주면 제가 찾을 수 있을 거예요.

Douglas Warner [오전 9:30] 제가 사진을 찍었어요. 금방 이메일로 보내겠습니다.

Chris Hamilton [오전 9:32] 오늘 이 문제가 해결되길 바랍니다. Donner Manufacturing은 우리의 가장 중요한 고객 중 하나입니다.

Douglas Warner [오전 9:34] 저는 Baker Avenue 989번지로 가고 있습니다. Trace가 제가 원하는 부품을 가지고 있으면 점심 전에 부품을 가지러 사무실에 들르겠습니다.

1. 화자들은 어떤 종류의 일을 하고 있는가?
(A) 제조회사
(B) 식음료 제공업체
(C) 배송회사
(D) 기계 수리업체

2. 화자들이 얘기하는 문제는 무엇인가?
(A) 한 직원이 출근하지 않았다.
(B) 한 고객이 불만을 제기했다.
(C) 부품이 필요하다.
(D) 한 고객이 불만을 가지고 있다.

3. Watson 씨가 다음에 할 일은?
(A) 이메일 확인
(B) 창고로 가기
(C) Donner Manufacturing 연락하기
(D) Hamilton 씨 만나기

4. 오전 9시 34분에 Warner 씨가 "I'm on my way to 989 Baker Avenue now"라고 한 것은 무엇을 의미하는가?
(A) 곧 사무실에 도착할 것이다.
(B) 다음에 Hamilton 씨를 만나러 갈 것이다.
(C) 다른 고객을 방문할 것이다.
(D) Donner Manufacturing으로 돌아갈 것이다.

Questions 1-4 refer to the following online chat discussion.

Teresa Powell [11:45 A.M.] Everyone, I'm going to meet with our client at Jasper, Inc. to talk about the redecorating we're planning to do, but I just realized that I didn't bring the carpet samples with me. Can somebody lend me a hand?

Greg Comer [11:46 A.M.] Why don't you show them our collection online?

Teresa Powell [11:47 A.M.] Online pictures won't work. The colors and appearances don't look as good online as they do in person.

Greg Comer [11:47 A.M.] You'd better drive back here to pick them up then.

Maria Gucci [11:48 A.M.] Don't do that. I've got some sample books you can borrow at our store on Second Avenue.

Teresa Powell [11:49 A.M.] Thanks, Maria. Can you bring them here? I'm currently parked right across from the Whitmore Building.

Maria Gucci [11:50 A.M.] Why don't I meet you halfway? I've got to meet one of our suppliers at 1:00, so I can't drive all the way there.

Teresa Powell [11:51 A.M.] Ah, I wasn't aware of that. How about meeting at the Sunflower Coffee Shop?

Maria Gucci [11:52 A.M.] I know where that is. I can be there in twenty minutes.

Teresa Powell [11:52 A.M.] Perfect.

---

1. Who most likely is Ms. Powell?

   (A) An employee at Jasper, Inc.
   (B) A coffee shop employee
   (C) A sales representative
   (D) A client of Ms. Gucci's

2. At 11:47 A.M., what does Ms. Powell mean when she writes, "Online pictures won't work"?

   (A) She cannot access a Web site.
   (B) She will cancel the meeting she scheduled.
   (C) She did not bring her laptop with her.
   (D) She wants to show the client some samples.

3. Where is Ms. Powell?

   (A) In her office
   (B) In her car
   (C) At a store
   (D) At a coffee shop

4. What does Ms. Gucci offer to do?

   (A) Take some items to Ms. Powell
   (B) Give a presentation to a supplier
   (C) Stay late at the office
   (D) Help Mr. Comer prepare for a meeting

• 정답 및 해설은 23쪽에서 확인

UNIT 65 광고는 특장점과 연락 방법만 확인하면 끝!

광고는 흐름이 명확하고 문제의 패턴이 정해져 있어서 난이도가 높지 않으므로 **빠르고 정확하게 풀고 다음 지문으로 넘어가야** 한다.

출제율 100% 핵심 포인트

시간이 없으면 이것만 외우세요!

1. 광고 유형

1) 광고의 주제

광고는 크게 구인 광고와 상품/서비스 광고로 나뉘며, 상품/서비스 광고는 부동산, 출판물 구독, 여행 상품, 공연/학회/세미나 등을 주제로 한다.

2) 이야기 흐름

구인 광고: 회사 및 일자리 소개 ➡ 책무/자격요건 ➡ 지원 방법/향후 일정
상품/서비스 광고: 광고 물품 소개 ➡ 물품의 특장점 ➡ 혜택/유효 기간/구매 방법/연락 방법/추가 정보

3) 주로 나오는 문제와 단서 위치

	유형	문제	단서 위치
상품/ 서비스 광고	무엇을 광고하는지	What is being advertised?	지문의 초반부
	출처, 독자	For whom is the advertisement most likely intended?	지문의 초반부
	광고 제품에 대한 사실 확인 혹은 추론	What is NOT indicated about the pump? What most likely is Butterfly Mountain?	지문의 중반부
	특장점, 혜택, 구매 방법	What is offered at an extra cost? Who is eligible for a discount?	지문의 후반부
구인 광고	구인 업체에 대한 설명	What kind of business is Frolicity? What is indicated about the Hong Kong Legal News Hub?	지문의 초반부
	자격요건이나 책무	What is NOT a qualification for the position? What job responsibility is mentioned?	지문의 중반부
	지원 방법, 추후 일정	According to the advertisement, why should applicants visit the AJQ Web site?	지문의 후반부
	문장 삽입	In which of the positions marked [1], [2], [3], and [4] does the following sentence best belong? "Additionally, the applicant must demonstrate a strong awareness of current events."	정해지지 않음

2. 풀이 전략

1) 문제를 먼저 읽지 말고 구인 광고인지 상품 광고인지와 그에 따른 지문의 구성을 빠르게 확인한다.(30초)
   - **상품/서비스 광고:** 무엇을 누가 광고하는지, 특장점, 혜택, 구매 방법 확인
   - **구인 광고:** 회사 정보, 모집중인 자리, 자격요건/책무, 지원 방법/추후 일정 확인

2) **첫 번째 문제를 푼다.**
   - 광고 물품이 무엇인지 추론하거나, 업체에 대한 정보의 진위 여부, 광고 대상이 누구인지 추론하는 문제다.
   - 광고를 낸 업체에 대한 정보는 초반부 세 줄에 주로 등장한다.
   - 회사의 직원 수, 역사, 지점 수, 지점 위치, 가족 경영 등 회사의 장점을 어필하는 부분에서 답을 찾는다.
   - 세 줄 안에 단서가 없거나 단서가 부족한 경우에는 일단 넘어가고 다른 문제를 풀다가 추가로 발견된 단서로 푼다.

초반부 빈출 어휘
make room for ～을 위한 공간을 만들다 reasonable 합리적인 affordable 구매할 만한 competitive 경쟁력 있는 durable 내구성 있는 customized 맞춤화된 tailored 맞춤화된 expert 전문가 expertise 전문적 지식/기술 specialty 전문 established 인정받는 -based ～에 본사를 둔 nationwide 전국에 걸친 overseas 해외의 international presence 국제적 영향력 throughout the globe 전세계에 걸쳐

3) **두 번째 문제를 푼다.**
   - 광고 물품에 대한 사실 여부 판단과 추론할 수 있는 것을 묻는 패턴이 자주 나오는데, 단서는 지문의 중반부다.
   - 구인 광고의 경우에는 중반부에서 빈자리의 책무나 자격요건이 언급되므로 이를 묻는 문제가 나온다.
   - 빈출 자격요건: 몇 년 이상의 관리자 경력, 관련 분야 경력, 대학 학위, 의사소통 기술, 소프트웨어 다루기, 출장이나 야간/주말 근무 등이 가능해야 함
   - 이때 꼭 갖춰야 할 조건(필수 조건)과 갖추면 바람직한 조건(선호 조건)을 구분하여 답을 고른다.

중반부 빈출 어휘(구인 광고)	
책무	responsibility, duties, tasks, obligations, responsible for, be in charge of, take charge of, deal with, handle
자격 요건	requirements, qualifications, skills, required, necessary, essential, mandatory, imperative, must, should, need to+have/hold/possess
우대 조건	preferred, desired, favored, beneficial, helpful, optional, a plus, a bonus, advantage +but not required/necessary/essential

4) **나머지 문제를 푼다.**
   - 상품/서비스 광고의 경우에는 추가 혜택이나 구매 방법을 묻는다. 단서는 지문의 후반부에 있다.
   ▶ 무료 배송, 무료 샘플, 전화 연락이나 인터넷 연락 등이 정답이다.
   - 구인 광고의 경우에는 인터뷰 일정, 지원 방법과 추가 정보를 얻는 방법을 묻는다.
   ▶ 지원 방법은 웹사이트에서 신청서를 다운받아 작성한 후 이메일로 제출하는 방법 등이 제시된다.
   - 지원서 마감일과, 인터뷰 날짜, 근무 시작일 등 서로 다른 날짜를 혼동시키는 문제도 자주 등장한다.
   - 전화나 이메일, 웹사이트의 세 가지 방법 중 구분을 못하면 틀리는 문제는 빈출 함정 문제다.
      지문: 지원은 이메일로 할 것. 합격자에 한해 전화하겠음.
      오답: 지원은 웹사이트 혹은 전화로 하기.

무료 혜택	free (of charge), at no cost/charge, complimentary, on the house
할인 혜택	(on) sale, ~% off, marked down, reduced, discounted, save up to ~
유효 기간	valid, good, effective (from)

고득점자의 풀이법

Questions 1-3 refer to the following advertisement.

Lab Instructor Needed

Parkland High School is looking for an individual to work as an instructor in its science laboratory. The person will be responsible for running the lab and will make sure there are enough supplies and equipment, guarantee the safety of the students, and teach lab classes.

The qualifications include a four-year degree in chemistry, physics, or biology. Applicants must also have teaching experience and good communication skills. They must be able to manage groups of up to thirty students at a time. Good writing skills are a positive but are not required.

To apply, e-mail a cover letter, a resumé, and three letters of recommendation to job@parklandhighschool.com no later than April 12.

To learn more about the position and other open ones in the Parkland School District, visit www.parklandschools.com/jobs.

---

1. **What is indicated about Parkland High School?**
   (A) It offers hands-on practice opportunities.
   (B) It regularly holds science workshops.
   (C) It has some lab equipment.
   (D) It lacks enough supplies.

2. **What is a requirement for the job?**
   (A) The ability to speak well with others
   (B) A master's degree in science
   (C) The ability to write well
   (D) Knowledge of a foreign language

3. **How can more information about the job be obtained?**
   (A) By visiting a school
   (B) By sending an e-mail
   (C) By making a phone call
   (D) By going to a Web site

1단계 구인 광고 지문이고, 첫 번째 문단은 모집하는 직책과 책무, 두 번째 문단은 자격요건, 세 번째 문단은 지원 방법이 나와 있는 것을 확인한다. 각 문단별 세부사항은 읽지 않는다.

2단계 첫 번째 문제를 푼다. 구인 업체에 대해 나와 있는 것을 묻는 문제로 지문의 초반부에서 단서를 찾는다. 첫 번째 문단에서 실험실에서 일할 지도교사를 구한다는 것과 지도교사의 책무로 비품과 실험 장비가 충분한지 확인하는 것이 언급되어 있으므로 이 학교에는 실험 장비가 있다고 볼 수 있다. 따라서 (C)가 정답이다.

3단계 나머지 문제들을 읽는다. 각각 자격요건과 추가 정보 획득 방법을 묻는 질문이므로 중반부와 후반부에서 단서를 찾아 답을 고른다. 2번은 자격요건으로 언급되는 것 중 의사소통 능력을 패러프레이징한 (A)가 정답이다. 작문 기술인 (C)는 선호 조건이므로 오답이다. 3번은 마지막 문단에서 이 자리와 다른 빈 자리들에 대해 더 알아보려면 웹사이트를 방문하라고 하므로 (D)가 정답이다.

표현 정리 individual 사람, 개인 guarantee 보장하다 safety 안전 qualifications 자격요건 positive 긍정적인, 선호되는
cover letter 자기 소개서

해석

실험실 지도 교사 구인

Parkland 고등학교는 과학실에서 근무할 교사를 구하고 있습니다. 교사는 실험실을 운영하고, 물품과 장비가 충분한지 확인하고, 학생들의 안전을 보장하며, 실험 과목을 가르쳐야 합니다.

화학, 물리학 혹은 생물학에 4년제 학위를 가지고 있어야 지원이 가능합니다. 지원자는 교사 경험이 꼭 필요하고 의사소통 능력이 좋아야 합니다. 교사는 최대 30명의 학생까지도 한 번에 가르칠 수 있어야 합니다. 글쓰기 능력이 뛰어나면 좋지만 필수는 아닙니다.

지원하려면 늦어도 4월 12일까지 자기소개서와 이력서 한 부, 그리고 세 개의 추천서를 job@parklandhighschool.com으로 이메일을 보내주십시오.

직책에 관한 정보나 Parkland 학교 구역의 다른 일자리에 관한 정보를 더 원하시면 www.parklandschools.com/jobs를 방문하십시오.

1. Parkland 고등학교에 관해서 나타나 있는 것은 무엇인가?
(A) 실습 기회를 제공한다.
(B) 정기적으로 과학 워크숍을 연다.
(C) 실험실 장비를 가지고 있다.
(D) 물품이 부족하다.

2. 일자리에 요구되는 것은?
(A) 다른 사람과 말로 소통할 수 있는 능력
(B) 과학 분야의 석사 학위
(C) 글쓰기 능력
(D) 외국어 지식

3. 더 많은 정보를 얻을 수 있는 방법은?
(A) 학교를 방문함으로써
(B) 이메일을 보냄으로써
(C) 전화를 함으로써
(D) 웹사이트를 방문함으로써

Questions 1-2 refer to the following advertisement.

Grayhorn Construction
Is Pleased to Present
Westchester Condominiums

Grayhorn Construction worked for two years to build Westchester Condominiums, and the complex has finally been completed. It contains 425 units that are ideal for retirees who are interested in living alongside the ocean. Residents will be able to shop at the stores located in the complex, spend time at the complex's private oceanfront beach, and engage in a variety of social activities. Senior citizens will also love the modern facilities, including tennis courts, a swimming pool, private parking, and walking trails. Westchester Condominiums is sure to be the hottest property in the local area.

---

1. What is the advertisement promoting?

(A) Travel packages for Westchester
(B) Housing for certain people
(C) A nursing home
(D) Retirement-planning services

2. What is NOT mentioned in the advertisement?

(A) Parking
(B) Activities
(C) Prices
(D) Location

• 정답 및 해설은 24쪽에서 확인

UNIT 66 안내문은 발행처, 대상, 항목, 부가사항을 확인하면 끝!

안내문은 정보 전달을 목적으로 하는 글로, 실제로는 광고나 공지, 양식 등의 내용이므로 목적과 출처, 독자를 단 시간에 파악하는 것이 핵심이다. 나머지 문제들은 회사, 인물, 제품 등에 대한 세부항목이나 부가사항을 확인하여 마무리한다.

출제율 100% 핵심 포인트 | 시간이 없으면 이것만 외우세요!

1. 안내문 유형

1) 안내문의 주제

안내문은 제품 설명서, 공공 시설 안내, 숙박 시설 안내, 관광 및 여행 안내, 행사 안내, 공사 안내, 광고, 이용 후 기/리뷰, 양식 등이 다양하게 나온다.

2) 이야기 흐름

글을 쓴 목적 ➡ 세부내용 ➡ 요청사항

3) 주로 나오는 문제와 단서 위치

유형	문제	단서 위치
글의 주제/목적	What is the purpose of the information? Why would customers receive the information?	초반부 세 줄
글의 출처와 읽을 대상 추론	Where would the information most likely appear? Where is the information posted? For whom is the information most likely intended?	초반부 세 줄
세부내용	According to the instructions, what must appear on every purchase request form? (대상) What should customers do if an item is damaged on arrival? (행위) How long has the bank been in business? (기간) What will happen on May 15? (날짜) How can the contest be entered? (방법)	중후반부
사실 확인/추론	What is true about food exhibitors? Where will conference participants NOT be served lunch? What is suggested about the show?	중후반부
문장 삽입	In which of the positions marked [1], [2], [3], and [4] does the following sentence best belong? "You are likely to see them participating in various community events."	정해지지 않음

2. 풀이 전략

1) 초반부 세 줄을 읽고 안내문의 세부유형과 목적을 파악한 후 첫 번째 문제를 푼다.

세부유형	초반부 3줄(단서)	안내문의 목적(정답)
제품 사용 설명서	저희 울트라 파워 세탁기를 구매해 주셔서 감사합니다. ~	제품에 대해 읽어볼 것을 권고하기 위해서
직원 소개	회사의 긍정적인 변화를 이끌었던 존경받는 리더 Ms. Lee가 한성음료의 인사부서를 관리합니다. 그녀는 10년 전 입사하여 ~	한 직원에 대해 간략한 소개를 하기 위해서
여행 안내서	경주를 방문하시나요? 그럼 꼭 방문해야 할 다음의 장소들을 놓치지 마세요!	관광 명소들에 대해 설명하기 위해서
직원 매뉴얼	텐다라 리조트의 청소 관리 부서에는 100여 명의 직원들이 있으며, 우리 빌딩의 모든 곳을 청소하는 책임을 지고 있습니다.	직원들의 담당 업무를 설명하기 위해서
감사문	이 책이 나오기까지 저를 도와주신 모든 분께 감사드립니다. 이분들이 없었다면 제 책은 제때 출간될 수 없었을 것입니다.	작품 출간에 도움을 준 사람들에 대해 감사를 표시하기 위해서
웹페이지	//도로와 대중교통 탭// 서울도로공사는 도로에 관한 모든 점검과 보수공사를 담당합니다. 도로의 일부는 보수공사를 위해 폐쇄될 수 있습니다.	도로 서비스에 대한 세부사항을 제공하기 위해서

2) 첫 번째 문제가 주제/목적 문제가 아니라면 출처나 글의 대상을 묻는 문제이므로 주제/목적 문제와 같은 원리로 푼다.

- 초반부 세 줄로 풀어보고 안되면 세트 내의 다른 문제들을 풀고 난 후 최종적으로 결정한다.
- 출처를 묻는 문제는 글의 목적과도 연계해 생각해 보면 쉽게 풀 수 있다.

  예) OO 회사에서 신입 직원을 소개하는 안내문에서 글의 출처를 파악하기 어렵다면

  ▶ 글의 목적이 새로운 인물 소개라는 것을 생각해 보면 글의 출처는 회사의 웹페이지, 회사 소식지, 혹은 회사 게시판이라고 유추할 수 있다.

3) 나머지 문제를 푼다.

- 주로 회사, 인물, 제품이나 구성품, 방법, 일정/빈도, 대상/행위에 대해 묻는다.
- 문제에 키워드가 있는 경우에는 지문의 키워드 주변에서 단서를 찾는다.
- 문제에 키워드가 없는 경우에는 지문을 세 줄씩 점검하며 단서를 찾는다.

Questions 1-3 refer to the following information.

SEYMOUR PHARMACEUTICALS

Terrance Shaw

Supervisor, Chemistry Laboratories

An expert in chemistry, Mr. Shaw is the supervisor of the chemistry laboratories at the Seymour Pharmaceuticals facility in Florence. He has worked in Florence for the past five years after transferring from Madison, where he was based for six years. In his current position, Mr. Shaw provides oversight for the 74 researchers and technicians working in the chemistry laboratories in Florence. His team has been responsible for several discoveries that have resulted in profitable products for the company.

Mr. Shaw frequently tours the country to speak at conferences and workshops. He is an adjunct professor of chemistry at Watson University, where he teaches seminars on organic chemistry. Mr. Shaw has been the lead author of more than twenty papers that have been published in refereed journals. Prior to working at Seymour Pharmaceuticals, Mr. Shaw was a researcher at Davidson Machinery.

---

1. What is the purpose of the information?

(A) To suggest a transfer destination

(B) To profile a company employee

(C) To give information on research interests

(D) To name the winner of an award

2. What is NOT indicated as one of Mr. Shaw's strengths?

(A) He gives speeches at various events.

(B) He has written many papers.

(C) He teaches at a university.

(D) He tests the effectiveness of products.

3. What is suggested about Mr. Shaw?

(A) He has a doctoral degree from Watson University.

(B) He is being considered for promotion to upper management.

(C) He is originally from the city of Florence.

(D) He has not always worked in the pharmaceutical industry.

1단계 지문의 처음 세 줄을 읽고 안내문의 세부 유형과 목적을 파악한다. 제목에 회사 이름이 나오고 회사 직원의 이름과 직책, 그리고 그에 대해 자세히 소개하는 내용이 전개되고 있다.

2단계 첫 번째 문제를 푼다. 회사의 한 직원을 간략히 소개하기 위한 것이라고 표현한 (B)가 정답이다.

3단계 나머지 문제들을 푼다. 2번은 인물에 대한 사실 확인 문제로 보기를 먼저 읽고 지문을 세 줄씩 점검하여 푼다. (A), (B), (C)에 대한 내용이 모두 세 번째 문단에 나오므로 (D)가 정답이다. 3번은 인물에 대해 추론할 수 있는 내용을 묻는 문제로 역시 보기를 먼저 보고 지문을 세 줄씩 점검하며 푼다. 지문의 마지막 줄을 통해 제약회사가 아닌 곳에서도 일했다는 것을 알 수 있다. 따라서 (D)가 정답이다.

표현 정리 expert 전문가 transfer 전근하다 oversight 관리, 감독 discovery 발견 result in ~한 결과를 낳다 profitable 수익성 있는 adjunct professor 부교수

해석

SEYMOUR 제약회사

Terrance Shaw
화학 연구실 감독관

화학 전문가인 Shaw 씨는 Florence에 있는 Seymour 제약회사의 화학 실험실 감독관입니다. 그는 6년 동안 지냈던 Madison에서 옮겨온 후 지난 5년간 Florence에서 일해왔습니다. 현재 자리에서 Shaw 씨는 Florence의 화학 실험실에서 일하는 74명의 연구원과 기술자들을 감독하고 있습니다. 그의 팀은 회사에 수익 상품들을 만들어 준 여러 가지 발견을 해왔습니다.

Shaw 씨는 자주 전국을 다니며 학회와 워크숍에서 발표를 합니다. 그는 Watson 대학교의 화학과 외래 교수로 유기 화학에 관한 세미나를 가르칩니다. Shaw 씨는 학술지에 실린 20개가 넘는 논문의 주 저자입니다. Seymour 제약회사에서 일하기 전에 Shaw 씨는 Davidson Machinery에서 연구원으로 일했습니다.

1. 이 정보의 목적은 무엇인가?
(A) 전출지를 제안하기 위해서
(B) 회사 직원의 정보를 알리기 위해서
(C) 연구의 관심 분야에 대한 정보를 주기 위해서
(D) 상의 수상자를 발표하기 위해서

2. Shaw 씨의 강점으로 나타나지 않은 것은?
(A) 다양한 행사에서 연설을 한다.
(B) 많은 논문을 썼다.
(C) 한 대학에서 강의를 한다.
(D) 제품의 효율성을 시험한다.

3. Shaw 씨에 대해 암시되는 것은 무엇인가?
(A) Watson 대학교의 박사 학위를 가지고 있다.
(B) 고위 경영진으로 승진이 고려되고 있다.
(C) Florence 시에서 태어났다.
(D) 항상 제약업계에서 일해왔던 것은 아니다.

Questions 1-3 refer to the following information.

If you're visiting Columbus, be sure to check out these places!

Bayside Gallery

Open Monday to Saturday, 10 A.M. – 6 P.M.; $10 admission

See some of the region's finest art along with a collection of Impressionist works.

Snyder House

Open daily, 9 A.M. – 4 P.M., $4 admission

View the ancestral home of David Snyder, the founder of Columbus. Guided tours of the home and the grounds around it are available.

Pine Amusement Park

Open daily, 8 A.M. – 11 P.M.; $15 admission

Enjoy the 23 rides, the animal shows, the games, and the delicious street food at the region's best amusement park. Located by the harbor, Pine Amusement Park is a great place to spend the day—or even the weekend—with your family.

Columbus Museum

Open Monday to Friday, 9 A.M. – 5 P.M.; no admission fee

Learn about the history of Columbus and the surrounding area by viewing its five permanent exhibit halls. Tours available upon request. The museum often features temporary exhibits and conducts seminars and speeches on topics of local interest.

---

1. What is the purpose of the information?

   (A) To give directions to places
   (B) To provide a schedule of activities
   (C) To describe tourist destination
   (D) To explain how to book tickets

2. What is suggested about the Pine Amusement Park?

   (A) It is a popular place in Columbus.
   (B) It is closed on national holidays.
   (C) It has activities for young people.
   (D) It was recently renovated.

3. According to the information, what do the Snyder House and the Columbus Museum have in common?

   (A) Both are located near the amusement park.
   (B) Both offer tours to visitors.
   (C) Both charge for admission.
   (D) Both are open all weekend long.

• 정답 및 해설은 24쪽에서 확인

각종 서식은 앞에서 다루지 않은 나머지 모든 지문 유형을 말하는데 지문의 길이는 짧은 편이지만 종류가 다양하다. 각 서식별 출제 포인트는 매우 명확하므로 최대한 다양한 서식에 익숙해질 필요가 있다.

출제율 100% 핵심 포인트   시간이 없으면 이것만 외우세요!

1. 서식의 유형

1) 서식의 종류
시험에 나오는 서식은 계산서, 일정표, 광고지, 정보 전달, 작성 양식, 메시지가 있다.

2) 이야기 흐름
    문서 제목 ➡ 부가설명(수신자, 발신자 등) ➡ 세부내용(표, 목록 등) ➡ 예외/부가, 수단/방법/제안

3) 주로 나오는 문제와 단서 위치

유형	문제	단서 위치
글의 주제/목적	What is the purpose of the brochure/card/form? What type of product is being described?	초반부 세 줄
글의 출처와 읽을 대상 추론	To whom was the questionnaire given? For whom is the workshop most likely intended? What most likely is Omicron Premier Services?	초반부 세 줄
요청사항	What are guests asked to do? What does Ms. Pahlavi ask Mr. Jensen to do?	후반부
세부내용	What does Ms. Shalib plan to do on May 1? (세부일정) Where will the work take place? (장소) What is one problem with Stevedore TX boots? (문제점) Why has the price of a project been adjusted? (이유) How might a customer win a prize? (방법) What free item can be obtained by using the coupon? (대상)	중후반부
사실 확인/추론	What is NOT indicated about the workshop? What is suggested about Ms. Redman?	중후반부

2. 풀이 전략

1) 초반부 세 줄을 읽고 서식의 세부 유형과 목적을 파악한 후 첫 번째 문제를 푼다.
    • 각 서식별 용도가 어느 정도 정해져 있으므로 이미 해당 서식을 아는 경우에는 초반부만 봐도 풀린다.
    운송장(invoice): 판매자가 구매자에게 구매 목록과 지불해야 하는 비용에 대해 공지
    견적서(estimate): 판매자가 구매 희망자에게 제품/서비스가 완성되는 시간이나 비용을 산출하여 공지

지침서/설명서(instructions, manual, handbook): 회사 직원들에게 회사의 규정이나 방침 설명

소개책자(brochure, leaflet, pamphlet, catalogue)/전단지(flyer): 광고성을 가지고 있는 소개 자료

작업 지시서(work order): 작업 세부사항(시간, 비용, 위치, 담당자, 고객 연락처, 고객 요청 사항 등) 공유

2) 서식에 등장하는 날짜, 표, 예외/부가사항(*나 note 등으로 표시)은 적어도 한 문제는 나오므로 반드시 확인한다.

3) 서식별로 자주 나오는 문제를 확인하고 나머지 문제들을 한번에 푼다.

계산서: 영수증, 운송장, 청구서, 견적서
- 발행일, 배송일, 총액에서 빠지는 부분(단골 고객 할인, 대량 구매 할인 등), 결제 수단 등을 확인한다.
- 표의 항목을 통해 발행업체나 수신업체를 추론한다.
- 주문자와 배송지가 다른 경우에 주의한다.(선물 배송, 회사로 배송 등)

일정표: 행사 일정, 여행 일정
- 행사 시간, 날짜, 장소, 순서에 대한 질문이 주로 나온다.
- 항목의 공통점이나 차이점을 확인하는 문제가 나온다.

광고지: 쿠폰, 상품권, 전단지, 브로셔, 팸플릿
- 할인 기간, 할인/예외 품목, 할인 받을 수 있는 조건(지역 주민, 신규 고객 등)을 확인한다.
- 어느 지역 매장에서 언제까지 쿠폰이 인정되는지 확인하는 문제가 나온다.
- 브로셔, 팸플릿, 전단 모두 광고성 문건이다.

작성 양식: 설문지, 계약서, 고객 후기, 지원서, 신청서
- 계약서는 계약 날짜, 보증금/잔금 지불 시기와 방법, 작업 내용 등을 확인한다.
- 설문지 작성자나 고객이 남긴 후기는 반드시 확인한다.
- 설문지나 고객 후기에는 긍정적인 내용과 부정적인 내용이 같이 나온다.
- 지원서, 신청서 등은 고객이 표시한 부분(Yes, 혹은 V 등)을 반드시 확인한다.

정보 전달: 웹페이지, 설명서, 초대장, 작업 지시서, 정책, 표지판, 회의 안건, 주간 보고서
- 웹페이지는 지문 시작의 탭이 지문의 주제이므로 반드시 확인한다.(Home, About Us, Products & Services 등)
- '제품 구매에 대해 감사 ~', '제품을 잘 사용하기 위해서 ~ ' 등의 표현이 나오면 제품 설명서다.
- 초대장은 '행사명 → 장소/날짜 → 식순 → 담당자 연락처'의 흐름으로 이어진다.

메시지: 전화 메시지, 휴대전화 문자, 팩스, 명함, 엽서
- 누가 누구에게 왜 보내는지 확인한다.
- 구체적인 요청사항을 확인한다.

Questions 1-3 refer to the following invoice.

From: Davidson Services
487 Sanderson Avenue
Provo, UT

Invoice

Billed to:
Richard Moss
Crosby Manufacturing

Shipped to (on May 21):
Crosby Manufacturing
574 Watson Road, Provo, UT

Item Code	Description	Quantity
859HR	Ink Cartridge, Black	3
363MM	Ballpoint Pen, Blue	8
127PR	Ink Refill, Blue	15
094OL	Legal Notepad	9

*Item 094OL will be shipped in a week as it is not currently available in the store.

1. What most likely is Davidson Services?

(A) A stationery store

(B) A shipping firm

(C) A manufacturer

(D) A law office

2. According to the invoice, what happened on May 21?

(A) Some items were delivered.

(B) An invoice was paid.

(C) An order was placed.

(D) A shipment was delayed.

3. What is indicated about the notepads?

(A) They are the standard size.

(B) They are currently out of stock.

(C) They are available at a cheap price.

(D) They are no longer made.

1단계 ▶ 지문의 처음 세 줄을 보고 어떤 서식인지, 수신자(혹은 발신자)는 누구인지 확인한다. 서식의 종류는 송장, 발신자는 Davidson Services다.

2단계 ▶ 1번 문제를 푼다. 발신자에 대한 문제로 초반부 세 줄로는 풀리지 않으므로 송장의 항목을 확인한 후 추론한다. 세부 내역의 목록을 보면 잉크나 펜을 판매하는 업체이므로 (A)가 정답이다.

3단계 ▶ 나머지 문제들을 푼다. 2번은 문제의 키워드인 May 21을 지문에서 찾아 정답의 단서를 확인한다. Shipped to (on May 21)라는 말을 통해 May 21이 제품 배송 날짜임을 알 수 있으므로 (A)가 정답이다. 3번은 invoice 유형에서 잘 나오는 표의 목록이나 예외/부가사항에 대해 나올 것을 예상한다. *(별표) 부분에서 품목 094OL이 현재 재고가 없어서 일주일 후에 배송될 것이라고 하는데, 목록을 보면 그것이 notepad를 가리키므로 (B)가 정답이다.

해석

보낸 사람: Davidson Services

487 Sanderson Avenue

Provo, UT

송장

청구지:

Richard Moss

Crosby Manufacturing

배송지(5월 21일):

Crosby Manufacturing

574 Watson Road, Provo, UT

물품 번호	세부 내역	수량
859HR	잉크 카트리지, 검정	3
363MM	볼펜, 파랑	8
127PR	잉크 리필, 파랑	15
094OL	규격 메모지	9

*물품 번호 094OL 제품은 현재 점포 내에 재고가 없어서 일주일 안에 발송됩니다.

1. Davidson Services는 어떤 회사이겠는가?

(A) 문구점

(B) 배송회사

(C) 제조회사

(D) 법률 사무소

2. 송장에 따르면 5월 21일에는 무슨 일이 있었는가?

(A) 몇몇 물품이 배송되었다.

(B) 송장 금액이 지불되었다.

(C) 주문이 이루어졌다.

(D) 배송이 지연되었다.

3. 메모지에 관해 나타나 있는 것은?

(A) 표준 크기다.

(B) 현재 재고가 없다.

(C) 싼 가격에 구매할 수 있다.

(D) 더이상 생산이 안 된다.

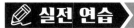
Questions 1-2 refer to the following invitation.

Join Us for a Night of Fun at The Beacon Center

Friday, August 11
7:00 p.m. to 9:30 p.m.

The Beacon Center
342 Davis Row, Arlington

The Beacon Center has now been open for twenty-five years. To celebrate our support for music in the city of Arlington during that time, we are hosting a special event. Everyone who has supported our fundraising efforts over the years is welcome to come for an evening of food, fun, and music. Meet local musicians and fellow music enthusiasts as you listen to music performed by the Arlington Symphony and soprano Leslie Fallon. Food will be served by chef Alister Bain, whose restaurant, Sunlight Square, just opened on the first floor of the center. The center's president, Carmen Watson, will give a talk about the history of the center. All proceeds from food and beverages purchased during the evening will go to the Arlington Music Initiative, whose goal is to sponsor music classes in every local elementary school.

To register to attend, contact Tanya Styles at tstyles@beaconcenter.org.
Space is limited, so be sure to contact us soon.

1. For whom is the invitation most likely intended?

   (A) Musicians
   (B) Previous donors
   (C) Restaurant patrons
   (D) Music composers

2. What is indicated about the event?

   (A) It may be attended by a certain number of people.
   (B) It will include a short music lesson.
   (C) It requires a fee to attend.
   (D) It will take place at an elementary school.

• 정답 및 해설은 25쪽에서 확인

UNIT 68 이중 지문은 연계 문제 하나만 잘 풀면 끝!

이중 지문은 지문의 길이가 길어서 어려워 보이지만 한두 문제의 연계 문제를 제외하고는 단일 지문 문제와 같은 방식으로 풀 수 있다. 이중 지문 풀이의 핵심은 단일 지문과 연계 문제를 어떻게 잘 구분하고, 어떤 식으로 두 지문의 단서를 연계해서 푸는지를 아는 것이다.

출제율 100% 핵심 포인트

시간이 없으면 이것만 외우세요!

1. 이중 지문

1) 지문 구성
- 두 지문 모두 일반 지문(이메일/편지, 기사, 광고, 공지/메모, 안내문)으로 구성된다.
- 한 지문은 일반 지문, 다른 한 지문은 작성 양식(설문지, 계약서, 신청서 등)으로 구성된다.
- 두 지문 중 한 지문에 표나 목록이 있는 경우와 두 지문 모두 글 위주로 구성된 경우가 있다.
- 두 지문 중 한 지문에 이메일/편지가 포함된 경우가 많고, 두 지문 모두 이메일/편지인 경우도 있다.

2) 각 문제별 단서의 위치
- 첫 번째 문제의 단서는 주로 첫 번째 지문의 초반부에 있다.
- 두 번째 문제의 단서는 주로 첫 번째 지문의 중/후반부에 있다.
- 세 번째 문제의 단서는 상황에 따라 다르지만 첫 번째 지문이 더 긴 경우 주로 첫 번째 지문의 후반부에 있다.
- 네 번째 문제와 다섯 번째 문제는 두 번째 지문을 봐야 하며, 그 중 하나는 연계 문제로 첫 번째 지문도 봐야 한다.

2. 풀이 전략

1) 30초~1분을 소비하여 각 지문의 주제와 두 지문과의 관계를 파악한다. 이때 지문의 세부사항은 건너뛴다.

예) 첫 번째 지문: OO사의 마케팅 부장을 모집하는 구인 광고

두 번째 지문: 그 광고를 보고 담당자에게 연락하는 사람의 이메일

2) 단일 지문 문제처럼 푼다.
- 첫 번째 문제는 첫 번째 지문의 초반부 세 줄을 보고 푼다. 간혹 여섯 줄 정도까지 봐야 풀리는 문제도 있다.
- 이어서 두 번째 문제를 푼다. 보통 첫 번째 문제의 단서가 나온 다음 부분부터 단서가 나온다.
- 네 번째와 다섯 번째 문제 중 연계 문제가 아닌 다른 하나는 두 번째 지문의 전반부 혹은 후반부에 단서가 있다.
- 세 번째 문제는 첫 번째 지문의 후반부를 보고 풀리는 경우도 있고 두 번째 지문의 초반부를 보고 풀리는 경우도 있다.

3) 연계 문제의 가능성을 생각하고 푼다. 네 번째와 다섯 번째 문제 중 한 문제는 연계 문제다. 연계 문제인지 미리 알 수 있는 방법은:
- 선택지가 지명, 인명, 제품명, 날짜, 가격인 경우
- 선택지의 항목이 지문의 표의 항목인 경우
- 이미 둘 중 한 문제가 주제/목적 문제이거나 단일 지문 문제(according to the ~)인 경우
- 첫 번째 지문에 전혀 언급이 안된 사람 이름이 문제에 포함되어 있으나, 선택지의 항목은 첫 번째 지문에 있는 경우

4) 첫 번째 지문 독해 시 연계 문제의 단서로 활용될 부분을 미리 표시한다. 이는 연계 문제의 단서를 찾는 데 도움이 된다.

- 표나 목록
- 선택사항이 두 개 이상 주어지는 부분 예) 화요일과 목요일이 가능합니다.
- 구인광고의 자격요건
- 할인이나 무료 혜택
- 연설자, 장소, 시간 등의 변경
- 기사 초반부의 날짜, 본사 위치
- 첫 번째 지문의 후반부, 특히 예외/부가사항, 담당자, 연락방법

5) 두 번째 지문이 기입된 양식일 경우 기입된 내용이 연계로 활용된다.

예) 두 번째 지문의 설문지 양식에서 작성 날짜, 점수를 준 부분, 코멘트한 내용을 첫 번째 지문에서 찾는 패턴

6) 정답이 문장으로 묘사되는 연계형 추론 문제를 조심한다.

- 섣불리 정답/오답을 판단하지 말고 두 번째 지문으로만 추론한 후 알 수 없다면 연계라고 생각한다.

예) 첫 번째 지문: 논의중인 사실(예: 지점 오픈)

두 번째 지문: 기정 사실(기사, 광고, 초대장, 주문서 등)

▶ 지점 오픈이 예정대로 되었다. 예정보다 늦었다 등이 정답.

예) 첫 번째 지문: A씨는 인턴이라서 복지 혜택이 없음.

두 번째 지문: 6개월 후 정직원이 된 인턴 동료가 상을 받는 상황

▶ A씨는 상을 받을 자격이 된다고 추론 가능.

7) 두 지문 모두 목록이 나오는 문제는 문제를 정확히 이해해야 혼동을 막을 수 있다.

예) 첫 번째 지문: A씨의 요청사항(여행상품 가격이 저렴해야 함, 호텔에서 여행지로 이동 수단 제공할 것, 소그룹 여행일 것)

두 번째 지문: 여행사 상품의 특장점 설명(기차역에서 픽업, 오디오 가이드 제공, 무료 점심, 소그룹 여행)

문제: A씨가 원하는 것 중 여행사가 맞춰주지 못하는 것은 무엇인가?

　　(A) 가격　　　　　(B) 픽업 서비스　　　　　(C) 소그룹　　　　　(D) 오디오 가이드

▶ (A) 가격은 여행 상품에서 언급이 없으므로 맞춰줄 수 있는지 없는지 알 수 없어서 오답이다.

(C) 소그룹은 맞춰준 부분이라서 오답이다.

(D) 오디오 가이드는 A씨가 원하는 항목이 아니라서 오답이다.

(B) A씨는 호텔에서 여행지로 이동하기를 원하는데 기차역에서 픽업해 준다는 것은 못 맞춰준다는 뜻이므로 픽업 서비스가 정답이다.

Questions 1-5 refer to the following letter and form.

April 12

Ms. Lana Wright
83 Apple Lane
San Diego, CA

Dear Ms. Wright,

Thank you very much for being a loyal customer at Hoskins' Clothing Store for the past several years. In an effort to improve our customer service, we are conducting a survey of the members of our shoppers' club. Enclosed with this letter is a short survey. Would you mind completing it and then mailing it back to us in the self-addressed, stamped envelope we have included with it? If you respond by April 30, you will receive a complimentary pair of Gergen sunglasses. If you send it back anytime in May, you will receive a coupon good for ten percent off on your next purchase at our store.

Thank you.

Mandy Carle
Customer Service Representative
Hoskins' Clothing Store

Hoskins' Clothing Store
Thank you for taking the time to complete this survey.

Name: Lana Wright   **Date:** April 21

1. Do you mind if we call you to discuss your answers later?

▢ Yes   ◼ No – phone number: <u>569-9431</u>

2. How do you normally shop at Hoskins' Clothing Store?

◼ At our physical store   ▢ On our Web site   ▢ At both places

Please explain your response:
<u>I prefer to try on clothes before I purchase them. In addition, your store is across the street from my office, so visiting it is simple.</u>

3. The last time you shopped at Hoskins' Clothing Store, did you find what you wanted?

▢ Yes   ▢ No   ◼ Sort of

Please explain your response:
<u>I visited your store last week because of the spring sale you were holding. I wanted to get a blouse, but the color I wanted was not available. I considered purchasing it online, but the sales assistant showed me an item by another maker which looked similar and was slightly cheaper. It was even available in the color I wanted.</u>

1. **Why did Ms. Carle write to Ms. Wright?**
   (A) To ask her to provide some feedback
   (B) To mention that her store credit card has been activated
   (C) To give her the results of a survey
   (D) To request payment on an item

2. **What is indicated about Hoskins' Clothing Store?**
   (A) It opened more than two decades ago.
   (B) It has a special group for shoppers.
   (C) It is located in a shopping center.
   (D) It only sells items at a physical store.

3. **In the letter, the phrase "good for" in line 6 is closest in meaning to**
   (A) worth
   (B) beneficial
   (C) useful
   (D) clear

4. **What will Ms. Wright most likely receive from Hoskins' Clothing Store?**
   (A) A discount coupon
   (B) A blouse
   (C) A pair of sunglasses
   (D) A sweater

5. **What does Ms. Wright mention about Hoskins' Clothing Store?**
   (A) It is located near her home.
   (B) She shops there during her lunch hour.
   (C) It offers discounts on items.
   (D) She likes the wide selection there.

1단계 각 지문의 주제와 대략적인 내용을 확인한다. 첫 번째 지문은 설문조사를 요청하는 글이고, 두 번째 는 작성된 설문지 양식이다.

2단계 1번, 2번, 3번 문제를 단일 지문 문제와 같은 방식으로 푼다. 1번은 설문지 작성을 요청하므로 (A)가 정답이다. 2번은 our shoppers' club을 통해 (B)의 내용이 일치한다는 것을 알 수 있다. 3번의 good 은 쿠폰에 대한 이야기이므로 '유효한'이란 뜻으로 사용된다. 그 정도의 값어치가 있다는 의미이므 로 (A)가 정답이다.

3단계 4번 혹은 5번 중 하나가 연계 문제일 것이라는 생각을 하고 푼다. 4번의 보기 중 일부가 첫 번째 지 문에 등장하므로 이는 연계 문제다. 두 번째 지문에서 설문지의 작성 날짜나 기입된 항목을 가지고 첫 번째 지문에서 부합되는 것을 찾아야 한다. 설문지 작성 날짜가 4월 21일이고, 이는 첫 번째 지 문에서 언급한 4월 30일 이내에 해당하므로 (C)가 정답이다. 5번 문제는 4번이 연계 문제였으므로 일단 단일 지문으로 풀릴 가능성을 생각하며 푼다. 두 번째 지문인 설문지에서 고객이 상점에 대해 언급한 내용에 대해 묻는 문제이므로 고객의 comment 부분을 확인한다. 이 comment는 Hoskin's Clothing Store를 방문했을 때를 기준으로 하는 이야기이고, 방문 당시 봄 할인 행사(spring sale)가 열리고 있었다고 하므로 (C)가 정답이다.

표현 정리 loyal customer 단골 고객 conduct a survey 설문조사 하다 enclosed 동봉된 stamped 소인이 찍힌
self-addressed 반신용의 complimentary 무료의

4월 12일

Lana Wright 씨

83 Apple Lane

San Diego, CA

Wright 씨에게,

지난 몇 년 동안 Hoskins 의류점의 단골 고객이 되어 주셔서 정말 감사합니다. 저희 고객 서비스를 개선하고자 저희 고객 클럽의 회원들을 대상으로 설문조사를 하고 있습니다. 이 편지에 간단한 설문조사가 첨부되어 있습니다. 그것을 작성하여 저희 주소가 적혀 있고 우표가 붙어 있는 첨부한 봉투에 넣어서 보내주시겠습니까? 4월 30일까지 답신을 보내주시면 Gergen 선글라스를 무료로 받으실 수 있습니다. 5월에 보내주시면 저희 가게에서 다음번에 구매하실 때 10% 할인을 받으실 수 있는 쿠폰을 받으실 겁니다.

감사합니다.

Mandy Carle

고객센터 대표

Hoskins 의류점

Hoskins' 의류점

설문조사를 위해 시간을 내주셔서 감사합니다.

이름: Lana Wright   날짜: 4월 21일

1. 귀하의 답변에 대해 얘기하기 위해 다음에 전화드려도 괜찮겠습니까?

☐ 아니오   ▣ 예 – 전화번호: 569-9431

2. Hoskins 의류점에서 보통 어떤 방식으로 쇼핑을 하십니까?

▣ 오프라인 매장에서   ☐ 웹사이트에서   ☐ 둘 다

왜 그런 답변을 했는지 설명해 주십시오:

저는 옷을 구매하기 전에 입어보는 것을 선호합니다. 그리고 의류점이 제 사무실 건너편에 있어서 가는 게 아주 간단합니다.

3. 지난번 Hoskins 의류점에서 쇼핑했을 때 원하는 제품을 찾으셨습니까?

☐ 예   ☐ 아니오   ▣ 그런 편이다

왜 그런 답변을 했는지 설명해 주십시오:

지난주에 봄 특별 할인을 해서 가게를 방문했습니다. 블라우스 하나를 사려고 했는데 제가 원하는 색상의 재고가 없었습니다. 온라인으로 구매를 하려고 했는데, 판매직원이 비슷한 디자인이지만 가격은 저렴한 다른 회사 제품을 보여줬습니다. 그 제품은 제가 원하는 색이 있었습니다.

---

1. Carle 씨가 Wright 씨에게 편지를 쓴 이유는?

(A) 의견을 달라고 요청하기 위해

(B) 가게 신용카드가 활성화됐음을 언급하기 위해

(C) 설문조사의 결과를 알려주기 위해

(D) 제품의 지불을 요청하기 위해

2. Hoskins 의류점에 관해 나타나 있는 것은?

(A) 20년도 더 전에 문을 열었다.

(B) 고객을 위한 특별 클럽이 있다.

(C) 쇼핑 센터에 위치해 있다.

(D) 오프라인 매장에서만 제품을 판다.

3. 편지에서 여섯 번째 줄 "good for"와 가장 의미가 가까운 것은?

(A) 가치 있는

(B) 이익을 주는

(C) 유용한

(D) 깨끗한

4. Wright 씨는 Hoskins 의류점에서 무엇을 받을 것인가?

(A) 할인 쿠폰

(B) 블라우스

(C) 선글라스

(D) 스웨터

5. Wright 씨는 Hoskins 의류점에 관해 무엇을 언급하는가?

(A) 그녀의 집 근처에 위치해 있다.

(B) 점심 시간에 거기서 쇼핑한다.

(C) 제품 할인을 한다.

(D) 그녀는 그곳의 다양한 제품군을 좋아한다.

Questions 1-5 refer to the following advertisement and form.

Webcast Seminar on Conducting International Business

If you're interested in conducting business in other countries and would like to connect better with your international clients, then you should attend the next webcast seminar sponsored by the Gregorian Institute. Log on to www.gregorianinstitute.edu to register for our next seminar, which will feature an interactive roundtable discussion. Our experts, all of whom run their own successful businesses, will focus on how knowing about other countries' cultures can help you get ahead in business. You can see the seminar live on Monday, July 21, from 6:00 P.M. to 8:00 P.M. (U.S. Eastern Standard Time). There will be three talks:

* "The Future of South American Markets" by Jose Baez
* "Social Etiquette in Ethiopia" by Abeba Selassie
* "How to Give a Professional Presentation in Eastern Europe" by Hans Klugel

If you experience any problems registering online, e-mail Dinesh Pappu at dpappu@gregorianinstitute.edu no later than July 18.

If you cannot attend the event live, visit the online archive to view it. It will be uploaded approximately 24 hours after it has been completed.

---

http://www.gregorianinstitute.edu/evalulationform

Thank you, Eric Cutler, for participating in our webcast seminar on July 21. We hope you complete this survey to let us know about your experience.

On a scale from 1 (highly dissatisfied) to 5 (highly satisfied), please rate the following:

The topic of the seminar	5
The expertise and preparation of the presenters	5
The amount of information covered	4

What did you like the most about the event?
Mr. Selassie's talk was extremely informative and relevant to my own future business dealings. I liked the fact that he answered questions posed by audience members.

How do you feel that future webcasts could be improved?
Living in Manchester, England, I had to start viewing at midnight so that I could watch the event live. Having some webcasts be broadcast earlier would benefit your international viewers considerably.

1. What does the advertisement indicate about the seminar?

   (A) It is held on a weekly basis.
   (B) It can only be seen by members.
   (C) It will be broadcast online.
   (D) It is intended for regular travelers.

2. According to the advertisement, why should readers contact Mr. Pappu?

   (A) To request access to the seminar
   (B) To learn about payment options
   (C) To apply to lead their own seminars
   (D) To suggest future topics for webcasts

3. What is true about the panelists?

   (A) They helped organize the seminar.
   (B) They lead seminars as full-time jobs.
   (C) They collaborate on various business projects.
   (D) They have experience in the business world.

4. What is suggested about Mr. Cutler?

   (A) He has given presentations on Eastern Europe before.
   (B) He plans to do business in Ethiopia.
   (C) He has visited South America before.
   (D) He hopes to relocate to Manchester.

5. What aspect of the seminar does Mr. Cutler suggest changing?

   (A) The schedule
   (B) The speakers
   (C) The cost
   (D) The registration method

• 정답 및 해설은 25쪽에서 확인

UNIT 69 삼중 지문은 셋 중 하나, 둘 중 하나의 연계 문제만 알면 끝!

삼중 지문은 지문이 세 개라서 처음에는 어려워 보인다. 그러나 세 지문을 한꺼번에 보면서 푸는 문제는 출제되지 않으므로 두 문제의 연계 문제를 제외하고는 단일 지문 문제와 같은 방식으로 풀 수 있어서 그리 어렵지 않다. 삼중 지문의 핵심은 그 두 개의 연계 문제를 잘 구분하고, 어떤 지문끼리 연계하는지를 아는 것이다. 어떤 것이 연계 문제일지 미리 아는 방법과 지문에서 연계 문제의 단서로 활용되는 부분은 이중 지문에서 다루었던 것과 동일하다.

출제율 100% 핵심 포인트   시간이 없으면 이것만 외우세요!

1. 삼중 지문

1) 지문 구성
- 세 지문 중 첫 번째 지문은 일반 지문(이메일/편지, 기사, 공지/메모, 광고, 안내문)으로, 두 번째와 세 번째 지문 중 하나는 이메일/편지로, 다른 한 지문은 각종 양식(설문지, 계약서, 신청서 등)으로 구성된다.
- 대부분 세 지문 중 한 지문에 표나 목록이 있다.
- 세 지문 중 적어도 한 지문에 이메일/편지가 포함되는데, 세 지문 모두 이메일/편지인 경우는 없다.

2) 각 문제별 단서의 위치
- 첫 번째 문제의 단서는 주로 첫 번째 지문의 초반부에 있다.
- 두 번째 문제가 연계 문제가 아니라면 단서는 주로 첫 번째 지문의 중/후반부에 있으며, 연계 문제라면 두 번째 지문도 봐야 한다.
- 두 번째 문제가 연계 문제라면 세 번째 문제는 두 번째 지문만 봐도 풀린다. 하지만 세 번째 문제가 연계 문제라면 첫 번째 지문도 같이 봐야 한다.
- 네 번째 문제와 다섯 번째 문제는 기본적으로 세 번째 지문을 봐야 하며, 그 중 하나는 연계 문제로 첫 번째 지문이나 두 번째 지문과 연계해야 풀린다. 세 지문 모두를 연계해서 푸는 문제는 거의 출제되지 않는다..

2. 풀이 전략

1) 30초~1분을 소비하여 첫 번째와 두 번째 지문의 주제와 두 지문과의 관계를 파악한다.
세 번째 지문까지 파악해도 좋지만 복잡하다고 느낄 경우 나머지 두 문제를 풀 때부터 봐도 괜찮다.
예) 첫 번째 지문: OO사의 마케팅 부장을 모집하는 구인 광고
　　두 번째 지문: 그 광고를 보고 담당자에게 연락한 사람의 이메일

2) 처음 세 문제는 세 번째 지문을 신경 쓰지 않고 푼다.
- 첫 번째 문제는 첫 번째 지문의 초반부 세 줄로 푼다. 간혹 여섯 줄 정도까지 봐야 풀리는 문제도 있다.
- 이어서 두 번째 문제를 푼다. 보통은 첫 번째 문제의 단서가 나온 다음 부분부터 단서가 나온다.
- 두 번째 문제가 연계 문제인 경우 세 번째 문제는 두 번째 지문만 보고 풀린다.
- 세 번째 문제가 연계 문제인 경우 두 번째 문제는 단일 지문(첫 번째 지문이나 두 번째 지문)으로 풀린다.

3) 나머지 문제는 세 번째 지문을 기반으로 푼다.
- 마지막 두 문제 중 하나는 세 번째 지문만으로도 풀리지만 나머지 하나는 세 번째 지문만으로는 안 풀린다.
- 안 풀린다면 첫 번째나 두 번째 지문에서 추가 단서를 찾아서 푼다.

- 어떤 것이 연계 문제인지 미리 예상하는 방법과, 지문의 어느 부분에서 연계 문제의 단서가 들어가는지는 이중 지문의 연계 문제와 동일하다.

고득점자의 풀이법 ●

Questions 1-5 refer to the following letters and invoice.

Duncan and Lloyd
940 Western Avenue
Baltimore, MD 20384

To Whom It May Concern,

I discovered your bookstore through a friend of mine, who is a collector of rare books and first editions. As I too enjoy purchasing both, I visited your Web site and looked through your collection. I then purchased several books, all of which were listed as first editions. When I received my order, I was somewhat disappointed when I came across the volume by Hampton. On your Web site, the book was listed as the first printing of a first edition, but the publication date listed in the book is 1904. That book, however, was printed for the first time in 1902. I would appreciate your contacting me regarding this situation so that we can discuss how to solve the problem.

Regards,

Martin Wilson

Duncan and Lloyd
940 Western Avenue
Baltimore, MD 20384

S. Walton, *The Prince's Journey*	$85.00
T. Hampton, *Strange Tales*	$105.00
G. Cuthbert, *A Man at Sea*	$70.00
P. Washington, *Lives of the English Kings*	$90.00
E. Yates, *Collected Poems*	$130.00
Total	**$480**

All sales are final. No exceptions.

Martin Wilson
49 Cherry Lane
Arlington, VA 20459

Dear Mr. Wilson,

I would like to assure you that you received a book which was a first edition, first printing. The book in question is the first printing of the American edition, which came out in 1904. The 1902 date that you referred to was when the British edition of the book was printed for the first time. It was clearly stated on the book's entry on the Web site that the publisher of the book, Simpson House, is an American publisher. If you are interested in acquiring the first printing of the British edition, we have that item in stock as well.

I understand how you may be feeling at this time, so I have decided to refund the price of the Cuthbert book. This will be reflected on your next credit card statement. If there is anything else I can do for you, please ask.

Regards,

Sheldon Duncan Bookseller

1. Why did Mr. Wilson write to Duncan and Lloyd?

(A) To ask about a book's availability
(B) To request a complete refund
(C) To complain about an item's condition
(D) To claim that an error was made

2. What book is Mr. Wilson concerned about?

(A) The Prince's Journey
(B) Strange Tales
(C) Lives of the English Kings
(D) Collected Poems

3. What is suggested about Duncan and Lloyd?

(A) It recently opened for business.
(B) It charges a fee for shipping.
(C) It specializes in modern books.
(D) It does not allow exchanges.

4. What is stated in the second letter?

(A) There was a mistake made on a Web site.
(B) A book was published in two different countries.
(C) Simpson House published a book in 1902.
(D) The American edition of a book is very valuable.

5. How much will Mr. Wilson receive as a refund?

(A) $70
(B) $85
(C) $90
(D) $105

1단계 각 지문의 주제와 대략적인 내용을 확인한다. 첫 번째 지문은 구매품에 대한 오류에 대해서 확인을 요청하는 글, 두 번째는 구매품에 대한 청구서다. 마지막 지문은 첫 번째 편지에 대한 답신이다.

2단계 세 번째 지문을 신경 쓰지 말고 1, 2, 3번을 푼다. 1번은 글의 목적을 묻는 문제로 초판이라고 생각하고 주문한 책인데 그렇지 않은 듯하여 문제를 제기하고 있으므로 (D)가 정답이다. 2번은 두 번째 지문에 나오는 항목들이 보기에 단답형으로 들어가 있으므로 연계 문제일 가능성을 생각한다. 첫 번째 지문에서 Mr. Wilson이 걱정하는 것은 Hampton이 쓴 책이다. 두 번째 지문의 목록을 보면 Hampton에 해당하는 책 이름은 (B)다. 두 번째 문제가 연계 문제이므로 3번은 단일 지문 문제이며, 두 번째 지문만 보고 풀 수 있다. 지문의 후반부에 All sales are final.이란 말이 나오는데, 이는 곧 교환이 안 된다는 뜻이므로 (D)가 정답이다.

3단계 세 번째 지문을 기반으로 4, 5번을 푼다. 4번은 문제에서 이미 in the second letter라고 했으므로 세 번째 지문만 확인한다. 초판 발행이 영국과 미국에서 각각 이루어진 것이므로 (B)가 정답이다. 5번은 연계 문제이므로 세 번째 지문과 다른 한 지문을 연계해서 푼다. Cuthbert book의 가격을 환불해 주겠다고 했는데, 두 번째 지문에서 그 책의 가격이 70달러로 명시되어 있으므로 (A)가 정답이다.

표현 정리 rare 희귀한 collector 수집가 first edition 초판 somewhat 다소 come across 발견하다 final 최종의 in question 논의되는 refer to 언급하다 acquire 획득하다 in stock 재고가 있는 reflect 반영하다

해석

Duncan and Lloyd
940 Western Avenue
Baltimore, MD 20384

관계자 분께,

저는 제 친구를 통해 귀하의 서점을 알게 되었는데 제 친구는 희귀한 책이나 초판본을 수집합니다. 저 또한 두 가지 책을 구매하는 것을 좋아해서 귀사의 웹사이트를 방문해서 귀사의 소장품을 자세히 살펴봤습니다. 그리고 나서 저는 몇 권의 책을 구매했고 그 책들은 모두 초판본으로 분류되어 있었습니다. 주문한 제품을 받았을 때 Hampton의 책을 보고 저는 좀 실망했습니다. 귀사의 웹사이트에 이 책은 초판의 첫 번째 인쇄본으로 되어 있었는데 책에 나와 있는 출간 날짜가 1904년으로 되어 있습니다. 그런데 이 책은 1902년에 최초로 인쇄가 되었습니다. 이 문제를 어떻게 풀어야 할지 얘기하기 위해 연락해 주시면 감사하겠습니다.

Martin Wilson

Duncan and Lloyd
940 Western Avenue
Baltimore, MD 20384

S. Walton, *The Prince's Journey*	85달러
T. Hampton, *Strange Tales*	105달러
G. Cuthbert, *A Man at Sea*	70달러
P. Washington, *Lives of the English Kings*	90달러
E. Yates, *Collected Poems*	130달러
합계	480달러

교환 및 환불은 불가합니다. 예외는 없습니다.

Martin Wilson

49 Cherry Lane

Arlington, VA 20459

Wilson 씨에게,

귀하께서 초판본의 첫 번째 인쇄본을 받으셨다는 점을 확인시켜 드리고자 합니다. 문제가 된 책은 1904년에 출간된 미국판의 첫 번째 인쇄본입니다. 말씀하신 1902년의 날짜는 영국판이 최초로 인쇄된 날짜입니다. 그 책의 출판사인 Simpson House가 미국 출판사라는 것이 웹사이트의 책 소개 부분에 명시되어 있습니다. 영국판의 첫 번째 인쇄본을 구하고 싶으시다면 그 서적도 저희가 재고를 가지고 있습니다.

귀하가 지금 어떤 기분인지 이해하며, 이에 Cuthbert 도서의 가격을 환불해 드리려고 합니다. 이 부분은 다음달 신용카드 사용 내역에서 확인하실 수 있을 것입니다. 도움을 드릴 것이 또 있다면 요청해 주십시오.

Sheldon Duncan 서점

1. Wilson 씨는 왜 Duncan and Llyod에 편지를 썼는가?

(A) 책의 재고가 있는지 물어보기 위해

(B) 전액 환불을 요청하기 위해

(C) 제품의 상태에 관해 불만을 제기하기 위해

(D) 실수가 있다는 점을 주장하기 위해

2. Wilson 씨가 염려하는 책은?

(A) The Prince's Journey

(B) Strange Tales

(C) Lives of the English Kings

(D) Collected Poems

3. Duncan and Lloyd에 관해 나타나 있는 것은?

(A) 최근에 영업을 시작했다.

(B) 배송비를 부과한다.

(C) 현대 도서를 전문으로 한다.

(D) 교환해 주지 않는다.

4. 두 번째 편지에서 나타나 있는 것은?

(A) 웹사이트에 실수가 있었다.

(B) 한 책이 두 나라에서 출간됐다.

(C) Simson House는 1902년에 책을 출간했다.

(D) 미국판이 매우 가치가 높다.

5. Wilson 씨는 얼마나 환불을 받겠는가?

(A) 70달러

(B) 85달러

(C) 90달러

(D) 105달러

Questions 1-5 refer to the following brochure, letter, and Web page.

The New York Art Museum Presents...

The Master Artist
The Mind of Michelangelo and the Works He Created

Art collection on loan from:
The Chicago Fine Arts Center

Displays will include:
Exact replicas of David, Pietà, and Bearded Slave

Doni Tondo
The Conversion of Saul
Personal journals

October 2 - November 15

Special thanks to the employees of the Art of Moving Company, who completed the difficult task of transporting and installing each piece of art in this priceless exhibit.

October 10

Dear Mr. Lewis,

Thank you so much for all you and your team of professional movers did to make the transfer of The Master Artist exhibit from Chicago to New York go as smoothly as possible. I think all of us involved were very nervous the entire week the move took place, but the knowledge, demeanor, and professionalism of you and your staff helped put us at ease as much as possible. I am still baffled at how not a single item was damaged in any way whatsoever as well as how the move and installment were completed a full day ahead of schedule! You certainly are the very best at what you do.

Our next project will include the artifacts from Egypt and Greece. I wonder if you can directly handle overseas items.

Thank you again for all of your hard work. I have enclosed a bonus check with this letter, and I hope you will distribute its contents among all of those involved.

Sincerely,

Sandra Rhymes
Master Curator
New York Art Museum

Art of Moving Company

https://artofmoving.com/about-us/

The Art of Moving Company is a company which specializes in moving fine art within the U.S. Our professional and experienced fine art team will provide you a high-end level of service which includes, but is not limited to, customized packing, relocation, assembling, and installation. We have been in business since 2005. Our experienced movers will make your move a stress-free, easy, and enjoyable experience. We are dedicated to every need and demand of our clients. We offer competitive hourly rates for our professional services.

1. Where is The Master Artist exhibit usually housed?

   (A) Italy
   (B) France
   (C) New York
   (D) Chicago

2. By whom is Mr. Lewis employed?

   (A) The Chicago Fine Arts Center
   (B) The New York Art Museum
   (C) The Art of Moving Company
   (D) The art curator's office

3. For what does Ms. Rhymes NOT commend Mr. Lewis?

   (A) His competitive pricing
   (B) His speedy completion of work
   (C) The efficiency of his staff
   (D) The condition of the shipment

4. What does Ms. Rhymes include with her letter?

   (A) A letter of recommendation
   (B) A contract for future shipments
   (C) Her business card
   (D) An additional payment

5. Why might the New York Art Museum NOT consider the Art of Moving Company for its next project?

   (A) The curator of the museum will change soon.
   (B) The next project will be held later than expected.
   (C) Both of them cannot agree on the shipping prices.
   (D) The moving company does not provide services outside the U.S.

• 정답 및 해설은 27쪽에서 확인

LC 파트의 시험 요령

1. 문제지 파본 검사 시간을 활용한다.
- 파본은 거의 나오지 않으므로 이 시간에 파트 5의 문제들을 미리 풀어둔다.

2. 각 파트별 디렉션 시간을 활용한다.
- 파트 1과 파트 2의 디렉션 시간에는 문제지 파본 검사 시간과 마찬가지로 파트 5의 문제들을 미리 풀어둔다.
- 파트 3과 파트 4의 디렉션 시간에는 파트 3과 파트 4 문제들의 키워드를 체크하며, 미리 읽어둔다.

3. 파트 3과 파트 4에선 다음 지문의 문제들을 미리 읽어둔다.
- 해당 지문의 첫 번째 문제를 읽어줄 때 해당 지문의 정답 3개를 미리 마킹한다.
- 두 번째와 세 번째 문제를 읽어줄 때 다음 지문의 문제 3개를 미리 읽어둔다.
- 파트 4 종료 시까지 이 패턴을 유지해 나간다.

4. 답안지 마킹은 다음과 같은 순서에 따른다.
- 파트 1 / 파트 2 : 듣자마자 바로 마킹한다.
- 파트 3 / 파트 4 : 한 지문 단위로 문제 3개의 정답을 첫 번째 문제를 읽어줄 때까지 마킹을 끝낸다.

PART 1에 대한 850 전략

850이라는 점수 획득을 위해서는 가능한 한 파트 1에서 다 맞거나 실수로 1개 정도만 틀려야 한다. 그렇게 되기 위해서는 파트 1에서 자주 나오는 빈출 유형이나 필수 표현들을 평소에 많이 외우고 본 교재에서 제시하는 함정들에 철저히 대비해야 한다.

정답 목표	5 ~ 6개

문제 유형별 출제율

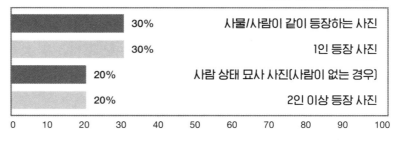

- 30% 사물/사람이 같이 등장하는 사진
- 30% 1인 등장 사진
- 20% 사람 상태 묘사 사진(사람이 없는 경우)
- 20% 2인 이상 등장 사진

사진 유형별 출제율

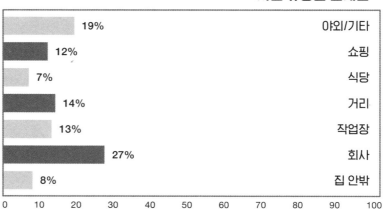

- 19% 야외/기타
- 12% 쇼핑
- 7% 식당
- 14% 거리
- 13% 작업장
- 27% 회사
- 8% 집 안밖

PART 2에 대한 850 전략

파트 2는 아무런 정보도 없이 오로지 듣기만으로 정답을 골라야 하기 때문에 LC 중에서 가장 어려운 파트에 속한다. 상대적으로 수월한 의문사 의문문도 간접 답변이나 우회 답변의 정답이 증가하면서 같이 어려워지고 있는 추세이다. 850을 위해서는 최소 18개 이상을 맞혀야만 한다.

정답 목표	18개

문제 유형별 출제율

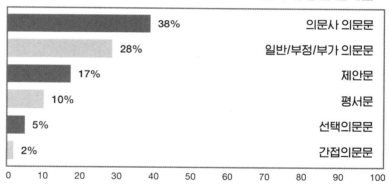

오답 유형별 출제율

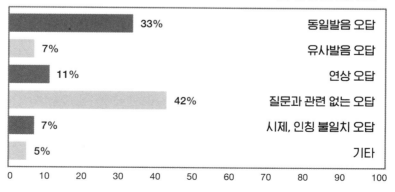

PART 3에 대한 850 전략

파트 3의 고득점을 위해서는 음성이 나오기 전에 먼저 문제의 키워드나 대상을 미리 파악해둔 후 음성이 시작되면 그 부분과 관련된 내용을 단서로 찾아나가는 요령이 필수적이다. 대부분 문제 순서대로 지문의 흐름도 전개된다는 점도 하나의 요령으로 숙지해 둔다. 3자 대화나 시청각을 모두 활용해야 하는 시각 정보 파악, 그리고 화자의 의도를 물어보는 문제 등에 대한 별도의 대비도 필요하다.

정답 목표	30개

지문 유형별 출제율

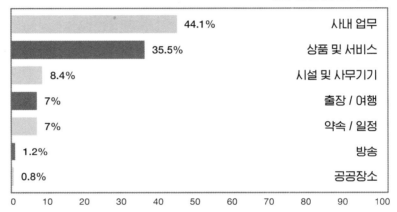

44.1%	사내 업무
35.5%	상품 및 서비스
8.4%	시설 및 사무기기
7%	출장 / 여행
7%	약속 / 일정
1.2%	방송
0.8%	공공장소

문제 유형별 출제율

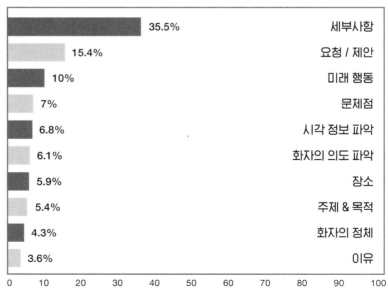

35.5%	세부사항
15.4%	요청 / 제안
10%	미래 행동
7%	문제점
6.8%	시각 정보 파악
6.1%	화자의 의도 파악
5.9%	장소
5.4%	주제 & 목적
4.3%	화자의 정체
3.6%	이유

PART 4에 대한 850 전략

파트 4는 지문의 성격만 다를 뿐 파트 3과 거의 비슷한 형태로 출제되기 때문에 파트 3의 연장선상에서 학습을 해나가면 된다. 오히려 화자들이 여러 명 등장하는 파트 3보다 1명의 화자가 담화를 하는 구성이므로 지문의 흐름에 집중하기에는 좀 더 수월한 감이 있다. 따라서 850을 위해서는 파트 3보다 파트 4를 적극적으로 공략하여 거의 만점에 가까운 점수를 얻을 수도 있도록 하는 방법이 기본적인 LC 고득점을 위한 공략법이다.

정답 목표	27개

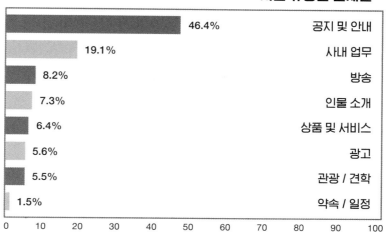

지문 유형별 출제율

- 공지 및 안내: 46.4%
- 사내 업무: 19.1%
- 방송: 8.2%
- 인물 소개: 7.3%
- 상품 및 서비스: 6.4%
- 광고: 5.6%
- 관광 / 견학: 5.5%
- 약속 / 일정: 1.5%

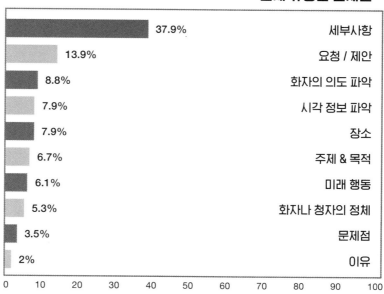

문제 유형별 출제율

- 세부사항: 37.9%
- 요청 / 제안: 13.9%
- 화자의 의도 파악: 8.8%
- 시각 정보 파악: 7.9%
- 장소: 7.9%
- 주제 & 목적: 6.7%
- 미래 행동: 6.1%
- 화자나 청자의 정체: 5.3%
- 문제점: 3.5%
- 이유: 2%

UNIT 70 사진에 없는 명사가 들리면 무조건 오답

파트 1의 정답은 사진 유형별, 상황별로 출제원리가 정해져 있다. 그런데 오답도 철저한 원리에 따라 출제되고 있다는 것을 알고 있는가? 정답을 바로 찾으면 문제될 것이 없지만 **확신이 없이 모호할 때는 확실한 오답을 찾는 것이 하나의 방법이 될 수 있다.** 확실한 오답을 가려내어 정답을 찾고 싶다면 반드시 아래 내용을 숙지해야 한다.

출제율 100% 핵심 포인트

시간이 없으면 이것만 외우세요!

이런 경우 오답이다

1) 사진에 없는 명사가 들리는 경우

• 파트 1에서는 사진에 등장하지 않은 사람이나 사물이 들리면 무조건 오답이다. 이때 사람이나 사물 명사는 사진과 전혀 상관없는 경우도 있고, 사진과 상관 있을 것 같은 경우도 있다. 예를 들어, 사무실에서 한 여자가 서류를 보고 있는 사진이라면 사진에 없는 컴퓨터, 모니터, 복사기 등이 오답에서 들리게 되는 원리다.

• 사진과 비슷한 종류의 사물이 들려도 오답이다. 예를 들어 단순한 커피잔을 머그컵으로 묘사하거나 현미경을 망원경으로 묘사하는 경우다. 또한 사진에서 일부만 나오거나 흐리게 나온 사물을 언급해도 오답이다.

2) 상태를 묘사하는 대신 동작을 묘사하는 경우

• 옷차림을 묘사할 때 동작 표현인 putting on이나 trying on이 들리면 오답이다. 단, 정말 옷을 입고 있는 동작을 묘사하는 사진이 아주 드물게 출제되니 조심한다.

• 사람이 없는 사진에서 be being p.p.가 들리면 주로 오답이다.

3) 동작부분을 놓치고 주어나 목적어만 들리는 경우

• 주어나 목적어는 처음과 끝이므로 듣기가 쉬운 편이나 동작 묘사 부분은 항상 문장의 중반부에 위치하므로 놓치는 경우가 많다. 출제자는 이를 이용하여 오답을 제작할 때 동작을 다르게 묘사하고 주어나 목적어는 사진 속의 사물 혹은 인물을 사용하므로 주어나 목적어에 비해 동작부분을 놓치는 경우 오답일 확률이 올라간다.

4) 전형적인 유사발음이 들리는 경우

• 파트 2 만큼은 아니지만 파트 1에서도 간간히 유사발음 오답이 등장한다. 예를 들어, 복사기(copy machine)가 있는 사진에서 coffee라는 발음이 들렸다면 다 못 들었어도 해당 보기는 오답이라고 생각할 수 있다.

address 연설하다 - dress 옷; 옷을 입히다	light 가벼운; 전등 - right 올바른, 오른쪽의
bowl 그릇, 주발 - ball 공	load 짐; (짐 등을) 싣다 - road 도로
cloud 구름 - crowd 군중, 대중	lock 잠그다 - rock 바위, 돌
coffee 커피 - copy 복사, 사본; 복사하다	low 낮은 - row 열, 줄
dinner 저녁식사 - diner 식사하는 사람	pass 지나가다 - path 길, 인도, 산책로
dock 부두, 선착장 - duck 오리	price 가격 - prize 상
fair 박람회; 공평한 - pair 한 쌍	remove 꺼내다, 제거하다 - move 움직이다, 이사하다
file 자료, 파일; 철하다 - pile 더미; 쌓다	draw 그리다 - drawer 서랍장
full 가득 찬 - pull 끌다, 잡아당기다	sew 바느질하다 - saw 톱질하다
globe 지구본 - glove 장갑	ship 배; 배송하다 - sip 홀짝 마시다

grass 잔디 - glass 유리

lake 호수 - rake 갈퀴; 갈퀴로 긁어모으다

lamp 램프, 등 - ramp 경사로

ladder 사다리 - letter 편지

stare 응시하다 - stair 계단

alone 홀로 - lawn 잔디

고득점자의 풀이법

🎧 U70-2.MP3

1단계 사진 파악

❶ 커피 제조 기계라는 사물과 사진 속 남자의 행동 및 외모적 특징부터 파악한다.

❷ 커피 기계를 다루는 행동이나 앞치마와 안경을 착용한 상태 등의 출제를 예상한다.

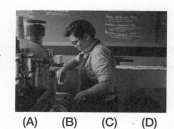

(A)　(B)　(C)　(D)

2단계 들으며 정답 고르기

(A) The man is putting on an apron. 남자는 앞치마를 착용하고 있다. ❌

▶ 남자는 이미 앞치마를 착용하고 있는 상태이므로 putting on이 아니라 wearing으로 표현해야 한다.

(B) The man is making some copies. 남자는 복사를 하고 있다. ❌

▶ copies와 coffee의 유사발음을 이용하여 오답을 유도하고 있는 함정인데, coffee는 copies와 달리 복수명사 형태가 불가하다.

(C) The man is brewing coffee with a machine. 남자는 기계로 커피를 만들고 있다. ◎

▶ 남자가 커피를 만드는 행동을 묘사하고 있으므로 정답이다.

(D) The man is standing in front of the cash register. 남자는 계산대 앞에 서 있다. ❌

▶ 사진에서 계산대는 보이지 않으므로 오답이다.

✎ 실전 연습

🎧 U70-3.MP3

실전으로 확인하세요!

1.

(A)　(B)　(C)　(D)

2.

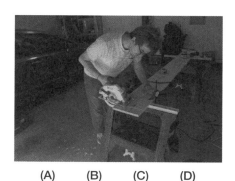

(A)　(B)　(C)　(D)

• 정답 및 해설은 29쪽에서 확인

UNIT 71 1인 사진은 동작 하나만 잘 들어도 끝!

중급 이상의 실력자의 경우 파트 1의 가장 기본적인 사진에 해당하는 1인 사진 문제를 틀리는 경우는 거의 없다. 틀리는 경우는 해당 동작에 대해 다소 난이도 있는 표현을 쓰는 경우와, 뻔한 동작을 포괄적인 표현으로 이야기 하는 경우다. 오답은 주로 동작과 상태를 혼동시키는 경우와, 사진에 있는 다른 사물에 엉뚱한 동작을 붙여 이야기 하는 경우가 많다.

출제율 100% 핵심 포인트   시간이 없으면 이것만 외우세요!

1. 1인 동작 묘사

1인 사진은 인물의 동작을 듣는 것이 핵심이다. 인물의 동작은 얼굴, 손, 발 순서로 확인한다.

1) 눈/코/입과 관련된 동작 표현

눈	looking at 보는 중 examining 자세히 보는 중 reviewing 자세히 보는 중 reading 읽는 중 inspecting 점검하는 중 reviewing 검토 중 browsing 둘러보는 중 checking 확인 중 viewing 보는 중 watching 보는 중
코, 입	sipping 조금씩 마시는 중 drinking 마시는 중 eating 먹는 중 talking into ~에 대고 말하는 중
고난도	studying 자세히 보는 중 gazing/staring at 바라보는 중 glancing at 힐끗 보는 중 inflating 바람을 넣는 중

2) 손/상반신 관련 동작

손	picking up[lifting] 집어 올리는 중 carrying 나르고 있는 중, 가지고 있는 중 loading 싣고 있는 중 unloading 내리는 중 hanging 걸고 있는 중 staking[piling] 쌓고 있는 중 shaking hands 악수를 하는 중 passing 건네는 중 handing out[over] 건네는 중 distributing 나눠주는 중 reaching for ~를 향해 손을 뻗는 중 extending 손을 뻗는 중 pointing at ~를 가리키는 중 greeting each other 서로 인사하는 중 putting away 치우는 중 pushing 밀고 있는 중 bending over 허리를 구부리는 중
고난도	waving 손을 흔들고 있는 중 adjusting 조정하고 있는 중 [re]stocking 채우고 있는 중 wheeling 밀고 있는 중 raking 긁어 모으는 중 rinsing 헹구는 중 polish 닦는 중 coiling 코일을 감는 중 securing 고정시키는 중

3) 발/다리 관련 동작 표현

수평 이동	approaching ~로 다가가는 중 crossing 건너는 중 walkng/passing through ~를 지나가는 중 strolling 산책하는 중 walking past ~를 지나가는 중 driving 이동 중 moving 이동 중
상하 이동	ascending/descending 올라/내려가는 중 going up/down 올라/내려가는 중 climbing up/down 올라/내려가는 중 stepping up[onto]/down 올라/내려가는 중
탑승/하차	getting on/into 탑승 중 getting out of ~에서 하차 중 boarding 탑승 중 disembarking 내리는 중

작업 관련	working 일하는 중
고난도	exiting 하차/나가는 중 heading to ~로 향해 가는 중

2. 1인 상태 묘사

서있다, 앉아 있다 등 인물의 상태나 옷차림을 묘사하는 경우를 조심한다. 인물의 동작에만 집중하면 놓칠 수 있다.

자세	standing 서 있는 sitting(seated) 앉아 있는 squatting 쪼그려 앉아 있는 holding 잡고 있는 kneeling 무릎 꿇고 있는 resting 쉬고 있는 posing 포즈를 취하고 있는 waiting 기다리는 has + 명사 (명사)가 있는 be outdoors 야외에 있는 be alone 혼자 있는 be + 장소 전치사구 (장소)에 있는 facing 마주하는
옷차림	wearing 입은 [상태] cf. putting on 입고 있는 [동작] trying on 한번 입어보고 있는 [동작] removing/ taking off 벗고 있는 [동작]
옷차림 명사	hat 모자 glasses 안경 wristwatch 손목시계 watch 시계 uniform 작업복 backpack 가방 gloves 장갑 helmet 헬멧 protective glasses 보안경 toolbelt 도구벨트 work vest 작업복 coat 코트 long sleeved shirt 긴 팔 short sleeved shirt 짧은 팔

3. 포괄적인 표현

고난도 문제는 구체적인 표현보다 포괄적인 표현을 사용하여 정답을 묘사한다.

구체적인 표현 (함정 확률 높음)	포괄적인 표현 (정답 확률 높음)
digging a hole 구멍을 파는 중	working 일하는 중
pushing a cart 카트를 미는 중	shopping 쇼핑하는 중
washing a knife 칼을 씻는 중	using the sink 싱크대를 사용하는 중
playing a piano 피아노를 연주하는 중	playing an instrument 악기를 연주하는 중
cutting 자르고 있는 중	concentrating on 집중하는 중
paying for goods 제품에 대한 대금을 지불하는 중	making a purchase 구매하는 중
sitting on a sofa 소파에 앉아 있는 중	resting 휴식을 취하는 중
loading a box 박스를 싣는 중	handling 다루는 중
holding his hat 모자를 들고 있는 중	adjusting his hat 모자를 조정하는 중
repairing a bicycle 자전거를 수리하는 중	working on a bicycle 자전거 작업을 하는 중
watering some plants 물을 주고 있는 중	taking care of some plants 식물을 보는 중
moving some furniture 가구를 옮기는 중	rearranging some furniture 가구를 재배치하는 중

4. 1인 등장 사진의 빈출 오답

- **동작과 상태 묘사간의 혼동**
  예) 옷차림에 대해 putting on / trying on 등의 동작 묘사를 사용한 경우
- **잘못된 동작에 사진에 있는 사물을 사용**
  예) 식료품 마트에서 계산하는 상황에 'weighing some goods'로 묘사한 경우
- **올바른 동작이지만 대상이 잘못된 경우**
  예) 식료품 마트에서 'shopping for clothing'이라고 하는 경우

고득점자의 풀이법

1단계 사진 파악

❶ 1인 중심의 사진이므로 사진 속 인물의 행동과 외모적 특징에 집중해야 한다.

❷ 특히 사람이 무엇인가를 바라보는 행동이 등장하는 경우 대개 이를 묘사하는 표현이 정답으로 제시되며, 상품이나 제품을 바라보는 경우 examine, inspect, look at 등을 이용하여 바라보는 행동을 표현할 가능성이 높다.

(A)　(B)　(C)　(D)

2단계 들으며 정답 고르기

(A) The woman is focusing on her laptop screen. 여자는 노트북 컴퓨터의 화면에 집중하고 있다. ✖

▶ 여자가 집중해서 보는 행동을 이용하여 오답을 유도하고 있다. 하지만 노트북 컴퓨터는 사진에서 확인할 수 없으므로 오답이다.

(B) The woman is shopping for clothing. 여자는 의류를 쇼핑하고 있다. ✖

▶ 여자가 쇼핑 중인 행동은 정확하지만 그 대상은 의류가 아니므로 오답이다. 일반적으로 사람의 행동은 정확하게 묘사하지만 그 대상이 사진과 달리 언급되는 형식의 오답 유도가 빈번하게 이뤄지고 있음에 주의해야 한다.

(C) The woman is examining items on the shelves. 여자는 선반 위에 놓인 상품들을 꼼꼼히 살펴보고 있다. ◉

▶ 여자가 선반 위에 놓인 상품을 보고 있는 행동을 정확하게 표현하고 있는 정답이다.

(D) The woman is reaching for a can on the rack. 여자는 선반 위에 캔에 손을 뻗고 있다. ✖

▶ 여자가 제품을 향해 팔을 뻗는 행동을 취하지 않고 있으므로 오답이다.

✏️ 실전 연습　🎧 U71-3.MP3　　실전으로 확인하세요!

1.

(A)　(B)　(C)　(D)

2.

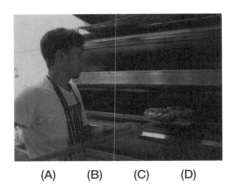

(A)　(B)　(C)　(D)

• 정답 및 해설은 29쪽에서 확인

UNIT 72 2인 이상 사진은 일부와 전부를 구분하면 끝!

2인 이상이 등장하는 사진에서는 인물들이 같은 자세를 취하고 있거나 같은 행동을 하고 있으면 정답으로 묘사되는 경우가 많다. 또한 서로 악수/인사를 하거나 대화 중이거나 무엇인가를 건네는 등 상호간에 이루어지는 동작도 정답으로 묘사된다. 각기 다른 행동을 하거나, 나머지 한 사람만 다른 행동을 할 경우 그 한 인물에 대해 묘사하는 것이 정답이다.

출제율 100% 핵심 포인트

시간이 없으면 이것만 외우세요!

1. 공통적 동작, 상태 표현

1) 2인 이상의 사진을 볼 때는 공통적인 동작이나 상태를 우선 확인한다.

공통적 동작

공통적	working (together) 함께 일하는 중 handling 다루는 중 attending 참석하는 중 walking 걷는 중 strolling 걷는 중 crossing 건너는 중 playing instruments 악기를 연주하는 중 having a meal 식사하는 중 eating 먹는 중 watching 보는 중 shopping 쇼핑하는 중
상호적	having a conversation 대화하는 중 talking together 함께 이야기하는 중 greeting each other 서로 인사하는 중 exchanging business cards 명함을 교환하는 중

공통적 상태

공통적	standing 서 있는 sitting next to each other 서로 옆에 앉아 있는 seated 앉아 있는 waiting in a line 한 줄로 서서 기다리는 wearing 착용한 상태인 be outdoors 야외에 있다 be on opposite sides of 맞은편에 있다 are gathered 모여 있다
상호적	being helped 도움을 받고 있는 facing each other 서로 마주하고 있는

2) 개별적인 동작이 다르더라도 포괄적으로 보면 공통점이 있는지 확인한다.

예) 한 사람은 짐을 들어올리고(lifting), 다른 한 사람은 짐을 내리고(unloading)
정답: They are handling luggage. 그들은 짐을 다루고 있는 중이다.

예) 한 사람은 삽질하고(shoveling), 다른 한 사람은 벽돌을 쌓고(laying bricks)
정답: The men are working at a construction site. 남자들은 공사장에서 일하는 중이다.

2. 개별 묘사

1) 공통적인 동작이 없거나 나머지 한 사람만 다른 행동을 할 경우에는 개별 묘사도 답이 될 수 있다.

2) 일부의 동작이나 상태를 전체에 해당하는 동작이나 상태로 묘사하면 오답이다.

예) 여자 한 명이 서서 발표하고 남자 두 명은 앉아서 발표를 보고 있는 사진
▶ 모든 사람이 발표를 하고 있다고 하면 오답.

3) 일부의 개별 동작이나 상태를 다른 일부의 개별 동작이나 상태로 묘사하면 오답이다.

예) 여자 한 명이 서서 발표하고 남자 두 명은 앉아서 발표를 보고 있는 사진
▶ 여자가 발표를 보고 있다고 하면 오답.

개별 묘사를 하는 경우 주어

2인 이성 중 한 사람	The man 남자 The woman 여자
2인 동성 중 한 사람	One man[woman] 한 남자[여자] One of the men[women] 남자[여자]들 중 한 사람
3인 동성 중 한 사람	One of the people 사람들 중 한 명 One of them 그들 중 한 명
남자 한 사람, 여자 두 사람 중 한 사람	The man 남자 One woman 한 여자
여러 사람 중 몇 사람	Some people 몇몇 사람들

고득점자의 풀이법

🎧 U72-2.MP3

1단계 사진 파악

❶ 2인 이상 다수가 등장하는 사진이므로 승강장에 있는 사람들의 공통된 행동 및 외모적 특징부터 살펴봐야 한다.

❷ 승강장을 걸어가는 여러 사람들의 행동을 묘사하는 정답이 등장할 가능성이 높지만 앉아 있는 일부 사람들의 상태에 관한 정답이 제시될 수도 있다.

❸ 모든 사람이 서 있는 상태 또는 모든 사람들이 앉아 있는 상태라는 방식의 오답이 제시될 수도 있음에 주의해야 한다.

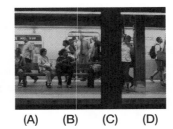

(A)　(B)　(C)　(D)

2단계 들으며 정답 고르기

(A) The train is pulling into the station. 기차가 역 안으로 진입하고 있다. ❌

▶ 기차가 역 안으로 진입하고 있는 상태가 아니므로 오답이다.

(B) There are a couple of lights being fixed. 두 개의 전등이 수리되고 있다. ❌

▶ 사람에 의해 사물에 가해지는 동작을 묘사하는 현재진행 수동태 문형으로, 전등을 수리하는 사람의 동작은 확인할 수 없으므로 오답이다.

(C) All of the people are sitting on benches. 모든 사람들이 벤치에 앉아 있다. ❌

▶ 모든 사람이 벤치에 앉아 있는 상태가 아니다. 일부의 행동을 전체의 행동으로 묘사하는 오답 유형이다.

(D) Some people are walking down the platform. 몇몇 사람들이 승강장을 걸어가고 있다. ⊙

▶ 여러 사람이 승강장을 걷고 있는 공통된 행동을 묘사하고 있으므로 정답이다.

실전 연습

🎧 U72-3.MP3

실전으로 확인하세요!

1.

(A)　(B)　(C)　(D)

2.

(A)　(B)　(C)　(D)

• 정답 및 해설은 29쪽에서 확인

UNIT 73 사물/풍경 사진은 수동태로 묘사

사물/풍경을 배경으로 하는 사진 문제는 주어가 될 수 있는 명사 어휘와 상태를 서술하는 동사 어휘를 다양하게 알고 있어야 한다. 수동태, 수동태 현재완료 표현을 정확하게 파악해야 하기 때문에 인물 사진보다 어렵다.

출제율 100% 〉 핵심 포인트 〉   시간이 없으면 이것만 외우세요!

1. 사물의 상태 묘사

1) **수동태(be p.p.)와 현재완료 수동태(has/have been p.p.)가 같은 의미로 사용되므로 둘다 정답으로 가능하다.**
   A car **is parked** in the parking area.
   차가 주차장에 주차되어 있다.

   A car **has been parked** in the parking area.
   차가 주차장에 주차되어 있다.

2) **'사물 주어 is/are + 장소 전치사구'나 'There is/are 사물 주어+장소 전치사구'로 사물의 위치나 상태를 묘사한다.**
   A car **is in** the parking area. 차가 주차장에 있다.
   There is a car in the parking area. 차가 주차장에 있다.

3) **be being p.p.의 일부 예외적 표현은 사물의 상태를 묘사한다.**
   • be being displayed(~가 진열되어 있다), be being grown(~가 자라고 있다), be being cast(~가 드리워져 있다)
   ▶ be being p.p.임에도 불구하고 사물의 상태를 나타내는 표현들이다.

4) **'사물 주어 + is/are + 형용사', '사물 주어 + 일반 동사의 현재시제'도 사용된다.**
   A suitcase **is full** of clothes. 여행용 가방이 옷들도 가득차 있다.
   Some buildings **overlook** the river. 몇몇 빌딩들이 강을 내려다 보고 있다.
   A railing **runs** along the river. 난간이 강을 따라서 뻗어 있다.
   Some items **sit** on a counter. 몇 개의 물건들이 카운터 위에 있다.

2. 사물의 동작 묘사

1) **be being p.p.는 사람이 사물에 가하는 동작을 표현하므로 사람이 없는 사진에서 이 표현이 들리면 대부분 오답이다.**
   A tree **is being trimmed**. 가지가 쳐지고 있는 중이다.
   A document **is being examined**. 문서가 검토되는 중이다.

2) **'사물 주어 is/are -ing는 주로 사물을 의인화하여 표현하는 경우로 사람 여부와 상관없이 정답이 될 수 있다.**
   Traffic **is moving** in opposite directions. 차량들이 반대 방향으로 이동중이다.
   Smoke **is rising** in the air. 연기가 하늘로 올라가고 있다.
   A fountain **is spraying** water into the air. 분수대가 물을 하늘로 뿌리고 있다.

3. 사물 상태 혹은 동작 묘사에 사용되는 빈출 표현

위치	be placed 놓여 있다 be put 놓여 있다 be positioned 놓여 있다 be situated 놓여 있다
	be lying (바닥에) 놓여 있다 be set 놓여 있다 be laid 놓여[깔려] 있다 be left 놓여 있다
	be facing 향해 있다
적재 상태	be stocked with ~로 채워져 있다 be piled/stacked 쌓여 있다 be stored on ~에 보관되어 있다
부착 상태	be mounted on ~에 고정되어 있다 be hanging on ~에 걸려 있다 be suspended 걸려 있다
	be propped against ~에 받쳐 있다 be leaning against ~에 기대어 있다 be attached 부착되어 있다
정돈 상태	be scattered 흩어져 있다 be strewn 흩어져 있다 be organized 정리되어 있다
	be arranged 정돈되어 있다 litter ~를 어지럽히다
개폐 상태	be draped 드리워져 있다 be (left) open 열려 있다 be removed 제거되다
뻗은 상태	lead to ~로 이어지다 run 이어지다 extend (길 등이) 나 있다 span 가로지르다
배열 상태	be lined up + in a row / in rows 열지어 있다
사용 상태	be occupied 사용 중이다 be unoccupied 비어 있다
채움 상태	be packed with ~로 가득차다 be filled with ~로 채워져 있다 be covered with ~로 덮혀 있다
	be chained 체인으로 묶여 있다 be equipped with ~로 갖추어 있다 be illuminated 환히 밝혀져 있다
	be reflected (in) ~에 비치다
형용사	identical 똑같이 생긴 round 둥근 square 정방형의 empty 빈 full 가득찬 hanging 걸려 있는
의인화	be traveling 이동하다 overlook 내려다 보다 be casting a shadow 그림자를 드리우다
	be floating 떠있다 be spraying 물을 뿜고 있다 be approaching 접근하고 있다

고득점자의 풀이법

⌂ U73-2.MP3

1단계 ▶ 사진 파악

❶ 실내 정경 사진이므로 주요 사물의 위치 및 상태에 집중하되, 특히 사물이 특정 형태로 배열된 모습이 등장하는 경우 해당 배열 형태를 간과하지 않도록 주의해야 한다.

❷ 사물의 배열 형태가 등장하는 경우 이를 표현하는 내용이 정답으로 주로 제시되므로 좌석과 천장의 조명이 반원 형태로 배열된 모습을 묘사하는 정답이 제시될 가능성이 매우 높다.

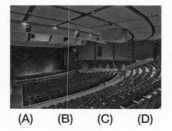

(A)　(B)　(C)　(D)

2단계 ▶ 들으며 정답 고르기

(A) The chairs have been arranged in a semicircle. 의자들이 반원 형태로 배열되어 있다. ◉

▶ 의자들이 반원 형태로 배열된 모습을 정확하게 묘사하고 있으므로 정답이다.

(B) Most of the people are shielded from the sunlight. 대부분의 사람들이 햇볕이 가려진 곳에 있다. ✕

▶ 사람이 등장하지 않고 있을 뿐만 아니라 사진에서 sunlight은 확인이 불가하므로 오답이다.

(C) Light fixtures are being installed in the ceiling. 조명기구가 천장에 설치되고 있다. ✕

▶ 사람의 행동이 수반되지 않는 경우 'be + being + p.p.' 형태의 현재진행 수동태는 오답으로 소거해야 한다.

(D) Shutters have been pulled down over the building's entrance. 건물 입구에 덧문이 내려져 있다. ⊗

▶ 건물의 모습과 덧문을 확인할 수 없으므로 오답이다.

 실전 연습 🎧 U73-3.MP3 **실전으로 확인하세요!**

1.

(A)　　(B)　　(C)　　(D)

2.

(A)　　(B)　　(C)　　(D)

• 정답 및 해설은 30쪽에서 확인

UNIT 74 인물 주변 사물도 파악하라!

파트 1의 인물 중심 사진에서는 대부분 인물의 행동이나 외모적 특징과 관련된 정답이 제시된다. 따라서 상대적으로 주변 사물의 위치와 상태를 꼼꼼히 살펴보지 않는 경향이 있다. 하지만 이를 역이용하여 인물 주변에 등장하는 사물의 위치 및 상태를 묘사하는 정답이 제시될 수 있다는 점에 주의해야 한다.

출제율 100% 〉 **핵심 포인트** 〉 시간이 없으면 이것만 외우세요!

1. 인물 중심 사진의 함정 (1)

1) 대표적인 정답 사례

A woman is looking at the clothes.
한 여자가 옷들을 바라보고 있다.

A woman is examining some merchandise.
한 여자가 상품을 살펴보고 있다.

She is looking at some goods on display.
그녀는 진열 중인 상품을 바라보고 있다.

▶ 이처럼 주로 인물 중심의 답변이 정답으로 제시된다.

2) 예외적인 정답 사례

Merchandise is hanging from a rack. 상품이 옷걸이에 걸려 있다.

Some clothes are being displayed in a store. 상점 안에 옷들이 진열되어 있다.

There is **a bag** on her shoulder. 여자의 어깨에 가방이 걸려 있다.

▶ 인물 중심 사진임에도 불구하고, 예외적으로 위의 사례들처럼 다른 사물을 부각시켜 정답으로 제시하는 경우도 있다.

2. 인물 중심 사진의 함정 (2)

1) 대표적인 정답 사례

Some people are standing around the store.
몇몇 사람들이 상점 주위에 서 있다.

Some people are shopping at an outdoor market.
몇몇 사람들이 야외 시장에서 쇼핑을 하고 있다.

Some people are wearing backpacks.
몇몇 사람들이 가방을 메고 있다.

2) 예외적인 정답 사례

Some tall buildings are located behind an outdoor market. 몇몇 고층 건물들이 야외 시장 뒤에 위치하고 있다.

Some buildings are lined up along the street. 몇몇 건물들이 거리를 따라 줄지어 있다.

Goods have been displayed at a store. 물건들이 점포에 진열되어 있다.

▶ 위의 사례들처럼 인물 중심 사진의 80%는 사진 속 등장인물의 행동과 외모적 특징을 묘사하는 정답이 제시된다. 하지만 20%는 인물 주변에 있는 사물의 위치와 상태를 묘사하는 정답이 제시된다.

고득점자의 풀이법

1단계 ▶ 사진 파악

❶ 1인 중심 사진이므로 사진 속에 등장하는 인물의 행동 및 외모적 특징부터 살펴 봐야 한다.

❷ 자전거를 타는 사람의 행동, 그리고 안전모, 반팔 및 반바지 차림의 외모적 특징 을 언급하는 정답이 제시될 가능성이 높다.

❸ 그러나 인물 주변에 있는 사물의 위치와 상태, 즉, 자동차들이 도로 한쪽에 줄지 어 주차되어 있는 상태, 도로 양편에 가로수들이 배열되어 있는 상태를 묘사하 는 정답이 제시될 수도 있다.

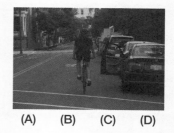

(A)　　(B)　　(C)　　(D)

2단계 ▶ 들으며 정답 고르기

(A) There is heavy traffic on this road. 도로의 교통정체가 심하다. ✕

▶ 도로의 교통정체 상황이 드러나 있지 않다.

(B) A tree is being planted near the road. 도로 근처에 나무 한 그루가 심어지고 있다. ✕

▶ 'be + being + p.p.' 형태의 현재진행 수동태는 과거분사에 해당하는 행동을 취하는 사람이 등장해야 정답이 될 수 있다는 점에서 오답으로 소거해야 한다.

(C) Some people are cycling down the street. 몇몇 사람들이 자전거로 거리를 달리고 있다. ✕

▶ 자전거는 한 사람이 타고 있으므로 오답이다. 한 사람의 행동을 여러 사람의 행동으로 묘사하고 있는 전형적인 오 답 유형이다.

(D) Some cars are parked on one side of the road. 차들이 길 한쪽에 주차되어 있다. ◎

▶ 자동차들이 도로 한쪽에 주차된 모습을 정확하게 묘사하고 있으므로 정답이다. 인물 중심의 사진이지만 이를 역이 용하여 사람 주변에 위치하고 있는 사물인 자동차들의 주차 상태를 묘사하는 정답을 제시하고 있다.

실전 연습 ∩ U74-3.MP3 　　　　실전으로 확인하세요!

1.

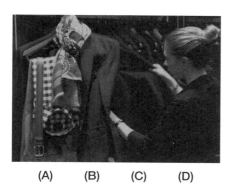

(A)　　(B)　　(C)　　(D)

2.

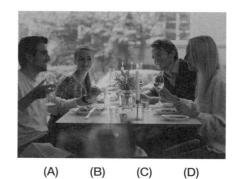

(A)　　(B)　　(C)　　(D)

• 정답 및 해설은 30쪽에서 확인

UNIT 75 being과 been을 구분해야 만점!

사람이 없는 사진에서 is/are being p.p.가 들리면 오답이다. 그런데 이것이 has/have been p.p.였다면 정답이 될 수도 있으므로 발음상, 의미상 어떠한 차이가 있는지 확인할 필요가 있다. 한편 사람이 없는 사진에서 is/are being p.p.가 정답이 될 수 있는 예외적인 경우도 챙겨야 한다.

출제율 100% 핵심 포인트   시간이 없으면 이것만 외우세요!

1. 수동태(is/are p.p.)와 수동태 현재완료(has/have been p.p.)

1) has/have been p.p.는 과거에 발생하여 지금도 그러하다는 의미인데, 현 상황을 말하는 파트 1에서는 is/are p.p.와 같은 의미로 사용된다.
   A car **has parked** in the parking area. 차가 (과거에 주차되어 지금도) 주차되어 있는 상태다.
   A car **is parked** in the parking area. 차가 주차되어 있는 상태다.

2) 둘 다 사물의 움직임이 없는 상태를 묘사할 때 사용한다.

3) 사진에 사물은 반드시 있어야 하지만 사람은 있을 수도 있고, 없을 수도 있다.

2. 수동태 현재진행(is/are being p.p.)

1) is/are being p.p.는 사물의 움직임을 묘사할 때 사용한다.
   A car **is being parked**. 차가 주차되는 중이다.

2) 주어는 사물이지만 사람의 동작을 묘사하기 위해서 사용되는 경우가 많다.
   Paint **is being applied** to a wall. 페인트가 벽에 칠해지는 중이다. ▶ 한 남자가 벽에 페인트칠을 하는 사진
   A purchase **is being made**. 구매가 이루어지는 중이다. ▶ 한 사람이 계산대에서 돈을 지불하는 사진

3) 사람이 없는 사진에서는 오답인 경우가 많다.
   Some trees **are being trimmed**. 몇몇 나무들이 가지가 쳐지고 있다. ▶ 가지를 치고 있는 사람이 있어야 한다.

4) 사람이 있어도 사람이 행위를 가하지 않는 사물주어에 is/are being p.p.가 들리면 오답이다.
   예) 사람이 식사하는 모습 뒤에 건물이 배경인 경우: A building is being constructed.는 오답.

3. is being p.p.와 has been p.p.의 구분

1) 사람이 없는 사진에서 is being p.p.가 들렸다면 오답 처리할 수 있으나 has been p.p.였다면 정답이 될 수 있으므로 구분해야 한다.

2) is being p.p.는 좀더 길고 비음이 들리고 has been p.p.는 매우 짧게 들리는 편이다.

3) 사람이 없는 사진에서는 has/have been p.p.가 주로 정답이고, 사람이 있는 사진에서는 is/are being p.p.가 주로 정답이다.

4. be being p.p.의 일부 예외적인 표현

1) 동사 display는 사람이 사물을 진열하고 있는 동작이 아니라 이미 사물을 진열해 놓은 상태를 표현한다. 따라서 be displayed도 진열된 상태이며, be being displayed도 진열된 상태를 묘사한다.

2) be being grown(~가 자라고 있다), be being cast(~가 드리워져 있다)도 마찬가지로 상태를 묘사한다.

고득점자의 풀이법

🎧 U75-2.MP3

1단계 ▶ 사진 파악

❶ 사물 중심의 사진이므로 사진 속 다양한 보석의 상태 및 위치 관계에 집중해야 한다.

❷ 보석이 진열장에 놓여 있는 상태, 보석이 진열 중인 상태, 그리고 조명이 보석을 비추고 있는 상태를 묘사하는 정답이 제시될 가능성이 매우 높다. 특히 상품 진열 사진의 경우 거의 대부분 상품이 진열된 상태를 표현하는 정답이 제시된다.

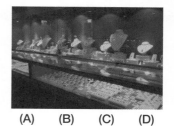

(A)　　(B)　　(C)　　(D)

2단계 ▶ 들으며 정답 고르기

(A) Some people are looking in the shop windows. 몇몇 사람들이 상점 창문 안을 보고 있다. ❌

▶ 사람이 등장하지 않는 사진이므로 Some people이라는 주어에서 이미 오답임을 파악할 수 있다.

(B) Some lights are being switched on. 몇몇 조명기구들이 켜지고 있다. ❌

▶ 조명기구를 켜고 있는 사람의 행동이 등장하지 않고 있으며, 사진의 조명기구들은 이미 켜져 있는 상태, 즉, 행동으로 인해 이미 발생한 상태이므로 현재진행 수동태로 표현하는 것은 적합하지 않다. 조명기구가 이미 켜져 있는 상태이므로 Some lights are switched on.이나 Some lights have been switched on.이란 표현이 적절하다.

(C) Price tags have been placed on each item. 가격표가 각각의 제품에 부착되어 있다. ❌

▶ 각각의 제품에 가격표가 부착되어 있는지의 여부는 사진을 통해 확인이 불가하므로 오답이다.

(D) Various types of jewelry are being displayed. 다양한 종류의 보석이 진열되어 있다. ⭕

▶ 다양한 종류의 보석이 진열되어 있는 상태를 정확하게 묘사하고 있는 정답이다. 사람의 행동이 등장하지 않는 사진에서 'be + being + p.p.'가 정답이 되는 10% 예외의 대표적인 표현이 바로 be being displayed이다.

실전 연습

🎧 U75-3.MP3　　　　　　실전으로 확인하세요!

1.

(A)　　(B)　　(C)　　(D)

2.

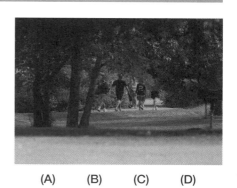

(A)　　(B)　　(C)　　(D)

• 정답 및 해설은 31쪽에서 확인

UNIT 76 파트 1 만점은 결국 고난도 어휘 (1)

듣기 실력이 어느 정도 있는 수험자에게 파트 1은 다른 파트에 비해 난이도가 낮은 것이 사실이다. 따라서 LC 만점을 위해서 파트 1은 다 맞혀야 한다. 그럼에도 불구하고 꼭 1문제는 틀린다면 그것은 대부분 **고난도 어휘**에서 놓치는 것이다. 최근 10년간 시험에 나온 고난도 어휘를 주제별로 정리해 보았다.

출제율 100% 핵심 포인트   시간이 없으면 이것만 외우세요!

1. 쇼핑몰, 호텔, 식당, 박물관, 미용실 사진

One woman is **wheeling** a shopping cart. 한 여자가 쇼핑 카트를 끌고 있다.

One of the women is using a **scale**. 여자들 중 한 명이 저울을 사용하고 있다.

A woman is **wrapping up** some merchandise. 한 여자가 상품을 포장하고 있다.

Shutters have been pulled down over a shop entrance. 덧문들이 가게 출입구에 내려져 있다.

Market stalls are covered by a roof. 노점들이 지붕으로 덮여 있다.

Patio umbrellas have been closed. 테라스 파라솔들은 접혀 있다.

A hat is **shielding** her face from the sun. 모자가 햇빛으로부터 여자를 가려주고 있다.

A cloth has been laid on a table. 천이 탁자 위에 놓여 있다.

Some customers are sitting on **stools**. 몇몇 고객들이 의자에 앉아 있다.

A piece of art has been hung in the lobby. 그림 한 점이 로비에 걸려 있다.

Some people are **admiring** the artwork. 사람들이 작품을 감상하고 있다.

A hairdresser is **squeezing** a plastic bottle. 한 미용사가 플라스틱 통을 짜고 있다.

2. 거리, 교통, 작업장 사진

Furniture has been packed in **crates**. 가구가 상자에 담겨 포장되어 있다.

A woman is packing a shipping **carton**. 한 여자가 배송용 상자를 포장하고 있다.

A man is changing a **light bulb** overhead. 한 남자가 머리 위에 있는 전구를 교체하고 있다.

Some bricks have been **left unattended**. 벽돌들이 방치되어 있다.

He is **raking leaves** from the lawn. 그는 잔디밭에서 나뭇잎을 갈퀴로 긁고 있다.

Some people are using a **ramp** to board a boat. 몇몇 사람들이 배에 탑승하려고 경사로를 이용하고 있다.

The man is **directing traffic**. 남자가 교통정리를 하고 있다.

A subway train is **pulling out of** the station. 기차가 역을 빠져나오고 있다.

A woman is wearing a **protective smock**. 한 여자가 보호용 겉옷을 입고 있다.

A man is **hammering a nail** into a wall. 한 남자가 벽에 못을 박고 있다.

One of the workers is **plugging in** some equipment. 인부들 중 한 명이 기구의 코드를 콘센트에 꽂고 있다.

Some women are **rolling their suitcases down** a path. 몇몇 여자들이 길에서 옷가방을 끌고 가고 있다.

Some construction workers are **smoothing the road surface**. 몇몇 공사장 인부들이 도로 평탄 작업을 하고 있다.

A **film crew** is recording something indoors. 영화 촬영팀이 실내에 있는 무언가를 촬영하고 있다.

Packages have **been secured** by some ropes. 짐들이 줄로 묶여 있다.

The baggage has been placed on the carousel. 짐이 컨베이어 벨트 위에 놓여 있다.

Some bicycles **are chained to a post**. 몇몇 자전거들이 기둥에 사슬로 묶여 있다.

Earth is being shoveled into bags. 삽으로 퍼낸 흙이 봉투 안으로 들어가고 있다.

The road is **being resurfaced**. 도로가 재포장되고 있다.

A man is **inflating** a tube. 한 남자가 튜브에 바람을 넣고 있다.

고득점자의 풀이법 🎧 U76-2.MP3

1단계 사진 파악

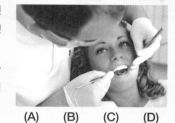

❶ 2인 중심의 사진이므로 두 사람의 행동과 외모적 특징부터 살펴보는 것이 우선 인데, 둘 사이에 공통된 행동은 보이지 않으므로, 각자의 행동이나 외모적 특징 을 중점적으로 살펴봐야 할 필요가 있다.

❷ 특히, 남자가 장갑, 마스크 및 보안경을 착용한 상태에서 도구를 이용해 환자를 진료하고 있는 행동과 여자가 입을 벌리고 치과 진료를 받고 있는 모습에 초점 을 맞춰야 한다.

(A)　　(B)　　(C)　　(D)

2단계 들으며 정답 고르기

(A) The woman is cleaning up her bedroom. 여자는 침실을 청소하고 있다. ❌

▶ 사진에 침실이 보이지 않으므로 오답이다. 입을 벌린 상황을 청소하다는 표현으로 연상시킨 오답이다.

(B) She is using a scale. 그녀는 저울을 이용하고 있다. ❌

▶ 사진에 저울이 없어서 오답이다. scale은 초보자들이 잘 놓치는 고난도 어휘에 해당한다.

(C) The doctor is talking to the woman. 의사는 여자에게 말을 하고 있다. ❌

▶ 의사가 이야기하고 있다고 추론을 시키는 오답이나, 실제로 이야기하는지는 사진만으로 알 수 없다.

(D) The patient is being examined. 환자가 진찰을 받고 있다. ◉

▶ 의사가 환자를 진찰하고 있는 행동을 환자의 입장에서 이야기하므로 정답이다.

✏️ 실전 연습 🎧 U76-3.MP3　　　　실전으로 확인하세요!

1.

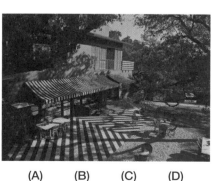

(A)　　(B)　　(C)　　(D)

2.

(A)　　(B)　　(C)　　(D)

• 정답 및 해설은 31쪽에서 확인

UNIT 77 파트 1 만점은 결국 고난도 어휘 (2)

들기 실력이 어느 정도 있는 수험자에게 파트 1은 다른 파트에 비해 난이도가 낮은 것이 사실이다. 따라서 LC 만점을 위해서 파트 1은 다 맞혀야 한다. 그럼에도 불구하고 꼭 1문제는 틀린다면 그것은 대부분 **고난도 어휘**에서 놓치는 것이다. 최근 10년간 시험에 나온 고난도 어휘를 주제별로 정리했다.

출제율 100% 핵심 포인트 ▷ 시간이 없으면 이것만 외우세요!

1. 사무실, 회사 사진

A woman is sipping a beverage. 한 여자가 음료수를 마시고 있다.

A man is adjusting his necktie. 한 남자가 넥타이를 고쳐 매고 있다.

They are collaborating on a project. 그들은 한 프로젝트에서 함께 일을 하고 있다.

Two workstations are separated by a partition. 두 개의 작업 공간이 칸막이로 분리되어 있다.

Armchairs have been grouped around the desk. 팔걸이 의자들이 책상 근처에 모여 있다.

They are assembled at a workstation. 사람들이 책상 주위에 모여 있다.

The man is holding a book open. 남자가 펼쳐진 책을 들고 있다.

Some papers are pinned to a bulletin board. 종이 몇 장이 게시판에 핀으로 고정되어 있다.

A floral arrangement has been set on the table. 꽃 장식이 탁자 위에 있다.

2. 집 안팎, 야외, 물가 사진

One of the men is leaning against a fireplace. 남자들 중 한 명이 벽난로에 기대어 있다.

The curtains have been drawn shut. 커튼이 쳐있다.

A tablecloth is draped over the table. 식탁보가 탁자 위에 씌워져 있다.

A man is dusting some shelves. 한 남자가 선반의 먼지를 털고 있다.

A man is grasping a handrail. 한 남자가 손잡이를 잡고 있다.

She is opening the lid of a large pot. 그녀는 큰 항아리의 뚜껑을 열고 있다.

The carpet has a circular pattern. 카펫에는 원형 무늬가 있다.

Water is flowing from an outdoor faucet. 야외 수도꼭지에서 물이 나오고 있다.

A man is adjusting the height of the music stand. 한 남자가 악보대의 높이를 조절하고 있다.

Some men are adjusting an awning. 몇몇 남자들이 차양을 조절하고 있다.

A woman is lacing up her shoe. 한 여자가 신발끈을 묶고 있다.

People are gathered on the brick patio. 사람들은 벽돌로 만든 테라스에 모여 있다.

One man is bending over a water fountain. 한 남자가 급수대 위에 몸을 숙이고 있다.

A man is barefoot. 한 남자가 맨발이다.

A group is paddling a boat near a pier. 사람들이 부두 근처에서 배를 탄 채 노를 젓고 있다.

Some metal railings border the river. 강가에 철제 난간이 있다.

Some skis are propped up against the wall. 몇몇 스키들이 벽에 기대어져 있다.

A crew member is tossing an anchor into the water. 한 선원이 닻을 물 속으로 던지고 있다.

Some **flags** are **fastened** to the **poles**. 몇몇 깃발들이 깃대에 매어 있다.

A tree is **casting a shadow**. 나무 한 그루가 그림자를 드리우고 있다.

A **path leads down to** the water's edge. 길이 물가까지 죽 연결되어 있다.

Some boats **are positioned** at the river's edge. 몇몇 배들이 강가에 위치해 있다.

The **pavement** is decorated with **geometric designs**. 길이 기하학적 무늬로 장식되어 있다.

There is a stone **archway** on the paved path. 포장된 길에 돌로 만들어진 아치형 통로가 있다.

고득점자의 풀이법

🎧 U77-2.MP3

1단계 사진 파악

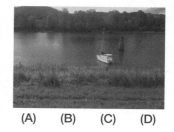

❶ 풍경 중심의 사진이므로 사진 속 풍경을 구성하고 있는 주요 사물인 배와 나무들의 상태 및 위치 관계를 중점적으로 살펴봐야 한다.

❷ 배가 물가에 위치하고 있는 상태, 물가를 따라 늘어선 나무들의 상태와 관련된 표현이 정답으로 제시될 가능성이 매우 높다.

(A)　(B)　(C)　(D)

2단계 들으며 정답 고르기

(A) A wooden structure is situated near a lake. 목조 건축물이 호숫가에 위치해 있다. ❌

▶ 물가에 있는 나무들을 이용하여 오답을 유도하고 있을 뿐, 목조 건축물이 등장하지 않으므로 오답이다.

(B) The sailboat is positioned at the river's edge. 배가 강가에 위치하고 있다. ⊙

▶ 배 한 척이 강가에 위치하고 있는 상태를 정확하게 묘사하고 있으므로 정답이다.

(C) A sailor is tossing an anchor into the water. 한 선원이 닻을 물 속으로 던지고 있다. ❌

▶ 사람이 등장하지 않으므로 선원을 뜻하는 sailor가 등장할 때 이미 오답임을 즉시 파악할 수 있다.

(D) Some boats are secured to a pier. 몇몇 배들이 부두에 묶여 있다. ❌

▶ 배가 정박해 있는 상태는 정확하게 언급했지만, 배는 한 척이고 배가 정박하고 있는 곳은 부두라고 할 수 없는 곳이므로 오답이다. pier(부두)는 비교적 생소한 단어이므로 반드시 암기해둘 필요가 있다.

실전 연습 🎧 U77-3.MP3 실전으로 확인하세요!

1.

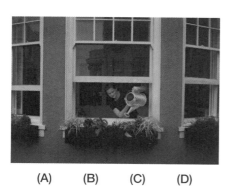

(A)　(B)　(C)　(D)

2.

(A)　(B)　(C)　(D)

• 정답 및 해설은 32쪽에서 확인

UNIT 78 파트 2는 오답을 1개만 소거해도 정답률 50%

최근 파트 2는 쉽게 출제된 적이 없다. 특히 주로 후반부로 갈수록 대략 10문제 정도의 고난도 추론형 문제까지 더해지면서 LC의 가장 어려운 파트가 되었다. 따라서 정답이 안 들린다고 당혹스러워 하기 보단 착실히 오답을 소거하면 남는 것이 정답이라는 전략도 필요하다. **오답 1개만 소거해도 정답률이 50%**가 된다는 것을 명심하자.

출제율 100% 〉 핵심 포인트 〉　　　시간이 없으면 이것만 외우세요!

이런 경우 오답이다

1) 의문사 의문문에 Yes/No로 답변

To whom should I send this e-mail? 누구에게 이 이메일을 보내야 하나요?

오답: Yes, our vice president will do. 네, 우리의 부사장님이 할 거예요.

▶ 단, 간접의문문은 Yes/No 답변이 가능하다.

Do you know who will be the first presenter at the next board meeting?
다음 이사회에서 누가 첫 발표자가 될 지를 알고 있나요?

정답: Yes, I think our vice president will. 네, 제 생각엔 우리 부사장일 것 같습니다.

2) '단어 or 단어' 선택의문문에 Yes/No로 답변

Do you want to take the subway **or** the taxi? 지하철을 탈까요, 택시를 탈까요?

오답: Yes, I prefer a taxi. 네, 택시가 좋아요.

▶ 단, 문장 or 문장 선택의문문은 Yes/No로 시작할 수 있다.

3) 동일한 발음, 유사한 발음 사용

동일한 발음이 들리면 오답의 가능성이 높고, 유사한 발음인 경우는 훨씬 더 높다.

Would you like some tea or coffee? 차 혹은 커피를 원하세요?

오답: I spilt coffee on my desk. 저는 제 책상 위에 커피를 쏟았어요.

오답: Please give me a new copy. 저에게 새로운 한 부를 주세요.

▶ 단, 최근 들어 선택의문문에서 동일한 발음이 들어간 보기의 정답률이 올라갔으므로 주의한다.

| 2음절 강세 | allowed 허가 받은 / loud 시끄러운
invoice 인보이스 / voice 목소리
refund 환불 / fun 재미있는
confirm 확인하다 / firm 회사, 확고한
review 검토하다 / view 전망, 보다
assign 할당하다 / sign 간판, 서명하다 | r과 l 혼동 | listen 듣다 / recent 최근의
late 늦은 / rate 요금, 비율
lend 빌려주다 / rent 임대하다
collect 수집하다 / correct 올바른 |
| | | 명사/구 | cancel 취소하다 / can't sell 팔 수 없다
maintenance 유지 / main entrance 정문
delivery 배달 / deliver it 그것을 배달하다
duty 의무 / due to ~때문에 |

뒷부분 유사	repair 수리(하다) / prepare 준비하다 introduce 소개하다 / reduce 줄이다 renew 갱신하다 / revenue 수익 jacket 재킷 / packet 통 apartment 아파트 / department 부서	p와 f 혼동	open 열다 / often 종종 coffee 커피 / copy 복사하다
		명사/동사 유사	applicant 지원자 / application 신청서 appoint 임명하다 / appointment 약속 expense 비용 / expensive 비싼 register 등록하다 / registration 등록 copy 복사하다 / copier 복사기
앞머리 유사	mind 상관하다 / mine 나의 것 fine 좋은 / find 찾다 supplies 물품 / surprise 놀라움; 놀라다 contract 계약서 / contact 연락처, 연락하다	모음 유사	cold 추운 / called 전화했다 both 둘다 / boss 상사 lunch 점심 / launch 출시하다

4) 연상되는 어휘 이용

doctor가 나오면 hospital, pharmacy, nurse, patient 등 연상되는 어휘를 사용한 오답 표현이다.

When will the factory be inspected? 언제 공장이 점검 될까요?

오답: To check safety policy. 안전 정책을 점검하기 위해서요.

질문에 나오는 단어	연상 어휘 오답
airport 공항	airline 항공사 flight 비행편 vacation 휴가 boarding 탑승 gate 출입구 passport 여권
article 기사	magazine 잡지 publish 출간하다 copy (한) 부 newsletter 사보
book 책	library 도서관 publish 출판하다 check out 책을 대여하다 read 읽다
computer 컴퓨터	monitor 모니터 software 소프트웨어 engineer 엔지니어 laptop 노트북 컴퓨터

5) 질문과 응답의 주어 불일치

You나 I, We로 대답해야 하는 상황에 He나 She가 등장하는 경우다.

How do you like your new office? 새로운 사무실에 대해서 어떻게 생각하세요?

오답: He thinks it's very spacious. 그는 그것이 공간이 넓다고 생각합니다.

6) 질문과 응답의 시제 불일치

Did Ms. Annabel attend the staff seminar this morning?
Annabel 씨가 오늘 아침에 직원 세미나에 참석했나요?

오답: Yes, She will. 네, 그녀는 그럴 것입니다.

정답: No, but she will do it next week. 아니요, 하지만 다음주에 그럴 거예요.
 ▶ 단, No라고 하면서 이유를 이야기할 때라면 미래 시제도 가능하니 조심한다.

고득점자의 풀이법

(A)   (B)   (C)

When does the accounting seminar begin today? 회계 세미나는 오늘 언제 열리나요?
(A) Yes, It'll cost about 200 dollars. 대략 200달러가 들 겁니다.
(B) In the seminar room. 세미나실에서요.
(C) It's written on your pamphlet. 안내책자에 적혀 있어요.

표현 정리 accounting seminar 회계 세미나 cost 비용; (비용이) ~ 들다

1단계 문제 공략법

❶ When does만 들어도 답변은 미래시점을 포함하는 문장이나 구가 될 것을 예상한다.
❷ 이 경우 빈출 오답인 장소에 대한 답변과, 언제든지 답이 될 수 있는 간접/회피성 답변도 염두에 둬야 한다.

2단계 오답 제거 및 정답 선택

(A) Yes, It'll cost about 200 dollars. ❌
  ▶ 의문사 의문문에 Yes로 시작하는 답변은 오답이다. cost는 accounting을 통해 연상되는 어휘다.

(B) In the seminar room. ❌
  ▶ 의문사 when을 where로 잘못 들었을 때 답으로 하게끔 유도하는 패턴이다. seminar라는 동일 단어를 사용한 것도 오답의 가능성을 올려준다.

(C) It's written on your pamphlet. ◉
  ▶ 자신이 직접 해당 정보를 알려주지 않고 그 정보를 알 수 있는 다른 소스를 제공하는 회피성 표현이므로 정답이다.

✏️ 실전 연습   🎧 U78−3.MP3   실전으로 확인하세요!

1. (A)   (B)   (C)   **2.** (A)   (B)   (C)

3. (A)   (B)   (C)   **4.** (A)   (B)   (C)

5. (A)   (B)   (C)   **6.** (A)   (B)   (C)

• 정답 및 해설은 32쪽에서 확인

UNIT 79 간접적, 우회적 답변은 문제를 놓쳐도 정답!

다양한 의문문에 대해 직접적이고 명확한 단서를 제시하는 정답뿐만 아니라 간접적이고 우회적인 내용의 정답도 25개의 답변 중 최대 10개에 이를 때도 있을 정도로 자주 제시되는 편이므로 그 유형들을 꼭 숙지해두어야 한다.

출제율 100% 핵심 포인트
시간이 없으면 이것만 외우세요!

1. 잘 모르겠다는 답변

When is Ms. Cane **going to leave** for Seattle? Cane 씨는 언제 시애틀로 떠날 건가요?

- I don't know. / I'm not sure. / I have no idea. 모르겠네요.
- I wish I knew. 저도 알면 좋겠네요.

2. 정해진 바 없다는 답변

Where do you **plan to get away** on vacation? 휴가를 어디로 떠날 계획이세요?

- That hasn't been decided yet. 아직 결정된 바 없어요.
- I can't decide now. 지금 정하긴 어렵네요.

3. 듣지 못했거나 알려진 바 없다는 답변

Has the personnel manager **hired** someone to take Mr. Parker's place?
인사부장이 Parker 씨의 후임을 채용했나요?

- He hasn't informed me yet. 부장님이 아직 제게 알려주지 않았어요.
- I haven't been told about it yet. / I haven't heard yet. 아직 들은 바 없어요.

4. 확인해 보겠다거나 나중에 알려주겠다는 답변

What time are we supposed to **meet** Mr. Gunnar? 우리가 Gunnar 씨를 몇 시에 만나기로 했나요?

- Let me check. / I'll find out. 제가 알아볼게요.
- I'll let you know later. 제가 나중에 알려드릴게요.
- It's too early to tell. 지금 말하긴 너무 이릅니다.

5. 다른 사람에게 물어보라는 답변

Who will **be promoted** to sales director? 누가 영업이사로 승진하나요?

- Why don't you ask the personnel manager about that? 인사부장님에게 물어보세요.
- You should talk to Ms. Anderson. Anderson 씨에게 이야기하세요.
- Perhaps Ms. Chang could tell you. 아마 Chang 씨가 알려줄 수 있을 겁니다.

6. 질문자에게 반문하는 답변

Have you **reviewed** the quarterly sales **report** yet? 분기별 영업 보고서는 검토하셨나요?

- When do you need it by? 그게 언제까지 필요하세요?
- I haven't. Have you? 아니요, 당신은요?

7. Actually / Probably / Maybe / Perhaps가 등장하는 답변

Would you rather **take a credit card**? 차라리 신용카드로 받으시겠어요?

- Actually, that would be a lot better for me. 사실, 제게는 그것이 훨씬 낫습니다.
- I can probably do that for you. 그렇게 해드릴 수 있을 것 같네요.

고득점자의 풀이법

🎧 U79-2.MP3

(A)　　　　　(B)　　　　　(C)

How many clients do you **meet** per week on average? 한 주에 평균 몇 명의 고객들을 만나세요?
(A) Let's take five. 5분만 쉽시다.
(B) Let me check. 제가 알아볼게요.
(C) Please meet me at 2 o'clock. 저와 2시에 만납시다.

표현 정리 client 고객, 손님 on average 평균적으로

1단계 문제 공략법

❶ How many clients를 통해 고객의 수를 묻는 질문임을 신속하게 파악하는 것이 관건이다.
❷ 고객의 숫자를 언급하는 답변을 예상할 수 있지만 고객의 숫자가 제시되지 않는 간접적 답변도 염두에 둬야 한다.

2단계 오답 제거 및 정답 선택

(A) Let's take five. ❌
▶ 5분 쉬자고 제안하는 답변으로 고객의 숫자와는 무관하므로 오답으로 소거해야 한다.

(B) Let me check. ⭕
▶ 알아보겠다는 말은 결국 자신도 고객의 숫자에 대해 아는 바가 없다는 뜻이므로 간접적인 내용의 정답이다. 아울러 모른다는 유형의 답변은 파트 2에서 정답으로 자주 제시된다는 점을 숙지해두어야 한다.

(C) Please meet me at 2 o'clock. ❌
▶ 무엇보다 at 2 o'clock, 즉, 2시라는 구체적인 시점이 언급되고 있는데, 이는 When 의문문에 적합한 답변이므로 오답이다.

실전 연습
🎧 U79-3.MP3

실전으로 확인하세요!

1. (A)　　　　(B)　　　　(C)　　　　**2.** (A)　　　　(B)　　　　(C)

3. (A)　　　　(B)　　　　(C)　　　　**4.** (A)　　　　(B)　　　　(C)

5. (A)　　　　(B)　　　　(C)　　　　**6.** (A)　　　　(B)　　　　(C)

• 정답 및 해설은 32쪽에서 확인

UNIT 80 When 의문문의 고난도 답변에 유의하라!

When 의문문에서는 부사 혹은 전치사구를 사용한 간단한 시점 표현만이 항상 정답으로 등장하진 않는다. When 의문문에서 제시되는 고난도 시점 표현에 익숙하지 않은 경우 비교적 평이하다고 느끼는 When 의문문에서 오답을 선택하기 쉬우며, 이는 파트 2 고득점 달성에 장애 요인이 될 수 있다.

출제율 100% **핵심 포인트**
시간이 없으면 이것만 외우세요!

1. 특정 미래 시점에 대한 고난도 답변

When is the merger with Bella Pharmaceutical happening? Bella 제약사와의 합병은 언제 이뤄지나요?

1) Sometime + 시간 명사

• **Sometime next week.** 다음 주 중으로요.

▶ '다음 주 중'이라며 대략적인 미래 시점을 언급하는 답변이다. 물론 시간 명사가 어떤 것인지에 따라 대략적으로 언급하는 시점이 달라질 수 있다. 이를테면 Sometime last week.라고 하면 '지난주 중'을 언급하는 표현이 된다.

2) Not until / Not before / No later than / Not for another + 시간 명사

• **Not until Tuesday.** 화요일에요.

• **Not before Thursday.** 목요일에요.

• **No later than Tuesday.** 아무리 늦어도 화요일에는 될 겁니다.

• **Not for another week.** 한 주 후에요.

▶ Not until Tuesday. / No later than Tuesday.는 화요일이란 시점을 언급하고 있으므로 On Tuesday.나 Next Tuesday.로 표현해도 된다. 또한 한 주 후를 뜻하는 Not for another week.는 In a week. 혹은 A week from now.처럼 상대적으로 평이한 표현으로 나타낼 수도 있다.

2. When / (Right) after / As soon as / Once + 부사절

When will the new personnel policy take effect? 새로운 인사 방침은 언제부터 유효한가요?

• **When the president signs it.** 사장님이 서명하실 때요.

• **Right after the president signs it.** 사장님이 서명하신 직후에요.

• **As soon as the president signs it.** 사장님이 서명하시자마자요.

• **Once the president signs it.** 일단 사장님이 서명을 하시면요.

▶ When / (Right) after / As soon as / Once + 부사절' 형태의 답변으로 대략적인 미래 시점을 언급하고 있는데, 부사절 접속사를 이용한 간접적인 답변이라고 할 수 있다.

▶ 평이한 답변이 있음에도 불구하고 이러한 부류의 정답을 제시하는 이유는 When 의문문에서 난이도가 높은 답변으로 오답을 유도하려는 것이고, 아울러 질문에 따른 답변 대응 시간이 상당히 촉박한 파트 2에서 이런 답변들의 의미를 한 번 더 생각하게 만들어 신속한 문제 풀이를 방해함으로써 정답률을 하락시키려는 의도라고 할 수 있다.

고득점자의 풀이법

(A)   (B)   (C)

When do you think the **president will sign** the merger contract?
사장님이 언제 합병 계약서에 서명할 것으로 생각해요?

(A) Yes, I'll contact him tomorrow. 네. 내일 제가 그에게 연락할게요.

(B) Not until Wednesday. 수요일에요.

(C) At the bottom of the first page. 첫 번째 페이지 하단에요.

표현 정리 president 사장, 회장 merger 합병 contract 계약서 contact 접촉하다, 연락하다
at the bottom of ~의 하단에

1단계 문제 공략법

❶ When ~ the president will sign을 통해 사장님이 언제 서명할 것인지 구체적인 시점을 묻는 질문임을 빠르게 파악해야 한다.

❷ 평이한 난이도의 답변이라면 'at/on/in/by+시점' 형태로 구체적인 서명 시점을 언급하는 정답 유형을 예상할 수 있다.

❸ 상대적으로 난이도가 높은 'Sometime/Not until/Not before/No later than/Not for another+시간 명사' 형태의 정답이 제시될 수 있다.

❹ 가장 어려운 난이도의 답변은 'When/(Right) after/As soon as/Once+부사절' 형태다.

2단계 오답 제거 및 정답 선택

(A) Yes, I'll contact him tomorrow. ✕
▶ 의문사 의문문에서 쓰일 수 없는 Yes란 긍정 답변이 등장하고 있을 뿐만 아니라 질문의 contract와 유사한 발음을 지닌 contact를 유사발음 어휘 함정으로 이용한 오답이다.

(B) Not until Wednesday. ◎
▶ 수요일이란 구체적인 시점을 언급하고 있는 정답이다.

(C) At the bottom of the first page. ✕
▶ 첫 번째 페이지 하단이란 위치를 언급하고 있는데, 이는 Where 의문문에 적합한 답변이므로 오답이다. When 의문문에 장소/위치와 관련된 선택지가, Where 의문문에 시점과 관련된 선택지가 등장하는 경우가 종종 나오는데, 이는 의문사 When과 Where를 순간적으로 헷갈리는 경우 오답을 유도하기 위한 함정이라고 할 수 있다.

✏️ 실전 연습 🎧 U80-3.MP3   실전으로 확인하세요!

1. (A)   (B)   (C)   2. (A)   (B)   (C)

3. (A)   (B)   (C)   4. (A)   (B)   (C)

5. (A)   (B)   (C)   6. (A)   (B)   (C)

• 정답 및 해설은 35쪽에서 확인

UNIT 81 Where 의문문에서 사람을 언급하는 답변을 숙지하라!

전반적으로 간접적이고 우회적인 정답 비중이 높아진 신토익 파트 2 영역에서 Where 의문문에 대한 정답은 장소나 위치를 표현하는 단순 전치사구 중심의 답변으로 제시되는 경우가 많지 않다. **장소나 위치를 묻고 있지만 막상 정답은 사람을 지칭하는 답변으로 제시될 수 있다.** 따라서 만만하게 여겨지는 Where 의문문에서 오답을 선택하는 일이 없도록 다양한 형태의 간접적인 정답 유형들을 미리 익혀 두는 것이 현명하다.

출제율 100% 핵심 포인트   시간이 없으면 이것만 외우세요!

1. 구체적인 출처를 사람으로 언급하는 답변

Where do you usually **purchase** office supplies? 당신은 사무용품을 주로 어디서 구입하나요?

- I usually get them from Mr. Parker. 주로 Parker 씨에게서 구매해요.
- I usually get them from a wholesale dealer. 주로 도매상에게서 구매해요.

▶ 물건을 구매하는 곳이 반드시 가게나 상점이 아니라 특정 인물이나 도소매상일 수 있다. 특히 Where ~ purchase …? / Where ~ buy …? / Where ~ get …? / Where ~ learn …? / Where ~ find …?처럼 구체적인 출처를 묻는 질문에서 등장하는 고난도 답변임을 알아두자.

2. 구체적인 장소나 위치를 사람으로 언급하는 답변

Where is the **list of guests** for the celebration? 축하연에 초청할 손님 명단은 어디에 있나요?

- Ms. Glennane has it. Glennane 씨가 가지고 있어요.
- Ms. Glennane borrowed it yesterday. Glennane 씨가 어제 빌려갔어요.
- Ms. Glennane might know where it is. 아마 Glennane 씨가 어디에 있는지 알 겁니다.
- You should check with Ms. Glennane. Glennane 씨에게 확인해 보세요.

▶ 구체적인 장소나 위치를 제시하는 답변이 아니라 물건을 소유하고 있는 사람을 대신 지칭하거나 혹은 구체적인 장소나 위치를 알려줄 수 있는 사람으로 대답하는 형식의 답변이다. 사전에 숙지해두지 않으면 인명이 들리는 경우 Who 의문문에 적합한 내용의 답변이라고 생각하고 성급하게 오답으로 처리함으로써 이러한 유형의 정답을 놓치기 쉽다.

3. 위치를 묻는 대상이 아예 없다고 언급하는 답변

Where is our new **laser printer**? 우리의 새로운 레이저 프린터는 어디에 있나요?

- Actually, we didn't order one. 사실, 우리는 레이저 프린터를 주문하지 않았어요.
- It hasn't arrived yet. 아직 도착하지 않았어요.

▶ 찾고 있는 대상이 아예 없거나 도착하지 않았다는 답변도 가끔 정답으로 제시된다는 점에 유의해야 한다.

고득점자의 풀이법

(A)　　　　　(B)　　　　　(C)

> **Where** did you **get these documents** on chemical testing?
> 화학 실험과 관련된 이 서류들은 어디서 가져 왔나요?
> (A) Before lunch. 점심식사 전에요.
> (B) The test cost almost $700. 그 실험은 거의 700달러가 들었어요.
> (C) From Mr. Butler, our head researcher. 저희 수석 연구원인 Butler 씨에게서요.
>
> 표현 정리 chemical testing 화학 실험 cost (값·비용이) ~ 들다

1단계 문제 공략법

❶ Where did you get these documents를 통해 서류의 출처를 묻는 Where 의문문임을 빠르게 파악할 수 있다.

❷ 평이한 난이도의 답변이라면 기본적으로 'at/on/in/by+장소/위치' 형태로 구체적인 장소나 위치를 언급하는 정답을 예상할 수 있다.

❸ 출처에 해당되는 사람이나 소유하고 있었던 혹은 현재 소유하고 있는 사람을 지칭하는 고난도 답변에 대비해야 한다.

2단계 오답 제거 및 정답 선택

(A) Before lunch. ❌

▶ When 의문문에 장소나 위치와 관련된 선택지가, Where 의문문에 시점과 관련된 선택지가 등장하는 경우가 종종 있는데, 이는 의문사 When과 Where를 순간적으로 헷갈리게 하여 오답을 유도하기 위한 함정이라고 할 수 있다.

(B) The test cost almost $700. ❌

▶ 질문의 test를 중복하여 들려주는 동일어휘 함정이 포함되어 있을 뿐만 아니라 700달러라는 비용은 How much 의문문에 적합한 내용의 답변이므로 오답이다.

(C) From Mr. Butler, our head researcher. ⭕

▶ 화학 실험과 관련된 서류를 어디서 가져 왔는지 그 출처를 묻는 Where 의문문인데, 수석 연구원인 Butler 씨에게서 받아 왔음을 밝히고 있으므로 적절한 답변이다.

실전 연습 🎧 U81-3.MP3　　　　실전으로 확인하세요!

1. (A)　　(B)　　(C)　　　**2.** (A)　　(B)　　(C)

3. (A)　　(B)　　(C)　　　**4.** (A)　　(B)　　(C)

5. (A)　　(B)　　(C)　　　**6.** (A)　　(B)　　(C)

· 정답 및 해설은 36쪽에서 확인

UNIT 82 Who 의문문에서 인명/직업/직책이 아닌 답변을 숙지하라!

Who 의문문에 대한 정답으로 항상 인명, 직업, 직책을 언급하는 평이한 수준의 답변만을 기대해선 곤란하다. Who 의문문에서도 인명, 직업, 직책, 부서명을 제시하는 답변을 넘어서 여러 간접적인 정답 형태를 꼼꼼하게 숙지할 필요가 있다.

출제율 100% 핵심 포인트　　　　　　　　　시간이 없으면 이것만 외우세요!

1. 장소나 위치로 언급하는 답변

계약서 수정본을 가지고 있는 사람이 누구인지 묻는 Who 의문문에 대해 구체적인 인명이나 직책을 제시하는 것이 아니라 계약서 수정본이 있는 구체적인 장소나 위치에 대해 언급하는 정답이 등장한다. 즉, 소유자를 묻는 Who 의문문에서 사람이 아닌 장소나 위치가 등장할 수 있음을 필히 염두에 둬야 한다.

Who has the copy of the revised contract? 계약서 수정본은 누가 가지고 있나요?

- I think it's in the file cabinet. 서류함 안에 있는 것으로 알고 있어요.
- I left it on your desk. 제가 당신의 책상 위에 뒀어요.
- You can get it from the Sales Department. 영업부에서 그것을 얻을 수 있어요.

▶ 사전에 미리 꼼꼼하게 학습하고 대비하지 않으면 선택지에서 장소나 위치가 언급되는 경우 Where 의문문에 대한 답변으로 성급히 판단하고 오답으로 소거하기 때문에 이러한 유형의 정답을 놓치는 경우가 종종 발생할 수 있다.

2. 다양한 대명사를 사용한 답변

해당하는 대상자에 대해 아는 것이 별로 없는 경우 구체적인 인명이나 직책이 아니라 man, woman, someone, anyone과 같은 대명사로 구성된 정답이 등장한다.

Who will **attend** the seminar this afternoon? 오늘 오후에 있을 세미나에 누가 참석하나요?

- A man in the Marketing Department. 마케팅부의 어떤 남자요.
- The man standing over there. 저쪽에 서 있는 남자요.
- Someone in the Accounting Department. 회계 부서의 누군가요.
- Anyone who's interested in it. 세미나에 관심 있는 사람이라면 누구나요.

3. 인칭대명사를 사용한 답변

1) Who에 해당하는 대상자를 질문자와 답변자가 확인할 수 있을 만큼 근거리에 함께 있는 경우

2) Who에 해당하는 대상자가 질문자와 답변자가 있는 곳에 없는 경우

이 두 가지 경우에 한해 대상자를 he, she, they와 같은 인칭대명사로 혹은 성별이 반영된 명사인 man, woman으로 지칭하는 것이 가능하기 때문에 Who 의문문에 대한 정답으로 제시될 수 있다.

Who has been **newly hired** for the accounting manager position? 회계 부장직에 누가 새로 채용되었나요?

- He's the one wearing the black suit over there. 저쪽에 검은색 정장을 입은 남자요.
- The man wearing the black suit over there. 저쪽에 검은색 정장을 입은 남자요.
- The woman talking to the vice president. 부사장님과 이야기를 나누는 여자요.

- She's not here now. 그녀는 지금 이곳에 없어요.

▶ 이런 유형의 정답이 제시되면 Who 의문문에 대한 난이도가 높아진다. 따라서 사전에 학습해두지 않는다면 대다수 Who 의문문에서 제시되는 인칭대명사 보기를 우선 오답으로 처리하기 때문에 정답을 놓칠 수밖에 없다. 따라서 어떠한 경우에 인칭대명사로 답변하는 것이 가능한지 필히 알아둬야 한다.

● 하나만 더!

I나 me 같은 인칭대명사는 누구를 지칭하는지 바로 알 수 있으므로 정답이 될 수 있다.

Who's in charge of ordering our office supplies? 사무용품을 주문하는 담당자가 누구인가요?
- I am. What do you need? 저요. 무엇이 필요하세요? **(O)**

4. 인칭대명사를 사용한 답변이 오답인 경우

인칭대명사는 앞서 언급한 특정 대상자를 지칭하는 대명사이므로 근거리 표현이 나오지 않았거나 특정 대상자가 누구인지 알 수 없는 상황에서 단순히 he나 she 등의 인칭대명사가 나오면 대부분 오답이다.

Who's in charge of ordering our office supplies? 사무용품을 주문하는 담당자가 누구인가요?
- He usually handles that. 그가 주로 처리합니다. **(X)**
- She usually takes care of that. 그녀가 주로 처리합니다. **(X)**

고득점자의 풀이법

🎧 U82-2.MP3

(A)　　　(B)　　　(C)

Who is the **new head accountant** at our company? 우리 회사의 새로운 수석 회계사는 누구인가요?
(A) She is the one in the black suit over there. 저쪽에 검은색 정장 차림을 하고 있는 여자요.
(B) Yes, I'd like to open a savings account. 네, 저는 저축 계좌를 개설하고 싶어요.
(C) Ms. Wilson will retire soon. Wilson 씨는 곧 정년퇴직해요.

표현 정리 head accountant 수석 회계사 in the black suit 검은색 정장 차림의 savings account 저축 계좌

1단계 문제 공략법

❶ Who is ~ new head accountant를 통해 새로운 수석 회계사가 누구인지 묻는 Who 의문문임을 빠르게 파악할 수 있다.

❷ 평이한 난이도의 답변이라면 새로운 수석 회계사의 인명을 언급하는 정답이 제시될 것이다.

❸ 고난도 답변이라면 같은 곳에 있는 어떤 남자나 여자를 지칭하거나 혹은 그 사람은 이곳에 없다고 답변할 수 있다.

2단계 오답 제거 및 정답 선택

(A) She is the one in the black suit over there. ◉
▶ 질문자와 답변자가 함께 확인할 수 있는 곳에 있는 검은색 정장 차림의 여자가 새로운 수석 회계사임을 지칭하고 있으므로 적절한 답변이다.

(B) Yes, I'd like to open a savings account. ✗
▶ 의문사 의문문에서 쓰일 수 없는 Yes란 긍정 답변이 제시되고 있을 뿐 아니라 질문의 accountant와 유사한 발음을 지닌 account를 유사발음 어휘 함정으로 이용한 오답이다.

(C) Ms. Wilson will retire soon. ✕

▶ Wilson이라는 인명이 등장하고 있지만, 이는 곧 정년퇴직하는 사람의 이름일 뿐이므로 오답이다. 난이도가 높은 Who 의문문이 출제될 때 대개 Who 의문문의 기본적인 정답 형태인 인명이나 직책을 선택지로 제시하여 오답 선택을 유도하는 경우가 많다.

실전 연습　🎧 U82-3.MP3　실전으로 확인하세요!

1. (A)　　　(B)　　　(C)　　　　2. (A)　　　(B)　　　(C)

3. (A)　　　(B)　　　(C)　　　　4. (A)　　　(B)　　　(C)

5. (A)　　　(B)　　　(C)　　　　6. (A)　　　(B)　　　(C)

· 정답 및 해설은 37쪽에서 확인

Why 의문문의 주제별 빈출 답변 유형을 숙지하라!

Why 의문문은 일단 제안을 나타내는 Why don't I, Why don't we, Why don't you가 아닌, 이유를 나타내는 why인지 확인한다. 이유를 이야기할 때는 주로 문장을 통해서 제시되므로 제대로 다 들어야 풀리는 경우가 많다. 따라서 주로 나오는 이유의 답변들을 주제별로 질문과 묶어서 학습해 두는 것이 중요하다.

출제율 100% 핵심 포인트　　　　　　　　　시간이 없으면 이것만 외우세요!

1. 상점이나 관공서 등이 문을 닫은 이유 → 휴일 / 공사 / 행사 준비 언급

특정 기관이나 식당 등이 문을 닫은 이유에 대해 자주 질문하며, 이에 대한 답변으로는 휴일, 공사, 행사 준비를 이유로 제시하는 경우가 대부분이다.

Why is the **post office closed** today? 오늘 우체국이 문을 닫은 이유는 뭔가요?
- It's a national holiday. 오늘이 공휴일이에요.
- It is being painted. 도색 작업 중이에요.
- They are renovating the office building. 사무실 건물의 보수공사를 하고 있어요.
- They are doing renovations. 보수공사를 하고 있어요.

Why is the **cafeteria closed** today? 오늘 구내식당이 문을 닫은 이유는 뭔가요?
- There will be a personal party tonight. 오늘 밤에 개인 파티가 있어요.
- To get ready for a company banquet. 회사 연회를 준비하기 위해서요.

2. 회의 / 발표 / 행사가 지연되거나 연기된 이유 → 참석자의 병환 / 불참 / 선약 / 공간의 문제 언급

회의, 발표, 사내 행사가 지연 및 연기되거나 일정이 재조정된 이유에 대해 자주 질문하며, 이에 대한 답변으로는 참석자의 병환, 불참, 선약, 행사 공간의 문제를 이유로 제시하는 경우가 대부분이다.

Why was the **board meeting postponed**? 이사 회의가 연기된 이유가 뭔가요?
- Because Mr. Anderson called in sick. Anderson 씨가 아파서 결근한다고 연락이 와서요.
- Ms. Kellogg couldn't come on that day. Kellogg 씨가 그날 올 수 없다고 해서요.
- There were no rooms available. 쓸 수 있는 방이 없었어요.
- So the sales director could meet with some important clients. 그래야 영업 이사가 중요한 고객들을 만날 수 있거든요.

3. 회의 / 발표 / 행사에 늦은 이유 → 선약 / 병환 / 교통체증 언급

회의, 발표, 행사에 늦은 이유를 자주 질문하며, 이에 대한 답변으로는 선약, 병환, 교통체증을 이유로 제시하는 경우가 많다.

Why were you **late** for the **staff meeting** this morning? 오늘 오전의 직원 회의에 늦은 이유가 뭔가요?
- I had a dental appointment. 치과 예약이 있었어요.
- I was sick this morning. 오늘 오전에 아팠어요.
- I was caught in traffic. 교통체증이 심해서요.

• The subway was delayed. 지하철이 지연되었어요.

4. 회의 / 발표 / 행사에 참석하지 못한 이유 → 바쁜 업무 / 피로 / 선약 / 일정 착각 언급

워크숍(workshop), 연수(training session), 회의(meeting, conference), 야유회(company picnic, outing)에 불참한 이유를 자주 질문하며, 이에 대한 답변으로는 바쁜 업무, 피로, 선약, 일정 착각 등을 이유로 제시하는 경우가 대부분이다.

Why didn't you **come** to the **staff meeting** yesterday? 어제 직원 회의에 못 온 이유가 뭔가요?

• I was kind of busy. 좀 바빴어요.
• I was working late and was very tired. 늦게까지 근무해서 너무 피곤했어요.
• I had a lot of work to do. 해야 할 일이 너무 많았어요.
• I thought it had been canceled. 저는 회의가 취소된 것으로 알았어요.
• I thought it was going to be this Friday. 저는 회의가 이번 금요일인 줄 알고 있었어요.
• I had other plans yesterday. 어제 다른 일이 있었어요.

● 하나만 더! 👆

최근에 I thought it had been canceled.나 I thought it would be this Friday. 같은 유형의 답변이 자주 등장하니 알아두자.

5. 이른 출퇴근에 대한 이유 → 교통체증 / 개인 사유 언급

To 부정사구 형태의 답변은 Why 의문문만의 정답 형태이며, 따라서 다른 유형의 의문문에서 선택지로 제시되는 경우에는 오답으로 처리해야 한다.

Why did you **come to work** early this morning? 오늘 오전에 일찍 출근한 이유는 뭔가요?

• To avoid heavy traffic. 교통체증을 피하기 위해서요.
• To shorten my lengthy commute. 긴 통근 시간을 줄이기 위해서요.
• In order to avoid rush-hour traffic. 출퇴근 시간대의 교통체증을 피하기 위해서요.

Why do you want to **leave early** today? 오늘 일찍 퇴근하려는 이유는 뭔가요?

• I have to see my daughter's piano recital. 제 딸의 피아노 공연을 보려고요.
• I have a dental appointment at 4. 저는 4시에 치과 예약이 있어요.

6. 교통편 지연에 대한 이유 → 악천후 / 기계적인 문제 언급

Because of / Due to / Thanks to 형태의 답변은 Why 의문문의 정형화된 정답 형태임을 숙지한다.

Why has the express **train** been **delayed**? 급행열차가 지연된 이유는 뭔가요?

• Because of a mechanical problem. 기계적인 문제 때문에요.
• Due to technical problems. 기술적인 문제 때문에요.
• Due to the inclement weather. 악천후 때문에요.
• Due to the severe weather. 악천후 때문에요.

7. 도로 폐쇄 / 교통 정체 / 사람 밀집의 이유 → 행사 / 보수공사 언급

특정 장소에 사람이 많고 북적거리거나 도로가 폐쇄된 이유에 대해서는 콘서트, 축제, 행진 또는 도로 보수공사를 이유로 제시하는 답변이 주로 등장한다.

Why will some local **streets** be **blocked** tomorrow? 내일 이 지역의 몇몇 도로들이 폐쇄되는 이유가 뭔가요?

- There will be regular road maintenance. 정기적인 도로 보수공사가 있어요.
- There will be a parade. 퍼레이드 행사가 있어요.

Why was the city **park** so **crowded** yesterday? 어제 시립 공원에 사람이 많았던 이유는 뭔가요?

- There was a free concert. 무료 콘서트가 있었어요.
- There was a music festival. 음악 축제가 있었어요.

8. 작동이 안 되는 이유 → 해결책 언급

어떤 시설이나 장치가 작동되지 않거나 고장난 이유를 묻는 답변도 자주 출제된다. 이때 need to do나 have to do 표현을 활용하여 해결책을 제시하는 답변들도 가능하다.

Why isn't the **printer working** now? 프린터가 지금 작동하지 않는 이유는 뭔가요?

- You have to check to see if it is unplugged. 전원이 뽑힌 상태인지 확인해봐야 해요.
- We need to plug it in. 플러그를 콘센트에 꽂아야 해요.

9. 공사 / 프로젝트가 지연된 이유 → 공정 문제 / 악천후 / 고비용 / 결제 문제 언급

Why is the remodeling **construction behind schedule**? 리모델링 공사가 일정보다 늦어진 이유가 뭔가요?

- We had some problems during the process. 공정에서 약간의 문제가 있었어요.
- Because of the inclement weather. 악천후 때문에요.
- We had some problems with heavy construction expenses. 과도한 공사비 문제가 있었어요.
- We need the mayor's approval. 시장의 결제가 필요해요.

10. 이사 / 이전의 이유 → 근접성 / 승진 / 이직 / 통근 시간 / 공간 문제 언급

Why will Ms. Wilson be **transferred** to the Los Angeles branch?
Wilson 씨가 Los Angeles 지점으로 전근을 가게 되는 이유는 뭔가요?

- To be closer to her family. 가족과 좀 더 가까이 있기 위해서요.
- Most of her relatives live there. 그녀의 친척들 대부분이 그곳에 살고 있어요.
- Because she is being promoted to branch manager. 그녀가 지점장으로 승진하거든요.
- In order to get to work faster. 빨리 출근하기 위해서요.
- To shorten her lengthy commute. 긴 통근 시간을 줄이기 위해서요.
- We need more space. 우리는 더 넓은 공간이 필요하거든요.
- So that she can meet our clients more easily. 그래야 저희가 고객들을 보다 쉽게 만날 수 있거든요.

(A)   (B)   (C)

> **Why** will Ms. Larson be **transferred** to our Boston branch next month?
> 다음 달에 Larson 씨가 Boston 지점으로 전근을 가는 이유가 뭔가요?
>
> (A) Yes, I used to work in Boston. 네, 저는 Boston에서 근무한 적이 있어요.
>
> (B) To shorten her commute from home to work. 집에서 직장까지 통근 시간을 줄이기 위해서요.
>
> (C) I'll go to San Francisco. 저는 San Francisco로 갈 거예요.
>
> 표현 정리 transfer 옮기다, 전근시키다 commute 통근 from A to B A부터 B까지

1단계▶ 문제 공략법

❶ Why will ~ be transferred를 통해 전근을 가는 이유를 묻는 Why 의문문임을 빠르게 파악할 수 있다.

❷ 가족과의 근접성, 승진, 업무, 이직, 통근 시간, 공간적 문제에 관해 답변할 수 있음을 예상해야 한다.

2단계▶ 오답 제거 및 정답 선택

(A) Yes, I used to work in Boston. ✖

▶ 의문사 의문문에 부적합한 Yes란 긍정 답변이 등장하고 있을 뿐만 아니라 질문의 Boston이란 지명을 반복하여 들려주는 동일 어휘 함정이 포함된 오답이다.

(B) To shorten her commute from home to work. ◉

▶ Why 의문문에서만 정답으로 제시되는 To 부정사구 형태의 답변으로, 통근 시간을 줄이기 위해서라며 전근을 가는 이유를 적절히 설명하고 있으므로 정답이다.

(C) I'll go to San Francisco. ✖

▶ San Francisco로 간다는 것은 Where 의문문에 적합한 내용이므로 오답이다. Why 의문문에서 To 부정사 형태의 답변이 제시된다는 점을 역이용하여 오답을 유도하고자 'to + 행선지' 형태의 선택지가 종종 제시되므로 주의해야 한다.

✏️ 실전 연습 🎧 U83-3.MP3   실전으로 확인하세요!

1. (A)   (B)   (C)   **2.** (A)   (B)   (C)

3. (A)   (B)   (C)   **4.** (A)   (B)   (C)

5. (A)   (B)   (C)   **6.** (A)   (B)   (C)

• 정답 및 해설은 38쪽에서 확인

UNIT 84 What 의문문의 빈출 유형별 답변을 숙지하라!

What 의문문은 질문 내용이 다양하고 답변 형태나 내용도 매우 다양하기 때문에 질문의 출제 범위가 상당히 넓다고 할 수 있다. 따라서 질문 세부 유형별 답변을 숙지해야 한다.

출제율 100% 〉 **핵심 포인트** 〉 시간이 없으면 이것만 외우세요!

1. What + 명사 ~ ?

'What + 명사 ~ ?' 유형의 질문은 명사에 해당되는 구체적인 대상을 알려달라고 요구하는 질문으로 해당 명사와 직접적으로 연계된 대상을 언급하는 답변을 정답으로 선택해야 한다.

What time do you usually go to work on weekdays? 주중에는 주로 몇 시에 출근하나요?
- At 7:30. 7시 30분에요.
- Between seven and eight. 7시에서 8시 사이에요.

What floor is the marketing seminar on? 마케팅 세미나는 몇 층에서 하나요?
- The second. 2층이요.
- Please go to the conference room on the third floor. 3층에 있는 회의실로 가세요.

What color would you like for the new design? 새로운 디자인에는 어떤 색상이 좋으세요?
- Red would be great. 빨간색이 좋겠어요.

What kind of decorations do you want on the dining table? 식탁에 어떤 장식을 놓고 싶어요?
- Just some flowers. 그냥 꽃만 좀 있었으면 해요.
- I'd like to place an arrangement of flowers on it. 저는 꽃 장식을 놓고 싶어요.

What kind of running shoes would you like? 어떤 종류의 운동화를 원하세요?
- Something comfortable for hiking or climbing. 도보 여행이나 등산하기에 편안한 것으로요.
- Soft and comfortable sneakers. 부드럽고 편안한 운동화요.
- ▶ 주로 구체적인 대상의 이름이 등장하지만, 난이도가 높아지는 경우 something이란 대명사와 함께 자신이 원하는 바를 함께 표현하는 경우도 제시될 수 있음을 알아두자.

2. What + be동사 + 명사(돈/비용) ~ ?

주로 What 의문사와 함께 cost(비용), charge(비용, 수수료, 요금), estimate(견적액), fee(요금, 수수료), fare(교통수단 관련 요금), price(가격), hourly rate(시급), admission(입장료) 등의 명사들이 등장할 수 있다.

What is the airfare from Toronto to Vancouver? Toronto에서 Vancouver까지의 항공료는 얼마인가요?
- About 320 dollars. 약 320달러입니다.
- 300 dollars plus tax. 300달러에 세금이 추가됩니다.

What's the price of your new laptop computer? 당신의 새 노트북 컴퓨터의 가격은 얼마인가요?
- Approximately 880 Canadian dollars. 캐나다 달러로 약 880달러입니다.

- **Why don't you check the price tag?** 가격표를 확인해 보시는 게 어때요?
- **The same as the old one.** 이전 것하고 같습니다.
- **Actually, it's my birthday present.** 사실 이건 제 생일 선물이에요.

3. What should we discuss ~ ? / What are we going to discuss ~ ?

구체적인 논의사항, 안건, 주제를 언급하는 답변이 주로 제시되지만, 모른다고 대답하거나 다른 사람에게 물어볼 것을 권고하는 답변이 등장하기도 한다.

What should we discuss at the board meeting? 이사회에서 논의할 것이 무엇인가요?
- **The quarterly advertising budget.** 분기별 광고 예산이요.
- **Current market trends.** 현재의 시장 추세요.
- **I have no idea at all.** 저는 전혀 아는 바가 없어요.
- **Why don't you ask Mr. Parker?** Parker 씨에게 물어보시는 게 어때요?

4. What would you like for + 식사 ~? / What should we serve ~ ?

구체적인 음식 이름이 제시되거나 선택할 수 있는 음식의 종류에 대해 언급하는 것이 일반적이지만, 난이도가 높아지는 경우 적당한 음식을 추천해줄 것을 요청하는 답변이 제시된다.

What should we serve at the reception? 환영 만찬에서 무엇을 제공해야 하나요?
- **Sliced roast beef and provolone cheese.** 얇게 저민 쇠고기 구이와 프로볼로네 치즈요.
- **I heard roast beef fillet will be served.** 쇠고기 살코기 구이가 제공된다고 들었어요.
- **We still haven't decided yet.** 아직 결정을 못했어요.

What would you like for lunch? 점심식사로 무엇을 드시겠어요?
- **Spaghetti would be good.** 스파게티가 좋겠어요.
- **What do you recommend?** 무엇을 추천하시나요?

5. What do/did you think of + 명사 ~ ? / What's your opinion of + 명사 ~ ?

이 질문 유형들에는 자신의 견해를 단적으로 표현할 수 있는 impressive, interesting, informative, reasonable, great, good, fantastic, brilliant, unique와 같은 형용사를 이용한 답변이 자주 등장하는 편이다.

What did you think of the **musical performance**? 그 뮤지컬 공연에 대해 어떻게 생각하세요?
- **It was very impressive.** 굉장히 인상적이었어요.
- **It was really fantastic.** 정말 환상적이었어요.

What's your opinion of her previous **work experience** overseas?
그녀의 해외 직장 경력에 대해 어떻게 생각하세요?
- **It's much better than expected.** 예상했던 것보다 훨씬 좋아요.
- **I think it's very impressive.** 굉장히 인상적이에요.

What did the sales director say about the new **sales strategy**?
영업이사님이 새로운 판매 전략에 대해 무슨 말씀을 하셨어요?
- **I haven't heard yet.** 아직 들은 바 없어요.
- **She said that it was brilliant.** 그것이 아주 훌륭하다고 말씀하셨어요.
- **She wanted a little change.** 약간의 변화를 원하셨어요.

6. What's the fastest way to (get to) + 장소 ~ ? / What is the best way to + 동사 ~ ?

특정 장소까지 빨리 갈 수 있는 교통수단이나 길(도로), 그리고 빠른 연락 방법을 묻는 경우가 대부분이며, 특정한 길이나 도로 이름, 교통수단, 직장 연락처, 휴대전화나 이메일 같은 연락 수단을 언급하는 답변이 주로 제시된다.

What's the fastest way to get to the international airport? 국제 공항에 가는 가장 빠른 방법이 무엇인가요?

- Just drive down Main Street. Main Street를 죽 운전해 가세요.
- Take the airport shuttle. 공항 셔틀버스를 타세요.

What is the best way to contact Ms. Witherspoon? Witherspoon 씨에게 연락할 가장 좋은 방법은 뭐가요?

- Probably by mobile phone. 아마 휴대폰일 거예요.
- Try her office number. 그녀의 사무실로 전화하세요.

7. What should I/we do if (with) ~ ? / What did you do with ~ ?

특정 대상의 처리 방법에 대해서 묻는 경우 구체적인 처리 방법을 제시하는 답변이 일반적이지만, 난이도가 높아지는 경우 아직 그 대상을 처리하지 않고 가지고 있다는 답변이 등장할 수도 있다.

What should I do if I'm late for the meeting tomorrow? 제가 내일 회의에 늦으면 어떻게 해야 할까요?

- Please call to let me know. 전화해서 제게 알려주세요.
- You should come to Room 403 directly. 403호실로 바로 오세요.

What did you do with your original sales receipts? 당신의 원본 매출 영수증들을 어떻게 처리했나요?

- I submitted them to the head of Accounting. 회계 부장에게 제출했어요.
- I still have them. 아직 제가 가지고 있어요.

고득점자의 풀이법

(A)   (B)   (C)

> **What** is being **served** at the celebration tonight? 오늘 밤 축하 파티에서는 무엇이 제공될까요?
>
> (A) Yes, let's celebrate it tonight. 좋아요, 오늘 밤에 함께 그것을 축하해요.
>
> (B) The food was really delicious. 그 음식은 정말 맛있었어요.
>
> (C) We have three choices of French dishes. 3가지 종류의 프랑스 음식을 선택할 수 있어요.
>
> 표현 정리 celebration 축하 행사[파티] delicious 맛있는

1단계 문제 공략법

❶ What is being served를 통해 제공되는 것이 무엇인지 묻는 What 의문문임을 빠르게 파악할 수 있다.

❷ 평이한 난이도라면 구체적인 음식 이름이 언급되는 정답이 제시될 것을 예상할 수 있다.

❸ 난이도가 높아지는 경우 결정을 내리지 못했다거나 적당한 음식을 추천해줄 것을 요청하는 답변이 등장할 수도 있음을 염두에 두어야 한다.

2단계 오답 제거 및 정답 선택

(A) Yes, let's celebrate it tonight. ❌

▶ 의문사 의문문에 부적합한 Yes란 긍정 답변이 등장하고 있을 뿐만 아니라 질문의 celebration과 유사한 발음을 지닌 celebrate를 유사발음 어휘 함정으로 이용한 오답이다.

(B) The food was really delicious. ❌

▶ 음식이 맛있었다는 답변은 질문과 무관할 내용일 뿐만 아니라 질문의 celebration을 통해 연상이 가능한 food를 이용한 연상어휘 함정이 포함된 오답이다.

(C) We have three choices of French dishes. ◎

▶ 오늘 밤 축하 파티에서 무엇이 제공될지 묻는 질문에 대해 3가지 종류의 프랑스 음식을 선택할 수 있음을 밝히며 축하 파티에서 접하게 될 음식에 대해 소개하고 있으므로 정답이다.

✎ 실전 연습 🎧 U84-3.MP3   실전으로 확인하세요!

1. (A)   (B)   (C)   **2.** (A)   (B)   (C)

3. (A)   (B)   (C)   **4.** (A)   (B)   (C)

5. (A)   (B)   (C)   **6.** (A)   (B)   (C)

• 정답 및 해설은 39쪽에서 확인

UNIT 85 How 의문문의 빈출 유형별 답변을 숙지하라!

How 의문문 역시 질문의 유형이 다양하고 그에 따른 정답의 유형과 내용 또한 매우 다양해서 출제 범위가 광범위하다. 따라서 How 의문문 역시 빈출도가 높은 질문 유형을 정리하고 이에 따른 빈출 답변의 형태 및 내용을 숙지하는 방식으로 대비해야 한다.

출제율 100% > 핵심 포인트 > 시간이 없으면 이것만 외우세요!

1. How + be동사 + 명사 ~ ? → 형용사 답변

구체적인 상태나 성질과 직접 관련이 있는 형용사인 nice, fantastic, positive, bad, wonderful, great, informative, interesting 등이 주로 제시되는 답변이 등장한다.

How was your **trip** to New Mexico during your vacation? New Mexico 휴가 여행은 어땠어요?
- The weather was nice. 날씨가 좋았어요.
- It was really fantastic. 정말 환상적이었어요.

2. How do/does/did/can/could/will/would + 주어 + 동사원형 ~ ? → 방법이나 수단 답변

동사와 연계된 구체적인 방법, 수단과 관련된 답변을 정답으로 선택해야 한다.

How can I get my password? 비밀번호는 어떻게 얻을 수 있나요?
- Just call Jason in Technical Support. 기술지원부의 Jason에게 연락하세요.
- From our IT division. 우리 IT 부서에서요.

3. How did you find/learn about + 명사 ~ ? → 정보 출처와 관련된 방법이나 경로 답변

구체적인 정보의 출처를 묻는 질문 유형이므로 정보를 얻게 된 방법이나 경로를 언급하는 답변을 정답으로 선택해야 한다.

How did you learn about our **company**? 우리 회사에 대해 어떻게 아셨나요?
- Through the Internet. 인터넷을 통해서요.
- From one of my acquaintances. 지인에게서요.

4. How do/can I/we get to + 장소 ~ ? → 교통수단 관련 답변

특정 장소까지 가는 구체적인 수단을 묻는 질문 유형이므로 교통수단을 언급하는 답변이 주된 정답으로 제시된다.

How can I get to the **international airport**? 국제공항에 어떻게 갈 수 있나요?
- There is a shuttle bus running every 10 minutes. 10분마다 셔틀버스가 다녀요.
- You should take a taxi. 택시를 타야 해요.

5. How do/did/would you like + 명사 ~ ? → 선호 관련 답변

명사에 대한 구체적인 선호도를 표현하는 형용사인 excellent, informative, great, impressive, good, interesting, stylish, unique 등이 주로 제시된다.

How did you like the **seminar** yesterday? 어제 있었던 세미나는 어땠어요?

- Mr. Morris was an excellent speaker. Morris 씨는 훌륭한 연설가였어요.
- I think it was very informative. 굉장히 유용했어요.

How would you like your **coffee**? 커피는 어떻게 드시나요?

- With cream and sugar. 크림과 설탕을 다 넣어서요.
- Make mine black. 저는 블랙으로 해주세요.

고득점자의 풀이법

🎧 U85-2.MP3

(A)   (B)   (C)

> **How** did you **learn** about our job opening? 저희 회사가 구인 중임을 어떻게 아셨나요?
> (A) The opening ceremony will be held at 7. 개회식은 7시에 열립니다.
> (B) Through your job advertisement. 귀사의 취업 공고를 통해서요.
> (C) I was hired on a full-time basis. 저는 정규직으로 채용되었어요.
>
> 표현 정리 job opening 구인 be held ~이 개최되다 job advertisement 구인 공고 hire 채용하다 on a full-time basis 정규직으로

1단계 문제 공략법

❶ 회사가 구인 중임을 어떻게 알았는지 묻는 How 의문문이다.

❷ 회사가 구인중임을 어떻게 알았는지 묻는 how의문문으로 방법이나 출처를 나타내는 문장이나 구를 사용하여 답변이 나올 것을 예상하며 듣는다.

2단계 오답 제거 및 정답 선택

(A) The opening ceremony will be held at 7. ❌

▶ 개회식이 오후 7시에 열릴 예정이라는 내용은 구체적인 시점을 묻는 When 의문문에 적합한 답변이자, 질문의 opening을 반복적으로 들려주는 동일어휘 함정이 포함된 오답이다.

(B) Through your job advertisement. ⭕

▶ 취업 공고를 통해 알았다며 정보를 접하게 된 구체적인 출처를 제시하고 있으므로 적절한 답변이다.

(C) I was hired on a full-time basis. ❌

▶ 정규직으로 채용되었다는 내용으로 취업 정보를 접하게 된 방법을 묻는 질문과 무관한 내용이자, 질문의 job opening에서 연상 가능한 hired, full-time을 연상어휘 함정으로 이용한 오답이다.

실전 연습

🎧 U85-3.MP3   **실전으로 확인하세요!**

1. (A)   (B)   (C)   **2.** (A)   (B)   (C)

3. (A)   (B)   (C)   **4.** (A)   (B)   (C)

5. (A)   (B)   (C)   **6.** (A)   (B)   (C)

• 정답 및 해설은 40쪽에서 확인

UNIT 86 'How + 형용사/부사' 의문문의 빈출 유형별 답변을 숙지하라!

'How + 형용사/부사' 의문문 역시 질문의 유형이 다양하고 정답의 유형과 내용 또한 매우 다양해서 출제 범위가 광범위하다. 따라서 'How + 형용사/부사' 의문문도 빈출도가 높은 질문 유형을 정리하고 이에 따른 빈출 답변의 형태 및 내용을 충분히 숙지해 두어야 한다.

출제율 100% 핵심 포인트 ▷ 시간이 없으면 이것만 외우세요!

1. How many + 가산복수명사 ~ ? / How much + 불가산명사 ~ ? → 수량 관련 답변

구체적인 수치를 통한 답변이 제시될 수도 있지만, 난이도가 높아지면 구체적인 수치보다는 간접적으로 수량을 파악할 수 있는 everyone, many, much, more, less, any, some, another, several, (a) few, (a) little, nothing, half, twice, times, the same과 같은 표현을 통해 간접적인 수량을 언급하는 정답이 제시될 수 있음에 유의해야 한다.

How many employees will be attending the accounting seminar? 회계 세미나에 몇 명의 직원이 참석하나요?
- Seven of our staff members. 저희 직원 중 7명이요.
- Probably thirty. 아마 30명일 겁니다.
- Everyone except Ms. Adama. Adama 씨를 제외하고 전부요.
- Almost all of them. 거의 모두요.

How much time do you need to finish the paperwork? 서류 작업을 완료하는 데 시간이 얼마나 필요한가요?
- I think I need at least another week. 최소한 일주일은 더 필요할 것이라고 생각해요.
- I'll get it done this afternoon. 오늘 오후에 마무리할 겁니다.

2. How often ~ ? 유형 → 빈도 관련 답변

구체적인 수치를 통해 빈도를 언급하는 답변은 평이하지만, 난이도가 높아지면 수치 없이 간접적으로 빈도를 표현하는 답변이 제시될 수도 있음에 유의해야 한다. 특히 every + 시간명사 / almost every + 시간명사 / Whenever it's necessary. 같은 표현은 꼭 숙지해야 한다.

How often does your company take inventory? 귀사에서는 재고조사를 얼마나 자주 하나요?
- Once a month. 한 달에 한 번이요.
- Every six months. 6개월에 한 번이요.
- Almost every quarter. 거의 매 분기마다요.
- Whenever it's necessary. 필요할 때마다 해요.

3. How long have you + p.p. ~ ? / How long will you + 동사 ~ ? → 기간 관련 답변

구체적인 기간을 수치로 제시하는 답변뿐만 아니라 After / Since / As soon as가 이끄는 절이 간접적으로 기간을 언급할 수도 있음을 숙지해야 한다.

How long have you worked at our company? 우리 회사에서 얼마 동안 근무하셨나요?
- More than 20 years. 20년이 넘었어요.

- Since I graduated from college. 대학을 졸업한 이후로요.
- As soon as I graduated from college. 대학을 졸업하자마자요.

How long will you stay in Brussels? Brussels에 얼마나 머무실 예정이에요?

- About a week. 약 1주일이요.
- No later than this weekend. 이번 주말은 넘기지 않으려고요.
- Until the international conference ends. 국제 회의가 끝날 때까지요.

고득점자의 풀이법

🎧 U86-2.MP3

(A)   (B)   (C)

How many liters of wine would you like me to buy for the party?
파티를 위해 포도주를 몇 리터나 살까요?
(A) Twenty would be fine. 20리터면 될 겁니다.
(B) I think this wine is really amazing. 이 포도주는 정말 훌륭하네요.
(C) It'll be held in the hotel's dining hall. 그것은 호텔 연회장에서 개최될 겁니다.

표현 정리 amazing 놀라운, 훌륭한 be held 개최되다

1단계 문제 공략법

❶ How many liters of wine을 통해 몇 리터의 포도주가 필요한지 묻는 How many 의문문임을 알 수 있다.
❷ 필요한 포도주의 리터 수가 구체적으로 언급되는 기본적인 답변을 예상할 수 있다.
❸ 난이도가 높아지는 경우 Exactly the same as last year.(작년과 똑같다)와 같이 대답하며 구체적인 수치가 등장하지 않는 정답이 등장할 수도 있음을 염두에 두어야 한다.

2단계 오답 제거 및 정답 선택

(A) Twenty would be fine. ◉
▶ 필요한 포도주가 구체적으로 20리터임을 밝히고 있으므로 정답이다.
(B) I think this wine is really amazing. ✕
▶ 포도주가 훌륭하다는 내용은 질문과 무관한 답변이자 질문의 wine을 반복해서 들려주는 동일어휘 함정이 포함된 오답이다.
(C) It'll be held in the hotel's dining hall. ✕
▶ 호텔 연회장이란 장소를 알려주고 있는데, 이는 Where 의문문에 적합한 내용의 답변이므로 오답이다.

실전 연습 🎧 U86-3.MP3   실전으로 확인하세요!

1. (A)	(B)	(C)	2. (A)	(B)	(C)
3. (A)	(B)	(C)	4. (A)	(B)	(C)
5. (A)	(B)	(C)	6. (A)	(B)	(C)

• 정답 및 해설은 41쪽에서 확인

UNIT 87 제안문과 선택의문문은 일부만 들어도 푼다

'~하시겠어요?'의 의문문이나 '~합시다' 식의 평서문을 가리켜 제안문이라고 한다. 제안문은 문제를 다 듣지 못해도 Sure 계열의 긍정/허락의 답변, Sorry 계열의 부정/거절의 답변으로 시작하므로 동사 부분과 시제를 다 들어야 하는 일반/부정의문문에 비해서 기술적 접근이 훨씬 수월하다. 또한 A or B 형태의 선택의문문이나 which 의문문의 경우도 둘다 괜찮다, 아니다 식의 답변은 질문의 유형만 파악해도 답을 고를 수 있다.

출제율 100% ▶ 핵심 포인트 ▶　　　　　　　　　시간이 없으면 이것만 외우세요!

1. 제안문과 일반/부정의문문의 구별

1) 제안문은 제안, 제공, 요청, 의무, 권고의 내용이며 주로 would, could, might, can, may, should 등의 조동사로 시작한다.

2) Shouldn't we / Don't we need / Wouldn't it be nice 등으로 시작해도 제안사항이 들어가 있으므로 제안문이다.

3) 의문사로 시작하는 제안문 표현도 있다.

> **Why don't you** ~하는 게 어때요 / **Why don't I** 제가 ~할까요 / **Why don't we** ~합시다 + **동사원형**
> **How do you like to** + **동사원형** ~하는 게 어때요?
> **What/How about -ing** ~하는 게 어때요?

▶ 일반/부정의문문은 질문의 앞머리만 듣고 정답을 맞히기 어려우나, 제안문은 제안문이라는 것만 확인해도 정답 맞히는 것이 가능하다.

2. 제안문에 대한 답변

1) 정답의 80%는 긍정/허락의 답변으로 시작한다. 이어 부연설명이 붙기도 한다.

2) 정답의 20%는 부정/거절의 답변과 이유나 부연설명이 제시된다.

긍정/허락	Sure. 물론이죠. Certainly. 물론이죠. Of course. 물론이죠. Okay. 좋아요. Thanks. 고마워요. Sure, no problem. 물론입니다, 문제 없습니다. Sure, why not? 물론이지요, 왜 안되겠어요? I'd be happy to. 기꺼이 그렇게 할게요. That would be great. 그게 좋을 것 같아요. That's a good idea. 좋은 생각이에요. That sounds good. 그게 좋겠군요. I'd appreciate that. 그렇게 해주신다면 감사하겠어요. We'd be delighted. 기꺼이요. I'd be glad to. 기꺼이 그렇게 할게요. You're right. 당신 말이 맞아요. That sounds fine with me. 괜찮을 것 같아요. Sounds like a good idea. 좋은 생각 같아요.
부정/거절	sorry 미안하지만 I'm afraid 유감이지만 No, thanks. 괜찮아요. Thanks, but 고맙지만 Actually 실은 Probably not. 아마 안 될 거예요. Unfortunately 유감이지만 That's okay. 괜찮아요.

3. 선택의문문과 제안문, 일반/부정의문문의 구별

1) 선택의문문은 제안문과 일반/부정의문문보다 길이가 길고, 선택사항을 제시하므로 쉽게 인지할 수 있다.

Would you like to see a movie now **or** eat dinner first?
지금 영화 보기를 원하세요? 아니면 저녁 먼저 먹길 원하세요?

2) 질문에서 A or B의 선택 사항을 들었다면 A 혹은 B를 다소 변형한 패턴을 정답으로 고른다.

Do you want to discuss the upcoming project today **or** tomorrow?
다가올 프로젝트에 대해서 오늘 의논할까요, 내일 의논할까요?

• Let's do it right now. 지금 당장 해요.
▶ 지금 당장 하자는 것은 A변형에 해당된다.

3) 만약 A나 B중 한 개만 들었다면 나머지 한 개는 유추한다.

예를 들어 ~ or train(기차)이라면 A쪽은 버스나 비행기 등의 다른 교통 수단일 것으로 유추한다.

4) A or B를 둘 다 놓쳤을 경우라도 둘 다 괜찮다, 둘 다 아니다 식의 표현이 들리면 정답으로 한다.

하나를 선택	fine 좋습니다 better 더 좋습니다 best 가장 좋습니다 I'd rather ~하고 싶다 I prefer ~가 더 좋다
둘다 좋다/ 아무거나 상관없다	either 둘 중 아무거나 하나 both 둘 다 all 모두 each 각각 whatever 무엇이든지 whichever 어느 것이든지 whenever 언제든지 I don't care. 상관없습니다. It doesn't matter. 아무래도 좋아요. I don't have a preference. 특별히 선호하는 것은 없습니다. It's up to you. 당신이 원하는 대로요. I'll leave it (up) to you. 당신이 정하세요. What do you recommend? 무엇을 추천하시겠어요?
둘 다 아니다/ 제3의 선택	neither 둘 중 어느 것도 ~가 아니다 none 어느 것도 ~가 아니다 something else 그밖에 다른 것 What about ~? ~는 어떤가요? How about ~? ~는 어떤가요? Actually 사실은

4. Which 의문문

1) which 의문문은 정해진 범위에서 어느 것인지를 묻는 문제로, 선택의문문과 비슷한 답변 패턴을 가진다.

Which restaurant do you want to go to tonight? 오늘 저녁에 어떤 식당에 가길 원하세요?

• The French place on Main Street. Main Street에 있는 프랑스 식당이요.

2) which로 질문시 the one이 포함된 구나 문장이 정답의 70%에 해당한다.

Which invitation design looks best for the event? 그 행사에 어떤 초대장 디자인이 가장 좋아보이나요?

• I like the one you showed me first. 당신이 처음 보여준 것이 좋아요.

3) 'which + 사람명사'는 who 의문문과 같다.

Which applicant do you think we should hire? 어떤 지원자를 우리가 고용해야 하나요?

• Mr. Yoon seems to be a good fit. Yoon 씨가 적합한 인물 같아요.

고득점자의 풀이법

(A)   (B)   (C)

Which sales plan did the sales director choose? 영업 이사님은 어떤 판매 계획을 선택하셨나요?

(A) I think it's a very good plan. 그건 아주 좋은 계획이라고 생각해요.

(B) Our sales are declining in the global market. 세계 시장에서 우리 매출이 하락하고 있어요.

(C) Neither. We need a new one. 둘 다 아니에요. 우리는 새로운 것이 필요해요.

표현 정리 sales director 영업 이사 decline 감소하다, 하락하다

1단계 문제 공략법

❶ Which sales plan ~ choose를 통해 어떠한 판매 계획을 선택했는지 묻는 Which 의문문임을 알 수 있다.

❷ 기본적으로 대명사 one이 등장하는 답변을 예상할 수 있다.

❸ 난이도가 높아지는 경우 either/neither와 every/all/some을 이용하여 대상을 언급하는 형태의 정답이 제시될 수도 있음을 염두에 두어야 한다.

2단계 오답 제거 및 정답 선택

(A) I think it's a very good plan. ✕

▶ 아주 좋은 계획이라고 생각한다는 내용으로 선택한 판매 계획이 무엇인지를 언급하는 답변이 아닐 뿐만 아니라 질문의 plan을 반복하여 들려주는 동일어휘 함정이 포함되어 있다.

(B) Our sales are declining in the global market. ✕

▶ 세계 시장에서 매출이 하락하고 있다는 내용으로 이 역시 선택한 판매 계획이 무엇인지를 묻는 질문과 상관없고 질문의 sales를 반복적으로 들려주는 동일어휘 함정이 포함되어 있다.

(C) Neither. We need a new one. ◎

▶ 두 가지 계획 모두 선택하지 않았다고 대답한 뒤 새로운 판매 계획이 필요하다는 부연 설명을 하고 있으므로 질문에 대한 적절한 답변이다. 아울러 'Which + 명사' 형태의 의문문에서 either/neither가 정답으로 제시되는 것이 가능하다.

✎ 실전 연습   🎧 U87-3.MP3   실전으로 확인하세요!

1. (A)   (B)   (C)   **2.** (A)   (B)   (C)

3. (A)   (B)   (C)   **4.** (A)   (B)   (C)

5. (A)   (B)   (C)   **6.** (A)   (B)   (C)

• 정답 및 해설은 43쪽에서 확인

UNIT 88 동사와 시제로 푸는 일반/부정의문문

파트 2에서 평서문만큼 힘든 것이 일반/부정의문문이다. 주로 앞머리를 들으면 답변을 예상해 볼 수 있는 의문사 의문문과는 달리, 일반/부정의문문은 동사와 시제를 정확히 들어야 문제를 풀 수 있기 때문이다. 기존에는 일반/부정의문문에 yes나 no로 시작하는 것이 정답의 우선순위였고, 주어 불일치나 시제 불일치 오류로 오답을 소거 하는 것도 가능했으나 이러한 공식이 적용되지 않는 회피성 답변들이 최근 들어 자주 출제되고 있다.

출제율 100% 핵심 포인트

시간이 없으면 이것만 외우세요!

1. 일반의문문

1) 일반의문문은 동사와 시제를 듣고 긍정이면 yes, 부정이면 no로 대답 후 부연설명을 하면 정답이다.

Did you contact the landlord? 집주인에게 연락했나요?

• Yes, I called yesterday. 네, 전화했어요. / No, I'll call tomorrow. 아니요, 내일 전화할 거예요.

Do/Does + 주어 + 동사	어떤 상태인지 질문	Do you accept cards? 카드 결제가 되나요?
Did + 주어 + 동사	과거의 행동에 대한 질문	Did you test the projector? 프로젝터가 잘 작동되는지 테스트해 보았나요?
Do you think	어떤 의견인지 묻는 질문	Do you think this proposal is well written? 이 제안서가 잘 쓰여졌다고 생각하세요?
Have/Has + 주어 + 동사	과거 경험이나 완료 여부 질문	Have you heard about Bill's promotion? Bill의 승진 소식을 들었나요?

2) yes나 no 없이 부연설명하는 경우를 조심한다.

Is there a post office in this area? 이 지역에 우체국이 있나요?

• It's right across the street. 길 바로 건너편에 있어요.

▶ yes가 생략되고 부연설명만 하는 패턴

2. 간접의문문

1) Do you know 부분만 들어서는 풀기 어렵다. 의문사까지 들어서 의문사에 대한 답변을 하면 된다.

Do you know where Henley's office is? 헨리의 사무실이 어딘지 아시나요?

• (Yes.) At the end of the hallway. 복도 끝에 있어요.

Do you know ~인지 알고 있나요?	**Do you remember** 기억하나요?
Can you tell me? 말해 줄 수 있나요?	**Have you decided** 결정했나요?
Does anyone here know 알고 있는 사람 있나요?	**Have you heard** 들었나요?
Did 주어 say ~라고 말했나요?	**Can you recall** 기억하나요?

2) Do you know if(=whether) 계열의 문제는 if(=whether) 다음에서 실제로 궁금해 하는 부분을 들어야 한다.

Can you tell me whether the marketing director is back yet? 마케팅 부장님이 돌아왔는지 말해 줄 수 있나요?

- I just saw him in the conference room. 회의실에서 그를 봤어요.

3. 부정의문문

1) 부정의문문의 부정어는 없다고 생각하고 일반의문문과 동일한 방식으로 답변한다.

Didn't you use to work at the New York branch? New York 지점에서 일하지 않았나요?

- Yes, for 10 years. 네, 10년 동안 일했어요.

▶ 'Did you use to work ~?'와 동일하게 답변

2) think나 hear(=be told)가 들어가는 부정의문은 think에 이어서 들리는 동사(서술어)에 맞추어 답변한다.

Don't you think he is bad? 그가 나쁘다고 생각하지 않나요?

▶ 나쁘다면 Yes, 나쁘지 않다면 No

Don't you think he is good? 그가 착하다고 생각하지 않나요?

▶ 착하다면 Yes, 착하지 않다면 No

4. 일반/부정의문문에서 맞장구식 부연설명은 빈출 답변이다.

긍정	(Yes,) I believe/think so. 그렇게 생각합니다. (Yes,) I hope so. 그러기를 바래요. (Yes,) That's what I was told. 내가 듣기로는 그래요. (Yes,) As far as I know. 제가 알기로는 그래요. (Yes,) That's what I heard. 저는 그렇게 들었어요. (Yes,) That's what he told me. 그가 말하기로는 그래요. (Yes,) As far as I heard. 제가 듣기로는 그래요. (Yes,) That's what I'm planning. 내가 그렇게 하려고 했어요. That's right. 맞아요. I'm looking forward to it. 너무 기대됩니다.
부정	(No,) I don't think so. 그렇게 생각하지 않아요. Not at all. 전혀 아닙니다. Not yet. 아직 아닙니다. Not very much. 그렇게 많이는 아닙니다. Not quite. 별로 그렇지 않습니다.

5. 시제/주어 불일치 오답 패턴이 최근 들어 정답이 되기도 하므로 조심한다.

Aren't you done preparing for the marketing seminar? 마케팅 세미나를 준비하는 것이 다 끝나지 않았나요?

- It was an excellent seminar. 훌륭한 세미나였어요.

▶ 시제 불일치 오답

- It was cancelled. 그것은 취소되었어요.

▶ 취소되어서 준비할 필요가 없었다는 회피성 답변으로 정답

고득점자의 풀이법

(A)   (B)   (C)

Didn't you order some new office supplies yesterday?
어제 새 사무 비품을 주문하지 않았나요?

(A) Yes, they will arrive this afternoon. 예, 그것들은 오늘 오후에 도착할 예정입니다.

(B) I'm going to call her now. 지금 그녀에게 전화할 거예요.

(C) I was surprised at the news. 그 뉴스를 듣고 놀랐어요.

표현 정리 office supplies 사무 비품 surprised 놀란

1단계 ▶ 문제 공략법

❶ Didn't로 시작하는 부정의문문이므로 부정어를 버리고 did you order ~ 질문과 같은 답변을 예상한다.

❷ yes로 대답하면 '주문했다'에 대한 부연설명을, no로 대답하면 '주문하지 않았다'는 것에 대한 부연설명을 기대한다.

2단계 ▶ 오답 제거 및 정답 선택

(A) Yes, they will arrive this afternoon. ◉

▶ yes로 대답했으므로 주문했다는 것에 대한 부연설명을 예상한다. 그것들이 오늘 오후에 도착할 것이라는 내용은 주문했다는 것에 대한 부연설명이 맞으므로 정답.

(B) I'm going to call her now. ✕

▶ '전화해서 알아볼게요'는 보통 빈출 정답 표현이지만, 여기서는 her를 가리키는 대상이 없어서 오답이다.

(C) I was surprised at the news. ✕

▶ 주문과 상관없는 '놀랐다'는 표현의 오답이며, 혹시 질문의 동사, 시제를 못 들었다면 supplies와 surprised 동일 발음, 유사 발음 함정으로 소거한다.

✍ 실전 연습 🎧 U88-3.MP3   실전으로 확인하세요!

1. (A)   (B)   (C)   **2.** (A)   (B)   (C)

3. (A)   (B)   (C)   **4.** (A)   (B)   (C)

5. (A)   (B)   (C)   **6.** (A)   (B)   (C)

• 정답 및 해설은 44쪽에서 확인

UNIT 89 평서문의 빈출 답변 유형을 숙지하라!

평서문 및 부가의문문은 상당히 많은 분량이 출제되는 편이나 다른 유형의 의문문에 비해 정형화된 정답 형태가 그리 많지 않은 편이라서 문제 풀이에 어려움을 겪을 수 있다. 그럼에도 불구하고 지금까지 출제된 **평서문** 혹은 **부가의문문**에서도 분명 반복적으로 제시되는 유형과 그에 따른 정형화된 형태 및 내용의 답변들이 존재한다. 따라서 평서문 혹은 부가의문문에 대한 고난도 답변 유형들을 충분히 숙지해야 한다.

출제율 100% 핵심 포인트 시간이 없으면 이것만 외우세요!

1. 예약 시도나 취소 / 일정 변경 → 긍정 답변 및 추가 정보/행동 요구 답변

예약을 시도하거나 취소 혹은 일정을 변경하는 평서문의 빈도도가 높으며, 이에 따른 긍정 답변으로는 예약이나 일정 변경을 위한 추가 정보를 요청하는 유형의 답변이 자주 등장한다.

I'd like to **make a flight reservation** to China. 중국으로 가는 항공권을 예약하고 싶은데요.
- I can help you with that over here. 이쪽에서 도와드리겠습니다.
- No problem. I'll take care of that. 문제없습니다. 제가 처리해 드릴게요.
- For how many people? 일행이 몇 분이나 되나요?
- May I see your identification card? 귀하의 신분증을 보여주시겠습니까?
- Sure. May I have your name, please? 물론이에요. 성함을 알려주시겠어요?

2. 불만사항/문제점 언급 → 동의 및 이유/해결책 제시 답변

제기된 불만사항이나 문제점에 대해 동의하고 그에 따른 해결책이나 이유를 제시하는 유형에 대한 답변의 빈출도가 높다.

I've just heard that **no flights are available** today. 오늘 운행하는 비행기가 전혀 없다고 들었어요.
- Yes, there was a very heavy snowfall in the morning. 네, 오전에 큰 폭설이 있었어요.
- Then we can go tomorrow. 그러면 내일 가야겠네요.
- In that case, we'll go another time. 그런 상황이라면 다음에 가야겠네요.

It's really **cold in the office, isn't it**? 사무실이 정말 춥네요, 그렇지 않나요?
- Yes, I'll turn on the heating unit. 네, 제가 난방기를 작동시킬게요.
- Yes, the heating system is being repaired. 네, 난방 시스템이 수리 중이에요.
- Do you want me to close the windows? 창문들을 닫을까요?

3. 정보/사실의 전달 및 확인 → 동의 및 추가정보 제시 혹은 요청 / 부정 및 오류 수정 답변

제시된 특정 정보나 사실에 대해 동의 및 추가정보 제시 혹은 요청하는 답변 또는 이를 부정한 후 잘못된 부분을 수정하는 답변이 자주 언급된다.

The shopping mall closes at 9 o'clock on weekdays. 그 쇼핑몰은 주중에 9시에 문을 닫습니다.
- How about on the weekend? 주말에는 어떤가요?

- No, its business hours recently changed. 아니요. 영업 시간이 최근에 변경되었어요.

4. 요청/제안/의견 제시 → 긍정/부정 답변 및 추가정보 제시 답변

요청이나 제안된 사항, 제시된 의견에 대해 긍정 혹은 부정 답변 이후 추가정보를 제시하는 유형의 답변 비중이 매우 높다.

You **wouldn't mind** if I **turned the database server off**, would you?
제가 데이터베이스 서버의 전원을 꺼도 괜찮나요. 그런가요?

- Not at all. 괜찮아요.
- Yes, I mind. I need to use it soon. 아니요, 끄지 마세요. 제가 곧 써야 하거든요.

I think the **best restaurant** for Spanish food is **Andalusian** downtown.
스페인 음식의 최고 식당은 시내에 있는 Andalusian이라고 생각해요.

- Yes, it offers exceptional food at affordable prices. 네, 그곳은 적절한 가격에 훌륭한 음식을 제공하지요.
- But I like the new restaurant on Main Street better. 하지만 저는 Main Street에 새로 생긴 식당이 더 좋아요.

5. 다양한 감정(칭찬/놀라움/걱정) 표출 → 동의 및 추가정보 제시 답변

다양한 감정 표현에 대해 동의, 동감에 추가정보를 제시하는 유형의 답변이 자주 등장한다.

The board is **very impressed with the performance** in the third quarter.
이사진은 3분기 실적에 큰 감명을 받았어요.

- Me, too. 저도 그래요.
- I feel the same way. 저도 그래요.
- Yes, it's much more than expected. 네, 그건 예상을 훨씬 넘어선 것입니다.
- Our sales representatives worked very hard. 저희 영업 직원들이 굉장히 열심히 일했어요.

We are **very excited to have set a sales record** in the second half of the year, aren't we?
우리가 올 하반기에 최대 판매 실적을 올려서 아주 좋네요, 안 그래요?

- Yes, I couldn't be any happier. 네, 저도 굉장히 기쁩니다.
- Yes, I think we deserve a huge bonus. 네, 우리는 큰 보너스를 받을 자격이 있다고 생각해요.
- Yes, the company will give us a huge bonus. 네, 회사에서 우리에게 큰 보너스를 지급할 겁니다.
- Yes, we have the biggest market share now. 네, 이제는 우리의 시장 점유율이 가장 높아요.

고득점자의 풀이법

(A)   (B)   (C)

I hear that the city government plans to construct a new park.
시청에서 새로운 공원 건설을 계획하고 있다고 들었어요.
(A) Thanks for your suggestion. 당신의 제안에 감사드려요.
(B) Yes, I heard this parking lot is free. 네, 저는 이 주차장이 무료라고 들었어요.
(C) Do you know when it will be completed? 그게 언제 완공되는지 아세요?

표현 정리 construct 건설하다 suggestion 제안 parking lot 주차장

1단계 ▶ 문제 공략법

❶ the city government plans to construct a new park를 통해 시에서 새로운 공원을 건설할 계획이라고 언급하는 평서문을 알 수 있다.

❷ 정보나 사실을 전달하는 평서문이므로 이에 대한 동의 및 추가정보 제시 혹은 요청하는 답변 또는 이를 부정한 후 오류를 수정하는 답변이 등장할 것임을 예상할 수 있다.

2단계 ▶ 오답 제거 및 정답 선택

(A) Thanks for your suggestion. ❌
▶ 시의 새로운 공원 건설 계획을 알리는 평서문으로 이는 말하는 사람의 제안사항이 아니다. 따라서 당신의 제안에 감사드린다는 답변은 오답으로 처리해야 한다.

(B) Yes, I heard this parking lot is free. ❌
▶ 주차장이 무료라는 것은 새로운 공원 건설 계획과 무관한 내용으로, 질문의 park와 유사한 발음을 지닌 parking을 유사발음 어휘 함정으로 이용한 오답이다.

(C) Do you know when it will be completed? ◉
▶ 시의 새로운 공원 건설 계획을 듣고 언제 완공되는지 반문하며 추가 정보를 요청하고 있으므로 정답이다.

✏️ 실전 연습   🎧 U89-3.MP3   실전으로 확인하세요!

1. (A)   (B)   (C)   **2.** (A)   (B)   (C)

3. (A)   (B)   (C)   **4.** (A)   (B)   (C)

5. (A)   (B)   (C)   **6.** (A)   (B)   (C)

• 정답 및 해설은 45쪽에서 확인

UNIT 90 성별 지정 문제는 상대 대화자의 대화를 주목하라!

파트 3 질문에서 대화자의 성별이 언급된 경우 지문에서 해당 성별의 대화자의 대화 내용에 단서가 제시되는 경우가 일반적이다. 하지만 질문에 제시된 성별의 대화자가 아닌 상대 대화자의 대화 내용에서 단서가 언급되는 유형의 문제가 출제될 수도 있으므로 이에 대비할 필요가 있다.

출제율 100% 핵심 포인트　　　　　시간이 없으면 이것만 외우세요!

1. 변칙적인 성별 지정 문제의 특징

변칙적인 성별 지정 문제는 고객과 서비스 제공자 사이, 예를 들어 의사와 환자, 약사와 고객, 제품 수리 의뢰자와 제품 수리 담당자, 예약자와 예약 담당자 혹은 접수처 직원, 특정 상품 구매자와 판매자 사이에 발생하는 대화 지문에서 주로 출제된다.

2. 변칙적인 성별 지정 문제에 주로 나오는 정보

1) **서비스/상품의 수령(get/receive), 배송(deliver/ship), 도착(arrive) 시점 관련 정보**
When will **the woman** probably **get** her purchase?
여자는 구매한 물건을 언제 받게 될 것인가?

2) **서비스/상품의 액수, 서비스/상품을 받기 위한 전제 조건이나 해야 할 일(give/need/provide/do)에 관한 정보**
What document does **the man need** to buy?
남자는 구매하려면 어떠한 서류가 필요한가?

3) **요청/지시/제안/권고 받는 행동(ask/request/require/instruct/tell/suggest/advise/recommend/encourage)**
What is **the woman asked** to do? 여자가 요청받는 것은 무엇인가?
What is **the man required** to do? 남자가 요청받는 것은 무엇인가?
What is **the woman told** to do? 여자에게 요청된 것은 무엇인가?
What is **the man encouraged** to do? 남자에게 권장된 것은 무엇인가?
According to the man, what was **the woman instructed** to do?
남자에 따르면, 여자가 지시 받은 것은 무엇인가?
▶ 위의 질문 유형들에 대한 단서는 관련 정보를 받는 대화자가 아니라 정보를 제공하는 상대 대화자를 통해 제시된다.

Exercise 1 refers to the following conversation.

W: Good morning. My name is Lauren Hunter, and I have a 10:30 appointment with Ms. Gonzalez in Personnel for a job interview.
M: I'm afraid that Ms. Gonzalez is running a bit late today. She's in a meeting which is in another office building now. I'm not expecting her to return until almost 10:45. Are you here for the sales position?

W: Well, I'm actually here for the accounting position.

M: Okay. (1) I will take you to the guest lounge to wait. It's so much more comfortable, and it will let you relax and collect your thoughts for the interview. I'll let you know when Ms. Gonzalez is ready for you.

표현 정리 appointment 약속, 예약 accounting position 경리직 take A to B A를 B로 데리고 가다

여: 안녕하세요? 제 이름은 Lauren Hunter입니다. 저는 10시 30분에 인사과의 Gonzalez 씨와 취업 면접을 보기로 약속이 잡혀 있습니다.

남: 죄송합니다만, Gonzalez 씨는 오늘 조금 늦습니다. 지금 그분은 다른 건물에서 하는 회의에 참석하고 있어요. 그분은 10시 45분에나 돌아올 것 같습니다. 영업직 채용 때문에 오신 겁니까?

여: 사실, 저는 경리직 채용 건으로 왔습니다.

남: 네, 제가 방문객 휴게실로 안내해 드리겠습니다. 그곳은 아주 안락하기 때문에 편안하게 쉬면서 면접에 대비한 생각을 정리하실 수 있을 겁니다. Gonzalez 씨가 면접 준비가 되면 제가 알려드리겠습니다.

1. What is the woman asked **to do?** 여자가 요청받는 것은 무엇인가?

   (A) Fill out a registration form 등록 양식을 작성한다.

   (B) Come back again tomorrow 내일 다시 온다.

   (C) Arrange an interview 면접 일정을 잡는다.

   (D) Wait in a seating area 좌석에 앉아 대기한다.

▶ 여자가 요청받는 것을 묻고 있으므로 여자가 아닌 남자의 대화 내용에서 단서가 제시될 것임을 예상할 수 있다. 즉, 질문에는 the woman으로 여자 대화자의 성별이 등장하고 있지만, 그 질문에 대한 실질적인 단서는 남자 대화자가 제시하는 변칙적인 성별 지정 문제다. 남자는 대화 지문 후반부에서 I will take you to the guest lounge to wait.라고 하며 대기할 수 있도록 방문객 휴게실로 안내하겠다고 말한다. 그러므로 (D)가 정답이다.

▶ 대개 질문에 언급된 성별의 대화자의 대화에서 단서가 나오는 경우가 많기 때문에 그 대화에만 집중하다 보면 막상 상대 대화자의 이야기에서 언급되는 단서를 파악하지 못해 정답을 놓치는 경우가 발생한다. 위와 같은 질문 유형들을 잘 숙지한 후 변칙적인 성별 지정 문제임을 미리 파악하고 대비해야 한다.

정답 (D)

고득점자의 풀이법

🎧 U90-2.MP3

1단계 듣기 전에 문제의 내용을 먼저 숙지한다.

1. Why is the woman calling the man? 여자가 남자에게 전화를 건 이유는 무엇인가?
2. What is the woman concerned about? 여자가 우려하는 것은 무엇인가?
3. **When will the woman probably get her purchase?**
    여자는 자신이 구매한 상품을 언제 받을 수 있는가? [성별 지정]

2단계 지문을 들으며 단서 파악을 한다.

Questions 1-3 refer to the following conversation.

W: Hello. This is Lisa Green. (1) **I'm calling to find out when my laptop will be ready.**

M: We have finished assembling the motherboard. Now all we have to do is put the

LCD screen in. We are expecting the screen to be delivered any minute now. You can pick it up anytime tomorrow afternoon.

W: Tomorrow? **(2) I was expecting it today. I am going away early tomorrow morning for two weeks, and I really need to take it with me.**

M: (3) We will put a rush job on it and get it to you at 8 P.M.

표현 정리 assemble 조립하다, 배열하다 (at) any minute now 지금 당장이라도 put a rush job 신속히 작업하다

여: 안녕하세요. 저는 Lisa Green이라고 합니다. 제 노트북 컴퓨터가 언제 준비되는지 알아보기 위해 전화 드렸습니다.

남: 현재 본체 기판 조립을 마친 상태입니다. 이제 LCD 모니터를 넣기만 하면 됩니다. 모니터는 금방 배송될 예정입니다. 내일 오후에 언제라도 수령하러 오시면 됩니다.

여: 내일이요? 저는 오늘 다 될 거라고 예상했어요. 제가 내일 아침 일찍 2주 동안 멀리 출장을 가는데 노트북을 꼭 가지고 가야 해서요.

남: 그럼 신속하게 작업해서 저녁 8시에 배송해 드리겠습니다.

3단계▶ 보기를 보며 패러프레이징된 표현을 선택한다.

1. (A) To inquire about business hours 영업 시간에 대해 문의하기 위해

   (B) To order a new computer 새 컴퓨터를 주문하기 위해

   (C) To confirm a shipping address 배송 주소를 확인하기 위해

   (D) To find out if her computer is ready 그녀의 컴퓨터가 준비되었는지 알아보기 위해

▶ 여자가 전화를 건 목적에 대해 묻고 있으므로 대화 초반부에 전화를 건 여자의 대화에서 인사말 직후에 제시되는 단서에 집중해야 한다. 따라서 대화 시작과 함께 여자가 This is Lisa Green.이라고 자기소개를 한 직후 I'm calling to find out when my laptop will be ready.라고 하며 자신의 노트북 컴퓨터가 언제 준비되는지 알아보고자 연락했다는 부분을 통해 (D)가 정답임을 알 수 있다.　　　　　　　　　　　　　　**정답** (D)

2. (A) Being charged for a repair 수리에 대한 비용이 청구되는 것

   (B) Being late for a meeting 회의에 늦는 것

   (C) Where she will pick up her computer 자신의 컴퓨터를 수령하는 장소

   (D) Whether she can take the computer on her trip 여행에 컴퓨터를 가지고 갈 수 있는지의 여부

▶ 여자가 우려하는 것에 대해 묻고 있으므로 역시 여자의 대화 내용에서 직접적으로 언급되는 걱정거리에 집중해야 한다. 여자는 대화 후반부에서 I was expecting it today. I am going away early tomorrow morning for two weeks, and I really need to take it with me.라고 하며 제품 조립이 오늘 마무리될 것으로 생각했고, 내일 떠나는 출장에 그것을 가지고 가야 할 필요가 있음을 밝히고 있다. 그러므로 (D)가 정답이다.　　　　　　**정답** (D)

3. **(A) This afternoon** 오늘 오후

   (B) Tonight 오늘 밤

   (C) Tomorrow 내일

   (D) In a week 일주일 후

▶ 여자가 구매한 제품을 언제 받을 수 있는지 묻고 있는 질문으로, 여자 대화자의 성별이 언급되고 있지만 여자가 제품을 받는 쪽이므로 여자가 제품을 받는 시점은 상대 대화자인 남자의 대화 내용에서 등장할 가능성이 높다는 점에 유의해야 한다. 남자는 대화 말미에 여자에게 We will put a rush job on it and get it to you at 8 P.M.이라고 하며 작업에 박차를 가해 저녁 8시에는 여자가 노트북 컴퓨터를 수령할 수 있도록 해주겠다고 밝히고 있다. 그러므로 8 P.M.이 tonight이란 유사어로 바뀌어 제시된 (B)가 정답이다. **정답 (B)**

실전 연습 🎧 U90-3.MP3 실전으로 확인하세요!

1. What does the man want?

(A) A new employee card
(B) A temporary parking permit
(C) A rental vehicle
(D) A map of the area

2. What does the man need to buy a document?

(A) An employee card
(B) A driving license
(C) A permission form
(D) Proof of auto insurance

3. What does the woman recommend the man do?

(A) Take public transportation
(B) Secure parking on the street
(C) Use a nearby parking lot
(D) Call the rental car agency

• 정답 및 해설은 46쪽에서 확인

화제가 전환되는 어구에 주목하라!

문제 유형과 무관하게 **내용이 전환되거나 추가되는 연결어 직후에 결정적인 단서가 제시되는 경우가 많다.** 그러므로 이러한 표현들을 사전에 숙지한 상태에서 단서를 파악하는 도구로 적극 활용해야 한다.

출제율 100% ▶ **핵심 포인트** ▶   시간이 없으면 이것만 외우세요!

1. 화제 전환 어구의 종류

대표적인 화제 전환 어구에는 but, unfortunately, nevertheless, by the way, in fact, besides, in addition, also, actually 등이 있다.

2. 화제 전환 어구의 특징

대화 지문에서 위와 같이 내용이 전환되거나 추가되는 연결어가 나온 직후에는 문제 풀이에 필요한 단서가 자주 제시되므로 이러한 어휘가 등장하는 다음의 내용에 집중해야 할 필요가 있다.

Exercise 2 refers to the following conversation.

> M: Hey, Jennifer. I'm talking with a customer on the phone now. He ordered a hundred yellow T-shirts to be delivered to his office on Thursday. But he wants red T-shirts instead now. What can I do?
>
> W: George, if he wants to change his order, just do what he wants. **(2) But I've already sold all of the red T-shirts we've got, so we don't have any red T-shirts in stock.** I seriously doubt that we can get more red T-shirts in from the factory before Thursday. That's the real problem.

표현 정리 talk with ~와 이야기하다 in stock 재고가 있는 seriously 심각하게, 진심으로

남: Jennifer, 제가 고객하고 전화통화를 하고 있는데요. 그가 목요일에 사무실로 노란색 티셔츠 100벌을 배송해달라고 주문했는데, 이제 와서 빨간색 티셔츠로 변경해달라고 하네요. 어떻게 해야 하죠?
여: George, 그가 주문 변경을 원한다면, 원하는 대로 해드리세요. 하지만 이미 우리가 보유한 빨간색 티셔츠를 전부 판매한 상태라서 빨간색 티셔츠는 재고가 없어요. 그런데 목요일 전까지 공장에서 빨간색 티셔츠를 더 받는 게 쉽지 않을 것 같군요. 그게 진짜 문제네요.

2. What problem does the woman mention? 여자가 언급하고 있는 문제점은 무엇인가?

   (A) An invoice is missing. 송장이 사라졌다.
   (B) An item has been discontinued. 제품이 단종되었다.
   (C) An order was already shipped. 주문품이 이미 배송되었다.
   (D) An order is temporarily out of stock. 주문품이 일시적으로 동이 난 상태다.

▶ 여자의 대화 내용에서 But이란 화제 전환 어구가 등장한 후 빨간색 티셔츠를 모두 판매해서 재고가 없다는 내용이 제시되고 있다. 그러므로 we don't have any red T-shirts in stock.에서 단서인 not ~ in stock이 out of stock으로 바뀌어 제시된 (D)가 정답이다.

정답 (D)

Exercise 3 refers to the following conversation.

> M: Hi. I work in this building and have a rental car for the week. Could I buy a temporary parking permit from this office?
>
> W: Sorry, but we don't offer temporary permits. **(3)** <u>However,</u> **if you have your employee card with you, I can issue you a new permit for 15 dollars.**

표현 정리 rental car 렌터카 temporary 임시의 parking permit 주차 허가증

남: 안녕하세요. 저는 이 건물에서 일을 하는데 한 주 동안 렌터카를 빌렸어요. 여기서 임시 주차 허가증을 구매할 수 있나요?
여: 미안합니다만, 저희는 임시 주차 허가증은 제공하지 않아요. 하지만 사원증을 가지고 계시면 15달러에 새 주차 허가증을 발급해 드릴수는 있어요.

3. What does the man need in order to buy a permit? 남자가 허가증을 구매하기 위해서 필요한 것은 무엇인가?
(A) Proof of auto insurance 자동차 보험증
(B) A permission form 허가증 양식
(C) A current license 현재 면허증
(D) Proof of employment 재직 증명서

▶ 남자가 주차 허가증을 구매하기 위해 필요한 것은 남자의 이야기가 아니라 이를 취급하는 상대 대화자인 여자의 대화 내용에서 제시될 가능성이 높다는 점에 주의해야 한다. 따라서 주차 허가증 업무를 담당하는 여자가 남자에게 However, if you have your employee card with you, I can issue you a new permit for 15 dollars.라고 이야기하는 부분을 통해 남자가 주차 허가증을 구매하기 위해 필요한 것은 employee card(사원증)임을 알 수 있다. 아울러 이것이 보기에서는 재직 중임을 증명하는 서류를 뜻하는 Proof of employment란 유사 표현으로 바뀌어 제시되고 있음을 간과해선 안 된다.

정답 (D)

고득점자의 풀이법

1단계 듣기 전에 문제의 내용을 먼저 숙지한다.

4. Why is the man going to Santa Fe? 남자가 Santa Fe에 가는 이유는 무엇인가?

5. What is the problem? 문제가 무엇인가?

6. What will take place on Tuesday? 화요일에는 무슨 일이 발생하는가? [화제 전환 어구]

2단계 지문을 들으며 단서 파악을 한다.

Questions 4-6 refer to the following conversation.

W: Mr. Taylor, I think now is a good time to schedule the interviews for the Web designer position.

M: I think so, Ms. Monroe. I'm in the office until Thursday of next week. After that, **(4) I will leave for an international trade conference in Santa Fe. (5) Would Wednesday work for the interviews? That way, I can get the interviews done before I go on my business trip.**

W: Well, **(5) that's not going to work for me.** (6) Actually, I'm flying to New York for business on Wednesday, so I think we should do the interviews on Tuesday before both of our business trips.

M: That would be fine with me. You know, we desperately need to fill that position as quickly as possible.

표현 정리 international trade conference 국제무역회의 desperately 필사적으로, 반드시
as quickly as possible 가능한 한 빨리

여: Taylor 씨, 저는 지금이 웹 디자이너 자리의 면접 일정을 잡기에 좋은 시점이라고 생각해요.
남: 저도 동의합니다. Monroe 씨. 저는 다음 주 목요일까지 사무실에서 근무해요. 그 이후에는 Santa Fe에서 열리는 국제무역회의 참석을 위해 떠나야 합니다. 면접을 수요일에 보는 게 어떨까요? 그러면 제가 출장 가기 전에 면접을 마무리할 수 있을 겁니다.
여: 그건 저한테 안 맞을 것 같아요. 사실, 저도 수요일에 New York으로 출장을 가거든요. 그러니 우리 두 사람이 출장을 가기에 앞서 화요일에 면접을 시행해야 할 것 같아요.
남: 저는 좋습니다. 아시겠지만, 가능한 한 빨리 그 자리에 인원을 충원해야 할 필요가 있어요.

3단계 보기를 보며 패러프레이징된 표현을 선택한다.

4. (A) To lead a series of lectures 일련의 강연들을 주재하기 위해서
   (B) To sign a new contract 새로운 계약을 체결하기 위해서
   (C) To attend a conference 회의에 참석하기 위해서
   (D) To present a new line of products 신제품들을 발표하기 위해서

▶ 남자가 Santa Fe에 가게 된 이유에 대해 묻는 첫 번째 질문이므로 대화 초반부 남자의 이야기에서 Santa Fe가 등장하는 부분을 중심으로 단서를 파악해야 한다. 남자는 I will leave for an international trade conference in Santa Fe.라고 하며 국제회의 참석차 Santa Fe에 가야 한다고 밝히고 있으므로 (C)가 정답이다.　**정답 (C)**

5. (A) Some interviewees can't come in today. 몇몇 면접 대상자들이 오늘 불참한다.

(B) They have scheduling conflicts. 그들의 일정이 맞지 않는다.

(C) Their flights have been canceled. 그들의 비행편이 취소되었다.

(D) Sales figures have decreased sharply. 매출이 급격히 하락했다.

▶ 문제점은 지문 전반부에서 직접적으로 언급된다. 남자는 Would Wednesday work for the interviews? That way, I can get the interviews done before I go on my business trip.이라고 하며 수요일에 웹 디자이너 자리를 위한 면접을 보면 출장 가기 전에 면접을 마무리할 수 있음을 언급하고 있다. 그러나 여자는 that's not going to work for me라고 하며 그 일정이 자신과 맞지 않다는 점을 밝히고 있다. 그러므로 일정상의 충돌을 뜻하는 (B)가 정답이다. **정답 (B)**

6. (A) They will send new designs to the client. 그들은 새로운 디자인을 고객에게 발송할 것이다.

(B) A new official Web site will be launched. 새로운 공식 웹사이트가 개설될 것이다.

(C) They will meet some job candidates. 그들은 몇몇 취업 지원자들과 만날 것이다.

(D) The company will carry out a reorganization. 회사는 구조조정을 실시할 것이다.

▶ 화요일에 어떤 일이 발생하는지 묻는 마지막 문제이므로 대화 후반부에서 Tuesday라는 시점이 등장하는 부분을 중심으로 단서를 파악해야 한다. 여자는 남자에게 Actually, I'm flying to New York for business on Wednesday, so I think we should do the interviews on Tuesday before both of our business trips.라고 하며 화제가 전환되는 Actually 이후에 자신도 New York으로 출장을 가므로 화요일에 면접을 보자고 제안하고 있다. 따라서 (C)가 정답이다. **정답 (C)**

실전 연습 · U91-3.MP3   실전으로 확인하세요!

1. What is the topic of the conversation?

(A) Canceling a subscription
(B) Payment methods
(C) A service upgrade
(D) A request for a donation

2. What most likely is Net Cinema?

(A) An online magazine
(B) An online movie provider
(C) A discount film ticket agency
(D) A movie theater

3. What is a benefit of the premium service member?

(A) An exemption from the annual fee
(B) A discount on monthly payments
(C) Discount coupons for movies
(D) Promotional gifts

· 정답 및 해설은 47쪽에서 확인

UNIT 92 문제에 담긴 시제에 주의하여 단서를 찾아라!

대화 전반부에서는 이미 발생한 문제나 행동 또는 과거의 정보가 집중적으로 언급되는 반면 대화 후반부에서는 이후 행동이나 향후 계획 또는 특정 시점에서 발생할 일과 같은 미래의 정보가 주로 등장한다. 따라서 문제의 시제를 통해 단서의 위치를 사전에 어느 정도 파악하는 것이 가능하다.

출제율 100% ▶ **핵심 포인트** ▶   시간이 없으면 이것만 외우세요!

1. 문제의 시제가 과거인 경우

문제의 시제가 과거인 경우 단서는 주로 대화 지문 초반부에서 제시되는 경향이 있다. 따라서 문제의 시제가 과거이면 대화 지문 초반부에서 단서를 파악하는 것이 바람직하다.

Exercise 4 refers to the following conversation.

W: Hello. **(4) I bought two tickets for the ballet last week.** I just received word that a couple of friends will be in town this weekend, so I was wondering if it would be possible to get tickets for them for the same night.

M: Let me see. No, I'm sorry, but it looks like Saturday is sold out. We do have several seats available for the 5 P.M. Friday performance though. If you'd like, I can buy back your Saturday tickets, and then you can purchase four for Friday.

W: That might work. Thank you. I'll have to call them today to see if the time is acceptable. I'll try to call back to confirm this evening.

표현 정리 be sold out 매진되다   confirm 확인하다

여: 안녕하세요. 제가 지난주에 발레 공연표를 두 장 구매했는데요. 두 명의 친구가 이번 주말에 시내에 올 것이라는 이야기를 들어서요. 두 친구를 위해 같은 날 저녁 공연표를 추가로 구매하는 것이 가능한지 알고 싶어요.

남: 잠시만요. 죄송합니다만, 안 되겠네요. 토요일 공연표는 모두 매진된 것 같아요. 금요일 오후 5시 공연은 몇 자리가 남아 있습니다. 원하신다면, 제가 고객님의 토요일 공연표를 환불해 드리고, 고객님이 금요일 공연표 네 장을 구매하시는 방법도 있습니다.

여: 그것도 괜찮겠네요. 감사합니다. 제가 오늘 친구들에게 연락해서 시간이 괜찮은지 알아봐야겠어요. 제가 확인을 위해 오늘 저녁에 다시 연락드릴게요.

---

4. **What did the woman do last week?** 여자는 지난주에 무엇을 했는가?

   (A) She reserved a hotel room. 그녀는 호텔을 예약했다.

   (B) She purchased some tickets. 그녀는 표를 구매했다.

   (C) She saw a theatrical performance. 그녀는 극장 공연을 관람했다.

   (D) She met a couple of former colleagues. 그녀는 두 명의 이전 직장 동료들을 만났다.

▶ 문제에서 동사 did의 시제가 과거이므로 단서가 대화 지문 초반부에 언급될 것임을 알 수 있다. 지문 초반부 여자의

대화 내용에서 last week, 즉, 지난주 또는 지난주의 구체적인 요일이나 시점이 언급되는 부분을 중심으로 단서를 파악해야 한다. 대화 초반부에 여자는 I bought two tickets for the ballet last week.라고 하며 지난주에 발레 공연표를 구매했음을 밝히고 있다. 그러므로 지문의 bought가 유사어인 purchased로 바뀌어 제시된 (B)가 정답이다.

정답 (B)

2. 문제의 시제가 미래인 경우

문제의 시제가 미래 시제라면 단서는 대화 지문 후반부에 등장할 가능성이 매우 높다. 따라서 문제의 시제가 미래이면 대화 지문 후반부에서 단서를 파악하는 것이 효율적이다. 이러한 방식으로 단서의 위치를 사전에 파악한 상태에서 문제의 KEYWORD, 즉, 핵심어를 노려 듣는다면 정답을 파악하는 것이 한결 수월해진다.

● 하나만 더!

핵심어(KEYWORD)의 종류

세부사항을 묻는 문제들은 특정한 키워드, 즉, 핵심어와 함께 출제되고 있으며 문제를 풀이할 수 있는 단서는 핵심어가 제시되는 부분을 중심으로 등장하는 경향이 있다. 따라서 문제 내의 특정 키워드를 파악한 후 대화 지문에서 해당 키워드가 등장하는 부분에 집중해야 한다.

1) 인명/지명/신분/장소/회사명을 비롯한 고유명사
2) 수치로 표현되는 정보 (숫자/시간/기간)
3) 동사/명사/형용사
4) If절

Exercise 5 refers to the following conversation.

M: Kelly, did you speak to someone from Technical Support about my computer? I'm giving a big presentation tomorrow, and all of my work is on that computer!
W: Yes, Hans. I spoke to someone. He said he'd send someone over tomorrow afternoon.
M: That's not going to work. **(5) I am going to Boston tonight for my presentation. Would you please call the Tech Support people and see if they can send someone as soon as possible?**

표현 정리 send over ~을 파견하다 work (일이) 잘 되다, 가능하다 presentation 프레젠테이션, 발표회

남: Kelly, 내 컴퓨터에 대해 기술지원부 사람에게 얘기했어요? 내일 내가 큰 발표를 해야 하는데, 모든 작업 내용이 그 컴퓨터에 있거든요!
여: 네, Hans. 어떤 사람에게 얘기했어요. 그는 내일 오후에 사람을 보낼 거라고 말했어요.
남: 그러면 안 됩니다. 내가 오늘밤에 발표를 위해 Boston으로 가야 합니다. 기술지원부 사람들에게 전화해서 가능한 한 빨리 사람을 보내 줄 수 있는지 알아봐 주시겠어요?

5. Why is the man going to Boston? 남자가 Boston으로 가는 이유는 무엇인가?

    (A) To attend a conference 회의에 참석하기 위해

    (B) To make a speech 연설을 하기 위해

    (C) To repair the computer 컴퓨터를 고치기 위해

    (D) To call the Tech support people 기술지원부 사람들을 부르기 위해

▶ 미래 시제이므로 지문 후반부에서 단서가 제시될 가능성이 높다.

▶ 주어는 the man이고 키워드로 Boston이 제시되었다. 따라서 지문 후반부 남자의 대화 내용에서 Boston이란 지명이 등장하는 부분에 집중해야 한다.

▶ 남자는 발표를 위해 오늘밤에 Boston에 가야 한다는 것을 언급하고 있다. 그러므로 presentation이란 단서가 make a speech란 유사표현으로 바뀌어 제시된 (B)가 정답이다.

정답 (B)

🎧 U92-2.MP3

고득점자의 풀이법

1단계 듣기 전에 문제의 내용을 먼저 숙지한다.

7. What did the woman do yesterday? 여자는 어제 무엇을 했는가? [시제 연계]

8. What does the man suggest the woman do? 남자는 여자에게 무엇을 하라고 권하는가?

9. What will the woman probably do next? 여자는 다음에 무엇을 하겠는가? [시제 연계]

2단계 지문을 들으며 단서 파악을 한다.

> Questions 7-9 refer to the following conversation.
>
> M: Oh, hey, Ms. Hopewell. (7) You checked how many employees are signed up for the accounting workshop yesterday, right?
>
> W: Um... (7) about 40 so far. I think we will have a lot more participants than last year. Should we prepare some food for them?
>
> M: (8) Yeah, let's just order some doughnuts instead of buying sandwiches. Ah... eight boxes should do it.
>
> W: That sounds great. (9) I'll find the phone number for a nearby doughnut shop and order them as soon as possible.
>
> ----
>
> 표현 정리 sign up 등록하다 participant 참여자, 참가자 as soon as possible 가능한 한 빨리
>
> ----
>
> 남: 오, 안녕하세요, Hopewell 씨. 어제 회계 워크숍에 직원들이 몇 명이나 등록했는지 확인하셨죠, 그렇죠?
>
> 여: 음… 지금까지는 대략 40명이요. 작년보다 훨씬 많은 참가자가 등록할 것 같습니다. 우리가 그들을 위해 음식을 준비해야 하나요?
>
> 남: 네, 샌드위치를 구매하지 말고 도넛을 주문해야겠어요. 아… 8상자면 될 것 같아요.
>
> 여: 그거 좋겠네요. 제가 근처에 있는 도넛 가게의 연락처를 알아보고 최대한 빨리 주문하겠습니다.

3단계 보기를 보며 패러프레이징된 표현을 선택한다.

7. (A) She had lunch with the accounting manager. 그녀는 회계 부장과 점심식사를 했다.

(B) She opened a new doughnut store. 그녀는 새로운 도넛 가게를 열었다.

(C) She completed some reports. 그녀는 몇몇 보고서들을 작성했다.

(D) She counted the number of attendees. 그녀는 참석자 수를 파악했다.

▶ 어제 여자가 한 일에 대해 묻는 첫 번째 문제로 과거 시제 문제이므로 대화 초반부의 yesterday라는 시점과 함께

제시되는 여자의 행동에 집중해야 한다. 대화 초반부에 남자는 여자에게 You checked how many employees are signed up for the accounting workshop yesterday, right?라고 하며 여자가 어제 회계 워크숍에 등록한 인원을 확인했는지 물었고, 이에 여자는 about 40 so far라고 하며 구체적인 인원수를 밝히고 있다. 그러므로 대화 지문의 checked가 유사어인 counted로 바뀌어 제시된 (D)가 정답이다. **정답 (D)**

8. (A) Get more sandwiches 더 많은 샌드위치를 구매한다.
   (B) Organize a corporate event 회사 행사를 준비한다.
   (C) Order some refreshments 다과류를 주문한다.
   (D) Attend a workshop 워크숍에 참석한다.

▶ 남자가 여자에게 제안하는 것을 묻는 문제이므로 남자의 대화 내용에서 여자에게 제안하는 행동, 즉, 동사에 집중해야 한다. 남자는 여자에게 Yeah, let's just order some doughnuts instead of buying sandwiches.라고 하며 샌드위치를 구매하는 것보다 도넛을 주문하자고 제안하고 있다. 그러므로 지문의 doughnuts가 refreshments란 유사어로 바뀌어 제시된 (C)가 정답이다. **정답 (C)**

9. (A) Go to a store 상점에 간다.
   (B) Make a list of attendees 참석자 명단을 작성한다.
   (C) Make a phone call 전화를 한다.
   (D) Give a presentation to employees 직원들에게 발표를 한다.

▶ 여자가 이후에 할 일을 묻는 마지막 문제로 질문이 미래 시제이므로 대화 지문 후반부에서 단서가 제시될 것임을 알 수 있다. 대화 말미에서 여자는 I'll find the phone number for a nearby doughnut shop and order them as soon as possible.이라고 하며 도넛 가게에 연락해 도넛을 주문할 것임을 전하고 있다. 그러므로 find the phone number ~ order가 make a phone call이라는 표현으로 바뀌어 제시된 (C)가 정답이다. **정답 (C)**

실전 연습 🎧 U92-3.MP3 　　　　실전으로 확인하세요!

1. What did the woman finish doing?

   (A) Repairing some equipment
   (B) Setting up an audiovisual system
   (C) Installing some new software
   (D) Cleaning up the conference room

2. What does the man say he needs?

   (A) An instruction manual
   (B) Access to the company intranet
   (C) A new machine
   (D) A list of invited guests

3. What does the woman offer to do for the man?

   (A) Give him a manual
   (B) Arrange an interview
   (C) Provide a code
   (D) Show him the location of a room

• 정답 및 해설은 48쪽에서 확인

UNIT 93 의도 파악 문제의 단서는 해당 표현의 전후 내용에서 찾아라!

화자의 의도 파악을 묻는 문제는 **파트 3 대화 지문에 주어진 특정 표현**이 대화에서 **실질적으로 어떠한 뜻으로 사용되었는지** 묻는 유형인데, 매 시험마다 평균 2문항이 출제되고 있다. 난이도가 가장 높은 편에 속하므로 특별히 주의 깊게 학습할 필요가 있다.

출제율 100% 핵심 포인트   시간이 없으면 이것만 외우세요!

1. 대표적인 의도 파악 문제 유형

Why does Ms. Whitley **say**, "I guess I was right"?

What does the man **mean** by saying, "I can't agree with you more"?

What does the man **mean** when he says, "Look at all these cars"?

What does the woman **imply** when she says, "I was just about to go to the cashier"?

> ▶ 주어진 표현의 사전적 의미만으로는 화자가 어떠한 의도나 의사를 전달하고자 해당 표현을 사용했는지 전혀 파악할 수가 없다는 점에 주의해야 한다.

2. 표현별 문제 유형

1) 단순 내용 표현

문제에서 주어진 표현이 대화 지문의 전개 과정에 들어 있는 단순한 내용이므로 해당 표현만으로는 화자가 어떠한 의도를 가지고 이야기하는 것인지를 전혀 짐작할 수 없다.

"Look at all these cars!"

위 문장에 담긴 화자의 의도를 묻는 경우, 이 표현 자체만으로 화자의 의도를 파악할 수 없다. 교통 혼잡에 놀랐을 수도 있고 멋진 자동차들을 보았을 수도 있고 관리 상태가 엉망인 자동차들을 목격했을 수도 있다. 따라서 화자가 이런 표현을 사용한 의도를 알기 위해서는 대화 지문을 듣고 전후 맥락을 파악해야 하므로 난이도가 높은 편이라고 할 수 있다.

2) 특정 의사 표현

문제에서 주어진 표현이 어떠한 의도로 사용한 것인지, 즉 구체적인 의미가 무엇인지는 역시 지문의 내용을 토대로 파악해야 하지만 주어진 표현 자체에 화자의 대략적인 의도나 의사가 반영되어 있는 특정 표현들이 제시되기도 한다.

"That sounds like a great idea!"

위 문장에 담긴 화자의 의도를 묻는 경우, 구체적으로 무엇에 대해 동조하는 것인지는 알 수 없지만 화자가 상대방의 말에 동의하는 의사가 반영되어 있음을 미리 짐작할 수 있다. 따라서 지문을 들을 때 무언가를 제안, 요청, 권고하는 내용이 등장하는 부분에 집중하게 되므로 사전 대비가 용이하여 비교적 난이도가 수월한 편이라고 할 수 있다.

3. 주요 빈출 표현

화자의 의도 파악 문제 유형에 대비하여 향후 토익에서 출제 가능성이 높은 특정 의사 표현들을 숙지해두자.

❶ 놀라움 또는 즐거운 소식에 대한 기쁨

It's unbelievable. / It's incredible. / I can't believe it. 정말 믿어지지가 않네요.

❷ 결과에 대한 예상

I'm not surprised. 저는 놀라지 않았어요.

❸ 소식에 대한 안도 및 감탄

I'm relieved. 안심이 되네요.

That's great/good/wonderful/awesome. 그거 잘 됐네요.

Couldn't be better. 이보다 더 좋을 수가 없지요.

❹ 소식에 대한 실망 및 안타까움

That's too bad. 그건 참 안 됐네요.

This isn't the first time this has happened. 이건 처음 발생한 일이 아니에요.

❺ 확답 불가 상황

I really can't say. 저는 잘 모르겠어요.

I don't know. 모르겠어요.

It's up in the air. 아직 미정이에요.

❻ 상대방 의견에 대한 동의

Tell me about it. 내 말이 그 말이에요.

You've got a point there. 당신 말에 일리가 있어요.

You can say that again. 당신 말에 전적으로 동의해요.

❼ 상대방의 이견에 대한 동의 불가

What are you talking about? 지금 무슨 말씀을 하시는 건가요?

❽ 관심 표명

These sandals look great. 그 샌들은 좋아 보이네요.

❾ 연락 의도

I've been meaning to tell you. 안 그래도 연락을 드리려고 했어요.

❿ 시간적 여유 표명

I finished my project early. 저는 프로젝트를 일찍 끝냈어요.

I don't have a meeting today until 3. 3시까지는 회의가 없어요.

⓫ 시간적 여유가 없음을 표명

I've got my hands full. 제가 좀 바빠요.

I have a meeting soon. 저는 곧 회의가 있어요.

⓬ 다른 방법 시도 및 격려

I think we can do better. 우리는 더 잘 할 수 있다고 봐요.

⓭ 감사의 표현

I could not have done it without your help. 당신의 도움이 없었다면 그것을 할 수 없었을 겁니다.

⓮ 해결책 제시

Here is the thing. 이렇게 합시다.   Let me tell you something. 말씀드릴 게 있어요.

1단계 듣기 전에 문제의 내용을 먼저 숙지한다.

10. What does the man mean by saying, "I can't agree with you more"?

남자가 "I can't agree with you more"라고 언급한 것이 의미하는 바는 무엇인가?

2단계 지문을 들으며 단서 파악을 한다.

> **Question 10 refers to the following conversation.**
>
> W: Mr. Goodroad, you took a regular physical exam during your last checkup. Um... I have the results for you here. They show that you are in excellent physical condition and that your body fat is well below average.
>
> M: That's good. I have been exercising regularly to get in shape for the last two months. You know what? I've been trying to walk short distances rather than using my car.
>
> W: (10) Regular exercise and healthy foods can help your heart do its job well and improve your physical health.
>
> M: <u>I can't agree with you more.</u> (10) I think... exercising regularly is a key factor in any weight-loss program.
>
> ----
>
> 표현 정리 below average 평균 이하의 get in shape 좋은 몸매를 유지하다 weight-loss program 체중 감량 프로그램
>
> ----
>
> 여: Goodroad 씨, 지난번 검진 때 신체검사를 하셨잖아요, 음… 여기 결과가 나왔어요. 건강 상태가 우수하고, 체지방도 평균보다 훨씬 낮습니다.
> 남: 잘됐네요. 저는 지난 두 달간 몸매를 만들기 위해 규칙적으로 운동을 해왔습니다. 어떻게 했냐면 말이죠. 매일 자동차를 운전하는 대신 가까운 거리는 걸어서 다니려고 노력했어요.
> 여: 규칙적인 운동과 건강한 음식은 심장이 잘 작동하게 하여 당신의 신체 건강을 향상시킬 수 있도록 도움을 줍니다.
> 남: 전적으로 동의합니다. 저도 규칙적인 운동이 체중 감량 프로그램에서 핵심 요소라고 생각해요.

❶ 화자의 의도를 묻는 문제가 몇 번째로 출제되는지 살펴보고, 사전에 해당 표현이 등장하는 부분을 염두에 둔 상태에서 노려 들어야 한다.

❷ 화자의 의도를 묻는 문제는 주로 두 번째나 세 번째 문제로 출제되는 경우가 많다. 화자의 의도 파악 문제가 두 번째로 출제되는 경우에는 대화 전반부에서 중반부, 구체적으로 두 번째 대화 라인이나 네 번째 대화 라인에 등장한다.

❸ 세 번째 문제로 출제되는 경우에 해당 표현은 주로 대화 후반부, 즉, 대화 종료 직전 두 번에 걸친 대화 라인에서 제시된다.

3단계 보기를 보며 패러프레이징된 표현을 선택한다.

10. (A) He doesn't want to agree with the woman any more.
그는 여자의 생각에 더 이상 동의하고 싶지 않다.

(B) He's not sure if he is able to accept the woman's proposal.
그는 여자의 제안을 받아들일 수 있을지 확신하지 못한다.

(C) He has no particular interest in the woman's suggestion.
그는 여자의 제안에 특별한 흥미가 없다.

(D) He is expressing his approval of the woman's opinion.
그는 여자의 의견에 대한 동의를 표현하고 있다.

▶ 여자는 지문 후반부 Regular exercise and healthy foods can help your heart do its job well and improve your physical health.에서 규칙적인 운동과 건강한 음식은 심장이 잘 작동하게 하여 신체적인 건강을 향상시킬 수 있도록 도움을 준다고 전한다.

▶ 남자는 I can't agree with you more.라고 말한 직후 I think... exercising regularly is a key factor in any weight-loss program.이라고 하며 규칙적인 운동이 체중 감량 프로그램에서 핵심 요소임을 언급하고 있다.

▶ 이를 통해 남자가 I can't agree with you more.라고 말한 것은 규칙적인 운동이 신체 건강을 향상시킨다는 여자의 말에 동의를 표현하려는 의도임을 알 수 있으므로 (D)가 정답이다.   **정답 (D)**

실전 연습 🎧 U93-3.MP3   실전으로 확인하세요!

1. What is the problem for the speakers?

(A) A picture is missing.
(B) Sales have dropped significantly.
(C) Some images are not clear.
(D) A photocopier is broken.

2. What does the man mean when he says, "Danny, isn't this your area of expertise?"

(A) He thinks Danny is too busy right now.
(B) He wants Danny to answer a question.
(C) He knows Danny is not a professional.
(D) He prefers that Danny organize a workshop.

3. What does Harry say he wants?

(A) A photo studio
(B) A meeting schedule
(C) A list of older pictures
(D) A new sales strategy

• 정답 및 해설은 49쪽에서 확인

UNIT 94 시각 정보 연계 문제는 관련 정보를 신속히 파악하라!

시각 정보 연계 유형의 문제는 도표, 일정표, 약도, 영수증 등 다양한 형태의 시각 정보가 대화와 함께 등장하는 형태로, 시각 정보와 대화 내용에서 제공되는 정보를 모두 고려해야만 문제 풀이가 가능하다. 매 시험마다 3문항이 출제되고 있으며, 난이도가 가장 높은 유형에 속한다.

출제율 100% ▶ **핵심 포인트** ▶　　　　　　시간이 없으면 이것만 외우세요!

1. 대표적인 시각 정보 문제 유형

1) 장소 및 위치

- Look at the graphic. Which block is the company located in? 회사는 어느 블록에 위치해 있는가?
- Look at the graphic. Which parking area will be closed? 어떤 주차 공간이 폐쇄되는가?

2) 시간 및 일정

- Look at the graphic. When will the shipping company deliver the goods?
  운송 회사는 언제 상품을 배달하는가?
- Look at the graphic. Which day will the man attend the event?
  남자는 어느 날 행사에 참석할 것인가?

3) 대상

- Look at the graphic. To whom does the man send the e-mail?
  남자는 누구에게 이메일을 보내는가?
- Look at the graphic. Who would the woman like to invite to the party?
  여자는 파티에 누구를 초대하고 싶어 하는가?

4) 할당 및 배정

- Look at the graphic. Which room has been assigned to the man? 어떤 방이 남자에게 배정되었는가?
- Look at the graphic. What seat was the man assigned? 남자는 어떤 자리를 배정 받는가?

5) 선택 및 지정

- Look at the graphic. Which location did the speaker choose? 화자는 어떤 장소를 선택했는가?
- Look at the graphic. Which product will the man choose? 남자는 어떤 제품을 선택할 것인가?

6) 제안 및 요청

- Look at the graphic. Which bus does the woman suggest the man take?
  여자는 남자에게 어떤 버스를 타라고 제안하는가?
- Look at the graphic. What option does the man recommend choosing?
  남자는 어떤 옵션을 선택할 것을 권하는가?

7) 비용 및 지불

- Look at the graphic. How much will the woman likely pay?
  여자는 얼마를 지불할 것인가?

8) 절차 및 과정

- Look at the graphic. What stage of the repairs will begin tomorrow?
  내일 어떤 수리 단계가 시작되는가?
- Look at the graphic. Which floor will the speaker go to next?
  화자는 다음에 몇 층으로 갈 것인가?

9) 할인

- Look at the graphic. Which discount does the woman want? 여자는 어느 할인을 원하는가?
- Look at the graphic. How much of a discount will the man get? 남자는 얼마나 할인을 받겠는가?

2. 시각 정보 문제 유형의 핵심 포인트

1) 시각 정보 및 문제와 보기를 보며 집중해야 할 정보를 먼저 선택한다.

Catalogue	
Model	Price
Mahogany Wood	$180
Black Birch Wood	$240
Modern Type Steel	$180
Classic Type Steel	$360

Look at the graphic. What did Ms. Preston most likely order?
(A) Mahogany Wood
(B) Black Birch Wood
(C) Modern Type Steel
(D) Classic Type Steel

▶ 주어진 시각 정보가 카탈로그임을 확인한 후 모델과 가격에 관한 두 가지 정보가 제시되고 있음을 먼저 파악한다.

2) 정답에 대한 직접적인 단서는 대화 내용에서 언급되지 않는다는 사실에 유념한다.

W: Jim, Ms. Preston changed her order this afternoon. She called one of our customer service representatives and said she wants to get a wooden frame instead of a steel one. But there's no price difference between the two items.

M: I've got it. Um... what was her original order? Classic type steel? Actually, I don't seem to recall.

W: Hold on. I have her order form with me. Well... here it is. The model was modern type steel.

M: Oh, thanks a lot. I've got to call the Production Department to change her order and then print a new invoice.

여: Jim, Preston 씨가 오늘 오후에 주문을 변경했어요. 그녀가 우리 고객 상담원에게 연락해서 철제 액자 대신에 나무 액자를 원한다고 이야기했다는군요. 그런데 두 제품 사이에 가격 차이는 없어요.
남: 알았어요. 음… 그녀의 원래 주문이 뭐였죠? 클래식 타입 스틸이었나요? 사실, 저는 기억이 잘 안 나요.
여: 잠깐만요. 제가 그녀의 주문서를 가지고 있어요. 여기 있네요. 그 모델은 모던 타입 스틸이었어요.
남: 아, 고마워요. 저는 주문 변경을 위해 생산부에 전화해서 새로운 청구서를 출력해야겠어요.

▶ 시각 정보와 대화 내용에서 제시되는 정보와의 연결 고리는 주어진 문제의 보기를 통해 파악해야 한다. 그런데 보기에서는 모델명이 등장하고 있으므로 대화에서는 모델명이 직접적인 정답의 단서로 언급되지 않는다. 위 지문의 대화 흐름은 다음과 같이 전개되고 있다.

철제 액자를 나무 액자로 주문 변경 → 철제 액자와 나무 액자의 가격 동일 → 원래 주문했던 철제 액자는 modern type steel

▶ 따라서 원래 주문했던 철제 액자가 modern type steel이라고 나와 있으므로 이 제품의 가격을 확인하고 그것과 가격이 동일한 (A) Mahogany Wood를 정답으로 선택하면 된다. 지문에서는 정답인 Mahogany Wood가 전혀 등장하지 않고 시각 정보와 보기를 대화내용과 연계하여 유추한 후 정답을 골라야 한다.

3) 보기와 시각 정보를 다시 보며 적합한 것을 정답으로 고른다.

카탈로그	
모델	가격
마호가니 우드	180달러
블랙버치 우드	240달러
모던 타입 스틸	180달러
클래식 타입 스틸	360달러

시각 정보를 참조하시오. 프레스턴 씨는 어떠한 제품을 주문했을 것 같은가?
(A) 마호가니 우드
(B) 블랙버치 우드
(C) 모던 타입 스틸
(D) 클래식 타입 스틸

정답 (A)

3. 파트 3, 4 빈출 시각 자료 – 주로 묻는 부분/ 핵심 어휘

1) 목록/표

Time	Interviewee
1:45 P.M.	William Bens
2:45 P.M.	Justin Grove
3:45 P.M.	Vera Clarke
4:45 P.M.	Alberta Greenvile

• 메뉴판, 층별/도착/출발/탑승구 등 안내도, 행사 안내표, 주문서, 이메일 수신함, 순서표 등이 나온다.
• 주로 등장하는 목록은 가격, 일정, 장소, 사람 이름, 강연 내용, 워크숍 주제 등이다.
• 목록에 등장하는 정보 하나만 들려주고 답을 고르는 유형과, 목록에 등장하는 정보 두 개를 듣고 푸는 유형이 있다. 두 개가 들린 경우 하나는 함정, 하나는 정답의 단서다.
• 두 개 중 먼저 들린 것이 함정, 나중에 들린 것이 정답이 되는 확률이 조금 더 높다.

Model#	Wired	Wireless	Storage
A5		V	1M
K075	V		2M
C-32		V	unlimited
GWF	V		unlimited

• 단서 연계형 목록 패턴은 1차 정보로 선택의 폭을 줄인 후 2차 정보로 정답을 결정하는 유형이다.
• 점원이 저장 공간 무제한 옵션을 소개하고 고객이 동의(1차 정보) ▶ C-32 or GWF
　고객이 선이 없는 것을 원한다고 언급(2차 정보) ▶ C-32가 정답

2) 그래프(막대/원형)

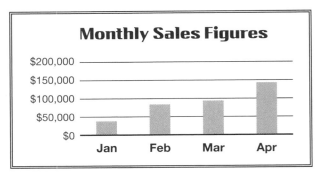

- 설문 조사 결과에 따른 분기별 매출 막대 그래프, 점유율을 나타내는 원형 그래프로 출제된다.
- 가장 높은 항목보다 두번째 항목이 주로 정답이다.

---

the highest 가장 높은 the largest 가장 큰 the second highest 두번째로 가장 높은
account for (비율을) 차지하다 record high (=all time high) 기록적으로 높은 the lowest 가장 낮은

---

3) 지도(약도)/평면도/노선도

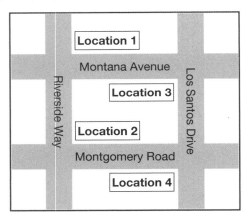

- 목적지로 가기 위한 지도, 행사장/건물 등의 내부 평면도, 교통수단의 노선표 등이 주로 출제된다.
- 주로 지문의 후반부에서 나오는 정보가 정답이다. 전반부의 정보는 주로 함정이다.

---

just/right/directly + opposite[across from] ~의 바로 맞은편에 entrance 입구 exit 출구
beside = next to = by ~의 옆에 two blocks away from ~로부터 두 블록 떨어진
walk down the hallway 복도를 따라 쭉 가다 stopover 경유 between ~사이에
where A Road and B Road meet 도로 A와 B가 만나는 곳 on the corner of A and B A와 B 교차지점 코너에

---

4) 모양/무늬

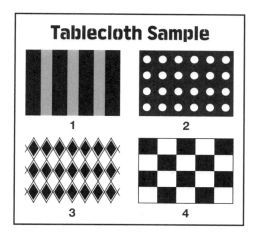

- 책 표지, 카탈로그, 벽지 등의 디자인, 주문하려는 상품의 모양이 주로 출제된다.
- 점원이 하나를 추천하고 그것에 동의하거나 동의하지 않아서 다른 것을 이야기하는 식의 흐름이 자주 보인다.

---

round 둥근 square 정사각형의 triangle 삼각형의 circle 원 rectangular 직사각형의 shape 모양 stripe 줄무늬
geometric design 직선이나 곡선, 점으로 구성된 무늬

---

5) 그림 포함 시각 자료

- 상품, 쿠폰, 신분증, 탑승권, 영화표, 교통수단 좌석표, 요일별 날씨 안내가 출제 된다.
- 시각 자료에 나온 제목이나 그림은 단서를 찾을 때 아무런 역할을 하지 않는다.
- 그림과 함께 글로 제시되는 항목 4가지를 확인한다.
- 교통수단 좌석표는 평면도와 같은 원리를 적용하여 복도나 출입구 혹은 운전석을 기준하여 위치(앞, 뒤, 좌우, 옆, 가까운 자리, 서로 마주보고 있는 자리)를 확인하여 푼다.

1단계 듣기 전에 시각 정보 및 문제와 보기를 먼저 숙지한다.

Sponsor Contribution Levels
Level C – $20,000
Level B – $50,000
Level A – $80,000
Level A+ – $100,000

11. Look at the graphic. What level of sponsor is HGS?
(A) Level A+
(B) Level A
(C) Level B
(D) Level C

▶ HGS가 어떠한 레벨의 후원사인지 묻는 시각 정보 문제이므로 시각 정보에 제시된 후원 액수와 후원 레벨이라는 두 가지 정보 중 대화 지문에서 어떠한 정보에 집중해야 할 것인지부터 선택해야 한다. 우선 문제의 선택지에 등장하는 정보가 4단계 레벨 수준이므로 궁극적으로 대화 지문에서 제시되는 구체적인 후원 액수를 통해 HGS가 어떠한 레벨의 후원사인지 판단해야 한다는 것을 짐작할 수 있다.

2단계 지문을 들으며 단서 파악을 한다.

Question 11 refers to the following conversation and chart.

M: Hey, Ms. Baker. This is Wesley Kim. How's the pamphlet for the international electronics technology fair going?
W: Um… everything is okay except one of our official sponsors, HGS Technologies. Actually, its advertisement was supposed to be put on the first page of the pamphlet. But nobody there has informed me yet how much the company is contributing to the fair. So I don't know how large the advertisement should be on the page, and I can't even start working on the advertisement.
M: Ms. Baker, the committee chairman received a sponsor application form from HGS around noon. (11) HGS has promised to contribute $100,000.
W: Oh, wonderful. You're very helpful. I think I can finish the design of the advertisement before leaving for the rest of the day.
M: Ms. Baker, there's one more thing. Some professional decorators will pay a visit to the venue this afternoon. Please find out what decoration materials they need for the fair.

표현 정리 pamphlet 소책자, 안내책자 electronics 전자, 가전 technology fair 기술 박람회 official sponsor 공식 후원 업체 inform A of B A에게 B를 알리다 contribute to ~에 기여하다, ~에 기부하다 advertisement 광고 application form 신청서, 지원서 leave for the rest of the day 퇴근하다 professional decorator 전문 장식가 pay a visit to ~를 방문하다 venue 장소 decoration materials 장식 재료

남: 안녕하세요, Baker 씨, Wesley Kim입니다. 국제 전자 기술 박람회에서 사용할 안내책자는 어떻게 되고 있나요?
여: 음… 우리의 공식 후원 업체 중 하나인 HGS 테크놀로지스 사를 제외하면 모든 게 순조롭습니다. 사실, 그 회사의 광고가 안내책자의 첫 번째 페이지에 위치하기로 되어 있었어요. 그런데 그 회사에서 이번 박람회에 얼마만큼을 후원할지 아무도 제게 알려주지 않았어요. 그래서 저는 그 광고를 페이지에 어느 정도나 크게 해야 할지 모르겠고, 광고 작업을 시작도 못하고 있어요.

남: Baker 씨, 위원회 의장님이 정오에 HGS로부터 후원 신청서를 받았다고 해요. HGS는 10만 달러를 후원하겠다고 약속했어요.

여: 오, 잘됐네요. 당신이 정말 큰 도움이 됐어요. 그러면 오늘 퇴근 전까지 광고 디자인을 마무리할 수 있을 것 같네요.

남: Baker 씨, 한 가지 더 있어요. 몇몇 장식 전문가들이 오늘 오후에 박람회 장소를 방문할 겁니다. 그들이 박람회를 위해 어떠한 재료를 필요로 하는지 알아봐 주세요.

3단계 보기와 시각 정보를 다시 보며 적합한 것을 정답으로 고른다.

후원사 후원 레벨
레벨 C – 2만 달러
레벨 B – 5만 달러
레벨 A – 8만 달러
레벨 A+ – 10만 달러

11. 시각 정보를 참조하시오. HGS는 어떠한 레벨의 후원사인가?

(A) A+ 레벨

(B) A 레벨

(C) B 레벨

(D) C 레벨

▶ 남자는 대화 후반부에서 HGS의 후원 금액을 몰라서 광고 작업을 못하고 있는 여자에게 HGS has promised to contribute $100,000.라고 하며 HGS가 10만 달러를 후원할 것이라는 정보를 제공하고 있다. 시각 정보인 후원사 후원 레벨에서 10만 달러는 A+ 레벨의 후원 금액임을 확인할 수 있으므로 (A)가 정답이다. **정답 (A)**

실전 연습 U94-3.MP3 실전으로 확인하세요!

		⬆ Front		
14A	14B		14C	14D
▬	▬		▬	▬
15A	15B		15C	15D
▬	▬		▬	▬

1. What is the purpose of the conversation?

   (A) To reserve some tickets
   (B) To negotiate the terms of a contract
   (C) To change a seating chart
   (D) To resolve a problem

2. Look at the graphic. What seat was the man probably assigned?

   (A) 14B
   (B) 14C
   (C) 15C
   (D) 15D

3. What does the woman say she will do?

   (A) Cancel her ticket
   (B) Inform a staff member of a change
   (C) Sit in the waiting area
   (D) Check to see if another seat is available

• 정답 및 해설은 50쪽에서 확인

파트 4에서 출제되는 문제 유형에 따라 단서가 제시되는 위치가 정해져 있으므로 문제 유형을 파악하는 것만으로도 사전에 단서가 지문의 어느 부분에 등장할지 예측하는 것이 가능하다.

출제율 100% ⟩ **핵심 포인트** ⟩   시간이 없으면 이것만 외우세요!

1. 단서가 지문 초반부에 있는 문제 유형

1) 주제

주제 문제의 단서는 inform, notify, announce, remind, tell, talk와 같은 동사들에 종종 제시되고 있으며 let you know that / Thank you for ~의 문형과 함께 언급되기도 한다.

I'd like to **inform** you of the newly revised safety regulations.
새로 개정된 안전 규정에 대해 알려드리고자 합니다.

We're very pleased to **announce** that the company will be releasing a new laptop computer next week. 우리는 다음 주에 새로운 노트북 컴퓨터를 출시한다는 것을 발표하게 되어 매우 기쁩니다.

Today, I'm here to **talk about** the new marketing trends this year.
저는 오늘 올해의 새로운 마케팅 경향에 대해 이야기하고자 이 자리에 섰습니다.

Thank you for attending this accounting workshop today.
오늘 회계 워크숍에 참석해 주셔서 감사드립니다.

2) 화자 및 청자의 정체/장소/문제점

주제와 마찬가지로 화자 및 청자의 정체, 장소, 문제점이 제시되는 유형도 대체로 지문 초반부에 단서가 제시되므로 이러한 유형이 나오면 지문 초반부에 집중해야 한다.

Exercise 1 refers to the following talk.

Hello. I'm Greg Preston. **(1) Thank you for coming to my talk on investing your money wisely in today's volatile financial market.** Today, I will teach you some dos and don'ts regarding investing your money.

표현 정리 invest 투자하다　volatile 요동치는, 불안정한　regarding ~에 관하여

안녕하세요. 저는 Greg Preston이라고 합니다. 오늘날의 불안정한 금융 시장에서 여러분의 자금을 현명하게 투자하는 방법에 관한 강연에 참석해 주셔서 감사합니다. 오늘 저는 여러분께 자금 투자와 관련해 할 것과 하지 말아야 할 것에 대해 알려드리고자 합니다.

1. What is the main topic of the talk? 담화의 주제는 무엇인가?

(A) Planning for retirement 은퇴에 대비한 계획

(B) Investing money efficiently 효율적인 자금 투자

(C) Improving employee productivity 직원 생산성 향상

(D) Financing a new business 새로운 사업에 대한 자금 조달

▶ 담화의 주제를 묻는 질문이므로 담화 초반부, 즉, 화자의 인사말과 자기소개를 제외한 초반부 두 문장에서 중점적으로 다루는 소재를 파악해야 할 필요가 있다. 화자는 자기소개 직후 Thank you for coming to my talk on investing your money wisely in today's volatile financial market.이라고 하며 불안정한 금융 시장에서 현명하게 자금을 투자하는 법에 관한 강연에 참석해준 것에 대해 감사를 표현하고 있다. 따라서 이 담화는 현명한 투자에 관한 내용이 될 것이므로 (B)가 정답이다.

정답 (B)

2. 단서가 지문 후반부에 있는 문제 유형

요청/제안/권고/미래 행동(next/later)이 문제에 제시될 경우 단서는 지문 후반에 등장할 가능성이 높다. 요청/제안/권고/미래 행동에 대한 내용이 제시되는 주요 문형은 아래와 같다.

❶ **S + will + V ~ / S + be going to + V ~ / S + be + V-ing** S는 ~할 것입니다

❷ **S + plan to + V ~ / S + be planning on (to + V) ~** S는 ~할 계획입니다

❸ **S + can + V ~ / S + should + V ~** S는 ~할 수 있습니다 / S는 ~해야 합니다

❹ **Let's + V ~ / Let me + V ~** ~하도록 합시다

❺ **Why don't we + V ~ ? / Why don't I + V ~ ?** ~하는 것이 어떤가요?

❻ **Would you like me to + V ~ ?** 제가 ~하길 원하세요?

Exercise 2 refers to the following report.

Hello! This is the Los Angeles live freeway traffic report! Construction on I-580 is expected to begin on July 1, and it will take about six months to complete. Although construction will be scheduled mainly for the evening hours, city officials say that some downtown roads are expected to be closed during the day for safety concerns. (2) Commuters are therefore advised to follow detour signs or to travel on alternative routes.

표현 정리 city official 시 공무원 commuter 통근자 alternative 대신의, 대안의

안녕하세요! Los Angeles 고속도로 교통 생방송입니다! I-580 고속도로 공사는 7월 1일에 시작될 것이며, 공사는 완료하는 데 대략 여섯 달이 걸립니다. 공사는 주로 저녁 시간대에 예정되어 있지만, 시 관계자들은 몇몇 시내 도로들이 주간에도 안전상의 이유로 폐쇄될 것이라고 말합니다. 그러므로 통근자들은 우회 표지판을 따라가거나 다른 도로로 이동하라고 권고합니다.

2. What does the report advise listeners to do? 보도는 청취자들에게 무엇을 권고하는가?

(A) Avoid heavy traffic 교통체증을 피한다.

(B) Use public transportation 대중교통을 이용한다.

(C) Make a detour 우회로로 간다.

(D) Go to work earlier than usual 평소보다 일찍 출근한다.

▶ 청자들에게 권고하는 내용을 묻는 문제이므로 단서는 지문 후반부에서 제시될 것임을 알 수 있다. 지문 마지막 부분인 Commuters are therefore advised to follow detour signs or to travel on alternative routes.에서 화자는 청자들에게 다른 도로로 우회하도록 권고하고 있음을 알 수 있으므로 (C)가 정답이다.

정답 (C)

고득점자의 풀이법

🎧 U95-2.MP3

1단계 듣기 전에 문제와 보기를 먼저 숙지한다.

1. Who most likely is the speaker? 화자는 누구일 것 같은가? [화자의 정체]

2. What does the speaker say about the Twin Tower? 화자가 Twin Tower에 대해 언급한 것은 무엇인가?

3. What will the listeners probably do next? 청자들은 이후에 무엇을 할 것 같은가? [미래 행동]

2단계 지문을 들으며 단서 파악을 한다.

Questions 1-3 refer to the following announcement.

Ladies and gentlemen, (1) the bus tour will leave from and return to Union Square. On today's tour, we will be driving through many of the historic and (2) popular tour sites in the city, such as Fisherman's Wharf as well as the famous Twin Tower. The entire bus tour will last approximately 4 hours. (3) Please help yourself to some free cold drinks and snacks at the front of the bus for all of our passengers before we begin the tour.

표현 정리 historic 역사적인 entire 전체의 approximately 대략 help oneself to ~을 마음껏 먹다[마시다]

신사 숙녀 여러분, 이 버스 관광은 Union 광장을 출발해서 다시 Union 광장으로 돌아옵니다. 오늘 관광에 대해 말씀드리자면, 우리는 차를 타고 Fisherman's Wharf와 유명한 Twin Tower 같은 이 도시의 역사적이며 널리 알려진 관광지들을 돌아볼 겁니다. 전체 버스 관광은 대략 4시간이 걸립니다. 관광을 시작하기 전에 우리 승객들을 위해 버스 앞에 마련되어 있는 시원한 음료와 간식을 마음껏 드십시오.

3단계 보기를 보며 적합한 표현을 정답으로 선택한다.

1. (A) An engineer 기술자

   (B) A store owner 점주

   (C) A tour guide 관광 가이드

   (D) A bus driver 버스 운전기사

▶ 화자의 정체를 묻는 첫 번째 문제이므로 지문 초반부에서 화자의 정체가 직접적으로 언급되거나 화자의 정체를 유추할 수 있는 관련 어휘를 파악해야 한다. 화자는 지문 초반부에서 the bus tour will leave from and return to Union Square라고 하며 버스 투어에 대해 설명하고 있다. 따라서 이를 통해 화자는 관광 가이드임을 추측할 수 있으므로 (C)가 정답이다.

정답 (C)

2. (A) It is a newly constructed building. 새로 건설된 건물이다.

(B) It is a famous square in the city. 도시에 있는 유명한 광장이다.

(C) It is a broadcasting facility. 방송 시설이다.

(D) It is a popular tourist attraction. 유명한 관광 명소다.

▶ Twin Tower에 대해 언급된 것을 묻는 세부사항 문제이므로 지문 중반부에서 Twin Tower가 언급되는 부분에 집중해야 한다. 화자는 popular tour sites in the city, such as Fisherman's Wharf as well as the famous Twin Tower라고 하며 Twin Tower가 유명한 관광지임을 밝히고 있으므로 (D)가 정답이다. 아울러 지문의 tour site가 선택지에서는 tourist attraction이란 유사어로 바뀌어 제시되고 있다. **정답 (D)**

3. **(A) Start work on a new project** 새로운 프로젝트를 시작한다.

(B) Get some cold beverages 시원한 음료를 마신다.

(C) Check in for a flight 비행기 탑승 수속을 밟는다.

(D) Buy some souvenirs 기념품을 구매한다.

▶ 안내 방송이 끝난 후 청자들의 행동에 대해 묻는 마지막 문제이므로 지문 후반부에서 동사를 중심으로 청자들의 행동을 파악하는 것이 관건이다. 화자는 지문 말미에서 Please help yourself to some free cold drinks and snacks at the front of the bus for all of our passengers before we begin the tour.라고 하며 청자들에게 승객들을 위해 마련된 시원한 음료와 간식을 먹으라고 권고하므로 (B)가 정답이다. **정답 (B)**

실전 연습 🎧 U95-3.MP3   실전으로 확인하세요!

1. Why is the man going to be late?

(A) His car wouldn't start.

(B) His bus is delayed.

(C) He lost his car keys.

(D) He is stuck in traffic.

2. When does the man expect to arrive?

(A) At 9 A.M.

(B) At 9:30 A.M.

(C) At 10 A.M.

(D) At 10:30 A.M.

3. What does the speaker ask the listener to do?

(A) Cancel a dental appointment

(B) Call a lawyer immediately

(C) Start a meeting without him

(D) Give him a ride to work

• 정답 및 해설은 51쪽에서 확인

UNIT 96 정형화된 답변들을 미리 숙지하라! (1)

파트 4의 지문에서 반복적으로 다루는 주제나 소재들로 인해 정형화된 질문과 답변 내용이 제시되는 경우가 종종 있다. LC 영역의 고득점을 기록하기 위해서는 파트 4의 이러한 정형화된 질문 및 답변 유형들을 미리 숙지한 상태에서 문제 풀이에 임하는 것이 바람직하다.

> **출제율 100%** 〉 **핵심 포인트** 〉   시간이 없으면 이것만 외우세요!

1. 안내문은 항상 변경 사항을 묻는다.

안내문은 주로 변경 사항의 공지가 목적이므로 안내문에서는 변경 사항이 무엇인지 묻는 문제가 항상 출제된다. 특히 기존 내용과 변경된 내용을 섞어 오답을 유도하기 때문에 전달하고자 하는 변경 사항을 면밀히 파악해야 한다.

Exercise 3 refers to the following announcement.

> Attention, passengers. This is an official announcement from Shinku Airlines. **(3) Flight 403 to Berlin, Germany, scheduled to take off at 11 A.M. has been delayed for two hours** due to deteriorating weather conditions.

표현 정리 take off 이륙하다, (옷을) 벗다 delay 연기하다 deteriorating 악화중인

탑승객 여러분께 알려드립니다. 이것은 Shinku 항공사에서 드리는 공식 안내 방송입니다. 오전 11시에 이륙할 예정이던 독일 Berlin행 403편이 기상 악화로 인해 두 시간 지연되었습니다.

3. When will Flight 403 depart? 403편은 언제 출발하는가?

(A) 10 A.M. 오전 10시

(B) 11 A.M. 오전 11시

(C) 1 P.M. 오후 1시

(D) 2 P.M. 오후 2시

▶ 안내문 초반부에 화자가 Flight 403 to Berlin, Germany, scheduled to take off at 11 A.M. has been delayed for two hours라고 언급하는 부분을 통해 비행기의 출발 시간은 원래 오전 11시이지만 출발이 두 시간 지연됨을 밝히고 있다. 따라서 비행기는 오후 1시에 출발한다는 것을 추측할 수 있으므로 (C)가 정답이다.

▶ 두 시간 동안 지연된다는 것을 출발 시간이 2시인 것으로 오인하지 않도록 주의해야 한다.

정답 (C)

2. 전화 메시지의 요청 사항을 묻는 마지막 문제는 대개 답신 전화 요청이 정답이다.

전화 메시지에서 요청 사항을 묻는 마지막 문제는 거의 대부분 답신 전화를 요청한다는 것이 정답으로 제시된다. 전화 통화가 되지 않아서 남기는 메시지이므로 당연한 요청이라고 할 수 있다.

Exercise 4 refers to the following telephone message.

> Hello, Ms. Brown. This is Chuck Finley. I'm calling to reschedule the meeting for Thursday at 2 o'clock. I'm really sorry for the inconvenience that this will undoubtedly cause you. **(4) Please get back to me** to confirm or to suggest another time. Thank you. Have a nice one.

표현 정리 reschedule 일정을 변경하다 inconvenience 불편 undoubtedly 의심할 여지없이
get back to ~에게 답신 전화를 하다

안녕하세요, Brown 씨. 저는 Chuck Finley입니다. 회의 일정을 목요일 오후 2시로 재조정하고자 연락을 드렸어요. 이로 인해 귀하에게 초래되는 불편에 대해 죄송할 따름입니다. 이 시간이 괜찮은지 아니면 다른 시간이 좋은지 제게 연락하여 알려주시기 바랍니다. 감사합니다. 좋은 하루 되세요.

4. What does the speaker ask Ms. Brown to do? 화자가 Brown 씨에게 요청하는 것은 무엇인가?
   (A) Contact another branch 다른 지점에 연락한다.
   (B) Return a phone call 답신 전화를 한다.
   (C) Suggest a new business proposal 새로운 사업을 제안한다.
   (D) Arrive on time 제시간에 도착한다.

▶ 화자가 청자인 Brown 씨에게 요청하는 것을 묻는 문제이므로 지문 후반부에서 동사를 중심으로 청해하는 것이 중요하다. 화자는 전화 메시지 말미에서 Please get back to me.라고 하며 자신에게 답신 전화를 달라고 요청하고 있으므로 (B)가 정답이다.

정답 (B)

답신 전화를 요청하는 대표적인 표현들

**Please get back to me ~ / Please call me back ~ / Please contact me ~
/ You can reach me ~ / Please return my call ~**

---

3. 교통수단의 지연이나 취소 이유는 악천후/기계적 문제/기술적 문제로 발생한다.

비행기, 기차, 버스와 같은 교통수단의 출발이 지연되거나 취소되는 이유는 항상 악천후, 기계적 문제, 기술적 문제가 정답으로 제시된다. 사실상 이런 이유들 외에는 이런 교통편의 출발이 지연되거나 취소될 이유가 별로 없다.

Exercise 5 refers to the following announcement.

> Attention, all passengers! At this time, **(5) the strong snowstorm and reduced visibility are causing the delay of both outgoing and incoming flights.** This will continue to affect all of our flights this evening. Southwest Flight 874 has already returned to Denver after being warned of the snowstorm with zero visibility.

표현 정리 snowstorm 눈보라 reduce 줄이다 visibility 시계, 가시성 outgoing 떠나는, 외향적인 warn 경고하다, 예고하다

승객 여러분, 주목해 주십시오! 현재 강한 눈보라와 불량한 시계로 인해 비행기의 이착륙이 지연되고 있습니다. 이러한 상황은 당일 저녁 모든 비행편에 계속해서 영향을 미칠 것입니다. Southwest 항공 874편은 시계 제로인 눈보라 경보를 접한 후 이미 덴버로 회항하였습니다.

5. Why has the flight been delayed? 비행기의 출발이 지연된 이유는 무엇인가?

  (A) Inclement weather 악천후

  (B) Lost luggage 분실된 수화물

  (C) Some double bookings 이중 예약들

  (D) Icy runways 결빙된 활주로

▶ 비행기 출발이 지연되는 이유를 묻는 문제로 비행기 출발의 지연은 결국 문제점에 해당하므로 항상 지문 초반부에서 직접적으로 언급된다. 화자는 지문 초반부에 the strong snowstorm and reduced visibility are causing the delay of both outgoing and incoming flights라고 하며 현재 강한 눈보라와 불량한 시계로 인해 비행기의 이착륙이 지연되고 있음을 전하고 있으므로 (A)가 정답이다.

정답 (A)

● 하나만 더! 👆

교통수단의 출발 지연 및 취소에 관한 대표적인 표현들

  1) the mechanical problem 기계적인 문제

  2) the technical problem 기술적인 문제

  3) the bad weather / the inclement weather / the severe weather 악천후

  4) the maintenance work 수리 작업

🎧 U96-2.MP3

고득점자의 풀이법 ▶

1단계 듣기 전에 문제와 보기를 먼저 숙지한다.

4. What is the new departure time of the bus? 버스의 새로운 출발 시간은 언제인가? [안내문의 변경 사항]

5. What does the speaker say about buying tickets? 화자는 승차권 구매에 대해 뭐라고 하는가?

6. According to the speaker, what requires an extra fee? 화자에 따르면, 어떤 경우에 추가 요금을 내야 하는가?

2단계 지문을 들으며 단서 파악을 한다.

Questions 4-6 refer to the following announcement.

Attention, passengers! (4) The bus to Boston scheduled to leave at 12:30 P.M. has been delayed for about an hour due to an unexpected engine problem. So the bus will depart at exactly 1:30 P.M. (5) If you don't already have a ticket, please get one now. Tickets are no longer sold on the bus. Because of the large festival in Boston this weekend, there are many more travelers than usual. You are only allowed one piece of luggage. (6) If you have more than one piece of luggage, you will be charged $25.00 to carry it on board, or you can leave it in one of our overnight lockers. Again, the bus will depart in an hour at exactly 1:30 P.M.

표현 정리 depart 출발하다 luggage 물품, 수하물

승객 여러분께 알립니다! 오후 12시 30분에 출발하기로 예정된 Boston 행 버스가 예상치 못한 엔진 문제로 인해 출발이 한 시간 정도 지연될 예정입니다. 따라서 버스는 정확히 오후 1시 30분에 출발합니다. 아직 승차권을 구입하지 않으신 분들은 지금 바로 구입하시기 바랍니다. 승차권은 이제 버스에서 판매되지 않습니다. 이번 주말에 Boston에서 열리는 대규모 축제 때문에 평소보다 많은 관광객이 몰릴 것으로 보입니다. 탑승 시에는 짐 하나만 지참하실 수 있습니다. 이보다 많은 짐을 가지고 타시는 분들은 25달러의 추가 요금을 부담하셔야 합니다. 아니면 그것을 저희의 야간 물품 보관함에 보관하실 수 있습니다. 다시 한번 알려 드립니다. 버스가 한 시간 후인 정확히 오후 1시 30분에 출발할 예정입니다.

3단계 보기를 보며 적합한 표현을 정답으로 선택한다.

4. (A) 11:30 P.M. 오후 11시 30분

  (B) 12:30 P.M. 오후 12시 30분

  (C) 1:30 P.M. 오후 1시 30분

  (D) 2:30 P.M. 오후 2시 30분

▶ 버스의 새로운 출발 시간을 묻는 문제로 변경 사항은 대개 안내문의 첫 번째나 두 번째 문제로 출제된다. 첫 번째 질문이므로 지문 초반부에서 버스 시간의 변경 안내에 관한 내용에 집중해야 한다. 화자는 지문 초반부에 The bus to Boston scheduled to leave at 12:30 P.M. has been delayed for about an hour due to an unexpected engine problem.이라고 하며 12시 30분에 출발 예정이었던 버스가 한 시간 가량 지연된다는 점을 언급하고 있다. 이어서 So the bus will depart at exactly 1:30 P.M.이라고 하며 버스가 오후 1시 30분에 출발한다는 것을 다시 한번 전달하고 있으므로 (C)가 정답이다. **정답 (C)**

5. (A) They must be paid for in cash. 현금으로 지불해야 한다.

  (B) They are valid only for one-way travel. 편도 여행에만 유효하다.

  (C) They cannot be returned. 반환할 수 없다.

  (D) They must be purchased before departure. 출발 전에 구매해야 한다.

▶ 승차권 구매에 관해 화자가 말한 내용을 묻는 문제로 tickets가 키워드이므로 화자가 tickets를 언급하는 부분에 집중해야 한다. 화자는 If you don't already have a ticket, please get one now. Tickets are no longer sold on the bus.라고 하며 아직 승차권을 구입하지 않았다면 지금 바로 구입해야 한다는 점을 알리고 있고, 이어서 승차권은 버스에서는 판매되지 않음을 밝히고 있다. 따라서 버스 탑승 전에 승차권을 구매해야 한다는 것을 알 수 있으므로 (D)가 정답이다. **정답 (D)**

6. (A) Reserved seating 예약 좌석

  (B) Additional suitcases 추가 여행가방

  (C) Ticket exchange 승차권 교환

  (D) Meal service 식사 서비스

▶ 추가 요금이 부과되는 경우를 묻는 마지막 문제로 extra fee가 키워드이므로 지문 후반부에서 extra fee, 또는

구체적인 액수가 등장하는 부분에 집중해야 한다. 화자는 지문 말미에서 If you have more than one piece of luggage, you will be charged $25.00 to carry it on board라고 하며 승차 시 지참할 수 있는 짐은 하나이며, 이보다 많은 짐을 가지고 타려면 25달러의 추가 요금을 부담해야 한다는 점을 밝히고 있으므로 (B)가 정답이다.

정답 (B)

1. What type of business is the speaker calling?

(A) A hardware store
(B) A home improvement store
(C) An interior company
(D) A furniture factory

2. What problem is mentioned?

(A) Some window ledges are leaking.
(B) Some windows are completely broken.
(C) There are meetings every morning.
(D) The crowds are smaller on weekdays.

3. What is the listener asked to do?

(A) Attend a meeting
(B) Return a phone call after lunch
(C) Bring some umbrellas
(D) Buy some building materials

• 정답 및 해설은 51쪽에서 확인

UNIT 97 정형화된 답변들을 미리 숙지하라! (2)

파트 4의 지문에서 반복적으로 다루는 주제나 소재들로 인해 정형화된 질문과 답변 내용이 제시되는 경우가 종종 있다. LC 영역의 고득점을 기록하기 위해서는 파트 4의 이러한 정형화된 질문 및 답변 유형들을 미리 숙지한 상태에서 문제 풀이를 해야한다.

출제율 100% 〉 핵심 포인트   시간이 없으면 이것만 외우세요!

1. 광고 대상은 초반부의 광고 상품명이나 회사 이름을 통해 제시된다.

자사의 제품이나 서비스를 광고하는 광고문에서는 초반부에 등장하는 상품명이나 회사명이 광고 대상을 알 수 있는 결정적인 단서가 된다. 그리고 어떠한 광고문에서든 제품의 장점이나 구매 방법, 그리고 구매하면 부수적으로 누릴 수 있는 혜택에 대해서 자주 묻는다.

Exercise 6-7 refer to the following advertisement.

> (6) Are you in the market for a beautiful downtown apartment? Well, look no further. (6, 7) The brand-new Sunhill Apartments development offers everything you could want, with easy access to public transportation, downtown shopping, theaters, and restaurants. (7) The spacious one-and two-bedroom apartments offer lots of amenities, large walk-in closets, and top-of-the-line kitchen appliances. Why don't you stop by and take a look at our model apartments during our grand opening celebration on Saturday, November 23? You'll be amazed at how convenient city living can be.

표현 정리 brand-new 새로운 development 개발지, 주택 단지 spacious (방이나 건물이) 널찍한 amenities 편의시설
walk-in closet 대형 벽장 top-of-the-line 최신식의 appliance (가정용) 기기, 용품

아름다운 도심의 아파트를 찾고 계신가요? 그렇다면 더 이상 고민하지 마세요. 새로운 Sunhill 아파트 단지가 대중교통, 도심 쇼핑, 영화관, 식당의 편리한 이용 등 여러분이 원하는 모든 것을 제공합니다. 방 하나나 두 개짜리의 널찍한 아파트는 많은 편의시설, 대형 벽장, 그리고 최신식의 부엌 용품을 제공합니다. 11월 23일 개장 축하 행사 때 저희 모델하우스를 방문해서 직접 한 번 보시겠습니까? 도시의 삶이 얼마나 편리한지 놀라시게 될 겁니다.

6. What is being advertised? 광고되는 것은 무엇인가?

    (A) A hotel 호텔

    (B) A restaurant 레스토랑

    (C) A shopping mall 쇼핑몰

    (D) An apartment 아파트

▶ 질문을 통해 광고 대상을 묻는 문제임을 알 수 있다. 화자는 지문 초반부에 Are you in the market for a beautiful downtown apartment?라고 하며 아름다운 도심의 아파트를 찾고 있는지 묻고 있고, 이어서 The brand-new

Sunhill Apartments라고 하며 광고하는 대상이 아파트임을 밝히고 있으므로 (D)가 정답이다.

정답 (D)

7. According to the speaker, what is special about Sunhill? 화자에 따르면, Sunhill의 특징은 무엇인가?

(A) It shows films of many different genres. 다양한 장르의 영화를 상영한다.

(B) It is equipped with a variety of amenities. 다양한 편의시설들을 구비하고 있다.

(C) It offers special menus and activities. 특별한 메뉴와 행사를 제공한다.

(D) It has many offices and conference rooms. 많은 사무실과 회의실을 갖추고 있다.

▶ Sunhill의 특징에 대해 묻고 있는 문제이므로 지문에서 Sunhill이란 고유명사가 등장하는 부분에 집중해야 한다. 화자는 Sunhill을 언급한 후 The spacious one - and two - bedroom apartments offer lots of amenities. 라고 하며 다양한 편의시설을 구비하고 있음을 밝히고 있으므로 (B)가 정답이다.

정답 (B)

2. 교통 정체의 원인은 도로 보수공사, 교통 사고, 시내 행사 등이 나오고, 그 해결책은 대부분 우회하라는 내용이다.

교통 방송 지문에서는 항상 교통 정체의 이유와 그에 따른 해결책을 묻는 문제가 출제된다. 무엇보다 교통 정체는 도로 보수공사, 교통 사고, 시내 행사로 인해 발생하며, 그 해결책으로 항상 우회로 이용이 제시된다는 점을 숙지한다.

3. 뉴스, 일기 예보, 교통 방송 이후 청자는 광고를 듣고 다음 방송을 듣는다.

뉴스, 일기 예보, 교통 방송에서는 해당 방송이 끝난 후 무엇을 듣게 되는지 자주 묻는다. 보통 화자는 광고를 듣고 다른 방송이 나온다는 것을 안내하는데, 청자가 다른 방송에 앞서 광고를 듣게 된다는 점을 잊지 말자.

Exercise 8-10 refer to the following traffic report.

And now for the latest Radio SFMR traffic report. This is Hans Lim. (8) Traffic is moving smoothly this morning except for two areas where road maintenance work is causing some delays. Drivers traveling southbound on the Embarcadero Freeway should expect a slow commute between Lombard Street and Pine Street. (8) The heavy congestion there is mainly due to the two-day road maintenance work in four of the eight lanes of the freeway. (9) So if you want to go downtown, please be advised that you need to use I-580 and the San Mateo Bridge. This is Hans Lim for Radio SFMR, San Francisco's most trusted source for news and traffic information. (10) Stay tuned for our regular weather report coming up right after the commercial break.

표현 정리 road maintenance work 도로 보수 공사 stay tuned for ~에 채널을 고정시키다 commercial break 광고 시간

자, 이제 SFMR 라디오의 최신 교통 정보를 전해드립니다. 저는 Hans Lim입니다. 오늘 아침에는 도로 보수공사로 인해 교통이 정체되고 있는 두 지역 외에는 흐름이 원활합니다. Embarcadero 고속도로를 타고 남쪽으로 이동 중인 운전자들은 Lombard Street와 Pine Street 사이에 정체 현상이 있음을 예상하셔야 합니다. 그곳의 교통 혼잡은 주로 8개 차로 중 4개 차로에 걸쳐 이틀간 진행되고 있는 고속도로 보수공사 때문입니다. 그래서 시내로 가시는 분들은 I-580 도로와 San Mateo 다리를 이용하실 것을 권고해 드립니다. 지금까지 San Francisco에서 가장 신뢰할 수 있는 뉴스와 교통 정보를 보도하는 SFMR 라디오의 Hans Lim이었습니다. 광고 후에 바로 방송되는 정기 일기 예보를 계속 청취해 주십시오.

8. What has caused traffic delays? 교통 정체를 초래한 것은 무엇인가?

   (A) Flooding 홍수

   (B) Some broken-down cars 고장난 차량들

   (C) Road maintenance work 도로 보수공사

   (D) Poor weather conditions 악천후

▶ 교통 정체의 원인은 주로 지문 초반부에서 언급된다. 화자는 Traffic is moving smoothly this morning except for two areas where road maintenance work is causing some delays.라고 하며 교통 정체에 대해 언급하고 있다. 이어서 화자는 The heavy congestion there is mainly due to the two-day road maintenance work in four of the eight lanes of the freeway.라고 하며 교통 혼잡의 원인으로 고속도로 보수공사를 전하고 있으므로 (C)가 정답이다.

정답 (C)

9. What are the listeners advised to do? 청자들에게 권고되는 것은 무엇인가?

   (A) Use public transportation 대중교통을 이용한다.

   (B) Submit updated documents 갱신된 서류를 제출한다.

   (C) Take an alternative route 다른 도로를 이용한다.

   (D) Wear heavy clothes 두꺼운 옷을 입는다.

▶ 청자들에게 권고되는 내용을 묻는 문제이다. 화자는 So if you want to go downtown, please be advised that you need to use I-580 and the San Mateo Bridge.라고 하며 시내로 가려면 I-580 고속도로와 산마테오 다리를 이용할 것을 권고하고 있으므로 (C)가 정답이다. 아울러 교통 방송에서 주로 청자에게 권고되는 것은 다른 도로를 이용해서 목적지까지 우회해서는 가는 것임을 다시 한번 상기해두자.

정답 (C)

10. What will the listeners probably hear next? 청자들은 다음에 무엇을 들을 것 같은가?

   (A) A commercial 광고

   (B) A local news update 새로운 지역 뉴스

   (C) A weather report 일기 예보

   (D) Jazz music 재즈 음악

▶ 청자들이 이후에 무엇을 듣게 될 것인지 묻는 마지막 문제이므로 교통 방송 말미에서 교통 방송 이후에 듣게 될 것을 노려 들어야 한다. 화자는 교통 방송 종료 직전 Stay tuned for our regular weather report coming up right after this commercial break.라고 하며 광고 후에 방송될 일기 예보를 계속 청취해줄 것을 요청하고 있으므로 (A)가 정답이다. 아울러 다음 방송이 일기 예보라는 내용에 현혹되어 일기 예보를 정답으로 선택하는 우를 범하지 않도록 주의해야 한다.

정답 (A)

4. 인물 소개의 핵심 요소로는 주로 수상 경력, 저자 경력, 상품 개발 경력 또는 업무 실적이 제시된다.

인물을 소개하는 지문에서는 항상 소개되는 인물의 경력에 관한 질문이 출제되고 있으며, 이에 대해 수상 경력, 저자 경력, 상품 개발 경력 또는 업무 실적에 관한 내용이 정답으로 제시된다.

Exercise 11 refers to the following introduction.

Ladies and gentlemen, I'm Wesley Kim, the marketing director. I want to welcome everyone tonight to our very special banquet honoring Mr. Jesse Porter. As most of you know, **(11) Mr. Porter won the Edison Award, one of the most prestigious awards, for his innovative work in electrical engineering last June.** Although he will be retiring next month, I'm sure he'll be keeping busy with his many hobbies, like photography and fishing. Hey, Jesse, would you please come up to the stage?

표현 정리 banquet 연회 prestigious 명성 있는, 명망 높은 innovative 혁신적인 retire 은퇴하다

신사 숙녀 여러분, 저는 마케팅 담당 이사 Wesley Kim입니다. 오늘 밤 Jesse Porter 씨를 축하하는 특별 연회에 오신 여러분을 환영합니다. 여러분 대부분이 아시겠지만, Porter 씨는 지난 6월 전기 공학 분야에서 혁신적인 업적으로 최고로 명성 있는 상들 중 하나인 Edison 상을 받았습니다. 비록 다음 달에 은퇴를 하시지만, 저는 여전히 이분이 사진이나 낚시와 같은 다양한 취미 생활로 계속해서 바쁘실 것이라고 생각합니다. Jesse, 무대 위로 올라오시겠어요?

11. **What is mentioned about Mr. Porter?** Porter 씨에 대해 언급된 것은 무엇인가?

　　(A) He invented a new machine. 그는 새 기계를 발명했다.

　　(B) He won a prize. 그는 상을 받았다.

　　(C) He will hold a photo exhibition. 그는 사진 전시회를 열 것이다.

　　(D) He will be transferred to another branch. 그는 다른 지사로 자리를 옮길 것이다.

▶ 소개하는 사람에 대해 묻는 문제이므로 해당 인물의 이름이 언급된 직후에 제시되는 인물 관련 정보에 집중해야 한다. 화자는 지문 초반부에 Mr. Porter won the Edison Award, one of the most prestigious awards, for his innovative work in electrical engineering last June.이라고 하며 포터 씨가 지난 6월 전기 공학 분야에서 혁신적인 업적으로 명성 높은 에디슨 상을 수상했다는 점을 밝히고 있으므로 (B)가 정답이다. 아울러 소개 인물의 경력에 관한 질문은 항상 수상 경력, 저자 경력, 상품 개발 경력 또는 업무 실적임을 다시 한번 상기해두자.

정답 (B)

고득점자의 풀이법

1단계 듣기 전에 문제와 보기를 먼저 숙지한다.

7. What is being advertised? 광고되는 것은 무엇인가? [광고 대상]

8. What is being provided to potential buyers? 잠재 고객들에게 제공되는 것은 무엇인가?

9. When does the special offer begin? 특별 할인 행사는 언제 시작하는가?

2단계 지문을 들으며 단서 파악을 한다.

Questions 7-9 refer to the following advertisement.

(7) Are you looking for new electric home appliances for your home? You can save 30% on major and small home appliances such as flat-screen TVs, DVD players, home theater systems, refrigerators, washing machines, dishwashers, and dryers! (8) The Top Choice in-home service professionals also offer next-day free installation service for all the home appliances you purchase. If you don't know much about the home appliances we sell, don't worry about it at all! Our friendly and knowledgeable electrical sales staff members are always available to help you to find any product that fits your needs. (9) The sale starts on Tuesday and ends on Sunday. Don't miss our unbelievable deals. Top Choice is located at 1001 Mission Boulevard in San Francisco at the intersection of Mission Boulevard and Main Street.

표현 정리 home applicances 가전제품 dishwasher 식기 세척기 free installation 무료 설치
be located at ~에 위치하다 intersection 교차로

집에 들여놓을 새 가전제품을 찾고 계십니까? 여러분은 평면 TV, DVD 플레이어, 홈 시어터 시스템, 냉장고, 세탁기, 식기 세척기, 건조기와 같은 크고 작은 가전제품들을 30% 할인된 가격으로 구입할 수 있습니다! 또한 Top Choice 가구 방문 서비스 전문가들은 여러분이 구입하신 모든 가전제품에 대해 익일 무료 설치 서비스를 제공합니다. 여러분께서 저희가 판매하는 가전제품에 대해 잘 모르신다고 해도 전혀 걱정 마십시오! 저희의 친절하고 박식한 판매 직원들이 여러분의 요구에 적합한 제품을 찾을 수 있도록 도와드리기 위해 항상 대기하고 있습니다. 할인 행사는 화요일부터 시작해서 일요일에 끝납니다. 믿기 힘든 저희의 놀라운 할인 행사를 놓치지 마세요. Top Choice는 San Francisco의 Mission Street와 Main Street가 교차하는 Mission Street 1001번지에 위치하고 있습니다.

3단계 보기를 보며 적합한 표현을 정답으로 선택한다.

7. (A) Express shipping 특급 배송
   (B) Frozen chicken dishes 냉동 닭고기 요리
   (C) Kitchen appliances 주방용품
   (D) Consumer electronics 가전제품

▶ 광고 대상을 묻는 첫 번째 문제로, 광고 대상은 광고 초반부에서 상품명이나 회사 이름을 통해 파악이 가능하므로 이 부분에 집중해야 한다. 화자는 Are you looking for new electric home appliances for your home?이라고 하며 집에 들여놓을 새 가전제품을 찾는지 묻는 내용을 통해 광고 대상은 바로 가전제품임을 알 수 있다. 또한 뒤이어 등장하는 You can save 30% on major and small home appliances를 통해서도 광고 대상이 가전제

품임을 파악할 수 있다. 따라서 지문의 home appliances가 유사 표현인 consumer electronics로 바뀌어 제시되어 있는 (D)가 정답이다. **정답 (D)**

8. (A) A gift certificate 상품권
   (B) A coupon 쿠폰
   (C) Free home delivery 무료 배송
   (D) Free installation 무료 설치

▶ 고객들에게 제공되는 것에 대해 묻고 있으므로 지문에서 동사인 provide/offer/give와 함께 고객에게 제공되는 구체적인 혜택이 언급되는 부분을 노려 들어야 한다. 화자는 지문 중반부에 The Top Choice in-home service professionals also offer next-day free installation service for all the home appliances you purchase.라고 하며 톱 초이스의 가구 방문 서비스 전문가들이 구매한 모든 가전제품에 대해 익일 무료 설치 서비스를 제공한다는 점을 밝히고 있으므로 (D)가 정답이다. **정답 (D)**

9. (A) On Monday 월요일
   (B) On Tuesday 화요일
   (C) On Thursday 목요일
   (D) On Sunday 일요일

▶ 특별 할인 행사가 시작하는 시점에 대해 묻는 마지막 문제이므로 지문 후반부에서 할인 행사와 함께 등장하는 구체적인 요일에 집중해야 한다. 화자는 지문 말미에서 The sale starts on Tuesday and ends on Sunday.라고 하며 할인 행사는 화요일에 시작하여 일요일에 종료됨을 밝히고 있으므로 (B)가 정답이다. **정답 (B)**

 🎧 U97-3.MP3 　　　　　　　　　실전으로 확인하세요!

1. Where most likely is the speaker?

   (A) At an awards ceremony
   (B) At a financial institution
   (C) At a library
   (D) At a film festival

2. What did Ms. Thompson recently do?

   (A) She published a new book.
   (B) She graduated from business school.
   (C) She took a business trip.
   (D) She made a speech at a conference.

3. According to the speaker, what will be available on the Web site?

   (A) A recording of the lecture
   (B) A schedule of upcoming seminars
   (C) Revised accounting standards
   (D) A list of library books

• 정답 및 해설은 52쪽에서 확인

UNIT 98 의도 파악 문제의 단서는 해당 표현의 전후 내용에서 찾아라!

화자의 의도를 묻는 문제는 파트 4 지문에서 주어진 특정한 표현이 화자에 의해 실제로 어떠한 의도나 의미로 사용되었는지 묻는 문제다. 매 시험마다 3문항이 출제되고 있으며 출제 난이도가 가장 높은 편에 속하는 문제 유형이다.

출제율 100% 핵심 포인트
시간이 없으면 이것만 외우세요!

1. 대표적인 의도 파악 문제 유형

Why does the speaker **say**, "Here is the thing"?

What does the speaker **mean** by saying, "This is a very popular apartment"?

What does the speaker **mean** when he says, "But look at all these numbers"?

What does the speaker **imply** when he says, "Space is limited"?

▶ 주어진 표현의 사전적 의미만으로는 화자가 어떠한 의도나 의사를 나타내기 위해 해당 표현을 사용했는지 전혀 파악할 수 없다는 점에 주의해야 한다.

2. 표현별 문제 유형

1) 단순 내용 표현

문제에서 주어진 표현이 지문의 전개 과정에 들어 있는 단순한 내용이므로 해당 표현만 봐서는 화자가 어떠한 의도를 가지고 이야기하는 것인지를 전혀 짐작할 수 없다.

"Look at all these numbers!"

위 문장에 담긴 화자의 의도를 묻는 경우, 이 표현 자체만으로 화자의 의도를 파악할 수 없다. 수치가 너무 높다는 의미일 수도 있고, 너무 낮다는 의미일 수도 있다. 또는 수치가 잘못되었다는 의미일 수도 있다. 따라서 화자가 이런 표현을 사용한 의도를 알기 위해서는 지문을 듣고 전후 맥락을 파악해야 하므로 난이도가 높은 편이라고 할 수 있다.

2) 특정 의사 표현

문제에서 주어진 표현이 어떠한 의도로 사용한 것인지, 즉 구체적인 의미가 무엇인지는 역시 지문의 내용을 토대로 파악해야 하지만 주어진 표현 자체에 화자의 대략적인 의도나 의사가 반영되어 있는 특정 표현들이 제시되기도 한다.

"I could not have done it without your help."

위 문장에 담긴 화자의 의도를 묻는 경우, 당신의 도움이 없었다면 그 일을 할 수 없었을 것이라고 하므로 상대방에 대한 감사나 칭찬을 하고 있음을 파악할 수 있다. 따라서 지문을 들을 때 도움의 내용이 등장하는 부분에 집중하게 되므로 사전 대비가 용이하여 비교적 난이도가 수월한 편이라고 할 수 있다.

3. 주요 빈출 표현

화자의 의도 파악 문제 유형에 대비하여 향후 토익에서 출제 가능성이 높은 특정 의사 표현들을 숙지해두자.

❶ 상대방의 의사에 대한 동감 또는 인정

I know what you're thinking. 저도 당신이 무슨 생각을 하는지 알고 있어요.

❷ 화가 나거나 짜증이 난 상태

Can you believe it? 그게 믿어지나요?

❸ 제안에 대한 거절

We've already had a lot of volunteers sign up for this event.
이미 이 행사에 등록한 많은 자원 봉사자들이 있습니다.

❹ 빠른 결정을 촉구

The grand opening is in two months. 개장은 두 달 후입니다.
Space is limited. 장소가 협소해요.(인원 제한이 있어요.)

❺ 실망감 표현

It isn't what I was expecting. 이건 제가 기대하던 것이 아니에요.

❻ 기다려줄 것을 요청

This might take some time. 이건 시간이 좀 걸릴 겁니다.

❼ 가게 추천

Walter's Ice Cream is delicious. Walter 아이스크림은 맛있어요.

❽ 쉽게 찾을 것이란 암시

You can't miss it. 절대 놓치실 리가 없어요.

❾ 경쟁에 대한 우려

There are plans to build a new hotel across the street. 길 건너에 새로운 호텔을 건설하려는 계획이 있어요.

❿ 쉽지 않은 업무임을 암시

Who wants to do that? 누가 그걸 하고 싶겠어요?

⓫ 사실이나 해결책 제시

Let me tell you something. 드릴 말씀이 있어요.

⓬ 감사나 칭찬의 표현

Couldn't be better. 더 이상 좋을 수가 없네요.
Few people are capable of such innovative designs. 그런 혁신적인 디자인을 할 수 있는 사람은 극소수죠.

⓭ 적절한 이유 및 변명

I've been given a lot of new projects this week. 이번 주에 제게 많은 새 프로젝트들이 주어졌어요.

⓮ 지연에 따른 우려

It's been a week. 일주일이 되었어요.

⓯ 주어진 업무가 쉽고 평이함을 강조

You can't do anything wrong here. 여기선 실수하실 게 없어요.

⓰ 성공적인 채용 공고

We've already received 150 applications. 우리는 이미 150장의 지원서를 접수했어요.

⓱ 언제든 도움을 줄 수 있음을 암시

I'll be at my desk all morning. 저는 오전 내내 제 자리에 있을 겁니다.

⓲ 분량에 대한 불만 토로

The user's manual is currently about 20 pages long. 사용 설명서는 현재 20페이지 정도의 분량이에요.

1단계 듣기 전에 문제의 내용을 먼저 숙지한다.

10. What does the speaker imply when he says, "Space is limited"?
화자가 "Space is limited"라고 언급할 때 암시하는 바는 무엇인가?

2단계 지문을 들으며 위에 나온 표현이 등장하는 전후 문맥을 주의 깊게 파악한다.

Question 10 refers to the following instructions.

Good morning, everyone. I'm Harry, and I'll be your instructor for today's beginning oil painting class. It will be easy to get your clothes dirty here, so you should wear a gown. There are some in the back of the studio. **(10) This introductory class runs for six weeks, and you will be able to move on to an intermediate class after you finish this one.** Unfortunately, <u>space is limited</u>, **(10) so let me know as soon as possible if you want to sign up for the intermediate class.** Any questions? Okay, then let's get started.

표현 정리 instructor 강사, 지도자 introductory class 기초 수업[과정] intermediate class 중급 수업[과정]
limited 한정된, 좁은

안녕하세요, 여러분. 제 이름은 Harry라고 하며, 오늘 기초 유화 과정을 맡게 된 강사입니다. 여러분의 옷이 더러워지기 쉬우니 꼭 가운을 입도록 하세요. 화실 뒤편에 가운이 있습니다. 이 기초 과정은 6주간 진행되며, 이 과정을 마치고 나면 여러분은 중급 과정으로 올라갈 수 있습니다. 안타깝게도 장소가 협소하므로 만약 중급 과정도 등록하길 원하시면 최대한 빨리 제게 알려주세요. 질문이 있으신가요? 자, 그럼 시작할게요.

❶ 화자는 지문 중반부에 This introductory class runs for six weeks, and you will be able to move on to an intermediate class after you finish this one.이라고 하며 기초 과정은 6주간 진행되며 이 과정을 마치고 나면 중급 과정으로 올라갈 수 있음을 언급하고 있다.

❷ 그리고 Unfortunately, space is limited라고 말한 직후, so let me know as soon as possible if you want to sign up for the intermediate class.라고 하며 장소가 협소하므로 중급 과정도 등록하길 원하면 최대한 빨리 자신에게 알려달라고 언급하고 있다.

3단계 보기를 보며 패러프레이징된 표현을 선택한다.

10. (A) A conference room is very small. 회의실이 매우 작다.
　　(B) A decision needs to be made soon. 결정을 빨리 해야 한다.
　　(C) A class will be canceled. 강좌가 취소될 것이다.
　　(D) A problem should be solved. 문제가 해결되어야 한다.

▶ 화자가 Unfortunately, space is limited라고 말한 내용, 즉, 장소가 협소하다는 것은 결과적으로 반에 등록하길 원하면 최대한 빨리 알려줘야 하는 이유가 된다. 따라서 이는 빠른 결정의 촉구를 암시하는 내용이라고 할 수 있으므로 (B)가 정답이다.

정답 (B)

1. What is the announcement about?

(A) Discounted prices
(B) Reduced costs
(C) Faster service
(D) New technology

2. Why does the speaker say, "Here's the thing"?

(A) To suggest a solution
(B) To answer a question
(C) To discuss service options
(D) To introduce a new product

3. According to the speaker, how long will the T-shirts take to print?

(A) One day
(B) Two days
(C) Three days
(D) One week

• 정답 및 해설은 53쪽에서 확인

UNIT 99 시각 정보 연계 문제는 관련 정보를 신속히 파악하라!

시각 정보 연계 유형의 문제는 도표, 그래프, 일정표, 약도, 영수증 등 다양한 형태의 시각 정보가 담화와 함께 등장하는 형태로, 시각 정보와 담화 내용에서 제공되는 정보를 모두 고려해야만 문제 풀이가 가능하다. 매 시험마다 2문항이 출제되고 있으며, 난이도가 가장 높은 유형에 속한다.

출제율 100% 핵심 포인트   시간이 없으면 이것만 외우세요!

1. 대표적인 시각 정보 문제 유형

1) 장소 및 위치

- Look at the graphic. Which store will be closed? 어느 상점이 문을 닫는가?
- Look at the graphic. Which parking area will be opened? 어떤 주차 공간이 개방되는가?
- Look at the graphic. Which room will the man go to? 남자는 어느 방에 갈 것인가?
- Look at the graphic. What entrance is available in an emergency?
  비상시에는 어느 출구를 이용할 수 있는가?

2) 시간 및 일정

- Look at the graphic. What time does the man want to meet her?
  남자는 그녀를 몇 시에 만나길 원하는가?
- Look at the graphic. What time will the train depart? 열차는 몇 시에 출발하는가?
- Look at the graphic. When is the seminar taking place? 세미나는 언제 개최되는가?
- Look at the graphic. What date has the performance been postponed?
  공연은 며칠로 연기되었는가?
- Look at the graphic. When will the discount be held? 할인 행사는 언제 열리는가?
- Look at the graphic. When will the trade fair be opened? 무역 박람회는 언제 열리는가?

3) 변경

- Look at the graphic. What order has changed on the form? 그 양식에서 어떤 주문이 변경되었는가?

4) 비용

- Look at the graphic. Which expense has not been confirmed yet?
  어느 비용이 아직 확인되지 않았는가?
- Look at the graphic. How much will the speaker have to pay for the late fee?
  화자는 얼마의 연체료를 지불해야 하는가?

5) 대상

- Look at the graphic. Which company is the target of the acquisition? 어떤 회사가 인수 대상인가?
- Look at the graphic. What products will be discounted this week? 이번 주에 어떤 제품이 할인되는가?
- Look at the graphic. Which building is affected by road construction?
  어떤 건물이 도로 공사의 영향을 받는가?

6) 요청

- Look at the graphic. What does the speaker ask the audience to pay attention to?
  화자는 청중에게 무엇에 주의를 기울일 것을 요청하는가?

2. 시각 정보 문제 유형의 핵심 포인트

1) 시각 정보 및 문제와 보기를 보며 집중해야 할 정보를 먼저 선택한다.

Seminar Schedule		
Title of Seminar	Time	Location
New Trends in Marketing	9:00 - 9:40	Warren Hall
Customer Service Techniques	9:50 - 10:30	Grand Conference Room
Efficient Sales Strategies	10:40 - 11:20	Andromeda Hall
Innovative Product Designs	11:30 - 12:10	Design Center Lab

Look at the graphic. What seminar will be held in the Grand Conference Room?
(A) New Trends in Marketing
(B) Customer Service Techniques
(C) Efficient Sales Strategies
(D) Innovative Product Designs

▶ 시각 정보와 지문 내용에서 제시되는 정보와의 연결고리는 주어진 문제의 보기를 통해 파악해야 한다. 보기에서 제시되는 정보는 지문에서 직접적인 단서로 언급되지 않는다. 즉, 문제의 보기에 구체적인 세미나 제목이 등장하고 있으므로 지문에서는 세미나 제목이 직접적인 단서로 등장하지 않을 것임을 사전에 짐작할 수 있다.

2) 보기에 나오지 않는 나머지 정보를 집중적으로 노려 듣는다.

Good morning, everyone. As your vice president, I'd like to welcome you to our seminars this morning. As most of you know, we invite some professionals every quarter and let them exchange their ideas with you. But **the seminar Customer Service Techniques has been canceled because Professor Milton is under the weather today. So the one starting in Andromeda Hall at 10:40 has been moved to the Grand Conference Room at 9:50.** All right, that's all I've got. Please enjoy the seminars, and if you have any questions, please feel free to contact Ms. Hwang at the information desk near the main entrance. Thank you.

표현 정리 under the weather 몸이 안 좋은 main entrance 정문, 중앙 출입구

안녕하세요, 여러분. 여러분의 부사장으로서 저는 오늘 오전의 세미나에 참석해주신 여러분을 환영합니다. 여러분 대부분이 아시겠지만, 우리는 매 분기마다 몇몇 전문가들을 초빙하여 그들의 견해를 여러분과 교환하고 있습니다. 하지만 Milton 교수님이 오늘 몸이 좋지 않은 관계로 고객 서비스 테크닉 세미나는 취소되었습니다. 그래서 10시 40분에 안드로메다 홀에서 개최하기로 했던 세미나가 9시 50분에 그랜드 회의실로 옮겨졌습니다. 자, 제가 말씀드리고자 하는 것은 이게 전부입니다. 세미나가 즐거우시길 바라며, 만약 질문이 있으시면 중앙 출입구 근처에 있는 안내데스크의 Hwang 씨에게 연락주십시오. 감사합니다.

▶ 화자는 지문 중반부에 The seminar Customer Service Techniques has been canceled because Professor Milton is under the weather today.라고 하며 밀턴 교수님의 몸 상태가 좋지 않아 고객 서비스 테크닉이란 세미나가 취소되었음을 전달하고 있다. 이어서 So the one starting in Andromeda Hall at 10:40 has been moved to the grand conference room at 9:50.라고 하며 10시 40분에 안드로메다 홀에서 개최하기로 했던 세미나가 9시 50분 그랜드 회의실로 옮겨졌음을 안내하고 있다.

3) 지문에서 오답으로 제시되는 단서에 유의한다.

세미나 일정		
세미나 제목	시간	장소
마케팅의 새로운 경향	9:00 – 9:40	워렌 홀
고객 서비스 테크닉	9:50 – 10:30	그랜드 회의실
효과적인 판매 전략	10:40 – 11:20	안드로메다 홀
혁신적인 제품 디자인	11:30 – 12:10	디자인 센터 랩

시각 정보를 참조하시오. 그랜드 회의실에서 개최되는 세미나는 무엇인가?

(A) 마케팅의 새로운 경향

(B) 고객 서비스 테크닉

(C) 효과적인 판매 전략

(D) 혁신적인 제품 디자인

정답 (C)

▶ 대개 지문에서 직접적으로 언급되는 보기의 내용은 모두 오답을 유도하고자 하는 함정이다. 즉, 지문 중반부에 제시된 Customer Service Techniques란 세미나 제목과 Andromeda Hall이란 세미나 개최 장소는 모두 오답을 유도하기 위한 함정이라고 할 수 있다.

고득점자의 풀이법

🎧 U99-2.MP3

1단계 듣기 전에 시각 정보 및 문제와 보기를 먼저 숙지한다.

Food	Fat Per Serving	Daily Intake Recommendation
Milk	4g	6 servings
Bread	10g	4 servings
Ice Cream	13g	3 servings
Doughnut	23g	2 servings

11. Look at the graphic. Which food does the speaker enjoy eating?

(A) Milk

(B) Bread

(C) Ice Cream

(D) Doughnut

▶ 화자가 즐겨 먹는 음식이 무엇인지 묻는 시각 정보 문제로, 도표에는 음식의 이름에 따른 지방 함량 수치와 하루 권고 섭취량이란 두가지 정보가 등장하고 있다. 따라서 지문에서는 화자가 즐겨 먹는 구체적인 음식의 이름이 직접적으로 언급되기보다는 음식의 지방 함유량 또는 하루 권고량이 제시되고, 이를 통해 화자가 즐겨먹는 음식이 무엇인지를 추정해야 한다는 것을 사전에 짐작할 수 있다.

2단계 지문을 들으며 단서 파악을 한다.

Question 11 refers to the following excerpt from a meeting and chart.

Good afternoon, everyone. As you know, we are going to implement a new office health policy for employees next week. Yesterday, our desks in the office were moved, and now are closer to the windows, so you guys can walk more than usual to keep yourself in shape. Next week, a revised chart that shows the amount of fat in some foods people usually enjoy eating will be posted on our intranet. Not all fat in the human body is bad. But a large intake of fats can have negative effects. (11) Personally, I've recently reduced my fat intake and followed the guidelines by eating no more than four servings per day. Now the black cloud over my health has gone completely. What we've found is that the health of employees is something that businesses should treasure because that health allows employees to be more productive and to come to work and not be absent.

표현 정리 implement 시행하다　than usual 평소보다　keep oneself in shape (운동으로) 건강을 관리하다, 몸매를 가꾸다　amount 금액, 양　enjoy eating 즐겨 먹다　post 게재하다, 게시하다　intranet 사내 전산망　fat 지방　intake 섭취, 흡입　negative effect 부정적 영향　personally 개인적으로　follow 따르다　guideline 지침　serving 한 끼분의 음식　black cloud 먹구름, 심각한 문제점　treasure 중시하다　productive 생산적인　absent 결근한, 결석한

여러분, 좋은 오후입니다. 아시다시피, 우리는 다음 주에 직원들을 위한 새로운 사무실 건강 정책을 시행할 예정입니다. 어제 사무실의 책상들이 옮겨져 창가에 좀 더 근접한 곳에 위치하게 됨으로써 여러분이 평소보다 더 많이 걷게 되어 건강을 관리할 수 있도록 했습니다. 다음 주에는 사람들이 일반적으로 먹는 음식의 지방 함량을 보여주는 수정된 도표가 사내 전산망에 게재될 것입니다. 인체의 모든 지방이 나쁜 것은 아닙니다. 그러나 지방을 많이 섭취하면 부작용이 생길 수 있습니다. 개인적으로 저는 최근에 지방 섭취량을 줄이고 하루에 4개 이상을 섭취하지 않도록 하는 지침을 따랐습니다. 지금은 제 건강상의 먹구름이 완전히 사라진 상태입니다. 우리가 발견한 것은 기업들이 직원들의 건강을 중시해야 한다는 것이며, 이는 직원들이 건강해야 생산성이 향상되고 결근하지 않고 출근할 수 있기 때문입니다.

3단계 보기와 시각 정보를 다시 보며 적합한 것을 정답으로 고른다.

음식	개당 지방 함유량	일일 권고량
우유	4g	6잔
빵	10g	4개
아이스크림	13g	3개
도넛	23g	2개

11. 시각 정보를 참조하시오. 화자는 어떠한 음식을 즐겨 먹는가?
   (A) 우유
   (B) 빵
   (C) 아이스크림
   (D) 도넛

▶ 화자는 지문 후반부에서 Personally, I've recently reduced my fat intake and followed the guidelines by eating no more than four servings per day.라고 하며 개인적으로 최근 자신의 지방 섭취량을 줄여 하루에 4개 이상을 섭취하지 않도록 하는 지침을 따랐음을 밝히고 있다. 이어 도표를 보면 일일 권고 섭취량이 4개인 음식이 빵이므로 (B)가 정답이다.　　　　　　　　　　　　　　　　　　　　　정답 (B)

Cruise Destination	Departure Date (L.A.)
Alaska	January 10
Mediterranean Sea	April 5
Guam	June 3
Bahamas	June 25

1. Who most likely is the speaker?

(A) A pilot
(B) A travel agent
(C) A customer
(D) A cruise ship employee

2. What activity is the speaker interested in?

(A) Kayaking
(B) Scuba diving
(C) Dogsledding
(D) Fishing

3. Look at the graphic. When is the departure date for Guam?

(A) January 10
(B) April 5
(C) June 3
(D) June 25

• 정답 및 해설은 54쪽에서 확인

시험에 나오는 것만 공부한다!

시나공 토익

바로 써먹는 핵심 포인트 99개로
4주 안에 850점 달성!

정답 & 해설

850
LC+RC
단기완성

구원 지음

www.gilbut.co.kr

- 99개 포인트로 정리한 850점 핵심 포인트!
- 저자의 풀이 흐름을 보여주는 고득점자의 풀이법!
- 저자 직강 핵심 동영상 강의 제공!

길벗
이지:톡

정답 & 해설

850

LC + RC

단기완성

구원 지음

길벗
이지:톡

01 명사와 형용사 문제는 다 맞아야 기본이다!

| 실전 연습 |

1. ★☆☆

해설 be동사 뒤는 형용사 자리이므로 (D)가 정답이다. be compliant with는 comply with 혹은 be in compliance with와 같은 말이다.

표현 정리 set force 정하다 compliance 준수 comply 응답하다 compliant 순응하는

해석 근로자들은 회사가 정한 규정을 준수해야 한다.

정답 (D)

2. ★★☆

해설 빈칸은 4형식 동사의 직접목적어 자리다. 따라서 빈칸은 명사인 (D)가 정답이다.

표현 정리 curator 전시회 담당자 historic 역사적인 assurance 보증

해석 박물관 큐레이터는 역사 도서관이 내년까지 문을 열 것임을 보장했다.

정답 (D)

02 '앞에, 사이에, 뒤에'는 부사가 답이다!

| 실전 연습 |

1. ★★☆

해설 빈칸은 be동사 뒤 보어가 되는 형용사 sound를 수식하는 부사인 (B)가 정답이다.

표현 정리 steel frame 철골 make sure 확실히 하다 sound 온전한 structurally 구조적으로

해석 Hardcock Construction은 집을 지을 때 구조적으로 견고하도록 철골만 사용한다.

정답 (B)

2. ★★★

해설 빈칸은 사역동사의 목적격 보어인 과거분사 managed를 수식하는 부사 자리다.

표현 정리 essentials 본질적 요소 sustainably 지속 가능하게 sustain 지속시키다

해석 숲은 우리의 삶에 필수적인 요소들을 제공하기 때문에 숲을 유지하는 것은 매우 중요하다.

정답 (A)

03 접속사는 동사와, 전치사는 명사와 친하다!

| 실전 연습 |

1. ★★☆

해설 빈칸은 절과 절을 연결하는 접속사 자리다. until은 접속사와 전치사 모두 가능하므로 정답이다.

표현 정리 serve as ~의 역할을 하다 temporary 임시의 procurement (정부 기관의 물품) 조달

해석 Pamela Lainson은 적격한 후보자가 고용될 때까지 임시 조달 책임자로 일할 것이다.

정답 (B)

2. ★★★

해설 빈칸은 절과 절을 연결하는 접속사 자리다. 보기 중 접속사가 포함된 것은 (C)뿐이다. most of whom은 showed의 주어이자 문장과 문장을 연결하는 접속사 기능을 한다.

표현 정리 electronics 전자장치 appliance (가정용) 기기 satisfaction 만족감 ease of use 사용의 편리함

해석 그 전자회사는 100명을 대상으로 새로운 주방용품을 시험했는데, 그들 대부분은 사용 편의성에 큰 만족감을 보였다.

정답 (C)

04 수와 태 문제는 주어와 목적어만 보라!

| 실전 연습 |

1. ★★★

해설 빈칸 앞은 고유명사로 단수 주어에 해당한다. 빈칸 뒤는 목적어가 아니라 목적격 보어가 수동태가 되어 남은 것이므로 (B)가 정답이다. 이를 5형식의 수동태라고 한다. 주어가 곧 the biggest supporter가 되므로 5형식의 수동태 표현이다. (D)는 준동사라서, (C)는 주어가 복수일 때 써야 해서 오답이다.

표현 정리 supporter 지지자, 후원자 in need 어려움에 처한 area business 지역 사업들 consider 여기다

해석 Donnelly Professionals는 지역 사업체들 사이에서 어려움에 처한 아이들의 가장 큰 후원자로 여겨지고 있다.

정답 (B)

2. ★★☆

해설 proposals와 the construction company가 연속해서 위치한다는 것은 선행사인 proposals 다음에 목적격 관계대명사 that이 생략된 것으로 봐야 한다. 따라서 빈칸은 형용사절 안의 동사 자리에 해당하고, 단수형이자 능동태가 필요하다. (B)는 수동태, (C)는 동사의 복수형, (D)는 to부정사라서 오답이다.

표현 정리 the number of ~의 수 proposal 제안서 exceed 초과하다 submit 제출하다

해석 그 건설회사가 제출한 제안서 수는 30건을 넘었다.

정답 (A)

05 시제 문제는 부사(구, 절)가 단서다!

| 실전 연습 |

1. ★★☆

해설 빈칸 뒤의 straight는 부사이므로 수동태인 (B)와 (D) 중에서 once 이하가 조건의 부사절이고 현재가 미래를 대신하므로 빈칸에는 미래 시제인 (D)가 정답이다.

표현 정리 once 일단 ~하면 confirm 확인하다 in full 전부 (빠짐없이) ship 배송하다

해석 상품은 구매자가 완납한 것으로 확인되면 그 사람에게 바로 배송될 것이다.

정답 (D)

2. ★★☆

해설 request는 요구, 주장, 의무, 명령, 제안 계열의 표현으로 이어지는 that 절에 should가 생략되어 동사원형이 온다. 따라서 (C)가 정답이다.

표현 정리 request 요청하다 assistant 조수 refreshments 다과

해석 Morendo 씨는 그의 조수에게 세미나 참가자들을 위해 다과를 제공할 것을 요청했다.

정답 (C)

---

06 완료 시제와 가정법은 주절과 부사절만 보자!

| 실전 연습 |

1. ★★☆

해설 빈칸은 조동사 뒤 동사원형 자리이자 by the time부터 미래를 대신하는 시간의 부사절이다. 11년 동안 근무하는 것은 퇴임 시점 전부터 퇴임 시점까지 발생하는 일이므로 미래완료 시제를 만드는 (D)가 정답이다.

표현 정리 chairman 회장 by the time ~할 때쯤 step down (후임을 위해) 퇴임하다

해석 우리 회장인 Feldman 씨는 퇴임할 때까지 11년 동안 근무할 것이다.

정답 (D)

2. ★★★

해설 빈칸부터 콤마까지가 부사절이고 나머지가 주절이므로 부사절 접속사인 (C)와 (D) 중에서 선택한다. 주절의 주어와 be동사가 도치된 형태를 가지고 있으므로 도치구문을 만드는 (C)가 정답이다.

표현 정리 entitle 자격을 주다 discount 할인 only if ~해야만 as if 마치 ~인 것처럼

해석 고객은 신용카드로 티켓을 구매하는 경우에만 할인을 받을 수 있다.

정답 (C)

---

07 동명사의 위치 문제

| 실전 연습 |

1. ★☆☆

해설 include의 목적어 자리이므로 명사 기능을 갖는 (A)와 (C)가 정답으로 가능하다. include는 동명사를 목적어로 갖는 동사이므로 (C)가 정답이다.

표현 정리 evaluation 평가 consumption 소비 expenditure 지출 review 평가하다

해석 지역 개발 평가에는 지역 소비와 지출 패턴 검토가 포함될 것이다.

정답 (C)

2. ★★★

해설 빈칸은 타동사 뒤 목적어 자리이므로 명사인 (B)가 정답이다. 이때 (B)는 불가산명사로 바로 뒤 전치사 to와도 잘 어울린다. (A)도 가능하지만 damaging은 동명사이므로 명사 자체의 목적어도 필요하다. (D)는 avoid의 목적어가 될 수 없어서 오답이다.

표현 정리 electrical 전기의 component 요소, 부품 opening 개방부 damage to ~에 대한 손상

해석 전기 부품이 손상되지 않도록 개방부나 전력 케이블에 습기가 들어가지 않도록 하십시오.

정답 (B)

---

08 문장 앞뒤의 '위하여'는 to부정사!

| 실전 연습 |

1. ★☆☆

해설 ensure는 동사원형이므로 (A)가 정답이다. (B) 다음에는 절이나 분사가 와야 하고 (C)와 (D)는 전치사라서 뒤에 명사가 필요하다.

표현 정리 accessible 접근 가능한 while ~동안에 concerning ~에 관한 in place of ~을 대신해서

해석 서비스 센터에 최대한 접근할 수 있도록 회사는 24시간 통화 서비스를 시작했다.

정답 (A)

2. ★★☆

해설 빈칸은 완전한 절 뒤에 위치하여 이어지는 구를 부사의 기능으로 바꿔주는 (A)가 정답이다.

표현 정리 instructions 지침 how to ~하는 방법 get to ~에 이르다 obtain 얻다

해석 True Blue 사의 Winkler 씨에게 연락하여 공장에 가는 방법에 대한 안내를 받으십시오.

정답 (A)

09 [구][원]동사의 목적어 뒤는 to부정사!

| 실전 연습 |

1. ★★☆

해설 ask는 5형식 동사일 때 목적어 다음에 to부정사가 온다. 따라서 (D)가 정답이다.

표현 정리 protective 보호하는 measure 조치 ensure 따르다 security 보안

해석 기술 지원팀은 서버 보안을 보장하기 위해 모든 직원에게 보호 조치를 따를 것을 요청했다.

정답 (D)

2. ★☆☆

해설 빈칸은 완전한 문장 뒤에 부사 기능을 하는 to부정사인 (B)가 정답이다. help는 to make를 목적어로 취할 수 있으며 이때 to도 생략할 수 있다.

표현 정리 advice 조언 mentor 스승 concerning ～에 관한 career 직업

해석 인턴들은 그들의 직업과 관련하여 올바른 선택을 하는 것을 도울 멘토로부터 조언을 받을 수 있다.

정답 (B)

10 의미상 주어는 –ing, 목적어는 p.p.!

| 실전 연습 |

1. ★★☆

해설 빈칸은 소유격 the keynote speaker's 뒤 명사 presentation 앞 전치 수식 분사 자리다. 수식 받는 명사는 의미상 목적어의 관계이므로 (D)가 정답이다.

표현 정리 be invited to ～에 초대되다 attend 참석하다 keynote speaker 기조 연설자

해석 기조 연설자의 예정된 프레젠테이션이 끝나면 직원들은 환영 연회에 참석하도록 초대된다.

정답 (D)

2. ★★☆

해설 gathering은 동명사이고 include는 동명사를 목적어로 취하는 동사다. 따라서 빈칸은 have p.p. 형태로 정동사가 되고 gathering ～ and making ～은 정동사의 목적어가 된다. 따라서 (D)가 정답이다.

표현 정리 mine 나의 것 gather 모으다 dozens of 수십의

해석 나의 몇 가지 업무에는 연구 자료를 수집하고 수십 개의 프레젠테이션 슬라이드를 만드는 것이 포함되어 있다.

정답 (D)

11 목적어가 있으면 –ing, 목적어가 없으면 p.p.

| 실전 연습 |

1. ★★☆

해설 no longer는 부사이므로 빼내면 빈칸은 is와 함께 목적어 free samples를 가질 수 있는 현재분사인 (B)가 정답이다. (C)는 수동태가 되어 목적어를 가질 수 없다. provided가 free samples를 수식하는 경우라고 본다면 주어와 동격의 관계가 되지 않으므로 오답이다.

표현 정리 no longer 더 이상 ～않다 provide 제공하다

해석 Belmont Café는 더 이상 케이크와 파이의 무료 샘플을 제공하지 않고 있다.

정답 (B)

2. ★★☆

해설 수식어인 very를 빼내면 빈칸은 be동사의 보어 자리다. 이때 수동태 표현이라고 생각해 (B)를 고르면 함정에 빠진다. be appreciative of는 appreciate와 같은 뜻으로 주민들이 of 이하의 내용에 대해 고마워한다는 뜻이 된다.

표현 정리 residents 주민 grants 보조금

해석 주민들은 정부의 보조금과 시 공무원들이 하는 봉사 활동에 매우 고마워해왔다.

정답 (C)

12 주어와 능동 관계일 때는 –ing, 수동은 p.p.

| 실전 연습 |

1. ★★★

해설 빈칸은 완전한 문장과 콤마 뒤 분사구문 자리다. to부정사는 prefer의 목적어이므로 –ing인 (B)가 정답이다.

표현 정리 comply with 준수하다 measure 방법, 조치 prefer 택하다

해석 Northbridge Café는 사회적 거리두기 기준을 준수하기 위해 이용 가능한 좌석 수를 제한한다.

정답 (B)

2. ★★☆

해설 when 이하는 주어와 동사가 오거나 주어를 생략할 경우 동사를 분사로 바꾸어 쓰게 된다. speak는 자동사이므로 –ing인 (B)가 정답이다. 목적어가 없다고 p.p.를 정답으로 고르면 함정에 빠진다.

표현 정리 be sure to 반드시 ～하다 professional 전문적인 lead to ～로 이어지다

해석 중요한 고객과 이야기할 때는 계약으로 이어질 수 있으므로 반드시 전문적으로 보이도록 하십시오.

정답 (B)

13 관사/소유격이 없으면 복수나 불가산명사가 정답!

| 실전 연습 |

1. ★★☆

해설 빈칸은 분사 emerging의 수식을 받고 전치사 into의 목적어가 되는 명사 자리다. market은 가산명사이므로 복수형을 쓰거나 앞에 한정사를 써야 단수명사 형태로 쓸 수 있다. 따라서 (C)가 정답이다.

표현 정리 those who ~하는 사람들 emerging 최근 생겨난 consulate 영사관 initial research 초기 조사

해석 신흥 시장으로 진출하고자 하는 사람들은 초기 조사를 하기 위해 우선 자국 영사관에 연락해야 한다.

정답 (C)

2. ★★☆

해설 빈칸은 전치사 뒤에 위치하고 to부정사의 수식을 받는 명사 자리다. 따라서 명사인 (D)가 정답이다. (A)도 명사 기능이 있지만 이 경우 가산명사가 되어 a permit이나 permits로 써야 한다.

표현 정리 application 신청 city park 도시 공원 receive 받다 permission 허가

해석 시 공원 사용 허가 신청은 이번 주 금요일까지 접수되어야 한다.

정답 (D)

14 사람, 사물명사는 동사, 동격, 논리 관계 확인!

| 실전 연습 |

1. ★★★

해설 빈칸은 관사 뒤 전명구 앞 명사 자리다. A is considered (as) B에서는 A와 B가 동격 관계가 되므로 사람을 가리키는 (A)와 (C) 중에서 의미 구분으로 풀어야 한다. 빈칸 뒤의 표현은 책 이름이 아니고 분야에 대한 이야기이므로 '권위자'를 뜻하는 (C)가 정답이다.

표현 정리 sustainable 지속 가능한 author 작가 authorize 권한을 부여하다 authority 권위자

해석 Toko Research의 Yuma Horiuchi는 지속 가능한 에너지 사용에 대한 권위자로 여겨진다.

정답 (C)

2. ★★☆

해설 빈칸은 2형식 동사 have become의 보어 자리이므로 주어와 동격의 관계가 형성된다. '제공업체'의 의미를 갖는 (B)가 정답이다. provisions는 '공급', products는 '제품', produce는 '농산물'이란 뜻으로 주어와 동격이 되지 않는다.

표현 정리 major 주요한 supply 공급하다 auto part 자동차 부품

해석 두 회사는 자동차 제조업체들에 주요 자동차 부품을 공급하는 주요 제공업체가 되었다.

정답 (B)

15 복합명사와 유사 형태 명사의 간단한 풀이법!

| 실전 연습 |

1. ★★☆

해설 빈칸은 관사+형용사 뒤에 위치하여 methods와 함께 '보존을 위한 방법'을 뜻하는 표현이 필요하다. 따라서 복합명사인 (D)가 정답이다. (B)가 오면 '보존된 방법'이란 뜻이 되는데 방법이 보존되는 게 아니고 보존 방법으로 야생 동식물들이 보존되는 것이다.

표현 정리 make a comeback 되살아나다 thanks to ~덕분에 practice 행하다

해석 주립공원의 식물과 야생동식물 모두 다 그 곳에서 행해지고 있는 창조적인 보존 방법 덕분에 되살아나고 있다.

정답 (D)

2. ★★★

해설 빈칸은 '접근법'을 의미하는 approaches를 수식하는 형용사 또는 복합명사를 생각해 볼 수 있다. 접근법 자체가 마케팅된 게 아니고 마케팅을 위한 접근법이므로 approaches와 함께 복합명사가 되는 (D)가 정답이다.

표현 정리 develop 개발하다 approach 접근법 attract 마음을 끌다

해석 기관들은 더 많은 고객을 유치하기 위해 새로운 마케팅 방식을 개발하고 있다.

정답 (D)

16 비교급+than, the+최상급+of/among/in

| 실전 연습 |

1. ★★☆

해설 빈칸은 관사 뒤 명사 앞 형용사 자리이다. 뒤의 than을 보면 형용사의 비교급 표현인 (C)가 정답이다.

표현 정리 feature 특징으로 하다 reading material 독서 자료 rival 경쟁사

해석 MWE Books는 시의 다른 경쟁사들보다 더 다양한 독서 자료를 특징으로 한다.

정답 (C)

2. ★★☆

해설 as와 as 사이에는 원급의 형용사나 부사가 들어가므로 (A)와 (B) 중에서 be동사 뒤는 형용사 자리이므로 (A)가 정답이다.

표현 정리 response 응답 repair crew 수리팀 swift 신속한

해석 수리팀의 응답 시간은 그 어느 때보다도 빨랐다.

정답 (A)

17 ▷ 형용사는 수와 시제, 사람/사물 관계를 봐라!

| 실전 연습 |

1. ★★☆
해설 복수명사와 어울려 '항상'이란 뜻을 만드는 (C)가 정답이다. (A)는 at any time으로 써야 하고, (B)는 단수명사 앞에 온다. (D)는 단수명사나 불가산명사 앞에 온다.

표현 정리 demonstration 시연   at all times 항상

해석 시연 중에 기술자는 항상 어떤 질문이든 답변할 준비가 되어 있어야 한다.

정답 (C)

2. ★★☆
해설 빈칸은 2형식 동사 remain 뒤 원급의 형용사 자리다. 형용사인 (A)와 (B) 중에서 다른 회사들만큼 경쟁력 있는 상태로 유지해야 한다는 것이 어울리는 문맥이므로 (B)가 정답이다. 명사인 (D)나 동사인 (C)는 오답이다.

표현 정리 explore 찾다, 구하다   remain ~한 상태를 유지하다
compatible 호환이 되는   competitive 경쟁력 있는

해석 그 회사는 항상 다른 회사처럼 경쟁력을 유지할 수 있는 새로운 방법을 모색한다.

정답 (B)

18 ▷ 부사는 시제, 자리, 부정어를 확인하면 끝!

| 실전 연습 |

1. ★★☆
해설 빈칸 뒤쪽의 to부정사와 잘 어울리며 부사인 early를 수식하는 부사는 (C)뿐이다.

표현 정리 permit 허락하다, 허가하다   check in 입실 수속하다
even 훨씬   quite 꽤

해석 Nichols 씨는 호텔에 체크인하기에는 너무 일찍 도착했다.

정답 (C)

1. ★★☆
해설 not과 잘 어울리며 부분부정을 만드는 (C)가 정답이다. (A)는 not보다 앞에, (B)는 동사보다 뒤에, (D)는 not과 같이 쓸 수 없어서 오답이다.

표현 정리 still 아직도   well 잘, 완전히   always 항상   seldom 좀처럼 ~않는

해석 매우 열심히 일하는 직원들이 항상 가장 높은 월급을 받는 것은 아니다.

정답 (C)

19 ▷ 도치, 연결부사, 유사 형태 부사를 정복해야 만점!

| 실전 연습 |

1. ★★☆
해설 문장의 마지막에 쓸 수 있는 부사이자, 토요일이 대체안에 해당하므로 (B)가 정답이다. (A)는 '명사+and+명사+alike'와 같은 형태로 쓴다. (C)는 완료 시제나 현재 시제와 어울리는 부사이고 (D)는 반대의 개념에 사용한다.

표현 정리 premiere 초연   alike 비슷하게   instead 대신에   otherwise 그렇지 않으면

해석 뉴스 프로그램의 시사회 일정이 변경되어 대신 토요일에 상영될 것이다.

정답 (B)

2. ★★☆
해설 빈칸은 주어와 동사 사이에 위치하는 부사 자리로, 콤마 앞뒤의 내용은 인과 관계에 해당한다. 따라서 (A)가 정답이다. (C)는 양보의 관계, (B)는 접속사, (D)는 명사나 형용사라서 오답이다.

표현 정리 intriguing 아주 흥미 있는   plot 줄거리   public 대중

해석 만화에서 비롯된 흥미로운 줄거리 때문에 그 영화는 대중에게서 좋은 반응을 얻었다.

정답 (A)

20 ▷ 명사 앞은 소유격이 정답!

| 실전 연습 |

1. ★★★
해설 빈칸은 앞의 musical을 받는 (B)가 정답이다. (D)는 복수라서 오답이고 (C)는 사람을 가리키는 말이므로 매진되었다는 말과 어울리지 않는다. (A)는 딱히 가리키는 말도 없고 양보의 논리 관계와 어울리지도 않는다. 티켓을 구매하길 원했으나 구매하지 못했다는 전개가 맞고, 그 이유로 매진되었다는 표현이 필요하다. (D)가 정답이 되려면 무엇인가 매진되기를 기다리는 상황이지만 아무것도 매진된 것이 없다는 문맥이 필요하다.

표현 정리 although ~에도 불구하고   sold out 매진된
nothing 아무것도

해석 Rodriguez 씨는 뮤지컬 티켓을 구입하고 싶어 했지만 매진되었다.

정답 (B)

2. ★★☆
해설 빈칸은 empty lots를 가리켜야 하고 뒤의 불가산명사를 수식하는 (C)가 정답이다. (D)는 복수명사 앞에 써야 하므로 오답이고 (A)와 (B)는 접속사라서 오답이다.

표현 정리 appropriateness 타당성   various 다양한

해석 Bowman Construction은 빈 땅을 매입한 후 다양한 프로젝트에 그것들이 적합한지 결정한다.

정답 (C)

21 부사 자리나 by 뒤는 재귀대명사가 정답!

| 실전 연습 |

1. ★☆☆

해설 빈칸은 목적어 자리이며 주어를 가리키므로 (B)가 정답이다.

표현 정리 require 요구하다 pass 통과하다 himself 그 스스로

해석 그 회사의 CEO인 David Jenkins는 자신의 직원들이 치러야 하는 모든 시험을 통과하도록 스스로에게 요구했다.

정답 (B)

2. ★★☆

해설 on one's own 형태로 쓰여 '스스로'의 의미를 만드는 (C)가 정답이다.

표현 정리 demanding customer 까다로운 고객 challenging 힘든 yours 너의 것

해석 까다로운 고객을 다루는 것은 매뉴얼 없이 혼자 하기가 상당히 어렵다.

정답 (C)

22 소유대명사는 주로 사물을 수식, 단수 취급한다!

| 실전 연습 |

1. ★★☆

해설 빈칸은 단수동사 was와 어울리는 단수주어인 (C)가 정답이다. (A)는 복수이고 (B)와 (D)는 주어가 될 수 없다.

표현 정리 more than ~이상 entry 출전, 출품작 declare 선포하다 winner 수상자

해석 250명 이상의 사람들이 대회에 참가 신청을 했기 때문에 West 씨와 Peters 씨는 그들이 우승자로 발표되었을 때 충격을 받았다.

정답 (C)

2. ★★★

해설 빈칸은 산업 표준 프로그램과 대조적으로 자신의 프로그램을 가리키는 표현이 필요하다. (B)가 자신의 것을 의미하므로 정답이다.

표현 정리 rather than ~대신에 standard 표준 규격에 맞춘

해석 소프트웨어 디자이너는 산업 표준 프로그램을 사용하는 대신에 자신의 프로그램을 개발했다.

정답 (B)

23 지시/부정대명사는 품사 자리부터 확인!!

| 실전 연습 |

1. ★★★

해설 부사절 접속사 as 다음에 복수주어의 역할을 하는 (A)가 정답이다. these는 trucks를 가리킨다. (B)와 (D)는 주어가 될 수 없고 (C)는 there are 의 형태로 쓸 수 없다.

표현 정리 manufacture 생산하다 starting ~부로

profitable 수익성 있는

해석 Chesterton Motors는 내년부터 트럭만 생산할 예정인데, 트럭이 제작하기에는 가장 수익성이 높은 차량이기 때문이다.

정답 (A)

2. ★★★

해설 빈칸은 50명의 직원들의 대부분을 가리키는 (A)가 정답이다. 이는 and most of them에서 접속사인 and와 of them이 생략되어 most만 남게 된 것이다. (B) nearly는 all이 있어야 most의 의미를 나타낼 수 있다.

표현 정리 advanced 상위의, 고급의 degree 학위 engineering 공학

해석 Rigel 사에는 50명 이상의 직원이 있으며 대부분 과학이나 공학에서 고급 학위를 가지고 있다.

정답 (A)

24 지시/부정대명사는 수와 불가산을 확인하라!

| 실전 연습 |

1. ★★☆

해설 빈칸은 만나는 대상이자 who로 시작하는 형용사절의 선행사이므로 사람을 가리키고 복수 취급하는 (C)가 정답이다. (A)와 (B)는 단수, (D)는 불가산 취급하므로 단수동사로 받는다.

표현 정리 highly 매우 qualified 자격이 있는 each 각각의

해석 면접관은 그 직책에 매우 적합한 몇몇 사람들을 만날 것이다.

정답 (C)

2. ★★☆

해설 빈칸은 복수동사 are와 어울려야 한다. 'most of+복수명사'는 복수 취급하므로 (B)가 정답이다. (A)는 단수 취급하고 (C)는 부사이고 (D)는 of와 함께 쓰여 형용사 기능을 하므로 the가 없을 때 쓸 수 있다.

표현 정리 be scheduled to ~할 예정이다 arrive 도착하다 almost 거의 plenty 풍부한

해석 Smith 씨가 주문한 대부분의 물건들은 오늘 중으로 도착할 예정이다.

정답 (B)

25 지시대명사는 사람/사물, 지정 순서, 논리를 확인!!

| 실전 연습 |

1. ★★☆

해설 빈칸은 전명구 다음의 복수동사 have와 수가 맞는 복수명사이며 긍정문과 어울리는 (D)가 정답이다. (B)는 주로 부정문, 의문문, 조건문과 어울리고 (A)와 (C)는 단수 취급하며 'of+명사'와 어울리지 못한다.

표현 정리 on account of ~때문에 poor weather 악천후 delay 지연되다

해석 악천후로 인해 우리의 선적품 중 일부가 지연되었다.

정답 (D)

2. ★★☆

해설 빈칸은 앞에서 언급한 복수명사 issues의 반복을 피해서 사용하는 (B)가 정답이다. (A)는 단수명사의 반복을 피할 때 쓰고 (C)와 (D)는 명사의 반복을 피하기 위해서 쓰는 표현이 아니다.

표현 정리 issue 사안 beyond 그 이후에 address 다루다

해석 지난번에 이미 다루었던 문제 이외에 다른 문제에 대해 말씀해 주십시오.

정답 **(B)**

26 ▶ 완전하면 that, 불완전하면 what!

| 실전 연습 |

1. ★★☆

해설 빈칸은 3형식 동사 뒤에 오는 명사절 접속사 중 주어의 역할을 하는 (A)가 정답이다. (B) 뒤에는 완전한 절이 와야 하고 (C) 뒤에는 명사가 와야 한다. (D)는 접속사가 아니라서 오답이다.

표현 정리 cause 야기하다 cracks 균열 structure 구조

해석 기술자들은 무엇이 다리의 구조에 균열을 일으켰는지 알아내기 위해 열심히 노력하고 있다.

정답 **(A)**

2. ★★☆

해설 빈칸은 동사 determines의 주어가 되는 명사절을 이끄는 명사절 접속사 자리이다. 빈칸 뒤의 절이 완전하고 내용상 장소를 뜻하는 상황이므로 (A)가 정답이다. (C)는 시간을 뜻하고 (D)는 불완전한 절에 쓰이며 (B)는 부사절 접속사라서 오답이다.

표현 정리 typically 일반적으로 foot traffic 유동 인구 규모 daily 매일 일어나는

해석 대도시에 위치한 카페의 위치는 일반적으로 일일 유동 인구 규모를 결정한다.

정답 **(A)**

27 ▶ 절이 불완전하면 관계대명사, 완전하면 관계부사!

| 실전 연습 |

1. ★★★

해설 빈칸은 선행사 all 뒤에 위치해 형용사절을 이끄는 주격 관계대명사 (A)가 정답이다. (B)는 접속사가 아니라서 오답이고 (C)와 (D)는 뒤에 완전한 절이 와야 한다.

표현 정리 charity 자선단체 list 열거하다 donate 기부하다 issue 호

해석 그 자선단체는 뉴스레터 1월호에 12월에 기부한 모든 사람들의 이름을 열거했다.

정답 **(A)**

2. ★★☆

해설 빈칸은 사물 선행사인 Four cruise ships를 수식하는 형용사절을 이끄는 목적격 관계대명사 (C)가 정답이다. (A)와 (D)는 접속사의 기능이 없고

(B)는 사람 선행사가 필요하므로 오답이다.

표현 정리 cruise ship 유람선 approximately 거의 dock 부두에 대다 pier 부두

해석 거의 2시간 거리에 떨어져 있는 3척을 포함한 유람선 4척이 그날 부두에 정박할 예정이었다.

정답 **(C)**

28 ▶ 부사절 접속사는 의미 관계를 확인하면 끝! (1)

| 실전 연습 |

1. ★★☆

해설 빈칸은 완전한 절과 절을 연결하는 부사절 접속사 자리로 출장을 가지 않는다는 것이 원인이고, 가족과 더 많은 시간을 보내는 것이 결과에 해당하므로 (D)가 정답이다. (A)는 부정어인 no longer와 어울리지 않고 내용상으로도 어색하다. (B)는 전치사이고 (C)는 부사라서 오답이다.

표현 정리 no longer 더이상 ~않다 abroad 해외로 unless ~하지 않는 한 regarding ~에 관하여

해석 더 이상 업무상 해외 출장을 가지 않기 때문에 Ruben 씨는 가족과 더 많은 시간을 보낼 수 있다.

정답 **(D)**

2. ★☆☆

해설 빈칸은 완전한 절과 절을 연결하는 부사절 접속사 자리다. 가격을 낮춘 것에 대해 비용이 많이 든다는 것은 예상의 반대 즉 양보의 관계이다. 따라서 (D)가 정답이다. (C)는 인과 관계에 사용하므로 오답이고 (A)는 전치사이고 (B)는 쓰지 않는 말이다.

표현 정리 cost 비용이 들다 despite ~에도 불구하고 now that ~이기 때문에 even though 비록 ~일지라도

해석 주인이 가격을 낮췄는데도 W&J Grill에서 식사하는 것은 비용이 많이 든다.

정답 **(D)**

29 ▶ 부사절 접속사는 의미 관계를 확인하면 끝! (2)

| 실전 연습 |

1. ★☆☆

해설 빈칸은 완전한 절과 절을 연결하는 부사절 접속사 자리다. 부사절이 현재(is)이고 주절이 미래(will be)이므로 조건의 부사절 접속사인 (A)가 우선 순위다. 연회비 지불이 처리된다는 것을 전제로 하여 회원 가입이 승인되는 것이므로 (A)가 정답이다. 조건이 되는 부분을 원인이라고 착각해선 안 된다. 따라서 because의 의미를 갖는 (B)는 오답이다. (C)는 전치사이고 (D)는 부사라서 오답이다.

표현 정리 approve 승인하다 annual fee 연회비 once 일단 ~하면 with regard to ~에 관하여

해석 귀하의 연회비 지불이 처리되면 회원 가입이 승인됩니다.

정답 **(A)**

2. ★☆☆

해설 빈칸은 완전한 절과 절을 연결하는 부사절 접속사 자리다. 부사절에 조동사 can이 있는 것으로 (C)를 우선 순위로 정한다. 사무실에 일찍 도착하는 목적이 메시지 확인에 해당하므로 (C)가 정답이다. (B)는 부사절의 내용이 조건이 될 때 쓰고 (A)는 'however+형용사/부사' 형태로 써야 접속사가 될 수 있다. (D)는 전치사라서 오답이다.

표현 정리 typically 보통 interruption 방해 regarding ~에 관하여

해석 Muller 씨는 보통 20분 일찍 사무실에 도착하여 방해받지 않고 메시지를 확인할 수 있다.

정답 (C)

---

30 콤마 뒤 완전한 절은 등위접속사!

| 실전 연습 |

1. ★★☆

해설 빈칸 앞에 콤마가 있고 완전한 절과 절을 연결하므로 등위접속사인 (A)가 정답이다. (B)는 뒤에 불완전한 절이 오고 (C)는 접속사가 아니며 (D)는 오류가 발견된 후 인쇄소로 보내졌다는 뜻이 되어 시간 순서상 어색하다. 오류가 없을 때 인쇄소로 보내는 것이 논리상 타당하다.

표현 정리 directory 안내 책자 printing office 인쇄소 over ~위에

해석 직원 명부가 인쇄소로 전송되었지만 몇 가지 오류가 데이터에서 발견되었다.

정답 (A)

2. ★☆☆

해설 빈칸은 and와 함께 상관접속사가 되는 (C)가 정답이다. (A)는 either A or B의 형태로 쓴다.

표현 정리 rental 임대 mortgage 담보 대출 only if ~해야만

해석 Chitwood 부동산은 고객들에게 임대 및 주택 담보 대출 서비스를 제공한다.

정답 (C)

---

31 시간과 장소 전치사는 매달 나온다!

| 실전 연습 |

1. ★☆☆

해설 빈칸 뒤의 넓은 장소 명사와 어울리는 (B)가 정답이다. (A)는 동반이나 수단, 동시 상황과 어울리는 전치사이고 (C)는 장소 위를 나타낼 때 쓰고 (D)는 복수명사 앞에 써야 해서 오답이다.

표현 정리 a number of 많은 establish 설립하다 throughout 도처에 over ~이상

해석 Simmons 씨는 그의 레스토랑이 Texas 주 전역에 새로운 프랜차이즈를 설립할 수 있는 많은 장소를 찾아냈다.

정답 (B)

---

2. ★☆☆

해설 빈칸 뒤의 기간과 어울리는 (C)가 정답이다. (D)는 과거 시점과 어울리고 (A)는 자격/수단과 어울린다. (B)는 접속사라서 오답이다.

표현 정리 workforce 인력 while ~동안에 since 때문에

해석 국립공원은 휴일에 문을 열지만 그때는 직원들이 더 적게 있을 것이다.

정답 (C)

---

32 양보/이유의 전치사는 주절과의 관계를 확인한다!

| 실전 연습 |

1. ★★☆

해설 Mr. Norita의 퇴임이 원인이고 Ms. Hamaguchi의 승진이 결과이므로 (C)가 정답이다. (A)는 포괄적/구체적인 관계에 써야 하고 (B)는 없는 말이고 (D)는 뒤에 장소나 시점, 동명사 등이 온다.

표현 정리 promote 승진하다 vice president 부사장 retirement 퇴임 except ~을 제외하고

해석 마케팅 이사인 Hamaguchi 씨는 Norita 씨의 퇴임으로 부사장으로 승진했다.

정답 (C)

2. ★★★

해설 증빙 문건은 신청서와 함께 제출하는 것이므로 with를 쓸 수 있는데, with가 어울리는 경우는 반대말인 without도 어울린다. 나중에 제출해도 된다는 것은 그것 없이 제출하라는 말도 어울리므로 (C)가 정답이다. (A)는 주제나 정보와 어울리고 (B)는 포괄적/구체적인 관계에서 쓰이며 (D)는 대체안을 제시하는 경우에 쓴다.

표현 정리 application 신청서 supporting documents 증빙 문건 later 나중에

해석 증빙 서류가 없는 상태로 신청서를 제출하고 나중에 그것들을 보내실 수 있습니다.

정답 (C)

---

33 전치사는 앞뒤의 명사 혹은 동사와 어울리면 끝!

| 실전 연습 |

1. ★★☆

해설 존경을 하는 주체는 시민이고 대상은 시장이므로 수동태의 주체를 표현하는 (D)가 정답이다.

표현 정리 mayor 시장 transparent 투명한 administration 관리 행정

해석 시장은 투명한 행정 때문에 시민들의 높은 존경을 받았다.

정답 (D)

2. ★★★

해설 빈칸 뒤의 those는 problems의 반복을 피하기 위해서 사용한 것이다. 따라서 직원 안내책자에 나와 있는 문제를 넘어선 어떤 문제라도 있으면

알려야 하는 상황이므로 범위를 나타내는 전치사 (A)가 정답이다.

표현 정리 notify 알리다 mention 언급하다 beyond ~을 너머

해석 감독관은 직원 안내책자에 나오는 것 이상의 어떤 문제라도 즉시 통보받아야 한다.

정답 (A)

---

34 주격, 목적격, 소유격, 동격 of를 알면 끝!

| 실전 연습 |

1. ★★☆
해설 반복되는 요청이 원인이고 새로운 메뉴 개발이 결과이므로 '~에 대응하여'라는 의미의 (C)가 정답이다.

표현 정리 request 요청 on behalf of ~을 대표하여/대신하여 in exchange for ~에 대한 교환으로 in terms of ~에 관하여

해석 Grandma's Kitchen은 반복되는 요청에 응하여 새로운 메뉴 품목을 개발했다.

정답 (C)

2. ★★★
해설 just one hour를 부사구로 만들어주는 표현인 (A)가 정답이다. (B)가 올 경우 one hour ~ the auction이 명사구가 되어 오답이다. 완전한 문장 뒤에는 부사구가 와야 한다.

표현 정리 reach 도달하다 ever 비교급이나 최상급 강조 auction 경매

해석 그 작품은 경매에서 단 한 시간만에 최고가에 도달했다.

정답 (A)

---

35 동사 어휘 문제는 전치사와 목적어 유무로 푼다!

| 실전 연습 |

1. ★★☆
해설 빈칸 뒤에 목적어가 있으므로 타동사인 (D)가 정답이다. (A), (B), (C)는 자동사이며 각각 to, to, with와 함께 쓰인다.

표현 정리 inquiry 문의 out of town 출장중인 on business 사업차, 사업 목적으로 conform 따르다

해석 조수인 Julian 씨는 그의 상사가 업무 차 출장간 동안에 고객 문의에 응해야 한다.

정답 (D)

2. ★★★
해설 빈칸은 the ice cream ~ Company까지가 목적어, very appetizing이 목적격 보어이므로 5형식 동사인 (A)가 정답이다. (B)도 5형식의 기능은 있으나 목적격 보어 자리에 동사원형이나 -ing/p.p.가 온다. appetizing은 분사가 아닌 형용사 취급한다.

표현 정리 appetizing 먹음직스러운 find 생각하다 feel 느끼다 taste 맛이 나다

해석 많은 사람들이 Crown Company가 만든 아이스크림이 매우 먹음직스럽

다고 생각한다.

정답 (A)

---

36 -ing, to부정사, that절을 확인하라!

| 실전 연습 |

1. ★★☆
해설 빈칸 뒤의 사람명사를 간접목적어로, 이어지는 that절을 직접목적어로 갖는 4형식 동사인 (A)가 정답이다.

표현 정리 gathering 모임 scheduling conflict 일정 충돌 inform 알리다 announce 알리다

해석 예상치 못한 일정 충돌로 인해 모임이 취소되었음을 부장님께 알리시기 바랍니다.

정답 (A)

2. ★★☆
해설 'be ~ to 동사원형'의 형태로 사용할 수 있는 (D)가 정답이다.

표현 정리 retailer 소매상 certain 일부 alert 알리다 authorize 권한을 부여하다

해석 어떤 국가들에서는 정부 허가를 받은 소매상들만 술과 담배를 팔 수 있다.

정답 (D)

---

37 동사 어휘 문제는 목적어, 부사와의 어울림을 확인!

| 실전 연습 |

1. ★★☆
해설 주어가 영화이고 목적어가 영화의 주된 내용에 해당하므로 (D)가 정답이다.

표현 정리 exotic 이국적인 relate 관련시키다 transfer 이동하다 park 주차하다

해석 유명한 영화 〈Catch Me If You Want〉는 전세계의 이국적인 장소들을 특징으로 한다.

정답 (D)

2. ★★☆
해설 수동태 동사 어휘 문제이므로 주어와의 어울림을 본다. 상품권을 사용한다는 의미를 갖는 (D)가 정답이다.

표현 정리 voucher 상품권 contact 연락하다 attend 참석하다 redeem 상품권을 사용하다

해석 이 상품권은 당사의 지점에서 판매하는 모든 품목에 사용할 수 있습니다.

정답 (D)

38 동사 어휘 문제에서 논리 관계가 보이면 정답!

| 실전 연습 |

1. ★★★

해설 빈칸은 반대표를 던지라는 것에 대한 조건이 되어야 하므로 반대한다는 뜻의 (A)가 정답이다. (B)는 object to 형태가 되어야 목적어를 가질 수 있다.

표현 정리 vote 투표하다 oppose 반대하다 acquire 습득하다
accept 수용하다

해석 만약 새로운 원전 건설 프로젝트에 반대한다면 그 제안에 반대표를 던지세요.

정답 (A)

2. ★★★

해설 갑자기 프로젝터가 작동하지 않았다는 것을 보아 발표를 즉흥적으로 했다고 볼 수 있다. 따라서 (B)가 정답이다.

표현 정리 all of a sudden 갑자기 improvise 즉흥적으로 하다
preside 사회를 보다

해석 프로젝터가 갑자기 작동하지 않자 Porter 씨는 즉흥적으로 발표를 했다.

정답 (B)

39 부사는 시제, 자리, 부정어를 확인하라!

| 실전 연습 |

1. ★★☆

해설 빈칸은 be와 p.p. 사이 부사 자리로 현재 시제와 잘 어울리는 부사인 (D)가 정답이다. (A)는 형용사다.

표현 정리 unless otherwise noted 달리 명시되지 않은 한
timely 시기적절한 sensitively 민감하게

해석 관리자를 위한 호텔 및 레스토랑 예약은 달리 언급되지 않는 한 일반적으로 담당 비서에 의해 이루어진다.

정답 (D)

2. ★★☆

해설 have yet to do는 '아직 ~하지 못하다'라는 뜻이다. 따라서 (B)가 정답이다. have 와 to 사이에 일반적인 부사는 위치할 수 없다.

표현 정리 interact with ~와 상호작용하다 subordinate 부하
tenure 재임 기간

해석 Lee 씨는 5년간의 재임 기간 동안 부하 직원들과 소통하는 데 아직 어려움을 가지고 있지 않다.

정답 (B)

40 부사는 동사 혹은 형용사와의 어울림을 확인하라!

| 실전 연습 |

1. ★★☆

해설 prohibited와 어울림이 좋은 (C)가 정답이다.

표현 정리 take off 이륙하다 land 착륙하다 prohibit 금지하다

해석 승객의 안전을 위해 이착륙 시 전자 기기를 사용하는 것은 엄격히 금지된다.

정답 (C)

2. ★★★

해설 dangerous와 잘 어울리는 단어는 (B)다. 백신 소프트웨어의 기능은 잠재적으로 위험한 상황에 처한 사용자들을 보호하기 위한 것이라는 내용도 자연스럽다.

표현 정리 cautiously 조심스럽게 officially 공식적으로
initially 처음에

해석 Wellborn Lab은 잠재적으로 위험한 상황에 처한 사용자들을 보호하기 위해 새로운 바이러스 백신 소프트웨어를 개발했다.

정답 (B)

41 부사 어휘는 논리 관계가 보이면 정답!

| 실전 연습 |

1. ★★★

해설 상당한 양의 커피가 쏟아졌다는 부분과 양보의 관계가 되어야 하므로 부정어인 (A)가 정답이다.

표현 정리 stain 얼룩 recognizable 알아볼 수 있는 spill 쏟다
barely 거의 ~하지 않다

해석 상당량의 커피가 쏟아졌는데도 검은 옷의 얼룩은 거의 알아볼 수 없었다.

정답 (A)

2. ★★☆

해설 빈칸은 but 뒤의 결과적인 내용에 대조적으로 먼저 발생한 일을 나타내므로 (B)가 정답이다.

표현 정리 accidentally 우연히 originally 원래 enormously 엄청나게 barely 거의 ~하지 않다

해석 강사는 당초 정오에 강의를 끝낼 예정이었으나 여러 교육생이 자세한 질문을 해서 시간이 더 길어졌다.

정답 (B)

42 명사 어휘는 전치사, to부정사, that절을 확인!!

| 실전 연습 |

1. ★☆☆

해설 to부정사의 수식을 잘 받는 (B)를 우선 순위로 대입하여 해석해 보면

'배달할 수 있는 능력'을 가진다는 의미가 자연스럽다. 따라서 (B)가 정답이다.

표현 정리 promise 약속하다 measure 조치
consideration 고려사항 issue 쟁점

해석 Jeff Greenwood는 그의 회사가 마감일까지 호주로 제품을 배송할 수 있는 능력을 가지고 있다고 약속했다.

정답 (B)

2. ★★☆

해설 빈칸 뒤의 전치사 to와 어울림이 좋은 (C)가 우선 순위다. 광고에 대한 수정을 요청했다는 해석도 자연스러우므로 (C)가 정답이다.

표현 정리 set to 착수하다 run 기사를 싣다 edition 판
revisions to ~에 대한 수정

해석 Carpenter 씨는 국내 잡지에 게재될 광고에 대한 수정을 요청했다.

정답 (C)

---

43 명사 어휘는 주변 단어와의 어울림을 확인하라!

| 실전 연습 |

1. ★★☆

해설 compensation와 복합명사를 이루어 competitive의 수식을 받는 (D)가 정답이다. 또한 구직자들에게 높게 평가받는 이유가 되어야 하므로 보상 패키지라는 의미가 자연스럽다.

표현 정리 highly regarded 높은 평가를 받는 competitive 경쟁력 있는 compensation 보상 lapse 실수, 과실

해석 Xiong Mao Group은 경쟁력 있는 보수로 구직자들로부터 높은 평가를 받는다.

정답 (D)

2. ★☆☆

해설 online의 수식을 받고 작성의 대상이 될 수 있는 (B)가 정답이다.

표현 정리 complete 작성하다 grant 보조금
by the end of the month 이달 말까지

해석 자금을 확보하고자 하는 연구소는 이달 말까지 연구 보조금 신청을 위한 온라인 신청서를 작성해야 한다.

정답 (B)

---

44 명사 어휘는 논리 관계가 보이면 정답!

| 실전 연습 |

1. ★☆☆

해설 전치사 of와 어울림이 좋고 프로젝트 취소의 원인이 되어야 하므로 '자금의 부족'이란 의미를 완성하는 (B)가 정답이다.

표현 정리 renovation 보수 funds 자금 surplus 흑자

해석 우리가 계획하고 있던 보수 공사가 자금 부족으로 취소되었다.

정답 (B)

---

2. ★☆☆

해설 7월에 완료될 보수 공사에 관한 보고서는 진척 상황 보고서라고 볼 수 있으므로 (B)가 정답이다. (D)는 사람을 수식한다.

표현 정리 present 발표하다 renovation project 보수 공사
progress 진행, 진보, 진척

해석 팀장은 7월에 완료될 보수 공사에 대한 진척 상황 보고서를 발표할 것이다.

정답 (B)

---

45 형용사는 전치사, to부정사, that절을 확인!

| 실전 연습 |

1. ★★☆

해설 전치사 of와 잘 어울리며 회사의 재정 상황을 항상 잘 알고 있어야 한다는 문맥이므로 (C)가 정답이다. (A)는 be considerate of 형태로 쓸 경우 '~에 대해 이해심이 많다'는 뜻으로 사용되므로 어색하다. (B)는 be alert to 형태로 사용한다. (D)는 전치사와의 어울림이 없다.

표현 정리 at all times 항상 considerate 사려 깊은 alert 경계하는
conscious 의식하는

해석 Forsythe 씨는 회사의 재정 상황에 항상 주의를 기울이라는 말을 들었다.

정답 (C)

2. ★★☆

해설 사람을 주어로 갖고 that+S+V와 어울리는 형용사인 (B)가 정답이다. (A)는 It is necessary that ~ 형태로 쓴다. (D)도 It is apparent that ~ 형태로 쓴다. (C)는 빈칸 뒤에 '(to be) 형용사'가 있거나 '(as) 명사'가 와야 한다.

표현 정리 necessary 필요한 optimistic 낙관적인 considered 고려되는 apparent 분명한

해석 관광객들은 날씨가 좋아져서 낮에 스노클링을 할 수 있을 것이라고 낙관하고 있다.

정답 (B)

---

46 형용사 어휘는 주변 단어와의 어울림을 확인하라!

| 실전 연습 |

1. ★★☆

해설 당초 예상보다 더 떨어졌다는 것은 예상하지 못한 어떤 요소가 있었다고 추론할 수 있다. 따라서 (D)가 정답이다.

표현 정리 more than ~이상 estimate 예상
unforeseen 예상하지 못한

해석 올 여름 예상치 못한 날씨로 인해 남아프리카 공화국의 옥수수 수확량이 당초 예상보다 더 떨어졌다.

정답 (D)

2. ★★☆

해설 'a variety/selection/collection/assortment/range/array of+복수명사'와 같은 어휘들은 wide, diverse, large와 같은 어휘들의 수식을 받아 '매우

다양한'이란 의미를 형성한다. 따라서 (A)가 정답이다.

표현 정리 executive 간부 participate in ~에 참여하다
a diverse array of 매우 다양한

해석 Prestige Autos는 경영진에게 매우 다양한 관리 워크숍에 정기적으로 참석할 것을 요구한다.

정답 (A)

47 형용사 어휘는 논리 관계가 보이면 정답!

| 실전 연습 |

1. ★★★

해설 빈칸은 명확한 기준을 발표하는 목적이 되어야 한다. 따라서 선정 과정은 투명해야 한다는 (B)가 타당한 표현이므로 정답이다.

표현 정리 magnificent 훌륭한 transparent 투명한
irregular 불규칙적인 relevant 관련 있는

해석 선정 과정을 이해하기 쉽고 투명하게 하기 위해 Picker 씨는 합격자를 위한 명확한 기준을 발표했다.

정답 (B)

2. ★★★

해설 but 뒤의 절과 역접의 내용이 와야 하므로 (B)가 정답이다. (A)가 오면 인과 관계가 된다. (C)가 오려면 결과적으로 공격받지 않았다는 내용이 와야 하며 (D)는 보안 조치를 수식하기에 적절하지 않고 비싸다고 더 보안이 훌륭하다고 단정할 수도 없다.

표현 정리 utilize 사용하다 latest 최신의

해석 Bacom 사는 최신 보안 조치를 사용하지만 어젯밤에 유해한 바이러스에 의해 공격을 받았다.

정답 (B)

PART 6

48 포괄적이거나 구체적인 어휘를 확인하라!

| 실전 연습 |

문제 1~4번은 다음 이메일을 참조하시오.

발신: Whitman 사 관리부
수신: 모든 직원
날짜: 7월 18일
제목: 곧 있을 수리 작업

지난주 내내 여러분은 아마도 2층과 3층에 새롭게 설치된 복사기를 작동하는 데 어려움을 겪었을 것입니다. 우리는 그것들을 수리할 공급업체인 Kappa 사에 연락했습니다..

이 이메일은 내일 시작해서 목요일까지 계속 여러분이 건물 안에서 Kappa의 기술자들과 마주칠 수 있음을 알리기 위함입니다. 그들은 수

리를 할 뿐만 아니라 또한 더 이상 어려움이 없도록 하기 위해서 구내에 남아있을 것입니다. 그래서 다음 며칠 동안은 복사기를 사용하는 데 약간의 지연을 겪게 될지도 모릅니다. 대안으로 문서를 출력하기 위해 길 맞은편의 복사 가게에 방문할 수 있습니다.

질문이 있으시면 저희 사무실로 연락해 주십시오.

표현 정리 repairs 수리 작업 experience 경험하다, 겪다
have difficulty -ing ~하는 데 어려움을 겪다 operate 작동되다, 가동하다 install 설치하다 copier 복사기 floor 층 get in touch with ~와 연락하다 supplier 공급업자 inform 알리다 beginning 시작된, 처음의 last 지속되다 be likely to do ~할 가능성이 있다 encounter (우연히) 마주치다, 만나다 not only A but also B A뿐만 아니라 B도 perform 수행하다 remain 남다, 머무르다 premises 구내, 사내 delay 지연, 지체, 연기

1. ★★☆

해설 새로 설치된 복사기를 작동시키는 데 어려움을 겪었을지도 모르는 것은 '지난주 이후'를 나타내는 (B)가 아니라 '지난주 동안에 발생한 일이므로 (C)가 정답이다. 지난주에 문제가 있었고 그래서 이번주에 기술자들이 방문하는 것이다. (A)는 A and B나 복수명사 앞에 쓰고 (D)는 장소명사 앞에 쓴다.

표현 정리 between ~사이에 after ~후에 over ~동안
inside ~안에

정답 (C)

2. ★★☆

해설 이 이메일은 예정된 수리 작업을 알리는 글이다. 따라서 수리 작업이 시작되는 시점은 미래이므로 (B)가 정답이다. (A)는 과거진행 시제이고 (C)는 추측 의미를 나타내고 (D)는 현재진행 시제라서 오답이다.

정답 (B)

3. ★★★

해설 두 번째 문단 첫 문장에서 복사기의 수리 작업은 목요일까지라는 말이 나오는데 이는 같은 주의 목요일로 추론할 수 있으며 따라서 작업은 같은 주의 며칠에 해당되므로 (B)가 정답이다.

정답 (B)

4. ★★★

해설 빈칸 앞은 복사기를 사용하는 데 지연을 겪게 될 수 있다는 내용이다. (A)는 길 건너 복사 가게를 이용할 수 있다는 내용이므로 이는 빈칸 앞의 문장과 같은 주제를 가진 추가적인 내용이라서 정답이다. (B)와 (C)는 관련 없는 내용이고 (D)는 모순되는 내용이라서 오답이다.

표현 정리 alternatively 그 대신에 across 가로질러, 맞은편에
print 출력하다 thanks to ~덕분에 vital 필수의 replace 교체하다
previous 이전의 break down 고장 나다

해석
(A) 대안으로 문서를 출력하기 위해 길 맞은편의 복사 가게에 방문할 수 있습니다.
(B) 수리 작업은 Kappa와의 계약 덕분에 무료로 진행됩니다.
(C) 복사기는 우리가 매우 자주 사용하기 때문에 중요한 장비입니다.
(D) 이전 복사기들이 너무 많이 고장 났기 때문에 그것들을 교체했습니다.

정답 (A)

49 ▶ 가리키는 말을 다른 문장에서 확인하라!

| 실전 연습 |

문제 1~4번은 다음 공지를 참조하시오.

> Heathcliff 아파트의 입주자들로부터 많은 요청을 받은 뒤 관리팀은 건물 지하 1층에 입주자의 의류를 위한 공간을 제공하기로 결정했습니다.
>
> 세탁 시설과 인접한 방은 사물함 40개가 들어갈 수 있도록 개조할 예정입니다. 각 사물함에는 물건을 걸 수 있는 공간뿐만 아니라 보관해야 하는 의류를 넣을 수 있는 두 개의 서랍도 있을 것입니다. 이 작업은 완료하는 데 약 2주가 걸릴 것입니다.
>
> 그곳에 의류를 보관할 의향이 있으시면 로비의 프런트에 계신 분에게 성함과 아파트 호수, 이메일 주소를 알려주시기 바랍니다. 사물함은 한 달에 20달러에 대여할 수 있습니다. 수수료는 등록 즉시 납부하셔야 합니다.

표현 정리 numerous 수많은 request 요청 tenant 세입자 management team 관리팀 decide 결정하다 provide 제공하다 space 공간 basement floor 지하층 adjacent 인접한 laundry facility 세탁 시설 renovate 개조하다 locker 사물함 hang 걸다 A as well as B B뿐만 아니라 A도 drawer 서랍 apparel 의류 store 보관하다 complete 완료하다 garment 의류 fee 요금 pay 지불하다 the moment ~하는 바로 그 순간 register 등록하다

1. ★★★

해설 지문 중반부에서 '사물함이 설치될 것이고 그 사물함에 옷을 보관할 서랍이 제공된다'는 말과, '의류를 보관할 의향이 있다면'이란 말을 통해 이 공간은 의류를 위한 공간이라고 할 수 있다. locker를 가구라고 보기엔 무리가 있고 주민들이 소유한 것이라고 보기에도 무리다. 따라서 (D)가 정답이다.

표현 정리 clothing 의류

정답 (D)

2. ★★☆

해설 앞 문장의 40 lockers를 가리키면서 단수 취급하는 (A)가 정답이다. 이는 each locker를 나타낸다. (B)는 앞에 두 개에 대한 언급이 있어야 하므로 오답이고 (C)는 막연히 '무엇이든지'라는 말이므로 오답이다. 빈칸의 문장은 40 lockers에 대한 설명이다. 40 lockers는 복수인데 (D)는 단수명사를 가리키는 말이라서 오답이다.

정답 (A)

3. ★☆☆

해설 빈칸은 숫자를 수식하는 부사 자리. 보기 중 숫자 앞에 쓰는 부사는 (D)다. (A)도 부사의 기능이 있으나 그 경우 '거칠게'라는 뜻으로 숫자 앞에 쓰는 표현이 아니다.

표현 정리 rough 거친, 거칠게 roughly 대략

정답 (D)

4. ★★☆

해설 빈칸 앞의 문장은 의류 보관에 관심이 있을 때 취해야 할 조치에 관한

내용이고 뒤의 문장은 요금에 관한 내용이다. 따라서 빈칸은 사물함의 대여에 관해 언급되는 것이 자연스럽다. 따라서 (B)가 정답이다.

표현 정리 inform 알리다 rent 세내다, 임차하다 go up 올라가다

해석
(A) 이 사실을 알려주셔서 감사합니다.
(B) 사물함은 한 달에 20달러로 대여할 수 있습니다.
(C) 모든 세입자는 세탁실을 깨끗하게 유지해야 합니다.
(D) 대여비는 앞으로 몇 달 안에 오를 것으로 예상됩니다.

정답 (B)

50 ▶ 시제는 '했다'와 '할 것이다'만 확인해도 거의 정답!

| 실전 연습 |

문제 1~4번은 다음 이메일을 참조하시오.

> Dove 씨께,
>
> 지금까지 답변을 드리지 못해 유감스럽게 생각합니다. 주문하신 타일이 어떻게 되었는지 알아보았습니다. 듣자하니, 공급업체는 그것의 재고가 바닥났지만 웹사이트를 업데이트하지 못했습니다. 저는 이 정보를 약 한 시간 전에야 통보 받았습니다. 결과적으로, 지불하신 주방 타일 5박스는 5일 이내에 배송될 것입니다. 이 문제에 대해 진심으로 사과드립니다. 8월 15일까지 주문품이 도착하지 않으면 (908) 827-2873번으로 즉시 전화 주십시오. 양해해 주셔서 감사합니다.
>
> Chet Hamner

표현 정리 regret 유감으로 생각하다 until now 지금까지 figure out 알아내다 happen 발생하다, 일어나다 supplier 공급회사, 공급자 run out of (물건을) 바닥내다, 다 써버리다 as a result 그 결과로, 결과적으로 pay for 대금을 지불하다 at once 즉시

1. ★★★

해설 빈칸 앞에서 응답을 하지 못했다는 것도 빈칸 뒤에서 문제의 원인인 공급업체의 재고 부족에 대해서 통보받은 것도 모두 지난 일로 묘사되므로 문제를 해결하려고 시도해 온 것도 지난 일이다. (D)는 현재완료진행 시제인데 이것은 과거부터 지금껏 계속 발생해온 일에 초점을 맞추므로 지나간 일을 나타낼 수 있다. (A)와 (B)는 미래적 의미이고 (C)는 현재의 상황만을 나타내서 과거의 사실에 대해 말할 수 없으므로 오답이다.

정답 (D)

2. ★★★

해설 빈칸 앞은 문제의 원인을 알아내려는 노력이 있었다는 것, 빈칸 뒤는 업체를 통해서 알아낸 사실에 해당한다. 이러한 의미 관계는 자신이 확인하지 않고 상대방을 통해 알게 된 사실에 해당하므로 (B)가 정답이다. (A)는 심각하게 말하는 상황이 아니므로 오답이고 (C)는 상당히 증가/감소하는 상황이 아니므로 오답이다. 문제의 원인을 알아내려는 중 업체의 재고 부족이 발생한 것이 동시 상황은 아니므로 (D)도 오답이다.

표현 정리 seriously 진지하게 apparently 보아하니 considerably 상당히 in the meantime 그 동안에

정답 (B)

3. ★★★

해설 빈칸 뒤에서 주문품이 8월 15일까지 도착할 것이라고 한 것으로 보아 앞에서 주문품이 배송된다는 말이 나와야 자연스러우므로 배송된다는 뜻을 나타내는 (D)가 정답이다. (B)는 주문은 이메일의 발신자가 하는 것이 아니므로 오답이고 (A)와 (C)는 배송과 상관이 없으므로 오답이다.

표현 정리 install 설치하다 order 주문하다 repair 수리하다
deliver 배송하다

정답 (D)

4. ★★☆

해설 빈칸 앞의 내용은 배송 지연과 배송이 언제 될지에 대한 내용으로 이 부분에 대해 사과하는 내용인 (A)가 정답이다. 특히 (A)에 사용된 this problem이 지칭하는 말이 앞의 배송 지연에 대한 부분이므로 연결이 자연스럽다. (B)는 요금에 대한 이야기라서 엉뚱하다. (C)는 배송 지연과 상관없는 엉뚱한 내용이다. (D)는 제품이 고객에게 직접 배송되는 상황에서 이메일의 발신자가 확인해야 할 상황이 아니므로 오답이다.

표현 정리 sincerely 진심으로 apologize 사과하다 charge 청구하다
be pleased with ~에 만족스러워하다

해석
(A) 이 문제에 대해 진심으로 사과드립니다.
(B) 귀하의 신용카드로 수수료를 청구했습니다.
(C) 그것들이 마음에 드시길 바랍니다.
(D) 그것들이 도착하면 알려 드리겠습니다.

정답 (A)

---

51 접속부사는 논리 관계를 따지고 안되면 however가 정답의 50%!

| 실전 연습 |

문제 1~4번은 다음 기사를 참조하시오.

> Daily Tribune 경제 뉴스
>
> 11월 11일 – 빵과 케이크, 기타 제과를 만드는 회사인 Baked Delights는 설립자이자 최고경영자인 Justine Richards가 올해 말에 은퇴할 계획이라고 발표했다. Richards 씨는 1998년부터 Baked Delights를 경영해왔다. 그녀는 자신의 부엌에서 만든 케이크를 팔면서 회사를 시작했다. 보도 자료에 따르면 Richards 씨는 슈퍼마켓에서 구입하는 것보다 더 맛있고 더 영양가 있는 제품을 만들 수 있다고 믿었다. 얼마 후 그녀는 친구들과 가족으로부터 주문을 받았다. 그리고 나서 그녀는 자신의 회사를 설립했고, 그 회사는 주로 입소문을 통해 고객을 얻기 시작했다. "Richards 씨가 없으면 지금과 같을 수가 없을 겁니다"라고 이 회사의 부사장인 Ted Garrett은 말했다.

표현 정리 maker 제조업체 announce 발표하다 founder 설립자
intend to do ~하려고 하다 retire 은퇴하다
ever since ~이후로 줄곧 according to ~에 따르면 press release
보도 자료 item 제품, 물품 nutritious 영양가 높은
purchase 구매하다 found 설립하다, 창립하다 primarily 주로
through word of mouth 입소문을 통해서 without ~이 없다면
vice president 부사장

1. ★★☆

해설 ever since와 같이 쓸 수 있고 '1998년 이래로 지금껏 운영해왔다'는 내용을 나타내는 (A)가 정답이다. (D)는 과거보다 더 이전에 일어난 일을 언급하며 현재 혹은 미래와는 상관이 없는 시제다. 은퇴 시점이 미래이므로 아직 일하고 있다는 것을 알 수 있어서 오답이다.

정답 (A)

2. ★★☆

해설 이야기의 흐름은 Baked Delights의 설립자이자 CEO인 Justine Richards의 은퇴 소식에 이어 회사의 설립 배경으로 진행되고 있으므로 이에 대한 이야기가 필요하다. (C)가 설립 배경에 대한 이야기이므로 정답이다. (B)는 CEO가 은퇴하는 것이지 회사를 닫는 것은 아니므로 오답이다. (A)는 엉뚱한 내용이고 (D)는 그녀가 이미 회사 설립자이므로 다른 설립자가 있을 수 없어서 오답이다.

표현 정리 serve 서비스를 제공하다 close (문을) 닫다
at home 집에서 sell 판매하다 kitchen 주방
be good friends with ~와 친분이 두텁다

해석
(A) 그녀의 회사는 그 지역에 서비스를 제공하는 많은 회사들 중 하나다.
(B) Richards 씨는 집에서 더 많은 시간을 보내기 위해 가게를 닫기로 결정했다.
(C) 그녀는 자신의 부엌에서 만든 케이크를 팔면서 회사를 시작했다.
(D) 그녀는 회사를 시작한 사람과 좋은 친구이다.

정답 (C)

3. ★★★

해설 빈칸 앞은 '더 맛있고 영양가 높은 제품을 만들 수 있다고 생각했다'는 것이고, 빈칸 뒤는 '가족과 친구들로부터 주문을 받았다'는 것이다. 그리고 '회사를 설립했다'는 이야기가 나오는데, 이 내용들은 인과 관계가 아니고 시간적인 순서에 따라 연결되는 상황이다.

표현 정리 consequently 그 결과 before long 오래지 않아
despite this 그럼에도 불구하고

정답 (B)

4. ★☆☆

해설 began은 begin의 과거 시제이며 정동사다. begin은 자/타동사 둘 다 가능하며 to부정사를 목적어로 취할 수 있으므로 (B)가 정답이다. (A)와 (C)는 정동사라서 오답이고 (D)는 obtainment customers라는 복합명사는 없으므로 오답이다.

표현 정리 obtain 얻다, 획득하다

정답 (B)

---

52 문장 삽입 문제는 앞문장과 주제가 일치해야 정답!

| 실전 연습 |

문제 1~4번은 다음 회람을 참조하시오.

> 수신: Prentice 사 전 직원
> 발신: 부사장 Stacy Jackson
> 제목: 좋은 소식
> 날짜: 4월 20일

Prentice 사가 5월 14일에 Kelly Manufacturing과 합병할 예정임을 알려드리게 되어 기쁩니다. 그날부터 우리 회사는 PK Manufacturing 으로 불리게 될 것입니다. 그 과정이 끝나면 우리는 유럽에서 가장 큰 자동차 부품 제조업체가 될 것입니다.

여러분 중 많은 분이 합병의 영향에 대해 의문을 갖고 계실 겁니다. 여러분의 직급이나 급여 상태에는 변동이 없을 것이라는 점을 유념해 주시기 바랍니다. <u>사실, 승진할 기회가 있을지도 모릅니다.</u>

당연히 이곳에 약간의 변화가 있을 것입니다. 이것들은 4월 28일 최고경영자인 Hauser 사장이 우리 회사 인트라넷에서 모든 사람들에게 연설할 때 설명될 것입니다.

표현 정리 **inform** 알리다 **merge with** ~와 합병하다 **firm** 회사 **process** 절차, 과정 **complete** 완성된, 완료된 **maker** 제조업체, 제조사 **automobile parts** 자동차 부품 **effect** 효과, 영향 **merger** 합병 **be aware** 알아 두다 **status** 상황, 상태 **position** 직책 **salary** 급여, 임금 **naturally** 당연히, 물론 **explain** 설명하다 **address** 연설하다, 이야기하다

1. ★★☆

해설 that date 뒤에 위치할 수 있는 것을 선택한다. 'from that+날짜/시간/순간+onward'는 '그 날짜/시간/순간 이후로'라는 뜻이 되므로 (B)가 정답이다. (A)와 (C)는 명사 뒤에 오는 부사가 아니고 (D)는 부사로 쓰이는 경우 '뒤에, 나중에'라는 뜻이 있지만 'from+시점'과 결합해 사용하지 않으므로 오답이다.

정답 (B)

2. ★☆☆

해설 빈칸 앞 형용사인 biggest를 빼면 관사 뒤 전치사 앞 명사 자리다. '제조업체'를 뜻하는 명사인 (C)가 정답이다.

정답 (C)

3. ★★★

해설 빈칸 앞의 문장은 '합병의 영향/변화'에 관한 이야기다. 이어지는 문장도 이와 같은 주제가 나와야 한다. (A)가 합병으로 인한 변화에 해당되는 내용이라서 정답이며 빈칸 앞의 문장에 대해 추가되는 내용이다. (B)는 작별을 암시하는 것은 엉뚱한 내용이고 (C)는 앞에서 급여에 대한 변화가 없을 것이라고 언급한 내용과 모순이 되는 오답이다. (D)는 앞에서 직책에 대한 변화가 없을 것이라고 언급한 내용과 모순이 되는 오답이다.

표현 정리 **promote** 승진하다 **send out** 보내다, 방송하다 **pay scale** 급여 체계 **reapply** 다시 지원하다 **as early as next week** 빠르면 다음 주에

해석
(A) 사실, 승진할 기회가 있을지도 모릅니다.
(B) 여러분 모두와 함께 일하게 되어 기뻤습니다.
(C) 우리는 내일 새로운 급여 체계를 방송할 것입니다.
(D) 빠르면 다음 주에 여러분의 직책을 다시 신청할 수 있습니다.

정답 (A)

4. ★☆☆

해설 대명사 문제이므로 이것이 가리키는 말을 찾아야 한다. changes를 받을 수 있는 복수 형태의 대명사인 (B)가 정답이다. (A)와 (D)는 단수를 받고 (C)는 형용사로만 쓰이므로 오답이다.

정답 (B)

| 실전 연습 |

문제 1-4번은 다음 기사를 참조하시오.

West Haven에서 인기 있는 식당인 Barrow's의 주인인 Candice Barrow는 시의 최신 은퇴 센터 건립에 5,000달러를 기부할 것이라고 발표했다. 모든 기금은 이틀 전 그녀의 식당에서 열린 자선 행사에서 모금되었다. Barrow 씨는 이번 주말에 열리는 기념식에서 시장에게 수표를 전달할 것이다. 지난 10년 동안 Barrow 씨는 시와 시민들을 돕기 위해 많은 특별한 행사를 열었다. <u>가장 최근의 행사는 이것들 중 가장 성공적이었다.</u>

표현 정리 **popular** 인기 있는 **construction** 건립, 건설 **retirement center** 은퇴 센터 **fund** 자금, 기금 **raise** 모으다 **charity event** 자선 행사 **hold** 개최하다, 열다 **check** 수표 **mayor** 시장 **ceremony** 의식, 행사 **intend to** ~하기로 의도하다 **resident** 주민

1. ★★☆

해설 빈칸은 동사 자리로 시제까지 봐야 풀 수 있는 문제다. 중반부에 'Barrow가 시장에게 수표를 전달할 것'이라고 했으므로 기부는 미래에 일어날 일임을 알 수 있다. 따라서 미래 시제인 (A)가 정답이다. (C) might는 미래의 일을 추측하는 조동사인데, 여기서는 기부 행위가 계획된 것이지 추측이 아니므로 오답이다.

정답 (A)

2. ★★☆

해설 그녀는 Candice Barrow이고 식당 소유주임이 앞에서 언급되어 있으므로 이틀 전에 열린 행사 장소가 그녀의 식당임을 알 수 있다. establishment에는 '점포, 매장, 식당'의 뜻이 있다.

정답 (D)

3. ★☆☆

해설 빈칸 뒤의 기간명사(decade)와 어울리는 전치사인 (B)가 정답이다. (A)는 과거 시점 앞에 쓰고 (C)는 A and B 혹은 둘을 가리키는 복수명사 앞에 쓰는 전치사라서 오답이고 (D)는 부사라서 오답이다.

정답 (B)

4. ★★★

해설 빈칸 앞의 문장은 Ms. Barrow가 10년간 해온 자선 행사에 관한 내용이다. 따라서 이어지는 문장도 같은 주제가 와야 한다. (C)는 그녀가 해온 자선 행사 중 하나에 대한 이야기라서 정답이다.

표현 정리 **donation** 기부 **offer** 제공하다 **successful** 성공적인 **appreciate** 감사하다

해석
(A) 기부는 행사가 열릴 때 할 수 있다.
(B) 은퇴 센터는 많은 다양한 프로그램들을 제공할 것이다.
(C) 가장 최근의 행사는 이것들 중 가장 성공적이었다.
(D) Barrow 씨는 모든 사람들이 그녀에게 도움을 준 것에 대해 감사한다.

정답 (C)

| 실전 연습 |

문제 1번은 다음 편지를 참조하시오.

Martinez 씨께,

(1) 5월 21일부로 Arrow Tech 주식회사는 333 Park Drive, La Jolla, CA 90045에 있는 새 본사로의 이전을 마무리할 것입니다. 새로운 전화와 팩스 번호는 각각 310-444-8989와 310-444-9090입니다. 이메일, 웹사이트 등 회사의 다른 모든 정보는 동일합니다.

저희 제품 시험 부서는 887 Research Drive, La Jolla, CA 90044에 위치한 이전 본사에 남아있을 것입니다.

저희 최신 제품들에 초점을 맞춘 소책자를 이 편지에 첨부합니다. 관심 있는 제품을 발견하면 주저하지 마시고 제게 연락해 주십시오. 저는 지난 5년 동안 귀사를 담당하는 영업 사원으로 즐겁게 일해왔고, 이번 본사 이전으로 인해 저희가 지속적으로 제공해 드리는 훌륭한 서비스가 중단되는 결과를 초래하지 않을 것입니다.

Mitchell Swan
Arrow Tech 주식회사 영업 사원

표현 정리 as of (날짜) ~부로, ~일자로 **headquarters** 본부, 본사 **respectively** 순서대로, 각각 **remain the same** 변함없이 그대로다 **Attached to this letter, you will find** 이 편지에 첨부된 것에서 ~을 찾아볼 수 있다 **brochure** 소책자(=booklet) **highlight** 강조하다, 돋보이게 하다 **Should you find** 당신이 ~을 찾는다면(If you should find 에서 if가 생략되고 주어와 동사가 도치된 구조) **sales representative** 영업 사원 **anticipate** 예상하다, 기대하다(=expect) **result in** ~결과를 낳다 **disruption** 중단(=interruption), 붕괴

1. ★★☆

해설 부분 주제 문제는 한 지문에 주제가 두 개 이상인 경우에 등장한다. 우선 첫 번째 주제는 첫 단락에서 본사를 옮기게 되어 전화와 팩스 번호가 바뀐다는 것이고, 두 번째 주제는 세 번째 단락에서 신제품에 대한 소책자를 보내므로 흥미를 끄는 제품이 있으면 연락을 달라는 것이다. (D)가 두 가지 주제 중 첫 번째 것과 일치하므로 정답이다.

해석
편지의 목적 중 하나는 무엇인가?
(A) 고객에게 경영진의 교체를 알리는 것
(B) 오래된 재고품에 대한 특가를 광고하는 것
(C) 어떤 거래처에 대해 이야기할 시간을 잡는 것
(D) 고객에게 연락처의 변경을 알리는 것

정답 (D)

| 실전 연습 |

문제 1~2번은 다음 이메일을 참조하시오.

수신: Curt Suzuki
발신: Eric Swanson
날짜: 3월 27일
제목: Camden 지사

Suzuki 씨께,

작년 12월에 귀하는 Camden 지사로 전근하기 위해 지원서를 제출하셨는데 당시에는 갈 수 있는 자리가 없었기 때문에 거절되었습니다. 그런데 (1) 방금 Camden 지사의 Brenda Madsen으로부터 연락 받았는데 자신의 부팀장 중 한 명이 사직할 것이라고 했습니다. 그녀는 내부에서 그를 대체하고 싶어하므로 바로 귀하가 떠올랐습니다. 늦어도 이번 주 목요일까지 귀하가 관심이 있는지 알려 주시겠습니까? 여기에 그대로 있고 싶으시다면, (2) 우리 웹사이트에 게시하여 여기 다른 직원들에게 공석에 관해 알려야 합니다. 귀하의 답변을 기다리니 가능한 한 빨리 답해 주시기 바랍니다.

Eric Swanson

표현 정리 put in an application 지원서를 제출하다 **transfer** 전근하다, 이전하다 **branch office** 지사 **reject** 거절하다, 거부하다 **space** 자리, 공간 **available** 이용 가능한 **indicate** 나타내다, 암시하다 **assistant manager** 보조 관리자 **resign** 사직하다 **replace** 대체하다 **internally** 내부적으로, 내적으로 **immediately** 즉시 **inform** 알리다 **no later than** 늦어도 ~까지 **prefer** 선호하다 **remain** 남아 있다 **aware of** ~에 관해 알고 있는 **job opening** 일자리 공석 **post** 게시하다 **respond** 답하다, 응답하다 **as soon as you can** 가능한 한 빨리

1. ★★☆

해설 인물에 대해 물어보는 키워드 문제로 사람 이름 주변에서 단서가 나온다. Camden 지사로의 전근이라는 이야기와 Camden 사무실의 Brenda Madsen이란 단서를 통해 Brenda Madsen은 Camden 지사 직원임을 알 수 있다.

표현 정리 assistant 대리 **human resources director** 인사부 부장 **branch** 지점

해석
Brenda Madsen은 누구인가?
(A) Suzuki 씨의 상사
(B) Swanson 씨의 조수
(C) 인사부장
(D) Camden 지사 직원

정답 (D)

2. ★★★

해설 지문 후반부에서 웹사이트에 게시하여 다른 직원들에게 일자리 공석에 관해 알리겠다고 하면서 가능한 한 빨리 답해 달라고 요청했다. Swanson 씨가 기다렸다가 일자리 공석을 게시할 것임을 알 수 있으므로 정답은 (C)다. 회신을 기다리는 것이라고 생각하여 답으로 고르면 함정에 빠진다. Swanson 씨가 하기를 기다린다는 것은 Swanson 씨가 안 하고 미

루고 있는 것을 이야기한다. 따라서 (A)는 Swanson 씨가 회신하기를 미루고 있다는 뜻이 되어 오답이다.

표현 정리 reply 회신하다

해석
Swanson 씨는 무엇을 하기를 기다리는가?
(A) 이메일에 회신하는 것
(B) Madsen 씨를 전근시키는 것
(C) 광고를 게시하는 것
(D) 지사를 방문하는 것

정답 (C)

---

return it, signed"에 제시되어 있다. 하지만 (C)는 언급된 부분이 없다.

표현 정리 comprised of ~로 구성된 salary 급여
commission 수수료

해석
Matthews 씨가 일할 부서에 대해 사실이 아닌 것은?
(A) 새로 만들어졌다.
(B) 직원 4명으로 구성될 예정이다.
(C) 급여는 수수료 형태다.
(D) 합류하려면 서명한 문서가 제출되어야 한다.

정답 (C)

---

56 ▶ 사실 확인은 문제의 순서에 맞게 3줄씩 대조하면 끝!

| 실전 연습 |

문제 1번은 다음 편지를 참조하시오.

> Yellow Daffodil 조경사
> 552 Main Street – Winchester, VA 22601
>
> Matthews 씨께,
>
> Yellow Daffodil에서는 창의적이고 근면한 우리 조경사 팀에 귀하가 함께 하게 되어 기쁩니다. Colorado Springs 원예 학교의 담당 교수님들이 귀하의 지성과 직업 윤리, 독창성에 대해 긍정적인 것 외에는 달리 말할 것이 없다고 전했습니다.
>
> **(1-A) 우리는 귀하가 우리 회사의 새로운 부서를 이끌어가게 할 계획입니다.** 우리는 전형적인 조경 디자인에서 확장해 금붕어와 잉어 연못 디자인을 포함하고 있습니다. 귀하가 수생 식물 분야에서 가진 전문 기술은 이 부서의 향후 성공에 매우 유용할 것이라고 생각합니다. **(1-B) 우리는 귀하와 함께 할 다른 세 명의 팀원을 신중히 선정했습니다.**
>
> 귀하의 고용 계약서를 첨부합니다. **(1-D) 귀하의 직책을 보장하기 위해 평일 5일 이내로 계약서를 검토한 후 서명해서 회송해 주십시오.** 질문이 있으면 334-2334로 인사부장인 Barbara Fischer에게 문의하실 수 있습니다.
>
> Roger Walker

표현 정리 landscape architect 조경사 inventive 창의적인 industrious 근면한 professor 교수 horticulture 원예 nothing but 단지(=only) positive 긍정적인 intelligence 지성 work ethic 직업 윤리 ingenuity 창의성, 독창성 head up a new department 새로운 부서를 이끌다 expand 확장하다 typical 전형적인 landscape design 조경 디자인 goldfish 금붕어 koi fish 잉어 pond design 연못 디자인 expertise 전문 지식[기술] water plants 수생 식물 Attached, you will find ~ 첨부된 것에서 ~을 찾을 것이다 employment contract 고용 계약서 within 5 business days 평일 5일 이내에 refer A to B A를 B에게 보내다

1. ★★☆

해설 (A)는 두 번째 단락의 "We plan for you to head up a new department with our company."에서, (B)는 같은 단락의 "We have carefully selected 3 other team members to join you."에서 사실임을 확인할 수 있다. 그리고 (D)는 마지막 단락의 "Please review the contract and

---

57 ▶ 상상이 아닌 지문에 나온 근거로 추론하면 끝!

| 실전 연습 |

문제 1번은 다음 회람을 참조하시오.

> 수신: Balton 그룹 종합 건설
> 발신: 안전 책임자 Matt Tompkins
> 날짜: 1월 22일
>
> 지난 달에 작업 현장에서의 부상이 급작스럽게 증가해서 드러난 몇 가지 핵심적인 문제를 다루고자 우리의 안전 기준을 일부 개정하게 되었습니다. 여러분은 이번 변경사항들을 숙지하고 직원들도 교육시켜서 우리 건설 현장에서 모든 사람들의 안전을 보장하는 것이 중요합니다. 다음 달 말까지 모든 현장은 불시 안전 점검을 받게 될 것이므로 즉각적인 지시 이행이 이루어져야 합니다. **(1) Balton 그룹은 항상 작업 기술의 우수성뿐만 아니라 직원들을 잘 돌보는 것에 대해 자부심을 가져왔습니다.** 이번 조치들을 통해 우리는 이런 원칙들을 모두 보장할 수 있기를 바랍니다.
>
> 개정 사항: 기준 3.5b: 모든 직원은 그들의 업무나 목적이 무엇이든 간에 건설 현장 반경 내에서는 안전 헬멧과 보안경을 반드시 착용해야 합니다. 기준 3.5c: 종합 건설로부터 1차적으로 허가를 받지 못하면 어떤 방문객도 건설 현장 내에 있어서는 안 됩니다. 기준 5.6a: 점심식사는 건설 현장 외부에서 지켜져야 합니다.

표현 정리 general contractor 일반 계약업체, 종합 건설업자 sudden rise 급작스런 증가 injury 부상 safety standards 안전 기준 address some key issues 몇몇 핵심 문제들을 다루다 come to light 겉으로 드러나다 essential 매우 중요한 familiarize oneself with 자신을 ~에 익숙하게 하다 ensure 보장하다 construction site 건설 현장 surprise safety inspection 불시 안전 점검 immediate compliance 즉각적인 지시 이행 pride oneself on ~에 대해 자부심을 가지다 excellence in ~에 있어서의 우수성 workmanship (작업의) 솜씨, 기량 through these measures 이러한 조치들을 통해 principle 원칙 revisions 개정 사항 safety helmets and glasses 안전 헬멧과 보안경 when (you are) within construction areas 건설 현장 내에 있을 때 no matter what their function or purpose 그들이 하는 일이나 목적이 무엇이든 간에 unless (they are) first cleared 1차적으로 허가를 받지 못한다면 be observed (규정 등이) 준수되다

1. ★★★

해설 첫 단락 후반부의 "The Balton Group has always prided itself on excellence in workmanship as well as in taking care of our employees." 에서 excellence in workmanship(작업 기술의 우수성)이란 표현에서 고객 만족도가 뛰어난 것으로 유추할 수 있으므로 (D)가 정답이다.

표현 정리 safety equipment 안전 장비 customer satisfaction rate 고객 만족도

해석
Balton 그룹에 대해 무엇이 암시되어 있는가?
(A) 최근에 새 사무실을 열었다.
(B) 건축 자재를 바꿀 계획이다.
(C) 안전 장비를 제작한다.
(D) 높은 고객 만족도를 가지고 있다.

정답 (D)

---

58 의도 파악 문제는 바로 앞 문장을 보면 끝!

| 실전 연습 |

문제 1~2번은 다음 메시지 대화문을 참조하시오.

> Fred Comer [오후 3:34]
> 좋은 소식이에요, Lawless 씨. (1) 당신의 회사에 안성맞춤인 사무실 공간을 찾았어요. 임대료가 낮고 Hampton Building 근처 Third Avenue에 위치해 있어요. 또한 회의실에서 보이는 항구 전경도 마음에 드실 거예요.
>
> Mary Lawless [오후 3:36]
> 좋아요. 나머지 사무실들도 같은 전경이 보이나요?
>
> Fred Comer [오후 3:38]
> 그것들은 빌딩의 다른 편에 있어서 (2) 공원을 바라보고 있어요.
>
> Mary Lawless [오후 3:39]
> (2) 제 디자이너들이 항구 전경을 고집하고 있어요.
>
> Fred Comer [오후 3:40]
> (2) 알겠습니다. 그러면 제가 계속 찾아볼게요.

표현 정리 office space 사무실 avenue 거리, ~가 harbor 항구 conference room 회의실 be on the other side of ~의 다른 편[맞은편]에 있다 look out 바라보다, 내다보다 insist 고집하다, 주장하다 look 찾다

1. ★★★

해설 Comer 씨의 첫 번째 메시지를 보면 Comer 씨가 상대방이 요청한 사무실을 찾아주고 있는 상황이 제시되므로 부동산업자라고 유추할 수 있다. 디자이너들은 상대방의 회사의 직원들이다. 정답은 (C).

표현 정리 construction 건설 real estate 부동산 manufacturing 제조

해석
Comer 씨는 어느 분야에서 일하는 것 같은가?
(A) 디자인
(B) 건설
(C) 부동산

(D) 제조

정답 (C)

2. ★★★

해설 3시 38분의 Comer 씨의 말에서 공원을 바라보는 빌딩에 대한 이야기 후에 Lawless 씨가 그의 디자이너들이 항구 전경을 고집한다고 했으므로 이 말에 이어 알겠다고 한 것은 공원 전경이 보이는 빌딩에 관심이 없다는 말에 대한 대답임을 알 수 있다. 정답은 (A).

표현 정리 understand 이해하다 suggest 제안하다

해석
오후 3시 40분에 Comer 씨가 "알겠습니다"라고 쓸 때 의미하는 것은 무엇인가?
(A) 그는 Lawless 씨가 관심이 없다고 생각한다.
(B) 그는 Lawless 씨를 오늘 늦게 만날 수 있다.
(C) 그는 제안할 다른 장소가 있다.
(D) 그는 Lawless 씨에게 곧 전화할 것이다.

정답 (A)

---

59 문장 삽입 문제는 지시어나 연결어를 받을 수 있으면 바로 정답!

| 실전 연습 |

문제 1~4번은 다음 기사를 참조하시오.

> VANCOUVER (10월 11일) - (2) 이곳 Vancouver에 본사가 있는 Canada 전자제품 제조업체인 Honoria 주식회사가 (2) 9월 30일에 대만의 Taipei에 새로운 공장을 열었다. 이 시설은 200명 이상의 정규직 근로자들을 고용하고 주방용품을 만드는 것에 주력할 것이다. 이는 수익성 있는 아시아 시장으로의 회사의 첫 번째 모험적인 사업이다. 최고경영자인 Jeremy Walker는 "(1) 대만에 위치해 있는 것이 아시아의 다른 나라들뿐만 아니라 그 나라에서 시장 점유율을 확보하는 데 도움이 될 것입니다"라고 말했다.
>
> 그는 "(4) 향후에 그곳에서 저희의 존재감을 높이고 싶습니다."라고 덧붙였다. (2) Walker 씨와 여러 다른 최고 경영진이 시설의 개장을 축하하기 위해 Taipei에 있었다.
>
> Honoria는 북미와 유럽에서 상당한 시장 점유율을 보유하고 있다. 이 회사의 가장 최신형 텔레비전인 Zeta Max는 미국과 프랑스, 스페인에서 베스트셀러다. 그러나 아시아에서의 매출은 뒤쳐지고 있는데, 그것이 그곳에 시설을 열기로 결정한 이유들 중 하나다.
>
> Honoria는 또한 미국 Texas 주 Dallas와 스위스 Zurich에도 생산 시설을 가지고 있다. (3) Walker 씨는 그의 회사가 Chiang Mai 인근에 공장을 개설하기 위해 태국 정부와 협상 중이라고 말했다. 그는 회담이 성공적일 것이라고 믿는다.

표현 정리 facility 시설 electronics manufacturer 전자 제품 제조업체 headquartered 본사가 있는 employ 고용하다 full-time worker 정규직 근로자 focus on ~에 주력하다[초점을 맞추다] kitchen appliances 주방용품 venture 모험적 사업 lucrative 수익성 있는 state 말하다 be located in ~에 위치해 있다 secure 확보하다 as well as ~뿐만 아니라 add 덧붙이다, 추가하다 increase one's presence 존재감을 높이다 top executives 최고 경영진 celebrate 축하하다 significant 상당한, 현저한 sales 매출, 판매

lagging 뒤떨어지는 negotiate with ~와 협상하다 government 정부 talk 회담, 논의 successful 성공적인

1. ★★☆

해설 첫 번째 문단에서 Honoria 주식회사가 대만의 Taipei에 새로운 공장을 연 사실을 알린 후, 대만에 위치해 있는 것이 아시아의 다른 나라들뿐만 아니라 대만에서의 시장 점유율을 확보하는 데 도움이 될 것이라는 CEO의 인터뷰 내용이 제시되어 있으므로 정답은 (D)이다.

표현 정리 decade 10년 intend to do ~하려고 하다 sell well 잘 팔리다

해석
Honoria 주식회사에 관해 언급된 것은 무엇인가?
(A) 20년 동안 사업을 해왔다.
(B) 본사를 이전하려고 한다.
(C) 유럽에 있는 회사들과 제휴를 맺고 있다.
(D) 아시아 시장에서 잘 팔리기를 바라고 있다.

정답 (D)

2. ★★★

해설 첫 번째 문단에서 Honoria의 본사가 Vancouver에 있고 대만의 Taipei에 새로운 공장을 연 날짜는 9월 30일로 확인된다. 두 번째 문단에서 Walker 씨와 여러 다른 최고 경영진이 Taipei 시설의 개장을 축하하기 위해 그곳에 있었다고 한 것을 연계해 볼 때, Walker 씨는 9월에 아시아에 있는 대만으로 해외 출장을 갔음을 알 수 있으므로 정답은 (C)다.

표현 정리 director 관리자, 책임자 be happy with ~에 만족하다 travel abroad 해외로 여행하다 market 팔려고 내놓다

해석
기사에서 Walker 씨에 관해 나타나 있는 것은 무엇인가?
(A) 그는 Taipei 공장의 새로운 관리자다.
(B) 그는 아시아에서의 그의 회사의 매출에 만족한다.
(C) 그는 9월에 해외로 출장 갔다.
(D) 그는 아시아에서 Zeta Max를 출시하려고 한다.

정답 (C)

3. ★☆☆

해설 마지막 문단에 Walker 씨는 그의 회사가 Chiang Mai 인근에 공장을 개설하기 위해 태국 정부와 협상 중이라고 제시되어 있으므로 정답은 (B)다.

해석
Honoria 주식회사는 다음 생산 시설을 어디에 지을 것 같은가?
(A) 미국에
(B) 태국에
(C) 스위스에
(D) 대만에

정답 (B)

4. ★★☆

해설 제시된 문장은 주어인 We와 that part가 가리키는 것이 구체적으로 나타난 문장 뒤에 들어가야 한다. We는 회사의 CEO가 회사를 일컫는 것이고, that part는 새로운 공장이 문을 연 대만의 Taipei일 것이므로, 두 번째 문단의 회사의 계획에 관한 CEO의 인터뷰 내용에서 향후에 그곳에서 존재감을 높이고 싶다고 한 문장 뒤인 (B)가 제시된 문장이 들어가기에 알맞은 위치다.

해석
[1], [2], [3], [4]로 표시된 곳 중에서 아래 문장이 들어가기에 가장 적절한 곳은?
"저희는 그 지역에 대한 큰 계획을 가지고 있습니다."
(A) [1]
(B) [2]
(C) [3]
(D) [4]

정답 (B)

---

60 동의어 문제는 해당 어휘가 없다고 생각하고 풀면 끝!

| 실전 연습 |

문제 1-2번은 다음 이메일을 참조하시오.

> 저는 특히 Lisa Waverly의 도움에 감사드리고 싶습니다. **(1) 저의 (2-A) 데뷔 소설을 완성할 수 있었던 것은 그녀의 노고와 헌신 덕분입니다.** 작품을 완성하는 데 제 자신과 능력에 대해 의심을 품었던 적이 있었습니다만 **(2-B) 그녀는 제가 집필을 계속하도록 격려해 주었습니다.** 그녀가 아니었다면 이 책은 결코 현실이 되지 못했을 것임을 잘 알고 있습니다. **(2-C) 또한 지금처럼 성공적이지 않았을 것입니다.**
>
> Joseph Graves

표현 정리 thank A for B A에게 B에 대해 감사하다 in particular 특히 assistance 도움 hard work and dedication 헌신과 노고 be able to do ~할 수 있다 complete 완성하다 debut 데뷔(의), 첫 출연의 novel 소설 doubt 의심하다 ability 능력 encourage A to do A가 ~하도록 격려하다 continue -ing 계속 ~하다 writing 집필 fully 충분히, 잘 reality 현실

1. ★★★

해설 thanks to의 thanks 부분으로 연상되는 (A)를 선택했다면 함정에 빠질 수 있다. thanks to는 '~덕분에'라는 뜻인데, 이 뜻을 몰랐다고 해도 문맥을 통해 풀 수 있다. thanks to 부분이 없다고 생각하고 풀어보면, 그녀의 수고와 헌신은 소설을 완성할 수 있었던 원인에 해당된다. 따라서 '~가 원인인, ~에 기인하는'이라는 뜻을 가진 (B)가 정답이다. (A)는 주어가 사람일 때 쓰는 말이다.

표현 정리 appreciative 고마워하는 attributable ~에 기인하는

해석
첫 번째 줄의 thanks to와 의미상 가장 가까운 것은?
(A) ~에 감사하는
(B) ~에 기인하는
(C) ~을 책임지는
(D) ~한 결과를 낳는

정답 (B)

2. ★★☆

해설 데뷔 소설이라는 말에서 처음 공개되었음을 알 수 있고, 그녀가 계속 격려해 주었다는 부분에서 (B)를, 마지막 문장에서 성공적이었다고 생각하고 있는 것을 알 수 있다. 따라서 (D)가 정답이다.

표현 정리 public 대중의 for the first time 처음으로 be based on

~에 기초하다

해석

이 책에 대해 사실이 아닌 것은?

(A) Graves 씨가 처음으로 공개했다.

(B) Waverly 씨는 그가 계속해서 쓰도록 도와주었다.

(C) Graves 씨는 그것이 성공적이었다는 것을 알았다.

(D) 대부분의 이야기는 현실에 바탕을 두고 있다.

정답 (D)

---

61 이메일/편지는 누가, 누구에게, 무엇을 확인하면 절반은 해결!

| 실전 연습 |

문제 1-2번은 다음 편지를 참조하시오.

> Peterson Logistics
> 88 Baldwin Avenue
> Albany, NY
>
> Leonard Styles
> 31 Mohawk Road
> Albany, NY
>
> 3월 22일
>
> Styles 씨께,
>
> Peterson Logistics의 팀에 합류해 달라는 저희 제안을 수락해 주셔서 감사합니다. **(1) 배정될 차량에 대한 교육을 시작하기 전에 업무 중에 신체에 손상을 줄 수 있는 의료 문제가 없는지 확인해야 합니다.**
>
> **다른 사람의 배송품이 안전하고, 온전하며, 제시간에 도착할 수 있도록 하는 것이** 작업의 주요 우선 순위입니다. 귀하가 일할 지역은 일년 내내 많은 양의 눈과 비가 오기 때문에, 귀하가 안전하게 대형 차량을 운행할 수 있는 능력은 좋은 건강 상태에 달려 있습니다. 따라서 저희와 함께 일하기 전에 건강 검진을 받으셔야 합니다. **(2) 예약하려면 837-8272로 전화하십시오.** Peterson Logistics에서 선정한 의사가 귀하를 진찰할 것입니다. 전체 절차는 약 2시간 정도 소요됩니다. 이것은 비용이 부과되지 않습니다. 근무 첫날에 상사에게 의사의 보고서를 제출하시기 바랍니다.
>
> Desdemona Bradley
> Peterson Logistics

표현 정리 accept 받아들이다 assign 배치하다 medical issues 의료 문제 impair 손상시키다 throughout the year 일년 내내 depend on ~에 달려있다 procedure 절차 approximately 대략 charge 수수료

1. ★★☆

해설 Styles 씨는 편지의 수신자로, 첫 번째 문단에서 Styles 씨에게 배정될 차량에 관한 교육을 받는다는 것과, 두 번째 문단에서 Styles 씨의 임무 중 주요 우선 사항은 다른 사람들의 배달물이 안전하고 온전하게 제시간에 그들에게 도착하도록 하는 것이라고 한 것에서 Styles 씨는 배달을 담당하는 운전기사일 것으로 유추할 수 있으므로 정답은 (C)다.

표현 정리 official 공무원, 관료 mechanic 정비사

해석

Styles 씨는 누구인 것 같은가?

(A) 공무원

(B) 의료 종사자

(C) 운전기사

(D) 자동차 정비공

정답 (C)

2. ★★☆

해설 두 번째 문단 중반부에서 함께 일을 시작하기 전에 건강 검진을 받아야 한다고 알린 후 837-8272로 전화하여 예약을 잡으라고 했으므로 정답은 (A)다.

표현 정리 examination 검사 confirm 확정하다, 확인하다 acceptance 수락 weather forecast 일기예보

해석

Styles 씨가 전화로 할 일로 요청받은 것은?

(A) 검사 예약하기

(B) 일자리 수락 확인

(C) 상사 연락

(D) 일기예보 확인

정답 (A)

---

62 공지/회람은 누가, 누구에게, 무엇을 확인하면 절반은 해결!

| 실전 연습 |

문제 1-2번은 다음 회람을 참조하시오.

> 수신: 전 직원
> 발신: 소유주 Harvey Sturgill
> 제목: Laverne Enterprises
> 날짜: 9월 18일
>
> **(1) Laverne Enterprises와의 특별 제휴로 여섯 대의 산악 자전거가 시험 삼아 9월 25일부터 10월 10일까지 직원들이 이용 가능하게 될 것입니다.** 이 산악 자전거는 매끄럽고 빠른 주행을 위해 최신 기술로 설계되었습니다. 신형 Laverne 120 모델은 프레임이 티타늄으로 만들어진 그 회사 최고급 라인의 자전거입니다. 현재 여러 전문 사이클 선수들이 이 모델을 사용하고 있고, 우리도 그것을 시험적으로 타볼 기회가 생겼습니다. 자전거들 중 하나를 이용해 보고 싶은 분들은 저에게 연락하시면 됩니다. 예상보다 더 많은 관심이 몰릴 경우, 다른 날짜에 교대로 이용하도록 해야 할 것입니다. **(2) 자전거를 빌리는 사람들은 그것을 이곳 우리 매장에서 판매할지 결정하는 데 도움이 되도록 사용 경험에 관한 설문조사를 작성하셔야 합니다.**

표현 정리 unique 독특한, 특별한 partnership 동업 on a trial basis 시험삼아 top-of-the-line 최고급품의, 최신식의 opportunity 기회 try out ~을 테스트해 보다, 시험삼아 해보다 take turns 교대로 하다 determine 결정하다, 확정하다

1. ★★☆

해설 도입부에서 Laverne Enterprises와의 특별 제휴로 여섯 대의 산악 자전거가 시험 삼아 9월 25일부터 10월 10일까지 직원들이 이용 가능하게 될

것이라고 한 것에서 직원들에게 산악 자전거 시범 이용 기회가 있음을 알리기 위해 보낸 회람임을 알 수 있다. 정답은 (A).

표현 정리 offer 제공하다 conduct a survey 설문조사를 하다 preference 선호사항, 선호도 assistance 도움 encourage 장려하다

해석
회람의 목적은 무엇인가?
(A) 직원들에게 제품을 이용할 기회를 제공하기 위해서
(B) 직원 선호사항에 관한 설문조사를 하기 위해서
(C) 직원 문제에 도움을 청하기 위해서
(D) 직원들에게 자전거를 구입하도록 장려하기 위해서

정답 (A)

2. ★★☆

해설 지문 후반부의 be expected to는 요구사항을 나타내는 표현이다. 따라서 설문조사를 작성하는 것이 요구사항인데, 이 요구사항은 회람의 발신자가 하는 것이므로 소유주에게 의견 제공이라는 (C)가 정답이다.

표현 정리 apply 지원하다 professional 전문적인 provide A to B A를 B에게 제공하다

해석
직원들은 무엇을 하도록 요구되는가?
(A) 전문 사이클 선수가 되기 위한 지원
(B) 매장에서 판매하는 것에 대한 투표
(C) 소유주에게 의견 제공
(D) 자전거 제조업체에 문의

정답 (C)

---

63 기사는 첫 문단만 잘 파악해도 절반은 정답!

| 실전 연습 |

문제 1-3번은 다음 기사를 참조하시오.

마을 소식

Aaron Foster 작성

(3월 21일) 마을에 있는 가장 오래된 건물은 Lauren Murphy가 소유한 패밀리 레스토랑 Hillside가 사용하고 있다. 그곳은 또한 Catherine Hubbard가 처음 일을 했던 곳이기도 하다. 그녀는 고등학교 학생이었을 때 웨이트리스로 일하면서 그곳에서 여름 방학들을 보냈다. 그녀는 번 돈의 대부분을 저축해 대학 등록금을 내고 학위를 받았다.

(1) 이제 10년 후, 그녀는 또 다시 Murphy 씨를 위해 일하고 있다. 하지만 이번에 그녀는 레스토랑을 최신식 모습으로 바꾸도록 고용되었다. Murphy 씨는 Hillside의 인기에도 불구하고, 레스토랑의 인테리어는 너무 단조로워 활기를 띠게 할 필요가 있다고 생각했다. "**(2) 저는 여러 디자이너들과 이야기해 보고 그들에게 레스토랑을 어떻게 개조할지 물어봤는데, Catherine의 아이디어에 가장 깊은 인상을 받았어요.** 그녀가 이미 Hillside에 친숙하고, 제가 좋아하는 것과 싫어하는 것도 알고 있는 것이 도움이 되었던 것 같아요."

Hubbard 씨의 제안은 레스토랑의 전통적인 분위기는 **(3) 유지하지만** 외관은 여러 방식으로 최신화할 것이다. 벽의 그림들은 원래 자리에 그대로 있을 것이지만, 테이블과 의자들은 교체될 것이다. 그것들은 또한 사람들이 돌아다닐 실내 공간이 더 많도록 다르게 배치될 것이다.

Hubbard 씨는 이달 말까지 작업이 완료될 것으로 예상하고 있다.

표현 정리 occupy 점유하다, 차지하다, 사용하다 own 소유하다 high school student 고등학교 학생 summer vacation 여름 방학 save 저축하다 earn 벌다, 받다 pay for college 대학 등록금을 내다 earn a degree 학위를 받다 decade 10년 hire 고용하다 appearance 외관, 모습 despite ~에도 불구하고 popularity 인기 drab 단조로운, 칙칙한 liven up 활기를 띠다 redo 개조하다, 다시 하다 impress 깊은 인상을 주다 be familiar with ~에 친숙하다, ~을 잘 알다 proposal 제안 retain 유지하다 ambience 분위기 picture 그림, 사진 remain 남아 있다 be replaced 교체되다 arrange 배치하다 differently 다르게 move around 돌아다니다

1. ★★☆

해설 두 번째 문단 도입부에서 레스토랑이 최신식 외관을 보여주도록 Hubbard 씨가 고용되었다는 사실을 알린 후, 그녀가 진행할 레스토랑의 개조에 관해 구체적으로 이야기하고 있으므로 정답은 (C)다.

표현 정리 promote 홍보하다, 촉진하다 announce 알리다 describe 설명하다 renovation 개조 establishment 식당, 시설

해석
기사의 목적은 무엇인가?
(A) 새로운 레스토랑을 홍보하기 위해서
(B) 매장이 현재 채용 중임을 알리기 위해서
(C) 식당의 개조를 설명하기 위해서
(D) 시 관광 기회를 촉진하기 위해서

정답 (C)

2. ★★☆

해설 두 번째 문단에서 레스토랑 주인인 Murphy 씨가 여러 디자이너들과 이야기를 했고 그들에게 레스토랑을 어떻게 개조할지를 물어봤는데, Catherine Hubbard의 아이디어에 가장 깊은 인상을 받았다고 한 것을 통해, Hubbard 씨는 인테리어 디자이너인 것을 유추할 수 있으므로 정답은 (A)다.

표현 정리 chef 요리사

해석
Hubbard 씨는 누구인 것 같은가?
(A) 인테리어 디자이너
(B) 요리사
(C) 대학생
(D) 레스토랑 주인

정답 (A)

3. ★★☆

해설 해당 문장은 레스토랑의 전통적인 분위기는 유지한다는 것으로 뒤의 내용인 외관을 최신화한다는 것과 대조적으로 쓰였으므로 "유지하다"라는 뜻의 (B)가 정답이다.

해석
세번째 문단 첫번째 줄의 "retain"과 의미가 가장 가까운 것은?
(A) 개선하다
(B) 유지하다
(C) 바꾸다
(D) 즐겁게 해주다

정답 (B)

| 실전 연습 |

문제 1-4번은 다음 온라인 채팅 토론을 참조하시오.

Teresa Powell [오전 11:45]
여러분. (1) 제가 Jasper 주식회사의 우리 고객을 만나서 우리가 하려고 계획하고 있는 실내 장식을 새로 하는 것에 관해 이야기하려고 하는데, 카펫 샘플을 가지고 오지 않았다는 것을 막 알았어요. 누가 좀 도와줄 수 있을까요?

Greg Comer [오전 11:46]
(2) 우리 컬렉션을 온라인으로 보여주는 게 어때요?

Teresa Powell [오전 11:47]
온라인 사진들은 효과가 없을 거예요. (2) 색상과 모습이 직접 보는 것만큼 온라인으로는 좋아 보이지 않을 거거든요.

Greg Comer [오전 11:47]
그럼 차로 여기에 다시 와서 그것들을 가져가는 게 좋겠네요.

Maria Gucci [오전 11:48]
그러지 말아요. (4) Second Avenue에 있는 우리 매장에서 빌려갈 수 있는 샘플 책들을 좀 가지고 있거든요.

Teresa Powell [오전 11:49]
고마워요, Maria. 그것들을 여기에 가지고 올 수 있나요? (3) 제가 지금 Whitmore 건물 바로 맞은편에 주차한 상태거든요.

Maria Gucci [오전 11:50]
(4) 중간에서 만나는 게 어떨까요? 제가 1시에 우리 공급업체들 중 한 곳을 만나야 해서 그곳까지 운전해 갈 수가 없거든요.

Teresa Powell [오전 11:51]
아, 그건 몰랐어요. Sunflower 커피숍에서 만나는 게 어때요?

Maria Gucci [오전 11:52]
거기 어디인지 알아요. 20분 후에 그곳에 갈 수 있겠네요.

Teresa Powell [오전 11:52]
딱 좋네요.

표현 정리 redecorate 실내 장식을 새로 하다 realize 알다, 깨닫다 lend a hand 도움을 주다 work 효과가 있다 appearance 겉모습, 외관 in person 직접 pick up ~을 가지고 가다 currently 현재 right across from ~의 바로 맞은편에 halfway 중간에서, 중간의 supplier 공급자, 공급업체 aware of ~에 관해 아는

1. ★★★

해설 도입부에서 Teresa Powell이 Jasper 주식회사의 고객을 만나서 계획하고 있는 실내 장식을 새로 하는 것에 관해 이야기하려고 하는데, 카펫 샘플을 가지고 오지 않았다는 것을 막 알았다고 했다. 고객에게 샘플을 보여주며 계획 등을 설명해 주는 영업직원일 것으로 유추할 수 있으므로 정답은 (C)다.

표현 정리 employee 직원 representative 담당자, 대표

해석
Powell 씨는 누구인 것 같은가?
(A) Jasper 주식회사의 직원
(B) 커피숍 직원
(C) 영업직원
(D) Gucci 씨의 고객

정답 (C)

2. ★★★

해설 이는 앞서 컬렉션을 온라인으로 보여줄 것을 제안하는 Greg Comer의 말에 대한 응답으로, 이 말에 이어 색상과 모습이 직접 보는 것만큼 온라인으로는 좋아 보이지 않는다고 덧붙인 것을 통해 고객에게 샘플을 직접 보여주고 싶은 의향임을 알 수 있으므로 정답은 (D)다.

표현 정리 access 접속하다 cancel 취소하다 schedule 일정을 잡다 laptop 노트북 컴퓨터

해석
오전 11시 47분에 Powell 씨가 "Online pictures won't work"라고 쓸 때 무엇을 의미하는가?
(A) 그녀는 웹사이트에 접속할 수 없다.
(B) 그녀는 일정을 잡았던 회의를 취소할 것이다.
(C) 그녀는 노트북 컴퓨터를 가지고 오지 않았다.
(D) 그녀는 고객에게 샘플을 보여주고 싶어한다.

정답 (D)

3. ★★☆

해설 중/후반부에 Teresa Powell이 지금 Whitmore 건물 바로 맞은편에 주차된 상태에 있다고 한 것을 통해, 현재 차 안에 있음을 알 수 있다.

해석
Powell 씨는 어디에 있는가?
(A) 자신의 사무실에
(B) 자신의 차 안에
(C) 매장에
(D) 커피숍에

정답 (B)

4. ★★★

해설 중반부에 Maria Gucci가 Second Avenue에 있는 매장에 빌려갈 수 있는 샘플 책들을 좀 가지고 있다고 했고, 이어 그것들을 자신이 있는 쪽으로 가지고 올 수 있느냐는 Powell 씨의 물음에 중간에서 만나자고 제안한 것을 통해, Powell 씨에게 샘플을 가져다주겠다고 제안한 것임을 알 수 있다.

표현 정리 give a presentation 프레젠테이션을 하다, 발표하다 stay late 늦게까지 남아 있다 prepare 준비하다

해석
Gucci 씨가 하겠다고 제안하는 것은 무엇인가?
(A) Powell 씨에게 물품을 가지고 가는 것
(B) 공급업체에 프레젠테이션을 하는 것
(C) 늦게까지 사무실에 남아 있는 것
(D) Comer 씨가 회의 준비하는 것을 돕는 것

정답 (A)

| 실전 연습 |

문제 1–2번은 다음 광고를 참조하시오.

> *Grayhorn 건설은*
> *Westchester 콘도미니엄을*
> *선보이게 되어 기쁩니다*
>
> (1) Grayhorn 건설회사는 Westchester 콘도미니엄을 건설하기 위해 2년 동안 작업하여 복합단지가 마침내 완성되었습니다. 이 복합단지는 해변가에 살고 싶은 은퇴자들에게 이상적인 425세대가 있습니다. 거주자들은 복합단지 내에 위치한 상점들에서 쇼핑을 할 수 있고, (2-D) 복합단지의 전용 바닷가 해변에서 시간을 보낼 수 있으며, (2-B) 다양한 사교적인 활동에 참여할 수 있을 것입니다. 고령자들은 또한 테니스장과, 수영장, (2-A) 개인 주차 공간, 산책길을 포함한 현대적인 시설이 무척 마음에 드실 것입니다. Westchester 콘도미니엄이 이 지역에서 가장 인기 있는 부동산이 될 것을 확신합니다.

표현 정리 condominium 아파트 complex 복합단지 retiree 은퇴자 alongside ~ 옆에 oceanfront 바다 가까이에 있는 shop 쇼핑하다 engage in ~에 참여하다 social activity 사교 활동 parking 주차 구역 senior citizen 노인, 고령 시민 hottest 가장 인기 있는 property 부동산, 건물, 재산

1. ★★☆

해설 도입부에 복합단지를 완성했다는 말이 제시되었고 뒤에서 은퇴자나 고령자를 위한 시설이 있음을 강조하고 있으므로 특정한 사람들을 위한 주택 광고임을 알 수 있다. 정답은 (B).

표현 정리 housing 주택 nursing home 양로원 retirement 은퇴

해석
광고는 무엇을 홍보하고 있는가?
(A) Westchester 여행 패키지
(B) 특정한 사람들을 위한 주택
(C) 양로원
(D) 은퇴 계획 서비스

정답 (B)

2. ★★☆

해설 지문 중반부에 전용 바닷가가 있다는 것은 위치 정보이므로 (D), 이어서 설명된 다양한 사회적 활동은 (B), 개인 주차 공간에 대한 언급은 (A)에 각각 해당한다. 그러나 가격에 대한 정보는 없다.

해석
광고에서 언급되지 않은 것은 무엇인가?
(A) 주차
(B) 활동
(C) 가격
(D) 위치

정답 (C)

| 실전 연습 |

문제 1–3번은 다음 정보를 참조하시오.

> (1) Columbus를 방문한다면 이 장소들을 반드시 살펴보세요!
>
> Bayside 미술관
> 월요일부터 토요일까지 오전 10시 – 오후 6시 개관; 입장료 10달러
> 인상파 작품 모음과 함께 이 지역의 가장 훌륭한 예술 작품들을 감상해 보십시오.
>
> Snyder House
> 매일 오전 9시 – 오후 4시 개관; 입장료 4달러
> Columbus의 설립자인 David Snyder의 고택을 둘러보세요. 집과 구내의 (3) 가이드 투어가 가능합니다.
>
> Pine 놀이공원
> 매일 오전 8시 – 오후 11시 개장; 입장료 15달러
> 이 지역 최고의 (2) 놀이공원에서 23개의 놀이기구와, 동물 쇼, 게임, 맛있는 길거리 음식을 즐기세요. 항구 옆에 위치한 Pine 놀이공원은 가족과 함께 하루 또는 주말을 보내기에 훌륭한 장소입니다.
>
> Columbus 박물관
> 월요일부터 금요일까지 오전 9시 – 오후 5시 개관; 입장료 무료
> 다섯 개의 상설 전시관을 보면서 Columbus와 주변 지역의 역사에 대해 알아보세요. (3) 요청시 투어를 이용할 수 있습니다. 박물관은 종종 임시 전시물을 전시하고 지역 관심사에 대한 세미나와 연설을 합니다.

표현 정리 visit 방문하다 be sure to do 반드시 ~하다 check out 확인하다, 살펴보다 gallery 미술관 admission 입장료 art 미술품, 예술 along with ~와 함께 collection 수집품, 소장품 impressionist 인상파의, 인상주의의 work 작품 ancestral home 조상 전래의 고택, 향관 founder 설립자, 창시자 guided tour 가이드를 동반한 투어[관광] grounds 땅, 부지, 영역 available 이용 가능한 amusement park 놀이공원 ride 놀이기구 animal show 동물 쇼 delicious 맛있는 street food 길거리 음식 located (~에) 위치한 harbor 항구, 항만 spend (돈, 시간 등을) 소비하다 permanent exhibit hall 상설 전시관 feature ~을 특집으로 다루다, ~를 특징으로 하다 conduct a seminar 세미나를 개최하다

1. ★★★

해설 우선 제목으로 Columbus를 방문할 때 다음 장소들을 살펴보라고 했고, 이어서 미술관, 고택, 놀이공원, 박물관 같은 관광지들을 소개하고 있다. 따라서 이 글의 목적은 방문객들에게 관광지를 설명하는 것임을 알 수 있다. 시간이 나와 있어서 일정표라고 생각하면 안 된다. 관광지가 문을 열고 닫는 시간을 알리는 것이지 일정표를 제시한 것이 아니다.

표현 정리 give directions to ~로 가는 길을 안내하다 tourist destination 관광지 how to do ~하는 방법 book 예약하다

해석
이 정보의 목적은 무엇인가?
(A) 장소들로 가는 길을 안내하기 위해
(B) 활동들의 일정을 제공하기 위해
(C) 관광지를 설명하기 위해
(D) 표 예매 방법을 설명하기 위해

정답 (C)

2. ★★☆

해설 문제의 키워드인 Pine Amusement Park의 설명 부분을 보면 놀이기구, 동물 쇼, 게임 등은 모두 젊은 사람들이 즐길 수 있는 것들이고 이를 통해 추론할 수 있는 보기는 (C)다. 놀이공원은 휴일에도 운영하므로 (B)는 오답이다. 지역 최고의 놀이공원이라는 말로 인기가 있다고 볼 수는 없으므로 (A)도 오답이고 (D)는 언급되지 않는다.

표현 정리 popular 유명한, 인기 있는 national holiday 국경일 activity 활동, 프로그램 renovate 개조하다, 보수하다

해석
Pine 놀이공원에 관해 암시하는 바는?
(A) Columbus에서 인기 있는 장소다.
(B) 국경일에는 휴장한다.
(C) 젊은 사람들을 위한 활동들이 있다.
(D) 최근에 보수되었다.

정답 (C)

3. ★☆☆

해설 Snyder House는 집에 대한 가이드 동반 투어를 제공하고, Columbus 박물관도 요청 시 투어를 제공한다고 했다. 따라서 둘 다 관광객을 위한 투어를 제공한다는 것을 알 수 있다.

표현 정리 near ~근처에 offer 제공하다 charge for ~에 대한 요금을 청구하다 all weekend long 주말 내내

해석
정보에 따르면 Snyder House와 Columbus 박물관의 공통점은 무엇인가?
(A) 둘 다 놀이공원 근처에 위치해 있다.
(B) 둘 다 방문객들에게 투어를 제공한다.
(C) 둘 다 입장료를 받는다.
(D) 둘 다 주말 내내 문을 연다.

정답 (B)

서식별 출제 포인트를 캐치하면 정답!

| 실전 연습 |

문제 1~2번은 다음 초대장을 참조하시오.

> Beacon Center에서
> 즐거운 밤을 함께 하세요.
>
> 8월 11일 금요일
> 오후 7:00부터 오후 9:30까지
>
> Beacon Center
> 342 Davis Row, Arlington
>
> Beacon Center가 문을 연 지 이제 25년이 되었습니다. 그 기간 동안 Arlington 시에서 저희가 해왔던 음악에 대한 지원을 축하하기 위해 특별 행사를 주최합니다. **(1) 지난 수년간 저희 기금 모금 활동을 지원해 주신 모든 분을 음식과, 즐거움, 음악이 있는 저녁을 위해 오시는 것을 환영합니다.** Arlington 교향악단과 소프라노 Leslie Fallon이 공연하는 음악을 들으며 지역 음악가들과 동료 음악 애호가들을 만나보세요. 음식은 요리사 Alister Bain이 제공해 드릴 것이며, 그의 레스토랑 Sunlight Square가 센터의 1층에 막 문을 열었습니다. 센터의 회장이신 Carmen Watson 씨가 센터의 역사에 관한 강연을 할 것입니다. 저녁에 판매되는 음식과 음료에서 나오는 모든 수익금은 Arlington

> Music Initiative로 가게 될 것이며, 그들의 목표는 모든 지역 초등학교의 음악 수업을 후원하는 것입니다.
>
> 참석하기 위해 등록하시려면 tstyles@beaconcenter.org로 Tanya Styles에게 연락하십시오.
> **(2) 자리가 제한되어 있으니 반드시 곧 저희에게 연락하십시오.**

표현 정리 celebrate 축하하다, 기념하다 support 지지, 지원 host 주최하다 fundraising 기금 모금 effort 활동, 노력 musician 음악가 fellow 동료, 같은 처지의 사람 music enthusiast 음악 애호가 perform 연주하다, 공연하다 chef 요리사 on the first floor 1층에 give a talk 강연을 하다 proceeds 수익금 beverage 음료 goal 목표 sponsor 후원하다 elementary school 초등학교 register 등록하다 limited 제한된, 한정된

1. ★☆☆

해설 초반부에 지난 수년간 기금 모금 활동을 지원해 준 모든 사람들이 저녁에 식사와. 즐거움. 음악을 즐기러 오는 것을 환영한다고 제시되어 있으므로 정답은 (B)다.

표현 정리 donor 기부자 composer 작곡가

해석
초대장은 누구를 위해 의도된 것 같은가?
(A) 음악가들
(B) 이전 기부자들
(C) 레스토랑 고객들
(D) 작곡가들

정답 (B)

2. ★☆☆

해설 마지막에 자리가 제한되어 있으니 서둘러 연락하라고 한 것을 통해, 제한된 자리로 인해 빨리 등록한 특정한 수의 사람들만 참석할 수 있다는 것을 알 수 있으므로 정답은 (A)다.

표현 정리 certain 특정한 include 포함하다 require 요구하다 take place 열리다, 개최되다

해석
행사에 관해 나타나 있는 것은 무엇인가?
(A) 특정한 수의 사람들만 참석할 수 있다.
(B) 짧은 음악 수업을 포함할 것이다.
(C) 참석하려면 요금이 필요하다.
(D) 초등학교에서 열릴 것이다.

정답 (A)

이중 지문은 연계 문제 하나만 잘 풀면 끝!

| 실전 연습 |

문제 1~5번은 다음 광고와 서식을 참조하시오.

> 국제적인 사업 실행에 관한 웹캐스트 세미나
>
> 다른 나라에서 사업을 하는 데 관심이 있고 여러분의 해외 고객들과 더 잘 연결되고 싶다면 **(1) Gregorian Institute가** 후원하는 다음 웹캐스트 세미나에 참석하셔야 합니다. **(1) www.gregorianinstitute.edu 에 로그인하여 쌍방향 원탁 토론을 특징으로 할 저희의 다음 세미나에**

등록하십시오. (3) 저희 전문가들은 모두 자신의 성공적인 사업체를 운영하고 있으며, 다른 나라의 문화에 대해 아는 것이 사업에서 성공하는 데 어떻게 도움이 될 수 있는지에 초점을 맞출 것입니다. (1) (미국 동부 표준시) 7월 21일 월요일 오후 6시부터 8시까지 라이브로 세미나를 보실 수 있습니다. 세 가지 강연이 있습니다:

- Jose Baez의 "남미 시장의 미래"
- (4) Abeba Selassie의 "Ethiopia의 사회적 에티켓"
- Hans Klugel의 "동유럽에서 전문적인 프레젠테이션을 하는 방법"

(2) 온라인으로 등록하는 데 문제가 있으시면 늦어도 7월 18일까지 dpappu@gregorianinstitute.edu로 Dinesh Pappu에게 이메일을 보내십시오.

(1) 행사에 실시간으로 참석하실 수 없으면 온라인 기록보관소를 방문해서 보십시오. 세미나가 끝나고 약 24시간 후에 업로드될 것입니다.

표현 정리 webcast 웹캐스트, 인터넷 생방송 international 국제적인 conduct business 사업을 하다 connect 연결하다 sponsored by ~에 의해 후원되는 log on to ~에 로그인하다 register for ~에 등록하다 feature 특징으로 하다 interactive 상호적인, 쌍방의 roundtable discussion 원탁 토론 expert 전문가 run 운영하다 successful 성공적인 focus on ~에 초점을 맞추다[주력하다] culture 문화 get ahead in business 사업이 잘되다 talk 강연 social 사회적인 experience 겪다 no later than 늦어도 ~까지 archive 기록 보관소 approximately 대략, 약 be completed 완료되다

---

http://www.gregorianinstitute.edu/evalulationform

(5) Eric Cutler 씨, 7월 21일에 저희 웹캐스트 세미나에 참여해 주셔서 감사합니다. 이 설문조사를 작성하여 귀하의 경험에 관해 저희에게 알려주시기 바랍니다.

1(매우 불만족스러운)에서 5(매우 만족스러운)까지의 등급으로 다음을 평가해 주세요:

세미나의 주제	5
발표자들의 전문 지식과 준비	5
다뤄진 정보의 양	4

행사에 관해 가장 좋았던 것은 무엇인가요?
(4) Selassie 씨의 강연이 매우 유익했고 제 향후 사업 거래와 관련 있는 것이었습니다. 그가 청중이 제기한 질문들에 답변해준 것이 좋았습니다.

향후 웹캐스트가 어떻게 개선될 수 있다고 생각하시나요?
영국 Manchester에 살고 있어서 행사를 라이브로 볼 수 있기 위해 자정에 보기 시작해야 했습니다. (5) 일부 웹캐스트는 더 일찍 방송되도록 하는 것이 해외 시청자들에게 상당히 도움이 될 것입니다.

표현 정리 participate in ~에 참가하다 complete 작성하다, 완료하다 survey 설문 조사 scale 등급, 척도 highly 매우, 대단히 dissatisfied 불만족스러운 satisfied 만족스러운 rate 평가하다 topic 주제 expertise 전문 지식 presenter 발표자 amount 양 cover 다루다 extremely 매우, 극도로 informative 유익한 relevant to ~에 관련된 dealing 거래 posed 제기된 midnight 자정 be broadcast 방송되다 benefit ~의 이익이 되다 viewer 시청자 considerably 상당히, 현저히

---

1. ★★★

해설 광고 첫 번째 문단에서 언급되는 웹캐스트 참석과 웹사이트 등록 권유, 구체적인 일시, 그리고 실시간 참석 불가 시 안내사항 등 종합적으로 볼 때 웹캐스트 세미나가 온라인으로 방송될 것임을 알 수 있다.

표현 정리 on a weekly basis 주 단위로 regular traveler 일반 여행객

해석
광고에서 세미나에 관해 나타나 있는 것은 무엇인가?
(A) 주 단위로 열린다.
(B) 회원들만 볼 수 있다.
(C) 온라인으로 방송될 것이다.
(D) 일반 여행객들을 위해 의도된 것이다.

정답 (C)

2. ★★☆

해설 후반부에 온라인으로 등록하는 데 문제가 있으면 늦어도 7월 18일까지 Dinesh Pappu에게 이메일을 보내라고 제시되어 있으므로 정답은 (A)다.

표현 정리 access 입장 허가, 접속, 이용 learn about ~에 관해 알게 되다 apply 신청하다

해석
광고에 따르면 읽는 이들은 왜 Pappu 씨에게 연락해야 하는가?
(A) 세미나에 접속을 요청하기 위해서
(B) 결제 방법에 관해 알기 위해서
(C) 자체 세미나를 진행하도록 신청하기 위해서
(D) 웹캐스트를 위한 향후 주제들을 제안하기 위해서

정답 (A)

3. ★★★

해설 광고 첫 번째 문단 중반부에 쌍방향 원탁 토론에 참여할 전문가들에 대해 그들 모두 자신의 성공적인 사업체를 운영한다고 제시되어 있으므로 정답은 (D)다.

표현 정리 organize 조직하다, 준비하다 full-time job 정규직 collaborate 협력하다 various 다양한

해석
토론자들에 관해 사실인 것은 무엇인가?
(A) 그들은 세미나를 준비하는 것을 도왔다.
(B) 그들은 정규직으로 세미나를 진행한다.
(C) 그들은 다양한 사업 프로젝트에서 협력한다.
(D) 그들은 업계 경력을 가지고 있다.

정답 (D)

4. ★★☆

해설 Cutler 씨는 세미나 참석 후 설문지 작성을 요청받은 Eric Cutler로, 서식 중반부에 Selassie 씨의 강연이 매우 유익했고 자신의 향후 사업 거래와 관련 있는 것이었다고 했다. 이와 관련하여 광고에서 Selassie가 진행한 세미나는 "Ethiopia의 사회적 에티켓"("Social Etiquette in Ethiopia" by Abeba Selassie)으로 확인되므로 정답은 (B)다.

표현 정리 plan 계획하다 relocate 이전하다

해석
Cutler 씨에 관해 암시되는 것은 무엇인가?
(A) 그는 전에 동유럽에 관한 프레젠테이션을 한 적이 있다.
(B) 그는 Ethiopia에서 사업을 할 계획이다.
(C) 그는 전에 남미를 방문한 적이 있다.

(D) 그는 Manchester로 이전하기를 희망한다.

정답 (B)

5. ★☆☆

해설 Cutler 씨가 작성한 설문지 후반부에서 개선 사항에 대해, 행사를 라이브로 보려고 자정에 보기 시작해야 했는데, 일부 웹캐스트가 더 일찍 방송되도록 하는 것이 해외 시청자들에게 상당히 도움이 될 것이라고 했다. 즉, 일정에 관해 제안한 것이므로 정답은 (A)다.

표현 정리 speaker 연사, 발표자 method 방법

해석
Cutler 씨가 바꾸도록 제안하는 것은 세미나의 어떤 측면인가?
(A) 일정
(B) 발표자들
(C) 비용
(D) 등록 방법

정답 (A)

---

69 삼중 지문은 셋 중 하나, 둘 중 하나의 연계 문제만 알면 끝!

| 실전 연습 |

문제 1-5번은 다음 전단지, 편지, 그리고 웹페이지 참조하시오.

> 뉴욕 미술관이 선보이는…
>
> **(1) 미술의 거장**
> Michelangelo의 지성과 그가 창조한 작품들
>
> **(1) 미술품 대여 기관:**
> The Chicago Fine Arts Center
>
> 전시 작품들:
> David, Pietà, 그리고 수염 난 노예의 정밀 복제품
>
> *Doni Tondo*
> 사울의 회심
> 개인 기록물
>
> 10월 2일 – 11월 5일
>
> **(2) 이 소중한 전시회에서 각각의 작품을 운반하고 설치하는 힘든 작업을 완수해주신 Art of Moving Company의 직원 분들께 특별한 감사를 전합니다.**

표현 정리 art collection on loan 대여한 미술품들 exact replica 정밀 복제품 personal journal 개인 기록물 transporting and installing each piece 각 작품을 운송하고 설치하는 것 priceless exhibit 소중한 전시회

> 10월 10일
>
> Lewis 씨께,
>
> **(2) Chicago에서 New York까지 미술의 거장 전시물들의 운송이 최대한 원활하게 이루어지도록 애써 주신 귀하와 전문 운송 직원들께 감사드립니다.** 이번 행사에 관련된 모든 사람들이 운송이 이루어졌던 이번 주 내내 신경이 곤두서 있던 것 같습니다. **(3-C) 하지만 귀하와 귀하의 직원들의 지식과 태도, 그리고 전문성은 우리를 될 수 있는 한 편안하게 해주었습니다. (3-D) 제가 여전히 이해할 수 없는 부분은 어**

> 떻게 단 하나의 작품도 어떤 식으로든 전혀 손상되지 않았을 뿐더러 **(3-B) 이동과 설치가 예정보다 하루나 일찍 마무리될 수 있었는가 하는 것입니다!** 여러분들은 확실히 이 일에는 단연 최고인 것 같습니다.
>
> **(5) 우리의 다음 프로젝트에는 Egypt와 Greece의 유물들이 포함됩니다. 귀하가 해외의 전시물도 직접 취급하는지 궁금합니다.**
>
> 귀하의 노고에 다시 한번 감사드립니다. **(4) 일해 주신 모든 분들이 나눠 가지시라고 이 편지에 보너스 수표를 동봉합니다.**
>
> Sandra Rhymes
> 마스터 큐레이터
> New York 미술관

표현 정리 professional movers 운송 전문가들 transfer 운송, 이송 (= move) exhibit (미술품 같은) 전시물, 전시회 go as smoothly as possible 가능한 한 원활하게 진행되다 demeanor 처신, 태도 (= manner) professionalism 전문성, 전문가 정신 put ~ at ease ~를 편안하게 해주다 be baffled at ~에 당황하다, ~을 이해할 수 없다 in any way 어떤 식으로도 whatsoever (부정어와 함께) 전혀 as well as 그리고(= and) installment 설치 ahead of schedule 일정보다 앞서 artifact 유물 overseas items 해외 물품 enclose 동봉하다 distribute among ~끼리 나누다

> https://artofmoving.com/about-us/
>
> Art of Moving Company
>
> **(5) Art of Moving Company는 미국 내에서 미술품 운송을 전문으로 하는 회사입니다.** 전문적이고 경험이 풍부한 저희 미술 팀이 맞춤 포장, 운송, 조립, 설치를 포함한, 하지만 이에 국한되지 않는 최고급 서비스를 제공합니다. 저희는 2005년부터 사업을 해왔습니다. 경험 많은 저희 운송 인력은 여러분의 운송을 스트레스 없고 쉽고 즐거운 경험으로 만들어 드릴 것입니다. 저희는 고객들의 모든 필요와 요구에 헌신합니다. 저희는 전문적인 서비스에 대해 경쟁력 있는 시간당 요금을 받습니다.

표현 정리 specialize in ~을 전문으로 하다 a high-end level of service 최고 수준의 서비스 includes but not limited to ~을 포함하지만 그것에 국한되지 않는 customized 맞춤의 packing 포장 relocation 이전 assembling 조립 installation 설치 be dedicated to ~에 헌신하다 competitive rates 경쟁력 있는[저렴한] 가격 hourly rates 시간당 요금

1. ★★★

해설 첫 번째 지문 상단에 The Master Artist라는 명칭이 나오고, 그 아래에 Art collection on loan from: The Chicago Fine Arts Center를 통해 작품들이 The Chicago Fine Arts Center에서 빌려온 것임을 알 수 있으므로 (D)가 정답이다.

해석
미술의 거장 전시물은 보통 어디에 보관되는가?
(A) Italy
(B) France
(C) New York
(D) Chicago

정답 (D)

2. ★★★

해설 첫 번째와 두 번째 지문을 모두 봐야 풀 수 있는 문제다. 문제는 루이스 씨가 누구에게 고용되었느냐는 것인데, 이는 곧 루이스의 회사 이

름을 묻는 것이다. 첫 번째 지문 마지막 단락 Special thanks to the employees of the Art of Moving Company, who completed the difficult task of transporting ~.에서 미술품을 운송한 회사 이름이 Art of Moving Company이고, Lewis에게 보내는 편지인 두 번째 지문 첫 번째 문장 Thank you so much for all you and your team of professional movers did to make the transfer of The Master Artist exhibit ~.에서 Lewis가 미술품 운송 담당자임을 알 수 있다. 따라서 Lewis의 회사는 Art of Moving Company이므로 (C)가 정답이다.

해석
Lewis 씨는 누구에 의해 고용되었는가?
(A) 시카고 파인 아츠 센터
(B) 뉴욕 미술관
(C) 아트 오브 무빙 컴퍼니
(D) 미술 큐레이터 사무실

정답 (C)

3. ★★★

해설 두 번째 지문의 발신자인 라임스가 수신자인 Lewis를 칭찬한 내용이 아닌 것을 고르는 문제다. (B)는 첫 번째 단락의 how the move and installment were completed a full day ahead of schedule!에, (C)는 the knowledge, demeanor, and professionalism of you and your staff에, (D)는 how not a single item was damaged에 근거가 제시되어 있다. (A)는 언급된 부분을 찾아볼 수 없으므로 정답이다.

해석
Rhymes 씨가 Lewis 씨를 칭찬한 면이 아닌 것은?
(A) 경쟁력 있는 가격
(B) 작업의 신속한 완료
(C) 직원들의 효율성
(D) 운송품의 상태

정답 (A)

4. ★★★

해설 편지에 동봉한 것을 묻는 문제로, 두 번째 지문 마지막 단락 I have enclosed a bonus check with this letter에서 보너스 수표를 동봉했다고 하므로 (D)가 정답이다.

해석
Rhymes 씨는 자신의 편지에 무엇을 동봉했는가?
(A) 추천서
(B) 향후 배송에 대한 계약서
(C) 자신의 명함
(D) 추가 금액

정답 (D)

5. ★★★

해설 두 번째와 세 번째 지문을 모두 봐야 하는 문제다. 우선 두 번째 지문 첫 번째 단락의 마지막 두 문장 Our next project will include the artifacts from Egypt and Greece. I wonder if you can directly handle overseas items.에서 다음 프로젝트가 이집트와 그리스에서 물건을 들여오는 것인데, 해외 물품을 직접 취급하는지를 궁금해 하고 있다. 그리고 세 번째 지문 첫 번째 문장 The Art of Moving Company is a company which specializes in moving fine art within the U.S.에서 아트 오브 무빙 컴퍼니는 미국 내에서만 배송을 취급한다는 것을 알 수 있으므로 (D)가 정답이다.

해석
뉴욕 미술관은 왜 다음 프로젝트에 아트 오브 무빙 컴퍼니를 고려하지 않겠는가?
(A) 박물관의 큐레이터가 곧 바뀔 것이다.
(B) 다음 프로젝트가 예상보다 늦어질 것이다.
(C) 두 회사가 배송비에 합의를 할 수 없다.
(D) 운송 회사가 미국 이외에는 서비스를 제공하지 않는다.

정답 (D)

PART 1

70 사진에 없는 명사가 들리면 무조건 오답

| 실전 연습 |

1. ★★☆

해설 여러 사람이 등장하고 있으므로 우선 이들의 공통된 행동 및 외모적 특징부터 살펴봐야 하는데, 다수 중 1인 혹은 일부의 행동이나 외모적 특징도 정답이 될 수 있으므로 이 부분도 파악해야 할 필요가 있다. 따라서 한 남자가 마이크 앞에서 손짓을 하며 연설을 하고 있는 행동과 나머지 사람들이 모두 착석한 상태로 연설을 들으며 박수치고 있는 행동에 집중해야 할 필요가 있는데, 이 중 한 남자가 청중 앞에서 연설을 하고 있는 동작을 묘사하고 있는 (D)가 정답이다.

표현 정리 stack ~을 쌓다 **on top of one another** 차곡차곡 (쌓인 상태) **be dressed for** ~에 맞춰 의복을 착용하다 **address** 주소, 연설; 수취인의 주소를 기입하다, 연설하다

해석
(A) Chairs are stacked on top of one another.
(B) A man has a microphone in his hand.
(C) Some people are dressed for the cold weather.
(D) A man is giving an address in front of the audience.

(A) 의자들이 차곡차곡 쌓여 있다.
(B) 한 남자가 손에 마이크를 쥐고 있다.
(C) 몇몇 사람들이 방한용 의복을 착용하고 있다.
(D) 한 남자가 청중 앞에서 연설을 하고 있다.

정답 (D)

2. ★★★

해설 1인 중심의 사진이므로 사진 속 남자의 행동 및 옷차림이나 장신구 착용을 비롯한 외모적 특징을 살펴봐야 한다. 따라서 남자가 안경과 반팔 셔츠를 착용한 상태에서 전기톱을 사용하여 나무판을 절단하고 있는 동작에 집중해야 하는데, 이 중 남자가 나무에 톱질하는 행동을 묘사하고 있는 (C)가 정답이다. 아울러 sewing과 sawing을 혼동하지 않도록 주의해야 한다.

표현 정리 sewing machine 재봉틀 **bend over** ~위에 몸을 숙이다 **kitchen sink** 부엌 개수대, 싱크대 **saw** 톱질하다 **plant** 화초, 공장 **outdoor market** 야외 시장

해석
(A) The man is using a sewing machine.
(B) The man is bending over a kitchen sink.
(C) The man is sawing a piece of wood.
(D) The man is selling some plants in an outdoor market.

(A) 남자는 재봉틀을 사용하고 있다.
(B) 남자는 부엌 개수대 위에 몸을 숙이고 있다.
(C) 남자는 목재 하나를 톱질하고 있다.
(D) 남자는 야외 시장에서 화초를 판매하고 있다.

정답 (C)

71 1인 사진은 동작 하나만 잘 들어도 끝!

| 실전 연습 |

1. ★★☆

해설 1인 중심의 사진이므로 사진 속 여자의 행동과 외모적 특징부터 파악해야 한다. 따라서 목도리를 두르고 어깨에 가방을 메고 있는 여자가 서서 가방 안을 살펴보고 있는 행동에 초점을 맞춰야 한다. 이 중 여자가 가방 안을 들여다보며 무언가를 찾고 있는 동작을 정확하게 묘사하고 있는 (B)가 정답이다.

표현 정리 sign 알림판, 간판, 표지판 **search through** ~을 뒤지며 찾다 **remove** 제거하다, 벗다, 꺼내다 **pack** (짐을) 꾸리다, 포장하다 **supplies** 비품

해석
(A) She is standing near a sign.
(B) She is searching through her bag.
(C) She is removing her jacket from a bag.
(D) She is packing supplies into a box.

(A) 그녀는 표지판 근처에 서 있다.
(B) 그녀는 가방 안을 뒤지고 있다.
(C) 그녀는 가방에서 재킷을 꺼내고 있다.
(D) 그녀는 비품을 상자에 담아 포장하고 있다.

정답 (B)

2. ★★☆

해설 1인 중심의 사진이므로 사진 속 남자의 행동 및 옷차림이나 장신구 착용을 비롯한 외모적 특징에 초점을 맞춰야 하며, 특히 도구와 관련된 행동은 거의 대부분 정답으로 제시된다는 점을 상기해야 한다. 따라서 남자가 반팔 셔츠와 앞치마를 착용한 상태로 화덕에서 빵을 꺼내는 행동에 집중해야 하는데, 이 중 남자가 화덕에서 빵을 꺼내는 동작을 묘사하고 있는 (C)가 정답이다.

표현 정리 building materials 건축 자재 **plastic bag** 비닐 봉투 **remove A from B** A를 B에서 꺼내다 **protective helmet** 안전모

해석
(A) The man is moving some building materials.
(B) The man is putting vegetables into a plastic bag.
(C) The man is removing a loaf of bread from the oven.
(D) The man is wearing a protective helmet.

(A) 남자는 건축 자재를 운반하고 있다.
(B) 남자는 야채를 비닐 봉투 안에 넣고 있다.
(C) 남자는 오븐에서 빵을 꺼내고 있다.
(D) 남자는 안전모를 착용하고 있다.

정답 (C)

72 2인 이상 사진은 일부와 전부를 구분하면 끝!

| 실전 연습 |

1. ★★☆

해설 2인과 사물이 등장하는 사진이므로 우선 해당 인물들의 공통된 행동 및 옷차림과 장신구 착용을 비롯한 외모적 특징에 집중해야 한다. 아울러 이

들의 행동이나 외모적 특징과 관련된 정답이 제시되지 않는 경우를 대비하여 주변 사물의 위치나 상태까지 파악해야 할 필요가 있다. 따라서 사진 속 두 남녀가 서류를 보고 있는 공통된 행동을 묘사하고 있는 (A)가 정답이다.

표현 정리 examine 꼼꼼하게 보다, 검토하다 greet 인사를 나누다
drink A from B B에 담긴 A를 마시다 walk across ~를 가로질러 걸어가다

해석
(A) They are examining some papers.
(B) They are greeting each other.
(C) The woman is drinking some coffee from a cup.
(D) The woman is walking across the street.

(A) 그들은 서류를 보고 있다.
(B) 그들은 서로 인사를 나누고 있다.
(C) 여자는 컵에 담긴 커피를 마시고 있다.
(D) 여자는 거리를 가로질러 걷고 있다.

정답 (A)

2. ★☆☆

해설 2인 이상 다수가 등장하는 사진이므로 사진 속 인물들의 공통된 행동이나 외모적 특징부터 살펴야 하며, 공통된 행동이나 외모적 특징에 관한 정답이 등장하지 않을 경우에 대비하여 1인 혹은 일부의 행동이나 외모적 특징도 파악해야 한다. 따라서 공연을 관람하고 있는 많은 관람객들의 상태와 무대 위에서 연주를 하고 있는 음악가들의 행동에 집중해야 하며, 이 중 무대에서 악기를 연주하는 음악가들의 행동을 묘사하고 있는 (C)가 정답이다.

표현 정리 platform 무대 crowd 관중 gather 모으다, 모이다
performer 연주자 pack up (짐을) 꾸리다 musical instrument 악기

해석
(A) A woman is turning the pages of music.
(B) A crowd has gathered in the stadium.
(C) The musicians are playing on a platform.
(D) The performers are packing up their musical instruments.

(A) 한 여자가 악보를 넘기고 있다.
(B) 관중이 경기장 안에 모여 있다.
(C) 음악가들이 무대 위에서 공연하고 있다.
(D) 연주자들이 자신들의 악기를 꾸리고 있다.

정답 (C)

---

73 사물/풍경 사진은 수동태로 묘사

| 실전 연습 |

1. ★★☆

해설 사물 중심의 사진이므로 주요 사물들의 위치와 상태부터 살펴봐야 한다. 따라서 책장에 책이 빼곡하게 정리된 상태, 책장들이 여러 줄로 배열된 상태, 그리고 천장에 매달린 여러 조명기구들이 배열된 상태에 집중해야 하는데, 이 중 책장들이 나란히 배치된 상태를 정확하게 묘사하고 있는 (B)가 정답이다.

표현 정리 circular pattern 원형 무늬, 원형 문양 be lined up in rows 줄을 맞춰 늘어서다 shine 빛을 발하다, 반짝이다
be stocked with ~로 가득 채워지다

해석
(A) The carpet has a circular pattern.
(B) Library bookshelves have been lined up in rows.
(C) A row of lights is shining on the wall.
(D) The shelves are stocked with products for sale.

(A) 카펫에 원형 문양이 있다.
(B) 도서관 책장들이 줄을 맞춰 늘어서 있다.
(C) 한 줄로 늘어선 조명기구들이 벽을 훤히 비추고 있다.
(D) 선반들은 판매용 제품들로 채워져 있다.

정답 (B)

2. ★★★

해설 풍경 중심의 사진이므로 풍경을 구성하는 주요 요소들의 상태와 위치 관계에 집중해야 한다. 그러므로 하늘에 구름이 떠 있는 상태, 물가 주변의 고층 건물들과 나무들의 상태, 물 위에 다리가 설치된 상태, 그리고 수면에 비친 주변 풍경의 모습에 초점을 맞춰야 하는데, 이 중 주변 풍경의 모습이 수면에 비친 상태를 설명하고 있는 (D)가 정답이다.

표현 정리 high building 고층 건물 be lined up along ~을 따라 줄지어 서 있다 flow 흐르다 outdoor 야외의 faucet 수도꼭지
stroll 걷다 past ~을 지나서 body of water 수역

해석
(A) Some high buildings are lined up along the road.
(B) Water is flowing from an outdoor faucet.
(C) Some people are strolling past the body of water.
(D) The scenery is reflected on the surface of the water.

(A) 일부 고층 건물들이 도로를 따라 줄지어 서 있다.
(B) 물이 야외 수도꼭지에서 흘러나오고 있다.
(C) 몇몇 사람들이 걸어서 물가를 지나고 있다.
(D) 풍경이 수면 위에 비치고 있다.

정답 (D)

---

74 인물 주변 사물도 파악하라!

| 실전 연습 |

1. ★★☆

해설 1인이 등장하는 사진이므로 우선 사진 속 여자의 행동과 외모적 특징을 파악해야 하지만 주변 사물의 위치나 상태도 파악해야 할 필요가 있다. 따라서 여자가 옷을 만지며 보는 행동과 옷들이 옷걸이에 걸려 진열되어 있는 상태에 집중해야 하는데, 이 중 옷들이 진열되어 있는 상태를 묘사하고 있는 (C)가 정답이다. 아울러 (B)는 putting her jacket on a rack을 통해 오답을 유도하고 있으나 사진에서 옷을 걸고 있는 행동은 확인되지 않으며, (D)는 garments have been hung으로 인해 정답으로 착각할 수도 있으나 outside the storefront를 통해 오답임을 알 수 있다.

표현 정리 hand 손으로 건네다 rack 옷걸이, 거치대 garment 의류, 옷
outside 바깥에서 storefront 가게 정면, 가게 앞

해석
(A) The woman is handing a bag to a customer.
(B) The woman is putting her jacket on a rack.
(C) Some clothing is on display.
(D) Some garments have been hung outside the storefront.

(A) 여자는 가방을 고객에게 건네고 있다.

(B) 여자는 그녀의 상의를 옷걸이에 걸고 있다.

(C) 몇몇 의류가 진열되어 있다.

(D) 몇몇 의류가 가게 앞 바깥에 걸려 있다.

정답 (C)

2. ★☆☆

해설 2인 이상 다수가 등장하는 사진이므로 사진 속 인물들의 공통된 행동이나 외모적 특징, 그리고 다수 중 1인 혹은 일부의 행동이나 외모적 특징을 파악해야 한다. 아울러 사람 주변의 사물에 관한 내용이 정답으로 제시될 수도 있으므로 사물의 위치와 상태도 살펴야 한다. 그러므로 사람들이 사각형 테이블 주변에 착석해 있는 상태, 서로 마주보고 대화를 나누는 상태, 일부 사람들이 컵을 들고 있는 모습, 그리고 테이블 위의 식기, 꽃이 담긴 화병, 초가 놓여 있는 모습에서 정답이 제시될 가능성이 매우 높다. 따라서 이 중 꽃이 화병에 꽂혀 있는 상태를 묘사하고 있는 (D)가 정답이다.

표현 정리 diner 식사하는 사람 study 꼼꼼히 읽다 round table 원형 테이블 water 물; 물을 주다 vase 화병

해석

(A) All of the diners are studying the menu.

(B) The people are sitting at a round table.

(C) The women are watering the plants.

(D) Some flowers have been put in a vase.

(A) 모든 식사 손님들이 메뉴를 살펴보고 있다.

(B) 사람들이 원형 테이블에 착석해 있다.

(C) 여자들이 화초에 물을 주고 있다.

(D) 꽃들이 화병에 꽂혀 있다.

정답 (D)

---

75 being과 been을 구분해야 만점!

| 실전 연습 |

1. ★★☆

해설 1인 중심의 사진이므로 사진 속 인물의 행동 및 옷차림이나 장신구 착용 상태를 비롯한 외모적 특징부터 살펴봐야 하며, 특히 도구를 활용하고 있는 행동이 정답으로 등장하는 경향이 있다는 사실을 상기할 필요가 있다. 여기서는 모자와 장갑을 착용한 사람이 삽으로 흙을 퍼내어 손수레에 담고 있는 행동과 관련된 내용이 정답으로 제시될 가능성이 높다. 따라서 삽으로 흙을 퍼내는 동작을 현재진행 수동태로 묘사하고 있는 (B)가 정답임을 알 수 있다.

표현 정리 safety gear 안전 장비 earth 흙 shovel 삽; 삽질하다 wheelbarrow 외바퀴 손수레 construction materials 건축 자재 load 싣다 push 밀다 across the lawn 잔디밭을 가로질러

해석

(A) The construction worker is wearing safety gear.

(B) Earth is being shoveled into a wheelbarrow.

(C) Construction materials are being loaded into a truck.

(D) Some wheelbarrows are being pushed across the lawn.

(A) 공사 인부가 안전 장비를 착용하고 있다.

(B) 삽으로 퍼낸 흙이 외바퀴 손수레 안으로 들어가고 있다.

(C) 건축 자재가 트럭에 실리고 있다.

(D) 몇몇 외바퀴 손수레들이 잔디밭을 가로질러 움직이고 있다.

정답 (B)

2. ★★☆

해설 2인 이상이 등장하는 사진이므로 사람들의 공통된 행동 및 옷차림과 장신구 착용을 비롯한 외모적 특징에 집중해야 하며, 사진 속 인물들과 무관하게 주변 사물의 위치나 상태에 관한 내용이 정답으로 제시될 수도 있으므로 이 부분 또한 살펴봐야 한다. 오솔길을 따라 산책하고 있는 사람들의 공통된 행동 뿐만 아니라 숲 속 나무 사이에 있는 오솔길의 위치와 상태도 간과해서는 안된다. 따라서 숲 속의 오솔길이 위치하고 있는 모습을 묘사하고 있는 (A)가 정답이다.

표현 정리 rake 갈퀴; 갈퀴로 긁어모으다 pile 더미; 쌓다 climb up to ～로 올라가다

해석

(A) There is a trail in the forest.

(B) Leaves are being raked into piles.

(C) Fruit is being picked from a tree.

(D) Some people are climbing up to the top of the mountain.

(A) 숲 속에 오솔길이 있다.

(B) 낙엽이 모아져서 더미를 이루고 있다.

(C) 나무에서 열매가 수거되고 있다.

(D) 몇몇 사람들이 산 정상으로 올라가고 있다.

정답 (A)

---

76 파트 1 만점은 결국 고난도 어휘 (1)

| 실전 연습 |

1. ★☆☆

해설 사람이 등장하지 않는 풍경 중심의 사진이므로 전체적인 풍경을 구성하는 사물들의 위치, 상태, 배열 형태에 초점을 맞춰야 한다. 그러므로 주택 상층부 발코니의 모습, 주택 주변의 잔디와 숲의 모습, 나무들이 그림자를 드리우는 모습, 주택 주변의 테이블과 의자들, 그리고 집에 부착된 줄무늬 형태의 대형 차양의 모습을 묘사하는 정답이 제시될 가능성이 높다. 이 중 집 앞 유리창들을 가리고 있는 줄무늬 차양의 모습을 묘사하고 있는 (B)가 정답이다.

표현 정리 trim 자르다, 다듬다 branch 가지 striped 줄무늬의 awning 천막, 차양막 front window 앞 유리창 plant 화초, 식물 sprinkle 뿌리다, 끼얹다 hose 호스

해석

(A) Some gardeners are trimming tree branches.

(B) There are some striped awnings over the house's front windows.

(C) Some chairs have been situated on the lawn.

(D) Plants are being sprinkled with a hose.

(A) 몇몇 정원사들이 나무의 가지를 자르고 있다.

(B) 주택의 앞 유리창들을 가려주는 줄무늬 차양이 있다.

(C) 몇몇 의자들이 잔디밭에 놓여 있다.

(D) 호스를 통해 화초에 물이 뿌려지고 있다.

정답 (B)

2. ★★★

해설 2인 이상 다수가 등장하는 사진이므로 여러 사람의 공통된 행동과 배의 상태 및 위치 관계와 관련된 정답이 제시될 가능성이 높다. 따라서 여러 탑승객들이 하선하는 행동과 배가 물가에 정박해 있는 상태에 초점을 맞춰

야 하는데, 이 중 탑승객들이 경사로를 이용하여 배에서 하선 중인 행동을 묘사하고 있는 (B)가 정답이다. 아울러 배가 물 위에 떠 있는 상태는 정확하게 표현하고 있지만 배의 수가 일치하지 않는 (C)를 정답으로 선택하지 않도록 주의해야 한다.

표현 정리 be pulled up 끌어 올려지다 passenger 탑승객 ramp 경사로 get off the boat 배에서 내리다, 하선하다 deck 갑판

해석
(A) A boat has been pulled up on the beach.
(B) Some passengers are using a ramp to get off the boat.
(C) Some boats have been taken out on the water.
(D) Most of the people are standing on the deck of the boat.

(A) 배 한 척이 해변 위로 끌어 올려져 있다.
(B) 몇몇 탑승객들이 하선하기 위해 경사로를 이용하고 있다.
(C) 몇몇 배들이 물 위에 떠 있다.
(D) 대부분의 사람들이 갑판 위에 서 있다.

정답 (B)

---

77 | 파트 1 만점은 결국 고난도 어휘 (2)

| 실전 연습 |

1. ★★★
해설 1인 중심 사진이므로 사람의 행동 및 외모적 특징을 우선적으로 살펴봐야 하고, 이어서 사물과 관련된 내용이 정답으로 등장할 수도 있으므로 주변 사물의 상태 및 위치 관계도 확인해야 할 필요가 있다. 따라서 반팔 차림의 여자가 물뿌리개를 들고 화초에 물을 주는 행동, 모든 창문들이 열린 상태이고 창가에 위치한 화단의 모습에 집중해야 한다. 또한 사람이 도구나 장비를 사용하고 있는 행동은 대부분 정답으로 제시된다는 점을 상기할 필요가 있다. 따라서 여자가 물뿌리개를 들고 있는 모습을 묘사하고 있는 (D)가 정답이다.

표현 정리 lid 뚜껑 kettle 주전자 vase 화병 rake 갈퀴; 갈퀴로 긁어 모으다 grasp 꽉 쥐다 watering can 물뿌리개 (= sprinkling can)

해석
(A) The woman is opening the lid of a large kettle.
(B) The woman is holding a vase with flowers in it.
(C) The woman is raking the leaves on the ground.
(D) The woman is grasping a watering can with her hands.

(A) 여자는 대형 주전자의 뚜껑을 열고 있다.
(B) 여자는 꽃이 든 화병을 들고 있다.
(C) 여자는 바닥에 있는 낙엽을 갈퀴로 모으고 있다.
(D) 여자는 두 손으로 물뿌리개를 잡고 있다.

정답 (D)

2. ★★☆
해설 2인 이상 다수가 등장하는 사진이므로 우선 이들의 공통된 행동이나 외모적 특징부터 살핀 후 1인 혹은 일부의 행동이나 외모적 특징을 파악하는 것이 순서다. 선택지에선 서로를 마주보고 있거나 이야기를 나누고 있는 공통된 행동을 묘사하는 내용이 제시되지 않고 있으므로 한 여자가 손짓을 취하는 모습을 묘사하고 있는 (B)가 정답이다. 아울러 펜은 남자가 쥐고 있는 것이 아니라 여자가 쥐고 있으며, 안경을 착용하고 있는 사람은 남자 한 사람뿐이므로 (A)와 (D)는 혼동하지 말고 오답으로 소거해야만 한다.

표현 정리 gesture with one's hand 손짓을 하다 show people to

their seats 사람들을 좌석으로 안내하다 glasses 안경

해석
(A) A man is holding a pen.
(B) One of the women is gesturing with her hand.
(C) A man is showing people to their seats.
(D) Some people are wearing glasses.

(A) 한 남자가 펜을 쥐고 있다.
(B) 여자들 중 한 명이 손짓을 하고 있다.
(C) 한 남자가 사람들을 좌석으로 안내하고 있다.
(D) 몇몇 사람들이 안경을 착용하고 있다.

정답 (B)

PART 2

78 | 파트 2는 오답을 1개만 소거해도 정답률 50%

| 실전 연습 |

1. ★★★
해설 영화가 이미 상영 중인지를 묻는 일반의문문으로, 자신은 아는 바가 없다고 대답하는 (C)가 정답이다. (A)는 영화가 상영 중이 아니란 No란 답변과 어떻게 하는지 보여줄 수 있다는 부연 설명이 서로 무관한 내용으로 구성되었을 뿐만 아니라 질문의 showing과 유사한 발음의 show를 유사발음 어휘 함정으로 이용한 오답이다. (B) 역시 질문의 movie와 발음이 유사한 move를 이용한 함정 어휘가 포함되어 있으며 무언가를 옮겨달라는 요청은 Where 의문문에 적합한 답변이므로 오답이다.

표현 정리 show 상영되다 over there 저쪽으로

해석
Is that movie showing yet?
(A) No, I can show you how.
(B) Please move it over there.
(C) I have no idea.

그 영화는 이미 상영 중인가요?
(A) 아니요, 제가 어떻게 하는 것인지 보여드릴 수 있어요.
(B) 그건 저쪽으로 옮겨 주세요.
(C) 잘 모르겠네요.

정답 (C)

2. ★★☆
해설 주급에 관해 누구와 이야기를 해야 하는지 묻는 Who 의문문으로, 자신이 담당자의 사무실로 안내해 주겠다는 간접적 답변의 (B)가 정답이다. (A)는 당신의 지불금을 수령하고 난 후라는 시점을 언급하고 있으므로 When 의문문에 적합한 답변이자 질문의 paycheck에서 pay를 반복해서 들려주는 함정이 포함된 오답이다. (C)는 이곳에 서명해 달라는 내용으로, 서명 위치를 묻는 Where 의문문에 적합한 답변이므로 오답이다.

표현 정리 weekly paycheck 주급 take A to B A를 B로 데리고 가다 sign 서명하다

해석
Who should I talk to about my weekly paycheck?
(A) After I receive your payment.

(B) I can take you to his office.

(C) Please sign here.

제 주급에 관해 누구와 이야기를 해야 하나요?

(A) 제가 당신의 지불금을 수령하고 난 후에요.

(B) 제가 그의 사무실로 당신을 안내해 드릴 수 있어요.

(C) 이곳에 서명해 주세요.

정답 (B)

3. ★★☆

해설 식당 안에서 식사할 것인지 밖에서 식사할 것인지 묻는 선택의문문으로, 당신이 선택하라며 선택권을 상대방에게 넘기는 간접 답변인 (A)가 정답이다. (B)는 식사가 훌륭했다는 내용으로, 질문의 eat을 통해 연상 가능한 meal을 연상어휘 함정으로 이용한 오답이다. (C)는 No란 부정 답변이 등장하고 있는데, 선택의문문에서 Yes나 No란 답변은 대부분 오답으로 제시된다.

표현 정리 meal 식사 leather jacket 가죽 재킷

해석

Would you rather eat in or out?

(A) It's up to you.

(B) That was a nice meal.

(C) No, it's a leather jacket.

식사를 식당 안에서 하시겠어요, 밖에서 하시겠어요?

(A) 당신이 선택하세요.

(B) 정말 훌륭한 식사였어요.

(C) 아니요, 그건 가죽 재킷이에요.

정답 (A)

4. ★☆☆

해설 새 일자리가 났다는 사실을 어떻게 알게 되었는지 묻는 How 의문문으로, 인터넷의 구인 광고를 통해 알았다며 구체적인 정보 출처를 밝히고 있는 (B)가 정답이다. (A)는 질문에서 언급되지 않은 특정 남자를 지칭하는 대명사 he가 포함되어 있는 오답이다. (C)는 오늘밤 야근을 해야 한다는 내용으로, 질문의 job을 통해 연상 가능한 work overtime을 연상어휘 함정으로 이용한 오답이다.

표현 정리 learn about ~에 대해 알다 job opening 일자리, 구인 job advertisement 구인 광고 work overtime 야근하다

해석

How did you learn about the new job opening?

(A) I thought he did.

(B) From the job advertisement online.

(C) We might have to work overtime tonight.

새 일자리가 났다는 것은 어떻게 아셨나요?

(A) 저는 그가 했다고 생각했어요.

(B) 인터넷에 올라온 구인 광고를 통해서요.

(C) 우리는 오늘밤 야근을 해야 할지도 몰라요.

정답 (B)

5. ★★★

해설 원본 영수증의 처리 방법을 묻는 What 의문문으로, 수석 회계사에게 주라며 구체적인 처리 방법을 알려주고 있는 (B)가 정답이다. 이미 봉급을 받았다는 내용의 (A)는 원본 영수증 처리 방법과 무관할 뿐 아니라 질문의 receipt와 발음이 유사한 received를 유사발음 어휘 함정으로 이용한 오답이다. 3일 간의 출장이라는 내용의 (C)는 출장 기간을 묻는 How long 의문문에 적합한 답변이므로 오답이다.

표현 정리 original 본래의, 원래의 receipt 영수증 paycheck 급여, 봉급 accountant 회계사

해석

What should I do with my original sales receipts?

(A) We've already received a paycheck.

(B) Please give them to the head accountant.

(C) It's a three-day-long trip.

원본 판매 영수증은 어떻게 처리해야 할까요?

(A) 저희는 이미 봉급을 받았어요.

(B) 수석 회계사에게 주세요.

(C) 3일간의 출장이에요.

정답 (B)

6. ★★☆

해설 중고 노트북 컴퓨터를 구매한 곳을 묻는 Where 의문문으로, 전 직장 동료에게서 구매했다며 구매 출처를 밝히고 있는 (B)가 정답이다. (A)는 의문사 의문문에 부적합한 Yes란 부정 답변이 등장하고 있고 있을 뿐만 아니라 질문의 computer를 통해 연상 가능한 digital을 연상어휘 함정으로 이용한 오답이다. 그건 편리한 장비라고 답변하는 (C) 역시 중고 노트북 컴퓨터의 구매 장소와 무관한 내용이자 질문의 computer를 통해 연상 가능한 comfortable device를 연상어휘 함정으로 이용한 오답이다.

표현 정리 used 중고의, 사용된 laptop computer 노트북 컴퓨터 former colleague 전 직장 동료 comfortable 편리한 device 장비

해석

Where did you buy the used laptop computer?

(A) Yes, it's digital.

(B) From one of my former colleagues.

(C) It's a very comfortable device.

그 중고 노트북 컴퓨터를 어디에서 구매했나요?

(A) 네, 디지털 방식이에요.

(B) 전 직장 동료에게서요.

(C) 그건 매우 편리한 장비예요.

정답 (B)

79 간접적, 우회적 답변은 문제를 놓쳐도 정답

| 실전 연습 |

1. ★★☆

해설 디지털 자물쇠의 비밀번호를 알고 있는지 여부를 묻는 일반의문문으로, Ryan 씨가 알려줄 수 있을 것이라고 하며 자신도 아는 바가 없음을 간접적으로 밝히고 있는 (C)가 정답이다. 덧붙여 (A)는 질문의 open과 반대되는 의미를 지니고 있을 뿐만 아니라 lock을 통해 연상 가능한 close를 이용한 오답이며, (B)는 질문에 등장한 적이 없는 남자를 지칭하는 대명사 he가 제시된 오답이다.

표현 정리 happen to do 우연히 ~하다 combination 조합, (자물쇠를 열 수 있는) 비밀번호 digital lock 디지털 자물쇠

해석

Do you happen to know the combination to open this digital lock?

(A) Please close the door.

(B) Yes, he'll come back for it this afternoon.

(C) Perhaps Mr. Ryan can tell you.

혹시 이 디지털 자물쇠를 열 비밀번호를 알고 계신가요?
(A) 문을 닫아주세요.
(B) 네, 그는 그것 때문에 오늘 오후에 돌아올 겁니다.
(C) 아마도 Ryan 씨가 알려줄 수 있을 겁니다.

정답 (C)

2. ★★☆

해설 부사장이 함부르크에서 숙박하는 곳을 묻는 Where 의문문으로, 그녀의 비서에게 물어보라고 하며 자신도 아는 바가 없음을 간접적으로 밝히고 있는 (A)가 정답이다. 아울러 (B)는 의문사 의문문에서 쓰일 수 없는 Yes란 답변이 등장하고 있으며, (C)는 When 의문문에 적합한 다음 주라는 시점을 언급하고 있으므로 모두 오답으로 처리해야 한다.

표현 정리 vice president 부사장, 부회장 secretary 비서
해석
Where will the vice president stay when she goes to Hamburg?
(A) Why don't you ask her secretary about that?
(B) Yes, I'll be right back with you.
(C) Next week, I think.
부사장님은 Hamburg에 가면 어디에서 숙박하실 예정인가요?
(A) 그녀의 비서에게 물어보는 게 어때요?
(B) 네, 곧 갈게요.
(C) 다음 주인 걸로 알고 있어요.

정답 (A)

3. ★☆☆

해설 공장 견학을 누가 이끄는지 묻는 Who 의문문으로, 자신은 아는 바가 없음을 직접적으로 언급하고 있는 (A)가 정답이다. 한 시간 후라는 시점을 제시하고 있는 (B)는 When 의문문에 적합한 내용의 오답이고, (C)는 질문에서 언급한 적이 없는 남자를 지칭하는 대명사 he가 등장하고 있을 뿐만 아니라 질문의 factory를 통해 연상 가능한 plant manager(공장장)를 이용하고 있는 오답이라고 할 수 있다.

표현 정리 lead 이끌다, 주도하다 factory tour 공장 견학
plant manager 공장장
해석
Who's going to lead the factory tour?
(A) Actually, I have no idea.
(B) An hour from now.
(C) He's our new plant manager.

공장 견학을 누가 이끄나요?
(A) 사실 저도 모릅니다.
(B) 한 시간 후에요.
(C) 그는 새로 부임한 공장장이에요.

정답 (A)

4. ★★☆

해설 인쇄업자에게 어떤 로고 디자인을 보내야 하는지 묻는 Which 의문문으로, 아직 결정된 바 없음을 언급하고 있는 (B)가 정답이다. (A)는 의문사 의문문에 부적합한 Yes란 답변이 등장하고 있는 오답이며, (C)는 질문의 sent가 반복적으로 제시되고 있을 뿐만 아니라 이를 통해 연상 가능한 express mail(속달)이란 배송 방법이 등장하고 있는 오답이다.

표현 정리 printer 인쇄업자, 인쇄기 impressive 인상적인 express
mail 속달, 빠른 우편

해석
Which logo design should be sent to the printer?
(A) Yes, I think it's very impressive.
(B) That hasn't been decided yet.
(C) We sent it by express mail.

인쇄업자에게 어떤 로고 디자인을 보내야 하나요?
(A) 네, 저는 그것이 굉장히 인상적이었어요.
(B) 아직 결정된 바 없어요.
(C) 저희는 그것을 속달로 발송했어요.

정답 (B)

5. ★★☆

해설 재무 도표를 이메일로 보내줄 수 있는지 여부를 묻는 일반의문문으로, 구체적으로 언제까지 그 자료가 필요한지 반문하며 추가적인 정보를 요청하고 있는 (C)가 정답이다. (A)는 질문의 financial과 유사한 발음을 지닌 financially를 이용하고 있는 오답이며, (B)는 자료를 보내줄 것임을 뜻하는 Yes란 답변과 쇼핑 카트가 필요하다는 부연 설명이 서로 무관한 내용으로 구성되어 있을 뿐만 아니라 질문의 chart와 일부 발음이 유사한 cart를 이용한 오답이다.

표현 정리 chart 도표 be financially sound 재정적으로 건전하다
shopping cart 쇼핑 카트
해석
Would you be able to e-mail me the financial charts?
(A) The company is financially sound.
(B) Yes, I need a shopping cart.
(C) When do you need them by?

제게 그 재무 도표들을 이메일로 보내주실 수 있나요?
(A) 그 회사는 재정적으로 건전해요.
(B) 네, 저는 쇼핑 카트가 필요해요.
(C) 언제까지 필요하세요?

정답 (C)

6. ★★☆

해설 윌슨 씨가 인사 기록을 보관한 장소를 묻는 Where 의문문으로, 자신은 아는 바가 없다고 대답하는 (B)가 정답이다. (A)는 로비에서 기다리겠다는 내용으로, 인사 기록 보관 장소를 묻는 Where 의문문과 무관한 오답이다. (C)는 몇 가지 사적인 질문들이란 내용으로, 이 역시 인사 기록 보관 장소와 무관한 답변이자 질문의 personnel과 발음이 유사한 personal을 유사 발음 어휘 함정으로 이용한 오답이다.

표현 정리 personnel records 인사 기록 probably 아마도 personal
questions 사적인 질문
해석
Where did Ms. Wilson keep the personnel records?
(A) I'll probably wait in the lobby.
(B) Actually, I have no idea.
(C) Some personal questions.

Wilson 씨가 인사 기록을 어디에 보관했나요?
(A) 저는 아마 로비에서 기다릴 겁니다.
(B) 사실, 저는 아는 게 없어요.
(C) 몇몇 사적인 질문들이요.

정답 (B)

80 When 의문문의 고난도 답변에 유의하라!

| 실전 연습 |

1. ★☆☆

해설 새로운 데스크톱 컴퓨터를 판매할 수 있는 시점에 대해 묻는 When 의문문으로, 이에 영업 담당 이사가 승인하자마자 판매하게 될 것이라는 시점을 언급하고 있는 (B)가 정답이다. (A)는 의문사 의문문에 대한 부적절한 Yes란 답변이 제시되고 있는 오답이며, (C)는 질문의 desk를 반복해서 들려주는 함정이 포함된 오답이다.

표현 정리 **bestselling** 잘 팔리는 **approve** 승인하다, 인가하다

해석

When can we start selling the new desktop computer?
(A) Yes, this is a bestselling computer.
(B) Right after the sales director approves it.
(C) I think it's on your desk.

우리가 새로운 데스크톱 컴퓨터를 언제부터 판매할 수 있을까요?
(A) 네, 이것이 가장 잘 팔리는 컴퓨터입니다.
(B) 영업 담당 이사님이 그것을 승인하자마자요.
(C) 당신의 책상 위에 있는 것으로 알고 있어요.

정답 **(B)**

2. ★★☆

해설 Valerie 씨가 경영진을 대상으로 하는 마케팅 발표가 언제인지 묻는 When 의문문으로, 금요일이란 구체적 시점을 제시하고 있는 (A)가 정답이다. 이사회실을 뜻하는 (B)는 Where 의문문에 적합한 내용의 오답이며, (C)는 질문의 management와 파생어 관계이자 발음이 유사한 manage를 유사발음 어휘 함정으로 이용한 오답이다.

표현 정리 **management** 경영, 경영진 **boardroom** 이사회실 **manage** 경영하다, 운영하다

해석

When is Valerie's marketing presentation to management?
(A) Not before Friday.
(B) In the boardroom.
(C) I can manage it myself.

Valerie 씨가 경영진을 대상으로 하는 마케팅 발표는 언제인가요?
(A) 금요일요.
(B) 이사회실에서요.
(C) 제가 처리할 수 있어요.

정답 **(A)**

3. ★★☆

해설 인사부장이 부서에 새로운 인력을 충원시켜 줄 시점에 대해 묻는 When 의문문으로, 그가 적절한 사람을 찾아낼 때라고 대답하고 있는 (C)가 정답이다. 2층이란 위치를 뜻하는 (A)는 Where 의문문에 적합한 내용의 오답이며, (B)는 질문의 personnel manager와 new employee를 통해 연상 가능한 work experience(직장 경력)를 연상어휘 함정으로 이용한 오답이다.

표현 정리 **personnel manager** 인사부장 **add A to B** A를 B에 더하다 **department** 부서 **be located on** ~에 위치하다 **work experience** 직장 경력 **impressive** 인상적인 **qualified** 적합한, 적절한 자격을 지닌

해석

When will the personnel manager add a new employee to our department?

(A) It's located on the second floor.
(B) I think her work experience is really impressive.
(C) When he finds someone who's qualified.

인사부장이 언제 우리 부서에 새로운 직원을 충원시켜 줄까요?
(A) 그건 2층에 있어요.
(B) 저는 그녀의 직장 경력이 정말 대단하다고 생각해요.
(C) 그가 적합한 사람을 찾아내면요.

정답 **(C)**

4. ★☆☆

해설 오늘 퇴근 시점에 대해 묻는 When 의문문으로, 영업 보고서 작업을 끝내자마자 퇴근할 것임을 밝히고 있는 (B)가 정답이다. (A)는 미래 시점이 아닌 어젯밤 오후 8시란 과거 시점을 언급하고 있는 오답이며, (C)는 의문사 의문문에서 쓰일 수 없는 Yes란 답변과 함께 질문의 leaving과 파생어 관계인 left를 함정으로 이용한 오답이다.

표현 정리 **leave the office** 퇴근하다 **leave a memo** 메모를 남기다

해석

When are you leaving the office today?
(A) Last night around 8 P.M.
(B) As soon as I finish this sales report.
(C) Yes, she left a memo for you.

오늘 언제 퇴근하시나요?
(A) 어젯밤 오후 8시쯤에요.
(B) 이 영업 보고서 작업을 끝내자마자요.
(C) 네, 그녀가 당신에게 메모를 남겼어요.

정답 **(B)**

5. ★☆☆

해설 새로운 공항 건설 공사가 완공되는 시점을 묻는 When 의문문으로, 한 달 후라는 시점을 언급하고 있는 (C)가 정답이다. (A)는 질문의 airport를 통해 연상할 수 있는 take off를 연상어휘 함정으로 이용한 오답이며, 뉴욕으로 가기 위해서라는 내용의 (B)는 Why 의문문에 적합한 내용의 오답이다.

표현 정리 **take off** 쉬다, 이륙하다, (옷을) 벗다

해석

When will the new airport construction be completed?
(A) I'll take two days off next week.
(B) To go to New York.
(C) Not for another month.

새로운 공항 건설 공사는 언제 완공되나요?
(A) 저는 다음 주에 이틀 쉴 겁니다.
(B) New York으로 가기 위해서요.
(C) 한 달 후에요.

정답 **(C)**

6. ★★☆

해설 지원서 접수의 마감시한을 묻는 When의문문으로, 잘 모르겠다고 대답하는 (B)가 정답이다. 내일이면 더 좋을 것 같다는 (A)는 선택의문문에 적합한 형태의 답변이자 마감시한이라 할 수 없으므로 오답이다. 또한 (C)는 마감시한보다 일주일 앞서서 일을 끝냈다는 시점을 언급하는 내용으로, deadline이란 어휘를 반복해서 들려주는 동일어휘 함정이 포함된 오답이다.

표현 정리 **deadline** 마감시한 **a week ahead of the deadline** 마감시한보다 일주일 앞서서

When is the deadline for applications?

(A) Tomorrow would be better.

(B) Sorry. I have no idea.

(C) I finished the work a week ahead of the deadline.

지원서 마감시한은 언제인가요?

(A) 내일이 더 좋을 것 같은데요.

(B) 미안해요, 저는 아는 바가 없어요.

(C) 저는 마감시한보다 일주일 앞서서 일을 끝냈어요.

정답 (B)

---

81 ▶ Where 의문문에서 사람을 언급하는 답변을 숙지하라!

| 실전 연습 |

1. ★☆☆

해설 서류함 열쇠의 위치에 대해 묻는 Where 의문문으로, 서류함은 잠금장치가 없다고 대답하는 (A)가 정답이다. (B)는 질문의 key를 반복해서 들려주는 동일어휘 함정이 포함되어 있을 뿐, 질문에서 묻는 서류함 열쇠의 위치와는 무관한 내용의 오답이다. 또한 다음 주 중이라는 시점을 언급하고 있는 (C)는 When 의문문에 적합한 내용이므로 오답으로 처리해야 한다.

표현 정리 file cabinet 서류함 lock 잠금장치, 자물쇠 leave 떠나다, 남기다

해석

Do you know where the file cabinet key is?

(A) Actually, it has no lock.

(B) I left my car keys at the office.

(C) Sometime next week.

서류함 열쇠가 어디에 있는지 알아요?

(A) 사실, 그건 잠금장치가 없어요.

(B) 저는 자동차 열쇠를 사무실에 두고 왔어요.

(C) 다음 주 중으로요.

정답 (A)

2. ★★★

해설 회사의 20주년 기념식에 참석하는 손님 명단이 어디에 있는지를 묻는 Where 의문문으로, 윈스턴 씨가 명단을 가지고 있다고 대답하는 (B)가 정답이다. (A)는 질문의 attendance를 통해 연상 가능한 admission fee(입장료)를 연상어휘 함정으로 이용한 오답이며, (C)는 의문사 의문문에서 등장할 수 없는 Yes란 답변이 등장하는 오답이다.

표현 정리 attendance list 손님 명단 anniversary 기념일 reserve 예약하다, 비축하다

해석

Where is the attendance list for the company's 20th anniversary celebration?

(A) No admission fee is required.

(B) I think Ms. Winston has it.

(C) Yes, I'd like to reserve a table for dinner.

회사의 20주년 기념식에 참석하는 손님 명단이 어디에 있나요?

(A) 입장료는 없어요.

(B) Winston 씨가 가지고 있는 걸로 알고 있어요.

(C) 네, 저는 저녁식사를 위해 테이블을 예약하고자 합니다.

정답 (B)

3. ★★☆

해설 자동차를 빌릴 수 있는 곳을 묻는 Where 의문문으로, 콜린스 씨가 알 것이라고 대답하며 자신은 아는 바가 없음을 간접적으로 밝히고 있는 (C)가 정답이다. (A)는 질문에 나온 rent의 파생어이자 발음이 유사한 rental을 유사 발음 어휘 함정으로 이용한 오답이며, (B)는 질문의 car를 통해 연상 가능한 energy efficient(연비가 좋은)를 이용한 오답이다.

표현 정리 rent a car 차를 빌리다 business trip 출장 typical 전형적인, 일반적인 energy efficient 연비가 좋은

해석

Where can I rent a car for my business trip?

(A) A typical rental agreement is for one year.

(B) It's more energy efficient.

(C) Ms. Collins might know.

제 출장에 쓸 자동차를 어디에서 빌릴 수 있을까요?

(A) 일반적으로 임대 계약서 기간은 1년이에요.

(B) 이것이 연비가 훨씬 좋아요.

(C) Collins 씨가 알 거예요.

정답 (C)

4. ★★☆

해설 지난 분기의 마케팅 보고서 한 부를 어디에서 얻을 수 있는지 묻는 Where 의문문으로, 마케팅 부장이 가져다 줄 수 있을 것이라고 대답하고 있는 (A)가 정답이다. (B)는 의문사 의문문에서 등장할 수 없는 No란 답변이 제시되는 오답이며, (C)는 질문의 copy와 발음이 유사한 coffee를 유사 발음 어휘 함정으로 이용한 오답이다.

표현 정리 marketing report 마케팅 보고서 copy 사본, 부, 권; 복사하다

해석

Where can I get a copy of last quarter's marketing report?

(A) The marketing manager can get you one.

(B) No, we need two copies.

(C) I will have a cup of coffee, please.

지난 분기의 마케팅 보고서 한 부를 어디에서 얻을 수 있을까요?

(A) 마케팅 부장이 당신에게 한 부 가져다 줄 수 있을 겁니다.

(B) 아니요, 저희는 두 부가 필요해요.

(C) 저는 커피를 마실게요.

정답 (A)

5. ★☆☆

해설 인사부의 위치에 대해 묻는 Where 의문문으로, Martin 씨가 알려줄 것이라고 대답하고 있는 (C)가 정답이다. (A)는 질문의 personnel과 발음이 유사한 person을 유사발음 어휘 함정으로 이용한 오답이며, (B)는 질문의 department를 반복해서 들려주는 동일어휘 함정이 포함되어 있을 뿐 아니라 질문과는 무관한 내용의 오답이다.

표현 정리 Personnel Department 인사부 contact 연락하다 in person 직접, 개인적으로

해석

Where can I find the Personnel Department?

(A) I contacted him in person.

(B) The department store is located at 113 Regent Street.

(C) Mr. Martin will show you.

인사부는 어디에 있습니까?

(A) 제가 그에게 직접 연락했어요.
(B) 그 백화점은 Regent 가 113번지에 위치해 있어요.
(C) Martin 씨가 알려줄 겁니다.

정답 (C)

6. ★☆☆

해설 컴퓨터용 인쇄 용지의 위치를 묻는 Where 의문문으로, 당신 상사에게 물어보라고 권유하며 자신은 아는 바가 없음을 간접적으로 표현하고 있는 (C)가 정답이다. (A)는 종이 세 상자란 내용으로, 질문의 paper를 반복적으로 들려주는 동일어휘 함정이 포함되어 있을 뿐 아니라 수를 묻는 How many 의문문에 적합한 답변이므로 오답이다. (B)는 커피숍이 근처에 있다는 위치 관계를 언급하고 있으므로 커피숍의 위치를 묻는 Where 의문문의 답변이 될 수 있지만, 컴퓨터용 인쇄 용지의 위치를 묻는 Where 의문문에는 부적합한 내용이며 질문의 printing paper를 통해 연상 가능한 copy와 발음이 유사한 coffee를 이용한 오답이다.

표현 정리 printing paper 인쇄 용지 be close by 근처에 있다

해석
Where can I find our computer printing paper?
(A) Three boxes of paper.
(B) The coffee shop is close by.
(C) Why don't you ask your supervisor?

우리의 컴퓨터용 인쇄 용지는 어디에서 찾을 수 있나요?
(A) 종이 세 상자요.
(B) 커피숍은 근처에 있어요.
(C) 당신 상사에게 물어보는 게 어때요?

정답 (C)

---

82 Who 의문문에서 인명/직업/직책이 아닌 답변을 숙지하라!

| 실전 연습 |

1. ★★☆

해설 공사 인부들의 점심을 누가 주문할 것인지 묻는 Who 의문문으로, 자신이 곧 할 것이라고 대답하고 있는 (B)가 정답이다. I/me와 같은 인칭대명사는 누구를 지칭하는지 바로 파악할 수 있으므로 Who 의문문에 대한 답변으로 사용이 가능하다는 점을 알아둬야 한다. (A)는 무언가를 더 먹을 것인지의 여부를 묻는 일반의문문에 적합한 내용의 오답이며, (C)는 질문의 order를 반복해서 들려주는 동일어휘 함정이 포함된 오답이다.

표현 정리 order lunch 점심을 주문하다 construction workers 공사 인부들 right away 곧바로, 즉시 deliver 배송하다, 배달하다 on time 시간에 맞춰, 제시간에

해석
Who will order lunch for the construction workers?
(A) No thanks. I'm full enough.
(B) I'll do it right away.
(C) Your order will be delivered on time.

공사 인부들의 점심은 누가 주문할 건가요?
(A) 고맙습니다만, 사양할게요. 저는 이미 배가 불러요.
(B) 제가 바로 할 겁니다.
(C) 당신이 주문한 것은 시간에 맞춰 배달될 겁니다.

정답 (B)

2. ★★★

해설 주차증 수령에 대해서 누구와 이야기를 해야 하는지 묻는 Who 의문문으로, 그녀가 점심식사를 하러 나가서 이곳에 없음을 밝히고 있는 (B)가 정답이다. 점심식사를 위해 자리를 비운 담당자를 She라는 인칭대명사로 언급하고 있음에 유의해야 한다. (A)는 질문의 parking과 파생어 관계이자 발음이 유사한 park를 함정으로 이용한 오답이며, (C)는 의문사 의문문과 함께 쓰일 수 없는 Yes란 답변이 등장하고 있는 오답이다.

표현 정리 parking permit 주차증 be out of the office 사무실을 비우다

해석
Who do I talk to about getting a parking permit?
(A) I don't think you can park here.
(B) Sorry. She's out for lunch now.
(C) Yes, I'll be out of the office.

주차증 수령에 대해 누구와 이야기를 해야 하나요?
(A) 여기 주차하시면 안 됩니다.
(B) 미안합니다. 그녀는 지금 점심식사를 하러 나갔어요.
(C) 네, 저는 사무실을 비울 예정이에요.

정답 (B)

3. ★★☆

해설 배달물이 누구에게 온 것인지 묻는 Who 간접의문문으로, 배달물이 자신에게 온 것이라며 수취인을 직접적으로 밝히고 있는 (A)가 정답이다. (B)는 질문의 delivery에서 연상할 수 있는 heavy와 lift를 함정으로 이용한 오답이며, 배송 수단인 택배를 언급하고 있는 (C)는 방법을 묻는 How 의문문에 적합한 내용의 오답이다.

표현 정리 delivery 배달, 배달물 heavy 무거운 lift 들다
courier service 택배

해석
Do you know who that delivery was for?
(A) It was for me.
(B) It's too heavy for me to lift.
(C) I sent it by a courier service.

그 배달물이 누구에게 온 것인지 알고 있나요?
(A) 그건 제게 온 것이었어요.
(B) 그건 제가 들기에 너무 무거워요.
(C) 제가 그걸 택배로 보냈어요.

정답 (A)

4. ★☆☆

해설 상대방의 대출 신청서를 누가 가지고 있는지 묻는 Who 의문문으로, 지점장과 이야기를 나누고 있는 남자라며 대출 신청서를 가지고 있는 사람을 직접 가리키고 있는 (B)가 정답이다. 아울러 (A)와 (C)는 각각 질문의 loan과 form과 발음이 유사한 alone과 formally를 함정으로 이용한 오답이다.

표현 정리 loan application form 대출 신청서 prefer to do ~하는 것을 선호하다 branch manager 지점장 be dressed formally 정장 차림이다

해석
Who has your loan application form?
(A) I prefer to work alone.
(B) He's the one talking to the branch manager.
(C) Everybody is dressed formally.

당신의 대출 신청서는 누가 가지고 있나요?

(A) 저는 혼자 일하는 것을 선호해요.
(B) 지점장하고 이야기를 나누고 있는 남자요.
(C) 모든 사람들이 정장을 입고 있어요.

정답 (B)

5. ★★★

해설 새로운 노트북 컴퓨터를 디자인한 사람이 누구인지 묻는 Who 의문문으로, 당사자가 현재 자리를 비운 상태임을 밝히고 있는 (C)가 정답이다. (A)는 질문의 new laptop computer를 통해 연상 가능한 release(출시한다)의 의미를 함정으로 이용한 오답이며, (B)는 질문의 designed와 발음이 유사한 signed를 유사발음 어휘 함정으로 이용한 오답이다.

표현 정리 release 출시하다 contract 계약, 계약서 at the moment 지금, 현재

해석
Who designed the model of the new laptop computer?
(A) It'll be released soon.
(B) We've already signed several contracts.
(C) He's not here at the moment.

새로운 노트북 컴퓨터는 누가 디자인했나요?
(A) 네, 그건 조만간에 출시될 겁니다.
(B) 저희는 이미 여러 건의 계약들에 서명했어요.
(C) 그는 지금 이곳에 없습니다.

정답 (C)

6. ★★☆

해설 시상식을 준비하는 사람이 누구인지를 묻는 Who 의문문으로, 누구인지 직접적으로 답변하지 않고 아직 정해지지 않았다는 우회적인 답변인 (B)가 정답이다. (A)는 질문의 organize와 발음이 유사한 organizer를 유사발음 함정으로 이용한 오답이며, (C)는 Where 의문문에 적합한 내용의 오답이다.

표현 정리 organize 준비하다, 조직하다 business card organizer 명함집

해석
Who's going to organize the awards ceremony?
(A) A business card organizer.
(B) Actually, that hasn't been decided yet.
(C) It'll be held in the local convention center.

시상식을 누가 준비할 건가요?
(A) 명함집이요.
(B) 사실, 그건 아직 정해지지 않았어요.
(C) 그건 지역 컨벤션 센터에서 열릴 겁니다.

정답 (B)

83 Why 의문문의 주제별 빈출 답변 유형을 숙지하라!

| 실전 연습 |

1. ★★★

해설 어제 있었던 환영 만찬에 참석하지 못한 이유에 대해 묻는 Why 의문문으로, 환영 만찬을 이번 주 수요일로 알고 있었다며 일정을 착각했음을 언급하고 있는 (C)가 정답이다. (A)와 (B)는 모두 질문의 reception을 통해 연상 가능한 refreshments와 award를 연상어휘 함정으로 이용한 오답이다.

표현 정리 be absent from ~에 불참하다, ~에 결석하다 reception 리셉션, 환영 만찬 refreshments 다과류 grateful 고마운, 감사하는 receive the award 수상하다

해석
Why were you absent from the reception yesterday?
(A) Refreshments such as snack foods and cold drinks.
(B) I am so grateful to receive the award.
(C) I thought it would be this Wednesday.

어제 있었던 환영 만찬에 참석하지 못한 이유는 뭔가요?
(A) 가벼운 먹거리와 시원한 음료 같은 다과류요.
(B) 이 상을 받게 된 것을 매우 고맙게 생각합니다.
(C) 저는 환영 만찬이 이번 주 수요일인줄 알았어요.

정답 (C)

2. ★★★

해설 Jordan 씨가 오늘 있을 회사 야유회에 오지 못하는 이유에 대해 묻는 Why 의문문으로, 오늘 선약이 있다며 구체적인 불참 이유를 제시하고 있는 (B)가 정답이다. Fremont 공원이라는 개최 장소를 언급하는 (A)는 Where 의문문에 적합한 내용의 오답이며, (C)는 의문사 의문문에 부적합한 답변인 No가 등장하고 있으므로 바로 오답으로 처리해야 한다.

표현 정리 delay 연기하다

해석
Why isn't Mr. Jordan coming to the company outing today?
(A) It'll be held in Fremont Park.
(B) He said he has other plans today.
(C) No, it was delayed until next Saturday.

Jordan 씨가 오늘 있을 회사 야유회에 오지 못하는 이유가 뭔가요?
(A) Fremont 공원에서 개최될 겁니다.
(B) 그가 오늘 선약이 있다고 하더군요.
(C) 아니요, 그건 다음 주 토요일로 연기되었어요.

정답 (B)

3. ★★☆

해설 승강기가 아직까지 수리되지 않은 이유에 대해 묻는 Why 의문문으로, 몇몇 기술적인 문제들이 있어서 그렇다며 구체적인 이유를 제시하고 있는 (C)가 정답이다. 일주일이란 고장 기간을 밝히고 있는 (A)는 기간을 묻는 How long 의문문에 적합한 내용의 오답이며, 적재 용량을 언급하고 있는 (B)는 승강기가 수리되지 않은 이유와 무관한 내용일 뿐 아니라 질문의 elevator를 통해 연상 가능한 중량 2,250kg을 이용한 오답이다.

표현 정리 elevator 승강기 be out of order 고장 났다 total load capacity 총 적재[선적] 용량 technical problems 기술적인 문제들

해석
Why hasn't the elevator been repaired yet?
(A) It's been out of order for a week.
(B) The total load capacity is 2,250kg.
(C) Actually, we have some technical problems.

승강기가 아직까지 수리되지 않은 이유는 뭔가요?
(A) 그건 일주일 동안 고장이에요.
(B) 총 적재 용량은 2,250kg이에요.
(C) 사실 몇가지 기술적인 문제들이 있어요.

정답 (C)

4. ★☆☆

해설 Lane 씨가 직원회의에 늦은 이유를 묻는 Why 의문문으로, 그녀는 회의가 취소된 것으로 착각했다며 구체적인 이유를 제시하고 있는 (C)가 정답이다. 회의가 201호실에서 열린다는 (A)는 회의 장소를 묻는 Where 의문문에 적합한 내용의 오답이다. 그녀가 옳다는 (B)도 회의에 지각한 이유와 무관한 내용의 오답이다.

표현 정리 staff meeting 직원회의 be held 개최되다

해석

Why was Ms. Lane late for the staff meeting?
(A) It will be held in Room 201.
(B) She's probably right.
(C) She thought that it had been canceled.

Lane 씨가 직원회의에 늦은 이유가 뭐가요?
(A) 그건 201호실에서 열릴 겁니다.
(B) 아마 그녀가 맞을 겁니다.
(C) 그녀는 회의가 취소된 것으로 생각했어요.

정답 (C)

5. ★☆☆

해설 Bella 보험사와의 계약을 중단한 이유에 대해 묻는 Why 의문문으로, 보험 약관에 문제가 있다고 대답하는 (B)가 정답이다. 그건 좋은 제안이었다는 (A)는 계약 중단과 무관한 내용의 오답이다. (C)는 상대방이 보험에 가입한 상태이길 바란다는 내용으로, 질문과 무관한 답변일 뿐 아니라 질문의 insurance와 발음이 유사한 insured를 유사발음 어휘 함정으로 이용한 오답이다.

표현 정리 insurance 보험 offer 제안; 제안하다 insurance policy 보험 증서[약관] insure 보험에 가입시키다

해석

Why did you stop using the Bella Insurance Company?
(A) It was a good offer.
(B) I had a problem with the insurance policy.
(C) We hope you're insured.

당신이 Bella 보험사와의 계약을 중단한 이유는 뭐가요?
(A) 그건 좋은 제안이었어요.
(B) 보험 약관에 문제가 있었어요.
(C) 저희는 당신이 보험에 가입한 상태이길 바랍니다.

정답 (B)

6. ★★☆

해설 일부 중요한 고객들이 계약을 갱신하지 않은 이유를 묻는 Why 의문문으로, 단가가 너무 비싸기 때문이라는 구체적인 이유를 제시하고 있는 (C)가 정답이다. (A)는 질문의 contract와 발음이 유사한 contact를 이용한 함정이 포함되어 있을 뿐 아니라 의문사 의문문에 부적합한 Yes란 답변이 제시되고 있는 오답이며, (B)는 질문의 renew의 일부인 new를 반복해서 들려주는 함정이 포함된 오답이다.

표현 정리 renew 갱신하다 contact 연락하다 immediately 즉시, 바로 unveil 보여주다, 드러내다 brand-new 새로운 unit cost 단가

해석

Why didn't some important clients renew their contracts?
(A) Yes, I'll contact them immediately.
(B) We plan to unveil brand-new products next month.
(C) Because the unit cost was too expensive.

일부 중요한 고객들이 계약을 갱신하지 않은 이유가 뭐가요?

(A) 네, 제가 그들에게 즉시 연락할 겁니다.
(B) 저희는 다음 달에 신제품을 출시할 계획이에요.
(C) 단가가 너무 비싸기 때문이에요.

정답 (C)

---

84 What 의문문의 빈출 유형별 답변을 숙지하라!

| 실전 연습 |

1. ★★☆

해설 오늘 메뉴 중 가장 훌륭한 음식이 무엇인지 묻는 What 의문문으로, 아스파라거스를 곁들인 스테이크를 추천한다며 음식에 대해 구체적으로 설명하고 있는 (A)가 정답이다. (B)는 음식이나 음료를 권고하는 질문에 대한 거절의 답변이며, (C)는 질문의 meal이나 menu를 통해 연상 가능한 chef를 연상어휘 함정으로 이용한 오답이다.

표현 정리 meal 식사, 음식 chef 셰프, 요리사

해석

What's the best meal on your menu today?
(A) I recommend the steak with asparagus.
(B) Thank you, but I'm already full.
(C) I think she's one of the best chefs.

오늘 메뉴에서 가장 훌륭한 음식은 무엇인가요?
(A) 아스파라거스를 곁들인 스테이크를 추천합니다.
(B) 고맙습니다만, 이미 배가 불러요.
(C) 저는 그녀가 최고의 요리사 중 한 명이라고 생각해요.

정답 (A)

2. ★★☆

해설 회사의 새로운 로고에 대한 견해를 묻는 What 의문문으로, 굉장히 멋지다고 평가하고 있는 (B)가 정답이다. (A)는 질문에서 they라는 복수 대명사로 지칭되는 복수 명사가 등장하지 않고 있으므로 오답이며, (C)는 의문사 의문문에 부적합한 No란 답변이 등장하고 있는 오답이다.

표현 정리 logo 로고 comfortable 편안한 stylish 멋진 newly 새롭게, 새로이

해석

What do you think about our new company logo?
(A) They're very comfortable.
(B) I think it's very stylish.
(C) No, it's newly designed.

우리 회사의 새로운 로고에 대해서 어떻게 생각하세요?
(A) 그것들은 매우 편안해요.
(B) 굉장히 멋진 거 같아요.
(C) 아니요, 그건 새롭게 디자인된 겁니다.

정답 (B)

3. ★★★

해설 제품 시연회의 시점을 묻는 What time 의문문으로, 아직 통보 받지 못했다며 자신은 알지 못한다는 사실을 간접적으로 전달하고 있는 (B)가 정답이다. (A)는 질문의 software의 일부 어휘인 soft를 부분적 동일어휘 함정으로 이용한 오답이다. (C)는 질문에서 복수 대명사인 they로 지칭되는 복수 명사가 등장하지 않으므로 오답이다.

표현 정리 software demonstration 소프트웨어 시연회 useful 유용한

해석

What time does the new software demonstration begin?

(A) Yes, it's very soft.

(B) I haven't been informed yet.

(C) They are very useful.

소프트웨어 신제품의 시연회는 언제 시작하나요?

(A) 네, 그건 굉장히 부드러워요.

(B) 저는 아직 통보 받지 못했어요.

(C) 그것들은 매우 유용해요.

정답 (B)

4. ★★★

해설 Ryan 씨가 중국에 머무는 동안에 사무실을 어떻게 처리할 것인지 묻는 What 의문문으로, 사무실을 매각할 것 같다며 사무실의 처리 방법을 밝히고 있는 (C)가 정답이다. 4층이란 위치를 언급하고 있는 (A)는 Where 의문문에 적합한 내용의 오답이다. 기분 전환을 위해 중국에 갈 것이란 (B)는 질문의 China를 반복해서 들려주는 동일어휘 함정이 포함된 오답이다.

표현 정리 for a change 기분전환으로 sell off 매각하다

해석

What is Mr. Ryan going to do with his office while he is living in China?

(A) It's located on the fourth floor.

(B) He'll go to China for a change.

(C) I think he will sell it off.

Ryan 씨는 중국에 거주하는 동안 자신의 사무실을 어떻게 처리하려고 하나요?

(A) 그건 4층에 위치해 있어요.

(B) 그는 기분 전환을 위해 중국에 갈 겁니다.

(C) 그것을 매각할 것 같아요.

정답 (C)

5. ★☆☆

해설 시장 보고서를 어떻게 처리했는지 묻는 What 의문문으로, 여전히 자신이 가지고 있다고 대답하며 아직까지 처리하지 않은 상태임을 밝히고 있는 (B)가 정답이다. (A)는 질문의 market report를 통해 연상 가능한 impressive를 이용한 오답이며, (C)는 질문의 report를 반복해서 들려주는 동일어휘 함정이 포함되어 있을 뿐, 질문에서 요구하는 시장 보고서의 처리 방법과는 무관한 내용의 오답이다.

표현 정리 market report 시장 보고서 impressive 인상적인 report to ~에게 보고하다 immediate supervisor 직속 상사

해석

What did you do with the market report?

(A) It's very impressive.

(B) I still have it.

(C) You should report it to your immediate supervisor.

시장 보고서를 어떻게 처리하셨나요?

(A) 그건 굉장히 인상적이에요.

(B) 여전히 제가 가지고 있어요.

(C) 당신의 직속 상사에게 그것을 보고해야 해요.

정답 (B)

6. ★☆☆

해설 Lane 씨와 연락할 수 있는 가장 좋은 방법에 대해 묻는 What 의문문으로, 그녀의 직장 전화번호로 연락하라며 구체적인 연락 방법을 제시하고 있는 (C)가 정답이다. 밖에 비가 내린다는 (A)는 날씨를 언급하는 내용으로, 질문과 무관한 답변일 뿐 아니라 질문의 Lane이란 인명과 유사한 발음의 raining을 유사발음 어휘 함정으로 이용한 오답이다. 대략 10마일이란 거리를 언급하고 있는 (B) 역시 거리를 묻는 How far 의문문에 적합한 답변이므로 오답이다.

표현 정리 reach 연락하다, 도착하다 work number 직장 전화번호

해석

What's the best way to reach Ms. Lane?

(A) It is raining outside.

(B) About ten miles.

(C) You can try her work number.

Lane 씨와 연락할 수 있는 가장 좋은 방법은 뭔가요?

(A) 밖에 비가 내리고 있어요.

(B) 대략 10마일이에요.

(C) 그녀의 직장 전화번호로 연락해 보세요.

정답 (C)

---

85 How 의문문의 빈출 유형별 답변을 숙지하라!

| 실전 연습 |

1. ★☆☆

해설 팩스기를 작동시키는 방법을 묻는 전형적인 How 의문문으로, 검은색 버튼을 누르면 된다며 구체적인 방법을 제시하고 있는 (B)가 정답이다. (A)는 30분 후에 출발 또는 시작한다는 내용으로, When 의문문에 어울리는 답변이자 질문의 start를 반복해서 들려주는 동일어휘 함정이 포함된 오답이다. (C)는 5페이지 분량이라는 내용으로, 페이지 수를 묻는 How many 의문문에 적합한 답변이므로 오답이다.

표현 정리 press ~을 누르다 in half an hour 30분 후에

해석

How do I start the fax machine?

(A) It'll start in half an hour.

(B) Just press the black button.

(C) Five pages long.

팩스기를 어떻게 작동시키나요?

(A) 그건 30분 후에 시작합니다.

(B) 검은색 버튼만 누르시면 돼요.

(C) 5페이지 분량이에요.

정답 (B)

2. ★☆☆

해설 'How would you like + 명사?' 형태는 명사에 대한 상대방의 취향을 묻는 질문이므로 설탕은 넣고 크림은 빼달라며 커피에 대한 자신의 취향을 언급하고 있는 (B)가 정답이다. (A)는 냄새가 좋다는 내용으로, 커피를 통해 연상할 수 있는 smells good을 연상어휘 함정으로 이용한 오답이다. (C)는 의문사 의문문에 쓰일 수 없는 Yes란 긍정 답변이 등장하고 있는 오답이다.

표현 정리 service fee 봉사료

해석

How would you like your coffee?

(A) It smells good.

(B) With sugar and no cream, please.

(C) Yes, a service fee plus tax.

커피를 어떻게 드시나요?

(A) 냄새가 좋군요.

(B) 설탕은 넣어주시고 크림은 빼주세요.

(C) 네, 봉사료에 세금이 추가됩니다.

정답 (B)

3. ★★☆

해설 새로운 지점장에 대한 견해를 묻는 'How do/would you like + 명사?' 형태의 질문으로, 명사에 대한 구체적인 선호도와 관련된 생각을 묻는 질문이다. 따라서 새 지점장이 친절하고 유능하다는 긍정적 의견을 제시하고 있는 (A)가 정답이다. (B)는 그들을 데리고 나가서 브런치를 먹으려 한다는 내용으로, 질문의 branch와 발음이 유사한 brunch를 유사발음 어휘 함정으로 이용한 오답이다. (C)는 영업이 끝났다는 내용으로, 지점장에 대한 생각을 묻는 질문과 관련이 없는 오답이다.

표현 정리 branch manager 지점장 capable 유능한 brunch 브런치, 아침 겸 점심

해석

How do you like the new branch manager?

(A) I think he's very friendly and capable.

(B) I'd like to take them out to brunch.

(C) Sorry, but we're closed.

새로 부임한 지점장은 어떤가요?

(A) 그는 굉장히 친절하고 유능한 것 같아요.

(B) 저는 그들을 데리고 나가 브런치를 먹으려고 해요.

(C) 미안합니다만, 저희는 영업이 끝났습니다.

정답 (A)

4. ★★☆

해설 오늘 아침에 출근을 어떻게 했는지 묻는 How 의문문으로, Roberts 씨와 같이 택시를 타고 왔다며 구체적인 출근 방법에 대해서 밝히고 있는 (C)가 정답이다. 늦어서 미안하다는 (A)는 구체적인 출근 방법과는 무관한 답변이자 질문의 come to work, 즉, 출근을 통해 연상 가능한 late를 연상어휘 함정으로 이용한 오답이다. 자동차의 시동이 걸리지 않는다는 (B)는 출근할 때 사용할 수 있는 교통수단인 car를 언급하고 있지만 자동차의 시동이 걸리지 않는다는 문제점을 제시하고 있을 뿐 출근 방법과는 무관하며, 이 역시 질문의 come to work에서 연상 가능한 car를 연상어휘 함정으로 이용한 오답이다.

표현 정리 come to work 출근하다 share a taxi 택시를 같이 타다

해석

How did you come to work this morning?

(A) I'm sorry I'm a little late.

(B) My car won't start.

(C) I shared a taxi with Mr. Roberts.

오늘 아침에 어떻게 출근했어요?

(A) 늦어서 미안해요.

(B) 제 차가 영 시동이 안 걸리네요.

(C) Roberts 씨와 같이 택시를 타고 왔어요.

정답 (C)

5. ★★☆

해설 고광택 인쇄 용지를 구매하는 방법을 묻는 전형적인 How 의문문으로, Why don't ~ ?의 형태로 인사부장에게 물어보라며 권유하는 (B)가 정답이다. 프린터의 잉크가 다 떨어졌다는 (A)는 고광택 인쇄 용지의 구매 방법과 무관한 내용이자 질문의 printing과 발음이 유사한 printer를 유사발음 어휘 함정으로 이용한 오답이다. (C)는 의문사 의문문에서 나올 수 없는 Yes란 긍정 답변이 등장하는 오답이다.

표현 정리 usually 대개 high-gloss 고광택 printing paper 인쇄 용지 be out of ink 잉크가 다 떨어지다 bill 계산서, 청구서

해석

How do you usually buy the high-gloss printing paper?

(A) The printer is out of ink now.

(B) Why don't you ask the personnel manager?

(C) Yes, I've received the bill.

고광택 인쇄 용지를 주로 어떻게 구매하세요?

(A) 지금 프린터의 잉크가 다 떨어졌어요.

(B) 인사부장님한테 물어 보시는 게 어때요?

(C) 네, 저는 청구서를 받았어요.

정답 (B)

6. ★☆☆

해설 지난달의 Cancun 여행이 어떠했는지 묻는 How 의문문으로, 즐겁게 보냈다고 대답하고 있는 (C)가 정답이다. 중미 지역에서 가장 큰 도시 중 한 곳이라는 (A)는 여행과는 무관한 내용이자 질문의 칸쿤이란 여행지를 통해 연상할 수 있는 one of the biggest cities와 Central America를 연상어휘 함정으로 이용한 오답이다. 곧 출장을 간다는 (B)는 미래에 일어날 일을 언급하는 내용으로, 과거에 있었던 여행에 대해 묻는 질문에 적합하지 않은 답변이자 질문의 trip을 반복해서 들려주는 동일어휘 함정이 포함된 오답이다.

표현 정리 go on a business trip 출장을 가다

해석

How was your trip to Cancun last month?

(A) It's one of the biggest cities in Central America.

(B) I'll go on a business trip soon.

(C) I had a good time there.

지난달 Cancun 여행은 어땠어요?

(A) 그곳은 중미에서 가장 큰 도시 중 한 곳이에요.

(B) 저는 곧 출장을 가요.

(C) 그곳에서 즐겁게 보냈어요.

정답 (C)

---

86 'How+형용사/부사' 의문문의 빈출 유형별 답변을 숙지하라!

| 실전 연습 |

1. ★★☆

해설 소포가 사무실로 배송되는 횟수에 대해 묻는 How often 의문문으로, 하루에 한 번이라는 구체적인 횟수를 언급하고 있는 (A)가 정답이다. 오늘 오전이라는 도착 시점을 제시하고 있는 (B)는 When 의문문에 적합한 내용의 오답이며, 3층이란 위치를 밝히고 있는 (C)는 Where 의문문에 적합한 내용의 오답이다.

표현 정리 package 소포 deliver 배송하다

How often are packages delivered to the office?

(A) Once a day.

(B) It arrived here this morning.

(C) On the third floor.

소포는 사무실로 얼마나 자주 배송되나요?

(A) 하루에 한 번이요.

(B) 그건 오늘 오전에 여기에 도착했어요.

(C) 3층이요.

정답 (A)

2. ★★☆

해설 컴퓨터 네트워크 시스템의 비밀번호를 알고 있는 직원의 수를 묻는 How many 의문문으로, 인턴 직원을 제외한 모든 직원이 알고 있다고 대답하며 구체적인 숫자가 아닌 간접적인 방식으로 직원의 수를 언급하고 있는 (B)가 정답이다. 아울러 (A)와 (C)는 각각 질문의 password와 employees를 통해 연상 가능한 seven-digit number와 personnel records를 연상어휘 함정으로 이용한 오답이다.

표현 정리 password 비밀번호 except ∼를 제외하고 intern 인턴 직원 save 저장하다 personnel records 인사 기록

해석

How many employees know the password to the computer network system?

(A) It's a seven-digit number.

(B) Almost everyone except the interns.

(C) We save our personnel records there.

컴퓨터 네트워크 시스템의 비밀번호를 알고 있는 직원이 몇 명인가요?

(A) 그건 7자리로 구성된 번호예요.

(B) 인턴 직원을 제외한 거의 모두가요.

(C) 우리는 인사 기록을 그곳에 저장해요.

정답 (B)

3. ★★☆

해설 회사 근속 기간에 대해 묻는 How long 의문문으로, 15년 전 회사 창립 이후로 지금까지 근무하고 있음을 밝히고 있는 (C)가 정답이다. (A)는 10이란 숫자가 제시되고 있지만 이는 근무한 햇수가 아니라 거리를 뜻하는 답변으로 How far 의문문에 적합한 내용의 오답이다. (B)는 다음 달의 신규 직원 채용을 언급하고 있는 내용으로, 질문의 employed와 발음이 유사한 employees를 유사발음 어휘로 이용한 오답이다.

표현 정리 employ 채용하다 hire 채용하다 found 창립하다, 설립하다

해석

How long have you been employed at our company?

(A) About 10 miles from here.

(B) We'll hire new employees next month.

(C) Since it was founded 15 years ago.

우리 회사에서 얼마 동안 근무하셨나요?

(A) 이곳에서 약 10마일 떨어진 곳이요.

(B) 우리는 다음 달에 신규 직원을 채용할 겁니다.

(C) 15년 전 회사가 창립된 이후로요.

정답 (C)

4. ★★★

해설 브리핑하는 데 시간이 얼마나 필요한지 묻는 How much time 의문문

으로, 15분 정도면 충분하다며 구체적인 시간을 언급하고 있는 (C)가 정답이다. To 부정사구 형태는 Why 의문문에만 적절한 답변이므로 (A)는 오답이다. (B)는 시간이 없다는 내용으로, 질문과 무관한 답변이자 time이란 어휘를 반복해서 들려주는 동일어휘 함정이 포함된 오답이다.

표현 정리 allow 허용하다 brief on ∼에 대해 브리핑하다 meeting agenda 회의 안건 meet our customer's expectations 우리 고객들의 기대를 충족시키다 run out of time 시간이 부족하다, 시간이 없다

해석

How much time should I allow you for the briefing on the meeting agenda?

(A) To meet our customer's expectations.

(B) We're running out of time.

(C) Fifteen minutes is enough.

회의 안건을 간단히 브리핑하는 데 시간이 얼마나 필요해요?

(A) 고객의 기대를 충족시켜 주기 위해서요.

(B) 우리는 시간이 없어요.

(C) 15분이면 충분해요.

정답 (C)

5. ★★☆

해설 지원자의 수를 묻는 How many 의문문으로, 구체적인 수치가 아니라 부정수량형용사 a few를 사용하여 답변하고 있는 (C)가 정답이다. (A)는 지원서를 작성하라는 내용으로, 지원자의 수를 묻는 질문과 무관한 답변이자 질문의 applied와 발음이 유사한 application을 유사발음 어휘 함정으로 이용한 오답이다. (B)는 인사부장이 내일 그들의 면접을 볼 것이라는 내용으로, 질문의 apply for, position에서 연상 가능한 personnel director와 interview를 연상어휘 함정으로 이용한 오답이다.

표현 정리 apply for ∼에 지원하다 accounting manager position 경리부장직 fill out (양식을) 작성하다 application form 지원서 personnel director 인사 담당 이사, 인사부장

해석

How many people applied for the accounting manager position?

(A) Please fill out your application form first.

(B) The personnel director will interview them tomorrow.

(C) Well, just a few, I think.

경리부장직에 몇 명이 지원했나요?

(A) 우선 지원서를 작성하세요.

(B) 인사부장이 내일 그들의 면접을 시행할 겁니다.

(C) 몇 명 정도인 것으로 알고 있어요.

정답 (C)

6. ★★☆

해설 새로운 데스크톱 컴퓨터를 얼마에 구입했는지 묻는 How much 의문문으로, 이전 데스크톱 컴퓨터와 동일한 가격이라고 대답하며 간접적으로 액수를 언급하고 있는 (C)가 정답이다. (A)는 하드 드라이브를 교체해달라고 요청하는 내용으로, 새로운 데스크톱 컴퓨터의 가격을 묻는 질문과 무관한 답변일 뿐만 아니라 질문의 desktop computer에서 연상 가능한 hard drive를 연상 어휘 함정으로 이용한 오답이다. (B)는 그건 내일 배송된다는 내용으로, 시점을 묻는 When 의문문에 적합한 답변이므로 오답이다.

표현 정리 pay for ∼에 대한 비용을 지불하다 replace 대체하다, 교체하다 exactly 정확하게

해석

How much did you pay for the new desktop computer?

(A) Please replace the hard drive.

(B) It will be delivered tomorrow.
(C) Exactly the same amount as the old one.

새로운 데스크톱 컴퓨터는 얼마에 구입하셨나요?
(A) 하드 드라이브를 교체해 주세요.
(B) 그건 내일 배송됩니다.
(C) 이전 것과 동일한 가격이에요.

정답 (C)

---

87 제안문과 선택의문문은 일부만 들어도 푼다

| 실전 연습 |

1. ★★☆

해설 관광객들에게 적합한 카프리카 산의 등산로에 대해 묻는 Which 의문문으로, 산악 지도에 노란색으로 표시된 것이라며 등산로를 대명사 one으로 지칭해 답변하고 있는 (B)가 정답이다. (A)와 (C)는 각각 질문의 tourist 및 suitable과 파생어 관계에 있을 뿐 아니라 발음이 유사한 tour와 suit를 함정으로 이용한 오답들이다.

표현 정리 hiking path 등산로 be suitable for ~에게 적합하다 tourist 관광객 mark 표시하다 suit 정장

해석
Which hiking path on Caprica Mountain is suitable for tourists?
(A) A tour can be fun and interesting.
(B) The one marked in yellow on the map of the mountain.
(C) That suit looks nice on you.

Caprica 산의 어느 등산로가 관광객들에게 적합한가요?
(A) 관광은 재미있고 흥미로울 겁니다.
(B) 산악 지도에 노란색으로 표시돼 있는 거요.
(C) 그 정장은 당신에게 잘 어울려요.

정답 (B)

2. ★★☆

해설 오늘 오후에 발표 자료를 함께 검토할 수 있는지의 여부를 묻는 일반의문문으로, 내일하는 것이 어떠냐고 반문하며 오늘은 자료를 함께 검토할 수 없다는 의사를 간접적으로 표현하고 있는 (A)가 정답이다. (B)는 그것이 유용한 정보라는 내용으로, 자료를 검토할 수 있는지를 묻는 질문과 무관한 답변이자 질문의 materials를 통해 연상 가능한 information을 연상어휘 함정으로 이용한 오답이다. (C)는 질문에서 언급되지 않은 남자를 지칭하는 He라는 대명사를 제시하고 있을 뿐 아니라 질문의 presentation과 this afternoon을 반복해서 들려주는 동일어휘 함정이 포함된 오답이다.

표현 정리 review 검토하다 presentation materials 발표 자료 useful 유용한 presentation 발표

해석
Can we review the presentation materials this afternoon?
(A) Well, how about tomorrow?
(B) I think it is very useful information.
(C) He will make a second presentation this afternoon.

오늘 오후에 우리가 발표 자료를 함께 검토할 수 있을까요?
(A) 내일은 어떠세요?
(B) 저는 그것이 매우 유용한 정보라고 생각해요.
(C) 그는 오늘 오후에 두 번째 발표를 할 겁니다.

정답 (A)

3. ★☆☆

해설 커피와 홍차 중 무엇을 마실 것인지를 묻는 선택의문문으로, 둘 다 싫다는 양자부정 형태의 답변과 함께 탄산음료를 원한다는 의사를 밝힌 (A)가 정답이다. 반면에 (B)와 (C)는 각각 질문의 coffee와 유사한 발음을 가진 copies와 tea, 그리고 동일한 발음을 가진 T-shirt를 이용한 함정이 포함된 오답이다.

표현 정리 black tea 홍차 be made of ~로 만들어지다 cotton 면 document 서류

해석
Would you like coffee or black tea?
(A) Neither. I want some soda.
(B) Our T-shirts are made of cotton.
(C) I'd like five copies of the document.

커피를 드시겠어요, 아니면 홍차를 드시겠어요?
(A) 둘 다 싫고요. 저는 탄산음료를 마실게요.
(B) 저희 T-셔츠는 면으로 제작됩니다.
(C) 저는 그 서류를 5부 복사하고 싶습니다.

정답 (A)

4. ★★☆

해설 휴가를 7월에 갈 것인지 8월에 갈 것인지를 묻는 선택의문문으로, 둘 중에 어느 때라도 좋다며 양자 긍정 형태의 답변을 제시하고 있는 (C)가 정답이다. (A)는 휴가를 간다는 질문의 take your time off를 통해 연상이 가능한 go to London을 이용한 연상어휘 함정이 포함된 오답이며, (B)는 선택의문문에서 대개 오답으로 처리되는 Yes란 답변과 질문의 take your time off를 통해 연상할 수 있는 vacation이 함께 등장하고 있는 오답이다.

표현 정리 take time off 휴가를 떠나다, 쉬다 be on vacation 휴가를 보내다 actually 사실

해석
Are you going to take your time off in July or August?
(A) I'll go to London next month.
(B) Yes, I'm on vacation now.
(C) Actually, whichever would be fine.

휴가는 7월에 갈 건가요, 아니면 8월에 갈 건가요?
(A) 저는 다음 달에 London에 갈 겁니다.
(B) 네, 저는 지금 휴가 중이에요.
(C) 사실 어느 때라도 괜찮아요.

정답 (C)

5. ★☆☆

해설 펜을 잠시 빌려도 괜찮을지 묻는 Would you mind ~ ? 유형의 의문문으로, 괜찮다며 어서 빌려가라고 대답하고 있는 (B)가 정답이다. 아울러 Do you mind ~ ? / Would you mind ~ ? 유형의 질문에는 주로 긍정/동의/수락의 답변이 정답으로 제시되며 이는 No로 표현된다는 점을 다시 한 번 상기해두자. (A)는 질문의 pen을 통해 연상 가능한 wrote를 연상어휘 함정으로 이용한 오답이다. (C)는 빌려주기 싫다고 대답하는 Yes란 답변과 그 제품이 다양한 색상으로 나온다는 부연 설명이 서로 무관한 내용으로 구성된 오답이다.

표현 정리 mind 싫어하다, 꺼려하다 borrow 빌리다 for a moment 잠시만 quickly 빠르게, 신속하게 come in several colors (상품이) 여러 색상으로 나오다

해석
Would you mind if I borrowed your pen for a moment?

(A) I wrote the report quickly.
(B) No, go right ahead.
(C) Yes, it comes in several colors.

펜을 잠시 빌릴 수 있을까요?
(A) 제가 그 보고서를 급히 작성했어요.
(B) 네, 그러세요.
(C) 네, 그건 여러 색상으로 나와요.

정답 (B)

6. ★★★

해설 관련 정보/책자/자료의 수령 여부를 묻는 내용의 일반의문문으로, 수령하겠다는 긍정 답변인 Sure와 함께 이메일로 보내줄 수 있는지 반문하고 있는 (A)가 정답이다. (B)는 할인 판매에 관한 정보를 받겠다는 Yes란 긍정 답변과 오늘 매우 춥다고 언급하는 부연 설명이 서로 무관한 내용으로 구성되어 있을 뿐 아니라 질문의 Christmas를 통해 연상 가능한 freezing을 연상어휘 함정으로 이용한 오답이다. (C)는 미안하지만 판매용이 아니라는 내용으로, 질문과 관련이 없을 뿐 아니라 질문의 sale을 반복해서 들려주는 동일어휘 함정이 포함된 오답이다.

표현 정리 freezing 몹시 추운 **not for sale** 판매용이 아닌

해석
Would you like to receive information about our Christmas sale?
(A) Sure, can you send it by e-mail?
(B) Yes, it is freezing today.
(C) I'm sorry. It's not for sale.

저희 크리스마스 세일에 관한 정보를 받아보시겠어요?
(A) 네, 그걸 이메일로 보내줄 수 있나요?
(B) 네, 오늘은 굉장히 추워요.
(C) 미안합니다. 그건 판매용이 아니에요.

정답 (A)

<table>
<tr><td>88</td><td>동사와 시제로 푸는 일반/부정의문문</td></tr>
</table>

| 실전 연습 |

1. ★★★

해설 오늘 밤에 지역 문화 센터에서 자선 행사가 열리는지의 여부를 확인하는 일반의문문으로, 일정을 살펴보겠다고 대답하며 자신도 아는 바가 없음을 간접적으로 밝히고 있는 (B)가 정답이다. (A)는 질문의 charity event(자선 행사)를 통해 연상 가능한 donation을 연상어휘 함정으로 이용한 오답이다. (C)는 오늘 밤 지역 문화 센터에서 자선 행사가 있음을 수긍하는 Yes란 답변과 행사가 취소되었다는 부연 설명이 서로 상충되는 내용으로 구성된 오답이다.

표현 정리 charity event 자선 행사 community center 지역 문화 센터, 주민 회관 donation 기부 cancel 취소하다

해석
Is there a local charity event at the community center tonight?
(A) Thanks to your donation.
(B) Let me check the schedule.
(C) Yes, it has been canceled.

오늘 밤에 지역 문화 센터에서 자선 행사가 있어요?
(A) 당신의 기부 덕분이에요.
(B) 제가 일정을 살펴볼게요.

(C) 네, 그건 취소되었어요.

정답 (B)

2. ★★☆

해설 가게가 시 경계 안에서 무료 배달 서비스를 제공하는지의 여부를 묻는 부정의문문으로, 동의하는 답변 Yes와 함께 200달러 이상 구매할 때만 그렇다는 조건을 제시하는 제한적 긍정 답변인 (A)가 정답이다. (B)는 무료 배달을 제공하지 않는다는 의미의 부정 답변인 No와 그것이 무료라는 부연 설명이 서로 모순되는 내용으로 구성된 오답이다. (C) 역시 무료 배달을 제공하지 않는다는 의미의 부정 답변인 No와 가게에선 다양한 제품을 판매한다는 부연 설명이 서로 무관한 내용이자 질문의 store를 반복해서 들려주는 동일어휘 함정이 포함된 오답이다.

표현 정리 offer 제공하다 **free delivery** 무료 배달 **within the city limits** 시 경계 안에서 **free of charge** 무료의 **a variety of** 다양한

해석
Doesn't the store offer free delivery within the city limits?
(A) Yes, if you spend more than 200 dollars.
(B) No, it's free of charge.
(C) No, the store offers a variety of products.

그 가게는 시 경계 안에서는 무료 배달 서비스를 제공하지 않나요?
(A) 네, 200달러 이상 구매하면요.
(B) 아니요, 그건 무료예요.
(C) 아니요, 그 가게는 다양한 제품을 판매해요.

정답 (A)

3. ★★☆

해설 기본형 컴퓨터가 무료 네트워크 보안 프로그램과 함께 나오는지의 여부를 묻는 일반의문문으로, 자신이 알기로는 아닐 것이라고 부정적 답변을 제시하고 있는 (B)가 정답이다. (A)는 질문의 free와 soft를 반복해서 들려주는 함정이 등장하고 있을 뿐, 탄산음료, 차, 커피가 모두 무료라는 것은 질문과 무관한 내용의 오답이다. (C)는 신용카드로 계산할 수 있다는 내용으로, 이는 결제 수단을 묻는 How 의문문에 적합한 답변이므로 오답이다.

표현 정리 come with ~이 딸려 나오다 **security software** 보안 소프트웨어 **soft drinks** 청량음료 **free of charge** 무료의 **pay with a credit card** 신용카드로 지불하다

해석
Does the basic computer model come with the free network security software?
(A) Soft drinks, tea, and coffee are also free of charge.
(B) Not that I know of.
(C) You can pay with a credit card.

기본형 컴퓨터는 무료 네트워크 보안 프로그램이 딸려 나오나요?
(A) 청량음료, 차, 그리고 커피도 무료입니다.
(B) 제가 알기론 아니에요.
(C) 신용카드로 계산하셔도 됩니다.

정답 (B)

4. ★★☆

해설 Houston 지역의 고속도로를 안내해주는 최신 지도를 갖고 있는지를 묻는 일반의문문으로, 가판대에서 한 부 구입하는 것이 어떠냐고 반문하며 간접적으로 자신은 지도를 갖고 있지 않다는 것을 밝힌 (C)가 정답이다. (A)와 (B)는 모두 질문의 highway를 통해 연상할 수 있는 road safety와 cars를 이용하여 오답을 유도하고 있는 함정 선택지들이다.

표현 정리 **updated** 갱신된, 최신의 **improve** 향상시키다, 증가시키다 **road safety** 도로 안전 **brand new** 새 것인, 신형의 **newsstand** 가판대

해석

Do you have an updated map of the highways in Houston?

(A) It could improve road safety.

(B) Yes, some of the brand new cars.

(C) Why don't you buy one at the newsstand?

Houston 지역 고속도로에 대한 최신 지도를 갖고 있나요?

(A) 그건 도로 안전을 향상시킬 수 있어요.

(B) 네, 일부 신형 자동차들이요.

(C) 가판대에서 한 부 구입하지 그러세요?

정답 (C)

---

5. ★☆☆

해설 Webber 씨가 회사에 더 이상 근무하지 않는지를 확인하고자 하는 일반의문문으로, 그가 지난주에 퇴사를 했다고 함으로써 상대방의 질문 내용에 수긍하고 있는 (B)가 정답이다. (A)는 질문의 work를 반복적으로 들려주고 있는 동일어휘 함정이 포함된 오답이며, (C)는 Webber 씨의 근무 여부와는 무관한 내용으로 질문의 work에서 연상할 수 있는 enough space를 이용해 혼동을 유도한 오답이다.

표현 정리 **properly** 적절하게, 알맞게 **leave the company** 퇴사하다 **enough space** 충분한 공간

해석

Doesn't Mr. Webber work here anymore?

(A) It doesn't work properly.

(B) No, he left the company last week.

(C) No problem. It has enough space.

Webber 씨가 더 이상 이곳에서 근무하지 않나요?

(A) 그것이 제대로 작동하지 않아요.

(B) 네, 그는 지난주에 퇴사했어요.

(C) 문제 없어요. 그곳은 공간이 충분해요.

정답 (B)

---

6. ★★☆

해설 가는 길에 약국이 있는지에 대한 사실을 묻는 문제로 약국이 있으면 yes, 없으면 no로 대답한 후 부연설명을 붙인다. 질문의 의도가 약을 사려는 것이라고 생각하고 몸이 안 좋은지 역질문하는 (B)가 정답이다. (A)는 약국이 옷장에 있을 수는 없으므로 부연설명이 잘못된 오답, (C)는 유사발음이자 연상어휘인 pharmacist를 사용한 오답이다.

표현 정리 **pharmacy** 약국 **on the way** 가는 길에 **closet** 옷장 **well** 건강한 **pharmacist** 약사

해석

Isn't there a pharmacy on the way?

(A) Sure, it'll be in the closet.

(B) Aren't you feeling well today?

(C) Is it difficult to be a pharmacist?

가는 길에 약국이 있지 않나요?

(A) 그럼요, 그것은 옷장 안에 있을 거예요.

(B) 오늘 몸이 좋지 않나요?

(C) 약사가 되는 것은 어렵나요?

정답 (B)

---

89 평서문의 빈출 답변 유형을 숙지하라!

| 실전 연습 |

1. ★★☆

해설 눈이 오늘 밤 야외 행사 전에 그친다고 했는지 확인하는 부가의문문으로, 긍정 답변인 Yes와 함께 일기예보에서 오늘 오후에 눈이 그친다고 했다며 부연 설명을 하고 있는 (C)가 정답이다. (A)는 질문의 outdoor event를 통해 연상 가능한 show, interesting, informative를 연상어휘 함정으로 이용한 오답이다. (B)는 야외 행사 전에 눈이 그치지 않는다는 의미의 부정 답변인 No와 표를 이미 구매했다는 부연 설명이 서로 무관한 내용이자 질문의 event를 통해 연상 가능한 ticket을 연상어휘 함정으로 이용한 오답이다.

표현 정리 **be supposed to do** ~하기로 되어 있다, ~할 예정이다 **outdoor event** 야외 행사 **highly** 매우, 굉장히 **informative** 유익한, 정보를 주는 **weather forecast** 일기예보

해석

The snow is supposed to stop before tonight's outdoor event, isn't it?

(A) The show is not only interesting but also highly informative.

(B) No, we already purchased the tickets.

(C) Yes, the weather forecast said it'll stop this afternoon.

눈이 오늘 밤 야외 행사 전에 그친다고 했죠, 안 그래요?

(A) 그 공연은 흥미롭기도 하지만 매우 유익해요.

(B) 아니요, 우리는 그 표들을 이미 구매했어요.

(C) 네, 일기예보에서 오늘 오후에 그친다고 했어요.

정답 (C)

---

2. ★★★

해설 지난 석 달간의 실적에 굉장히 실망하고 있다는 감정을 표현하는 평서문으로, 자신도 똑같이 실망하고 있다는 의미로 자신의 감정 상태를 밝히고 있는 (A)가 정답이다. (B)는 질문의 performance를 통해 연상 가능한 television program을 연상어휘 함정으로 이용한 오답이다. (C)는 질문에서 언급되지 않은 남자를 지칭하는 대명사 he가 등장하고 있을 뿐 아니라 질문의 disappointed와 발음이 유사한 appointed를 유사발음 어휘 함정으로 이용한 오답이다.

표현 정리 **be disappointed with** ~에 실망하다 **performance** 공연, 실적 **appoint** 임명하다

해석

We are all very disappointed with our performance during the last three months.

(A) I feel the same way.

(B) On a television program.

(C) Yes, he was appointed the sales director of the company.

우리 모두가 지난 석 달간의 실적에 굉장히 실망하고 있습니다.

(A) 저도 동감이에요.

(B) TV 프로그램에서요.

(C) 네, 그는 회사의 영업 이사로 임명되었어요.

정답 (A)

---

3. ★★☆

해설 지난주에 고객에게 발송한 새로운 판매 계약서에 대한 답변을 받지 못했다는 문제점을 언급하고 있는 평서문으로, 최대한 그에게 빨리 연락을 취하라는 해결책을 제시하고 있는 (B)가 정답이다. (A)는 갱신된 판매 자료

가 필요하다는 내용으로, 이는 고객으로부터 판매 계약서에 대한 답변을 받지 못했다는 문제점과 관련이 없으며 질문의 sales를 반복적으로 들려주는 동일어휘 함정이 포함된 오답이다. (C)는 평서문의 response를 통해 연상 가능한 answer와 question을 연상어휘 함정으로 이용한 오답이다.

표현 정리 response 반응, 답변 sales contract 판매 계약(서)

해석

I haven't received a response to the new sales contract from my client that I sent last week.
(A) We need updated sales data.
(B) You should probably call him as soon as possible.
(C) Yes, I'd be glad to answer your question.

제가 지난주에 고객에게 발송한 새로운 판매 계약서에 대한 답변을 받지 못했어요.
(A) 우리는 갱신된 판매 자료가 필요해요.
(B) 당신은 최대한 빨리 그에게 연락을 해야 할 것 같아요.
(C) 네, 기꺼이 당신의 질문에 대답해 드리겠습니다.

정답 (B)

4. ★★☆

해설 기존의 비행 예약을 취소하고 새로 예약하고 싶다는 의사를 밝히고 있는 평서문으로, 새로 예약이 가능하다는 의미의 No problem이란 긍정 답변과 함께 사진이 부착된 신분증을 제시해달라고 요청하는 (C)가 정답이다. (A)는 비행기를 타고 런던으로 돌아왔다는 내용으로, 이는 기존 예약을 취소하고 새로운 예약을 원한다는 요청과 무관한 답변이자 질문의 flight를 통해 연상 가능한 flew를 연상어휘 함정으로 이용한 오답이다. (B)는 아래 주차장이 방문객들과 교직원들을 위한 주차장임을 밝히는 내용으로, 질문의 reservation과 발음이 유사한 reserved를 유사발음 어휘 함정으로 이용한 오답이다.

표현 정리 cancel 취소하다 reservation 예약, 비축, 저장
reserve 예약하다, 비축하다, 저장하다 faculty 교직원, 교수진
picture identification 사진이 부착된 신분증

해석

I'd like to cancel my reservation for the flight on June 9 and reserve one on June 25 instead.
(A) Yes, I flew back to London.
(B) The lower parking lot is reserved for visitors and faculty.
(C) No problem. May I see some picture identification?

저는 6월 9일자 비행 예약을 취소하고 6월 25일자로 다시 예약을 하려고 해요.
(A) 네, 저는 비행기를 타고 London으로 돌아왔어요.
(B) 아래 주차장은 방문객들과 교직원들의 전용 주차장이에요.
(C) 문제없습니다. 사진이 부착된 신분증을 볼 수 있을까요?

정답 (C)

5. ★☆☆

해설 올해 있었던 새로운 소프트웨어 시연회에 더 많은 방문객이 왔는지 확인하고 있는 부가의문문으로, 그렇지 않았다는 No란 부정 답변에 이어 시연회가 성공적이지 않았다고 부연 설명을 하고 있는 (B)가 정답이다. (A)는 질문의 software의 일부 어휘인 soft를 들려주는 함정이 포함된 오답이다. (C)는 올해 새로운 소프트웨어 시연회에 더 많은 방문객이 방문했음을 시인하는 Yes란 긍정 답변과 뉴욕에 방문하고 싶은 곳이 많다는 부연 설명이 서로 무관한 내용이자, 질문의 visitors와 발음이 유사한 visit을 유사발음 어휘 함정으로 이용한 오답이다.

표현 정리 visitor 방문객 demonstration 시범회, 시연회
complimentary 무료의, 칭찬하는

해석

There were more visitors at our new software demonstration this year, weren't there?
(A) All beer, wine, and soft drinks are complimentary.
(B) No, I think it was not successful.
(C) Yes, there are so many places I want to visit in New York.

올해 우리의 새로운 소프트웨어 시연회에 더 많은 방문객이 왔죠, 안 그래요?
(A) 모든 맥주, 포도주, 그리고 청량음료는 무료로 제공됩니다.
(B) 아니요, 저는 그것이 성공적이었다고 생각하지 않아요.
(C) 네, 저는 New York에서 방문하고 싶은 곳이 아주 많아요.

정답 (B)

6. ★★☆

해설 본사가 Miami에 위치하고 있는지를 묻는 부가의문문으로, 사실이 아님을 밝히는 No란 부정 답변에 이어 최근 뉴욕으로 이전했다며 부연 설명을 하고 있는 (C)가 정답이다. (A)는 한때 플로리다에서 일했다는 내용으로, 본사 위치를 묻는 질문과 무관한 답변이자 질문의 Miami를 통해 연상 가능한 Florida를 연상어휘 함정으로 이용한 오답이다. (B)는 본사가 마이애미에 위치하고 있음을 인정하는 Yes란 긍정 답변과 시내에 집을 구매했다는 부연 설명이 서로 무관한 내용으로 구성된 오답이다.

표현 정리 headquarters 본사 used to do 한때 ~했다
move to ~로 이전하다

해석

Your company's headquarters is currently located in Miami, isn't it?
(A) I used to work in Florida.
(B) Yes, I finally bought a house in town.
(C) No, it moved to New York recently.

귀사의 본사는 현재 Miami에 있죠, 안 그래요?
(A) 저는 한때 Florida에서 일했어요.
(B) 네, 저는 마침내 시내에서 집을 구입했어요.
(C) 아니요, 최근에 New York으로 이전했어요.

정답 (C)

PART 3

90 성별 지정 문제는 상대 대화자의 대화를 주목하라!

| 실전 연습 |

문제 1-3번은 다음 대화를 참조하시오.

M: Hi. I work in this building and have a rental car for the week. **(1) Could I buy a temporary parking permit from this office?**
W: Sorry, but we don't offer temporary permits. **(2) However, if you have your employee card with you, I can issue you a new permit for 15 dollars.**
M: Thank you, but I won't be able to use the permit sticker on the rental vehicle. Could you recommend a parking area outside?

W: **(3) The nearest public parking lot is by the city library on Pine Street.** I heard that the parking fee there is reduced to 5 dollars per vehicle after 5 P.M. every day.

남: 안녕하세요, 저는 이 건물에서 일을 하는데 한 주 동안 차를 빌렸어요. 여기서 임시 주차 허가증을 구매할 수 있나요?

여: 미안합니다만, 저희는 임시 주차 허가증을 제공하지 않아요. 하지만 만약 지금 사원증을 가지고 계시면 15달러에 새 주차 허가증을 발급해드릴 순 있어요.

남: 고맙습니다. 하지만 빌린 차에 주차 허가증 스티커를 붙일 순 없어요. 외부 주차장을 추천해 주실 수 있나요?

여: 가장 가까운 공영 주차장이 Pine 가의 시립 도서관 옆에 있어요. 그곳 주차비는 매일 오후 5시 이후에는 5달러로 할인된다고 합니다.

표현 정리 temporary parking permit 임시 주차 허가증 issue 발급하다 public parking lot 공영 주차장 be reduced to ~로 감소되다 employee card 사원증 recommend 추천하다

1. ★★★

해설 남자가 원하는 것을 묻는 첫 번째 문제이므로 대화 초반부에 등장하는 남자의 이야기에 초점을 맞춰야 한다. 대화 시작과 함께 남자는 Could I buy a temporary parking permit from this office?라고 물으며 임시 주차 허가증을 구매할 수 있는지의 여부에 대해서 묻고 있다. 이를 통해 남자는 임시 주차 허가증을 원하고 있음을 알 수 있으므로 (B)가 정답이다. 참고로, 요청/요구/추천/권고/제안하는 내용들은 질문 형태나 please로 시작하는 부드러운 명령문 형태로 제시되는 경우가 많다는 점을 알아두자.

해석
남자가 원하는 것은 무엇인가?
(A) 신규 사원증
(B) 임시 주차 허가증
(C) 임대 자동차
(D) 그 지역의 지도

정답 (B)

2. ★★★

해설 남자가 주차 허가증을 구매하기 위해 필요한 것은 남자의 이야기가 아니라 이를 취급하는 상대 대화자인 여자의 대화 내용을 통해 제시될 가능성이 높다는 점에 유의해야 한다. 따라서 여자가 남자에게 However, if you have your employee card with you, I can issue you a new permit for 15 dollars.라고 이야기하는 부분을 통해 남자가 주차 허가증을 구매하기 위해 필요한 것은 사원증임을 알 수 있으므로 (A)가 정답이다. 질문에서는 대화자의 성별이 남자로 표현되어 있지만 막상 단서는 여자의 대화 내용을 통해 제시되고 있다. 아울러 대화의 parking permit이 질문에서는 document로 바뀌어 제시되고 있음에 유의해야 한다.

해석
남자가 문서를 구매하기 위해서는 무엇이 필요한가?
(A) 사원증
(B) 운전 면허증
(C) 허가증 신청서
(D) 자동차 보험증

정답 (A)

2. 제안/요청사항 ★★★

해설 여자의 권고 사항에 대해 묻고 있는 마지막 문제다. 한 대화자가 다른 대화자에게 요청/요구/제안/추천/권고하는 내용을 묻는 질문은 일반적

으로 마지막 문제로 제시되며, 그에 따른 단서도 대화 후반부에서 해당 성별 대화자의 이야기를 통해 파악하는 것이 적절하다. 여자는 대화 말미에서 The nearest public parking lot is by the city library on Pine Street.라고 하며 남자에게 근처 공용 주차장을 이용할 것을 권고하고 있으므로 (C)가 정답이다.

해석
여자는 남자에게 무엇을 하라고 권하는가?
(A) 대중교통을 이용한다.
(B) 길거리 주차를 한다.
(C) 근처 주차장을 이용한다.
(D) 렌트카 회사에 연락한다.

정답 (C)

---

91 화제가 전환되는 어구에 주목하라!

| 실전 연습 |

문제 1-3번은 다음 대화를 참조하시오.

W: Thanks for calling Net Cinema. How can I assist you?
M: Hello. This is Ryan James. I'm a subscriber to your service. **(1) I've been using your basic service for the last three months, but I'm thinking about switching to premium.** Can you tell me more about it?
W: Certainly. **(2) If you get the Net Cinema premium service,** you can enjoy unlimited films anytime, anywhere as long as you have access to the Internet, and there is only a $50 initiation fee and a $20 monthly payment. **(3) You will also receive two monthly discount coupons for films currently available only in theaters.**

여: Net Cinema에 연락을 주셔서 감사드립니다. 어떻게 도와드릴까요?

남: 안녕하세요, 저는 Ryan James라고 합니다. 귀사의 서비스를 이용하고 있는데요, 지난 석 달간 기본 서비스를 이용해오고 있지만, 고급 서비스로 변경하려고 합니다. 그것에 대해 자세히 설명해주실 수 있나요?

여: 물론이죠. Net Cinema 고급 서비스에 가입하시면, 50달러 가입비와 월 20달러의 이용료로 언제 어디서나 인터넷을 통해 영화를 무제한으로 즐길 수 있습니다. 또한 현재 영화관에서만 상영되는 영화의 1개월 할인 쿠폰 2장을 받으실 수 있습니다.

표현 정리 subscriber 구독자, 가입자, 회원 switch A to B A를 B로 바꾸다 premium 상급의, 고급의 unlimited 무제한의 as long as ~하는 동안, ~하는 한 have access to ~에 접속[접근]하다 initiation fee 입회금, 가입비 currently 현재

1. ★★☆

해설 대화의 주제는 대화 전반부에서 대화자들의 이야기에 담긴 중심 소재를 파악하는 것이 관건이다. 남자는 여자에게 I've been using your basic service for the last three months라고 하며 지난 석 달간 기본 서비스를 사용해왔다고 화제를 제시하고 있다. 그리고 이어 but이라는 화제 전환 어구 다음에 I'm thinking about switching to premium.이라고 하며 고급 서비스로 변경할 생각을 밝히고 있다. 이를 통해 추후의 대화는 서비스 변경에 관

한 내용이 주류를 이룰 것임을 짐작할 수 있으므로 (C)가 정답이다.

해석
대화의 주제는 무엇인가?
(A) 가입 취소
(B) 결제 방식
(C) 서비스 업그레이드
(D) 기부금 요청

정답 (C)

2. ★★★

해설 고유명사의 정체에 대해서 묻는 문제는 대화에서 고유명사가 제시되는 부분에서 정체가 언급되는 것이 일반적이다. 그러나 이 문제의 경우 대화 초반부에서 넷 시네마가 등장하기 직전이나 직후에 정체에 관한 단서가 나오지 않는다는 점에서 동일 유형의 여느 문제들보다 난이도가 높은 편임을 알 수 있다. 대화 후반부에 여자가 If you get the Net Cinema premium service, you can enjoy unlimited films anytime, anywhere as long as you have access to the Internet, and there is only a $50 initiation fee and a $20 monthly payment.라고 말하는 부분에서 넷 시네마가 유료 인터넷 영화 제공업체임을 알 수 있으므로 (B)가 정답이다.

해석
Net Cinema는 무엇일 것 같은가?
(A) 온라인 잡지
(B) 온라인 영화 제공업체
(C) 할인 영화표 대리점
(D) 영화관

정답 (B)

3. ★★☆

해설 고급 서비스 회원의 혜택에 대해 묻는 마지막 문제이므로 대화 후반부에서 고급 서비스를 소개하는 부분에 초점을 맞춰야 한다. 대화 말미에서 여자가 If you get the Net Cinema premium service라고 이야기하는 부분에서 고급 서비스를 설명하면서 혜택이 언급될 것임을 짐작할 수 있다. 여자는 대화 종료 직전 남자에게 You will also receive two monthly discount coupons for films currently available only in theaters.라고 하며 두 장의 영화 할인 쿠폰을 받게 된다고 하므로 (C)가 정답이다.

해석
고급 서비스 회원의 혜택은 무엇인가?
(A) 연회비 면제
(B) 월 이용료 할인
(C) 영화 할인 쿠폰
(D) 사은품

정답 (C)

---

92 문제에 담긴 시제에 주의하여 단서를 찾아라!

| 실전 연습 |

문제 1~3번은 다음 대화를 참조하시오.

W: Okay, David. This conference hall is all set up for the stockholders' meeting. **(1) We hooked up the advanced audio system and the overhead projector, so they should be ready for the earnings announcement.**

M: Wow, I can't thank you enough, Isabella. Let me ask you just one question. **(2) Is the overhead projector connected to the intranet server?** I'd like to upload some financial data files on to the intranet server now so that I can show them to every participant at the stockholders' meeting.
W: Actually, **(3) I don't have my own access code for the intranet.** But I think I can get one from Jessica in the General Affairs Department.

여: 좋아요, David. 이 회의실은 주주총회를 위한 준비가 다 끝났어요. 저희가 최신 음향 시스템과 영사기를 연결시켜놨기 때문에 실적 발표 준비를 할 수 있을 거예요.
남: 와, 어떻게 감사를 드려야 할지 모르겠네요, Isabella. 딱 한 가지만 물어볼게요. 이 영사기가 사내 전산망 서버하고 연결되어 있나요? 저는 지금 사내 전산망에 재무 자료 파일을 몇 개 올려서 주주총회에 참가하는 모든 분에게 그 내용을 보여주고 싶거든요.
여: 사실, 저한테는 사내 전산망 접속 코드가 없어요. 하지만 제가 총무부의 Jessica한테서 그것을 받을 수 있을 거예요.

표현 정리 stockholders' meeting 주주총회 hook up A and B A와 B를 연결하다 advanced audio system 최신 음향 시스템 overhead projector 영사기 earnings announcement 실적 발표 intranet 사내 전산망 financial data 재무 자료 participant 참석자 access code 접속 코드 General Affairs Department 총무부

1. ★★★

해설 여자가 스스로 막 끝냈다고 언급한 일이 무엇인지 묻는 첫 번째 문제이자 과거 시제에 초점을 맞춘 질문이므로 대화 초반부 여자의 대화 내용에서 단서를 파악해야 한다. 여자는 We hooked up the advanced audio system and the overhead projector.라고 하며 최신 음향 시스템과 영사기를 연결했음을 밝히고 있다. 따라서 audio system과 overhead projector가 audiovisual system이란 유사어로 바뀌어 제시되고 있는 (B)가 정답이다.

해석
여자는 무엇을 마무리했는가?
(A) 장비를 수리하는 것
(B) 시청각 시스템을 설치하는 것
(C) 새로운 소프트웨어를 설치하는 것
(D) 회의실을 청소하는 것

정답 (B)

2. ★★☆

해설 남자가 원하는 것이 무엇인지 묻는 문제로, 남자의 대화 내용에서 남자가 원하는 대상을 노려 들어야 한다. 남자는 장비 설치가 다 끝났다고 말하는 여자에게 Is the overhead projector connected to the intranet server?라고 하며 영사기가 사내 전산망 서버와 연결되어 있는지를 물었고, 이어 I'd like to upload some financial data files on to the intranet server now so that I can show them to every participant at the stockholders' meeting.이라고 하며 재무 자료를 주주총회 참가자들에게 보여주기 위해 사내 전산망에 올리려고 한다고 말한다. 따라서 대화의 upload some financial data files on to the intranet server가 Access to the company intranet으로 바뀌어 제시되고 있는 (B)가 정답이다.

해석
남자는 무엇이 필요하다고 말하는가?
(A) 설명서
(B) 사내 전산망 접속

(C) 새로운 기계
(D) 초대 손님 목록

정답 (B)

3. ★★☆

해설 여자가 남자에게 해주겠다고 제안하는 것을 묻는 마지막 문제이므로 대화 후반부 여자의 대화 내용에서 I can ~/I will ~/Let me ~/Would[Do] you like me to ~/I'd be glad[pleased/happy] to ~/Should I ~ 와 같은 문형에 담겨 있는 단서에 집중해야 한다. 여자는 대화 말미에서 남자에게 자신은 사내 전산망 접속에 필요한 접속 코드가 없다고 말한 후 But I think I can get one from Jessica in the General Affairs Department.라고 하며 자신이 총무부의 제시카를 통해 그것을 받아줄 수 있음을 언급하고 있으므로 (C)가 정답이다.

해석
여자는 남자를 위해 무엇을 해주겠다고 하는가?
(A) 그에게 설명서를 준다.
(B) 면접 일정을 잡는다.
(C) 코드를 제공한다.
(D) 방의 위치를 알려준다.

정답 (C)

---

93 의도 파악 문제의 단서는 해당 표현의 전후 내용에서 찾아라!

| 실전 연습 |

문제 1-3번은 다음 3인의 대화를 참조하시오.

W: It's been a while since we talked, guys. I'm inquiring about some of the product images on our Web site.
M1: Sure, what's the problem, Lisa?
W: Technology keeps advancing so fast, and our equipment is better now than when we first launched the Web site. **(1) The problem is that some images of our bestselling products are older ones**; thus the pictures don't seem to be of as good a quality as the new ones. **(2) I'd really like the photo quality to match.**
M1: **(2) Danny**, isn't this your area of expertise?
M2: **(2, 3) Yes, Harry.** Um... there is really no way to improve the original images. The only way to match the quality is to take new photos.
M1: Sounds okay to me. **(3) Please send me a list of the older images.** That way, I can set up a full day for the photo shoot.

여: 우리가 이야기를 나눈 지 좀 되었네요. 우리 웹사이트에 있는 제품 이미지들 중 일부에 대해 묻고 싶은 게 있어요.
남: 그래요, 무슨 문제가 있나요, Lisa?
여: 기술이 아주 빠르게 발전하고 있어서 현재 우리 장비는 우리가 웹사이트를 처음 개설했을 때보다 많이 개선되었어요. 문제는 가장 잘 팔리는 우리 제품들의 일부 이미지가 너무 오래되었다는 거예요. 그래서 사진들의 품질이 새로운 사진들만큼 좋지 않아요. 저는 사진의 품질을 맞추고 싶어요.
남1: Danny, 이건 당신의 전문 분야 아닌가요?

남2: 그래요, Harry. 음... 이미지 원본을 개선시킬 수 있는 방법은 사실상 없어요. 이미지의 품질을 맞추는 유일한 방법은 사진을 새로 찍는 겁니다.
남1: 좋은 생각이에요. 제게 오래된 이미지들의 목록을 보내주세요. 그러면 제가 종일 사진 촬영을 할 수 있는 날을 정할 수 있을 겁니다.

표현 정리 a while 한동안 **since** ~이후로, ~이기 때문에 **inquire about** ~에 대해 문의하다 **technology** 기술 **keep V-ing** 계속 ~하다 **advance** 진보, 발전; 전진하다 **equipment** 장비 **launch** 시작하다, 개시하다 **bestselling product** 가장 잘 팔리는 제품 **quality** 품질 **match** 어울리다, 필적하다 **expertise** 전문성, 전문 기술 **improve** 향상시키다, 개선하다 **original** 본래의, 원래의 **set up** 설치하다, (날짜 · 일정을) 정하다 **photo shoot** 사진 촬영

1. ★★☆

해설 화자의 공통된 문제점에 대해 묻는 첫 번째 문제로, 문제점은 항상 대화 전반부에서 직접적으로 언급된다는 점에 유의해야 한다. 여자가 대화 전반부에서 The problem is that some images of our bestselling products are older ones; thus the pictures don't seem to be of as good a quality as the new ones.라고 하며 가장 잘 팔리는 제품들의 일부 이미지들이 비교적 오래된 것들이라서 새로운 이미지들만큼 품질이 좋지 않다는 문제점을 제기하고 있다. 이를 통해 일부 제품 이미지들이 선명하지 못하다는 것이 화자들의 문제점임을 알 수 있으므로 (C)가 정답이다.

해석
화자들에게 문제점은 무엇인가?
(A) 사진 한 장이 사라졌다.
(B) 매출이 상당히 하락했다.
(C) 일부 이미지들이 선명하지 않다.
(D) 복사기가 고장이 났다.

정답 (C)

2. ★★★

해설 남자가 "Danny, isn't this your area of expertise?"라고 언급한 것이 의미하는 바를 묻는 화자의 의도 파악 문제다. 그러므로 해당 표현이 언급된 부분을 중심으로 앞뒤 문맥 파악을 통해 화자의 의도를 파악해야 한다. 여자는 해당 표현의 바로 앞에서 I'd really like the photo quality to match.라고 하며 오래된 사진의 품질을 새로운 사진에 맞춰 개선시켜야 한다고 하자, 남자가 "Danny, isn't this your area of expertise?"라고 하며 대니에게 이건 당신의 전문 분야가 아니냐고 묻고 있다. 그러자 Danny는 Yes, Harry, Um... there is really no way to improve the original images.라고 하며 이미지 원본을 개선시킬 수 없다는 자신의 의견을 제시한다. 이를 통해 남자가 Danny에게 한 질문은 사진의 품질 문제가 대니의 전문 분야이니만큼 Danny가 답변해주길 바라는 의도가 반영된 것임을 짐작할 수 있으므로 (B)가 정답이다.

해석
남자가 "Danny, isn't this your area of expertise?"라고 언급한 것이 의미하는 바는 무엇인가?
(A) 그는 Danny가 지금 너무 바쁘다고 생각한다.
(B) 그는 Danny가 질문에 답변하길 원한다.
(C) 그는 Danny가 전문가가 아님을 알고 있다.
(D) 그는 Danny가 워크숍을 준비하기를 바란다.

정답 (B)

3. ★★☆

해설 Harry가 원하는 것을 묻는 마지막 문제이므로 대화 후반부에서 Harry

가 언급하는 대화 내용에 집중해야 한다. 두 번째 남자가 첫 번째 남자에게 Yes, Harry.라고 말한 후 제품 이미지를 개선하는 유일한 방법은 사진을 다시 찍는 것이라고 밝힌다. 이에 첫 번째 남자인 Harry가 Please send me a list of the older images.라고 하며 오래된 이미지들의 목록을 자신에게 보내줄 것을 요청하고 있으므로 (C)가 정답이다.

해석
Harry는 자신이 무엇을 원한다고 말하는가?
(A) 사진 스튜디오
(B) 회의 일정
(C) 오래된 사진들의 목록
(D) 새로운 판매 전략

정답 (C)

94 시각 정보 연계 문제는 관련 정보를 신속히 파악하라!

| 실전 연습 |

문제 1-3번은 다음 대화와 좌석 배치도를 참조하시오.

M: Excuse me, ma'am. **(2) I believe you may be sitting in my seat. I have 15C.**
W: I don't think so. **(2) I'm pretty sure I'm in 15C.** Can I see your ticket? Um... your seat is not 15C. Your ticket says you are supposed to be sitting right in front of me.
M: Oh, I'm so sorry. But I'm in trouble. **(1) I think I made an error in seat selection when I booked two seats for my wife and me.** My wife is going to be sitting in 15D soon. Would you mind trading seats with me so my wife and I can sit together?
W: That seems fine with me. All I want is an aisle seat. **(3) I'll tell the train attendant about this switch just in case.**

－－－－－－－－－－－－－－－－－－－－－－－－－－

남: 실례합니다만. 당신이 제 좌석인 15C에 앉아 계신 것 같은데요.
여: 아닐 겁니다. 제 좌석이 15C인 것이 확실해요. 제가 당신의 표를 봐도 될까요? 음… 당신 좌석은 15C가 아니에요. 당신 표에는 당신이 제 바로 앞 좌석에 앉아야 하는 걸로 나와 있어요.
남: 오, 죄송해요. 하지만 문제가 있네요. 저와 아내가 앉을 두 좌석을 예약할 때 자리 선택에 실수를 범한 것 같습니다. 제 아내가 곧 15D 좌석에 앉게 될 텐데요. 저랑 자리를 바꿔서 제가 아내와 함께 앉을 수 있도록 해주실 수 있나요?
여: 저는 좋습니다. 제가 원하는 건 복도 쪽 자리니까요. 만약을 대비해 제가 기차 승무원에게 좌석 변경에 대해 알리도록 할게요.

		⇧ 전면		
14A	14B		14C	14D
15A	15B		15C	15D

표현 정리 be supposed to do ~하기로 되어 있다 right 바로, 곧

in front of ~앞에 be in trouble 곤경에 처하다 make an error in ~에 실수를 범하다 seat selection 자리[좌석] 선택 book 예약하다 trade 서로 바꾸다, 교환하다 sit together 함께 앉다 aisle seat 복도 쪽 좌석 train attendant 기차 승무원 switch 변경, 전환 just in case 만약을 대비하여, 혹시 몰라서

1. ★★☆
해설 대화의 목적은 대화의 주제를 묻는 유형의 문제라고 할 수 있다. 일반적으로 대화의 주제나 목적을 묻는 문제는 대화 전반부 두 번의 대화 라인의 내용에서 드러나는 것이 보통이지만, 난이도가 좀 높아지면 대화의 중/후반부에서 드러나는 경우도 있다. 남자는 여자에게 I think I made an error in seat selection when I booked two seats for my wife and me.라고 하며 자신이 좌석을 예약할 때 좌석 선택에 실수를 범한 것 같다고 밝히고, 이어서 My wife is going to be sitting in 15D soon. Would you mind trading seats with me so my wife and I can sit together?라고 하며 아내가 곧 15D 좌석에 착석하는데, 자리를 바꾸어 자신이 아내와 함께 앉을 수 있도록 해줄 수 있는지를 묻고 있다. 이를 통해 대화의 목적은 남자가 좌석 예약 실수로 인한 문제를 해결하고자 하는 것임을 알 수 있으므로 (D)가 정답이다.

해석
대화의 목적은 무엇인가?
(A) 티켓을 예약하는 것
(B) 계약 조건을 협상하는 것
(C) 좌석 배치도를 변경하는 것
(D) 문제를 해결하는 것

정답 (D)

2. ★★★
해설 주어진 문제와 선택지의 내용을 통해 남자의 원래 좌석 번호를 묻는 문제임을 알 수 있다. 아울러 좌석 배치도에서 주어지는 정보는 좌석 번호뿐이므로 대화에서 좌석 번호가 단서로 직접 제시되지 않을 것임을 사전에 가늠할 수 있다. 무엇보다도 좌석 배치도뿐 아니라 약도나 지도와 같은 시각 정보의 경우 구체적인 장소나 위치를 알 수 있는 전치사구 표현을 간과하지 않는 것이 중요하다. 대화 초반부에 남자가 I believe you may be sitting in my seat 15C.라고 말한 부분과 여자가 I'm pretty sure I'm in 15C.라고 답변한 부분을 통해 남녀는 서로 15C 좌석이 자기 좌석임을 주장하고 있는 상황임을 알 수 있다. 이어서 남자의 표를 본 여자가 Your ticket says you are supposed to be sitting right in front of me.라고 하며 남자의 좌석이 여자의 좌석인 15C 바로 앞자리임을 지적하는 부분을 통해 남자의 좌석은 15C의 바로 앞자리, 즉, 14C임을 알 수 있다. 따라서 (B)가 정답이다.

해석
그래픽을 보시오. 남자는 어떤 자리에 배정되었는가?
(A) 14B
(B) 14C
(C) 15C
(D) 15D

정답 (B)

3. ★★☆
해설 여자가 어떠한 행동을 취할 것인지 여자의 미래 행동에 관해 묻는 마지막 문제이므로 대화 후반부 여자의 대화 내용에서 특히 '동사 + 목적어' 부분을 놓치지 않도록 주의해야 한다. 여자는 대화 말미에서 남자에게 I'll tell the train attendant about this switch just in case.라고 하며 기차 승무원에게 좌석 변경에 대해 알리겠다고 이야기하고 있으므로 (B)가 정답이다.

여자는 무엇을 하겠다고 말하는가?

(A) 표를 취소한다.

(B) 직원에게 변경사항을 알린다.

(C) 대기실에 앉는다.

(D) 사용이 가능한 다른 좌석들이 있는지의 여부를 살펴볼 것이다.

정답 (B)

PART 4

95 단서의 위치와 문제 유형의 관계를 파악하라!

| 실전 연습 |

문제 1-3번은 다음 전화 메시지를 참조하시오.

Hi, Ms. Green. It's Eric. I am running behind schedule right now, so **(1) I won't be able to make it on time.** There is a minor car accident on the highway, and traffic is backed up by about half an hour. I know that we are meeting with the lawyers this morning to go over the new client contract. **(3) Do you think you can start without me and when I arrive, we can continue from where you are? (2) I will try to be there as close to 10 o'clock as I can.**

안녕하세요, Green 씨. Eric이에요. 제가 지금 많이 지체되고 있는데, 시간 맞춰 가지 못할 것 같아요. 고속도로에서 작은 사고가 발생해 30분 정도 차가 막힐 것 같아요. 오늘 아침에 변호사들과 만나 고객과의 새 계약에 대해 검토하기로 한 것을 알고 있어요. 저 없이 먼저 시작하시고, 제가 도착해서 회의를 계속 진행하는 게 어떨까요? 될 수 있는 대로 10시까지 가보도록 노력하겠습니다.

표현 정리 run behind schedule 일정보다 뒤지다 **make it on time** 시간에 맞춰 도착하다 **minor car accident** 작은 자동차 사고 **be backed up** 차가 막히다 **go over** 검토하다 **continue** 지속하다, 계속하다

1. ★★☆

해설 화자가 늦는 이유에 대해 묻고 있으므로 전화 메시지 초반부에서 화자가 늦는 이유를 직접적으로 제시하는 부분에 초점을 맞춰야 한다. 화자가 초반부에 I won't be able to make it on time. There is a minor car accident on the highway, and traffic is backed up by about half an hour. 라고 하며 작은 자동차 사고로 인한 교통 정체로 제시간에 도착할 수 없다고 밝히고 있으므로 (D)가 정답이다. 아울러 전화 메시지의 is backed up이란 단서가 보기에서는 유사한 표현인 is stuck in traffic으로 바뀌어 제시되고 있음을 간과해서는 안 된다.

해석
남자가 늦는 이유는 무엇인가?

(A) 그의 차가 시동이 걸리지 않는다.

(B) 그의 버스가 지연되고 있다.

(C) 그는 자동차 열쇠를 분실했다.

(D) 그는 교통체증에 걸렸다.

정답 (D)

2. ★☆☆

해설 화자가 사무실에 도착하는 시각에 대해 묻고 있으므로 구체적인 시각이 제시되는 부분에 집중해야 할 필요가 있다. 따라서 메시지 말미에 화자가 I will try to be there as close to 10 o'clock as I can.이라고 하며 될 수 있는 대로 10시까지 도착하도록 노력해 보겠다고 하므로 (C)가 정답이다.

해석
남자는 사무실에 언제 도착할 것으로 예상하는가?

(A) 오전 9시

(B) 오전 9시 30분

(C) 오전 10시

(D) 오전 10시 30분

정답 (C)

3. ★★☆

해설 화자가 요청하는 것에 대해 묻고 있으므로 메시지 말미에 제시되는 구체적인 요청사항을 동사 중심으로 파악해야 할 필요가 있다. 메시지 말미에 화자는 Do you think you can start without me and when I arrive, we can continue from where you are?라는 질문을 통해 자신 없이 회의를 시작할 것을 요청하고 있으므로 (C)가 정답이다.

해석
화자가 청자에게 요청하는 것은 무엇인가?

(A) 치과 예약을 취소한다.

(B) 변호사에게 즉시 연락한다.

(C) 그 없이 회의를 시작한다.

(D) 그가 직장까지 갈 수 있는 차편을 제공한다.

정답 (C)

96 정형화된 답변들을 미리 숙지하라! (1)

| 실전 연습 |

문제 1-3번은 다음 전화 메시지를 참조하시오.

Hello there! This is Isabella Choi. Several months ago, **(1) I hired your interior office to replace the existing downstairs windows in my house with some new windows to save on heating and air-conditioning costs.** I think they've been quite good so far, **(2) but after two hours of heavy rain this morning,** I noticed that some window sills are cracked and split. There's a lot of rainwater coming inside the living room, and the carpet is completely soaked. Well, I want this problem fixed as soon as possible. I'll be tied up in meetings all morning, **(3) so when you get this message,** please call me back at 926-7399 after lunch. Have a nice one!

안녕하세요! 저는 Isabella Choi라고 합니다. 몇 달 전 저는 냉난방비를 절약하려는 목적으로 귀하의 인테리어 회사에 의뢰하여 저희 집 아래층에 있는 기존의 유리창을 새로운 유리창으로 교체하는 공사를 했습니다. 지금까지 유리창들은 아주 훌륭한 것으로 보였는데, 오늘 오전에 2시간 정도 폭우가 내린 후에 보니 몇몇 창문틀에 균열이 생기고 갈

라져 있었어요. 거실 안쪽으로 많은 빗물이 들어오고 카펫은 흠뻑 젖어 버렸어요. 저는 이 문제가 최대한 빨리 해결되었으면 합니다. 제가 오전 내내 회의에 참석해야 하므로 이 메시지를 들으시면 점심식사 후에 926-7399로 연락주세요. 좋은 하루 되세요!

표현 정리 interior office 인테리어 회사 existing downstairs windows 기존의 아래층 유리창 heating and air-conditioning costs 냉난방비 two hours of heavy rain 2시간에 걸친 폭우 window sills 창틀 be cracked and split 균열이 생기고 갈라지다 completely 완전히 be soaked 흠뻑 젖다 be tied up in meetings all morning 오전 내내 회의에 참석하다

1. ★★☆

해설 전화를 건 회사가 어떤 업종의 회사인지 묻는 첫 번째 질문이므로 전화 메시지 초반부에서 업종을 직접 제시하거나 업종과 관련된 어휘나 표현을 파악하는 것이 관건이다. 화자는 전화 메시지 초반부에 I hired your interior office to replace the existing downstairs windows in my house라고 하며 상대 회사를 your interior office라고 직접적으로 밝히고 있으므로 (C)가 정답이다.

해석
화자가 전화한 곳은 어떤 회사인가?
(A) 철물점
(B) 주택 개량용품 판매점
(C) 인테리어 회사
(D) 가구 공장

정답 (C)

2. ★★★

해설 구체적인 문제점을 묻는 문제인데, 문제점은 대개 전반부에 나오고 해결책은 후반부에 제시된다. 따라서 전화 메시지 전반부에서 화자가 언급하는 문제점에 집중해야 한다. 화자는 전반부에서 but after two hours of heavy rain this morning, I noticed that some window sills are cracked and split.라고 하며 폭우가 내린 후 창틀에 균열이 생긴 문제점을 지적하고 있으므로 (A)가 정답이다.

해석
문제점으로 언급된 것은 무엇인가?
(A) 몇몇 창틀에서 누수가 되고 있다.
(B) 몇몇 유리창들이 완전히 깨졌다.
(C) 오전마다 회의가 있다.
(D) 주중에 오는 사람들이 비교적 적다.

정답 (A)

3. ★★★

해설 청자가 요청 받는 내용을 묻는 마지막 문제이므로 메시지 후반부에서 화자가 청자에게 요청하는 내용에 쓰인 동사에 초점을 맞춰야 한다. 화자는 메시지 후반부에서 so when you get this message, please call me back at 926-7399 after lunch.라고 하며 점심식사가 끝난 후에 연락을 해달라고 하므로 (B)가 정답이다. 아울러 전화 메시지에서 화자의 요청 사항을 묻는 마지막 문제는 답신 전화 요청이 정답으로 많이 나온다는 점을 기억해두자.

해석
청자가 요청 받는 것은 무엇인가?
(A) 회의에 참석한다.
(B) 점심식사 후에 연락한다.
(C) 우산 몇 개를 가져온다.
(D) 건축 자재를 구매한다.

정답 (B)

97 정형화된 답변들을 미리 숙지하라! (2)

| 실전 연습 |

문제 1-3번은 다음 소개를 참조하시오.

Good afternoon and **(1) welcome to the Walnut Creek Public Library**. This is the third in our series of lectures on strict and proper personal accounting. Today, we're very lucky to have Ms. Lee Thompson as our guest. Ms. Thompson graduated from a prestigious college and worked in personal and corporate accounting and the taxation sector for almost 20 years. **(2) She is also the professional author of the bestselling book** *Saving Money Easily*, which has caused a great sensation among people for the last six months. Today, her topic is how to keep good household accounts and invest spare cash. Please remember that her lecture will be recorded, and this high-quality audio file will be uploaded to the server of the Walnut Creek Library. **(3) So if any of you would like to listen to her lecture again,** just log on to the library's Web site and download it. Now, let's give a warm welcome to Ms. Thompson.

안녕하세요. Walnut Creek 공공도서관에 오신 여러분을 환영합니다. 이 강연은 엄격하고 적절한 개인 회계라는 주제의 강연 시리즈 중 세 번째에 해당합니다. 오늘 저희는 정말 운좋게도 Lee Thompson 씨를 초청 연사로 모시게 되었습니다. Thompson 씨는 명문대를 졸업하고, 개인 및 법인 회계와 세제 분야에서 거의 20년간 근무하신 분입니다. 그녀는 또한 지난 6개월 동안 큰 화제가 되었던 베스트셀러인 〈저축 쉽게 하기〉를 쓴 전문 저술가이기도 합니다. 오늘 그녀의 강연 주제는 바로 가계부를 잘 작성하는 법과 여유 자금을 투자하는 법입니다. 그녀의 강연은 녹음이 되어 고품질 음성 파일로 Walnut Creek 도서관 서버에 저장됩니다. 따라서 누구든 그녀의 강연을 다시 듣고 싶다면 도서관 웹사이트에 접속하여 파일을 내려 받으시면 됩니다. 자, 그럼 Thompson 씨를 따뜻하게 맞이해 주십시오!

표현 정리 series 시리즈, 일련 strict 엄격한 proper 적절한, 알맞은 graduate from ~을 졸업하다 prestigious 유명한, 일류의 corporate 회사의, 법인의 taxation 세제 sector 영역, 부문 author 저자 cause 초래하다, 야기하다 sensation 센세이션, 선풍 household 가구 invest 투자하다 spare cash 여유 자금 high-quality 고품질의 upload (자료를) 올리다 log on to ~에 접속하다 download ~을 내려 받다 give a warm welcome to ~를 따뜻하게 맞이하다

1. ★☆☆

해설 화자가 있는 장소를 묻는 문제이므로 소개문 초반부에서 화자가 있는 장소를 직접적으로 밝히는 부분 또는 장소를 유추할 수 있는 관련 어휘에 집중해야 한다. 화자는 소개문 초반부에 welcome to the Walnut Creek Public Library라고 하며 자신이 있는 곳이 월넛 크리크 공공도서관임을 밝히고 있으므로 (C)가 정답이다.

화자는 어디에 있을 것 같은가?
(A) 시상식
(B) 금융 기관
(C) 도서관
(D) 영화제

정답 (C)

2. ★★★

해설 Thompson 씨가 최근 무엇을 했는지 세부사항을 묻는 문제이므로 recently, 또는 구체적인 최근 시점을 언급하는 부분에서 제시되는 단서에 집중해야 한다. 화자는 소개문 중반에 She is also the professional author of the bestselling book *Saving Money Easily*, which has caused a great sensation among people for the last six months.라고 하며 최근 6개월간 화제가 되었던 책을 쓴 저자임을 밝히고 있으므로 (A)가 정답이다. 아울러 인물 소개의 경우 수상 경력, 저술, 상품 개발 경력 또는 업무 실적 정보 등에 관한 문제가 제시된다는 점을 기억해둘 필요가 있다.

해석
Thompson 씨는 최근에 무엇을 했는가?
(A) 그녀는 새로운 책을 출간했다.
(B) 그녀는 경영 대학원을 졸업했다.
(C) 그녀는 출장을 갔다.
(D) 그녀는 회의에서 연설을 했다.

정답 (A)

3. ★★☆

해설 웹사이트에서 이용이 가능한 정보를 묻는 마지막 문제이므로 후반부에서 Web site 또는 구체적인 웹사이트 주소가 제시되는 부분에 집중해야 한다. 화자는 소개문 종료 직전 So if any of you would like to listen to her lecture again, just log on to the library's Web site and download it.라고 하며 그녀의 강연을 다시 듣고 싶은 사람은 도서관 웹사이트에 접속하여 파일을 내려 받으라고 하므로 (A)가 정답이다.

해석
화자에 따르면, 웹사이트에서 이용할 수 있는 것은 무엇인가?
(A) 강연의 녹음
(B) 향후 세미나의 일정
(C) 개정된 회계 기준
(D) 도서관의 도서 목록

정답 (A)

---

98 의도 파악 문제의 단서는 해당 표현의 전후 내용에서 찾아라!

| 실전 연습 |

문제 1-3번은 다음 공지를 참조하시오.

Thanks for coming in on such short notice. **(2) As you know**, our sales figures have dropped sharply this year, so we must do something to improve them. **(1) I would like to inform you of some big changes in the way we do our printing. (2) Here's the thing. (1, 2) We have decided to shorten our printing times to be more competitive.** From now on, we will print business and greeting cards in one day.

Our posters and stickers will have a two-day turnaround. **(3) We'll be offering T-shirt printing with a three-day wait.** Lastly, our banners will take one week to print. These new printing times will go into effect starting next week.

갑작스런 연락에도 불구하고 참석해 주셔서 감사드립니다. 아시다시피, 우리의 판매 수치가 올해 급격히 하락하여 이를 개선하기 위해 무슨 조치를 취해야 합니다. 저는 우리 회사의 현 인쇄 방식에 큰 변화를 주어야 한다는 점을 여러분께 알려드리고자 합니다. 이렇게 합시다. 우리는 인쇄 시간을 단축하여 보다 나은 경쟁력을 갖추기로 결정했습니다. 이제부터 우리는 명함과 연하장을 하루에 출력할 것입니다. 포스터와 스티커 출력 과정은 2일이면 될 겁니다. 티셔츠 인쇄는 3일만 기다리면 될 것입니다. 마지막으로 현수막은 인쇄에 일주일이 소요될 겁니다. 이러한 새로운 인쇄 시간은 다음 주부터 시행됩니다.

표현 정리 on such short notice 갑작스런 연락에도 sales figures 매출액, 판매 수치 drop 하락하다, 떨어지다 sharply 급격히 improve 개선하다 inform A of B A에게 B를 알리다 shorten 짧게 하다, 단축시키다 competitive 경쟁적인, 경쟁력 있는 business card 명함 greeting card 연하장 turnaround 어떤 일의 공정을 끝내는 데 소요되는 시간 banner 현수막 go into effect 효력을 발생하다, 시행되다

1. ★★★

해설 공지의 주제에 대해 묻는 첫 번째 문제이므로 전반부에서 다뤄지는 소재에 집중해야 한다. 화자는 공지 초반에 I would like to inform you of some big changes in the way we do our printing.이라고 하며 회사의 현 인쇄 방식에 큰 변화가 있음을 알리고 있고, 이어서 We have decided to shorten our printing times to be more competitive.라고 하며 인쇄 시간을 단축하여 보다 나은 경쟁력을 갖추겠다고 언급하고 있다. 이를 통해 공지의 주제는 이전에 비해 더 빨라진 서비스 시간에 관한 것임을 알 수 있으므로 (C)가 정답이다.

해석
공지는 무엇에 관한 것인가?
(A) 할인된 가격
(B) 비용 감소
(C) 더욱 빠른 서비스
(D) 새로운 기술

정답 (C)

2. ★★★

해설 "Here's the thing."이라고 언급한 이유를 묻는 화자의 의도 파악 문제다. 그러므로 해당 표현을 중심으로 앞뒤 문맥을 파악하여 화자의 의도를 이해해야 한다. 화자는 초반부에 As you know, our sales figures have dropped sharply this year, so we must do something to improve them.이라고 하며 판매 수치가 올해 급격히 하락하여 이를 개선하기 위한 조치를 취해야 한다는 점을 밝히고 있다. 이어서 화자는 "Here's the thing."이라고 말한 후 We have decided to shorten our printing times to be more competitive.라고 하며 인쇄 시간을 단축하여 보다 나은 경쟁력을 갖추기로 했다고 전한다. 따라서 "Here's the thing."은 문제점에 대한 해결책을 제시하고자 하는 화자의 의도가 반영된 표현임을 알 수 있으므로 (A)가 정답이다.

해석
화자가 "Here's the thing"이라고 언급한 이유는 무엇인가?
(A) 해결책을 제시하기 위해

(B) 질문에 답변하기 위해
(C) 서비스 선택 사항에 대해 상의하기 위해
(D) 신제품을 소개하기 위해

정답 (A)

3. ★☆☆

해설 티셔츠를 인쇄하는 데 걸리는 시간에 대해 묻는 마지막 문제이므로 담화 후반부에서 티셔츠가 언급되는 부분을 중심으로 언급되는 구체적인 시간 표현에 초점을 맞춰야 한다. 화자는 We'll be offering T-shirt printing with a three-day wait.라고 하며 티셔츠 인쇄는 3일이 걸린다는 점을 밝히고 있으므로 (C)가 정답이다.

해석
화자에 따르면, 티셔츠를 인쇄하는 데 시간이 얼마나 걸리는가?
(A) 하루
(B) 이틀
(C) 사흘
(D) 일주일

정답 (C)

---

99 시각 정보 연계 문제는 관련 정보를 신속히 파악하라!

| 실전 연습 |

문제 1-3번은 다음 전화 메시지와 일정표를 참조하시오.

Hi. This is Martha Gibson. This is a message for Andrew Kim at Bay Cruises. **(1) I've had a look at all the cruise destinations that you offer,** and I've decided on the Guam cruise. **(3) Yesterday, you left a message for me that the dates of the Guam cruise and the Bahamas cruise have been switched with each other due to the weather conditions.** I'm fully aware of the schedule changes. **(2) We would like to add the fishing trip, not scuba diving.** We will be flying from New York to Los Angeles on a Red Moon Airlines flight. I've already booked the flight tickets for my family. I'll see you there. Thank you. Have a good day!

- -

안녕하세요. 저는 Martha Gibson이에요. 이것은 Bay Cruises 사의 Andrew Kim에게 남기는 메시지입니다. 당신이 제공한 크루즈 여행의 모든 여행지들을 살펴본 후 저는 Guam 크루즈로 결정했어요. 어제 당신은 기상 조건 때문에 Guam 크루즈 일정과 Bahamas 크루즈 일정이 서로 바뀌었다는 내용의 메시지를 남겨주셨더라고요. 저는 일정 변경에 대해 잘 숙지하고 있어요. 저희는 스쿠버 다이빙이 아닌 낚시 여행을 추가하고 싶습니다. 저희는 Red Moon 항공 비행기를 타고 New York에서 Los Angeles로 이동할 겁니다. 이미 가족을 위한 항공권 예약도 마쳤습니다. 그럼 그곳에서 뵙겠습니다. 고맙습니다. 좋은 하루 되세요!

크루즈 여행지	출발 날짜(L.A.)
알래스카	1월 10일
지중해	4월 5일
괌	6월 3일
바하마	6월 25일

표현 정리 destination 목적지 switch 교체하다, 서로 바꾸다 weather conditions 기상 조건, 날씨 상태 be aware of ~을 알고 있다 schedule changes 일정 변경 fly 비행하다 book 예약하다 flight ticket 항공권

1. ★★☆

해설 화자의 정체를 묻는 첫 번째 질문이므로 전화 메시지 초반부에서 화자의 정체가 직접적으로 언급되거나 또는 화자의 정체를 유추할 수 있는 어휘나 표현이 등장하는 부분에 집중해야 한다. 화자는 초반부에서 I've had a look at all the cruise destinations that you offer, and I've decided on the Guam cruise.라고 하며 크루즈 여행의 모든 여행지들을 살펴본 후 괌 크루즈로 결정했다고 전한다. 이를 통해 화자는 크루즈 상품을 구매하는 고객임을 짐작할 수 있으므로 (C)가 정답이다.

해석
화자는 누구일 것 같은가?
(A) 조종사
(B) 여행사 직원
(C) 고객
(D) 크루즈 선박 직원

정답 (C)

2. ★☆☆

해설 화자가 관심을 가지고 있는 활동에 관해 묻는 문제이므로 메시지에서 제시되는 구체적인 여가 활동을 언급하는 부분을 노려 들어야 한다. 화자는 중반부에서 We would like to add the fishing trip, not scuba diving.이라고 하며 스쿠버 다이빙이 아닌 낚시 여행을 추가하고 싶다는 의사를 밝히고 있으므로 (D)가 정답이다.

해석
화자는 어떠한 활동에 관심이 있는가?
(A) 카약
(B) 스쿠버 다이빙
(C) 개썰매
(D) 낚시

정답 (D)

3. ★★★

해설 괌으로 출발하는 날짜를 묻는 시각 정보 연계 문제로, 선택지가 구체적인 출발 날짜로 구성되어 있으므로 메시지에서는 출발 날짜가 직접적인 단서로 제시되지 않을 것임을 사전에 짐작할 수 있다. 그러므로 메시지에서는 크루즈 여행의 목적지와 관련된 정보가 제시되는 부분에 초점을 맞춰야 한다. 여자는 전반부에서 Yesterday, you left a message for me that the dates of the Guam cruise and the Bahamas cruise have been switched with each other due to the weather conditions.라고 하며 기상 조건으로 인해 Guam 크루즈 일정과 Bahamas 크루즈 일정이 서로 바뀌었다는 내용의 메시지를 접했음을 밝히고 있다. 이어서 출발 일정표를 살펴보면 Guam 크루즈 여행의 출발 날짜는 6월 3일이고 Bahamas 크루즈 여행은 6월 25일로 나와 있다. 그런데 출발 날짜가 서로 바뀌었기 때문에 결국 Guam 크루즈 여행의 출발 일자는 6월 25일이 되므로 (D)가 정답이다.

해석
그래픽을 참조하시오. Guam으로 출발하는 날짜는 언제인가?
(A) 1월 10일
(B) 4월 5일
(C) 6월 3일
(D) 6월 25일

정답 (D)